Externe Unternehmensrechnung

Alfred Wagenhofer · Ralf Ewert · Georg Schneider

Externe Unternehmens- rechnung

4., überarbeitete Auflage

Alfred Wagenhofer
Karl-Franzens-Universität Graz
Graz, Österreich

Ralf Ewert
Karl-Franzens-Universität Graz
Graz, Österreich

Georg Schneider
Karl-Franzens-Universität Graz
Graz, Österreich

ISBN 978-3-662-67408-6   ISBN 978-3-662-67409-3 (eBook)
https://doi.org/10.1007/978-3-662-67409-3

Die Deutsche Nationalbibliothek verzeichnet diese Publikation in der Deutschen Nationalbibliografie; detaillierte bibliografische Daten sind im Internet über https://portal.dnb.de abrufbar.

Planung/Lektorat: Catarina Gomes de Almeida
Springer Gabler ist ein Imprint der eingetragenen Gesellschaft Springer-Verlag GmbH, DE und ist ein Teil von Springer Nature.
Die Anschrift der Gesellschaft ist: Heidelberger Platz 3, 14197 Berlin, Germany

Das Papier dieses Produkts ist recyclebar.

Vorwort zur 4. Auflage

Die vorliegende Neuauflage der „Externen Unternehmensrechnung" hat sich gegenüber den Vorauflagen deutlich verändert. Die merkbarste Änderung ist zunächst die Erweiterung des Autorenteams um Prof. Dr. Dr. *Georg Schneider*. Wir haben diese Gelegenheit genutzt, inhaltlich an vielen Stellen im Buch Änderungen vorzunehmen, gleichzeitig Bewährtes zu belassen und zu aktualisieren.

Inhaltliche Änderungen betreffen vor allem die Diskussion von Lobbying bei Rechnungslegungsstandards, Real Effects der Rechnungslegung, Ergänzungen und Fokussierungen bei Publizitätsmodellen sowie die Straffung und Zusammenführung des Kapitels über Grundlagen der Wirtschaftsprüfung und des Kapitels zur Unabhängigkeit des Prüfers zu einem Kapitel. Im Zuge der Überarbeitung wurden aktuelle Forschungsergebnisse genauso berücksichtigt wie Änderungen der Rechtssituation seit der vorhergehenden Auflage.

Für Hinweise danken wir vielen unserer Kolleginnen und Kollegen sowie Mitarbeiterinnen und Mitarbeitern. Nicht zuletzt danken wir dem Springer Verlag für die gute Zusammenarbeit.

Graz, Österreich
März 2023

Alfred Wagenhofer
Ralf Ewert
Georg Schneider

Vorwort zur 1. Auflage

Inhalt dieses Buches ist die Darstellung der externen Unternehmensrechnung, vielfach auch als externes Rechnungswesen oder Rechnungslegung bezeichnet. Im Gegensatz zu den meisten anderen Büchern zu diesem Thema stehen allerdings nicht so sehr die gesetzlichen Regelungen des HGB oder internationaler Rechnungslegungsgrundsätze, sondern die **ökonomische Betrachtungsweise** im Vordergrund.

Die externe Unternehmensrechnung ist ein **Informationsinstrument**, das auf vielfältige Weise **Entscheidungen** im Unternehmen und außerhalb des Unternehmens **beeinflusst**. Die **Gestaltung** der Rechnungslegung muss daher im Lichte der ökonomischen Wirkungen einzelner Regelungen gesehen werden. Dabei muss auch auf das institutionelle Umfeld, in dem die externe Unternehmensrechnung ihren Platz hat, geachtet werden. **Ziel** ist es, das Verständnis für die ökonomischen Wirkungen zu schärfen. Denn es zeigt sich, dass viele Standardargumente für oder wider bestimmte Rechnungslegungsregeln zu kurz greifen und daher nur vordergründig gelten. Methodisch steht die **Informationsökonomik** im Mittelpunkt, das Buch vermittelt aber auch einen Überblick über die empirische Forschung auf diesem Gebiet.

Diesem **Schwerpunkt** entspricht der Aufbau des Buches: Nach einer Darstellung der wichtigsten Funktionen der Rechnungslegung wie der Informationsfunktion und der Ausschüttungsbemessung werden Bilanzpolitik und die Publizität behandelt. Die Analyse wesentlicher Fragen der Wirtschaftsprüfung bildet den Abschluss.

Dieses Buch richtet sich an **Fortgeschrittene**. **Zielgruppen** sind Studierende wirtschaftswissenschaftlicher Fachrichtungen im Hauptstudium, Wissenschaftler und Spezialisten in der Praxis. Grundlegende Kenntnisse der Rechnungslegung werden vorausgesetzt.

Für die Durchsicht des Manuskriptes sowie die Unterstützung bei redaktionellen Arbeiten danken wir unseren Mitarbeitern Mag. Claudia Kernberger, Dr. Barbara Pirchegger, Dipl.-Kffr. Sabine Schneider, Dipl.-Wi.Inf. Andrea Szczesny, Dipl.-Kfm. Jörg Beißel, Dr. Christian Ernst und Dipl.-Kfm. Volker Laux.

Graz, Österreich   Alfred Wagenhofer
Frankfurt a.M., Deutschland   Ralf Ewert
Mai 2002

Inhaltsübersicht

Inhaltsverzeichnis

Über die Autoren

Prof. Dr. Dr. h. c. Alfred Wagenhofer Seit 1991 Vorstand des Institutes für Unternehmensrechnung und Controlling und seit 2006 Direktor des Center for Accounting Research an der Karl-Franzens-Universität Graz. Studium und Promotion an der Universität Wien. 1990 Habilitation an der Technischen Universität Wien. Gastprofessuren an der University of British Columbia, Vancouver, Universität Wien, London School of Economics und University of Sydney. Wirkliches Mitglied der Österreichischen Akademie der Wissenschaften. 2007 Ehrendoktorat der Universität München. Mitglied im Österreichischen Arbeitskreis für Corporate Governance, stellvertretender Vorsitzender des Österreichischen Beirats für Rechnungslegung und sonstige Unternehmensberichterstattung (AFRAC) und Mitglied im EFRAG Academic Panel. 1997/98 Präsident der European Accounting Association, seit 1999 Mitglied des Vorstandes der Schmalenbach-Gesellschaft für Betriebswirtschaft, 2004–2008 Vice President-Finance der International Association for Accounting Education and Research, 2005–2007 Vice President-International der American Accounting Association und 2009–2010 Vorsitzender des Verbands der Hochschullehrer für Betriebswirtschaft (VHB). Erhalt des Dr. Kausch-Preises, des Forschungspreises des Landes Steiermark, des Best Paper Prize 2009 des Journal of Accounting and Economics und des Best Paper Award 2020 des VHB.

Forschungsinteressen sind interne und externe Unternehmensrechnung, internationale Rechnungslegung, Controlling, Corporate Governance und Informationsökonomie.

Autor bzw. Koautor von sieben Büchern und zahlreichen Aufsätzen in Fachzeitschriften (u. a. Abacus, ABR, BFuP, CAR, EAR, FnTAcc, JAE, JAPP, JAR, JMAR, JMG, MAR, RAST, TAR, ZfB und ZfbF/SBR) und in Sammelbänden.

Co-Editor-in-Chief der SBUR, Associate Editor von Abacus sowie Mitglied der Editorial Boards mehrerer internationaler Fachzeitschriften.

Prof. Dr. Ralf Ewert Seit 2008 Vorstand des Instituts für Unternehmensrechnung und Wirtschaftsprüfung und stellvertretender Direktor des Center for Accounting Research an der Karl-Franzens-Universität Graz. Studium an der Universität zu Köln und Promotion an der Universität Passau. Nach einem Jahr Praxis in einem großen deutschen Unternehmen Tätigkeit an der Universität Würzburg und 1990 Habilitation ebendort. 1989/90 Lehrstuhlvertretung für Finanzwirtschaft an der Universität Trier, 1990 bis 1994 Inhaber des Lehrstuhls für Unternehmensrechnung an der Eberhard-Karls-Universität Tübingen und 1994 bis 2008 Inhaber des Lehrstuhls für Betriebswirtschaftslehre, insbesondere Controlling und Auditing an der Johann Wolfgang Goethe-Universität Frankfurt am Main. In 1995/96 und 1996/97 Gastprofessor an der Universität Graz und in 1998 Metzler-Foundation-Visiting-Professor an der Wharton-School der University of Pennsylvania, USA. 2016–2019 Chair des Standing Scientific Committee der European Accounting Association. Erhalt des Finanzinnovationspreises 2001 der Bethmann-Bank, des ACA-Preises 2019 in Finanzieller Führung an der Universität St. Gallen und des Best Paper Award 2020 des VHB.

Forschungsinteressen sind interne und externe Unternehmensrechnung, Wirtschaftsprüfung, Controlling und Informationsökonomie.

Autor der Bücher *Rechnungslegung, Gläubigerschutz* und *Agency-Probleme* und *Wirtschaftsprüfung und asymmetrische Information*, Koautor der *Internen Unternehmensrechnung* und der *Study on the Economic Impact of Auditors' Liability Regimes* sowie Autor bzw. Koautor zahlreicher Aufsätze in Fachzeitschriften (u. a. Abacus, BFuP, CAR, EAR, FA, FnTAcc, JAR, JITE, TAR, ZfB, ZfbF/SBR und ZfCM) und in Sammelbänden.

Co-Editor-in-Chief der RMS und Mitglied des Editorial Board der GER.

Prof. Dr. Dr. Georg Schneider Seit 2015 Vorstand des Instituts für Unternehmensrechnung und Reporting und stellvertretender Direktor des Center for Accounting Research an der Karl-Franzens-Universität Graz. Studium der Mathematik und Promotion *sub auspiciis praesidentis rei publicae* in Betriebswirtschaftslehre und Mathematik an der Universität Wien. Von 2007 bis 2015 Inhaber des Lehrstuhls für Betriebswirtschaft, insbesondere Externes Rechnungswesen an der Universität Paderborn. Von 2011 bis 2015 Mitglied des Senats ebendort. Auslandsaufenthalte an den Universitäten Stanford (USA) und Sydney (Australien).

Seit 2019 Mitglied des Standing Scientific Committee der European Accounting Association und seit 2011 National Representative von Österreich und Board Member der European Accounting Association. Seit 2023 Mitglied im österreichischen Beirat für Rechnungslegung und sonstige Unternehmensberichterstattung (AFRAC) und seit 2021 Mitglied des Arbeitskreises Digital Reporting der Schmalenbach-Gesellschaft. Seit 2020 Mitglied des wissenschaftlichen Beirats des Instituts österreichischer Wirtschaftsprüfer:innen und Mitglied des Vorstandes des Verbandes der Professorinnen und Professoren der Karl-Franzens-Universität Graz und der Medizinischen Universität Graz. Seit 2022 kooptiertes Mitglied des Präsidiums des Verbands der Professorinnen und Professoren der österreichischen Universitäten. Seit 2016 Mitglied des Ausschuss Unternehmensrechnung im Verein für Socialpolitik.

Forschungsinteressen sind interne und externe Unternehmensrechnung, Wirtschaftsprüfung, Controlling, betriebliche Steuerlehre, Informationsökonomie und Nachhaltigkeitsberichterstattung.

Koautor der Bücher *Rechnungslegung, Bilanzanalyse* sowie Autor bzw. Koautor zahlreicher Aufsätze in Fachzeitschriften (u. a. BFuP, CAR, DBW, EAR, EJOR, MAR, MS, RAST, RMS und ZfbF/SBR) und in Sammelbänden.

Symbolverzeichnis

a	Aktion, Arbeitsleistung; Parameter
a	(Index) aggregierte Information
a	Vektor von Aktionen, Arbeitsleistungen
A	Auszahlung; Aktionsraum; Wert von Sicherheiten
A	(Index) Agent
AU	Ausschüttung
b	Parameter; bilanzpolitischer Parameter; Geldmittel
B	Beurteilungsgröße, Performancegröße; Nichtmonetärer Nutzen
BS	Bilanzsumme
BW	Buchwert
c	Cashflow
C	Kosten
CF	Cashflow
Cov	Kovarianz
d	Dividende
d	(Index) dichtes Kontrollsystem; disaggregierte Information
D	Abschreibung; Abschreibungsrate; Ausweismenge; Indikator
DPA	diskretionäre Periodenabgrenzung
e	Aktivität
E	Einzahlung; Ertrag; Ereignis
E	(Superskript) Markteindringling
$E[\cdot]$	Erwartungswertfunktion
EG	Erwartungsnutzen des Prinzipal
EK	Eigenkapital
EPK	Erstprüfungskosten
ERK	*earnings* response-Koeffizient
EU	Erwarteter Nutzen
EVA	*Economic Value Added*
f	Dichtefunktion; Fehlerwahrscheinlichkeit; Wahrscheinlichkeit des Erhalts von Signalen

F	Wahrscheinlichkeitsfunktion
FK	Fremdkapital, Kredit
g	Gewinn
G	Gewinn; Nutzen des Prinzipal; günstiges Prüfungsergebnis
G	(Index) günstig
GK	Gesamtkosten; gesamte Prüfungskosten
GPA	Gesamtbetrag der Periodenabgrenzungen
GW	Gesamtwert
H	Obergrenze; Haftungskosten
H	(Index) hoch, groß
i	Zinssatz
i	Laufindex von 0 bzw. 1, …, I
I	Investitionsauszahlung, Investitionsvolumen; Investor
IF	Finanzinvestition
IR	Realinvestition
j	Laufindex von 0 bzw. 1, …, J
k	Kosten; Stückkosten
k	(Index) kumuliert
K	Kosten, Gesamtkosten; Kapital
KW	Kapitalwert
l	Laufindex von 0 bzw. 1, …, L
l	(Index) lückenhaftes Kontrollsystem
L	Untergrenze; Obergrenze des Laufindex; Kosten; Liquidationserlös
L	(Index) niedrig, klein; Leak
LQ	Erwarteter Liquidationserlös
m	Berichteter Wert; Anteil an Risikotiteln; Ausweisstrategie; bücherlicher Gewinn
M	Anzahl vorhandener Risikotitel; Menge
M	(Index) Markt
n	Laufindex von 0 bzw. 1, …, N
N	Nichtausweismenge; Normalverteilung, Nachteil; Obergrenze des Lauf-index
N	(Index) Nichtausweis
no	Wahrscheinlichkeitsfunktion
NPA	„normale" Periodenabgrenzung
p	Wahrscheinlichkeit; Preis pro Mengeneinheit Output
P	Marktpreis des Unternehmens
P	(Index) Prinzipal
Pr	Wahrscheinlichkeit
PA	Periodenabgrenzung
PF	Portefeuille
PG	Prüfungsgebühr
q	Wahrscheinlichkeit
r	Risikoaversionskoeffizient; Prüfbericht

R	Risikotoleranz; Rendite
R^2	Bestimmtheitsmaß
RG	Residualgewinn
$\mathfrak{R}$	Rechnungslegungsstandard
S	Entlohnungsfunktion, Kompensationsschema
$S\ddot{A}$	Sicherheitsäquivalent
SE	Schadenersatzzahlung
SZ	Seitenzahlung
S_0	Fixe Entlohnung
s	Variabler Entlohnungssatz; Signal
$\underline{S}$	Basisentlohnung
t	Steuersatz
t	Zeitindex von 0 bzw. 1, ..., T
T	Steuerbetrag; Ende des Planungshorizontes; Teilmenge
TR	Transaktionskosten
u	Nutzen
$\underline{u}$	Sicherheitsäquivalent des Reservationsnutzens
U	Nutzenfunktion; ungünstiges Prüfungsergebnis
UF	unentdeckter Fehler
$\underline{U}$	Reservationsnutzen
$\ddot{U}$	Überschuss
v	Disnutzenwert; Parameter
V	Disnutzenfunktion, private Kostenfunktion; Vermögen
Var	Varianz
VK	Rückzahlungsbetrag von Fremdkapital; Verfahrenskosten
$V\ddot{U}$	Verlust an Überschüssen
w	Wahrscheinlichkeit
W	(Markt-)Wert des Unternehmens; Wert; Endvermögen
x	Output in Stück oder als monetäre Größe; Ergebnis
X	Ergebnisgröße
y	Information; Performancemaß; Schwellenwert für Ausweisbereich
Y	Informationssystem; Wertebereich von y; bilanzpolitischer Spielraum
z	Information; Parameter; Wahrscheinlichkeit
Z	Wertebereich von Informationen z; Zielfunktion
α	Koeffizient; Prozentsatz; Grenzwert; Parameter
β	Koeffizient; β-Faktor (im CAPM); Parameter; Klagewahrscheinlichkeit
γ	Koeffizient; Parameter; Strategie; Wahrscheinlichkeit; Wettbewerbsnachteil bei Markteintritt
Γ	Rendite eines Finanztitels

δ	kleiner Wert, Zufallsvariable
Δ	Abweichung; Differenz; Veränderung
ε	Störgröße (Zufallsvariable)
ζ	Konstante; Wahrscheinlichkeit
η	Informationssystem
θ	Umweltzustand; Information; Typ
Θ	Zustandsraum
κ	Wahrscheinlichkeit
λ	Parameter
μ	Erwartungswert; Parameter
ν	(privater) Wert des Unternehmens; Wahrscheinlichkeit
ξ	Strategie
π	Unternehmenswert; Gewinn
Π	erwarteter Gewinn
ρ	Korrelationskoeffizient; Aufzinsungsfaktor; erforderliche Mehrheit in Abstimmungsprozess
σ	Standardabweichung
σ^2	Varianz
τ	Zeitindex
ϕ	Wahrscheinlichkeit; Marktpreis des Risikos
Φ	kumulierte Wahrscheinlichkeit
χ	Wahrscheinlichkeit
$-$	Wertobergrenze; festgelegter Wert; Durchschnitt
$\_$	Wertuntergrenze; festgelegter Wert
$\wedge$	kritischer Wert; erwarteter Wert
$*$	optimaler Wert
$\sim$	Zufallsvariable (zur Verdeutlichung)

Abbildungsverzeichnis

Tabellenverzeichnis

Um 17 Uhr 23 läutet das Handy von Bernhard Wagner. Es ist Susanne. „Ich treffe mich mit Thomas in der Eschenlaube. Kommst du auch?", fragt sie fröhlich. Bernhard sagt zu, ohne nachzudenken, so kommt er aus dem Grübeln heraus; und natürlich wäre ihm auch nicht recht, wenn Thomas alleine mit Susanne auf ein kühles Bier geht. Die drei studieren BWL, Thomas arbeitet außerdem halbtags in einer Bank. Als Bernhard ankommt, sitzen Susanne und Thomas schon im schattigen Gastgarten.

Thomas erzählt Susanne gerade vom Fall Amphitex, einer AG, die vor drei Jahren gegründet wurde und deren Aktien nun an der Börse notieren. „Irgendwie musste es ja einmal kommen", resümiert er, „dass sich der Markt bereinigt. Zunächst geht es bergauf, aber bald erkennt auch der Markt, dass nicht viel dahintersteckt." Amphitex meldete vor ein paar Tagen seine Insolvenz an. Bernhard wirft ein: „Du machst es dir schon sehr einfach. Das war keineswegs so klar." „Ach, du hast den Fall verfolgt?", fragt Thomas überrascht. Und Bernhard beginnt zu erzählen.

Bald nach dem Börsengang der Amphitex AG wurde Bernhard nämlich zum Investor. Nein, nichts Großes, es waren nur 1.000 Stück Aktien. „Wisst ihr", erklärt Bernhard, „begonnen hat es damit, dass ich in der Zeitung die Argus-Rubrik gelesen habe, und da bin ich auf dieses Unternehmen gestoßen. Argus hat es neben ein paar anderen sehr positiv besprochen. Hochinteressante Unternehmen, super Geschäftsmodelle und hohes Wachstum." Susanne meint: „Das sagen die doch alle." Bernhard schüttelt den Kopf. „Das dachte ich anfangs auch. Aber dann fragte ich bei meiner Bank nach. Die legten mir einen Bericht ihrer Aktienresearch-Abteilung vor, der eine Kaufempfehlung gab." „Hast du dir die Prognose genauer angesehen?", fragt Thomas, der die Analysen seiner Bank kennt. „Natürlich. Steil nach oben. Jedenfalls kaufte ich." „Um wie viel?", fragt Susanne noch. Bernhard wird leise: „5,51 €. Aber danach stieg der Kurs auf über 6 €. Sah aus wie eine tolle Sache."

A. Wagenhofer et al., *Externe Unternehmensrechnung*, https://doi.org/10.1007/978-3-662-67409-3_1

Susanne bohrt weiter nach: „Hast du dir auch den Geschäftsbericht angesehen?" Das lernt man doch spätestens an der Uni. „Das war in dem Zeitpunkt kein Thema", antwortet Bernhard. „Aber ich erinnere mich, es war ein ziemlich trüber Tag, und ich surfte im Internet. Na ja, dann tippte ich einfach www.amphitex.com ein.[1] Tatsächlich fand sich dort die Homepage der Amphitex. Und so habe ich mir dort den neuesten Geschäftsbericht heruntergeladen." Thomas und Susanne schauen ihn gespannt an: „Na sag' schon!" „Nichts Ungewöhnliches. Steigende Umsätze, kaum Gewinn, aber doch ein positives Ergebnis. Aber das ist ja nichts Beunruhigendes. Forschung und Entwicklung werden in der Bilanz ja ignoriert, wie man weiß."

Susanne fragt Thomas: „Wird das irgendwann einmal geändert? Das ist doch Unsinn." Und Thomas berichtet aus seiner Bankerfahrung: „Wir rechnen das Verhältnis Marktpreis zu Buchwert aus. Bei Unternehmen wie der Amphitex damals ist dies sicher über 5 zu 1." Bernhard ist froh über dieses Thema und wirft ein: „Seht ihr, das ist der Grund, warum mich damals die Bilanz gar nicht interessierte. Das, was wirklich interessiert, steht ohnedies nicht drin. Weniger als ein Fünftel des Wertes wird gezeigt, das dafür aber in allen Details." Kurzes Schweigen. „Noch ein Bier, bitte."

Dann erzählt Bernhard weiter: „Aber es gab doch Dinge im Geschäftsbericht, die ich interessant fand. Das war die Entlohnung des Vorstands." Susannes Augen beginnen zu leuchten: „Ja, die verdienen ja so viel." Bernhard schüttelt den Kopf: „Das war ja das Interessante. Die Vorstandsvergütung betrug insgesamt nur 800.000 € – für drei Vorstände." „Haben die auch Aktienoptionen bekommen?", fragt Thomas. „Ich glaube schon, es waren da ein paar komische Angaben zu Aktienoptionen, aber aus denen wurde ich nicht schlau." Thomas lächelt verstohlen, sagt aber nichts.

„Dann wollte ich eigentlich zu einer Hauptversammlung fahren. Einmal das Management ad personam sehen und so." Bernhard ist ganz stolz auf seine humanistische Bildung, „live" klingt ja langweilig. „Aber die war in München, und so schaffte ich das nicht. Und bald danach begann es." Susanne und Thomas schauen erwartungsvoll. Bernhard fährt fort: „Ihr wisst ja, wenn man Aktien hält, nimmt man Berichte über das Unternehmen viel selektiver wahr. Also las ich Analystenberichte. Und tatsächlich: Einer revidierte seine Empfehlung auf Halten." „Warum?", fragt Thomas. „Die gaben an, dass die Quartalszahlen schwach waren, genaugenommen stieg der Umsatz nicht wieder um 35 %, sondern nur um 10 %. Enttäuschende Performance, stand im Analystenbericht. Und der Kurs reagierte sofort. 2,93 € waren es, ich erinnere mich genau." Thomas rechnet nach: „Das ist ja nur mehr die Hälfte des Kurses, zu dem du eingestiegen bist. Hast du viel gehabt?" Bernhard erwidert darauf nicht direkt. „Ich habe mir auch echt überlegt zu verkaufen. Aber da rechnet doch jeder, dass der Kurs wieder hinauf geht. Das ist der berühmte ‚Lock in'-Effekt", glaubt er zu wissen. Susanne lächelt ihn mitleidig an und denkt: „Seine BWL-Kenntnisse sind auch nicht die besten."

Thomas erinnert sich nun, was der Auslöser war. „Die haben etwas über die Bilanzierung der Amphitex-Geschäfte mitbekommen. Die buchten Umsätze und auch Gewinne von

---

[1] Die Namen sind fiktiv. Diese Adresse war zur Zeit des Schreibens nicht belegt.

Geschäften gleich mit Vertragsabschluss, auch wenn sie sich mehrere Jahre zu Updates und anderen Serviceleistungen verpflichteten. Klar, dass die Gewinne da steigen." Susanne hat davon auch gehört: „Ich dachte, das machen nur die Amerikaner. Dort ist ja die SEC brutal gegen diese Praktiken vorgegangen. Tausch von Banners mit einem anderen maroden new economy-Unternehmen gehörte da ja auch noch dazu, oder?" Thomas nickt: „Wir dachten immer, dass die Amerikaner so eine tolle Rechnungslegung haben, die genauen Regeln, die tollen Klagemöglichkeiten." „Warum haben die Wirtschaftsprüfer das nicht schon im Vorfeld verhindert?", fragt Bernhard, dessen Vertrauen in die Rechnungslegung gerade erheblich gesunken war, denn auch der Bestätigungsvermerk von Amphitex war clean. „Ach, die waren doch froh, dass sie so viel Geschäft machten. Solange es gut geht, ist die Bilanzierung ja auch nicht das Problem …", meint Susanne. „Na ja, jetzt ist es endlich überstanden", fällt ihr Thomas ins Wort und sagt zu Bernhard: „Du Armer, aber du warst sicher gut diversifiziert. Es gibt ja auch Titel, die Gewinne gebracht haben. Und übrigens, morgen Abend tritt doch XRock aus Vancouver hier auf. Geht ihr hin?"

Ziele dieses Kapitels
- Vorstellung der Inhalte und Funktionen der externen Unternehmensrechnung
- Diskussion der ökonomischen Interessen der Adressaten
- Erläuterung des institutionellen Rahmens der externen Unternehmensrechnung, insbesondere der Prüfungs- und Durchsetzungsmechanismen
- Übersicht über die Entwicklung und Möglichkeiten der Regulierung der Rechnungslegung
- Überblick über den Aufbau des Buches

---

1 Externe Unternehmensrechnung

1.1 Bestandteile der externen Unternehmensrechnung

Die Unternehmensrechnung beschäftigt sich mit der **konzeptionellen Gestaltung** und den Einsatzbedingungen von **Informationssystemen** im Unternehmen.[2] Sie kann allgemein in die interne und in die externe Unternehmensrechnung geteilt werden. Die **externe Unternehmensrechnung** umfasst alle Informationssysteme, die an unternehmensexterne Adressaten, wie Investoren, Gläubiger, Kunden, Lieferanten, Konkurrenten und die Öffentlichkeit, gerichtet sind. Diese werden auch als **Stakeholder** bezeichnet.

Ein wesentlicher Bereich der externen Unternehmensrechnung ist die **Finanzbericht-erstattung (Rechnungslegung)**, deren Ergebnis im Jahresabschluss in Form des Einzelabschlusses oder Konzernabschlusses mündet. Der **Jahresabschluss** soll „ein den tatsäch-

---

[2] Vgl dazu auch *Ewert/Wagenhofer/Rohlfing-Bastian* (2023), S. 3 ff.

lichen Verhältnissen entsprechendes Bild der Vermögens-, Ertrags- und Finanzlage" (§ 264 (2) dHGB) des Unternehmens vermitteln. Er besteht aus einer Bilanz, einer Gewinn- und Verlustrechnung, einer Kapitalflussrechnung sowie einem Anhang mit Erläuterungen und sonstigen Angaben. Das Gesetz erfordert des Weiteren die Aufstellung eines Lageberichts, in dem der Geschäftsverlauf und die Lage des Unternehmens dargestellt werden.

Darüber hinaus sind **börsennotierte Unternehmen** verpflichtet, **Zwischenberichte** in Form verkürzter Jahresabschlüsse für unterjährige Perioden (i. d. R. Quartalsberichte) aufzustellen und sonstige Informationen etwa im Rahmen der **Ad-hoc-Publizität** über besondere kursrelevante Ereignisse oder über den Anteilsbesitz zu geben.

Zusätzlich zu den **Berichtspflichten** in der **Finanzberichterstattung** kamen im Laufe der 2010er-Jahre noch Offenlegungspflichten zu **Nachhaltigkeitsthemen** hinzu. Ursprünglich waren von dieser Berichtspflicht kapitalmarktorientierte große Kapitalgesellschaften und Banken und Versicherungen betroffen, die mehr als 500 Mitarbeiter im Jahresdurchschnitt aufweisen. Dies war eine Konsequenz der Umsetzung der **Non-Financial Reporting Directive** (NFRD; RL 2014/95/EU). Diese Unternehmen mussten eine nichtfinanzielle Erklärung bzw. einen nichtfinanziellen Bericht erstellen. Die NFRD bzw. deren nationale Umsetzung gibt allerdings nur einen groben Rahmen vor, und es war für die berichtspflichtigen Unternehmen möglich, aber nicht verpflichtend, **nationale** bzw. **internationale Rahmenwerke** heranzuziehen. Dies war vor allem deswegen interessant, weil es in gewisser Weise einen Wettbewerb von Standardsetzern gab. Ab 2024 sind in Europa alle sehr großen und danach auch großen Kapitalgesellschaften zu einer detaillierten Nachhaltigkeitsberichterstattung verpflichtet. Dies folgt aus **Corporate Sustainability Reporting Directive** (CSRD; RL 2022/2464/EU). Auch sind **europäische Standards** für die Nachhaltigkeitsberichterstattung verpflichtend. Die Standards decken in breitem Umfang Umwelt-, Sozial- und Governance-Belange ab.

Neben gesetzlich vorgeschriebenen Finanzinformationen geben Unternehmen häufig **freiwillig Informationen** über den Geschäftsverlauf, die in der Struktur der Bilanzierung und Bewertung von Geschäftsfällen nicht ausreichend abgebildet werden können. Dazu gehören über das gesetzliche Ausmaß hinausgehende Informationen z. B. über das Risiko, die Strategie oder die Erfolgsaussichten eines Unternehmens.

1.2   Adressaten und deren Informationsinteressen

Externe Adressaten der Unternehmensrechnung haben eine Reihe von unterschiedlichen **Verwendungen für Unternehmensinformationen**.[3] Sie können in drei Kategorien eingeteilt werden:

- Bereitstellung entscheidungsnützlicher Informationen,
- Anspruchsbemessung und Vertragsgestaltung und
- Verhaltensbeeinflussung von Unternehmen.

---

[3] Vgl ausführlich *Benston/Bromwich/Litan/Wagenhofer* (2006), S. 17 ff.

Wesentliche Adressaten der externen Unternehmensrechnung[4]
Unternehmensinterne Adressaten

- Topmanagement
- Bereichsmanager
- Eigentümer, die in die Unternehmensführung involviert sind (Eigner-Manager)

Unternehmensexterne Adressaten

- Eigentümer öffentlich gehaltener Unternehmensanteile (Investoren)
- Potenzielle künftige Eigentümer, Unternehmenserwerber
- Banken und andere Kapitalgeber
- Geschäftspartner (Lieferanten, Kunden)
- Arbeitnehmer
- Konkurrenten
- Finanzbehörden
- Sonstige externe Stakeholder (z. B. Nichtregierungsorganisationen, NGOs)
- Allgemeine Öffentlichkeit

Entscheidungsnützlichkeit

Die Rechnungslegung hat zunächst eine **Informationsfunktion** gegenüber den Adressaten. Diese können die Finanzinformationen dazu nutzen, um besser informierte Entscheidungen zu treffen. Typische Entscheidungen sind der Kauf und Verkauf von Anteilen am Unternehmen, die Kreditvergabe oder die Konditionen einer Kreditgewährung, die Übernahme des Unternehmens, die Aufnahme von Handelsbeziehungen mit dem Unternehmen oder die Aufnahme einer Tätigkeit im Unternehmen. Als Kriterium für die Rechnungslegung dient die **Entscheidungsnützlichkeit** *(decision usefulness)* der Informationen.

Entscheidungen der Adressaten sind **zukunftsgerichtet**, und deshalb sind Informationen über die erwartete künftige Entwicklung des Unternehmens wertvoll. Beispielsweise wird ein potenzieller Kreditgeber die künftige Zahlungsfähigkeit abschätzen, er wird sich für die Wahrscheinlichkeit und das zeitliche Auftreten künftiger Zahlungen und damit letztlich für die zugrunde liegenden wirtschaftlichen Prozesse des Unternehmens interessieren. Ein Investor, der überlegt, ob er Aktien des Unternehmens kaufen soll, wird den „Wert" des Unternehmens abschätzen wollen und benötigt dazu die künftig erzielbaren Cashflows oder Dividenden, die von der Ertragskraft, den Ressourcen und den Potenzialen des Unternehmens abhängen.

---

[4]Die Abgrenzung zwischen externen und internen Adressaten ist zum Teil fließend. Es ist nicht einfach abgrenzbar, ab wann ein Eigentümer interner und ab wann externer Adressat ist.

Die Kenntnis von **Marktpreisen**, soweit diese für ein Unternehmen bestehen, sind bei einem informationseffizienten Markt ausreichend, weil sie Informationen zutreffend aggregieren; doch auch für die Marktpreisbildung sind Finanzinformationen maßgebend.

Die bisherige Erfolgssituation eines Unternehmens kann seine **Verhandlungsposition** gegenüber Kunden für künftige Bezugsverträge beeinflussen, denen vielleicht dadurch bekannt wird, wie viel Wertschöpfung auf der Vorstufe generiert wird. Sie kann auch die Position der Eigentümer gegenüber Arbeitnehmern beeinflussen, die aus einer guten Entwicklung des Unternehmens Forderungen nach großen Lohnerhöhungen ableiten. Nicht zuletzt erfährt die Konkurrenz mehr über das Unternehmen, was sie im Wettbewerb auch gegen das Unternehmen nutzen kann.

Das **Management** des Unternehmens ist i. d. R. **besser informiert** als Außenstehende, es ist im Besitz von Planungen, Prognosen und Budgets sowie von Details über das Unternehmen und seine Markt- und Wettbewerbssituation. Die Bekanntgabe solcher Informationen ist jedoch problematisch. Das Management (bzw. die Personen, für die es Handlungen setzt) hat i. d. R. **Eigeninteressen** und wird von Entscheidungen der Adressaten betroffen, so dass durch die Informationen eine Beeinflussung solcher Entscheidungen erfolgen kann. Möchte beispielsweise das Unternehmen einen Bankkredit aufnehmen, wird es versucht sein, der Bank eine sehr günstige Prognose über die künftigen Erfolgsaussichten vorzulegen, um der Bank den Eindruck zu vermitteln, dass das Kreditengagement praktisch risikolos ist. Glaubt dies die Bank, wird sie den Kredit gerne geben und nur einen geringen Zinssatz fordern.

Daraus folgt, dass ein **Mindestgrad an Verlässlichkeit** der Unternehmensrechnung gefordert werden muss. Ist eine Finanzinformation nicht verlässlich, wird sie auf die Adressaten keinen Einfluss ausüben, und sie werden sie ignorieren – ja, ignorieren müssen, um nicht getäuscht zu werden. Alternativ können Adressaten einfach auf das Eingehen einer Geschäftsbeziehung mit dem Unternehmen verzichten und schützen sich damit vor möglichen Nachteilen.

Um eine gewisse Verlässlichkeit der Rechnungslegung zu gewährleisten, gibt es mehrere Vorkehrungen. Zum einen unterliegt die Rechnungslegung einer gesetzlichen **Prüfung** und einem **Enforcement**. Zum anderen werden weitgehend überprüfbare Sachverhalte abgebildet; dies sind meist Vorgänge, die auf **vergangenheitsorientierten Transaktionen** beruhen. Um den Zweck der Entscheidungsnützlichkeit jedoch zu erfüllen, muss die Information aber auch relevant, d. h. zur Bildung von Prognosen über die künftige Entwicklung des Unternehmens geeignet sein. **Relevanz** und **Verlässlichkeit** stehen oft im Gegensatz.

Anspruchsbemessung und Vertragsgestaltung

Die zweite Verwendung von Rechnungslegungsinformationen besteht darin, dass sie **gesetzliche** oder **vertragliche Ansprüche** bestimmt *(stewardship)*. Die Ansprüche bestehen in den meisten Fällen aus **Zahlungsansprüchen**, zum Teil aber lösen sie bestimmte andere Wirkungen aus, wie Kompetenzverschiebungen, Mitspracherechte oder Informationsrechte. Gesetzliche Ansprüche sind vor allem Dividendenzahlungen und

Steuerzahlungen, die beide an den Gewinn anknüpfen. Vertragliche Ansprüche sind z. B. eine variable Entlohnung von Managern abhängig vom Gewinn oder das Fälligstellen eines Kredites bei Überschreiten bestimmter Bilanzkennzahlen.

Allerdings gibt es auch viele **implizite Einflüsse** der Rechnungslegung auf vertragliche Verhältnisse. So lässt sich der Jahresabschluss eines Unternehmens nur schwer für die Leistungsbeurteilung von Managern ignorieren, selbst wenn er keine direkten Zahlungsansprüche auslöst – mögliche Folgen von ungünstigen Ergebnissen können im Nichtbefördern oder im Verzicht auf die weitere Mitarbeit des verantwortlichen Managers bestehen.

Im Gegensatz zur obigen Kategorie bestehen hier also Regeln oder Vereinbarungen, die direkt auf Daten der Rechnungslegung zurückgreifen. **Gesetzliche Regeln** sind durch das Unternehmen nicht veränderbar, und damit wird das Unternehmen in die Rolle des Reagierenden gedrängt. Daraus ergeben sich Anreize, die **Rechnungslegung** so zu **gestalten** oder zu beeinflussen, dass die – im Voraus ermittelbaren – Ansprüche dem Unternehmen möglichst wenig zum Nachteil gereichen. Steuerbilanzpolitik ist ein typisches Beispiel. Damit wird versucht, die Rechnungslegung, die in Deutschland und Österreich grundsätzlich über das Maßgeblichkeitsprinzip mit der Steuerbemessung zusammenhängt, so zu gestalten, dass der Barwert der künftigen Steuerzahlungen möglichst gering wird. Dies liegt klar im Sinn der Eigentümer, aber auch der meisten anderen Adressaten – bis auf den Fiskus.

In Verträgen zwischen dem Unternehmen und anderen Parteien erfüllt die Rechnungslegung den Zweck, die vertraglichen Rechte und Pflichten auf Basis der darin vermittelten Information festzulegen oder zu verändern. Im Regelfall geht es dabei um eine **Verhaltenssteuerung** einer oder beider Vertragsparteien. Ein Beispiel sind Finanzierungsverträge, die typischerweise Vorkehrungen enthalten, damit der Kapitalgeber vom Management nicht ausgebeutet wird und Teile seiner erwarteten künftigen Ansprüche verliert. Nach Vertragsabschluss haben die Manager oft Anreize, Entscheidungen zu treffen, die die Position der Kapitalgeber zugunsten ihrer eigenen oder derjenigen anderer Parteien schwächen. Es entstehen **Agency-Probleme**. Im Fall von Kreditfinanzierungen haben Kreditgeber bei haftungsbeschränkten Unternehmen einen asymmetrischen Rückzahlungsanspruch, denn im Fall der Insolvenz werden ihre Ansprüche gekürzt, während sie andernfalls an besonders großen Erfolgen nicht teilhaben, weil die Kreditrückzahlung nach oben begrenzt ist (**Eigner-Gläubiger-Konflikte**). Im Fall von Eigenkapitalfinanzierung kann das Management Überinvestitionsanreize bekommen, weil Vorteile z. B. aus Unternehmensgröße, Wachstum oder Einfluss (*private benefits of control*) eher ihm zum Vorteil gereichen, die Kosten aber den Eigentümern entstehen (**Manager-Eigner-Konflikte**).

Aus diesen Verwendungen folgt ein **Bedarf** an hoher **Verlässlichkeit** der Rechnungslegung. Gleichzeitig folgt daraus ein Bedarf an der Abrechnung und **Dokumentation** vergangener Ereignisse. Für die Steuerbemessung ist der in einer Periode *erzielte* Gewinn von Bedeutung, nicht der künftig erwartete Gewinn, ebenso wird für die Leistungsbeurteilung auf die erreichte Leistung abgestellt. Prognosefähigkeit der Rechnungslegung ist unwichtig, weil Verträge über einen bestimmten Zeitraum laufen und danach keine Ansprüche mehr festlegen. Natürlich werden in gewissem Grad zukunftsbezogene Informationen berücksichtigt. Die Gewinnermittlung setzt gewisse Schätzungen (z. B. Nutzungsdauern, künftige Verpflichtungen) voraus, und manche Verträge enden mit einer Aufteilung der künftig erwarteten Vorteile (z. B. beim Ausscheiden eines Gesellschafters). Dennoch ist bei der Verwendung der Rechnungslegung für die Anspruchsbemessung und Vertragsgestaltung der **Vergangenheitsbezug** im Vordergrund, was sogar dazu führen kann, dass Informationen für die Anspruchsbemessung überhaupt keinen Informationsgehalt für Investoren am Kapitalmarkt besitzen, weil dieses Wissen schon durch andere Quellen am Markt verfügbar ist.

Rechtliche Anknüpfungen an die Rechnungslegung

Das deutsche Recht sieht an mehreren Stellen eine Anknüpfung an die Rechnungslegung vor. Die wichtigsten Regelungen sind die folgenden:

- Die Höhe von Ausschüttungen wird an den Jahresüberschuss aus dem Einzelabschluss geknüpft. Das HGB sieht Ausschüttungssperren für Gewinnbestandteile vor, die nur aufgrund besonderer Regeln zur Verbesserung der Informationsvermittlung (z. B. Wahlrecht für den Ansatz aktiver latenter Steuern und von selbstgeschaffenen immateriellen Vermögensgegenständen wie Entwicklungskosten) entstehen. § 58 dAktG verteilt die Kompetenz über die Entscheidung der Höhe der Ausschüttung in ganz bestimmter Weise auf Verwaltung und Hauptversammlung.
- Aktiengesellschaften haben so lange 5 % des Jahresüberschusses in die gesetzliche Rücklage einzustellen, bis diese (und bestimmte Kapitalrücklagen) mindestens 10 % des Grundkapitals erreicht.
- Bei Bestehen eines Gewinnabführungsvertrages oder einer Eingliederung richten sich die Gewinnabführung und Verlustübernahme nach dem Jahresergebnis.
- Bei einem Verlust in Höhe der Hälfte des Grundkapitals bestehen gewisse Vorstandspflichten.
- Ertragsteuern (Einkommensteuer, Körperschaftsteuer) werden zwar aufgrund der steuerlichen Gewinnermittlung bemessen, der steuerliche Gewinn hängt jedoch durch das Maßgeblichkeitsprinzip grundsätzlich vom handelsrechtlichen Gewinn ab.

Es gibt aber auch rechtliche Regelungen, die den Anschein erwecken, dass sie an die Rechnungslegung anknüpfen, dies jedoch nicht tun. Der Überschuldungstatbestand im Insolvenzrecht ist grundsätzlich *unabhängig* vom Buchwert des Eigenkapitals in der Bilanz. Insbesondere kann eine buchmäßige Überschuldung vorliegen, die jedoch nicht insolvenzrechtlich relevant ist (Grund sind die unterschiedlichen Bewertungsmethoden).

Verhaltensänderung von Unternehmen

Besonders bei der **Nachhaltigkeitsberichterstattung** (*sustainability reporting*) wird ein dritter Zweck der Unternehmenspublizität erkennbar. Der europäische Gesetzgeber hat mit der verpflichtenden Nachhaltigkeitsberichterstattung die Hoffnung, dass sie eine wesentliche Rolle bei der Transformation der Wirtschaft in Richtung Nachhaltigkeit spielt. Die Publizitätserfordernisse sind bewusst so gestaltet, dass sie im Wege der Information einer breiten Gruppe von Stakeholdern und deren Reaktionen auf die Information zu einer Änderung des Verhaltens der Unternehmen führen.

Dieser Zweck unterscheidet sich wesentlich von der Zielsetzung der Entscheidungsnützlichkeit. Allerdings kann die Veröffentlichung entscheidungsnützlicher Information indirekt auch das Verhalten von Unternehmen ändern. Dies wird von Proponenten der Entscheidungsnützlichkeit als (meist unerwünschter) Nebeneffekt in Kauf genommen. Ziele für Standardsetzer gegeben den Hauptzweck Entscheidungsnützlichkeit sind die Wertrelevanz von Information und auch die resultierende Kapitalmarkteffizienz. Dabei werden Nutzen und Kosten der Informationen abgewogen. Als Nutzen werden oft geringere Eigenkapitalkosten, die sich durch eine bessere Kapitalmarktinformation ergäben, angeführt. Ein Standardsetzer wird also bei der Entwicklung von Standards mögliche Verhaltensänderungen möglichst zu vermeiden suchen. Dennoch gibt es solche (siehe auch 7. Kapitel: *Bilanzpolitik – Spezialfragen*). Es ist aber unüblich, dass solche Sekundärwirkungen in der Standardsetzung berücksichtigt werden.

Zielsetzung der EU in der Nachhaltigkeitsberichterstattung

In Erwägungsgrund 9 der CSRD heißt es: „Wenn Unternehmen eine bessere Nachhaltigkeitsberichterstattung durchführen würden, würde dies letztendlich Bürgerinnen und Bürgern und Sparern, einschließlich Gewerkschaften und Arbeitnehmervertretern, zugutekommen, indem sie angemessen informiert wären und sich so besser in den sozialen Dialog einbringen könnten. Sparer, die nachhaltig investieren wollen, werden fortan die Möglichkeit haben, dies zu tun, während von einem stabilen, nachhaltigen und inklusiven Wirtschaftssystem alle Bürgerinnen und Bürger profitieren würden. Damit sich diese Vorteile auch verwirklichen, müssen die in den Jahresberichten der Unternehmen offengelegten Nachhaltigkeitsinformationen zunächst zwei Hauptnutzergruppen erreichen. Bei der ersten Gruppe von Nutzern handelt es sich um Anleger, einschließlich Vermögensverwalter, die die Risiken und Chancen von Nachhaltigkeitsfragen für ihre Investitionen sowie die Auswirkungen entsprechender Investitionen auf Mensch und Umwelt besser verstehen wollen. Bei der zweiten Gruppe handelt es sich um Akteure der Zivilgesellschaft, einschließlich Nichtregierungsorganisationen und Sozialpartner, die Unternehmen im Hinblick auf ihre Auswirkungen auf Mensch und Umwelt stärker in die Verantwortung nehmen wollen. Die in den Jahresberichten offengelegten Nachhaltigkeitsinformationen könnten auch von anderen Interessenträgern genutzt werden, insbesondere zur Erhöhung der Vergleichbarkeit zwischen Marktsektoren und innerhalb von Marktsektoren."

Anders verhält es sich, wenn eine **Verhaltensänderung** faktisch als Hauptziel für die Entwicklung von Standards vorgegeben wird. Hier muss ein Standardsetzer eine klare Zielsetzung bezüglich der gewünschten Verhaltensänderung haben. In Bezug auf Klimaaspekte sind dies insbesondere politische Klimapfad-Vorgaben etwa für die Verringerung des Ausstoßes von CO_2 und anderen Treibhausgasen. Andere Ziele betreffen z. B. die Erhaltung der Biodiversität und die Etablierung einer Kreislaufwirtschaft. Auch Sozialbelange und die Einhaltung der Menschenrechte spielen (jedenfalls) in Europa in Zusammenhang mit der Nachhaltigkeitsberichterstattung eine wesentliche Rolle.

Ist die Verhaltensänderung die Zielsetzung der Unternehmensberichterstattung, so stellt sich die Frage, ob eine indirekte Regulierung über die Publizitätspflichten die beste Wahl ist. Eine Alternative dazu wäre eine direkte Regulierung durch Gebote oder Verbote. Bei Umweltbelangen gibt es z. B. in Betriebsgenehmigungen umfangreiche Auflagen. Und für Sozialbelange werden mit der für 2023 geplanten **Corporate Sustainability Due Diligence Directive** (CSDDD) auch Auflagen über die gesamte Wertschöpfungskette vorgeschrieben, deren Teil das Unternehmen ist.

Ein Vorteil der indirekten Regulierung ist es, dass Unternehmen nur über ihr Verhalten – etwa in Bezug auf Umweltaspekte – berichten müssen. Es bleibt hier für die Unternehmen noch möglich zu erklären, wieso gewisse Umweltziele nicht erreichbar sind. Hierbei sind ökonomische Überlegungen berücksichtigbar. Etwa könnte es nicht ökonomisch sein, gewisse Emissionen zu verhindern.

Durch welchen Mechanismus eine Publizität zu einer Verhaltensänderung führt, ist dabei nicht vollständig klar. Denkbar ist ein Druck durch den Kapitalmarkt, durch Konsumenten oder Finanzinstitute oder eine breite Öffentlichkeit. Ein weiterer Mechanismus könnte sein, dass Unternehmen durch die verpflichtende Publizität sich erst mit der Materie auseinandersetzen, und dass sie auf diese Weise erst sinnvolle Investitionen in die Nachhaltigkeit erkennen. Bei einer direkten Regulierung hingegenmüssen sich Unternehmen in einer gewissen Weise verhalten. Es geht also Flexibilität verloren. Andererseits ist es so auch leichter für den Gesetzgeber möglich, seine Ziele zu erreichen.

1.3   Charakteristika der externen Unternehmensrechnung

Der Informationsbedarf und die Ansprüche externer Adressaten an die externe Unternehmensrechnung sind vielfältig. Gleichzeitig darf nicht übersehen werden, dass die externe Unternehmensrechnung von **unternehmensinternen Personen**, nämlich dem Management, erstellt wird. Die **Trennung** von Ersteller und Benutzern der Unternehmensrechnung führt zu vielfältigen **Friktionen**, die eine Begründung für viele Charakteristika der Rechnungslegung, für die Notwendigkeit gesetzlicher Regelungen sowie für andere Institutionen, wie z. B. Abschlussprüfung, Corporate Governance-Regeln oder Enforcement, bilden.

Dies schließt nicht aus, dass die Finanzberichterstattung auch für **interne Zwecke** Verwendung findet. Dafür treten Interessenkonflikte durch die Trennung von Ersteller und Benutzer der Information nicht auf. Man kann davon ausgehen, dass sich der Unternehmer selbst nicht durch bewusst falsche (Selbst-)Information belügen möchte.[5] Wird dieselbe Rechnungslegung jedoch gleichzeitig für externe Zwecke verwendet (was der Regelfall ist), kann es dazu kommen, dass die Selbstinformation nur ungenügend erfüllt wird.

Die **interne Unternehmensrechnung** ist grundsätzlich für die interne Verwendung im Unternehmen oder Konzern und damit nur für unternehmensinterne Adressaten konzipiert. Sie ist vom Management weitgehend frei gestaltbar, und die Manager haben im Rahmen ihrer Kompetenzen i. d. R. auch vollständigen Zugriff auf die erforderlichen Daten. Dennoch ergeben sich auch hier **Interessenkonflikte**, da das Unternehmen bzw. das Management kein Monolith ist, sondern verschiedene Personen auf unterschiedlichen Hierarchieebenen mit unterschiedlicher Informationsausstattung Entscheidungen treffen.[6] Der klassische Fall sind **Agency-Konflikte** zwischen Topmanagement und Bereichsmanagement, die analog zu denen zwischen (externem) Eigner und Manager sind. Der wesentliche Unterschied liegt in der Art, wie diesen Friktionen begegnet wird. Der typische Weg erfolgt über interne organisatorische Regeln und über Anreizsysteme, also vertragliche Regelungen und nicht über die Gestaltung des Informationssystems selbst. Es existieren daher weniger exogene Beschränkungen bei der Gestaltung einer zweckmäßigen internen Unternehmensrechnung. Des Weiteren bestehen zwischen Unternehmen und bestimmten externen Adressaten keine vertraglichen Beziehungen, womit eine Konfliktlösung erschwert wird.

Im Folgenden werden die **wesentlichen Charakteristika** der externen Unternehmensrechnung dargestellt.

Objektivierung

Ein Charakteristikum der Rechnungslegung ist ihr starker **Objektivierungsgrad**. Im Grunde werden tatsächlich angefallene **Transaktionen** des Unternehmens mit seinen Geschäftspartnern in einer Periode und einige andere das Unternehmen berührende **Ereignisse** (z. B. Änderungen in Marktpreisen) der Periode nach bestimmten Regeln erfasst und abgebildet. Die Bewertung des Vermögens und der Schulden basiert i. d. R. auch auf den historischen Anschaffungs- oder Herstellungskosten, die einen vergleichsweise gut nachprüfbaren Wertansatz darstellen, und nicht auf Zeitwerten, weil diese mehr subjektive Schätzungen erfordern und somit weniger objektiv sind. Dafür wird sogar eine geringere Relevanz der Werte in Kauf genommen.

Das Objektivierungserfordernis folgt insbesondere aus der Verwendung der Rechnungslegung zur Anspruchsbemessung und Vertragsgestaltung. Die Tatsache, dass die Rechnungslegungsinformation Rechte und Pflichten des Unternehmens auslöst, erfordert einen hohen Grad an Verlässlichkeit und intersubjektiver Nachprüfbarkeit. Ansonsten

---

[5] Es soll jedoch Menschen geben, die ihre Armbanduhr bewusst ein paar Minuten vor stellen oder sich Termine etwas früher beginnend eintragen, um nicht immer notorisch zu spät zu kommen. Psychologische Aspekte dieser oder ähnlicher Art werden im Folgenden nicht weiter betrachtet.

[6] Zu einer Darstellung vgl *Ewert/Wagenhofer/Rohlfing-Bastian* (2023), S. 6–10.

könnte das Unternehmen die Rechte und Pflichten faktisch selbst bestimmen, und dies werden rationale Vertragspartner nicht akzeptieren. Im Übrigen ist die Abrechnung und Kontrolle der Transaktionen einer abgelaufenen Periode eine eigenständige, wichtige Verwendung der Rechnungslegung, im Sinne von **Rechenschaftslegung** und Dokumentation.

In jüngerer Zeit kommt es verstärkt zu einem gewissen Abrücken vom **Anschaffungswertprinzip**, indem für bestimmte Positionen (z. B. Finanzinstrumente, bestimmte Immobilien, Versicherungsverträge, Tiere und Pflanzen) die Bewertung zu Zeitwerten vorgeschlagen oder vorgeschrieben wird. Diese Tendenz resultiert aus der verstärkten Hinwendung der internationalen Rechnungslegung auf die Entscheidungsnützlichkeit und weg von Anspruchsbemessung und Vertragsgestaltung.

Periodisierung

Eine wesentliche Funktion der Rechnungslegung besteht in der **Ermittlung des Periodengewinns.** Der Gewinn bzw. Verlust wird als Differenz zwischen Erträgen und Aufwendungen ermittelt. Aufwendungen und Erträge ergeben sich aus dem Prinzip der **Periodenabgrenzung**, wonach Geschäftsfälle und andere Ereignisse dann erfasst werden, wenn sie bestimmte Zurechnungskriterien (wie Realisation, Verursachung, zeitliche Zuordenbarkeit, Buchwertänderung) erfüllen und nicht dann, wenn die Zahlungen aus diesen Transaktionen anfallen. Für die Darstellung der Einzahlungen und Auszahlungen einer Periode gibt es mit der **Kapitalflussrechnung** eine eigenständige Rechnung.

Der Grund dafür liegt darin, dass die Rechnungslegung eine **Periodenrechnung** ist, während Transaktionen über mehrere Perioden hinauswirken. Die tatsächlichen **Cashflows** können von vielen Zufälligkeiten abhängen (z. B. wann der Kunde gerade eine Anzahlung leistet oder eine Rechnung bezahlt). Sie sind daher i. d. R. **volatiler** als die Leistungen des Unternehmens, die diese Cashflows auslösen. Für eine **Leistungsbeurteilung** (Wirtschaftlichkeitsrechnung) ist der Cashflow einer *einzelnen* Periode oft nur wenig aussagekräftig, und durch den Vergleich eines Cashflows mit dem Cashflow der Vorperiode können nicht immer ökonomisch sinnvolle Schlussfolgerungen gezogen werden.

Die Periodenabgrenzung kann einerseits als Zurechnung von Zahlungen auf einzelne Perioden gesehen werden (**dynamische Sichtweise**). Die Differenzen zwischen Zahlungsüberschuss und Gewinn werden in der Bilanz gespeichert. Die Bilanz hat dann keine inhaltlich eigenständige Funktion. Alternativ kann man die Periodenabgrenzung als Folge der Bewertung des an einem Abschlussstichtag vorhandenen Vermögens und der Schulden betrachten (**statische Sichtweise,** *asset-liability-approach).* Der Periodengewinn ergibt sich dann durch Vergleich des Nettovermögens zwischen Periodenende und Periodenbeginn. Die herrschenden Rechnungslegungssysteme beinhalten Elemente beider Sichtweisen.

Die Periodenabgrenzung erfordert **detaillierte Regeln** für die Zuordnung von Cashflows auf Perioden bzw. die Bewertung der Vermögenswerte und Schulden, die vielfach zukunftsorientierte Elemente umfassen, wie etwa Erwartungen und Annahmen über die künftige Nutzung von Anlagevermögen, den Verbrauch von Vorräten oder die Wertänderung ruhenden Vermögens. Dadurch wird die **Verlässlichkeit** der Daten reduziert.

Cashflows sind **beobachtbar** (sobald man den Fonds eindeutig definiert) und deshalb relativ einfach nachprüfbar; Gewinne sind ein **theoretisches Konstrukt** und als ein solches weder direkt beobachtbar noch als „richtig" oder „falsch" beurteilbar.

Die **Kosten- und Erlösrechnung** verwendet als Rechengrößen **Kosten und Erlöse**. Nach üblichem Verständnis umfassen sie die bewerteten, sachzielbezogenen Güterverbräuche bzw. Gütererstellungen eines Unternehmens in einer Periode. Üblicherweise werden Kosten und Erlöse aus den Aufwendungen und Erträgen abgeleitet, indem z. B. ihre Sachzielbezogenheit geprüft, die Bewertung geändert, die zeitliche Zuordnung geändert sowie Opportunitätskosten berücksichtigt werden. International ist eine exakte Trennung dieser Rechnungsgrößen, wie dies im deutschsprachigen Raum Tradition hat, unüblich. Seit einigen Jahren beobachtet man aber auch hier einen Trend zu einer **Harmonisierung** der externen und internen Unternehmensrechnung, die eine Angleichung der verschiedenen Rechengrößen im Unternehmen, vor allem für das laufende Reporting, sicherstellt.

Asymmetrische Erfassung von Gewinnen und Verlusten

Die Rechnungslegung erfasst Transaktionen und bestimmte Ereignisse in einer Periode. Die herrschenden Rechnungslegungssysteme machen dies jedoch nicht symmetrisch, sondern ungünstige (gewinnmindernde) Ereignisse werden typischerweise bereits bei Bekanntwerden erfasst, auch wenn sie noch nicht realisiert sind. Günstige Ereignisse werden jedoch meist erst bei ausreichender Sicherheit erfasst. Diese **asymmetrische Erfassung** folgt aus dem **Vorsichtsprinzip**. Es besitzt traditionell eine große Bedeutung im Rahmen der Grundsätze ordnungsmäßiger Buchführung im deutschsprachigen Raum. Es wird im HGB ausdrücklich angeführt und schließt danach auch das **Realisationsprinzip** und das **Imparitätsprinzip** ein. Auch das **Niederstwertprinzip** ist Ausfluss aus dem Vorsichtsprinzip. Im Gegensatz dazu steht eine neutrale Erfassung von Gewinnen und Verlusten, die Ereignisse, die sich nur im Vorzeichen unterscheiden (z. B. eine positive und negative Wertänderung eines Vermögenswertes um 100), auch gleichermaßen in der Rechnungslegung abbildet.

Es ist offensichtlich, dass durch eine asymmetrische Erfassung eine **Verzerrung der Berichterstattung** hin zu einer Darstellung einer tendenziell ungünstigeren Lage des Unternehmens erfolgt.

Ein Grund für die asymmetrische Berücksichtigung von Gewinnen und Verlusten liegt in (angenommenen) **Anreizen des Managements**, lieber ein günstigeres Bild der Unternehmenssituation zu zeigen als umgekehrt. Solche Anreize werden durch das Vorsichtsprinzip beschränkt. Im deutschsprachigen Raum wird das Vorsichtsprinzip auch mit dem Gläubigerschutz begründet. Dadurch soll die **Ausschüttung** von Gewinnen verhindert werden, die vielleicht in weiterer Folge noch benötigt würden, um künftige, absehbare Verluste aufzufangen.

Aggregation und Betonung finanzieller Größen

Die Rechnungslegung fasst ähnliche Sachverhalte für die Darstellung in der Bilanz, der Gewinn- und Verlustrechnung und in der Kapitalflussrechnung in einzelne Positionen zusammen. Dadurch geht natürlich Basisinformation verloren, allerdings wird die Übersichtlichkeit verbessert. Das primär interessierende Ergebnis der Rechnungslegung ist das **Jahresergebnis**, eine Größe, in der die Erfolgsauswirkungen sämtlicher erfasster Transaktionen und Ereignisse einer Periode zusammengefasst sind.

Voraussetzung für eine solche Aggregation ist ein einheitlicher Maßstab zur Erfassung der Transaktionen und Ereignisse. Dies erfolgt durch Verwendung **finanzieller Größen**, d. h. Geld. Die **Bewertung** ist der Vorgang der Messung von Transaktionen und Ereignissen, die im Rechnungswesen abgebildet werden, in Geldeinheiten. Verschiedene Transaktionen und Ereignisse werden dadurch aggregierbar, man kann deren finanzielle Auswirkungen addieren oder subtrahieren und letztlich eine einzige Erfolgsgröße ermitteln.

> In Zeiten hoher **Inflation**, in Europa vor allem in den 1930er-Jahren, beschäftigte sich die Bilanzforschung intensiv mit der Frage, wie die Inflation in der Rechnungslegung berücksichtigt werden könne. Inflation bewirkt eine Veränderung des Maßstabs Geld über die Zeit, wodurch die Aussagekraft aggregierter nominaler Werte leidet.

In jüngerer Zeit wird verstärkt die **Offenlegung nichtfinanzieller Größen** in der Finanz- und in der Nachhaltigkeitsberichterstattung vorgeschrieben. Damit soll eine Berichterstattung über wichtige Performancegrößen, Werttreiber oder Steuerungsgrößen erreicht werden, die Aussagen und Prognosen über den weiteren Geschäftsverlauf früher als finanzielle Größen erlauben sollen, die vielfach erst dann erfasst werden, wenn die jeweiligen Transaktionen beendet sind. Solche Angaben sind jedoch selten im Jahresabschluss selbst, sondern vor allem im Lagebericht (in Form von finanziellen und nichtfinanziellen Leistungsindikatoren) vorgeschrieben. Ein Auslöser dieser Diskussion über nichtfinanzielle Performancegrößen liegt darin, dass Marktpreise von Unternehmen (Börsenkapitalisierung) oft erheblich über den jeweiligen Buchwerten des bilanziellen Eigenkapitals liegen. Um zu vermeiden, dass nicht verlässliche Daten (z. B. durch Aktivierung von Investitionen in immaterielle Werte) in die Rechnungslegung eingehen, wird vorgeschlagen, Basisdaten außerhalb des Systems der Rechnungslegung zu liefern. Dies erfolgt derzeit freiwillig im Rahmen der Publizität unter Schlagworten wie *value reporting* oder *business reporting*. Andere Entwicklungen sind Umwelt- und Nachhaltigkeitsberichte, die vorwiegend nichtfinanzielle Größen umfassen. Hier ist, wie bereits weiter oben beschrieben, die Zielsetzung nicht immer über die Anforderungen des Kapitalmarkts (Entscheidungsnützlichkeit) definiert. Zumindest in Europa wird anstatt einer Ausrichtung auf *shareholder* ein *multi-stakeholder*-**Ansatz** vorgegeben.
Die Schwierigkeit besteht allerdings darin, dass nichtfinanzielle Größen selten **aggregierbar** sind: Was besagt die Anzahl der abgesetzten Produkte in einem diversifizierten Unternehmen? Und welche aggregierte Größe ist geeignet, die Nachhaltigkeit der Unternehmensaktivitäten insgesamt zu erfassen? Des Weiteren sind die für ein Unternehmen wichtigen nichtfinanziellen Größen meist **unternehmensspezifisch**. Dadurch wird die **Vergleichbarkeit** über Unternehmen stark eingeschränkt.

1.4 Zusammenhang mit anderen Informationssystemen

Die Rechnungslegung ist nicht die einzige **Quelle** für **Unternehmensinformationen**. Zum einen können Unternehmen selbst zusätzliche Informationen geben, zum Teil müssen sie dies sogar, wenn sie etwa an der Börse notiert sind (z. B. Ad-hoc-Publizität). Daneben sind am Markt üblicherweise weitere Informationsquellen vorhanden, die zumeist von **Informationsintermediären** wie Banken, Finanzanalysten, Rating-Agenturen und der Wirtschaftspresse veröffentlicht werden. Viele dieser Informationen stammen aber dennoch vom Unternehmen, und die meisten Finanzinformationen haben ihren Ursprung in dessen Rechnungslegung.

Ein wesentlicher **Vorteil** solcher Quellen gegenüber der Rechnungslegung besteht darin, dass Informationen i. d. R. **aktueller** wie auch **rascher** verfügbar sind als etwa Jahresabschlüsse. Auf der anderen Seite hat die Rechnungslegung komparative Vorteile, weil sie eben auf **bekannten Rechnungslegungsregeln** basierende **verlässliche Informationen** liefert.

Empirische Studien, die den Informationsgehalt von Jahresabschlussinformationen anhand der Reaktionen der Aktienkurse um den Tag der Veröffentlichung testen, kommen häufig zu dem Schluss, dass die Rechnungslegung nur geringen **zusätzlichen Informationsgehalt** gegenüber den am Markt bekannten und in den Kursen verarbeiteten Informationen aufweist.[7] Dies so zu interpretieren, dass andere Informationsquellen die Rechnungslegung obsolet machen, wäre jedoch ein Trugschluss. Die Jahresabschlüsse haben zumindest die Funktion, dass sie die sonstigen **Informationsquellen bestätigen** und damit gewissermaßen **disziplinieren**. Die Adressaten wissen, dass zu bestimmten Stichtagen Jahresabschlüsse veröffentlicht werden, die verlässliche Finanzinformationen enthalten. Dadurch wird es für Unternehmen schwierig, vorab bewusst falsche Informationen bekannt zu geben, denn dies würde später aufgedeckt. Die Adressaten glauben daher anderen Informationen gerade deshalb, weil die Informationen später von der Rechnungslegung bestätigt werden. Würde man auf die Rechnungslegung verzichten, bestünde keine *ex post*-Kontrolle mehr, und die anderen Informationen hätten weniger Entscheidungsnutzen.

Beispiel

Angenommen, die öffentliche Hand kündigt an, zum Zwecke der Erhaltung und Verbesserung der Infrastruktur in den folgenden Jahren umfangreiche Investitionen in den Bau und die Reparatur von Straßen, Autobahnen und Brücken zu tätigen. Man beobachtet daraufhin signifikant positive Kursbewegungen von Aktien börsennotierter Bauunternehmen, die im Straßenbau tätig sind.

Begründen lassen sich solche Entwicklungen mit der Erwartung von Anlegern, dass das betreffende Unternehmen mit einer gewissen Wahrscheinlichkeit künftig an den neuen Ausschreibungen erfolgreich partizipieren und daher zusätzliche Überschüsse

---

[7] Vgl zB *Lev* (1989).

generieren wird. In der Periode der Ankündigung sind dies aber pure Erwartungen, sie können im Jahresabschluss der Ankündigungsperiode gar keinen Effekt haben, weil es die Ausschreibungen noch nicht gibt. Ein Vergleich der Gewinne mit den Kursbewegungen würde bezüglich dieser Aspekte einen Effekt von null zeigen.

Folgt daraus, dass die Rechnungslegung nicht informativ ist? Und würde man sich wünschen, dass die Erwartungen des Marktes oder des Managements sich schon im Gewinn der laufenden Periode niederschlagen? ◄

2   Institutioneller Rahmen

2.1   Überblick

Die externen Adressaten haben grundsätzlich ein Interesse daran, **qualitativ hochwertige**, d. h. relevante und verlässliche Informationen über die Lage und Performance des Unternehmens zu erlangen. Die externe Unternehmensrechnung ist ein **Informationssystem**, welches Abbildungs- und Offenlegungsregeln enthält, jedoch vom Management des betreffenden Unternehmens betrieben wird. Die Entscheidungsträger im Unternehmen (Eigentümer, Aufsichtsrat, Management) haben allerdings vielfach Eigeninteressen und können Spielräume (Wahlrechte, Ermessensspielräume) zu ihren Gunsten nutzen. Deshalb kann die Rechnungslegung nicht als „technisches" System gesehen werden, das schon alleine aufgrund der vorgegebenen Regeln zu einem „richtigen" Ergebnis gelangt.

Die Sicherstellung der **Qualität** der Rechnungslegung ist die Aufgabe einer Vielzahl von Institutionen. Abb. 1.1 gibt eine Übersicht über diese **Institutionen** und an welcher Stelle sie im Rechnungslegungsprozess eingreifen. Die Details variieren international, allerdings sind die Regeln innerhalb der EU weitgehend harmonisiert.

> Nicht berücksichtigt sind hier **Informationsintermediäre**, die einen wesentlichen Teil weiterer Informationsquellen für die Adressaten bereitstellen. Der Grund besteht darin, dass es sich nicht originär um Informationen des Unternehmens handelt, auf die das Unternehmen daher nur indirekt Einfluss hat. Dennoch können auch Informationsintermediäre Interessenkonflikten unterliegen, etwa wenn Analysten einer Bank eine Empfehlung über den Kauf von Aktien eines Unternehmens geben sollen, das die Bank als guter Kunde oder als Hausbank und möglicherweise bei der Ausgabe von Aktien oder Anleihen unterstützte, oder wenn die Bank eine Eigenposition an Aktien des betreffenden Unternehmens hält.

Alle diese Elemente haben erheblichen Einfluss auf die Finanzberichterstattung, und sie weisen starke **Wechselwirkungen** mit den **Rechnungslegungsstandards** auf. Wird ein einziges Element aus dem komplexen Netz verschiedener institutioneller Regeln der Finanzberichterstattung geändert oder ersetzt, besteht die Gefahr, dass Unverträglichkeiten entstehen und das System dadurch schlechter funktioniert. So müssen beispielsweise qualitativ hochwertige Standards in einer Umgebung mit unzureichender Prüfung

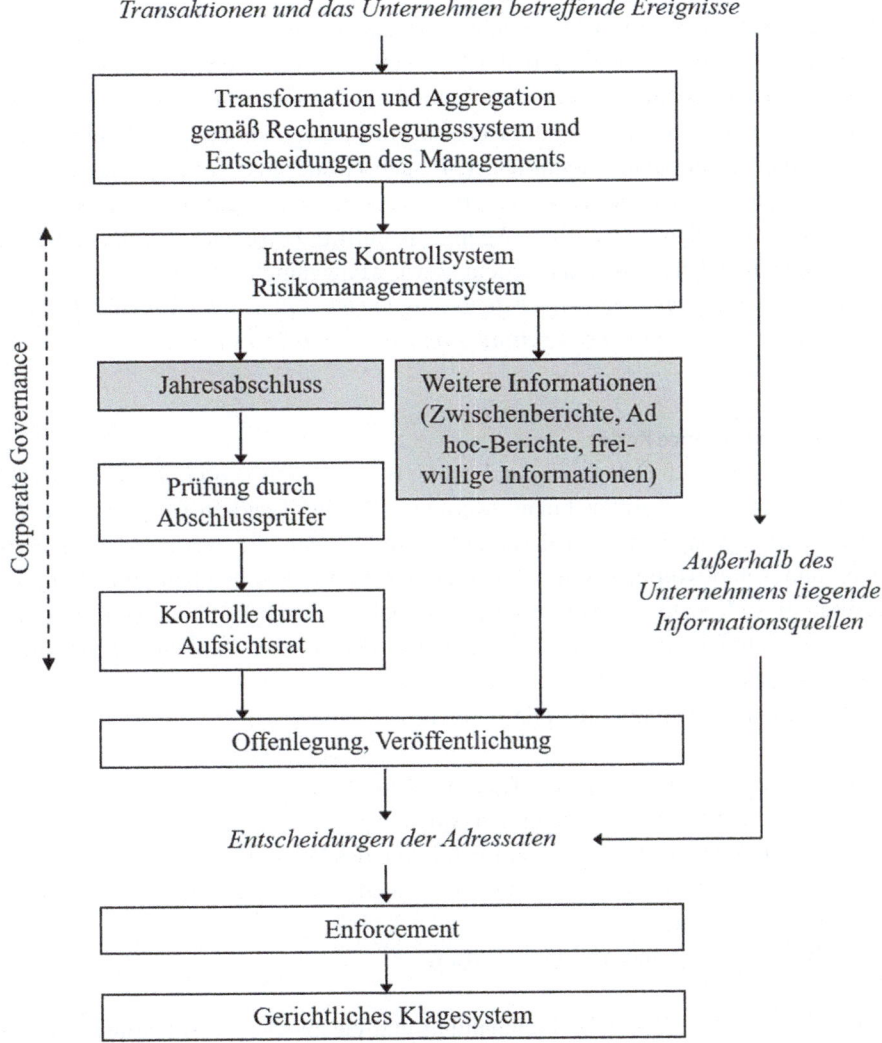

Transaktionen und das Unternehmen betreffende Ereignisse

Transformation und Aggregation
gemäß Rechnungslegungssystem und
Entscheidungen des Managements

Internes Kontrollsystem
Risikomanagementsystem

Jahresabschluss

Weitere Informationen
(Zwischenberichte, Ad
hoc-Berichte, frei-
willige Informationen)

Prüfung durch
Abschlussprüfer

Kontrolle durch
Aufsichtsrat

Corporate Governance

*Außerhalb des
Unternehmens liegende
Informationsquellen*

Offenlegung, Veröffentlichung

Entscheidungen der Adressaten

Enforcement

Gerichtliches Klagesystem

Abb. 1.1 Institutioneller Rahmen der Rechnungslegung

und Durchsetzung nicht die von ihnen erwarteten Effekte zeitigen.[8] Veröffentlichte Fehler-
feststellungen von Enforcement-Institutionen zeigen, dass es eine nicht geringe Zahl von
Unternehmen gibt, die fehlerhafte Abschlüsse veröffentlichen. Dies liegt weniger an den
Standards, sondern an Mängeln in Internen Kontrollsystemen, der Prüfung und der Durchsetzung der Standards.

---

[8] Vgl auch *Ball* (2001), *Ball/Robin/Wu* (2003).

Einbettung in die Corporate Governance

Unter **Corporate Governance** versteht man „den rechtlichen und den faktischen Ordnungsrahmen für die Leitung und Überwachung eines Unternehmens",[9] d. h. die **Unternehmensverfassung**, wobei nachfolgend im Wesentlichen die Rechtsform der Aktiengesellschaft betrachtet wird. Während im deutschsprachigen Raum die verantwortungsvolle Unternehmensführung (zT auch Grundsätze ordnungsmäßiger Unternehmensführung) und das Fördern des Vertrauens aller externen Adressaten betont wird, stehen im angloamerikanischen Raum **Agency-Konflikte** zwischen Kapitalgebern (Eigen- und Fremdkapitalgeber) und Management sowie Maßnahmen zu deren Reduzierung im Vordergrund: „*Corporate Governance deals with the ways in which suppliers of finance to corporations assure themselves of getting a return on their investment.*"[10]

Corporate Governance Kodex

In Deutschland und Österreich sind viele Bereiche der Corporate Governance gesetzlich geregelt. Darüber hinaus werden in beiden Ländern Corporate Governance Kodizes von eigenen Institutionen herausgegeben, die anerkannte Standards guter und verantwortungsvoller Unternehmensführung beinhalten. Im Kern beinhalten diese Kodizes *comply-or-explain* Regeln, wonach Unternehmen zwar von einzelnen Empfehlungen abweichen können, jedoch eine explizite Begründung dafür angeben müssen *(soft law)*.

Diese Standards regeln folgende Bereiche:

- Rechte von Aktionären und der Hauptversammlung,
- Zusammenwirken von Vorstand und Aufsichtsrat,
- Aufgaben, Zusammensetzung und Vergütung des Vorstands,
- Aufgaben, Zusammensetzung und Vergütung des Aufsichtsrats,
- Transparenz sowie
- Rechnungslegung und Abschlussprüfung.

Über die Einhaltung (oder Nichteinhaltung und entsprechende Erklärung) ist von kapitalmarktorientierten Unternehmen eine Erklärung in einem **Corporate Governance-Bericht** abzugeben.

Die **externe Unternehmensrechnung** ist ein wichtiger Bestandteil der Corporate Governance. Sie bestimmt den Umfang und Inhalt der Informationen, auf den die einzelnen internen Organe und externen Adressaten zurückgreifen können, um ihren Aufgaben nach-

---

[9] So zB *v. Werder* (2000), S. 33.

[10] *Shleifer/Vishny* (1997), S. 737.

zukommen. Ein Mangel an **Transparenz** verhindert, dass möglicherweise gewährte Rechte nicht effizient ausgeübt werden können. Umgekehrt, stehen ausreichenden Informationen mangelnde Rechte der Adressaten gegenüber, können die Informationen nicht genutzt werden, um wirkungsvoll Agency-Konflikte zu reduzieren. Solche Informationen könnten dann nur für die Entscheidungsnützlichkeit, nicht jedoch für die Anspruchsbemessung und Vertragsgestaltung genutzt werden. Über die Corporate Governance großer Unternehmen muss sowohl im Lagebericht als auch in der Nachhaltigkeitsberichterstattung berichtet werden.

2.2 Internes Kontrollsystem und Risikomanagementsystem

Die Sicherstellung der Anforderungen an die externe Unternehmensrechnung beginnt beim **Management** (bei der AG dem Vorstand) selbst, das für die Finanzberichterstattung originär **verantwortlich** ist. Die Qualität der Finanzberichterstattung hängt dabei von dessen **Anreizen** ab. Die Anreize können in gewissem Umfang auch durch Entlohnungsschemata, durch die Organisation und durch Entscheidungskompetenzen beeinflusst werden. Da Rechnungslegung trotz des ihr eigenen hohen Standardisierungsgrades eine Fülle von Spielräumen für **Bilanzpolitik** eröffnet, kann und muss das Management Entscheidungen hinsichtlich des Ausübens dieser Spielräume treffen und wird dies so tun, dass es seine Ziele bestmöglich erreicht. Einschränkungen für die Bilanzpolitik bestehen aufgrund der vorgegebenen oder gewählten Rechnungslegungssysteme, einer Stetigkeit der Ausübung sowie letztlich durch ethische Erwägungen.

Innerhalb der **Organisationsstruktur** des Unternehmens gibt es ebenfalls qualitätssichernde Maßnahmen, wie insbesondere das **Interne Kontrollsystem** (IKS) und das **Risikomanagementsystem**, die vom **Management** einzurichten sind und über die im Hinblick auf den Rechnungslegungsprozess zu berichten ist. Diese Systeme werden vom Prüfungsausschuss überwacht und vom Abschlussprüfer auf ihre Wirksamkeit geprüft.

Das **Interne Kontrollsystem** umfasst nach IDW PS 260 das interne Steuerungssystem und das interne Überwachungssystem. Elemente des internen Steuerungssystems sind ein Frühwarnsystem und das Controlling. Elemente des internen Überwachungssystems sind eine prozessunabhängige Überwachung durch die interne Revision sowie eine prozessintegrierte Überwachung, die organisatorische Sicherungen und Kontrollen umfasst.

2.3 Abschlussprüfung

Jahresabschlüsse (Einzel- und Konzernabschlüsse) unterliegen der Prüfung durch einen **unabhängigen Abschlussprüfer**. Die Prüfung soll gewährleisten, dass die Rechnungslegung im Wesentlichen frei von Fehlern und falschen Aussagen ist und dass sie damit hinreichend **verlässlich** ist. Der Abschlussprüfer wird von den Gesellschaftern gewählt, bei der AG erfolgt dies durch die Hauptversammlung auf Basis eines Vorschlags des Aufsichtsrates. Für Nachhaltigkeitsberichte ist auch eine Prüfung mit begrenzter Sicherheit vorgesehen, die in den kommenden Jahren zu einer Prüfung mit hinreichender Sicherheit, wie für die Finanzberichterstattung vorgesehen, verschärft wird.

Keine Prüfungspflicht besteht für andere vorgeschriebene Finanzinformationen, wie Zwischenberichte, Börsenprospekte und die Ad-hoc-Publizität, sowie für freiwillige Finanzberichterstattung. Es gibt allerdings Diskussionen, künftig Zwischenberichte einer Durchsicht (*review*) zu unterwerfen. Börsenprospekte werden i. d. R. von der Börsenaufsichtsbehörde geprüft. Nicht prüfungspflichtig sind Jahresabschlüsse kleiner GmbHs, obwohl diese in begrenztem Umfang offenlegungspflichtig sind. Insofern kommt es bei diesen Unternehmen zur Veröffentlichung ungeprüfter Finanzinformationen.

Die Abschlussprüfung ist keine „mechanische" Pflichtübung, vielmehr stehen dahinter mannigfache Interessenkonflikte. Beispielsweise hat das Management auf die Beauftragung eines Prüfers faktisch erheblichen Einfluss, und es muss mit dem Prüfer zusammenarbeiten. Allerdings ist es letztlich dasselbe Management, das für die Rechnungslegung verantwortlich ist und der Prüfung unterliegt. Die Qualität einer Prüfung kann nur schwer beurteilt werden, man kann sie insbesondere nicht schlicht an der Zahl der entdeckten Fehler messen – weist etwa die Rechnungslegung keine Fehler auf, kann der Prüfer auch keinen finden (sofern er nicht selbst Fehler macht), und ggf. setzt das Management schon im Vorfeld zahlreiche Aktivitäten zur Fehlervermeidung im Bewusstsein, dass später geprüft wird. Ähnlich wie bei anderen Freiberuflern (die „Vertrauensgüter" erzeugen) gibt es daher eine Reihe von Maßnahmen, die die Qualität sicherstellen sollen.

Für die **Durchführung der Prüfung** gibt es umfangreiche **Standards**, die den Umfang des Auftrags, die Prüfungsprozesse, die Organisation und Dokumentation sowie die Berichterstattung über das Prüfungsergebnis regeln. Ähnlich wie bei den Rechnungslegungsgrundsätzen ist hier eine internationale Angleichung der Prüfungsgrundsätze zu beobachten. In Deutschland und Österreich sind die Prüfungsgrundsätze grundlegend gesetzlich geregelt, und sie werden durch den Berufsstand weiter konkretisiert. International gibt es von der International Federation of Accountants (IFAC) die **International Standards on Auditing** (ISA), deren Anwendung in der EU künftig verpflichtend sein wird, soweit sie ein Anerkennungsverfahren durchlaufen haben.

Für die Funktion der Abschlussprüfung hat sich ein eigener Berufsstand der **Wirtschaftsprüfer** gebildet,[11] die bestimmte **Zulassungsvoraussetzungen** sowohl hinsichtlich der Qualifikation als auch der persönlichen Integrität erfüllen müssen. Für die **Auftragsvergabe** an den Wirtschaftsprüfer bestehen umfangreiche zusätzliche Anforderungen, die dessen **Unabhängigkeit** vom zu prüfenden Unternehmen gewährleisten sollen.

Die Wirtschaftsprüfung unterliegt selbst einer **Qualitätskontrolle** (*peer review*), die in Deutschland von der Wirtschaftsprüferkammer (WPK) organisiert wird. Die Qualitätskontrolle erfordert mindestens alle sechs Jahre eine Überprüfung des internen Qualitätssicherungssystems durch einen anderen Wirtschaftsprüfer (*Peer Review*). Im Jahre 2008

---

[11] Pflichtprüfungen mittelgroßer GmbH können auch Buchprüfer durchführen.

wurden außerdem sogenannte „anlassunabhängige Sonderuntersuchungen" bzw. „Inspektionen" eingeführt, durch welche das System der Qualitätssicherung einer Prüfungsgesellschaft sowie das Vorgehen bei einzelnen ausgewählten Prüfungen durch externe Prüfer begutachtet wird, die bei der WPK angestellt und daher keine praktizierenden Prüfer waren.[12] Die von der WPK organisierte Qualitätskontrolle wird ihrerseits seit dem Jahre 2005 überwacht. Ursprünglich geschah dies durch die **Abschlussprüferaufsichtskommission** (APAK), deren Mitglieder (unabhängige Experten) nicht dem Berufsstand der Wirtschaftsprüfer angehörten. Durch den Berufsstand können auch **Disziplinarmaßnahmen** verhängt werden. Seit dem Jahre 2016 ist die Abschlussprüferaufsichtsstelle (APAS) für die angesprochene Berufsaufsicht sowie die Durchführung der Inspektionen zuständig. Die APAS ist beim Bundesamt für Wirtschaft und Ausfuhrkontrolle eingerichtet. Sie hat damit eine stärker behördliche Struktur als die APAK. Die Umorganisation von der APAK zur APAS zeigt, wie kurzlebig Aufsichtsstrukturen sein können. In Österreich obliegt die Berufsaufsicht auch einer Behörde. Konkret ist dort die Abschlussprüferaufsichtsbehörde (APAB) zuständig.

2.4   Kontrolle durch den Aufsichtsrat

Die Verwaltung der Aktiengesellschaft ist in Deutschland und Österreich als **duales Führungssystem** organisiert. Der Vorstand ist das Leitungsorgan, und der **Aufsichtsrat** überwacht den Vorstand und ist in bestimmte Entscheidungen von grundlegender Bedeutung für das Unternehmen eingebunden. In vielen anderen Staaten (z. B. in der Schweiz und in den USA) besteht dagegen ein einheitlicher Verwaltungsrat *(board of directors)*, der aus geschäftsführenden und nicht geschäftsführenden Mitgliedern besteht.

Im Rahmen seiner **Überwachungsfunktion** hat der Aufsichtsrat den **Jahresabschluss** und den **Lagebericht** zu **prüfen**. Diese Prüfung erfolgt eigenständig auf Basis der dem Aufsichtsrat vom Vorstand gegebenen Informationen, des Prüfungsberichts des Abschlussprüfers und sonstigen verlangten Informationen. Zu dieser Prüfung gehört auch die Beurteilung der bilanzpolitischen Maßnahmen. Aufgrund der (notwendigen) Nähe von Aufsichtsrat und Vorstand können sich hier möglicherweise Interessenkonflikte des Aufsichtsrats hinsichtlich seiner Überwachungsfunktion ergeben.

Der Prüfung durch den Aufsichtsrat kommt in letzter Zeit verstärkt Bedeutung zu. Insbesondere haftet der Aufsichtsrat für die ordnungsgemäße Erfüllung seiner Überwachungsfunktion. Corporate Governance-Grundsätze sehen häufig vor, dass der Aufsichtsrat einen **Prüfungsausschuss** *(audit committee)* oder einen Rechnungslegungs- und Prüfungsaus-

---

[12]Damit soll die Unabhängigkeit besonders betont werden. Die Regelung zielt auf die Einführung sogenannter *inspections* ab, mit denen in den USA das durch den Sarbanes-Oxley Act 2002 als unabhängige Überwachungsbehörde eingeführte Public Company Accounting Oversight Board (PCAOB) maßgeblich betraut ist.

schuss einrichtet,[13] der sich vor allem mit der Rechnungslegung, dem IKS und Risiko-management und der Beauftragung des Abschlussprüfers befasst. In Staaten mit einem einheitlichen Verwaltungsrat wird auch empfohlen, dass die Mitglieder des Prüfungsaus-schusses nicht der Geschäftsführung angehören, sondern unabhängig sind.

Erst *nach* Behandlung und Feststellung des Jahresabschlusses wird dieser **offengelegt**. **Weitere Finanzberichte** unterliegen nicht direkt der Prüfung durch den Aufsichtsrat. Er kann sie jedoch im Rahmen seiner weitgehenden Überwachungsfunktion mitbehandeln.

2.5   Enforcement

Der veröffentlichte Jahresabschluss ist beim Handelsregister (in Österreich Firmenbuch) einzureichen, und große Kapitalgesellschaften haben ihn zu veröffentlichen. Das **Register-gericht** prüft jedoch nur die **formalen Voraussetzungen**, wie die Vollständigkeit der Unterlagen und das Einhalten von Fristen, es führt keine inhaltliche Prüfung durch.

Eine inhaltliche **Überprüfung** von Jahresabschlüssen erfolgt durch ein **Enforcement** i. d. R. nur für börsennotierte Unternehmen und Finanzinstitutionen (Banken, Ver-sicherungen). Das Enforcement wird durch eigene Gremien durchgeführt, die je nach Land staatlich, halbstaatlich oder privat organisiert sind. In Österreich ist das Enforcement durch ein zweistufiges Verfahren geregelt. In Deutschland war dies bis 2021 ebenfalls der Fall. Die erste Stufe bildet ein privatrechtlich organisiertes Gremium, die **Österreichische Prüfstelle für Rechnungslegung** (OePR). Sie prüft Abschlüsse von kapitalmarkt-orientierten Unternehmen stichprobenartig sowie bei konkreten Anhaltspunkten für eine fehlerhafte Rechnungslegung. Die Prüfung setzt die freiwillige Mitwirkung des Unter-nehmens voraus. Die Prüfstelle hat aber selbst keine Sanktionsmöglichkeiten. Bei Nicht-kooperation oder bei bestehenden Verstößen wird der Fall an ein staatliches Gremium weitergeleitet. Dieses ist in Österreich die **Finanzmarktaufsicht** (FMA). Dieses ent-scheidet über die Konsequenzen der gefundenen Fehler. I. d. R. wird eine **Veröffent-lichung** des Fehlers durch das Unternehmen vorgeschrieben.

In Deutschland wurde das zweistufige Verfahren im Zuge der Aufarbeitung des Wirecard-Skandals abgeschafft und durch ein einstufiges Verfahren mit der **Bundes-anstalt für Finanzdienstleistungsaufsicht** (BaFin) als zuständige Behörde abgelöst. Da-durch verspricht man sich eine effektivere Kontrolle.

Das HGB sieht eine Reihe von Strafbestimmungen im Hinblick auf **Bilanzfälschung** vor, wie etwa für Vorstand und Aufsichtsrat, wenn diese die Verhältnisse des Unter-nehmens im Jahresabschluss, Lagebericht oder Zwischenbericht unrichtig wiedergeben oder verschleiern oder wenn Offenlegungspflichten nicht eingehalten werden.

---

[13] In Österreich besteht für kapitalmarktorientierte Kapitalgesellschaften und für Unternehmen be-stimmter Größenordnung die Verpflichtung zur Bestellung eines Ausschusses zur Prüfung und Vor-bereitung der Feststellung des Jahresabschlusses (§ 92 (4a) öAktG).

Neben dem Enforcement gibt es eine mittelbare Prüfung der Ordnungsmäßigkeit der Rechnungslegung durch die **steuerliche Außenprüfung** (**Betriebsprüfung**). Die Betriebsprüfung hat nur indirekt Konsequenzen auf den Jahresabschluss. Aufgrund der unmittelbaren Steuerzahlungskonsequenzen ergehen die meisten Gerichtsurteile, die zu materiellen Themen der Rechnungslegung ergangen sind, in Bezug auf Steuerangelegenheiten.

2.6   Gerichtliches Klagesystem

Das letzte Element der Qualitätssicherung der Finanzberichterstattung besteht im gerichtlichen Klagesystem. Es wirkt zwar unmittelbar erst nachdem ein Schaden für Benutzer des Abschlusses entstanden ist, soll allerdings bereits *ex ante* ein hinreichendes Drohpotenzial entfalten, um genügend Aktivitäten der beteiligten Personen zur Gewährleistung einer verlässlichen Rechnungslegung zu induzieren. Weitere Klagemöglichkeiten bestehen bei Verletzung der **Sorgfaltspflicht** durch Organe des Unternehmens. Gerichtliche Klagen von Anteilseignern gegen Vorstand oder Aufsichtsrat kommen in Deutschland und Österreich kaum vor. Dies liegt vor allem daran, dass es Außenstehenden schwerfällt, einen begründeten Verdacht eines Fehlverhaltens der Organe nachzuweisen. Damit besteht ein hohes Risiko, in einem Gerichtsprozess zu unterliegen, so dass die erwarteten Kosten eines angestrengten Verfahrens den erwarteten Nutzen i. d. R. bei Weitem überwiegen. Für bestimmte Klagemöglichkeiten muss der Kläger außerdem einen Schaden nachweisen können, der seine Ursache in einer fehlerhaften Finanzberichterstattung hat. Auch dies ist in der Praxis schwierig. Am ehesten kommen Klagen im Anschluss an eine Insolvenz des Unternehmens vor. Das dAktG sieht allerdings gewisse Erleichterungen der Klagedurchsetzung durch eine Minderheit von Aktionären sowie Musterverfahren für geschädigte Aktionäre vor. Für Börsenprospekte ist die Haftungssituation wesentlich schärfer. Sind mit einem unrichtigen Abschluss Transaktionen, z. B. Ausschüttungen oder Bonuszahlungen, verbunden, kann auch der Tatbestand der **Untreue** erfüllt sein, der mit hohen Sanktionen bewehrt ist.

Vergleichbare strafrechtliche Bestimmungen gelten für den **Abschlussprüfer** (siehe auch 10. Kapitel: *Prüferhaftung und Prüfungspolitik*). Er unterliegt darüber hinaus einer **zivilrechtlichen Haftung**, die sich vor allem aus der Auftraggeberhaftung ableitet und damit nur dem Unternehmen selbst zusteht – das davon nur in seltenen Fällen, z. B. nach einem Konkurs, Gebrauch machen wird. Für fahrlässige Pflichtverletzungen ist die Haftung bei Pflichtprüfungen gesetzlich begrenzt. Eine **Dritthaftung** gegenüber Investoren und anderen Adressaten gibt es grundsätzlich nicht, obwohl in der letzten Zeit einige höchstgerichtliche Urteile mit einer weiten Definition der Haftung aufhorchen ließen.

Im Gegensatz zum System der gerichtlichen Durchsetzung der Rechnungslegung im deutschsprachigen Raum erscheint das **gerichtliche Klagesystem in den USA** deutlich stärker ausgeprägt und fast schon überzogen. Investoren können dort sehr leicht und ohne besonderes finanzielles Risiko klagen. Dies liegt an der Zulässigkeit ergebnisabhängiger Honorare der Rechtsanwälte, aber auch an der Möglichkeit von Sammelklagen, die eine erhebliche Reduktion der auf einen einzelnen Kläger entfallenden Kosten mit sich bringen. Unternehmen schützen sich materiell im Regelfall durch Versicherungen. Die Klagebedrohung der Unternehmen geht sogar so weit, dass der US-amerikanische Gesetzgeber sogenannte *safe harbor rules* einführen musste, um Unternehmen materiell zu ermöglichen, ohne die Gefahr gerichtlicher Klagen Prognosen zu veröffentlichen. Ein ökonomisch spürbarer Nachteil des überzogenen Klagesystems ist es, dass sich kleinere Unternehmen kaum die Versicherung leisten können und deshalb lieber auf eine Börsennotierung verzichten.

3   Regulierung der Rechnungslegung

3.1   Historische Entwicklung

Gesetzliche Regelungen der Finanzberichterstattung und darunter vor allem der Rechnungslegung haben in Deutschland eine lange Tradition.[14] Österreich folgte den deutschen Entwicklungen meist mit einer mehr oder weniger großen Zeitverzögerung. Die ersten Rechnungslegungsvorschriften gehen auf das **Allgemeine Preußische Landrecht** aus dem Jahr 1794 zurück. Mit der Zulassung von **Aktiengesellschaften** im Jahr 1843 wurde eine Verpflichtung zur jährlichen Aufstellung von Bilanzen eingeführt. Das **Allgemeine Handelsgesetzbuch** 1861 erweiterte diese Pflicht auf alle Rechtsformen und legte Grundsätze der Bewertung und Gewinnermittlung sowie der Gewinnverteilung fest. Mit dem Ende des Konzessionssystems, wonach Aktiengesellschaften einer staatlichen Aufsicht unterlagen, schrieb das **Aktiengesetz** von 1870 die Offenlegung der Bilanz in den Gesellschaftsblättern zum Schutz von Adressaten, insbesondere von Gläubigern vor. Bereits 1874 gab es die ersten Regelungen in Sachsen und Bremen, die die Bilanz mit der steuerlichen Gewinnermittlung verknüpften. Das **Maßgeblichkeitsprinzip** war geboren.

Aktiengesellschaften wurden zu einer sehr beliebten Rechtsform (die Rechtsform der GmbH wurde erst 1892 eingeführt). Es dauerte aber nicht lange, bis es zu einem **Zusammenbruch der Börsen** kam: das war 1873. Dabei wurde eine beliebte Spielart offenkundig, Gläubiger um ihr Geld zu bringen. Sie bestand darin, Vermögen des Unternehmens erheblich überzubewerten und die so generierten Gewinne als Dividenden an die Anteilseigner auszuschütten, was man heute als typische Maßnahme in einem Eigner-Gläubiger-Konflikt bezeichnen würde. Im Jahr 1884 wurde deshalb das **Anschaffungswertprinzip** in das Aktiengesetz eingeführt, das Überbewertungen über die Anschaffungs- oder Herstellungskosten hinaus unterband. Gleichzeitig wurde auch die Veröffentlichung der Bilanz und der Gewinn- und Verlustrechnung sowie die Einreichung zum Handelsregister eingeführt.

Eine weitere Variante war die Sachgründung einer Aktiengesellschaft mit stark überhöhten Werten der eingebrachten Einlagen. Dies ging zu Lasten der späteren Anteilseigner. Der Gesetzgeber reagierte darauf mit einer verpflichtenden **Gründungsprüfung**.

---

[14]Vgl zum Folgenden zB *Ballwieser* (1996b), *Schneider* (1997), S. 11 ff, *Schröer* (1993).

Abschlussprüfungen unterwarfen sich viele Unternehmen freiwillig. 1896 wurde die Erstellung von Börsenprospekten bei Emissionen vorgeschrieben.

Das **Handelsgesetzbuch** aus dem Jahr 1897 enthielt erstmals den Verweis auf **Grundsätze ordnungsmäßiger Buchführung (GoB)**. Die Idee für die Verwendung dieses unbestimmten Rechtsbegriffes war, das Gesetz flexibel zu halten, um auf neue Anforderungen der Wirtschaft rasch reagieren zu können. Allerdings führte dies auch zu Unsicherheiten über die Auslegung, was *„best practice"* der Kaufleute nun war. Der Gesetzgeber erließ im Laufe der nächsten Jahrzehnte etliche Detailregelungen, um bekannt gewordene Missbräuche zu unterbinden.

Die Wirtschaftskrise um 1930 führte zum Zusammenbruch vieler großer Unternehmen, darunter auch Banken und Versicherungen. Auch dabei wurden zum Teil betrügerische Bilanzpraktiken offenkundig. Neben einer weiteren Verschärfung der Bilanzierungsregelungen wurde 1931 die **verpflichtende Abschlussprüfung** eingeführt. Das **Aktiengesetz** 1937 enthielt bereits umfangreiche Detailregelungen für Bilanzansatz, Bewertung, Offenlegung und Abschlussprüfung. Der Hauptzweck war jedoch weiterhin der **Gläubigerschutz**, was sich in Obergrenzen für die Bewertung von Vermögen widerspiegelte. Mangels Untergrenzen war das Legen stiller Reserven durch Unterbewertungen kaum eingeschränkt; dadurch konnte das Management stille Innenfinanzierung zulasten hauptsächlich der Kleinaktionäre betreiben. Dies wurde erst im **Aktiengesetz** 1965 geändert, das, geleitet von der Idee der „gläsernen, aber verschlossenen Taschen", die Bildung stiller Reserven stark beschränkte, aber gleichzeitig der Verwaltung die Möglichkeit der umfassenden Gewinneinbehaltung einräumte.

In Deutschland führte das Aktiengesetz 1965 auch erstmals eine **Konzernrechnungslegungspflicht** ein (Österreich erst mit dem Rechnungslegungsgesetz 1990 ab 1994). Im Jahr 1969 wurde das **Publizitätsgesetz** beschlossen, das eine Offenlegungspflicht für Unternehmen ab einer bestimmten Größe – und unabhängig von der Rechtsform – aus öffentlichem Interesse vorsah.

Die rein nationale Entwicklung wurde von einer **europaweiten** abgelöst. Nach Gründung der (heute) Europäischen Union (EU) begannen Arbeiten an einer **Harmonisierung der Rechnungslegung** unter den Mitgliedstaaten. Die Vorarbeiten zur **4. Richtlinie (Bilanzrichtlinie)** waren stark von Deutschland beeinflusst, letztlich wurden aber nach dem Beitritt Großbritanniens zur EU im Jahr 1973 erhebliche Elemente des angloamerikanischen Gedankengutes aufgenommen – im Zweifel als Wahlrechte. Die 4. Richtlinie wurde 1978 beschlossen, die **7. Richtlinie (Konzernrichtlinie)** 1983 und die **8. Richtlinie** über die **Abschlussprüfung** kurze Zeit später. Inzwischen wurden die Richtlinien zur Rechnungslegung in einer Richtlinie, der **Bilanzrichtlinie** 2013, zusammengefasst.

Deutschland transformierte die Richtlinien durch das **Bilanzrichtliniengesetz** (BiRiLiG) im Jahr 1985 in deutsches Recht. In Österreich erfolgte dies aufgrund des EU-Beitritts 1995 im Jahr 1996; allerdings brachte das Rechnungslegungsgesetz 1990 bereits vorher eine weitgehende Angleichung. Die Transformation der Richtlinien erforderte eine Reihe von fundamentalen Änderungen, insbesondere im Konzernrechnungslegungsrecht. Dennoch galt damals der Konzernabschluss als Anhängsel der Finanzberichterstattung, die vor allem den Einzelabschluss betonte.

Die **Finanzierung** der meisten deutschen Unternehmen erfolgte hauptsächlich durch Bankkredite, und damit korrespondiert die Ausrichtung der gesetzlichen Rechnungs-legungsregelungen auf den **Gläubigerschutz**. Der **Schutz von Investoren**, i. d. R. (Min-derheits-)Aktionären, stand demgegenüber deutlich im Hintergrund.

> Es ist schwer zu sagen, ob die gesetzlichen Regelungen die Finanzierung durch Fremdkapital gegenüber dem Eigenkapital so bevorzugten, dass die Unternehmen hauptsächlich Fremd-kapital in Anspruch nahmen, oder ob es gerade umgekehrt war, dass die Unternehmen sich überwiegend mit Fremdkapital finanzierten und die gesetzlichen Regelungen deshalb ihr Augenmerk besonders auf den Gläubigerschutz richteten.[15]

Empirische Ergebnisse

In einer Analyse der Maßnahmen zum Anlegerschutz in den Rechtssystemen von 49 Staaten finden *La Porta/Lopez-de-Silanes/Shleifer/Vishny* (1998), dass *common law*-Staaten (z. B. Großbritannien, USA, Australien, Kanada, Irland, Pakistan, Süd-afrika, Thailand) den stärksten Anlegerschutz aufweisen und Staaten mit *code law* französischen Ursprungs (z. B. Frankreich, Italien, Belgien, Spanien, Türkei, Argen-tinien, Brasilien, Venezuela, Ägypten, Philippinen) den schwächsten. Staaten mit *code law* deutschen (z. B. Deutschland, Österreich, Schweiz, Japan, Taiwan) und skandinavischen Ursprungs (Dänemark, Finnland, Norwegen, Schweden) liegen in der Mitte.

Die Untersuchung zeigt aber, dass der Glaube, im deutschsprachigen Raum würde (zumindest) der Gläubigerschutz ausgeprägter sein als etwa im *common law*-Raum, nicht eindeutig bestätigt wird. Von den sechs Maßgrößen (z. B. Sicherungen, Rechte im Fall einer Insolvenz; nicht aber z. B. Vorsicht der Rechnungslegung) ist im Durchschnitt nur eine Maßgröße, die dinglichen Sicherheiten betreffend, höher als in *common law*-Staaten. Einzelvergleiche zeigen auch, dass etwa Großbritannien in allen Maßgrößen gleich gut oder sogar besser abschneidet als Deutschland und Österreich (die gleich gut sind).

Mit dem Grad gesetzlichen Schutzes korrespondiert die Konzentration des Eigen-tums an Aktien großer Publikumsgesellschaften. Sie ist umso höher, je geringer der Anlegerschutz ausgeprägt ist. Der Grund liegt darin, dass Eigentümer mit einem hohen Anteil direkte Möglichkeiten haben, ihre Interessen im Unternehmen zu schützen.

---

[15] *La Porta/Lopez-de-Silanes/Shleifer/Vishny* (2000a), S. 15, gehen davon aus, dass das Rechts-system (*code law* versus *common law*) mit seiner unterschiedlichen Berücksichtigung von Schutz-interessen der Aktionäre oder der Gläubiger für die Finanzierungsstrukturen ausschlaggebend war. Es ist jedoch nicht offensichtlich, weshalb Schutzregelungen nicht von verschiedenen Rechts-systemen geleistet werden könnten.

In jüngerer Zeit richtete sich die Rechnungslegung in deutschsprachigen Ländern stärker an **Kapitalmarkterfordernissen** aus. Anstoß dieser Entwicklung war im Wesentlichen der Gang von (damals) Daimler Benz an die New Yorker Börse *(New York Stock Exchange,* NYSE) im Jahr 1993. Dazu musste Daimler Benz eine Überleitung des Konzernergebnisses und des Eigenkapitals auf die US-amerikanischen Rechnungslegungsgrundsätze US-GAAP aufstellen (mit – nebenbei bemerkt – für viele überraschenden Effekten, nämlich einem Jahresgewinn nach dHGB und einem dreimal so hohen Jahresverlust nach US-GAAP). Bald danach folgten andere Großunternehmen, die freiwillig Konzernabschlüsse nach IFRS oder US-GAAP aufstellten. Sie erkannten, dass **international** eine viel **umfangreichere Finanzberichterstattung** an den Kapitalmärkten gefordert war. Der Gesetzgeber reagierte auf diese Entwicklung mit der **Befreiung** börsennotierter Unternehmen von der Verpflichtung, Konzernabschlüsse parallel auch noch nach deutschem Recht aufstellen zu müssen, eingeführt durch das **Kapitalaufnahmeerleichterungsgesetz** 1998 (diese Regelung ist mittlerweile aufgehoben).

Börsen (oder bestimmte Börsensegmente) begannen im selben Zeitraum, notierte Unternehmen mittels **vertraglicher Regelung** zu verpflichten, Abschlüsse nach IFRS oder US-GAAP zu veröffentlichen. Das Ziel bestand in der Gewährleistung einer hohen **Transparenz** und **Publizität** der gelisteten Unternehmen, die durch internationale Rechnungslegungsgrundsätze als eher erfüllbar angesehen wurden als durch die nationale Rechnungslegung.

Hand in Hand mit dieser Entwicklung ging die Absicht der Europäischen Kommission, den **integrierten Finanzmarkt in Europa** voranzutreiben. Die EU beschloss 2002 die IAS-Verordnung, die seit 2005 alle kapitalmarktorientierten Unternehmen in der EU zur Aufstellung von **Konzernabschlüssen nach IFRS verpflichtet** (an ausländischen Börsen notierte Unternehmen, die US-GAAP verwenden, bekamen eine Schonfrist bis 2007 eingeräumt). Dazu wurden **Wahlrechte** für die Anwendung von IFRS in Konzernabschlüssen nicht kapitalmarktorientierter Unternehmen und in Einzelabschlüssen für die Mitgliedstaaten vorgesehen. Deutschland und Österreich eröffnen ein Wahlrecht für Konzernabschlüsse, jedoch (faktisch) nicht in Einzelabschlüssen mit der Begründung, dass an den Einzelabschluss eine Reihe von Rechtsfolgen (Anspruchsbemessung) knüpfen und dies nicht geändert werden sollte.[16]

In späteren Jahren kam es in bestimmten Bilanzierungsthemen zu einer gewissen **Annäherung** der traditionellen handelsrechtlichen Rechnungslegung **an IFRS**. Ein wichtiger Schritt erfolgte 2009 mit dem **Bilanzrechtsmodernisierungsgesetz** (dBilMoG), wodurch für Einzelabschlüsse z. B. die Berechnung latenter Steuern an die IFRS-Vorgehensweisen angepasst und sogar der Ansatz bestimmter originärer immaterieller Vermögensgegenstände (Entwicklungskosten) erlaubt wurde (allerdings mit Aus-

---

[16]In Deutschland erfordert die Aufstellung eines Einzelabschlusses nach IFRS, dass für die Erfüllung gesellschafts- und steuerrechtlicher Vorschriften weiterhin ein Einzelabschluss nach dHGB erforderlich ist (§ 325 (2a) dHGB).

schüttungssperre). Einige IFRS-Regelungen, etwa zur Fair Value-Bewertung von Finanzinstrumenten, wurden hingegen bewusst nicht übernommen. Dennoch ist eine weitere **Annäherung** der nationalen Rechtslage an IFRS zu beobachten, zum Teil auch nur verdeckt,
z. B. bei der Interpretation von HGB-Regeln im Sinne der detaillierteren IFRS-Regeln. So
lehnen sich einige Standards der nationalen Standardsetter DRSC und AFRAC klar an die
entsprechenden IFRS an.

Die **Lageberichterstattung** in der derzeitigen Form hat ihre Wurzeln Ende des letzten
Jahrhunderts. Der Lagebericht soll den Jahresabschluss ergänzen und soll die **Vermögens-,
Ertrags- und Finanzlage** realistisch wiedergeben. Dabei soll es – anders als im Jahresabschluss – nicht zu einer verzerrenden Wirkung durch ausgewählte **Grundsätze
ordnungsmäßiger Buchführung** (GoB) kommen. Bestandteile des Lageberichts sind
unter anderem der Wirtschafts-, der Prognosebericht und der Chancen- und Risikobericht.
Im Allgemeinen erhält der Lagebericht relevantere (weil stärker zukunftsgerichtete) Information als der Jahresabschluss, jedoch ist die Information weniger verlässlich, auch deshalb, weil er nur einer prüferischen Durchsicht unterliegt. Börsennotierte AG müssen auch
einen detaillierten Vergütungsbericht offenlegen. Dieser war ursprünglich Teil des Lageberichts, ist aber inzwischen ein eigenständiger Bericht. Bestimmte Unternehmen müssen
einen Bericht über Zahlungen an staatliche Stellen erstellen.

Die Anforderungen an den Lagebericht wurden in den letzten drei Jahrzehnten markant
erhöht und insbesondere um **Nachhaltigkeitsaspekte** (**Environmental**, **Social** and **Governance**, ESG) erweitert, nämlich zunächst um eine nichtfinanzielle Erklärung (nichtfinanzieller Bericht) und ab 2024 um einen umfangreichen Nachhaltigkeitsbericht.

3.2   Quellen der Regulierung

Die Regulierung der Rechnungslegung erfolgt durch **verschiedene Quellen**. Abb. 1.2 gibt
einen Überblick über die bestehenden Möglichkeiten. Ein **internationaler Vergleich**
zeigt, dass Staaten völlig unterschiedliche Zugänge zur Regulierung haben, sowohl was
die damit verfolgten Ziele als auch was die inhaltliche Bestimmung betrifft. Wesentliche
Eigenschaften der Finanzberichterstattung eines Staates können auf historische, kultu-
relle, wirtschaftliche, rechtliche und institutionelle **Faktoren** zurückgeführt werden.[17] Sie
erklären beispielsweise die vorherrschenden Zwecke, den Detaillierungsgrad, die Flexibilität, den Umfang, die Verzerrung (z. B. durch das Vorsichtsprinzip), die Interpretation und
die Durchsetzung von Rechnungslegungsstandards.[18]

---

[17] Vgl zB *Choi/Frost/Meek* (2004), S. 48 ff, *Haller/Walton* (2000), S. 5 ff.

[18] Die Literatur zur internationalen Rechnungslegung ist diesbezüglich meist deskriptiv. Erst in jüngerer Zeit gibt es empirische Studien, die den Zusammenhang von Eigenschaften der Rechnungslegung vor allem mit dem Rechtssystem aufzeigen. Vgl zB *Ball/Kothari/Robin* (2000).

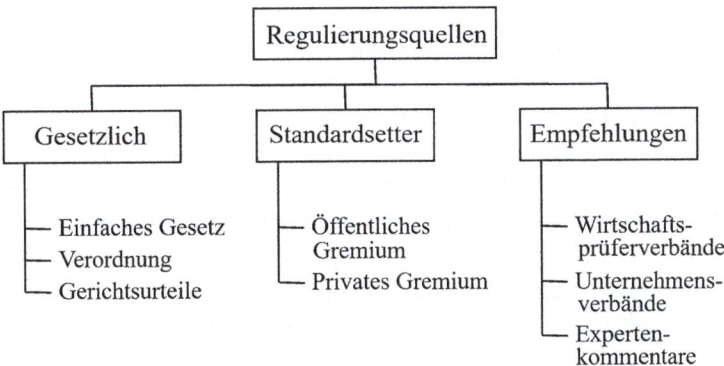

Abb. 1.2 Regulierungsquellen. (Die Abbildung ist adaptiert aus *Ebbers* (2001), S. 30)

In Deutschland und Österreich ist die Regulierung bisher durch gesetzliche Quellen geprägt. Sie erfolgt hauptsächlich im Gesellschaftsrecht, weniger im Wertpapierrecht, und indirekt zum Teil im Steuerrecht. Die gesetzlichen Regelungen werden in wesentlichen Teilen durch Regulierungsmaßnahmen auf EU-Ebene beeinflusst. So gibt es mit der IAS-Verordnung der EU unmittelbar in den Mitgliedstaaten wirkendes Rechnungslegungsrecht, während die Richtlinien in nationales Recht transformiert werden müssen. Zusätzlich gibt die EU auch Empfehlungen über weitere Berichterstattung, über deren (freiwillige) Umsetzung von den Mitgliedstaaten berichtet werden muss.

Neben gesetzlichen Quellen gibt es mit dem **Deutschen Standardisierungsrat** (DSR) ein privates Rechnungslegungsgremium unter der Trägerschaft des **Deutschen Rechnungslegungs Standards Committee** (DRSC). Die Standardsetzungskompetenzen des DRSC sind auf die Konzernrechnungslegung beschränkt. Die Deutschen Rechnungslegungsstandards (DRS) erhalten mit ihrer Verlautbarung durch das Justizministerium die Vermutung von Grundsätzen ordnungsmäßiger Buchführung. In Österreich gibt es mit dem Beirat für Rechnungslegung und sonstige Unternehmensberichterstattung (**Austrian Financial Reporting Advisory Committee**, AFRAC) unter dem Trägerverein Österreichisches Rechnungslegungskomitee einen ähnlich organisierten privaten Standardsetter. Seine Standards werden jedoch nicht formal vom Justizministerium anerkannt.

Ein stärkeres Vertrauen in Deutschland und Österreich in eine private Organisation bisher öffentlicher Aufgaben zeigt sich auch bei der Festlegung von Corporate Governance Kodizes und neuerdings beim Enforcement der Rechnungslegung. Interessanterweise ist es nicht der Wunsch nach Deregulierung, der zu verstärkten **Privatisierungstendenzen** führte, sondern die Annäherung an internationale Usancen. Die neuen Institutionen führen nämlich nicht zu einer Reduktion bestehender gesetzlicher Regelungen, sondern setzen eher zusätzliche Anforderungen. Sie können aber zum Teil (jedenfalls bei der Corporate Governance) mehr als *best practice* und weniger als Mindestanforderungen verstanden werden. In der letzten Zeit sinkt das Vertrauen in private Organisationen allerdings wieder. In Deutschland wurde das Enforcement durch die Abschaffung der DPR in ein einstufiges staatliches Verfahren geändert. Dies gilt auch bis zu einem gewissen Umfang für die Qualitätsprüfung in der Abschlussprüfung. Hier hat, wie oben beschrieben, die APAS einen stärker staatlichen Charakter als die APAK zuvor. In Bezug auf Rechnungslegungs-standardsetter ist eine solche Tendenz allerdings nicht zu erkennen. Allerdings wird auch auf **EU-Ebene** stärker auf rechtliche Regeln gesetzt, was vor allem bei der Nachhaltig-keitsberichterstattung erkennbar ist, die nicht nur detaillierte Vorgaben in der CSRD ent-hält, sondern auch eine Fülle von Einzelstandards, die **European Sustainability Repor-ting Standards** (ESRS), gesetzlich vorgibt.

Es ist schwer zu sagen, ob **private Standardsetter erfolgreicher** sind als Gesetz-gebungsprozesse.[19] Dem Gesetzgeber wird häufig nachgesagt, dass er zu langsam auf not-wendige Anforderungen reagiert und dass ein privater Standardsetter rascher und flexibler wäre. Allerdings wird auch dem US-amerikanischen FASB eine gewisse Behäbigkeit vorgeworfen.[20]

Detailregelungen und Interpretationen werden durch Fachgutachten und Stellung-nahmen des Instituts der Wirtschaftsprüfer sowie durch die Kommentar- und andere Fach-literatur vorgenommen. Diese haben jedoch nur den Charakter von Empfehlungen. Der Vorteil der Einhaltung für Unternehmen liegt darin, dass sie sich nicht ggf. später z. B. in einem Gerichtsverfahren rechtfertigen müssen, anders vorgegangen zu sein. Auf ihre Ein-haltung wird auch vom Abschlussprüfer gedrängt.

3.3   Warum Regulierung der Rechnungslegung?

Die historische Entwicklung zeigt zunächst die Tendenz, dass die **Regulierung** der Rechnungslegung im Zeitablauf **ständig zugenommen** hat. Es wurden mehr Finanz-berichte vorgeschrieben, es wurde die Publizitätspflicht erweitert, die geforderten Finanz-informationen wurden umfangreicher, und eine detaillierte Nachhaltigkeitsbericht-erstattung wird eingeführt. Und die Regeln selbst werden immer detaillierter. Die **Anlässe** dafür waren meist Zusammenbrüche großer Unternehmen, zum Teil in der Folge von Wirtschaftskrisen und zum Teil einfach auf Grund von Betrugsfällen und Bilanzdelikten. Je aufsehenerregender ein Zusammenbruch war, umso mehr wurden staatliche Maß-nahmen gefordert und auch gesetzt, um solche Fälle für die Zukunft zu verhindern.[21]

> Beispielsweise gab die heftige **Finanzkrise** ab dem Jahr 2007 Anlass zu einer neuen
> Regulierungsrunde. So legte die EU-Kommission im Oktober 2010 ein sogenanntes **Grün-buch** mit dem Titel „Weiteres Vorgehen im Bereich der Abschlussprüfung: Lehren aus der

---

[19] *Ebbers* (2001) findet Hinweise, dass privat gesetzte Standards eher eingehalten werden.

[20] Vgl zB *Miller/Redding/Bahnson* (1998), S. 168 f.

[21] Vgl dazu etwa die Beispiele in *Feldhoff* (1992), S. 60 ff. Dies dürfte generell gelten, und zwar auch in Staaten, die grundsätzlich mehr auf private Regulierung bauen. Das Beispiel von Enron im Jahr 2001, der bis dahin größte Konkursfall in den USA, zeigt dies. Plötzlich wurde die Qualität der Stan-dards selbst wie auch der verschiedenen Kontrollinstitutionen massiv in Frage gestellt. Vgl dazu zB *Benston/Bromwich/Litan/Wagenhofer* (2003).

Krise" vor, in dem zahlreiche Maßnahmen zur Verbesserung der Qualität der Abschlussprüfung präsentiert wurden. Es führte 2014 zur Neufassung der **Abschlussprüferrichtlinie** und einer neuen Verordnung (EU-VO Nr. 537/2014) für die Prüfung bei Unternehmen öffentlichen Interesses (das sind im Wesentlichen kapitalmarktorientierte Gesellschaften).

Auslöser der detaillierten Regeln für eine Nachhaltigkeitsberichterstattung war der **EU Green Deal** in 2019, mit dem die Klimaneutralität bis 2050 zum Ziel gesetzt wurde und mit etlichen Maßnahmen der Umgestaltung von Wirtschaft und Gesellschaft erreicht werden soll. Die Nachhaltigkeitsberichterstattung ist eines der Instrumente dieser Strategie.

> **Das „*Law of the instrument*"**
> Die Tendenz, dass Standardsetter anfällig sind, auf alles mit einem Mehr an Regeln zu antworten, wird von *Dye/Sunder* (2001, S. 262) mit dem sogenannten „*Law of the instrument*" verglichen, das wie folgt lautet: „*Give a small boy a hammer, and he will find that everything he encounters needs pounding.*"

Es ist eine Sache, die historische Entwicklung der Regulierung (oftmals als Antwort auf Krisen und Fehlverhalten) nachzuzeichnen; eine andere Frage besteht darin, warum es ganz **grundsätzlich einer Regulierung** der Rechnungslegung bedarf. Um etwa kostengünstig Kapital für Investitionen zu erhalten, haben Unternehmen ja auch freiwillig Anreize zu größerer Transparenz und damit zu Publizität, um Skepsis und Misstrauen bei Anlegern abzubauen. Ebenso bestehen Anreize, skeptischen Kapitalgebern die Furcht vor einer späteren Ausbeutung ihrer Position zu nehmen, indem Mechanismen der Selbstbindung installiert werden (z. B. über Ausschüttungsbeschränkungen).

Das Eingreifen eines Gesetzgebers wird dennoch für erforderlich gehalten, weil bestimmte Adressaten geschützt werden sollen, man die im Markt bestehenden Anreize als nicht ausreichend oder gar fehlgeleitet ansieht („**Marktversagen**"), oder weil die Regulierung zu Effizienzvorteilen führen könnte.[22]

Schutz von Adressaten

Als wesentlicher Grund für eine Regulierung der Rechnungslegung wird die **Schutzbedürftigkeit** bestimmter „**schwacher**" **Adressatengruppen** gesehen. So sollen Publizitätsregeln in dieser Sichtweise zum **Ausgleich des asymmetrischen Informationsstandes** unter verschiedenen Adressatengruppen führen, indem sie Transparenz schaffen und den gleichen Zugang aller zu bestimmten Informationen gewährleisten. Insoweit soll **Chancengleichheit** von „schwachen" mit „starken" Adressaten hergestellt werden.

---

[22] Siehe auch ausführlich *Leuz* (2010).

Die Stärke oder Schwäche von Adressaten kann verschiedene Ursachen haben. **Adressaten** könnten z. B. **naiv** sein, weil sie die Anreize von Unternehmen beim Ausweis von Finanzinformationen nicht durchschauen. Ein Unternehmen wird bestrebt sein, gerade dann Informationen offenzulegen, wenn die Lage günstig ist, nicht dagegen bei ungünstigen Szenarien. Dies impliziert, dass man bei fehlender Publizität skeptisch reagieren und seine Erwartungen eher nach unten revidieren sollte.[23] Naive Anleger würden diese rationale Interpretation des Ausweisverhaltens nicht vornehmen und das Unternehmen bei einem Nichtausweis faktisch überbewerten. Durch eine Gewährleistung einer wahrheitsgetreuen Berichterstattung und der Verpflichtung zur Publizität wird eine etwaige falsche Bildung von Erwartungen bei Nichtausweis irrelevant, weil Nichtausweis nicht mehr vorkommt – naive Adressaten werden damit geschützt.

Ein anderer Grund für asymmetrische Information zwischen Adressaten liegt darin, dass „schwache" Adressaten die notwendigen Informationen bewusst nicht selbst beschaffen. Angenommen, die **Kosten der Informationsbeschaffung** sind fix, während der **Vorteil** aus der verbesserten Informationslage proportional mit dem Engagement (beispielsweise im Aktienhandel) wächst. Für Anleger mit kleinem Budget zahlt sich die Informationsbeschaffung nicht aus, wenn der maximal erwartete zusätzliche Gewinn geringer ist als die Informationskosten. Bei größerem Budget wird es aber immer günstiger, die Information zu beschaffen. Insofern hat der Informationsnachteil von Kleinanlegern eine ökonomische Begründung.

Investoren mit kleinen Budgets haben andere Möglichkeiten, ihren Informationsnachteil durch ihre **Anlageentscheidungen** auszugleichen. Sie können in professionell gemanagte Fonds oder Indexfonds investieren, sie können Informationsdienste kaufen, eher Kauf- und Haltestrategien verfolgen usw. Geht man von einem relativ informationseffizienten Kapitalmarkt aus, so sind sie „**preisgeschützt**". Dies bedeutet, dass sie nicht systematisch verlieren, da die Preise im Durchschnitt die verfügbaren Informationen widerspiegeln.[24]

Anleger und Gläubiger sollen durch Publizitätspflichten und Mindestkapitalregeln auch vor Kapitalverlusten geschützt werden. Wirtschaftlich starke Adressaten bedürfen eines solchen typisierten Schutzes allerdings nicht; sie können ihre Interessen selbst ausreichend durchsetzen. Beispielsweise können sie geeignete Verträge (z. B. Managementverträge, Finanzierungsverträge) abschließen, Einfluss auf die Entscheidungsfindung im Unternehmen (z. B. durch die Besetzung von Organen des Unternehmens) ausüben oder eine Unternehmensübernahme androhen. Wirtschaftlich schwache Adressaten können sich vor allem dadurch schützen, dass sie gar nicht erst Vertragspartei eines Unternehmens werden. Schutzbedürftig sind damit eher nur Deliktsgläubiger, also solche, die nicht freiwillig Ansprüche gegen das Unternehmen haben (z. B. wenn ihnen durch eine Tätigkeit des Unternehmen Schaden erwächst).

---

[23] Siehe dazu ausführlich das 8. Kapitel: *Publizität und Publizitätsanreize*.
[24] Vgl *Watts/Zimmerman* (1986), S. 160. Die Informationseffizienz des Kapitalmarkts wird im 3. Kapitel: Rechnungslegung und Kapitalmarkt behandelt.

„Marktversagen " und externe Effekte

Externe Effekte bestehen vor allem darin, dass die am Kapitalmarkt publizierten Informationen allgemein verfügbar und damit ein freies, **„öffentliches Gut"** sind, für welches das **Ausschlussprinzip** nicht gilt.

Produziert und veröffentlicht ein Unternehmen Informationen, verursacht ihm das Kosten, die letztlich von den gegenwärtigen Eigentümern getragen werden. Diesen Kosten können Vorteile gegenüberstehen, wie z. B., wenn das Unternehmen gerade Kapital aufnehmen muss. In anderen Perioden hat man aber Publikationskosten ohne direkte Vorteile für das Unternehmen. Der externe Nutzen dieser Informationen bei den Investoren (Verbesserung der Portefeuilleentscheidungen, dadurch veränderte Kapitalallokation am Markt generell) wird nicht automatisch vom einzelnen Unternehmen bei seinen Entscheidungen internalisiert. Rechtliche Publizitätsvorschriften können den daraus entstehenden Anreizen zu einer **Unterproduktion von Information** durch die Unternehmen entgegentreten und so aus einer Gesamtwohlstandsbetrachtung Effizienzvorteile bewirken.

Vorteile aus Standardisierung

Die Rechnungslegung von Unternehmen ist in sehr hohem Maße reguliert und damit standardisiert. Unternehmen sind verpflichtet, einen bestimmten Mindestumfang von Finanzinformationen zu produzieren und offenzulegen, und dieser Mindestumfang ist durch Bilanzierungs-, Bewertungs- und Ausweisvorschriften im Detail vorgeschrieben. So ist z. B. in der Bilanzrichtlinie der EU (und damit auch in allen Mitgliedstaaten) sogar die Gliederung der Bilanz und der GuV explizit vorgegeben.

Aus Sicht der **Entscheidungsnützlichkeit** von Finanzinformationen reduziert Standardisierung die Kosten von Adressaten der Rechnungslegung und von Unternehmen, die diese Informationen erstellen. **Adressaten** können auf einen bestimmten Umfang von Informationen vertrauen, sie können Unternehmen besser vergleichen, sie können standardisierte Analysen durchführen, sie können besser Erfahrung aufbauen, es lohnt sich, mehr für Schulungen auszugeben, neue Mitarbeiter haben schon mehr Erfahrung, und vieles mehr. **Unternehmen** ziehen **Vorteile** aus der Verwendung eines Standards, da dies die Effizienz der Kapitalmärkte stärkt, was sich wiederum positiv auf die Marktpreise der Unternehmen auswirkt und tendenziell deren Kapitalkosten senkt. Es werden ihnen mehr Investoren und Analysten folgen, weil sie geringere Kosten haben, was die Liquidität der Aktien erhöht und die Transaktionskosten (Bid-Ask-Spreads) mindert; sie können sich ebenfalls besser mit anderen Unternehmen vergleichen, sie können auf bereits vorgeschultes Personal zugreifen usw. Die bessere **Vergleichbarkeit** ist auch ein wesentlicher Grund, warum sich die Rechnungslegung nach IFRS international durchsetzte. Sie ist auch ein Grund für eine detaillierte Regulierung der Nachhaltigkeitsberichterstattung in der EU.

Der **Nachteil** hoher Standardisierung liegt darin, dass dadurch Unternehmensspezifika ggf. nicht ausreichend klar dargestellt werden können. Das ist ein Grund dafür, dass Rechnungslegungssysteme in bestimmten Bereichen Wahlrechte und Ermessensspielräume eröffnen, die den Unternehmen die Möglichkeit einräumen sollen, ihre tatsächliche Lage am besten im Rahmen der Vorgaben darzustellen.

Aus Sicht der **Vertragsgestaltung** hat Standardisierung den Vorteil, dass Verträge auf Basis standardisierter Rechnungslegung **geringere Vertragskosten** (Kosten der Verhandlung, Überwachung, Durchsetzung) erfordern. Es ist dann nicht notwendig, im Detail Rechnungslegungsregeln vertraglich zu vereinbaren, sondern man kann auf die standardisierte Rechnungslegung zurückgreifen. Da diese objektivierte und geprüfte Information liefert, ist es grundsätzlich vorteilhaft, sich auf sie zu beziehen.

Unternehmensspezifische Informationen und Vergleichbarkeit
Im Gegensatz zu den Vorteilen standardisierter Rechnungslegung beobachtet man in den internationalen Rechnungslegungsstandards in manchen Bereichen einen Trend hin zu einer stärker unternehmensspezifischen Berichterstattung.

Ein Beispiel ist die Segmentberichterstattung. Die Segmentierung erfolgte nach IAS 14 (analog zum HGB) auf Basis des *risk and rewards approach*, der die Vergleichbarkeit von Segmentinformationen über Unternehmen hinweg zum Ziel hat. Das FASB änderte 1997 auf Wunsch der Analysten die Segmentierung für die Segmentberichterstattung in SFAS 131 auf den *management approach*, wonach die Segmentierung der internen Organisation folgt, also im Grunde das interne Reporting nach außen berichtet werden muss. Dies ermöglicht dem externen Adressaten, die Segmente „mit den Augen des Managements" zu sehen, führt allerdings zu einer Reduktion der Vergleichbarkeit quer über Unternehmen.

Das (damalige) IASC befand dies damals als weniger sinnvoll als den *risk and rewards approach;* dieser bildet die Grundlage der Segmentberichterstattung nach IAS 14, der ebenfalls 1997 in einer überarbeiteten Fassung herausgegeben wurde. Die Auffassung hat sich jedoch geändert: Im Jahr 2006 übernahm das IASB mit IFRS 8 fast wortgleich den US-amerikanischen Standard.

Ein **Nachteil** der standardisierten Rechnungslegung ist jedoch, dass nicht auf Besonderheiten der Vertragsbeziehung eingegangen werden kann. Deshalb werden in der Praxis z. B. in Kreditverträgen bestimmte Abweichungen von der standardisierten Rechnungslegung für eng definierte Bereiche vorgenommen (z. B. wird oft der Firmenwert bei Eigenkapitalklauseln nicht berücksichtigt). Unternehmen weichen für Verträge dort ab, wo der Nutzen spezifischer Vertragsgestaltungen größer ist als die Kosten der Abweichung.

Die Vorteile von Standardisierung werden umso größer, je mehr Unternehmen dieselben Standards nutzen. Dieser Effekt wird **Netzwerkeffekt** genannt und ist nicht nur im Bereich von Tastaturen, Datenübertragung, Software oder sozialen Netzwerken zu beobachten, sondern auch in der Finanzberichterstattung. **Standardisierung** wird ökonomisch umso vorteilhafter, je größer die **Netzwerkeffekte** sind. Je mehr Unternehmen dasselbe Rechnungslegungssystem nutzen, desto größer werden die Vorteile für alle, die es nutzen, und umso mehr Unternehmen bekommen Anreize, dieses System ebenfalls zu verwenden. Dies schließt jedoch nicht aus, dass es bessere Systeme geben könnte, die sich gerade aufgrund von Netzwerkeffekten am Markt nicht durchsetzen.[25]

Kosten der Regulierung

Es gibt also gute Gründe für eine Regulierung der Rechnungslegung. Ob Regulierung aber tatsächlich Verbesserungen erbringt, hängt auch von den durch die Regulierung induzierten Kosten und Anpassungsreaktionen der Marktteilnehmer ab.

Zunächst **verursacht der Regulierungsprozess selbst Kosten** für seine Durchführung, die entweder durch Steuern oder auch direkt von betroffenen Gruppen zu zahlen sind. So werden etwa die Kosten des Enforcement von den kapitalmarktorientierten Unternehmen getragen. Außerdem führen die vom Regulator bzw. Standardsetter eingeführten Vorschriften direkt zu **Umsetzungskosten bei den betreffenden Akteuren**. Dies war an der Einführung von IFRS deutlich zu erkennen und ist auch für die umfangreiche Nachhaltigkeitsberichterstattung zu erwarten. Die einmaligen Umstellungskosten (z. B. Analyse der notwendigen Änderungen, Software, Schulungen, Prüfungskosten) fielen – gerade für kleinere Unternehmen – stark ins Gewicht, und auch die laufenden Kosten der Anwendung sind höher als diejenigen anderer, weniger komplexer Rechnungslegungssysteme.[26]

Neben direkten Kosten sind auch **indirekte Kosten** zu beachten, die sich durch **Anpassungsreaktionen** von Marktteilnehmern ergeben können. Werden Unternehmen z. B. weitreichende Publikationspflichten auferlegt, erhalten auch Konkurrenten interessante Informationen, die sie ggf. zum Nachteil des publizierenden Unternehmens ausnutzen können. Aus Sicht eines betroffenen Unternehmens handelt es sich dabei um Folgen, die dazu führen könnten, dass es bei Investitionen etwa in Forschung und Entwicklung zurückhaltender wird, weil mehr Informationen darüber preisgegeben werden müssen.

> Dieses Argument wirkt umgekehrt aber auch *zugunsten* eines betroffenen Unternehmens, denn Publikationspflichten betreffen ja ebenso andere Unternehmen des relevanten Marktes oder der Branche. Dadurch erfährt das betroffene Unternehmen auch etwas über die Konkurrenz und kann eigene Vorteile ziehen. Ob dadurch in der Gesamtschau die potenziell negativen Anreizwirkungen auf die eigenen Maßnahmen überkompensiert werden, ist daher offen.

Wie anhand der obigen Überlegungen deutlich wird, muss die Beurteilung rechtlicher Regelungen im Grunde in einem **gesamtwirtschaftlichen Gleichgewicht** unter Berücksichtigung aller Folgewirkungen auf die Entscheidungen von Unternehmen und Adressaten erfolgen.

---

[25] Vgl. zur Analyse von Netzwerkeffekten zB *Währisch* (2001), S. 57 ff.

[26] Obwohl es mehrere Studien zu den Kosten der Umstellung auf IFRS gibt, sind diese wenig aussagekräftig, weil sie meist auf Befragungen basieren und die Abgrenzung der Umstellungskosten von anderen laufenden Kosten schwierig ist. Dies gilt nicht so stark für Prüfungskosten, weil diese im Anhang angegeben werden müssen.

Nun ist es nur selten so, dass alle Betroffenen aus rechtlichen Regeln einen Vorteil ziehen (Pareto-Effizienz), sondern meist kommt es zu einer **Umverteilung** von Nutzen. Um diese bewerten zu können, müssten **interpersonelle Nutzenvergleiche** angestellt werden. Beispielsweise müssten die erwarteten Nutzeneinbußen der Unternehmen mit den erwarteten Nutzenerhöhungen der Investoren oder der Öffentlichkeit verglichen werden. Dies zu quantifizieren ist praktisch unmöglich. Es würde voraussetzen, dass die Nutzenfunktionen der Betroffenen im Aggregat bekannt sind, dass die Auswirkungen der Information *ex post* und dann *ex ante* ermittelbar sind, dass die Kosten der Informationsproduktion festgestellt werden können usw. Selbst wenn solche Informationen verfügbar wären, bliebe immer noch das Problem, Nutzeneinbußen einer Gruppe gegen Nutzenerhöhungen einer anderen Gruppe abzuwägen, also eine Austauschrelation zu bestimmen. Dies kann nicht frei von **Werturteilen** geschehen und entzieht sich grundsätzlich einer objektiven Begründung.

3.4   Regulierung als politischer Prozess

Die Beurteilung regulativer Maßnahmen ist nicht nur wegen der obigen vielen ökonomischen Wirkungen schwierig, die meist auch nur schwer messbar sind. Das beschriebene Abwägen der Wirkungen setzt implizit einen sogenannten **benevolenten Regulator** voraus, der nur an der Balance zwischen verschiedensten Interessen und Wirkungen interessiert ist. Tatsächlich gibt es einen solchen Regulator nicht. Die Regulierung der Rechnungslegung ist ein eminent **politischer Prozess**, der von den **partikularen Interessen** der von der Regulierung betroffenen Gruppen, also den Unternehmen und den Adressaten der externen Unternehmensrechnung, beeinflusst wird. Noch deutlicher wird dies bei der Nachhaltigkeitsberichterstattung, die ja völlig von politischen Zielsetzungen getrieben ist.

Ausspruch

„Market failure theories contain a fundamental flaw. The output identified by those theories as optimal is optimal in name only – it is defined independently of any institutional arrangements that can produce the output. None of those theories identifies a level of output which is optimal **given** the existing technology of markets, regulation, or any other regimes. ... It is illogical to condemn the actual output of an existing market (or a government agency) merely because the quantity or quality of that output differs from an unattainable norm that is falsely described as optimal." *(Leftwich* 1980, S. 208; Hervorhebung im Original).

Politik bei der Regulierung der Rechnungslegung

Politisches Lobbying lässt sich sehr schön an US-amerikanischen Beispielen auf-zeigen. Der Grund ist, dass Lobbying dort weitgehend öffentlich erfolgt und inso-fern gut dokumentiert ist.[27] Die folgenden Beispiele sind in *Zeff* (2002) detaillierter besprochen.

Das FASB schlug im Jahr 1990 vor, alle **Finanzinstrumente**, für die ein Markt bestand, zum Zeitwert zu bilanzieren und Wertänderungen erfolgswirksam auszu-weisen. Die Banken betrieben erfolgreich Lobbying, weil sie dadurch eine Erhöhung der Gewinnvolatilität fürchteten. Der resultierende Standard SFAS 115 schuf als Kompromiss die Kategorie „*available for sale*" Wertpapiere. Diese wurden zwar zum Zeitwert bilanziert, die Wertänderungen blieben jedoch erfolgsneutral.

Kurz darauf, nämlich 1992, machte das FASB einen Vorstoß, den Zeitwert von **Aktienoptionen**, die dem Management als Gegenleistung für seine Tätigkeit ge-geben wurden, im Personalaufwand erfolgswirksam zu bilanzieren. Davon wären vor allem Wachstumsunternehmen betroffen gewesen, die tendenziell keine Ge-winne erzielten, aber hohes Managementtalent benötigten. Der Standard SFAS 123 sieht zwar eine Aufwandsbuchung vor, allerdings war dies zunächst auch nur ein Wahlrecht und erst seit 2004 verpflichtend.

Seit 1996 befasste sich das FASB mit der Bilanzierung von **Unternehmens-zusammenschlüssen**. Ein Entwurf von 1999 sah vor, dass die Interessenzusammen-führungsmethode eliminiert wird und Firmenwerte bei der Erwerbsmethode über höchstens 20 Jahre abgeschrieben werden sollten. Dies war gegen die Interessen der Industrie, die vor allem vom Financial Executives Institute vertreten wurden, weil die Firmenwertabschreibung die Gewinne nach einer Akquisition langfristig ge-drückt hätte. Die beiden Standards SFAS 141 und 142 schufen zwar die Interessen-zusammenführungsmethode tatsächlich ab, erfanden allerdings eine neue Methode, den *impairment only approach*, wonach ein Firmenwert nicht mehr planmäßig amortisiert, sondern jährlich auf eine Wertminderung getestet wird.

Die Ergebnisse dieses Prozesses sind daher von den politischen **Machtverhältnissen** geprägt und nicht unbedingt von theoretischer Konsistenz. Allerdings können theoretische Ergebnisse solche Wertungen auch gar nicht leisten. Daher ist es nicht verwunderlich, dass die meisten Staaten die Regulierung nicht einer einzelnen Gruppe überlassen, sondern auf Systeme zurückgreifen, in denen mehrere Interessengruppen repräsentiert sind.

---

[27] Vgl zB *Ordelheide* (1998) zum Lobbying der Unternehmen, Wirtschaftsprüfer und Hochschul-lehrer bei der Umsetzung der 4. Richtlinie in deutsches Recht durch das BiRiLiG.

Beispielsweise wurden die **Standardsetter in den USA** ursprünglich von den **Wirtschafts-prüfern** beschickt. Im Jahr 1934 wurde das Committee on Accounting Procedure (CAP) durch das American Institute of Accountants, den Vorläufer des American Institute of Certi-fied Public Accountants (AICPA), gegründet. Aufgrund der Unzufriedenheit mit seiner Funktionsweise und der mangelnden Akzeptanz der Standards (der Accounting Research Bulletins, ARB) wurde es 1959 vom Accounting Principles Board (APB) abgelöst, das eben-falls ein Komitee des AICPA war. Doch auch dessen Standards (APB Opinions) ließen Autori-tät vermissen. Schließlich wurde 1973 das Financial Accounting Standards Board (FASB) als Standardsetter unter dem Dach der Financial Accounting Foundation (FAF) gegründet. Es ist unabhängig vom AICPA und anderen Vereinigungen – aber, wie die Erfahrung zeigte, nicht unabhängig von politischem Lobbying.

Der „market for excuses"

Watts/Zimmerman (1979) behaupten in einem aufsehenerregenden Aufsatz, dass Bilanztheorien von der Wissenschaft im Nachhinein als Rechtfertigung vor-geschlagener oder durchgesetzter Standards auf dem Gebiet der Rechnungslegung entwickelt werden und versuchen dies durch einige Beispiele zu belegen. Sie er-klären das Vorliegen mehrerer kontroverser Bilanztheorien dadurch, dass sowohl Befürworter als auch Gegner solcher Standards Bilanztheorien zur Stärkung ihrer Argumentationsbasis benötigen. Sie folgern daraus, dass es deshalb nie (nur) eine allgemein anerkannte Bilanztheorie geben wird.

---

4   Aufbau dieses Buches

4.1   Schwerpunkte

Die Betrachtung der Zwecke, der Adressaten, der Charakteristika und der rechtlichen und sonstigen institutionellen Rahmenbedingungen der externen Unternehmensrechnung zeigt ein **vielschichtiges Gefüge** von Regeln und Instrumenten, die das System der Rechnungs-legung bzw. der Finanzberichterstattung ausmachen. **Ziel dieses Buches** ist es, wesent-liche **Funktionen** und **Charakteristika** der externen Unternehmensrechnung zu ana-lysieren, um ihre **ökonomischen Wirkungen** beurteilen zu können und auf diese Art zu einem Verständnis der in der Praxis vorgefundenen Regelungen beizutragen. Dabei wird die Unternehmensrechnung als Informationssystem und vorwiegend unter einem **öko-nomischen Blickwinkel** betrachtet, nicht unter einem normativen Aspekt, wie dies sonst häufig der Fall ist. *Mattessich (2006)* umreißt diesen informationsorientierten Ansatz als: *„Accounting is not (or ought not to be) primarily a tool for measuring or estimating va-lues, but is (or ought to be) a source of potential information."*[28]

---

[28] *Mattessich* (2006), S. 218.

Im Buch wird i. d. R. die Situation von kapitalmarktorientierten Aktiengesellschaften zugrunde gelegt. Dies erscheint einschränkend, ist es aber letztlich nicht, da die potenziellen Konflikte in einer kapitalmarktorientierten AG am größten sind; auch das Regelwerk ist für diese Gesellschaften das detaillierteste.

Es handelt sich *nicht* um ein Lehrbuch zur deskriptiven Darstellung der geltenden Regelungen der Rechnungslegung in Deutschland, Österreich oder anderswo. Vielmehr sind die dahinterstehenden allgemeinen **Konzeptionen und Strukturen** im Mittelpunkt des Interesses. Die externe Unternehmensrechnung wird als ein **Informationssystem** mit ganz bestimmten Charakteristika gesehen, das auf vielfältige Weise **Anreize** ausübt und **Entscheidungen** im Unternehmen und außerhalb des Unternehmens **beeinflusst**. Externe Unternehmensrechnung ist nicht einfach eine langweilige Buchhaltung, die Transaktionen nach einfachen Schemata in das EDV-System des Unternehmens eingibt. Sie hat vielmehr **reale Auswirkungen** auf die Geschäftstätigkeit, den Erfolg von Unternehmen und die Effizienz der Wirtschaft. **Transaktionen** werden realiter vielfach so **gestaltet**, dass sie auf bestimmte Art und Weise in der Rechnungslegung aufscheinen. Beispiele dafür sind zahlreich, z. B. kann die Bilanzierung von Unternehmenszusammenschlüssen Akquisitionen verhindern, weil gefürchtet wird, dass sich die im Jahresabschluss dargestellte Lage des Unternehmens dadurch erheblich verschlechtert. Die früher genannten Beispiele für Lobbying belegen dies eindrucksvoll.

In der heutigen Zeit brechen gerade viele **traditionelle Konzepte** und **Denkmuster** in der Rechnungslegung auf. Die **Internationalisierung** der Rechnungslegung, der Regulierung der Rechnungslegung, der institutionellen Rahmenbedingungen wie auch der Kapitalmärkte und der Investitionsflüsse führt zu gewaltigen, vor wenigen Jahren noch für praktisch unmöglich gehaltenen Entwicklungen, nicht nur in Deutschland, sondern in vielen Ländern. Dies macht es umso wichtiger, sich mit Konzepten und ökonomischen Auswirkungen der externen Rechnungslegung zu beschäftigen. Diese sind **allgemeingültig** und **international anwendbar**, und sie ändern sich im Grunde nicht, gleichgültig, mit welchen Einzelregelungen ein Gesetzgeber letztlich auf bestimmte Herausforderungen reagiert. Insofern handelt es sich auch um ein Lehrbuch der „**internationalen Rechnungslegung**", wenngleich in einem anderen Sinne als dies üblicherweise der Fall ist.

Das Lehrbuch umfasst Themen, die international meist unter dem Titel „*Accounting Theory*" besprochen werden. Im deutschsprachigen Raum sind einige von ihnen der **ökonomischen Analyse des Bilanzrechts** zuzuordnen. Dabei geht es um ein Verständnis der Institutionen und Charakteristika der Rechnungslegung durch die Entwicklung und Anwendung von Wirkungs- und Messtheorien.[29]

Methodisch stehen hier vor allem **ökonomische Modelle**, aber auch **empirische Forschungsmethoden**, vor allem hinsichtlich der Messbarkeit von Effekten der Rechnungslegung, im Vordergrund. Das Aufzeigen von Konzeptionen und Wirkungszusammenhängen erfordert ein gewisses formales Instrumentarium, ohne welches diese

---

[29] Vgl *Ballwieser* (1996a), S. 503 ff, *Schneider* (1997), S. 235 ff.

nicht sauber und nachvollziehbar analysiert werden können. Im Besonderen kommen in diesem Buch **informationsökonomische Ansätze**, vor allem die **Agency-Theorie** und andere **spieltheoretische Modelle**, zur Anwendung. Ihre Anwendung zeigt, dass in vielen – durchaus einfachen – Situationen überraschende Ergebnisse auftreten. Intuitive Argumente und Schlussfolgerungen, die im Zusammenhang mit den Wirkungen von Regelungen vorgetragen werden, sind daher oft voreilig, weil sie wesentliche Interdependenzen ignorieren, die mit Hilfe der Informationsökonomie erfasst werden.[30]

Ein typisches Ergebnis formaler Analysen ist die **Relativität von Aussagen**: Bestimmte Regeln können in einer Situation einen gewünschten, in einer geringfügig variierten Situation jedoch einen unerwünschten Effekt ausüben. Das bekannte Schlagwort von der **Zweckabhängigkeit des Rechnungswesens** findet sich darin unmittelbar wieder. Wenngleich damit die Vorstellung von „optimalen" Lösungen auf breiter Ebene verworfen wird, ist es doch wichtig, die Faktoren zu kennen, die Effekte treiben. Empirische Studien können auf diese Ergebnisse zurückgreifen, wenn sie versuchen, tatsächliches Verhalten zu erklären.

Informationsökonomische Ansätze erscheinen vielen als schwierig und schwer verständlich. Dies resultiert jedoch vermutlich auch daraus, dass die Anwendung solcher Ansätze in der Unternehmensrechnung, und im deutschsprachigen Raum gerade in der externen Unternehmensrechnung, ungewohnt ist. Auch wenn einzelne Modelle in diesem Buch schwierig erscheinen, muss doch bedacht werden, dass es eine wesentliche Eigenschaft von Modellen ist, eine **Komplexitätsreduktion** gegenüber der Realität zu bewirken. Modelle sind *vereinfachte*, auf das Wesentliche konzentrierte Abbilder der Wirklichkeit. Eine **komplexe Wirklichkeit** erfordert auch in gewissem Grad **komplexe Modelle**.

Wissenschaftlichkeit in der Unternehmensrechnung
Das Motto des Präsidenten der *American Accounting Association* in der Funktionsperiode 2001/02, *Joel Demski*, war „*Reinvigorating Accounting Scholarship*", also die Rückbesinnung auf eine *wissenschaftliche* Auseinandersetzung mit Fragen der Unternehmensrechnung, was seiner Ansicht nach in der letzten Zeit zu kurz gekommen war. Hier ist ein Auszug aus dem, was er zum Beispiel darunter versteht[31]:

„We tend to focus on proper accounting for 'transactions' (e.g., a mark to model fair value approximation for some instrument, separating consolidated from unconsolidated components of the organization, identifying activities in an ABC setting, or recognizing revenue). In turn, this creates a bias toward treating the 'transactions' as exogenous (e.g., the instrument, the hybrid organization structure, the firm's product line and technology, or the customer relationship all exist). Yet in a larger sense these 'trans-

---

[30] Vgl dazu *Wagenhofer* (2004).

[31] *Demski* (2002), S. 1.

actions' are endogenous (the firm chose to be a party to the instrument, to operate with a hybrid organization structure, to combine various products under its umbrella, and to engage in a multifaceted relationship with its customer).

The question is whether our role as accounting scholars is enhanced if we become better adept at treating 'transactions' as endogenous. Ask yourself: is the use of Special Purpose Enterprises independent of disclosure requirement; what about consolidation rules more broadly and organization structure; what about financial instruments? For that matter, are 'transactions' engineered in anticipation of changes in reporting requirements? Then ask yourself: does the fact the firm decides to behave in this fashion help you identify the measurement and disclosure issues that are associated with the resulting 'transactions'?"

Häufig wird derartigen Modellen in der Unternehmensrechnung der Vorwurf gemacht, dass es sich dabei nur um Einzelergebnisse in ganz spezifischen Situationen handelt. Natürlich sind vereinfachende **Annahmen** notwendig, die oft gemacht werden, um überhaupt explizite Lösungen zu erhalten. Der Vorteil besteht darin, dass die Annahmen offen liegen und einer Kritik zugeführt werden können. Bei anderen Forschungsmethoden ist dies nicht immer so klar.

Die präsentierten Modelle liefern eine Basis, Ideen zu **präzisieren** und zu strukturieren. Sie sind weniger für die direkte Anwendung in der Praxis konzipiert. Jedoch sind die **Denkweisen** und die **Lösungsideen**, die hinter den Modellen stecken, sehr praxisrelevant; die Modelle schärfen den Blick auf grundsätzlich mögliche **Strukturen**, **Wirkungsmechanismen** und **Anreize**, die bestimmte Institutionen (z. B. das Vorsichtsprinzip, Ausschüttungsregeln, Offenlegungsvorschriften, Wirtschaftsprüfung) auslösen *können,* wenngleich nicht unbedingt müssen. Insofern sollte das Buch auch für **Praktiker**, die mit der Finanzberichterstattung ab einer bestimmten Hierarchieebene in den Unternehmen zu tun haben, wertvolle Informationen und Anregungen bieten. Es liefert ein Gerüst, um über das Alltagsgeschäft hinaus nachzudenken, was mit der Finanzberichterstattung gemacht und gewollt wird.

Zum Nutzen analytischer Modelle der Bilanzpolitik

„Researchers adopting the assumption of fixed contracting and fixed feasible reporting sets confront the question: how do these fixed sets create incentives for earnings management and what institutional features of the reporting environment make earnings management possible? This question has been addressed using analytical models. Such models are usually based on strong, perhaps unrealistic, assumptions about human behavior. They are therefore sometimes pejoratively labeled stark and stylized representations. But this label overlooks the advantages of such representations; they impose discipline on our intuition, so that we can see where intuition can and does lead us astray. Their spareness – which has been labeled by some as a lack of realism – exposes what must be assumed to allow earnings management to arise in an economic setting. In other words, a well-constructed analytical model offers the ***advantage*** of stripping away second-order effects and extraneous considerations to reveal what drives the economic behavior being examined." *(Schipper* 1989, S. 94)

4.2   Inhaltlicher Aufbau

Die Themen in diesem Kapitel, in denen die Funktionen und Charakteristika der externen Unternehmensrechnung im Überblick dargestellt wurden, zeigen eine Fülle an Fragen auf, die einzeln wie auch im Zusammenwirken mit anderen für ein tieferes Verständnis von externer Unternehmensrechnung wesentlich sind. Dieses Lehrbuch kann natürlich nicht alle diese Themen vollständig behandeln, das würde den Rahmen eines solchen Lehrbuchs bei Weitem sprengen, sondern nimmt sich schwerpunktmäßig **folgenden Themen** an:

- **Informationsfunktion der Rechnungslegung** (2. **und** 3. **Kapitel):** Hier wird die Informationsfunktion der Rechnungslegung im Sinne der Entscheidungsnützlichkeit analysiert. Das 2. Kapitel behandelt den Wert von Informationen im Ein- und Mehrpersonenkontext, und es wird auch auf die Standardsetzung eingegangen. Das 3. Kapitel analysiert den Nutzen von Informationen im Kapitalmarktkontext. Methodisch stehen die Informationsökonomie und empirische Studien im Vordergrund.
- **Bilanzierungs- und Bewertungsgrundsätze** (4. Kapitel): Dieses Kapitel analysiert aktuell diskutierte Grundkonzepte, wie den Unterschied zwischen Entscheidungsnützlichkeit und Rechenschaftslegung und Verhaltenssteuerung der Rechnungslegung, die ökonomischen Auswirkungen des Vorsichtsprinzips und einer Bewertung zu Anschaffungswerten oder Fair Values. Methodisch werden dazu Kapitalmarktgleichgewichte und Agency-Modelle herangezogen.
- **Ausschüttungsbemessung** (5. Kapitel): Die deutsche Rechnungslegung sieht eine bilanzielle Begrenzung für die Ausschüttungen von Gewinnen an die Eigner vor. Hier wird analysiert, welche Auswirkungen dies hat und wieweit dadurch Gläubiger geschützt werden. Methodisch wird hier die finanzielle Agency-Theorie angewandt.
- **Bilanzpolitik** (6. und 7. Kapitel): Diese Kapitel zeigen auf, welche Anreize Unternehmen zu Bilanzpolitik haben und inwieweit sich Bilanzpolitik „lohnt", d. h. ob dadurch Adressaten über die tatsächliche Lage des Unternehmens getäuscht werden können. Methodisch stehen im 6. Kapitel empirische Studien und im 7. Kapitel spieltheoretische Modelle (Informationsgleichgewichte, Signaling, Agency-Modelle) im Vordergrund.
- **Publizität** (8. Kapitel): Dieses Kapitel analysiert mit vornehmlich spieltheoretischen Methoden Publikationsanreize der Unternehmen sowie die Wirkung verschiedener Kosten und von Wettbewerb auf die Publizitätspolitik. Dies liefert auch eine Grundlage für die Einschätzung gesetzlicher Regelungen der Publizität.
- **Wirtschaftsprüfung** (9. und 10. Kapitel): Diese beiden Kapitel analysieren die vielfältigen Anreize im Zusammenhang mit der Prüfung der externen Unternehmensrechnung. Das 9. Kapitel zeigt, wie sich Berichtsstrategien und Prüfungsmethoden aufeinander auswirken werden und welche Auswirkungen dies auf die Unabhängigkeit des Prüfers hat. Das 10. Kapitel befasst sich mit Prüfungspolitik und Prüferhaftung. Die Modelle sind überwiegend spieltheoretischer Natur.

4.3   Formaler Aufbau

Die einzelnen Kapitel dieses Buches sind **einheitlich gegliedert**. Jedes Kapitel beginnt mit einer **Illustration**, in der im Rahmen einer praxisnahen Situation in die Probleme eingeführt wird, die im jeweiligen Kapitel ausführlich behandelt werden. Wir hoffen, dadurch das Interesse zu wecken, sich mit den Themen des jeweiligen Kapitels tatsächlich intensiv auseinander zu setzen. Nach der Illustration werden kurz die **Ziele des Kapitels** aufgezählt. Daran schließt sich der eigentliche **Text** an. Eine **Zusammenfassung** wiederholt die wichtigsten Ergebnisse.

> **Einschub**
> Der Text wird häufig durch sogenannte *Einschübe* aufgelockert, die Beispiele, empirische Ergebnisse, Aussprüche und ähnliches enthalten, die mit dem Text selbst nicht direkt im Zusammenhang stehen, aber doch stark auf diesen Bezug nehmen.

Fragen und Probleme

Nach dem eigentlichen Text folgen zunächst **Fragen**. Diese sind zum Teil Standardfragen, die sich aus dem Text des Kapitels direkt beantworten lassen, zum Teil gehen sie aber auch auf größere Zusammenhänge ein, so dass sie mehr Nachdenken erfordern können. An die Fragen schließen sich **Probleme** an, bei denen kurz indiziert ist, auf welches Detailproblem sie Bezug nehmen. Das Buch enthält selbst keine Lösungen. Zu allen Problemen können **Lösungen** – allerdings nur von Dozenten, die das Buch verwenden – bei den Autoren direkt angefordert werden.

Literatur

Am Schluss jedes Kapitels werden einige **Literaturempfehlungen** gegeben, die nach **allgemeiner Literatur** und **spezieller Literatur** zu den im Kapitel behandelten Themenbereichen gegliedert sind. Wir haben uns jeweils auf einige wenige Angaben beschränkt – auch auf die Gefahr hin, vielleicht dieses oder jenes ebenfalls wichtige Werk ausgelassen zu haben. Das **Literaturverzeichnis** am Ende des Buches ist sehr umfangreich, so dass damit reichlich Quellen für die weitere Beschäftigung mit den Themen zu finden sind.

Symbole

Symbole werden, soweit möglich, im Buch durchgängig und einheitlich verwendet. Da die vorgestellten und diskutierten Konzepte aber sehr vielfältig sind, lässt sich dies nicht überall durchhalten, ohne auf „sonderbare" Symbole ausweichen zu müssen. Deshalb werden dieselben Symbole zum Teil auch für *ähnliche* Größen verwendet. *Beispiel*: Das Symbol x bezeichnet bei manchen Fragestellungen den Output in Mengeneinheiten, in anderen den Output in Geldeinheiten. Das **Symbolverzeichnis** befindet sich *vor* diesem 1. Kapitel.

Selbstverständlich sind Funktionsbezeichnungen von Personen im Buch geschlechtsneutral gemeint.

4.4   Verwendung des Buches

Das Lehrbuch richtet sich an **Fortgeschrittene**. Ein Grundstock an Wissen über die Rechnungslegung ist notwendig, um die Auswirkungen und Gestaltungsmöglichkeiten von bestimmten Regelungen, die in diesem Buch diskutiert werden, verstehen zu können. Daher werden **Grundkenntnisse der Rechnungslegung** etwa im Umfang dessen vorausgesetzt, was in einem betriebswirtschaftlichen Bachelorstudium vermittelt wird. Die erforderlichen Grundkenntnisse betreffen insbesondere Bilanzierung und Bilanzanalyse. Grundkenntnisse in **Investition und Finanzierung** werden ebenfalls vorausgesetzt.

Eine Kenntnis der *geltenden* **gesetzlichen Vorschriften**, vor allem des dHGB und öUGB, aber auch IFRS ist nützlich, jedoch nicht im Detail notwendig. Der Grund ist, dass sich Einzelregelungen ohnedies häufig ändern und für ein Verständnis der ökonomischen Wirkungen von Regelungen eher Wert auf **Grundkonzepte** gelegt wird. Geltende Regeln werden in diesem Buch deshalb meist nur als Anknüpfungspunkt oder als Illustration dahinterstehender Konzepte verwendet.

Manche Teile dieses Buches sind **mathematisch** anspruchsvoller, so dass grundlegende Kenntnisse der **Wirtschaftsmathematik** und **Statistik** sicherlich von Vorteil sind. **Mikroökonomische Modelle** sowie **entscheidungs- und spieltheoretische Grundlagen** können ebenfalls gut genutzt werden. Wir haben jedoch versucht, das Schwergewicht auf die Denkweise und das Verständnis von Strukturen und Konzepten und nicht auf rein mathematische Ableitungen zu legen. Die Darstellung erfolgt so nachvollziehbar wie möglich, deshalb kommt es eher auf eine **Neugier** und ein gewisses positives Interesse an mathematischen Zusammenhängen an als auf spezifische Fertigkeiten. Nur Mut!

Die Kapitel sind in sich abgeschlossen und individuell lesbar, obwohl in manchen Bereichen auf andere Kapitel verwiesen wird, um Wiederholungen (gerade bei bestimmten Modellstrukturen) zu vermeiden. Es ist daher möglich, beim Lesen von der Reihenfolge der Kapitel im Buch abzuweichen, aber auch das eine oder andere Kapitel auszulassen.

Unseren Erfahrungen nach reicht der **Stoffumfang** dieses Buches für mindestens eine zweistündige Vorlesung (und gegebenenfalls eine damit zusammenhängende Übung) aus.

5   Zusammenfassung

Die externe Unternehmensrechnung beschäftigt sich mit der **konzeptionellen Gestaltung** und den **Einsatzbedingungen** von **Informationssystemen**, die an externe Adressaten wie Investoren, Kreditgeber, Arbeitnehmer, Geschäftspartner und die Öffentlichkeit gerichtet sind. Sie umfasst die **Rechnungslegung** im engeren Sinn, d. h. vor allem Jahresabschlüsse, sowie weitere **Finanzberichte**, sowohl verpflichtende, wie z. B. Zwischenberichte, als auch freiwillige, wie z. B. Kenngrößen zum wertorientierten Management und zu immateriellen Werten.

Die beiden **Hauptfunktionen** der externen Unternehmensrechnung sind die **Entscheidungsnützlichkeit** und die **Anspruchsbemessung und Vertragsgestaltung**, die typischerweise eine Verhaltenssteuerung ausübt. Während die erste Funktion zukunftsgerichtete Informationen erfordert, sind bei der zweiten Funktion vergangenheitsorientierte Informationen (in der Form einer Rechenschaftslegung) wesentlich.

Wesentliche **Charakteristika** der externen Unternehmensrechnung sind:

- **Objektivierung**, d. h. die Gewährleistung einer hohen Verlässlichkeit der Informationen. Daraus ergibt sich notwendig ein Vergangenheitsbezug, da sich künftige Erwartungen kaum objektivieren lassen.
- **Periodisierung**, d. h. die Ermittlung von Ertrags- und Aufwandsgrößen anstelle einer Cashflow-Rechnung.
- **Asymmetrische Erfassung** von Gewinnen und Verlusten, ausgedrückt insbesondere durch das Vorsichtsprinzip, Imparitätsprinzip und Realisationsprinzip.
- Betonung **finanzieller Größen**, also die Bewertung der erfassten Transaktionen und Ereignisse in Geld. Dies ist für eine Aggregation und Erfolgsermittlung notwendig.

Rund um die Finanzberichterstattung von Unternehmen rankt sich ein komplexes Netz an Institutionen, die der **Sicherstellung** der **Qualität** der Finanzberichterstattung dienen sollen. Dies beginnt bei der internen Qualitätssicherung, z. B. durch ein Internes Kontrollsystem, geht weiter zur **Prüfung** durch Abschlussprüfer, die selbst in ein System von Kontrollmechanismen eingebettet sind, und geht weiter zum **Aufsichtsrat**, der die Finanzberichterstattung prüft. Diese Mechanismen sind Bestandteil der **Corporate Governance**, deren Wirkung daher mit der Rechnungslegung eng verbunden ist. Ein weiterer Sicherungsmechanismus ist das **Enforcement** der Rechnungslegung durch öffentliche oder private Institutionen. Letztlich dienen den Adressaten gerichtliche **Klagemöglichkeiten** zur Durchsetzung von individuellen Rechten, die durch die Rechnungslegung gegebenenfalls beschnitten wurden.

Rechnungslegung wurde praktisch von Beginn an durch **Gesetze** reguliert. Wesentliche Auslöser waren Zusammenbrüche großer Unternehmen als Folge von Wirtschaftskrisen oder von Betrugsfällen. Die Gesetze sollten zunächst schwache Adressaten schützen; in neuerer Zeit sollen sie die Effizienz von Kapitalmärkten verbessern und international vergleichbaren Schutz bieten. Die Regelungsdichte wurde im Zeitablauf immer höher. In jüngster Zeit ist ein gewisses Abrücken von gesetzlichen Vorschriften hin zu privatwirtschaftlich organisiertem **Standardsetting** zu beobachten.

Am Ende gibt dieses Kapitel einen Überblick über die Konzeption und Schwerpunkte dieses Lehrbuches. Das Ziel ist es, wesentliche der oben genannten **Funktionen** und **Charakteristika** der externen Unternehmensrechnung im Hinblick auf ihre **ökonomischen Wirkungen** zu analysieren und die Basis für ein Verständnis der in der Praxis vorgefundenen Regelungen bereit zu stellen.

6   Fragen

▶   **F1-1**   Welche Informationen würde jemand benötigen, der vor der Entscheidung steht, Aktien eines Unternehmens zu kaufen? Welche Informationen werden ihm vom Unternehmen dazu angeboten?

▶   **F1-2**   Relevanz und Verlässlichkeit von Finanzinformationen werden häufig als Gegensatz betrachtet. Trifft dies zu? Nennen Sie Beispiele dafür?

▶   **F1-3**   Aus welchen Gründen basiert die Rechnungslegung auf dem Prinzip der Periodenabgrenzung? Welche Nachteile hat die Anwendung dieses Prinzips?

▶   **F1-4**   Inwiefern erfasst die Rechnungslegung Gewinne und Verluste asymmetrisch?

▶   **F1-5**   Welche Vor- und Nachteile hat die Nachhaltigkeitsberichterstattung?

▶   **F1-6**   Welche Gründe gibt es für den hohen Grad an Standardisierung der Rechnungslegung?

▶   **F1-7**   Rechnungslegung wird häufig als nicht relevant angesehen, weil die darin enthaltenen Informationen dem Markt schon längst bekannt sind, wenn die Rechnungslegung veröffentlicht wird. Ist Rechnungslegung irrelevant?

▶   **F1-8**   Welchen Zusammenhang gibt es zwischen Corporate Governance und externer Unternehmensrechnung?

▶   **F1-9**   Welche Funktion besitzt der Aufsichtsrat im Zusammenhang mit Jahresabschlüssen und Zwischenberichten?

▶   **F1-10**   Was versteht man unter Enforcement der Rechnungslegung?

▶   **F1-11**   Warum werden Unternehmen und Wirtschaftsprüfer in den USA häufiger verklagt als in Deutschland?

▶   **F1-12**   Aus welchem Grund wurde im 19. Jahrhundert die Offenlegung der Bilanz eingeführt?

▶   **F1-13**   Wie hängt die typische Finanzierungsform in einem Staat mit dem Rechtssystem und dem Anlegerschutz zusammen?

▶   **F1-14**   Worin besteht ein Marktversagen bei Nichtregulierung der Rechnungslegung?

▶   **F1-15**   Welche Vor- und Nachteile hat die Standardisierung der Rechnungslegung?

▶ **F1-16** Was spricht für eine staatliche oder private Organisation des Enforcement der Rechnungslegung?

▶ **F1-17** Ein US-amerikanischer Kongressabgeordneter hat einmal gesagt: *„Accounting Standards are too important to be left to accountants."*[32] Was könnte er damit gemeint haben?

▶ **F1-18** Welche Vor- und Nachteile hat die Verwendung informationsökonomischer Modelle in der externen Unternehmensrechnung?

7 Probleme

▶ **P1-1 Zwecke der Rechnungslegung.** Angenommen, in einem Staat ist die Bereitstellung entscheidungsnützlicher Information die Hauptfunktion der Rechnungslegung und in einem anderen Staat die Anspruchsbemessung. Wie würden sich die Inhalte der Rechnungslegung in den beiden Staaten unterscheiden?[33]

▶ **P1-2 Beurteilung von Wahlrechten.** In § 255 (2) Satz 3 dHGB heißt es: „Bei der Berechnung der Herstellungskosten dürfen angemessene Teile der Kosten der allgemeinen Verwaltung sowie angemessene Aufwendungen für soziale Einrichtungen des Betriebs, für freiwillige soziale Leistungen und für die betriebliche Altersversorgung einbezogen werden, soweit diese auf den Zeitraum der Herstellung entfallen." In einer früheren Fassung galt dieses Wahlrecht sogar für Material- und Fertigungsgemeinkosten im Herstellungsbereich. Beurteilen Sie, ob die Herstellungskosten ohne Gemeinkosten oder mit Gemeinkosten zu einer „relevanteren", „verlässlicheren", „vorsichtigeren" oder „faireren" Rechnungslegung führt. Welche Gründe könnte es dafür geben, dass der Gesetzgeber dieses Wahlrecht eingeräumt hat?

▶ **P1-3 Auswirkungen der Fair Value-Bewertung.** Die Joint Working Group of Standard Setters (JWG) legte Ende 2000 einen Entwurf über die Bilanzierung und Bewertung von Finanzinstrumenten vor, in dem ein sogenanntes Full Fair Value-Modell vorgeschlagen wird. Das bedeutet, dass praktisch sämtliche Finanzinstrumente mit dem Fair Value bewertet werden, wobei Wertänderungen erfolgswirksam anzusetzen sind. Im Folgenden sind Auszüge aus einem Bericht über die Stellungnahme des Bundesverbandes deutscher Banken (BdB) aus 2001 zitiert.[34] Nehmen Sie dazu Stellung.

---

[32] Zitiert in *Beresford* (2001), S. 73.

[33] Vgl *Whittred/Zimmer/Taylor* (1996), S. 25.

[34] Die Zitate stammen aus der Börsen-Zeitung vom 8.5.2001.

„Nach Überzeugung der Bilanzierungsexperten des BdB würden bei Anwendung dieses Modells die Informationen über die Ertragslage (nicht nur) der Banken verzerrt und die Verlässlichkeit der Abschlussinformationen gefährdet. Doch auch aus volkswirtschaftlichen Gründen sei vor dieser Rechnungslegungsmethode zu warnen. So dürften Banken wegen der Folgen der Anwendung dieses Modells weniger als bisher bereit sein, Kapital langfristig bereitzustellen. [...]

Dadurch [durch das Full Fair Value Accounting, d.V.] sollen Investoren angeblich bessere Informationen für ihre Anlageentscheidungen erhalten. Die privaten Banken sind der Ansicht, dass das Gegenteil bewirkt würde: Full Fair Value Accounting würde die Aussagekraft von Bilanz und Erfolgsrechnung deutlich vermindern. [...]

Banken betrieben die Hereinnahme von Einlagen und die Vergabe von Krediten nicht, um damit zu handeln, sondern um sich über einen bestimmten Zeitraum eine Zinsmarge zu sichern. Eine jederzeitige Liquidierbarkeit dieser Finanzinstrumente, die ihre Bewertung zum Fair Value rechtfertigen würde, sei hier pure Fiktion, denn diese Geschäfte würden in aller Regel bis zur Fälligkeit gehalten. Verändere sich der Kapitalmarktzins, habe dies keinen Einfluss auf die Zinsansprüche und -verbindlichkeiten. Trotzdem müsste in diesem Fall nach dem Full-Fair-Value-Modell ein Erfolg ausgewiesen werden, weil sich der Barwert der Ansprüche und Verbindlichkeiten verändert. Der Bilanzleser freilich werde durch die Erfassung von entsprechenden Erträgen und Aufwendungen in den einzelnen Perioden nicht adäquat über die ökonomische Realität unterrichtet, weil er fiktive und realisierte Erfolge im Abschluss nicht differenzieren könne. Die Investoren würden vielmehr in die Irre geführt. [...]

Äußerst bedenklich wäre [...] die aus der vorgesehenen Bewertung resultierende deutlich stärkere Volatilität des Gewinnausweises ‚mit nach oben und unten relativ offener Richterskala‘, ohne dass damit etwas über den wahren Erfolg einer Bank ausgesagt würde. [...] Die Banken könnten negative Auswirkungen zu antizipieren und zu vermeiden suchen und deshalb Geschäfte favorisieren, deren Wert von Zinsbewegungen weniger beeinflusst wird. Da Zinsänderungen auf den Wert von Finanzinstrumenten umso stärker durchschlügen, je länger deren Zinsbindung ist, gehe vom Fair Value Accounting ein Anreiz zu kurzfristigen Engagements aus.“

Literaturempfehlungen

Allgemeine Literatur

Deegan, C./Unerman, J.: *Financial Accounting Theory,* European Edition, 2nd Edition, London et al 2011.

Scott, W.R.: *Financial Accounting Theory,* 6th Edition, Upper Saddle River, NJ 2011.

Sunder, S.: *Theory of Accounting and Control,* Cincinnati, Ohio 1997.

Spezielle Literatur

Christensen, J./Demski, J.S.: *Accounting Theory: An Information Content Perspective,* Boston et al 2003.

Lambert, R.A.: Contracting Theory and Accounting, *Journal of Accounting and Economics* 32 (2001), S. 3–87.

Wagenhofer, A.: Rechnungslegung, in: Bitz, M./Domsch, M./Ewert, R./Wagner, F.W. (Hrsg.): *Vahlens Kompendium der Betriebswirtschaftslehre,* Band 1, 5. Auflage, München 2005, S. 449–536.

Wert von Informationssystemen

2

Endlich ist die Sitzung zu Ende. Katharina blickt auf die Uhr und sieht zu Laura hinüber. Laura nickt, und die beiden stehen von ihren Sitzen auf und gehen in die Cafeteria. Die 20 min bis zur nächsten Sitzung – schon wieder eine Strategiesitzung im engeren Führungskreis der Xavier GmbH – überbrücken sie mit einem duftenden Cappuccino. „Den haben wir uns heute echt verdient. Wie langweilig das wieder war – wirklich schade um die Zeit“, beginnt Katharina. „Du hast so recht“, meint Laura. „Hast du übrigens die heutige Börsenzeitung gelesen? Ich habe heute Morgen kurz die Schlagzeilen überflogen und bin auf einen Bericht über die Alpha gestoßen.“ Alpha ist eine börsennotierte Immobilienaktiengesellschaft, die sich auf die Entwicklung von Geschäftsimmobilien spezialisiert hat. Sie ist damit zwar kein unmittelbarer Konkurrent von Xavier, die sich mehr auf den Immobilienhandel und die Objektverwaltung konzentriert, aber eine gewisse Nähe besteht doch.

„Was ist schon wieder mit Alpha?“, fragt Katharina, wohl wissend, dass es Alpha seit einiger Zeit wirtschaftlich nicht so gut geht. Teuer gekaufte Grundstücke im Osten, dazu auch noch Baukostenüberschreitungen bei mehreren Objekten, und jetzt die unsichere politische und wirtschaftliche Lage. Das geht schon an die Substanz, wen wundert es. Laura fasst zusammen: „Nun, die machten gestern offenbar eine Pressemitteilung, in der sie zugegeben haben, dass sie die Gewinnerwartungen der Analysten bei weitem nicht erreichen werden. Das ist nicht so verwunderlich – bei dem momentanen wirtschaftlichen Umfeld. Nein, was ich spannend fand, war eine Aussage von Bernhard Moser in diesem Artikel.“ Bernhard Moser ist ein führender Finanzanalyst der Creditbank und immer gut für provokante Aussagen. Das wissen natürlich auch die Journalisten und reiben sich die Hände, wenn sie ihn wieder einmal ans Telefon bekommen.

A. Wagenhofer et al., *Externe Unternehmensrechnung*, https://doi.org/10.1007/978-3-662-67409-3_2

„Na was hat er gesagt?", drängt Katharina. „Für ihn war die wirtschaftliche Lage – natürlich – keine Neuigkeit, das hat er ja alles schon gewusst." Katharina überlegt kurz, ob die Creditbank nicht vor kurzem noch ein „Halten" von Alpha empfohlen hat. Doch Laura spricht schon weiter: „Aber das war es nicht. Vielmehr erhob er die Forderung, dass börsennotierte Aktiengesellschaften neben den historischen Anschaffungskosten der Grundstücke, die die Höchstgrenze für die Buchwerte in der Bilanz bilden, immer auch die Marktwerte der Grundstücke angeben sollten. Ja, er adressierte das bewusst an den Gesetzgeber. Der sollte sofort handeln und diese Angabe per Gesetz vorschreiben." „Das ist ja ein Ding", entfährt es Katharina im Bewusstsein, dass Moser solche Forderungen nicht nur einfach so erhob. Man sagte ihm beste Kontakte zu einigen einflussreichen Politikern sowie zu Beamten im Justizministerium nach.

„Begründet hat er dies damit, dass Marktwertinformationen auf jeden Fall relevante Informationen für die Anleger sind. Gerade in der Immobilienbranche mit derart langlebigen Vermögensgegenständen sind die historischen Anschaffungskosten nicht wirklich spannend. Was zählt, sind die künftigen Verwertungsmöglichkeiten, und die sind mit den Marktwerten eng verknüpft." „Das klingt nicht unlogisch", meint Katharina, und Laura ergänzt: „Und der ultimative Grund für seine Forderung war, dass er sich ja nicht einen Ersatz der historischen Anschaffungskosten wünscht, sondern die Marktwertinformationen zusätzlich dazu angegeben werden sollten. Mehr Information schade nämlich niemals, solange die Information des Status quo weiterhin verfügbar ist, kann sie nur nützlich sein. Typisch für Finanzanalysten. Sag mal, kennst du einen, der nicht nach mehr Information schreit?"

Katharina nimmt den letzten Schluck ihres Cappuccinos – tat der gut – und überlegt etwas ganz anderes: „Also für uns wäre es doch gut, wenn die die Marktwerte ausweisen müssten. Die können wir mit unseren Informationen abgleichen und daraus auf deren Annahmen über die Entwicklung der Preise schließen." Laura nickt und meint: „Klar, und für die Alpha wäre es sicher toll, wenn sie den Marktwert einer Immobilie angeben müssen und dann mit einem Interessenten über den Verkauf verhandeln. Mehr als das, was sie da angeben, werden sie sicher nicht erzielen." „Dann müssten sie aber eigentlich regelmäßig übertreiben. Das wird die Gutachter freuen." „Und erst den Wirtschaftsprüfer", ergänzt Laura. „Das wird sicher schön etwas kosten."

Wie war das noch, „Zusätzliche Information schadet niemals", denkt Katharina und sagt: „Weiß der Moser eigentlich, dass er damit den Anlegern von Alpha schadet?" Bevor Laura darauf antworten kann, werden die beiden von einem freundlichen „Na, ihr!" hinter ihrem Rücken unterbrochen. Richi steht plötzlich da und deutet mit dem Finger auf seine Armbanduhr. Ist eigentlich ziemlich elegant, die Uhr, fährt es Katharina durch den Kopf. „Wir sollten schon längst in der Sitzung sein." Ach ja. Eigentlich komisch, dass die Zeit außerhalb der Sitzungen viel rascher vergeht.

Ziele dieses Kapitels

- Modellierung und Analyse von Informationssystemen zur Verbesserung individueller Entscheidungen
- Darstellung grundsätzlicher Einflussfaktoren für die Vorteilhaftigkeit von Informationen im Individualkontext
- Darstellung der Wirkungen von Informationssystemen in einem Mehrpersonenkontext
- Aufzeigen der Probleme, optimale Informationssysteme im Rahmen des Mehrpersonen- und Kapitalmarktkontextes zu finden
- Lobbying bei der Gestaltung von Informationssystemen

---

1 Einführung

Im 1. Kapitel: *Einführung und institutionelle Grundlagen* wurde dargestellt, dass die gegenwärtige Diskussion im externen Rechnungswesen insbesondere dessen Rolle als **kapitalmarktorientiertes Informationsinstrument** betont. Unternehmen geben im Rahmen der externen Unternehmensrechnung Informationen über ihre wirtschaftliche Lage. Von diesen Informationen hängen die Erwartungen der Anleger über Höhe und Risiken der künftigen Überschüsse und damit die Kapitalkosten eines Unternehmens ab, die wiederum einen Einfluss auf die Vorteilhaftigkeit von Investitionen im Unternehmen haben.

Solche Zusammenhänge sind zwar intuitiv und auf einer sehr allgemeinen Ebene unstrittig, doch weiß man alleine deswegen noch nicht, wie denn zweckmäßige Bilanzierungs- und Bewertungsregeln konkret aussehen oder in welchem Umfang Unternehmen verpflichtet werden sollten, Informationen zu publizieren. Dies wirft die grundsätzliche Frage auf, nach welchen Kriterien etwa ein Gesetzgeber beurteilen kann, wie zu bilanzieren und zu bewerten ist, um z. B. gemäß § 264 (2) dHGB *„ein den tatsächlichen Verhältnissen entsprechendes Bild der Vermögens-, Finanz- und Ertragslage"* zu vermitteln oder die allgemeine Frage zu klären, welche Rechnungslegung „die Investoren fordern". Die Wahl zwischen verschiedenen Systemen der Rechnungslegung (z. B. HGB versus IFRS) ist letztlich eine **Wahl** zwischen **verschiedenen Informationssystemen**, die den Marktteilnehmern zur Verfügung gestellt werden.

Dieses Kapitel legt die Grundlagen für die Bewertung und Wirkungen von Informationssystemen.

- Was bestimmt den Bedarf und den Nutzen von Informationen aus Sicht der Empfänger?
- Lassen sich für alle Investoren die gleichen oder zumindest ähnliche Präferenzen für Informationssysteme ableiten?
- Ist es richtig, dass mehr Information für die Investoren vorteilhaft ist, zumindest wenn sie kostenlos ist?

- Spielt es bei der Verwendung von Informationen eine Rolle, ob auch andere Adressaten die gleiche Information erhalten?
- Wie können Interessen verschiedener Nutzer bei Rechnungslegungsstandards berücksichtigt werden?

Diese Fragen werden im Folgenden auf der Basis **informationsökonomischer Ansätze** behandelt. Der subjektive Bedarf nach und der Nutzen von Informationen wird zunächst aus dem Kontext individueller Entscheidungsmodelle entwickelt, wobei der Erfassung und Präzisierung von Informationssystemen besondere Aufmerksamkeit geschenkt wird. Anschließend werden die Determinanten des Wertes von Informationen gezeigt, wobei zwischen dem **Individual-** und dem **Mehrpersonenkontext**, wie z. B. am **Kapitalmarkt**, zu unterscheiden ist.

In den folgenden Kapiteln werden diese Erkenntnisse verwendet, um die ökonomischen Wirkungen verschiedener Bilanzierungs- und Bewertungsregeln zu untersuchen.

2 Ökonomische Analyse von Informationen – Grundlagen

2.1 Entscheidungstheoretische Grundlagen

Informationen sind Güter besonderer Art. Sie entfalten ihren Wert nicht dadurch, dass sie von einer Person unmittelbar konsumiert werden. Der **Wert einer Information** leitet sich stattdessen aus ihrer Eigenschaft ab, die **Qualität** der von einem Akteur zu treffenden **Entscheidungen zu verbessern**. Eine ökonomische Analyse von Informationen erfordert daher eine systematische Einbettung der Informationsverwendung in Entscheidungsprobleme von Individuen.

> **Ausspruch**
>
> „Without the decision-making paradigm, one cannot assess the economic usefulness of accounting information, let alone its comparative advantage over other sources." (*Liang* 2001, S. 237)

Zu diesem Zweck wird im Folgenden das **Grundmodell der Entscheidungstheorie** betrachtet.[1] Der Entscheider steht vor dem Problem, aus einer Menge A möglicher **Aktionen** eine Aktion $a \in A$ so auszuwählen, dass seine subjektive Zielerreichung maximiert wird. Betrachtet man z. B. das Entscheidungsproblem eines **Investors**, so besteht es in der

---

[1] Für ausführlichere Darstellungen des entscheidungstheoretischen Grundmodells vgl etwa *Bamberg/Coenenberg/Krapp* (2019).

Zusammenstellung eines Portefeuilles aus Finanztiteln unter der Nebenbedingung, dass die für die Geldanlage erforderlichen Mittel nicht größer als die verfügbaren Mittel sein dürfen. Eine Aktion a beinhaltet dabei eine ganz konkrete Zusammenstellung der Finanztitel, und der Aktionsraum A steht für die Menge aller zulässigen Portefeuilles.

Die **Zielerreichung** wird bestimmt von

- den **Ergebnissen** der Aktionen und
- den **Präferenzen** des Entscheiders.

Allgemein können die für den Entscheider relevanten **Ergebnisse** von Aktionen **finanzieller** und **nicht finanzieller** Art sein. Zur Vereinfachung, aber ohne Beschränkung der Allgemeinheit, wird für die Informationsanalyse von **rein finanziellen Ergebnissen** ausgegangen. Im Rahmen des obigen Problems eines Investors bestehen diese Ergebnisse aus den *künftigen Zahlungen,* die der Investor aus seinem Portefeuille erhält. Solche Zahlungen können sich grundsätzlich über viele Perioden erstrecken. Vereinfachend wird ein einperiodiges Entscheidungsproblem unterstellt. Die finanziellen Ergebnisse x des Investors am Ende der Periode bestehen dann einerseits aus den Zins-, Tilgungs- und/oder Dividendenzahlungen während der Periode, andererseits aus den Marktwerten der im Portefeuille enthaltenen Finanztitel am Periodenende.

In einer Situation der Sicherheit hängen die Ergebnisse ausschließlich von der gewählten Aktion ab, so dass einfach $x(a)$ geschrieben werden kann. In der Realität herrschen allerdings praktisch immer unsichere Erwartungen über die Konsequenzen der Aktionen, weil es zahlreiche Entwicklungen gibt, die zwar Einfluss auf die Konsequenzen der Aktionen haben, die man aber selbst nicht beeinflussen kann. Der Wert einer Aktie am Periodenende wird z. B. von der Geschäftsentwicklung des Unternehmens im Laufe der Periode abhängen, und diese Entwicklung ist *ex ante*, also zum Periodenbeginn, nicht bekannt. Allgemein kann man sich solche Unsicherheiten als eine Menge Θ möglicher Szenarien bzw. denkbarer Zustände $\theta \in \Theta$ vorstellen, von denen man im Entscheidungszeitpunkt nicht weiß, welche Entwicklung sich tatsächlich einstellen wird. Diese Szenarien bezeichnet man als **Umweltzustände**.

Die Ergebnisse einer Aktion hängen daher auch vom eintretenden Umweltzustand ab, es gilt also $x(a, \theta)$. Kann man den einzelnen Zuständen keine Wahrscheinlichkeiten zuordnen, spricht man von einer Situation der Ungewissheit. Gibt es dagegen solche Wahrscheinlichkeiten, spricht man von einem **Entscheidungsproblem bei Risiko**. Im Folgenden wird nur noch auf den Fall des Risikos eingegangen. Die Wahrscheinlichkeit für den Eintritt des Zustands θ wird mit $f(\theta)$ und die Verteilung insgesamt mit $F(\cdot)$ bezeichnet.[2]

Die **Präferenzen** des Entscheiders knüpfen an den risikobehafteten Ergebnissen $x(a, \theta)$ an. Nachfolgend wird davon ausgegangen, dass das Verhalten eines Entscheidungsträgers

---

[2] Im Folgenden wird ein diskreter Zustandsraum unterstellt. Bei kontinuierlichem Zustandsraum ist f eine Dichtefunktion und anstelle der Summenbildung wird eine Integration durchgeführt.

durch die **Maximierung des Erwartungsnutzens** *(Bernoulli-Prinzip)* repräsentiert werden kann. Der Investor verfügt danach über eine subjektive Nutzenfunktion $U(x)$, und sein Erwartungsnutzen $EU(a)$ für eine bestimmte Aktion a lässt sich durch

$$EU(a) \equiv \sum_{\theta \in \Theta} U(x(a,\theta)) \cdot f(\theta) \qquad (2.1)$$

beschreiben. Die für den Entscheider optimale Aktion a^* ist diejenige, die den Erwartungsnutzen maximiert:

$$EU(a^*) = \max_{a \in A} EU(a) \qquad (2.2)$$

Im Rahmen des Bernoulli-Prinzips werden **unterschiedliche Risikoeinstellungen** durch die Art der Nutzenfunktion U abgebildet. Eine lineare Nutzenfunktion führt dazu, dass (2.2) äquivalent zur Maximierung des Erwartungswerts der Ergebnisse ist, was einem risikoneutralen Entscheidungsverhalten entspricht. Der Fall risikoscheuen (risikofreudigen) Verhaltens wird dagegen durch eine streng konkave (konvexe) Nutzenfunktion U repräsentiert.

Beispiel

Betrachtet wird das folgende Problem mit drei Aktionen, drei Zuständen und folgender Ergebnismatrix:

Aktion	θ_1	θ_2	θ_3
a_1	30	20	20
a_2	10	22	16
a_3	8	25	35

Die drei Zustände sind gleich wahrscheinlich ($f(\theta_i) = 1/3$), und die Nutzenfunktion sei $U(x) = \sqrt{x}$. Die Erwartungsnutzen betragen:

$$EU(a_1) = \frac{1}{3}\left(\sqrt{30} + \sqrt{20} + \sqrt{20}\right) = 4,807$$

$$EU(a_2) = \frac{1}{3}\left(\sqrt{10} + \sqrt{22} + \sqrt{16}\right) = 3,951$$

$$EU(a_3) = \frac{1}{3}\left(\sqrt{8} + \sqrt{25} + \sqrt{35}\right) = 4,582$$

Die optimale Aktion ist $a^* = a_1$ mit $EU(a^*) = 4,807$. ◄

Ein **Entscheidungsproblem** besteht aus folgenden Bestandteilen[3]:

- **Aktionsraum** A mit den Elementen $a \in A$,
- **Zustandsraum** Θ mit den Elementen $\theta \in \Theta$,
- **Ergebnisfunktion** $x(a,\theta)$,
- **Nutzenfunktion** U des Entscheidungsträgers und
- Verteilung F mit den **Wahrscheinlichkeiten** $f(\theta)$ für $\theta \in \Theta$.

Jeder dieser Bestandteile ist wesentlich für die Lösung des Entscheidungsproblems. Und jede Information, die einen dieser Bestandteile ändert, kann diese Lösung verändern und hat damit ökonomische Konsequenzen.

Für eine **Variation des Aktionsraums** ist das offensichtlich: Eine Einschränkung der Handlungsmöglichkeiten kann dazu führen, dass die bislang optimale Aktion a^* nicht mehr wählbar ist; analog ist eine Erweiterung des Aktionsraums mit neuen Handlungsmöglichkeiten verbunden, die eine neue optimale Lösung erbringen können.

2.2   Modellierung von Informationssystemen

Üblicherweise wird die **Informationsstruktur** in der obigen Darstellung eines Entscheidungsproblems durch die Erwartungen über den Eintritt der Umweltzustände gegeben. Der Entscheider hat auf Basis bestehender Informationen die Menge Θ der möglichen Umweltzustände mit den entsprechenden subjektiven Wahrscheinlichkeiten $f(\theta)$ für $\theta \in \Theta$ bestimmt. Der Umfang der verfügbaren Informationen ist aber nicht naturgegeben, sondern selbst abhängig von einer Entscheidung über den **Informationsumfang**. Dahinter steht die Vorstellung, dass weitere Information die **Unsicherheit** über die künftigen Entwicklungen **reduziert**, so dass die Aktionswahl besser auf die wirklich relevanten Szenarien ausgerichtet werden kann.

> **„Ausreichende" Information**
> Die Frage, ob sich ein Manager für eine unternehmerische Entscheidung „ausreichend" informiert hat, ist ein wesentliches Kriterium für die Beurteilung der Frage, ob er seine Sorgfaltspflicht gegenüber dem Unternehmen eingehalten hat.
> So bestimmt § 93 Abs 1 dAktG: „Die Vorstandsmitglieder haben bei ihrer Geschäftsführung die Sorgfalt eines ordentlichen und gewissenhaften Geschäftsleiters anzuwenden. Eine Pflichtverletzung liegt nicht vor, wenn das Vorstandsmitglied bei

---

[3] Vgl *Demski* (1980), S. 24 f, der zusätzlich noch einen Parameter für die sogenannte „Erfahrung" des Entscheiders berücksichtigt, die sich in der Formulierung von Aktions- und Zustandsraum sowie der Angabe der subjektiven Wahrscheinlichkeiten niederschlägt.

einer unternehmerischen Entscheidung vernünftigerweise annehmen durfte, auf der Grundlage angemessener Information zum Wohle der Gesellschaft zu handeln. [...]".

Diese Verpflichtung ist an die US-amerikanische **Business Judgment Rule** angelehnt, die verhindern soll, dass Manager einfach deswegen verklagt werden können, weil eine Entscheidung letztlich negative Konsequenzen für das Unternehmen bewirkt hat.

Im Rahmen des Entscheidungsproblems steht der Entscheider jetzt also vor dem zusätzlichen Problem, *vor* der eigentlichen Sachentscheidung $a \in A$ Informationen einzuholen. Diese Informationen werden als **Signale** y **eines Informationssystems** aufgefasst, das eine Menge Y möglicher Signale beinhaltet, es gilt also $y \in Y$. Sollen z. B. die künftigen Zahlungen aus Anteilen eines Unternehmens abgeschätzt werden, können **Informationen der Rechnungslegung** über die bisher erzielten Erfolge hilfreich sein. In diesem Fall ist das Informationssystem die Rechnungslegung, die in Abhängigkeit der bisherigen Geschäftsvorfälle und der (z. B. durch ein Niederstwertprinzip) antizipierten künftigen Entwicklungen einen bestimmten Gewinn (das Signal y) generiert. Welchen Gewinn eine Rechnungslegung ausweisen wird, weiß man natürlich *a priori* nicht (sonst hätte man diese Information im Grunde schon – sie wäre bereits in der Wahrscheinlichkeitsverteilung von θ berücksichtigt – und bräuchte sie nicht erst zu errechnen). Der Einsatz des Informationssystems „Rechnungslegung" ist vielmehr mit einer Menge Y *möglicher* Gewinne (Signale) y verbunden.

Bayessche Erwartungsrevision

Gegeben seien zwei Ereignisse $E1$ und $E2$ mit jeweils positiver Eintrittswahrscheinlichkeit. Auf Grund der Definition bedingter Wahrscheinlichkeiten[4] gilt

$$f\left(E1|E2\right) = \frac{f\left(E1 \cap E2\right)}{f\left(E2\right)}$$

Analog gilt

$$f\left(E2|E1\right) = \frac{f\left(E1 \cap E2\right)}{f\left(E1\right)} \Rightarrow f\left(E2|E1\right) \cdot f\left(E1\right) = f\left(E1 \cap E2\right)$$

Einsetzen in den ersten Ausdruck erbringt

$$f\left(E1|E2\right) = \frac{f\left(E1 \cap E2\right)}{f\left(E2\right)} = \frac{f\left(E2|E1\right) \cdot f\left(E1\right)}{f\left(E2\right)}$$

---

[4] Vgl zB *Kreyszig* (1979), S. 66.

Definiert man nun $E1 = \theta$ und $E2 = y$, so erhält man die a *posteriori*-Wahrscheinlichkeit für den Eintritt des Zustands θ *nach* dem Empfang des Signals y gemäß

$$f\left(\theta|y\right) = \frac{f\left(y|\theta\right) \cdot f\left(\theta\right)}{f\left(y\right)}$$

Dabei ist $f(y)$ die *a priori*-Wahrscheinlichkeit für den Erhalt des Signals y

$$f\left(y\right) = \sum_{\theta} f\left(y|\theta\right) \cdot f\left(\theta\right)$$

Man erhält schließlich (**Bayes-Theorem**)[5]:

$$f\left(\theta|y\right) = \frac{f\left(y|\theta\right) \cdot f\left(\theta\right)}{\sum_{\theta} f\left(y|\theta\right) \cdot f\left(\theta\right)}$$

Die *a posteriori*-Wahrscheinlichkeiten $f(\theta|y)$ sind also durch die ursprünglichen Erwartungen $f(\theta)$ und die *likelihoods* $f(y|\theta)$ vollständig bestimmt.

Die wesentliche Frage liegt darin, *wie* der Empfang eines Signals y die Erwartungen des Entscheiders beeinflusst. Dies kann nur dann geschehen, wenn die **Signale** y in einer **systematischen Beziehung** zu den **Zuständen** θ stehen. Solche Beziehungen werden mit den **bedingten Wahrscheinlichkeiten** $f(y|\theta)$, die auch *likelihoods* genannt werden, erfasst. Sie geben an, mit welcher Wahrscheinlichkeit man das Signal y erhalten wird, wenn θ der wirklich eintretende Zustand ist. In diesen *likelihoods* spiegelt sich die **subjektive Vorstellung** des Entscheidungsträgers über den Zusammenhang zwischen Signalen und Zuständen wider. Sind aus Sicht des Investors z. B. günstige Marktentwicklungen eines Unternehmens (Umweltzustand) tendenziell mit hohen Gewinnen in der Rechnungslegung (Signal) verknüpft, kann er diese Beziehung durch die *likelihoods* präzisieren und erfassen.

Für eine Informationsanalyse sind folgende Bestandteile relevant:

- **Informationssysteme** bestehen aus einer Menge Y möglicher Signale y;
- die Informationswirkung eines Signals y besteht in der **Revision der Wahrscheinlichkeiten** für den Eintritt der Umweltzustände θ;
- diese Erwartungsrevisionen hängen von systematischen **Beziehungen** zwischen Zuständen θ und Signalen y ab, die durch bedingte Wahrscheinlichkeiten *(likelihoods)* $f(y|\theta)$ gegeben sind und das **Informationssystem** letztlich charakterisieren;
- die *likelihoods* $f(y|\theta)$ determinieren zusammen mit den ursprünglichen Wahrscheinlichkeiten $f(\theta)$ vollständig die Revision der Erwartungen durch das **Bayes-Theorem**.

---

[5]Vgl auch *DeGroot* (1989), S. 64–67.

Vollkommene Information

Vollkommene (perfekte) Information ist der Grenzfall eines Informationssystems. Ein solches Informationssystem lässt eindeutig auf den künftig eintretenden Umweltzustand schließen, so dass *nach* dem Empfang eines Signals faktisch keine Unsicherheit mehr besteht.

Angenommen, es gibt drei Umweltzustände $\{\theta_1, \theta_2, \theta_3\}$ mit ursprünglichen Wahrscheinlichkeiten $f(\theta_i)$. Das Informationssystem besteht ebenfalls aus drei möglichen Signalen, $Y = \{y_1, y_2, y_3\}$, wobei die Umweltzustände eineindeutig mit den Signalen verbunden sind. Dann kann aus der Beobachtung eines Signals vollständig auf den künftigen Umweltzustand rückgeschlossen werden. Die *likelihoods* sind:

$$f\left(y_j \mid \theta_j\right) = 1, f\left(y_i \mid \theta_j\right) = 0 \quad \text{für } i \neq j, \quad \forall j = 1, 2, 3 \tag{2.3}$$

Vollkommene Information eliminiert also jegliches Risiko, indem die Zahl derjenigen Umweltzustände, die nach dem Erhalt eines Signals y noch mit positiver Wahrscheinlichkeit eintreten können, auf einen einzigen reduziert wird (dessen Eintrittswahrscheinlichkeit zwangsläufig 1 betragen muss).

Unvollkommene Information

Unvollkommene (imperfekte) Information liefert Signale, die zu Erwartungsänderungen führen, jedoch keinen eineindeutigen Schluss auf die Umweltzustände ermöglichen. Angenommen, die Beziehung zwischen Zuständen und den Signalen eines Informationssystems ist wie in Abb. 2.1 dargestellt.

Das Informationssystem beinhaltet nur zwei mögliche Signale bei nach wie vor drei möglichen Zuständen. Es ist daher unmöglich, dass eine umkehrbar eindeutige Beziehung zwischen Zuständen und Signalen besteht. In Abb. 2.1 ist zwar jeder Zustand eindeutig mit einem bestimmten Signal verknüpft, es gibt aber **zwei Zustände, die mit dem gleichen Signal** verbunden sind. Wird das Signal y_1 empfangen, kann zwar definitiv gesagt werden, dass Zustand θ_3 ausgeschlossen ist, doch bezüglich der beiden anderen Zustände ist keine sichere Aussage möglich. Die likelihoods für dieses Informationssystem sind in Tab. 2.1 gegeben.

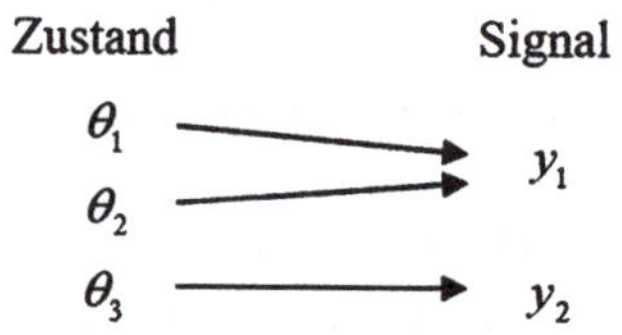

Abb. 2.1 Beziehung zwischen Zuständen und Signalen bei unvollkommener Information

Tab. 2.1 Likelihoods $f(y|\theta)$ bei unvollkommener Information

Signal	Zustände		
	θ_1	θ_2	θ_3
y_1	1	1	0
y_2	0	0	1

Die informationsbedingten Erwartungsrevisionen lassen sich plastisch als Zerlegung der Menge Θ in *Teilmengen* von Zuständen, eine sogenannte **Partitionierung** von Θ, darstellen. Die mit diesem Informationssystem einhergehende Zerlegung des Zustandsraumes lautet

$$\Big\{\underbrace{\{\theta_1,\theta_2\}}_{y_1},\ \underbrace{\{\theta_3\}}_{y_2}\Big\}$$

Partitionierung[6]

Gegeben sei eine Menge M und ein System von Teilmengen $T_i \subseteq M (i = 1, \ldots, n)$. Die n Teilmengen bilden eine Partitionierung der Menge M, wenn sie paarweise disjunkt sind und ihre Vereinigung gerade der Menge M entspricht:

$$T_i \cap T_j = \varnothing \left(\forall i,j = 1, \ldots, n, i \neq j\right)$$
$$\bigcup_i T_i = M$$

Sei etwa $M = \{a, b, c, d\}$. Partitionierungen von M sind z. B. $T_1 = \{a, b\}$, $T_2 = \{c, d\}$, ebenso $T_1 = \{a, d\}$, $T_2 = \{b, c\}$. *Keine Partitionierungen* wären dagegen $T_1 = \{a, b\}$, $T_2 = \{d\}$ (die Vereinigung beider Teilmengen ergibt nicht M) oder $T_1 = \{a, b, c\}$, $T_2 = \{b, c, d\}$ (die beiden Teilmengen sind nicht disjunkt).

Alternative Informationssysteme

Verschiedene Informationssysteme lassen sich durch *unterschiedliche Zuordnungen* $Y(\theta)$ darstellen. Alternativ zu (2.5) sei z. B. folgende Zuordnung Y' betrachtet:

$$Y'(\theta_1) = y_1; \quad Y'(\theta_2) = y_2; \quad Y'(\theta_3) = y_1$$

Dieses Informationssystem Y' beinhaltet ebenfalls die beiden Signale y_1 und y_2, verknüpft sie aber in einer anderen Form mit den Zuständen. Die Partitionierung des Zustandsraums ist bei Y' abweichend von Y wie folgt:

$$\Big\{\underbrace{\{\theta_1,\theta_3\}}_{y_1},\ \underbrace{\{\theta_2\}}_{y_2}\Big\}$$

Man sieht deutlich, dass der Kern eines Informationssystems weniger in den Signalen selbst als in der dahinter stehenden Partitionierung der Zustände besteht.

---

[6]Vgl auch *DeGroot* (1989), S. 64.

Nach dem Erhalt eines Signals dieses Systems ist nur noch eine der beiden Teilmengen relevant. Die *a priori*-**Wahrscheinlichkeiten** für den Empfang der Signale sind

$$f(y_1) = f(\theta_1) + f(\theta_2); \quad f(y_2) = f(\theta_3)$$

Die **revidierten Erwartungen** sind daher auf Basis des *Bayes*-Theorems:

$$f(\theta_1|y_1) = \frac{f(\theta_1)}{f(\theta_1) + f(\theta_2)}; \quad f(\theta_2|y_1) = \frac{f(\theta_2)}{f(\theta_1) + f(\theta_2)}; \quad f(\theta_3|y_1) = 0$$
$$f(\theta_1|y_2) = f(\theta_2|y_2) = 0; \quad f(\theta_3|y_2) = 1$$

Die Partitionierung erlaubt eine spezifische Darstellung von Informationssystemen als eine Abbildung $Y(\theta)$ von Zuständen in Signale[7]:

$$y = Y(\theta) \forall \theta \in \Theta \tag{2.4}$$

Jedem Zustand θ ist genau ein Signal y zugeordnet. Im Beispiel der Abb. 2.1 ist

$$Y(\theta_1) = y_1; Y(\theta_2) = y_1; \quad Y(\theta_3) = y_2 \tag{2.5}$$

Andere *likelihood*-Strukturen

Die hier gezeigte Darstellung von Informationen als Partitionierung scheint im ersten Moment etwas speziell zu sein, weil sie nur bedingte Wahrscheinlichkeiten $f(y|\theta)$ von 1 oder 0 zulässt. Es gibt jedoch auch Beziehungen, bei denen ein Zustand θ nicht nur mit einem Signal y verknüpft ist:

Zustand   Signal

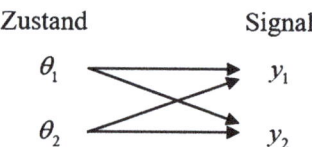

Hier kann bei jedem Zustand jedes Signal eintreffen. Eine Informationswirkung der Signale setzt voraus, dass die *likelihoods* $f(y|\theta)$ auch tatsächlich vom Zustand abhängen, andernfalls wäre die Verteilung der y unabhängig von den Zuständen und könnte auch keine Erwartungsrevision induzieren.

Eine solche Situation lässt sich durch eine Umformulierung des Zustandsraums in die Partitionsdarstellung überführen.[8] Dazu definiert man die neuen Zustände z als Kombination der ursprünglichen θ und der Signale y. Im obigen Beispiel erhält man dann vier neue Zustände,

---

[7]Vgl zum Folgenden auch *Demski* (1980), S. 29–32.
[8]Vgl dazu auch *Demski* (1980), S. 39.

$$z_1 = \{\theta_1, y_1\}; z_2 = \{\theta_1, y_2\}; z_3 = \{\theta_2, y_1\}; z_4 = \{\theta_2, y_2\},$$

mit entsprechenden Eintrittswahrscheinlichkeiten. Bezogen auf diesen neuen Zustandsraum Z ist Zustand z_1 mit y_1, z_2 mit y_2, z_3 mit y_1 und z_4 mit y_2 eindeutig verknüpft. Man erhält dann folgende Partitionierung von Z:

$$\Big\{ \underbrace{\{z_1, z_3\}}_{y_1}, \; \underbrace{\{z_2, z_4\}}_{y_2} \Big\}$$

Insofern ist die Partitionsdarstellung geeignet, auch andere *likelihood-Strukturen* formal zu erfassen, und ist damit eine allgemeingültige Repräsentation von Informationssystemen. ◄

3 Vorteilhaftigkeit von Informationssystemen im Individualkontext

Der potenzielle **Nutzen** eines **Informationssystems** y resultiert aus der *Möglichkeit*, nach Erhalt von y die **Aktionswahl** spezifisch auf die noch verbleibende Teilmenge $\Theta(y)$ von Zuständen ausrichten zu können. Weil man zum Zeitpunkt der Informationsbeschaffung das später eintreffende Signal y des Informationssystems noch nicht kennt, lässt sich die Variabilität der Aktionswahl durch eine **bedingte Handlungsstrategie** $a(y)$ erfassen. Sie bildet die grundsätzliche Abhängigkeit der Aktion vom erhaltenen Signal ab und antizipiert die optimale Anpassung des Entscheiders an den jeweils vorliegenden Informationsstand.

3.1 Analyse ohne Informationskosten

Lässt man Kosten der Informationsbeschaffung zunächst außer Betracht, dann ergibt sich für ein gegebenes Signal y der Erwartungsnutzen bei Wahl einer Aktion a wie folgt:

$$EU\big(a|y\big) = \sum_{\theta \in \Theta} U\big(x(a,\theta)\big) \cdot f\big(\theta|y\big) = \frac{1}{f(y)} \cdot \sum_{\theta \in \Theta(y)} U\big(x(a,\theta)\big) \cdot f\big(\theta\big) \qquad (2.6)$$

Beziehung (2.6) verdeutlicht, dass für die optimale Entscheidung nur noch die Überschüsse in derjenigen Teilmenge $\Theta(y)$ von Zuständen relevant sind, die nach dem Empfang von y noch eine positive Wahrscheinlichkeit haben. Die signalbedingt optimale Entscheidung ergibt sich aus

$$a^*\big(y\big) = \arg\max_{a \in A(y)} EU\big(a|y\big)$$

Dabei ist grundsätzlich zulässig, dass der Aktionsraum ebenfalls vom Erhalt der Information abhängen kann, so dass sich allgemein *A(y)* ergibt. Im Rahmen einer **Individualanalyse** (es wird also nur das optimale Handeln **eines** Entscheiders betrachtet) wird von einer
solchen Abhängigkeit aber meistens abgesehen und unterstellt, dass der Entscheider unabhängig von der eintreffenden Information stets die gleichen Handlungsmöglichkeiten hat:

$$A(y) = A \ \forall y \tag{2.7}$$

Bei Gültigkeit von (2.7) lässt sich leicht zeigen, dass die **Beschaffung kostenloser Informationen** *niemals* **nachteilig** sein kann. Der Grund liegt schlicht darin, dass der Entscheider für jedes denkbare Signal *y* stets die Möglichkeit hat, genau dieselbe Aktion a^* zu wählen, die auch ohne Informationsbeschaffung optimal gewesen wäre. *Ex ante,* d. h. vor Beobachtung von *y,* ergibt sich nämlich der Erwartungsnutzen *EU(Y)* beim Einsatz des
Informationssystems *Y* für eine beliebige Handlungsstrategie *a(y)* unter Beachtung von
(2.6) als

$$EU(Y) = \sum_{y \in Y} EU\big(a(y)\big|y\big)f(y) = \sum_{y \in Y}\sum_{\theta \in \Theta(y)} U\big(x(a(y),\theta)\big)f(\theta) \tag{2.8}$$

Wird nun unabhängig von *y* stets dieselbe Aktion a^* gewählt, folgt

$$EU\big(Y\big|a(y) = a^*\big) = \sum_{y \in Y} EU\big(a^*\big|y\big)f(y) =$$
$$\sum_{y \in Y}\sum_{\theta \in \Theta(y)} U\big(x(a^*,\theta)\big)f(\theta) = \sum_{\theta \in \Theta} U\big(x(a^*,\theta)\big)f(\theta) = EU\big(a^*\big) \tag{2.9}$$

Insofern kann man sich also niemals verschlechtern, weil für jedes Signal *y* der Status quo
ohne Information immer erreichbar ist. Falls es sich aber für wenigstens ein Signal *y′*
als optimal erweist, *a posteriori* von der Aktion a^* **abzuweichen**, dann ist $a^*(y′) \neq a^*$, und
es muss für dieses Signal *y′* gelten:

$$EU\big(a^*(y′)\big|y′\big) > EU\big(a^*\big|y′\big)$$

Daraus folgt unmittelbar

$$EU^*(Y) - EU\big(a^*\big) = f(y′)\Big[EU\big(a^*(y′)\big|y′\big) - EU\big(a^*\big|y′\big)\Big] > 0$$

Im Rahmen dieser **Individualbetrachtung** bestätigen sich also intuitive Vorstellungen
über die Verwendung von Informationen. Die Möglichkeit, die Handlungsstrategie „ziel-
gerichteter" auf die zu erwartenden Entwicklungen einstellen zu können, kann grundsätzlich nicht von Nachteil sein – im „schlimmsten Fall" kann man die Information einfach
ignorieren und die ohne Information optimale Handlungsweise wählen. Die Analyse zeigt
aber auch, dass Information *nur* dann strikt wertvoll ist, wenn sie eine Verbesserung von
Handlungen erlaubt.

3.2 Das Feinheitstheorem

Wie oben gezeigt wurde, kann **kostenlose Information** bei unverändertem Aktionsraum **nicht nachteilig** sein. Dies legt den Schluss nahe, dass unter diesen Bedingungen *generell* mehr Information nicht schlechter als weniger Information sein könne. Dies ist jedoch nicht unbedingt der Fall. Es hängt von der Frage ab, was unter „mehr Information" verstanden wird.

Beispiel

Betrachtet wird das in einem obigen Einschub gegebene Problem mit drei Aktionen, drei gleich wahrscheinlichen Zuständen und folgender Ergebnismatrix:

Aktion	θ_1	θ_2	θ_3
a_1	30	20	20
a_2	10	22	16
a_3	8	25	35

Die Nutzenfunktion ist $U(x) = \sqrt{x}$, und die ohne Information optimale Entscheidung war $a^* = a_1$ mit $EU(a^*) = 4{,}807$. Betrachtet sei nun ein Informationssystem Y, welches mit einer Partitionierung des Zustandsraums in die beiden Teilmengen $\{\theta_1\}$ (Signal y_1) und $\{\theta_2, \theta_3\}$ (Signal y_2) verbunden ist.

Trifft das Signal y_1 ein *(ex ante* mit der Wahrscheinlichkeit 1/3), weiß man, dass Zustand θ_1 mit Sicherheit eintritt, und a_1 bleibt offenbar die beste Aktion $\left(a^*(y_1) = a_1 \text{ mit } EU(a_1 | y_1) = \sqrt{30} = 5{,}477\right)$. Beim Empfang von y_2 *(ex ante* mit der Wahrscheinlichkeit 2/3) besteht noch Unsicherheit darüber, welcher der beiden verbleibenden Zustände θ_2 oder θ_3 eintreten wird, doch sind beide Zustände *a posteriori* gleich wahrscheinlich. Die signalbedingten Erwartungsnutzen ergeben sich aus:

$$EU(a_1 | y_2) = \frac{1}{2}\left(\sqrt{20} + \sqrt{20}\right) = 4{,}472$$

$$EU(a_2 | y_2) = \frac{1}{2}\left(\sqrt{22} + \sqrt{16}\right) = 4{,}345$$

$$EU(a_3 | y_2) = \frac{1}{2}\left(\sqrt{25} + \sqrt{35}\right) = 5{,}458$$

Für y_2 ist die optimale Aktion daher $a^*(y_2) = a_3$. *Ex ante* beträgt der Erwartungsnutzen bei Verwendung des Informationssystems daher:

$$EU^*(Y) = \frac{1}{3} \cdot 5{,}477 + \frac{2}{3} \cdot 5{,}458 = 5{,}464 > EU(a^*) = 4{,}807$$

Die Verwendung des Informationssystems ist mithin (ohne Beachtung der Informationskosten) vorteilhaft. Die Bedeutung der Bedingung (2.7) über die Unabhängigkeit des

Aktionsraums lässt sich leicht verdeutlichen, wenn man unterstellt, die Aktion a_1 sei beim Eintreffen von y_1 nicht mehr wählbar.[9] Der Entscheider kann dann *nicht mehr auf seinen Status quo ohne Information* zurückgehen und wäre gezwungen, auf die – gegeben y_1 – schlechtere Aktion a_2 auszuweichen. Der Erwartungsnutzen bei Verwendung des Informationssystems wäre in diesem Fall mit 4,693 niedriger als bei Verzicht auf Information. ◀

Angenommen, der Zustandsraum umfasst vier Zustände und es gibt zwei Informationssysteme Y und Y^f, wie in Abb. 2.2 dargestellt. Das Informationssystem Y umfasst eine Partitionierung des Zustandsraums in zwei Teilmengen:

$$\Theta\left(y_1\right)=\left\{\theta_1,\theta_2,\theta_3\right\} \quad \Theta\left(y_2\right)=\left\{\theta_4\right\}$$

Das Informationssystem Y^f führt zu folgender Partitionierung:

$$\Theta\left(y_1^f\right)=\left\{\theta_1\right\} \quad \Theta\left(y_2^f\right)=\left\{\theta_2,\theta_3\right\} \quad \Theta\left(y_3^f\right)=\left\{\theta_4\right\}$$

Eine genauere Betrachtung dieser Mengen zeigt, dass im System Y^f die Teilmenge $\Theta(y_1)$ faktisch **erneut partitioniert** wird, denn es gilt

$$\Theta\left(y_1^f\right)\subset\Theta\left(y_1\right), \quad \Theta\left(y_2^f\right)\subset\Theta\left(y_1\right),$$

$$\Theta\left(y_1^f\right)\cap\Theta\left(y_2^f\right)=\varnothing, \quad \Theta\left(y_1^f\right)\cup\Theta\left(y_2^f\right)=\Theta\left(y_1\right)$$

Darüber hinaus stimmen die Teilmengen der verbleibenden Signale überein, d. h.

$$\Theta\left(y_3^f\right)=\Theta\left(y_2\right)$$

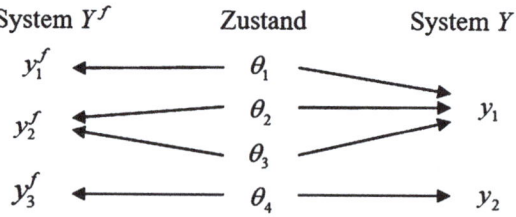

Abb. 2.2 Zustandsraum und zwei Informationssysteme

---

[9] Im Rahmen einer Individualanalyse (nur der betrachtete Entscheidungsträger erhält die Information) ist dies nur schwer vorstellbar. Ist die Information aber auch anderen Akteuren zugänglich, kann sich eine solche Abhängigkeit ergeben. Beispielsweise könnte die Aktion a_1 im Kauf eines Anteilpakets von einem anderen Investor bestehen. Erhält dieser Investor auch das Signal y_1, weiß er um die hohen Überschüsse, die er von seinen Anteilen im Zustand θ_1 erwarten darf. Führt dies dazu, dass er nicht mehr bereit ist, sich von seinen Anteilen zu trennen, wird a_1 für den betrachteten Entscheidungsträger nicht mehr wählbar.

Bei Verwendung des Systems Y^f weiß man mindestens ebenso viel wie beim System Y, ist aber in manchen Situationen **besser informiert**. Erhält man beim System Y^f das Signal y_1^f oder y_2^f, dann weiß man, dass man beim System Y das Signal y_1 erhalten hätte. Dort hätte man aber zwischen den ersten drei Zuständen nicht weiter unterscheiden können, während man jetzt eine genauere Eingrenzung vornehmen kann. Beim Erhalt von y_3^f kennt man ebenfalls das Signal, das man beim System Y empfangen hätte (y_2), doch sind die damit verbundenen Zustände im Beispiel identisch. Das System Y^f ermöglicht daher eine **vollständige Rekonstruktion der Informationen** des alternativen Systems Y, doch gilt diese Beziehung nicht in umgekehrter Richtung. Verwendet man das System Y und erhält man das Signal y_1, dann weiß man eben *nicht,* welches Signal man beim System Y^f erhalten hätte, und man entscheidet auf Basis einer weniger genauen Eingrenzung der Menge noch möglicher Zustände. Y^f ist damit **feiner** als Y.

Allgemein gilt: Ein System Y^f ist genau dann **feiner** als ein System Y, wenn es zu jedem Signal y^f aus Y^f ein Signal y des Systems Y gibt, so dass $\Theta(y^f)$ eine Teilmenge von $\Theta(y)$ ist:

$$\forall y^f \in Y^f : \quad \exists y \in Y \;\; \text{mit}\; \Theta\left(y^f\right) \subseteq \Theta\left(y\right) \tag{2.10}$$

Wie man leicht nachprüft, ist die Bedingung (2.10) im obigen Beispiel erfüllt.

Dagegen können zwei Informationssysteme, die in Abb. 2.3 abgebildet sind, *nicht* gemäß der Feinheitsrelation geordnet werden. Das System Y ist identisch mit demjenigen aus Abb. 2.2, und auch das andere System Y^n führt zu einer Partitionierung mit drei Teilmengen, deren Struktur sich aber verändert hat. Zwar gilt

$$\Theta\left(y_1^n\right) \subset \Theta\left(y_1\right) \quad \text{und} \quad \Theta\left(y_2^n\right) \subset \Theta\left(y_1\right),$$

doch wegen $\Theta\left(y_3^n\right) = \{\theta_3, \theta_4\}$ gilt jetzt

$$\Theta\left(y_3^n\right) \not\subset \Theta\left(y_1\right) \quad \text{und} \quad \Theta\left(y_3^n\right) \not\subset \Theta\left(y_2\right).$$

Man findet also bezüglich des Signals y_3^n kein Signal y des Systems Y, so dass die geforderte Teilmengenbeziehung erfüllt werden könnte. Die beiden Informationssysteme

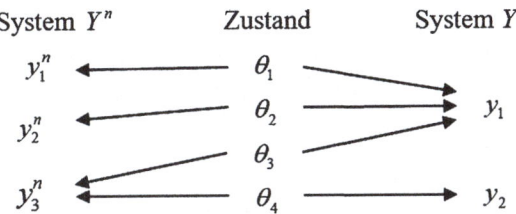

Abb. 2.3 Zwei Systeme, die nicht gemäß Feinheit geordnet werden können

in Abb. 2.3 geben also **verschiedene Informationen**, die sich nicht nach dem Feinheitskriterium (2.10) ordnen lassen.

Aggregation von Information

Ein Unternehmen erwirbt zwei Vorräte mit Anschaffungskosten von jeweils x. Beide sind zu Ende der Periode noch im Unternehmen. Die Wertentwicklung der Vorräte ist unabhängig voneinander und wie folgt gegeben: Der Wert bleibt gleich, oder er sinkt oder steigt um den Betrag d. Sei der jeweilige Wert mit x_1 bzw. x_2 bezeichnet, dann sind die möglichen Werte am Ende der Periode $x_i \in \{x - d, x, x + d\}$. In der Bilanz wird nur die Summe der Vorräte, nicht jedoch der Wert jedes einzelnen Vorrats veröffentlicht.

Bei einer **Fair Value-Bewertung** wird jeder Vorrat mit seinem jeweiligen Zeitwert am Ende der Periode bewertet, d. h.

$$y^F = x_1 + x_2$$

mit möglichen Werten $y^F \in \{2x - 2d, 2x - d, 2x, 2x + d, 2x + 2d\}$.

Bei einer **anschaffungswertbasierten Bewertung** erfolgt nur eine Abwertung, jedoch keine Aufwertung über die Anschaffungskosten, d. h.

$$y^A = \min\{x, x_1\} + \min\{x, x_2\}$$

mit möglichen Werten $y^A \in \{2x - 2d, 2x - d, 2x\}$.

Obwohl bei der Fair Value-Bewertung das Vorratsvermögen mehr Werte annehmen kann und somit „genauer" erscheint, ist diese Bewertung nicht feiner als die anschaffungswertbasierte Bewertung, wie aus der Tabelle ersichtlich ist.

x_1	x_2	y^F	y^A
$x - d$	$x - d$	$2x - 2d$	$2x - 2d$
$x - d$	x	$2x - d$	$2x - d$
$x - d$	$x + d$	$2x$	$2x - d$
x	$x - d$	$2x - d$	$2x - d$
x	x	$2x$	$2x$
x	$x + d$	$2x + d$	$2x$
$x + d$	$x - d$	$2x$	$2x - d$
$x + d$	x	$2x + d$	$2x$
$x + d$	$x + d$	$2x + 2d$	$2x$

Der Grund liegt, darin, dass bei anschaffungswertbasierter Bewertung Situationen berichtet werden, in denen (zumindest) ein Vorrat an Wert verloren hat. Diese Information kann bei Fair Value-Bewertung „untergehen". Beispielsweise lässt $y^A = 2x$ klar darauf schließen, dass *kein* Vorrat an Wert verloren hat, während bei $y^F = 2x$ sehr wohl einer der beiden Vorräte an Wert verloren hat, dies nur durch eine Werterhöhung des anderen Vorrats kompensiert wurde. Wenn Information über einen eingetretenen Wertverlust in einem Entscheidungsproblem sehr wichtig ist, kann die anschaffungswertbasierte Bewertung nützlicher sein.[10] ◀

Nutzen feinerer Informationssysteme Für jedes Signal y eines gröberen Systems Y lässt sich die Menge derjenigen Signale y^f des feineren Systems Y^f angeben, die durch die Partitionierung miteinander verknüpft sind:

$$Y^f(y) = \left\{ y^f \in Y^f \,\middle|\, \Theta\left(y^f\right) \subseteq \Theta(y) \right\}$$

Daraus ergibt sich für die *ex ante*-Eintrittswahrscheinlichkeiten der Signale folgende Beziehung:

$$f(y) = \sum_{y^f \in Y^f(y)} f\left(y^f\right) \tag{2.11}$$

Der (optimale) **Erwartungsnutzen** des Systems Y gemäß (2.8) lautet

$$EU^*(Y) = \sum_{y \in Y} f(y) \cdot EU\left(a^*(y)\middle| y\right)$$

Weil das feinere System Y^f eine weitere Partitionierung der Teilmengen des gröberen Systems Y ergibt, gelten für den Nutzenvergleich die gleichen Überlegungen wie für den obigen Fall mit einem Informationssystem gegenüber keinem Informationssystem: Mit einem feineren Informationssystem kann die optimale Handlung $a^*(y)$ beim gröberen System Y nachgebildet werden. Insofern gilt die Relation

$$EU\left(a^*(y)\middle| y^f\right) \le EU\left(a^*\left(y^f\right)\middle| y^f\right) \quad \forall y^f \in Y^f(y)$$

Diese Relation ist streng erfüllt, wenn von $a^*(y)$ tatsächlich abgewichen wird.

Diese Rechnung gilt für *jeden* Summanden des Erwartungsnutzens $EU^*(Y)$, so dass letztlich Folgendes gelten muss:

$$EU^*(Y) \le EU^*\left(Y^f\right)$$

---

[10]Vgl zu solchen Situationen *Beyer* (2013).

Beispiel

Betrachtet wird wieder das in obigen Einschüben dargestellte Problem mit drei Aktionen, drei gleich wahrscheinlichen Zuständen und folgender Ergebnismatrix:

Aktion	θ_1	θ_2	θ_3
a_1	30	20	20
a_2	10	22	16
a_3	8	25	35

Die Nutzenfunktion ist $U(x) = \sqrt{x}$, und die ohne Information optimale Entscheidung war $a^* = a_1$ mit $EU(a^*) = 4,807$. Beim Informationssystem Y mit der Partitionierung $\{\theta_1\}$ (Signal y_1) und $\{\theta_2, \theta_3\}$ (Signal y_2) ergab sich $a^*(y_1) = a_1$ und $a^*(y_2) = a_3$ mit $EU^*(Y) = 5,464$.

Sei nun als Y^f die *vollkommene Information* betrachtet, d. h. nach dem Empfang eines Signals y^f kennt man den tatsächlich relevanten Zustand genau. Dieses System ist sicherlich feiner als Y. Der Entscheider kann jetzt für *jeden Zustand* die Aktion mit dem jeweils maximalen Überschuss wählen. Die optimalen Handlungen sind:

$$a^*(\theta_1) = a_1, a^*(\theta_2) = a^*(\theta_3) = a_3$$

Damit erweist sich die gleiche Strategie als optimal wie beim System Y, so dass es zu keiner strikten Verbesserung durch die Zusatzinformation kommt. Eine echte Verbesserung erhält man dann, wenn man im Zustand θ_2 bei den Aktionen a_2 und a_3 einen Tausch der Überschüsse vornimmt:

Aktion	θ_1	θ_2	θ_3
a_1	30	20	20
a_2	10	25	16
a_3	8	22	35

Die optimale Strategie beim System Y ist unverändert, allerdings sinkt der Erwartungsnutzen auf $EU^*(Y) = 5,361$. Das vollkommene System Y^f führt jetzt aber zu folgender Handlungsstrategie:

$$a^*(\theta_1) = a_1, a^*(\theta_2) = a_2, a^*(\theta_3) = a_3$$

Der damit verbundene Erwartungsnutzen ist $EU^*(Y^f) = 5,464$. ◄

Die **Zielerreichung des Investors** kann **bei einem feineren Informationssystem daher niemals abnehmen**, so dass zusätzliche kostenlose Information tatsächlich vorziehenswürdig ist, sofern die sonstigen Bedingungen der Individualanalyse auch weiterhin gelten. Dieses Ergebnis wird auch als *Blackwell-Theorem* bezeichnet.[11]

Zu beachten ist, dass dieses Ergebnis **kontextunabhängig** ist, weil es für **beliebige Nutzenfunktionen, Wahrscheinlichkeitsverteilungen, Ergebnisfunktionen** und **Aktionsräume** gilt. Es knüpft *alleine* an eine **Eigenschaft von Informationssystemen** an. Allerdings lassen sich nicht alle Informationssysteme gemäß der Feinheitsrelation vergleichen, so dass das Feinheitskriterium (2.10) nur ein **partielles Ordnungskriterium für Informationssysteme** sein kann.

Die Feinheitsrelation ist die **einzige Beziehung**, die hinsichtlich des Wertes von Informationen allgemeine Aussagen über die Wirkungsrichtung erlaubt. Variiert man andere Bestandteile eines Entscheidungsproblems, versagen oftmals intuitive Hypothesen. So könnte man z. B. vermuten, dass mit zunehmender **Flexibilität** des Aktionsraums der Wert von Informationen steigt, weil eine bessere Anpassungsfähigkeit an die einzelnen Signale gegeben wird. Diese Vermutung erweist sich aber als trügerisch, weil eine veränderte Flexibilität (gemessen etwa durch die Anzahl der in A enthaltenen Aktionen) auch zu einer Veränderung der *ohne Information* optimalen Aktion a^* führen wird. In diesem Fall kann über die Veränderung der Differenz der Erwartungsnutzen $EU^*(Y) - EU(a^*)$ keine generelle Aussage mehr gemacht werden. Ebenso kann gezeigt werden, dass es keine eindeutige Beziehung zwischen dem Informationswert und der Risikoaversion des Entscheiders, dem Risiko der Aktionen oder dem Reichtum des Entscheiders gibt.[12]

3.3 Informationskosten

Die obigen Ausführungen beziehen sich auf den „Bruttowert" eines Informationssystems. Ob die Beschaffung von Informationen letztlich tatsächlich vorteilhaft ist, hängt auch von den **Kosten des Informationssystems** ab. Diese Kosten können grundsätzlich auch zustands- und aktionsabhängig[13] sein. Sie werden allgemein durch $k(Y,a,\theta)$ symbolisiert.

Eine Rechnungslegung mit einem Niederstwertprinzip reagiert nicht nur in spezifischer Weise auf die Umweltentwicklungen, sondern verursacht auch höhere Anwendungskosten als eine rein auf historischen Werten basierende Rechnungslegung ohne dieses Prinzip. Denn es müssen am Ende jeder Abrechnungsperiode **Niederstwerttests** durchgeführt werden, für die besondere Vergleichswerte (z. B. Marktwerte, Wiederbeschaffungswerte, Ertragswerte, retrograd aus den Marktpreisen ermittelte Obergrenzen) zu beobachten oder zu berechnen sind. In diesem Fall hat man i. d. R. auch zustandsabhängige und aktionsabhängige Kosten, wenn etwa die notwendigen Niederstwerttests von der gewählten Unternehmenspolitik abhängen.

---

[11] Vgl die Arbeiten von *Blackwell* (1951) und *Blackwell/Girshik* (1954).

[12] Siehe zu einer kompakten Zusammenstellung solcher Resultate etwa *Hilton* (1981).

[13] Eine potenzielle Aktionsabhängigkeit der Informationskosten ist vorwiegend für mehrperiodige Ansätze relevant, in denen zu Beginn ein Informationssystem ausgewählt und dann über mehrere Perioden eingesetzt wird (dies ist für die Rechnungslegung eine zutreffende Annahme). Die anfänglich durchgeführten Aktionen können dann Einfluss auf die Kosten der für spätere Perioden ermittelten Informationen haben.

Die Informationskosten $k(Y,a,\theta)$ mindern die zustandsabhängigen Überschüsse der Aktionen, so dass sich der signalbedingte Erwartungsnutzen nach Empfang eines Signals y basierend auf (2.6) wie folgt schreiben lässt:

$$EU(a,y)_k = \sum_{\theta \in \Theta} U\big(x(a,\theta) - k(Y,a,\theta)\big) f(\theta|y)$$

$$= \frac{1}{f(y)} \sum_{\theta \in \Theta(y)} U\big(x(a,\theta) - k(Y,a,\theta)\big) f(\theta)$$

Die Zielerreichung eines Entscheiders bei Verwendung eines Systems Y und der dazugehörigen optimalen Handlungsstrategie beträgt

$$EU^*(Y)_k = \sum_{y \in Y} EU\big(a_k^*(y)\big|y\big)_k f(y) \tag{2.12}$$

und die Beschaffung von Y lohnt sich genau dann, wenn Folgendes gilt:

$$EU^*(Y)_k \geq EU(a^*) \tag{2.13}$$

Aus dem Kriterium (2.13) folgt *nicht* unbedingt, dass die Informationsbeschaffung genau dann vorteilhaft ist, wenn die Bruttoverbesserung im Erwartungsnutzen die **erwarteten Informationskosten** übersteigt. Ein derart vereinfachtes Kriterium erfordert die **Separierbarkeit** von Kosten und Nutzen und ergibt sich nur für ganz bestimmte Konstellationen des Entscheidungsproblems.

Separierbarkeit besteht z. B. dann, wenn der Entscheider risikoneutral ist und wenn die Informationskosten nicht von der gewählten Aktion abhängen. Unter diesen Bedingungen ergibt sich für den signalbedingten *a posteriori-Erwartungsnutzen* einer Aktion

$$EU(a|y)_k = \sum_{\theta \in \Theta} \big(x(a,\theta) - k(Y,\theta)\big) f(\theta|y)$$

$$= \frac{1}{f(y)} \sum_{\theta \in \Theta(y)} \big(x(a,\theta) - k(Y,\theta)\big) f(\theta) = \mathrm{E}\big[\tilde{x}\big|a,y\big] - \mathrm{E}\big[\tilde{k}(Y)\big|y\big]$$

In der Rechnung **über alle Signale** $y \in Y$ würde vom Bruttoerwartungswert der Überschüsse bei optimaler Anpassung an die Signale (die auch nicht von den Informationskosten beeinflusst ist) der (aktionsunabhängige) *ex ante*-Erwartungswert der Informationskosten subtrahiert.

Es bleibt bei der (an sich nicht überraschenden) Erkenntnis, dass die Kosten der Informationsbeschaffung zu beachten und nach den Bedingungen des Einzelfalls ins Kalkül zu integrieren sind. Daraus folgt aber auch, dass die Beschaffung von Informationen wirklich ein **ökonomisches Entscheidungsproblem** ist. Es ist eben nicht sinnvoll, vollkommen informiert zu sein, „koste es, was es wolle". Mit der weitergehenden Digitalisierung wird jedoch ein Sinken der Kosten von Informationen und deren Kombination in Informationssysteme zu erwarten sein.

4   Informationsanalyse im Mehrpersonenkontext

Die bisherige Darstellung betraf grundlegende Fragen der konzeptionellen Abbildung und Erfassung von Informationen und deren Wirkungen bei der individuellen Entscheidungsvorbereitung. Solche Fragen sind für die Rechnungslegung besonders aus regulativer Sicht wichtig, weil sie eine Basis für die Beurteilung etwa der **Entscheidungsnützlichkeit** *(decision usefulness)* von Rechnungslegungs- und Publizitätsregeln liefern können.

Standards zur Rechnungslegung und Publizität führen dazu, dass *nicht nur ein Investor Informationen* erhält, Informationen werden vielmehr **allen Investoren am Kapitalmarkt** sowie anderen Adressaten zur Verfügung gestellt.[14] Dann kann es plötzlich geschehen, dass mehr Information (auch wenn diese kostenlos ist) die Zielerreichung des informierten Entscheidungsträgers mindert, dass also Information **negativen Wert** besitzt. Für einen Standardsetter ergeben sich daraus mehrere Implikationen, die im Folgenden besprochen werden.[15]

4.1   Auswahl von Informationssystemen durch einen Standardsetter

Angenommen, ein Standardsetter möchte eine zweckmäßige Rechnungslegung auswählen. Unter „**zweckmäßig**" sollen dabei solche Informationen verstanden werden, die entscheidungsnützlich sind, wobei diese Informationen einer Vielzahl von Investoren gleichzeitig zugehen. Zur Auswahl stehen mehrere Varianten der Rechnungslegung, die letztlich als verschiedene Informationssysteme Y_i aufgefasst werden können. Kann es ein solches allgemein präferiertes Informationssystem überhaupt geben? Die aus der Informationsanalyse resultierende Antwort auf diese Frage ist ernüchternd: *Nein.*[16]

Der Schlüssel zu dieser Antwort liegt im **Mehrpersonenkontext**. Gäbe es nur eine Person, an der sich die regulative Instanz zu orientieren hätte, und wären die Bestandteile des Entscheidungsproblems dieser Person der Instanz bekannt, so könnte die Instanz (Uneigennützigkeit unterstellt) aus der Menge der verfügbaren Informationssysteme dasjenige auswählen, das den Erwartungsnutzen der betreffenden Person maximiert. Gibt es aber mehrere Investoren, unterscheiden sich die **Parameter und Bestandteile der individuellen Entscheidungsprobleme** (z. B. Aktionsräume, Erwartungen, Risikoeinstellungen) typischerweise stark.

Betrachtet man zunächst nur den **Bruttoeffekt** von Informationssystemen (also ohne Berücksichtigung der Informationskosten), dann sind diese Unterschiede nicht wirklich

---

[14] Vgl dazu auch *Schredelseker* (2002), S. 282–298.

[15] Vgl zu ähnlichen Überlegungen *Ballwieser* (1982).

[16] Siehe dazu insbesondere *Demski* (1973).

relevant, *wenn* alle verfügbaren Informationssysteme Y_i gemäß dem **Feinheitskriterium** geordnet werden können. Für jeden Entscheider gilt ja kontextunabhängig, dass ein feineres System nicht schlechter als ein gröberes sein kann, und die Feinheit von Systemen kann alleine an deren Partitionseigenschaften ohne Beachtung der Bestandteile individueller Entscheidungsprobleme gemessen werden, so dass der Standardsetter diese Details auch gar nicht wissen müsste.

Das **Feinheitskriterium** liefert – wie oben gezeigt – aber **nur eine partielle Ordnung** von Informationssystemen, weil sich nicht alle Systeme damit vergleichen lassen. Sofern die für das Kriterium (2.10) erforderlichen Teilmengenbeziehungen zwischen zwei Systemen nicht vorliegen, geben diese Systeme *verschiedene Informationen*. Eine Auswahl aus solchen Systemen kann jedoch nicht ohne Beachtung der individuellen Entscheidungsprobleme vorgenommen werden – das für einen Investor optimale System kann für einen anderen Investor wertlos sein und umgekehrt. Die Vorstellung, dass ein (ansonsten uneigennütziger) Standardsetter über all diese Informationen verfügen und diese in eine Auswahl von Informationssystemen einbringen könnte, ist höchst unrealistisch, zumal spätestens bei Erfassung der Informationskosten das Problem der unterschiedlichen Vorteilhaftigkeit für verschiedene Entscheider erneut auftauchen wird.

Beispiel

Betrachtet wird wieder das in obigen Einschüben dargestellte Problem mit drei Aktionen und drei gleich wahrscheinlichen Zuständen. Die Situation wird jetzt aber derart modifiziert, dass es zwei Investoren I1 und I2 gibt. Der Aktionsraum von I1 besteht aus den Aktionen a_1 und a_2, der Aktionsraum von I2 aus den Aktionen a_2 und a_3:

Investor I1			
Aktion	θ_1	θ_2	θ_3
a_1	30	20	20
a_2	10	22	16

Investor I2			
Aktion	θ_1	θ_2	θ_3
a_2	10	22	16
a_3	8	25	35

Die Nutzenfunktion beider Entscheider ist $U(x) = \sqrt{x}$. Die optimalen Aktionen ohne Information sind: $a^*(I1) = a_1$ und $a^*(I2) = a_3$.

Es gibt zwei Informationssysteme Y_1 und Y_2 mit Partitionierungen

$$Y_1 : \left\{ \{\theta_1, \theta_3\}, \{\theta_2\} \right\} \quad Y_2 : \left\{ \{\theta_1\}, \{\theta_2, \theta_3\} \right\}$$

Beide Systeme lassen sich nicht gemäß der Feinheit miteinander vergleichen, sie liefern verschiedene Informationen. Informationskosten werden nicht betrachtet.

Aus Sicht von Investor I1 wäre System Y_1 wertvoll, weil er in die Lage versetzt würde, genau dann Aktion a_2 zu wählen, wenn sie tatsächlich optimal ist (im Zustand θ_2). Dagegen lässt System Y_2 seine Aktionswahl unverändert, denn er würde stets die bislang optimale Aktion a_1 wählen.

Investor I2 fände stattdessen System Y_2 wertvoll, weil er die Aktion a_2 genau dann wählen könnte, wenn sie angesichts seiner Handlungsmöglichkeiten vorteilhaft ist (im Zustand θ_1). Die Verwendung von System Y_1 würde dagegen seine optimale Handlung nicht beeinflussen, denn er würde stets a_3 wählen.

Man kann also nicht allgemein sagen, dass ein System besser als ein anderes ist. Ein Standardsetter müsste sich die Sichtweise eines der beiden Investoren zu eigen machen oder deren beider Zielerreichung gewichten, um zu einer Lösung zu kommen. Jede solche Gewichtung wäre aber willkürlich. Wenn man von Informationskosten absieht, könnte man dies immerhin noch dadurch rechtfertigen, dass die Zielerreichung des zu kurz gekommenen Investors zumindest nicht verschlechtert wird. Bei Informationskosten muss dies aber nicht mehr gelten. Es hängt dann davon ab, wer diese Kosten trägt. ◄

Die **Existenz von Informationskosten** verhindert einen naheliegenden Ausweg. Man könnte auf die Idee kommen, einfach mehrere Systeme parallel bereit zu stellen. Sofern aber die Informationskosten einbezogen werden, wird eine solche Lösung i. d. R. teuer.

Die **Implikationen** dieser Überlegungen bestehen *nicht* darin, dass ein Setzen von Standards der Rechnungslegung und Publizität **unmöglich wäre**. Sie schärfen aber den Blick dafür, dass man nicht allzu schnell davon überzeugt sein sollte, Regeln ausgewählt zu haben, die unter allen Umständen *die* besten Informationen zur Unterstützung individueller Anlageentscheidungen liefern. Die Entscheidung eines Standardsetters, bestimmte Informationen im Rahmen der Rechnungslegung zu fordern,[17] hat **Verteilungseffekte**, d. h. sie begünstigt typischerweise einige Akteure und benachteiligt andere. Das Setzen von Standards erfordert daher eine Entscheidung, nach welchen Grundsätzen, mit welchen Typisierungen und auf welcher Wissensbasis diese Abwägung vorgenommen wird, und diese Faktoren sollten möglichst explizit gemacht werden.

Ausspruch

„... without specification of the circumstances of the decision problem and the decision maker's preferences, it becomes essentially meaningless to make assertions about the usefulness of alternative accounting procedures." (*Ohlson* 1975, S. 267)

---

[17] Eine interessante Frage besteht natürlich darin, in welchem Maße Informationen auf freiwilliger Basis von den Unternehmen abgegeben werden. Die durch Standards induzierten Informationen betreffen letztlich nur solche Nachrichten, die nicht ohnehin offengelegt würden. Diesen Aspekten widmet sich das 8. Kapitel: *Publizität und Publizitätsanreize*.

4.2   Negativer Wert von Information

Die Analyse im vorigen Abschnitt stellt zwar grundsätzlich auf unterschiedliche Nutzer von Informationen ab, doch waren die jeweiligen Entscheidungsprobleme voneinander separiert. Die einem Akteur zur Verfügung stehenden Aktionen waren unabhängig von denen anderer Akteure, und auch die eintreffenden Signale eines Informationssystems ließen die individuellen Möglichkeiten zur Erzielung risikobehafteter Überschüsse unbeeinflusst.

Wie aber bereits für den Einpersonenkontext dargestellt wurde, erfordert das Ergebnis, dass der (Brutto-)Wert eines Informationssystems nicht negativ werden kann, das Einhalten der Bedingung (2.7), dass sich durch das Informationssystem der **Aktionsraum** nicht verändert, d. h. $A(y) = A$ für alle y. Andernfalls kann das Vorliegen des Informationssystems bestimmte Aktionsmöglichkeiten ausschließen, so dass sich der Entscheidungsträger schlechter stellen kann, obwohl er mehr Information zur Verfügung hat. Im Mehrpersonenkontext ist das Äquivalent zu dieser Bedingung, dass die Entscheidungsstrategien anderer Entscheidungsträger unabhängig davon sind, ob der betrachtete Entscheidungsträger über mehr oder weniger Information verfügt.

Informationsstand in spieltheoretischen Modellen

Rationale Spieler berücksichtigen bei ihren Entscheidungen alle ihnen bis zum Entscheidungszeitpunkt zugegangenen Informationen. Dabei kann man folgende Spiele unterscheiden:

In Spielen mit **vollständiger Information** ist der Informationsstand aller Spieler gleich. Herrscht keine Ungewissheit, handelt es sich um **vollkommene** (perfekte) **Information**; wenn (für alle Spieler dieselbe) Unsicherheit herrscht, handelt es sich um **unvollkommene** (imperfekte) **Information**.

Spiele mit **unvollständiger (asymmetrischer) Information** liegen dann vor, wenn die Spieler über die Aktionsmenge oder die Ergebnisfunktion anderer Spieler im Unklaren sind. Man spricht dann von einer Unsicherheit über den „Typ" der Spieler. Nur der jeweilige Spieler kennt seinen eigenen Typ. Dabei wird regelmäßig angenommen, dass die Tatsache, dass ein Spieler bessere Information hat, allen Spielern bekannt ist (und dies ebenfalls allgemein bekannt ist). Daraus folgt, dass die anderen Spieler aus den Aktionen des informierten Spielers ihre eigenen Schlüsse ziehen. Dies kennzeichnet im Wesentlichen das Attribut *strategisch*, das in solchen Situationen oftmals verwendet wird.

Sofern eine *a priori*-Wahrscheinlichkeitsverteilung der möglichen Typen der Spieler existiert und allgemein bekannt ist, kann zu jedem Spiel mit unvollständiger Information ein äquivalentes Spiel mit vollständiger, jedoch unvollkommener Information konstruiert werden, wobei der Spielverlauf vorsieht, dass die „Natur" zunächst die aktiven Spieler aus den möglichen Typen von Spielern auswählt. Die Spieler wissen daher nicht, gegen welchen Typ von anderen Spielern sie gerade antreten.

Die unterschiedlichen Informationsstände können mit Kartenspielen illustriert werden[18]:

Spiel 1: In diesem Spiel erhält jeder Spieler fünf Karten, die beim Geben aufge- schlagen werden. Daraufhin machen die Spieler ihre Einsätze, und das beste Blatt gewinnt.

Spiel 2: In diesem Spiel erhält jeder Spieler wieder fünf Karten, jedoch werden nicht sämtliche Karten aufgeschlagen, sondern einige bleiben verdeckt vor ihm liegen. Die Spieler geben ihre Einsätze bekannt, ohne diese verdeckten Karten anzuse- hen. Danach werden auch diese Karten aufgeschlagen, und das beste Blatt gewinnt.

Spiel 3: In diesem Spiel erhält jeder Spieler fünf Karten, die er nun allerdings auf- nehmen und ansehen kann, bevor er seinen Einsatz bekannt gibt. Dann werden alle Karten aufgeschlagen, und das beste Blatt gewinnt.

Spiel 1 ist eines mit vollständiger und vollkommener Information. Spiel 2 ist eines mit vollständiger, jedoch mit unvollkommener Information. Beide Spiele sind nicht sonderlich spannend. Spiel 3 ist eines mit unvollständiger Information. Es ermög- licht eine Reihe von Strategien, wie Bluffen, Drohen, das Aufbauen von Reputation usw. Die anderen Spieler versuchen, aus verschiedenen Gesten oder Aktionen auf das Blatt des Spielers zu schließen und davon ihre eigenen Einsätze abhängig zu ma- chen. Spiele mit unvollständiger Information sind auch in der Informationsökono- mik die interessantesten Modelle.

Eine Situation, in der sich das **Entscheidungsproblem** durch ein Informationssystem **ändert**, wird in folgendem Beispiel von *Baiman* (1975, S. 7–12) gezeigt. Unternehmen A hat zwei Aktionen a_1 und a_2 zur Auswahl, Unternehmen B zwei Aktionen b_1 und b_2. Die Entscheidungsträger beider Unternehmen sind risikoneutral. Unternehmen A hat die Mög- lichkeit, ein Informationssystem zu erwerben, das eines von zwei Signalen y_1 und y_2 pro- duziert. Die *a priori*-Wahrscheinlichkeit für das Signal y_1 ist 20 %, für y_2 80 %. Unterneh- men B kann beobachten, ob A das Informationssystem besitzt oder nicht. Das Signal selbst ist jedoch nur von Unternehmen A beobachtbar.

Tab. 2.2 gibt die **Nutzen beider Unternehmen** an, die sich abhängig vom Signal bei Wahl der jeweiligen Aktionen ergeben.

Zunächst sei angenommen, dass Unternehmen A das **Informationssystem nicht** er- wirbt. Damit kann es zwischen den beiden Ergebnismatrizen nicht unterscheiden und muss seine Entscheidung auf Basis der Nutzenerwartungswerte treffen. Tab. 2.3 gibt die

---

[18] Vgl *Milgrom/Roberts* (1987), S. 184 f.

Tab. 2.2 Nutzen der Unternehmen abhängig vom Signal

Signal y_1			Signal y_2		
Nutzen A; B	Aktion B		Nutzen A; B	Aktion B	
Aktion A	b_1	b_2	Aktion A	b_1	b_2
a_1	32; 11	9; 20	a_1	0,75; 3,5	2,75; −1,25
a_2	2; 1	−16; 25	a_2	2; 1	4; 0

Tab. 2.3 Nutzen der Unternehmen ohne Informationssystem

Erwartungsnutzen A; B	b_1	b_2
a_1	7; 5	4; 3
a_2	2; 1	0; 5

Tab. 2.4 Nutzen der Unternehmen mit Informationssystem

Erwartungsnutzen A; B	b_1	b_2
$a_1|y_1$; $a_1|y_2$	7; 5	4; 3
$a_2|y_1$; $a_2|y_2$	2; 1	0; 5
$a_1|y_1$; $a_2|y_2$	8; 3	5; 4
$a_2|y_1$; $a_1|y_2$	1; 3	−1; 4

Werte wieder. Beispielsweise errechnet sich der Nutzen von A bei Wahl von (a_1, b_1) wie folgt: $32 \cdot 0{,}2 + 0{,}75 \cdot 0{,}8 = 7$; der Nutzen von B ist $11 \cdot 0{,}2 + 3{,}5 \cdot 0{,}8 = 5$.

Dieses Spiel hat ein **Nash-Gleichgewicht**, nämlich die Strategien (a_1, b_1). Sie führen zu einem Erwartungsnutzen für A von 7 und für B von 5.

Angenommen, das Unternehmen A erwirbt nun das **Informationssystem** – und B weiß dies. In dieser Situation kann A seine Entscheidung in Abhängigkeit von dem beobachteten Signal y wählen. Es ergeben sich vier Handlungskombinationen für A, während B weiterhin nur zwei Alternativen hat (siehe Tab. 2.4). Die ersten beiden Kombinationen entsprechen denen in Tab. 2.3, weil sie die Erwartungsnutzen enthalten, die sich ergeben, wenn A seine Entscheidung *nicht* vom Signal abhängig macht. In den letzten beiden Kombinationen entscheidet A allerdings für die beiden Signale y_1 und y_2 unterschiedlich.

Dieses Spiel hat ebenfalls ein **Nash-Gleichgewicht**, nämlich die Strategien $(a_1|y_1; a_2|y_2; b_2)$[19] mit einem Erwartungsnutzen für A von 5 und für B von 4. Das bedeutet, dass sich der Erwartungsnutzen *beider* Unternehmen aufgrund des Vorhandenseins des Informationssystems verringert. Das heißt, das Informationssystem hat einen **negativen Wert** – und zwar sowohl für A, das die Information erhält, als auch für B. Der Grund liegt im Beispiel darin, dass B **seine Strategie** von b_1 auf b_2 **ändert**, *weil* B berücksichtigt, dass A bessere Information hat. Würde B weiterhin an b_1 festhalten, sinkt sein Nutzen von 4 auf 3, während A daraus einen Vorteil hat, nämlich 8 statt 7 erhält.

---

[19] Dieses Ergebnis lässt sich im vorliegenden Fall auch direkt aus den Ausgangsmatrizen in Tab. 2.2 ablesen, da es sich bei a_1 gegeben y_1 sowie a_2 gegeben y_2 für Unternehmen A um dominante Strategien handelt. Unternehmen B kann daher die Wahrscheinlichkeiten ermitteln, mit denen Unternehmen A a_1 und a_2 wählt und sich den eigenen Nutzen für b_1 und b_2 ausrechnen.

4.3   Informationsablehnungstheorem

Im vorhergehenden Abschnitt wurde ein Fall gezeigt, in welchem die Verfügbarkeit eines Informationssystems für einen Adressaten insgesamt einen negativen Wert aufweist. Im Folgenden wird der Fall betrachtet, dass ein öffentlich verfügbares Informationssystem negativen Wert hat. Es entsteht durch einen spezifischen Fall einer Handlungsverbundenheit über **Marktpreise von Finanzierungstiteln am Kapitalmarkt**. So sind Portefeuillentscheidungen von Investoren am Kapitalmarkt durch die Marktpreise der betreffenden Finanzierungstitel miteinander verknüpft. Die Preise von Anteilen bestimmen z. B. das Vermögen eines Investors und damit dessen finanzielle Möglichkeiten, durch Verkauf der bestehenden Titel und Bildung eines anderen Portefeuilles eine verbesserte Rendite-Risikoposition zu erreichen. Die Signale eines öffentlich verfügbaren Informationssystems beeinflussen aber die Erwartungen der Investoren, führen damit zu anderen Kauf- und Verkaufsentscheidungen und zu **anderen gleichgewichtigen Marktpreisen**, die wiederum das Vermögen der einzelnen Investoren und daher deren Handlungsmöglichkeiten tangieren, die für die Marktpreise relevant sind usw. In welcher Weise sich ein Investor an Informationen anpassen kann, die nicht nur ihm, sondern auch den anderen Investoren zugehen, hängt daher von den im **Marktgleichgewicht berücksichtigten Wirkungen** der **Entscheidungen aller Investoren** ab.

Die Konsequenzen dieser Zusammenhänge für die Vorteilhaftigkeit von Informationssystemen sind Gegenstand der **Theorie vom gesellschaftlichen Wert öffentlich verfügbarer Information**.[20] Die Bewertung von Informationssystemen basiert weiterhin auf einer **individuellen Perspektive**, denn es wird an die individuellen Erwartungsnutzen der einzelnen Investoren angeknüpft. Ob ein bestimmtes Informationssystem verwendet werden sollte, wird an der **Paretooptimalität** beurteilt. Demnach ist ein System genau dann vorteilhaft, wenn es den Erwartungsnutzen wenigstens eines Investors verbessert, ohne den Erwartungsnutzen anderer Investoren zu verschlechtern. Inhaltlich wird die Ermittlung der jeweiligen Erwartungsnutzen aus den Marktgleichgewichten und optimalen Handlungen der Akteure ohne das Informationssystem und mit diesem abgeleitet.

Die Einbindung der Handlungsverbundenheit über die Marktgleichgewichte kann zu dem sogenannten **Informationsablehnungstheorem** führen. Dieses besagt, dass es Situationen geben kann, in denen *jeder* Investor es **vorziehen** würde, dass kein Investor eine kostenlose öffentlich verfügbare Information erhält.

Ein Portefeuillemodell
Das Informationsablehnungstheorem wird nachfolgend anhand eines einfachen Portefeuilleansatzes gezeigt. Betrachtet wird ein einperiodiger Markt mit nur einem **risikobe-**

---

[20] Diese Ansätze haben ihren Ursprung in den Arbeiten von *Hirshleifer* (1971) und *Marshall* (1974). Zusammenfassungen, Übersichten und Relativierungen von Resultaten dieser Theorie liefern etwa *Hakansson/Kunkel/Ohlson* (1982), *Verrecchia* (1982), S. 3–18, *Ohlson* (1987) sowie *Ewert* (1989).

hafteten Wertpapier. Es wird zu Beginn der Periode zum Preis P gehandelt und beschert am Ende der Periode einen risikobehafteten Überschuss (Endwert) von

$$\tilde{x} = \mu + \tilde{\theta} \tag{2.14}$$

Die Zufallsvariable $\tilde{\theta}$ ist normalverteilt mit Erwartungswert 0 und Varianz σ^2. Die Schlangen über den Variablen verdeutlichen, dass es sich um Zufallsvariable handelt. Der Erwartungswert der Überschüsse ist

$$\mathrm{E}\left[\tilde{x}\right] = \mu$$

Am Kapitalmarkt gibt es I Investoren mit **homogenen Erwartungen**, so dass alle von den gleichen Erwartungswerten und Varianzen ausgehen. Jeder Investor $i(i = 1, \ldots, I)$ entscheidet darüber, wie viele Anteile a_i er vom risikobehafteten Papier zu halten wünscht. Außerdem kann er einen Betrag b_i in sichere Anlagen mit einem Zinssatz von (vereinfacht) 0 anlegen bzw. sich mit diesem Betrag verschulden. Jeder Investor maximiert den Erwartungsnutzen seines Endvermögens auf Basis einer **exponentiellen Nutzenfunktion**

$$U_i = -\exp\left(-r_i W_i\right) \tag{2.15}$$

Darin bezeichnet $r_i > 0$ den Koeffizienten der **absoluten Risikoaversion** und W_i das **Endvermögen** von Investor i, wobei gilt:

$$\tilde{W}_i = a_i \tilde{x} + b_i \tag{2.16}$$

Die Handlungen jedes Investors unterliegen einer **Budgetrestriktion**, gemäß welcher die erforderlichen Mittel für die gewünschten Anlagen nicht größer als die vorhandenen Mittel sein dürfen. Diese ergeben sich aus der Anzahl m_i der Anteile des risikobehafteten Papiers, die Investor i zum Periodenbeginn bereits besitzt, sowie aus seinen vorhandenen Geldmitteln $\overline{b}_i$. Die Budgetrestriktion lautet

$$a_i P + b_i \leq m_i P + \overline{b}_i$$

Im **Optimum** muss diese Ungleichung binden, weil ansonsten durch Anlage zum sicheren Zins eine Erhöhung des Erwartungsnutzens erreicht werden könnte. Gleichsetzen beider Seiten und Auflösen nach b_i erbringt:

$$b_i = \left(m_i - a_i\right) P + \overline{b}_i$$

Der Endwert folgt durch Einsetzen in (2.16) als

$$\tilde{W}_i = a_i \tilde{x} + b_i = a_i \left(\tilde{x} - P\right) + m_i P + \overline{b}_i$$

Dieser Endwert ist ebenfalls normalverteilt. Der Erwartungsnutzen der Nutzenfunktion (2.15) kann daher durch das Sicherheitsäquivalent $S\ddot{A}_i$ der Verteilung des Endvermögens repräsentiert werden:

$$U_i\left(S\ddot{A}_i\right) = E\left[U_i\left(\tilde{W}_i\right)\right]$$

wobei

$$S\ddot{A}_i = E\left[\tilde{W}_i\right] - \frac{r_i}{2}\mathrm{Var}\left(\tilde{W}_i\right) = a_i\left(\mu - P\right) + m_i P + \overline{b}_i - \frac{r_i}{2}a_i^2\sigma^2 \qquad (2.17)$$

Den optimalen Wertpapierbestand erhält man aus der Bedingung erster Ordnung:

$$\frac{\partial S\ddot{A}_i}{\partial a_i} = \mu - P - r_i a_i^*\sigma^2 = 0 \quad \Rightarrow \quad a_i^* = \frac{\mu - P}{r_i\sigma^2} \qquad (2.18)$$

Die Nachfrage eines Investors nach dem Risikopapier steigt also mit zunehmendem erwarteten Überschuss, und sie wird umso niedriger, je höher der Marktpreis, je größer die Risikoaversion und je größer das Risiko ist. Im **Marktgleichgewicht** muss sich der Preis P so einstellen, dass der **Markt geräumt** wird. Dies ist dann der Fall, wenn die Summe der gemäß (2.18) folgenden optimalen Mengen gleich ist dem Gesamtbestand des Papiers, also

$$\sum_i a_i^* = \sum_i m_i \equiv M$$

Einsetzen von (2.18) erbringt

$$\sum_i a_i^* = \sum_i \frac{\left(\mu - P\right)}{r_i\sigma^2} = \frac{\left(\mu - P\right)}{\sigma^2}\underbrace{\sum_i r_i^{-1}}_{\equiv R} = \frac{\left(\mu - P\right)}{\sigma^2}R = M$$

Löst man diesen Ausdruck nach dem gesuchten Preis P auf, folgt

$$P = \mu - R^{-1}M\sigma^2 \qquad (2.19)$$

Der Marktpreis entspricht also dem **erwarteten Überschuss, korrigiert um einen Risikoabschlag.** Dieser ergibt sich aus der auf einen Titel entfallenden Risikomenge[21] multipliziert mit dem Reziprokwert des Faktors R, der als Ausdruck der am Markt insgesamt bestehenden Risikoaversion aufgefasst werden kann. Ist r_i die absolute Risikoaversion des Investors i, so entspricht r_i^{-1} der sogenannten **Risikotoleranz** dieses Investors. Der Faktor R gibt damit die Summe aller Risikotoleranzen an.[22]

---

[21] Das Gesamtrisiko für die insgesamt M am Markt vorhandenen Anteile beträgt $M^2\sigma^2$, so dass sich das Risiko pro Anteil aus $M^2\sigma^2/M = M\sigma^2$ ergibt.

[22] Vgl auch *Lintner* (1970), S. 92.

Setzt man den Marktpreis in die Nachfragebeziehung (2.18) ein, erhält man

$$a_i^* = \frac{MR^{-1}}{r_i} = M\left(\frac{r_i^{-1}}{\sum_i r_i^{-1}}\right) \tag{2.20}$$

Trotz der homogenen Erwartungen kommt es im vorliegenden Fall infolge unterschiedlicher Risikoaversion der Investoren zu einem Handel. Damit werden die **unterschiedlichen Anfangsausstattungen** m_i des Risikotitels entsprechend angepasst. Im resultierenden Marktgleichgewicht hält gemäß (2.20) jeder Investor einen Anteil des Gesamtbestandes M, der sich aus seinem Anteil an der gesamten Risikoaversion des Marktes ergibt.

Setzt man die Nachfragebeziehung (2.20) schließlich in den Ausdruck für das Sicherheitsäquivalent (2.17) ein, erhält man nach einigen Umformungen als Sicherheitsäquivalent eines Investors im Gleichgewicht

$$S\ddot{A}_i = m_i\mu + \overline{b}_i + r_i\sigma^2\left(\frac{\left(a_i^*\right)^2}{2} - a_i^* m_i\right) \tag{2.21}$$

Dieses Sicherheitsäquivalent kennzeichnet die optimale Zielerreichung eines Investors *ohne* Verwendung eines Informationssystems. Es bildet daher den Vergleichsmaßstab zur Beurteilung eines neuen einzusetzenden Informationssystems.

Bereitstellung öffentlich verfügbarer Informationen

Angenommen, allen Investoren geht *vor* der Eröffnung des Marktes zu Beginn der Periode **vollkommene Information** über den eintretenden Überschuss zu:

$$\tilde{y} = \mu + \tilde{\theta} = \tilde{x} \tag{2.22}$$

Die Annahme eines vollkommenen Informationssystems vereinfacht die Darstellung. Für unvollkommene Informationssysteme gelten die Ergebnisse jedoch analog. Die Gl. (2.22) impliziert, dass die Investoren nach dem Erhalt des Signals y ihre Erwartungen auf

$$\mathrm{E}\left[\tilde{x} \middle| y\right] = y$$

revidieren. Außerdem besteht nach dem Empfang von y kein Risiko mehr. Nach dem Erhalt des Signals y wird der Handel am Kapitalmarkt eröffnet.

Erwartungsrevision bei normalverteilten Zufallsvariablen

Angenommen seien zwei normalverteilte Zufallsvariablen

$$\tilde{x} \sim N\left(\mu_x, \sigma_x^2\right) \text{ und } \tilde{y} \sim N\left(\mu_y, \sigma_y^2\right)$$

Der Korrelationskoeffizient lautet $\rho \equiv \mathrm{Cov}\left(\tilde{x}, \tilde{y}\right) / \left(\sigma_x \sigma_y\right)$.

Dann folgt aus der Theorie bivariat normalverteilter Zufallsvariablen folgende Beziehung für die bedingten Erwartungswerte und Varianzen[23]:

$$\mathrm{E}\left(\tilde{x} \mid y\right) = \mu_x + \rho \frac{\sigma_x}{\sigma_y}\left(y - \mu_y\right) = \mu_x + \frac{\mathrm{Cov}\left(\tilde{x}, \tilde{y}\right)}{\sigma_y^2}\left(y - \mu_y\right)$$

$$\mathrm{Var}\left(\tilde{x} \mid y\right) = \sigma_x^2\left(1 - \rho^2\right) = \sigma_x^2 - \frac{\mathrm{Cov}\left(\tilde{x}, \tilde{y}\right)^2}{\sigma_y^2}$$

Für vollkommene Information von y über x gemäß (2.22) gilt: $\mu_x = \mu_y = \mu$, $\sigma_x^2 = \sigma_y^2 = \sigma^2$ und $\mathrm{Cov}\left(\tilde{x}, \tilde{y}\right) = \mathrm{Cov}\left(\tilde{\theta}, \tilde{\theta}\right) = \sigma^2$. Einsetzen in die allgemeinen Ausdrücke erbringt

$$\mathrm{E}\left[\tilde{x} \mid y\right] = y \quad \text{und} \quad \mathrm{Var}\left(\tilde{x} \mid y\right) = 0$$

Für ein gegebenes y erhält man folgendes Sicherheitsäquivalent:

$$S\ddot{A}_i\left(y\right) = a_i\left(y - P\left(y\right)\right) + m_i P\left(y\right) + \overline{b}_i$$

Wegen des *ex post* nicht mehr vorhandenen Risikos gibt es hier keinen Risikoterm mehr, sodass das signalbedingte Sicherheitsäquivalent einem sicheren Endvermögen entspricht. Die Bedingung erster Ordnung lautet jetzt

$$\frac{\partial S\ddot{A}_i\left(y\right)}{\partial a_i} = y - P\left(y\right) = 0 \quad \Rightarrow \quad P\left(y\right) = y \tag{2.23}$$

Der Marktpreis des Risikopapiers ist im vorliegenden Fall perfekt mit der publizierten (vollkommenen) Information verknüpft. Nach Erhalt der Information sind **sämtliche Risiken verschwunden**, so dass ein Grund für einen Handel auf dem Kapitalmarkt, nämlich die unterschiedlichen Risikoaversionen der Investor, irrelevant geworden ist. Als weiterer Handelsgrund verbleibt nur noch die unterschiedliche Anfangsausstattung der Investoren, doch führt ein diesbezüglicher Handel wegen des gleichgewichtigen Preises in (2.23) für jeden Investor

---

[23] Vgl zB *DeGroot* (1989), S. 302 f, und für allgemeine multivariate Normalverteilungen *Fahrmeir/Hamerle* (1996), S. 25–29.

zu *keinerlei* Änderungen im Endvermögen. Welche Nachfrage er auch immer entfaltet, sein Sicherheitsäquivalent bzw. Endvermögen beträgt beim gleichgewichtigen Preis stets

$$S\ddot{A}_i^* \left(y \right) = m_i y + \overline{b}_i = m_i \left(\mu + \theta \right) + \overline{b}_i \tag{2.24}$$

Ein Investor erzielt also für jedes Signal y ein sicheres Endvermögen, das unabhängig von seiner am Markt noch entfalteten Nachfrage stets gleich ist dem Wert seiner Anfangsausstattung unter Berücksichtigung des signalbedingten Marktpreises *P(y)*.

Allerdings wissen die Investoren zum Zeitpunkt der Entscheidung über den Einsatz des Informationssystems noch nicht, welches Signal y sie erhalten werden. *Ex ante* besteht damit hinsichtlich des Eintreffens der Information ein **Risiko**, und dieses Risiko überträgt sich letztlich in ein *ex ante* **risikobehaftetes Endvermögen** gemäß (2.24). Der Unterschied zur Situation ohne Information besteht darin, dass es den Investoren jetzt *nicht mehr* möglich ist, durch Anpassung ihrer Wertpapierbestände dieses Risiko zu optimieren – Gl. (2.24) zeigt deutlich, dass es letztlich so aufscheint, als würde es mit den ursprünglichen Anfangsausstattungen getragen.

Für die Beurteilung der Vorteilhaftigkeit des Informationssystems ist demnach der **Erwartungsnutzen** der Investoren *vor* dem Erhalt der Signale y relevant. Die rechte Seite von (2.24) zeigt, dass das *ex ante* unsichere Endvermögen jedes Investors normalverteilt ist, so dass der Erwartungsnutzen wieder durch das entsprechende Sicherheitsäquivalent repräsentiert werden kann. Dieses lautet

$$S\ddot{A}_i^Y = m_i \mu + \overline{b}_i - \frac{r_i}{2} m_i^2 \sigma^2 \tag{2.25}$$

Ob die Verwendung des Informationssystems vorteilhaft ist, ergibt sich aus dem Vergleich von (2.25) und (2.21):

$$S\ddot{A}_i^Y - S\ddot{A}_i^* = -\frac{r_i}{2} m_i^2 \sigma^2 - r_i \sigma^2 \left(\frac{\left(a_i^* \right)^2}{2} - a_i^* m_i \right) =$$

$$-\frac{r_i}{2} \sigma^2 \left(\left(a_i^* \right)^2 - 2 m_i a_i^* + m_i^2 \right) = -\frac{r_i}{2} \sigma^2 \left(a_i^* - m_i \right)^2 < 0$$

Diese Differenz wäre nur im Sonderfall gerade null, wenn sich auch ohne Information für keinen Investor ein Handel gelohnt hätte (wenn also $a_i^* = m_i$ für alle i gilt).

Dieses Ergebnis macht deutlich, dass im vorliegenden Szenario **kein Investor** durch die Verwendung (auch) des **vollkommenen, allgemein verfügbaren und kostenlosen Informationssystems bessergestellt** werden kann. Die Investoren würden daher dieses Informationssystem ablehnen und wären sogar bereit, etwas zu bezahlen, um das Informationssystem zu verhindern![24]

---

[24] *Ohlson* (1987), S. 165 f, zeigt, dass ganze Klassen von Ökonomien konstruierbar sind, in denen zusätzliche öffentlich verfügbare Informationen niemanden besserstellen können.

Diskussion des Informationsablehnungstheorems

Eigentlich erfüllt das obige Informationssystem alles, was man von einem „guten" und für risikoscheue Investoren **entscheidungsnützlichen Informationssystem** intuitiv erwartet:

- Man erhält die Information, bevor die Aktionen gewählt werden, so dass man sich flexibel an den jeweiligen Informationsstand anpassen kann,
- die Information ist vollkommen und eliminiert jede Unsicherheit über den Überschuss,
- und sie ist kostenlos verfügbar.

Diese drei Bedingungen wären im Rahmen des Individualkontextes tatsächlich *hinreichend* dafür, dass ein Investor die maximal mögliche Zielerreichung erhält, denn kein Informationssystem kann feiner als das vollkommene sein. Im Rahmen des Marktkontextes mit faktischem Handlungsverbund ist es aber gerade der zuerst genannte Aspekt, der die **Resultate diametral umkehrt**. Weil man *ex ante* noch nicht weiß, welches Signal des Informationssystems eintreffen wird, wäre der Schluss voreilig, eine vollkommene Information vernichte jegliches Risiko. Dies gilt nur *ex post*, also nach dem Empfang eines Signals, und dort finden korrespondierende Preisanpassungen im Marktgleichgewicht statt, so dass der signalbedingte Vermögenswert eines Investors stets so ausfällt, als gäbe es keinen Handel mit Risikopapieren. Aus der *ex ante*-Perspektive besteht aber ein **Informationsrisiko**, das quasi durch die unmodifizierte Anfangsausstattung an Risikotiteln entsteht und gegen das sich Investoren im obigen Szenario nicht versichern können. Wegen der Vollkommenheit der Information entspricht dieses Informationsrisiko exakt dem ursprünglichen Überschussrisiko. Dieses Überschussrisiko hätten die Investoren ohne Information durch Handel am Kapitalmarkt optimieren können, während sie nunmehr das identische Informationsrisiko durch die *ex post* auftretenden Marktanpassungen unvermindert tragen. Daher kann sich im obigen Fall durch das Informationssystem für niemanden eine Verbesserung ergeben!

Relativierungen

Bliebe es bei diesen Resultaten, wäre der Wert der überall zu beobachtenden regulativen Bemühungen um eine Verbesserung der Investorinformationen durch zusätzliche Publikationen aus konzeptioneller Sicht mehr als fragwürdig. Dann sollte man allerdings empirisch auch Anstrengungen von Investoren beobachten, solche regulativen Aktivitäten als nur scheinbare Wohltaten zu unterbinden. Das ist aber nicht zu beobachten, so dass nach Gründen zu suchen ist, die zu einer Relativierung des obigen extremen Resultats führen.

Ein erster Aspekt ergibt sich aus der **zeitlichen Struktur** des bislang betrachteten Szenarios: Die Investoren erhalten die Information, dann wird der Markt eröffnet, und am Ende der Periode fallen die Überschüsse an. Vor dem Erhalt der Information bestehen also keine Möglichkeiten, mit Wertpapieren zu handeln. Hinsichtlich der Rechnungslegung ist diese Abfolge aus empirischer Sicht insofern unzutreffend, als die Investoren wissen, dass es zu bestimmten Zeitpunkten eine Publikation von Unternehmen geben wird, und sie können auch vor diesen Publikationsterminen am Markt agieren. Dieser Fall lässt sich durch ein *sequenzielles Marktregime*[25] modellieren, bei dem die Investoren *vor* dem Empfang eines Signals eine Handelsmöglichkeit haben. Damit besteht für die Investoren eine Möglichkeit, sich gegen das Informationsrisiko in gewissem Umfang zu versichern. Für ein solches **sequenzielles Marktregime** gilt das Informationsablehnungstheorem nicht mehr.[26] Daraus folgt aber nur, dass eine öffentlich verfügbare Information *nicht alle Investoren gleichzeitig* benachteiligt. Es kann nach wie vor Investoren geben, die eine Nutzeneinbuße erleiden, doch gibt es auch solche, die eine Verbesserung ihrer Zielerreichung erfahren.

Darüber hinaus bleibt auch beim sequenziellen Marktregime ein Restbestandteil des Informationsablehnungstheorems bestehen, wenn man **zwei Informationssysteme** miteinander **vergleicht**, nämlich ein gröberes mit einem feineren System. Hier lässt sich zeigen, dass der Übergang auf das feinere System – analog zur oben gezeigten Informationsablehnung – mit Nutzeneinbußen für jeden Investor verbunden sein kann.[27] Die Erklärung ist, dass der grundlegende Versicherungseffekt der vorgeschalteten Handelsrunde zwar ausreichen mag, die Informationsrisiken für ein bestimmtes System *gegenüber dem Fall ohne Information* abzusichern, jedoch nicht beim Vergleich mehrerer Informationssysteme. Hier sind letztlich sequenzielle und signalbedingte Handelsstrategien miteinander zu vergleichen, und der *Status quo* bei einem gröberen System kann sich beim Übergang auf das feinere System als nicht mehr realisierbar erweisen.

Ein zweiter Aspekt für die Beurteilung der Resultate ergibt sich daraus, dass das Modell nur den Kapitalmarkthandel bei gegebenen **Überschussverteilungen** betrachtet. Es existieren also keine **Produktivitätseffekte** derart, dass zusätzlich verfügbare Information die Unternehmenspolitik beeinflusst und damit eine verbesserte Ressourcenallokation gewährleisten könnte. Eine Einbeziehung solcher Aspekte kann zu einer größeren Chance für einen allseits positiven Informationswert führen. Umgekehrt können potenziell negative Konkurrenzaspekte auftreten. Damit zusammenhängende Fragen werden im 8. und 9. Kapitel angesprochen.

Ein dritter Aspekt liegt in der Berücksichtigung **privater Aktivitäten zur Informationsbeschaffung.**[28] Angenommen, ein Informationssystem kann von Investoren auch privat erworben werden. Jeder Investor entscheidet dann gemäß einem individuellen Kosten-Nutzen-Tradeoff über die Beschaffung des Informationssystems. Bei einem ansonsten *vollkommenen Kapitalmarkt* kann ein Investor davon ausgehen, dass seine **individuellen Aktivitäten keine Preisanpassungen** auslösen, so dass er in seinem Individualkalkül über die Informationsbeschaffung wie bei gegebenen Preisen entscheidet. Wenn es auf dieser Basis dazu kommt, dass es *jeder* Investor vorteilhaft findet, die Information privat

---

[25] Vgl dazu *Ohlson* (1987), S. 112.

[26] Vgl zum Beweis *Ewert* (1989), S. 257 f.

[27] Siehe dazu die Beispiele bei *Green* (1981), S. 346–348, und *Ohlson* (1987), S. 158–160.

[28] Siehe dazu zB *Diamond* (1985).

zu beschaffen, so erhält man im sich einstellenden Marktgleichgewicht die Situation wie bei öffentlich verfügbarer Information, bei der ggf. die Informationsablehnung greift. Die Investoren können sich nun dieser Situation durchaus bewusst sein. Es gibt aber kaum Auswege. Sie könnten versuchen, die privaten Informationsbeschaffungen durch vertragliche Vereinbarungen zu unterbinden. Solche Verträge lassen sich aber typischerweise nicht kontrollieren und sind dann wertlos. Kann aber das faktische Eintreffen der Information nicht verhindert werden, sollte man den kostengünstigsten Weg wählen. Dies kann die allgemein verfügbare Publikation durch das Unternehmen sein, wenn die dort anfallenden Publikationskosten niedriger sind als die Summe der bei den Investoren entstehenden Informationsbeschaffungskosten.

Die Einbeziehung privater Informationsbeschaffung kann also das **Beurteilungskriterium** für die Offenlegung verändern. Die Argumentation dürfte aber nur für solche Informationen relevant sein, die von Investoren auch individuell zu vertretbaren Kosten beschaffbar sind. Je spezifischer die Informationen sind, desto weniger dürfte dieser Fall erfüllt sein, so dass – je nach „Insidergrad" der betrachteten Informationen – andere Beurteilungskriterien (Nutzen-Kosten-Tradeoff bei hohem Insidergrad, reiner Vergleich von privaten Kosten und Publikationskosten beim Unternehmen für geringen Insidergrad) zweckmäßig sein können.

4.4 Ergebnis

Die Implikationen dieser Analyse machen das Leben für einen an der Informationsfunktion orientierten Standardsetter nicht gerade leicht. Während der (Brutto-)Wert von Informationssystemen im Einpersonenkontext niemals negativ werden kann, gilt dies im Mehrpersonenkontext nicht. Für die Rechnungslegung ist der **Mehrpersonenkontext aber typisch**. Daher ist es praktisch **unmöglich**, ein Informationssystem zu finden, welches für **alle Nutzer gleichzeitig optimal** ist. Man wird regelmäßig mit *Distributionseffekten* konfrontiert, weil die einzelnen Varianten der Rechnungslegung manche Nutzer begünstigen, andere dagegen benachteiligen.

Die zum **Erkennen dieser Wirkungen erforderlichen Informationen** sind zugleich derart, dass sie einem Standardsetter (selbst wenn er das alles berücksichtigen wollte) **kaum zugänglich** sind. Sie betreffen individuelle Aktionsräume und insbesondere die Präferenzen der Investoren, außerdem schwebt wegen des marktmäßigen Handlungsverbunds ggf. ein Hauch von (verborgener) Informationsablehnung über manchen Überlegungen. Eine regulative Instanz müsste versuchen, etliche (und bei den Präferenzen letztlich intrinsische) Randbedingungen zu erheben, um beurteilen zu können, welche Wirkungen in einer konkreten Situation zu erwarten sind. Sind solche Randbedingungen aber nicht zu erheben, agiert man faktisch „im Nebel". Dies könnte aber auch (in einer „bösartigen" Variante) umgekehrt ausgelegt werden – man kann quasi jede Variante der Rechnungslegung mit der (unbewiesenen) Behauptung rechtfertigen, die konkreten Bedingungen seien so, dass sie vorteilhaft ist!

Ausspruch

„With equal facility and no claim to offer resolution, we can debate the number of angels who can dance on the head of a pin. In the absence of empirical evidence there seems to be no way to determine which set of exogenously specified assumptions is the most reasonable …" (*Verrecchia* 1982, S. 17)

Diese Aspekte stimmen für ein „optimales" **Setzen von Standards** eher pessimistisch, man kann aber versuchen, durch bestimmte *Einschränkungen zu einer konstruktiveren Sichtweise* zu kommen. So meint z. B. *Cushing* (1977), dass die Annahme extrem unterschiedlicher individuellen Präferenzen keine wirkliche empirische Grundlage hätte. Man könne ebenso gut annehmen, dass die Präferenzfunktionen der Investoren sehr nahe beieinander liegen, so dass wesentliche Gründe für eine Unentscheidbarkeit beseitigt seien. Dies lässt aber die Frage offen, *wie* denn diese „typischen" Präferenzen aussehen könnten, denn auch dazu gibt es aus empirischer Sicht keine Belege.

Die Diskussion zeigt, dass die bisherigen Ansätze zwar gewichtige **Implikationen** für die **Wirkung von Informationssystemen** auf Kapitalmärkten bereitstellen, aber der Input, den sie für die Lösung *ganz spezifischer* regulativer Fragen geben können, bleibt oftmals auf einer sehr grundlegenden und allgemeinen Ebene. Man kann es nicht allen recht machen. Letztlich erfordert das Setzen von Standards ein Abwägen von Auswirkungen auf die unterschiedlichen Interessengruppen.

5   Abstimmen über Rechnungslegungsstandards

Bisher wurde davon ausgegangen, dass **Informationssysteme** durch eine uneigennützige zentrale Instanz entwickelt werden, die damit einen ganz bestimmten Zweck verfolgt (**normativer Ansatz**). In der Realität werden Rechnungslegungsstandards allerdings in einem komplexen politischen Prozess entwickelt. In Deutschland und Österreich werden die nationalen Standards (HGB bzw. UGB) vom nationalen Gesetzgeber im üblichen Gesetzgebungsprozess beschlossen. Vielfach gibt es Vorgaben der Europäischen Union, wie z. B. die Bilanzrichtlinie, die in nationales Recht transformiert werden muss. Die IFRS wiederum werden von einer privaten Organisation – dem IASB unter dem Dach der IFRS Foundation – entwickelt. Diese unterliegt einem formalen Prozess (*due process*). In diesen Prozessen ist explizit vorgesehen, dass die Meinungen interessierter Personen und Institutionen eingeholt werden. Die Regulierung berücksichtigt diese Meinungen im Rahmen ihrer Ziele und Möglichkeiten.

In diesem Abschnitt wird der **politische Prozess** der Erstellung von **Rechnungslegungsstandards** näher betrachtet. Dabei wird nicht die Frage gestellt, *wie* ein Standard aussehen sollte. Vielmehr wird die positive Frage beantwortet, welcher Standard gegeben den **politischen Prozess** zu erwarten ist.[29] Im Folgenden wird vereinfachend davon ausge-

---

[29] Vgl hierzu im Detail *Bertomeu/Magee/Schneider* (2019).

gangen, dass Unternehmen direkt über Standards abstimmen. In der Realität besteht eher die Möglichkeit, Lobbying zu betreiben und so das Verhalten von Standardsetzern bzw. Gesetzgebern zu beeinflussen.

Die Unternehmen haben jeweils einen individuellen Wert v, der vereinfachend im Intervall $V = [0,1]$ gleichverteilt ist, d. h. die Dichte ist $f(v) = 1$.[30] Während jedes Unternehmen den eigenen Wert v weiß, kennt der Kapitalmarkt vor der Veröffentlichung einer Rechnungslegung nur dessen Verteilung. Ohne weitere Information würde der (risikoneutrale) Kapitalmarkt jedes Unternehmen daher mit

$$\mathrm{E}\left[\tilde{v}\right] = \int_0^1 v f\left(v\right) dv = \frac{1}{2}$$

bewerten.

Ein **Rechnungslegungsstandard** wird nun als Partition der Menge V möglicher v definiert. Beispiele für solche Partitionen (Standards) sind $\mathfrak{R}_1 = \left\{ [0,\frac{1}{2}), [\frac{1}{2},1] \right\}$ oder $\mathfrak{R}_2 = \left\{ [0,\frac{1}{4}] \cup (\frac{3}{4},1], (\frac{1}{4},\frac{3}{4}] \right\}$.[31] In beiden Fällen sind die Elemente der Partition endliche Vereinigungen von Intervallen. Bei $\mathfrak{R}_2$ ist das erste Element, $[0,\frac{1}{4}] \cup (\frac{3}{4},1]$, nicht zusammenhängend.

Das Rechnungslegungssystem verpflichtet jedes Unternehmen, das Element der Partition zu berichten, in dem es sich befindet.[32] Es sei $e(v, \mathfrak{R})$ das Element der Partition $\mathfrak{R}$, in dem v liegt. Basierend auf dieser Notation sei $P\left(e\left(v,\mathfrak{R}\right)\right) = \mathrm{E}\left[\tilde{v} | e\left(v,\mathfrak{R}\right)\right]$ der Marktpreis, den ein Unternehmen mit tatsächlichem Wert v am Kapitalmarkt bei Standard $\mathfrak{R}$ erzielt. So würde etwa ein Unternehmen mit tatsächlichem Wert $\frac{1}{8}$ und Bericht von $r_1 = [0,\frac{1}{2})$ beim Standard $\mathfrak{R}_1$ am Kapitalmarkt mit ¼ bewertet und beim Standard $\mathfrak{R}_2$ mit $\frac{1}{2}$. Es gilt also

$$P\left(e\left(\tfrac{1}{8},\mathfrak{R}_1\right)\right) = \mathrm{E}\left[\tilde{v} | e\left(\tfrac{1}{8},\mathfrak{R}_1\right)\right] = \tfrac{1}{4}$$

$$P\left(e\left(\tfrac{1}{8},\mathfrak{R}_2\right)\right) = \mathrm{E}\left[\tilde{v} | e\left(\tfrac{1}{8},\mathfrak{R}_2\right)\right] = \tfrac{1}{2}$$

In den folgenden Überlegungen wird von einem bestehenden **Rechnungslegungsstandard** $\mathfrak{R}$ ausgegangen. Dann wird ein anderer Standard $\mathfrak{R}_A$ vorgeschlagen. Der Index A bedeutet hier, dass es sich um einen Vorschlag handelt. Die Unternehmen können dann für den einen der beiden Standards lobbyieren. Sie werden für den Standard abstimmen, der

---

[30] In der Realität werden nicht alle Unternehmen Lobbying betreiben. Auch werden nicht alle Unternehmen dieselbe Lobbyingmacht haben. Insofern stellt die Dichte die Verteilung der Unternehmen gewichtet nach dem jeweiligen Lobbyingeinfluss dar.

[31] Der Kapitalmarkt kennt hierbei nur das Element $e(v, \mathfrak{R})$, während das jeweilige Unternehmen tatsächlich den eigenen Wert kennt.

[32] Von einer eventuell darüber hinaus gehenden freiwilligen Berichterstattung wird abgesehen. Siehe dazu das 8. Kapitel: *Publizität und Publizitätsanreize*.

ihnen einen höheren Marktwert liefert, gegeben ihren tatsächlichen Wert. In dem obigen Beispiel würde ein Unternehmen mit wahrem Wert $v = \frac{1}{8}$ den Standard $\mathfrak{R}_2$ bevorzugen. Allgemein wird ein Unternehmen mit Wert v für den neuen Standard $\mathfrak{R}_A$ lobbyieren, wenn die Bedingung

$$P\big(e(v,\mathfrak{R}_A)\big) = E\big[\tilde{v}\big|e(v,\mathfrak{R}_A)\big] > E\big[\tilde{v}\big|e(v,\mathfrak{R})\big] = P\big(e(v,\mathfrak{R})\big)$$

erfüllt ist. Andernfalls stimmt es für die Beibehaltung des Status quo. Bei Indifferenz stimmt es nicht ab.

Stabilität von Standards

Um die **Stabilität von Standards** analysieren zu können, muss von einem Abstimmungsmechanismus ausgegangen werden. Bei jedem Abstimmungsprozess ist eine gewisse Mehrheit erforderlich, um vom Status quo abzuweichen. Diese Mehrheit sei mit ρ bezeichnet, sie bezieht sich im vorliegenden Kontext auf diejenigen Unternehmen, die bezüglich des Vergleichs zweier Standards nicht indifferent sind und deren Marktpreis daher von der Wahl des Standards abhängt. Oft ist eine Mehrheit von 50 % nötig. Es ist aber auch eine abweichende Mehrheit vorstellbar, die über oder unter 50 % liegen kann.

Ein Standard $\mathfrak{R}$ wird als stabil definiert, wenn es keinen anderen Standard $\mathfrak{R}_A$ gibt, der in einer Abstimmung gegen $\mathfrak{R}$ eine genügende Mehrheit erlangt. Konkret darf für kein $\mathfrak{R}_A$ der Anteil der Befürworter größer als ρ sein.

In einem ersten Schritt werden mögliche Kandidaten für stabile Standards bestimmt. Vereinfachend werden nur Standards bzw. Partitionen betrachtet werden, deren Elemente endliche Vereinigungen von Intervallen sind. Dabei sollen auch einelementige Intervalle berücksichtigt werden. Konkret gilt ja die Beziehung $[x,x] = \{x\}$.

Es ist leicht zu sehen, dass es nur einen einzigen Kandidaten für einen stabilen Standard gibt. Dieser entspricht der feinsten möglichen Partition, die die volle Information liefert,

$$\mathfrak{R} = \big\{\{x\}\big|x \in [0,1]\big\}$$

Ein anderer Standard $\mathfrak{R}_A$ müsste zumindest eine nicht einelementige Menge enthalten. Angenommen, dies ist ein Intervall $[c,d]$.[33] Dieser Standard $\mathfrak{R}_A$ würde in einer Abstimmung einem anderen Standard $\mathfrak{R}_B$ unterliegen, der dem Standard $\mathfrak{R}_A$ entspricht bis auf die Tatsache, dass das Intervall $[c,d]$ in die beiden Mengen $[c,z]$ und $(z,d]$ zerlegt wird.

Das Argument ist hier wie folgt. In allen Mengen der Partition $\mathfrak{R}_A$ bis auf das Intervall $[c,d]$ ändert sich nichts, und folglich herrscht Indifferenz. Die Menge $[c,z]$ entspricht den niedrigsten Werten im Intervall $[c,d]$. Folglich gilt für diese Werte $v \in [c,z]$

$$P\big(e(v,\mathfrak{R}_A)\big) > P\big(e(v,\mathfrak{R}_B)\big)$$

---

[33] Das Argument für den Fall, dass die Menge eine endliche Vereinigung von Mengen ist, läuft sehr ähnlich.

Umgekehrt gilt für $v \in (z, d]$

$$P\big(e\big(v, \mathfrak{R}_B\big)\big) > P\big(e\big(v, \mathfrak{R}_A\big)\big)$$

Es kann nun ein Wert von z nahe an c gewählt werden, damit der neue Standard $\mathfrak{R}_B$ eine genügend große Mehrheit erhält. Dies ist aus Stetigkeitsgründen für jedes $\rho < 1$ möglich.

Daher ist der Standard $\mathfrak{R}$ der zunächst einzige Kandidat für einen stabilen Standard, doch es kann gezeigt werden, dass auch er nicht stabil ist. Die Grundidee wird an einem Beispiel illustriert. Der alternative Standard $\mathfrak{R}_A$ möge aus der Menge $[0, \varepsilon] \cup [1 - \tau\varepsilon, 1]$ bestehen und sonst ident mit dem Standard $\mathfrak{R}$ sein. Alle Unternehmen in der Menge $[0, \varepsilon] \cup [1 - \tau\varepsilon, 1]$ erhalten einen Marktwert in Höhe von

$$\frac{\varepsilon}{\tau\varepsilon + \varepsilon} \cdot \frac{\varepsilon}{2} + \frac{\tau\varepsilon}{\tau\varepsilon + \varepsilon}\left(1 - \frac{\tau\varepsilon}{2}\right) \rightarrow \frac{\tau}{1 + \tau}$$

wenn ε gegen 0 geht. Insbesondere ist bei $\tau > 0$ für genügend kleines ε erfüllt, dass dieser Marktwert größer als die obere Grenze des Intervalls $[0, \varepsilon]$ ist. Insofern werden alle Firmen in diesem Intervall für den modifizierten Standard stimmen. Durch eine genügend kleine Wahl von τ lässt sich die nötige Mehrheit erzielen.

Das Ergebnis ist auf den ersten Blick ernüchternd. Gegeben dieses Modell könnte es nie einen stabilen Standard geben. Dies liegt nicht an sich ändernden Rahmenbedingungen, sondern ist dem Prozess des Standardsetting inhärent.[34]

Stabilität und prinzipienorientierte Standards
Viele Rechnungslegungsstandards enthalten Prinzipien, die bei der Änderung der Standards nicht zur Diskussion stehen. In den IFRS gibt es ein Conceptual Framework, das wesentlich seltener geändert wird als die eigentlichen Standards. Übertragen auf die hier betrachteten Standards, die über Partitionen modelliert werden, könnte ein **Rechnungslegungsprinzip** bedingen, dass die Standards $\mathfrak{R}$ nur Intervalle als Elemente enthalten dürfen. Dadurch wird die Menge der möglichen Konkurrenten in der Abstimmung geringer und folglich Stabilität leichter zu erreichen sein.[35]

Für den Fall einer Gleichverteilung kann gezeigt werden, dass $\mathfrak{R}$ stabil ist. Andernfalls gäbe es ein Intervall $[c, d]$, wobei die im Intervall liegende Mehrheit ein Pooling in dem Intervall gegenüber einem Vollausweis nach $\mathfrak{R}$ bevorzugt. Die Marktbewertung in dem Intervall ist der Mittelwert der Grenzen $(c + d)/2$. Der Mittelwert entspricht bei einer Gleichverteilung

---

[34] In der Realität stimmen Unternehmen allerdings nicht selbst ab, sondern können nur die Standardsetzer beeinflussen. Hätte ein Standardsetzer etwa eine starke Präferenz für einen speziellen Standard, so wird dieser eher stabil sein.

[35] Das obige Argument, das die Nichtstabilität von $\mathfrak{R}$ zeigt, macht von Elementen der Partition Gebrauch, die keine Intervalle sind. Wenn solche Standards nicht zulässig sind, gilt das Argument nicht mehr.

auch dem Median, weswegen genau die Hälfte der Unternehmen für jeden der beiden Standards stimmt. Insofern folgt die Stabilität für $\rho = \frac{1}{2}$. Allgemeiner zeigen *Bertomeu/Magee/Schneider* (2019), dass genau dann der Standard für $\rho = \frac{1}{2}$ stabil ist, wenn die Dichte $f(v)$ nichtfallend ist. Dies liegt daran, dass für solche Verteilungen der Median über dem Erwartungswert liegt, so dass immer eine Mehrheit gegen das Pooling stimmen wird. Zusammenfassend ergibt sich daraus, dass prinzipienorientierte Standards eher stabil sein werden.

6   Zusammenfassung

Dieses Kapitel behandelt Fragen der Informationsvermittlung durch die Rechnungslegung und der Bewertung solcher Informationen aus konzeptioneller Sicht. Ausgangspunkt der Analyse ist der **individuelle Informationsbedarf** eines Entscheiders. **Informationen** können als eine **Partitionierung des Zustandsraums** repräsentiert werden und **verändern Erwartungen** über den Eintritt künftiger Umweltzustände. Sie erlauben daher eine günstigere **Anpassung der Entscheidungen**, weil die zu treffenden Maßnahmen besser auf die tatsächlich relevanten Szenarien ausgerichtet werden können. Der **Nutzen von Informationen** kann daher nur für einen **spezifischen Entscheidungskontext** konkret bestimmt werden, der allgemein durch die Präferenzen, das Entscheidungsfeld und die Erwartungen eines Investors gegeben ist. Neben den Entscheidungswirkungen sind auch die **Kosten der Informationsbeschaffung** zu berücksichtigen.

Bezüglich der **Vorteilhaftigkeit** des Einsatzes von **Informationssystemen** lassen sich nur wenige allgemeine Aussagen treffen, zu denen insbesondere das **Feinheitstheorem** gehört. Ein Informationssystem ist genau dann feiner als ein anderes, wenn sich seine Partitionierung quasi als eine weitere Partitionierung des anderen Systems darstellen lässt. Man weiß daher unter dem feineren System mindestens ebenso viel wie unter dem anderen, in manchen Fällen aber mehr. Dann gilt allgemein, dass ein Entscheider unabhängig vom konkreten Entscheidungskontext stets das feinere System präferiert, falls keine Informationskosten zu beachten sind. In dieser Sichtweise begrenzen nur die Informationskosten den Umfang der zu beschaffenden Informationen. Im Allgemeinen lassen sich aber **Informationssysteme** nicht gemäß der Feinheitsrelation ordnen. In solchen Fällen geben verschiedene Informationssysteme grundsätzlich unterschiedliche Informationen und man kann nicht sagen, das eine System liefere mehr Informationen als das andere.

Die **Rechnungslegung** ist ein Informationssystem, das gleichzeitig **vielen Adressaten** zugeht. Eine Beurteilung solcher Systeme erfordert daher zwingend einen **Mehrpersonenkontext**. Weil sich der individuelle Entscheidungskontext von Investor zu Investor unterscheidet, lässt sich allgemein **keine Variante** der Rechnungslegung finden, die für alle Adressaten **gleichzeitig optimal** ist – jedes System begünstigt einige Investoren und benachteiligt andere. Das Vorhandensein von Information verändert die Entscheidungsstrategien der Adressaten und kann zu einem **negativen Wert** eines Informationssystems führen. Diese Effekte werden an einem **Kapitalmarkt** noch verstärkt, weil die Marktpreise von Finanztiteln von den Portefeuilleentscheidungen der Investoren abhängen. Informationen können dann zusätzliche Vermögensrisiken induzieren, die unter bestimmten Bedingungen dazu führen, dass selbst ein kostenloses Informationssystem von allen Investoren am Kapitalmarkt einmütig abgelehnt würde (**Informationsablehnungstheorem**). Die Bedingungen dafür sind zwar recht speziell, und es lassen sich auch viele gegenläufige Effekte finden, es bleibt aber die Aussage, dass **öffentlich verfügbare Informationen** regelmäßig mit **Distributionswirkungen** einhergehen, die zumindest einige Adressaten schlechter stellen.

In der Realität wird die Rechnungslegung nicht von einer einzelnen Person oder Institution festgelegt. Sie entsteht aus einem **politischen Prozess** auf der Basis von **Mehrheitsentscheidungen**, denen vielfältige Individualinteressen zugrunde liegen. Können Rechnungslegungsstandards völlig frei gebildet werden, so existiert kein Standard, der stabil ist – zu jedem Standard gibt es dann einen anderen, der die erforderliche Mehrheit finden und den existierenden Standard ablösen würde. **Prinzipienbasierte Standards** können hier helfen, weil Prinzipien faktisch Restriktionen für die Bildung von Standards sind. Dann können stabile Standards existieren, weil die Anzahl der Alternativen eingeschränkt wird.

7 Fragen

▶ **F2-1** Was versteht man unter *likelihoods,* und wie lassen sich die Inhalte eines Informationssystems darin abbilden?

▶ **F2-2** Was ist eine Partitionierung? Was haben Informationssysteme mit Partitionierungen zu tun?

▶ **F2-3** Unter welchen Bedingungen lässt sich die Vorteilhaftigkeit eines Informationssystems bestimmen, indem man vom „Bruttonutzen" die erwarteten Informationskosten abzieht?

▶ **F2-4** Was besagt das Feinheitstheorem? Warum liefert es ein kontextunabhängiges Kriterium für die Vorteilhaftigkeit von Informationssystemen? Warum ist es nur ein partielles Ordnungskriterium für Informationssysteme?

▶ **F2-5** Folgt aus dem Feinheitstheorem, dass mehr Information immer besser als weniger Information ist?

▶ **F2-6** Warum ist es schwierig, ein Informationssystem zu bestimmen, das gleichzeitig für viele Adressaten optimal ist?

▶ **F2-7** Was beinhaltet der Entscheidungsverbund im Kapitalmarktkontext? Warum kann es sein, dass alle Anleger etwas dafür zahlen würden, dass eine allgemein zugängliche und zugleich kostenlose Information *nicht* veröffentlicht wird? Welche Zusammenhänge wirken dagegen?

8   Probleme

▶ **P2-1 Informationsanalyse.** Gegeben sei ein Zustandsraum mit sechs Zuständen und folgenden Informationssystemen:

$$Y_1 \sim \{\{\theta_1, \theta_2\}\{\theta_3, \theta_4\}, \{\theta_5, \theta_6\}\}$$
$$Y_2 \sim \{\{\theta_1, \theta_2, \theta_3\}, \{\theta_4, \theta_5, \theta_6\}\}$$
$$Y_3 \sim \{\{\theta_1, \theta_2, \theta_3\}, \{\theta_4, \theta_6\}, \{\theta_5\}\}$$
$$Y_4 \sim \{\{\theta_1\}, \{\theta_2, \theta_3\}, \{\theta_4, \theta_5, \theta_6\}\}$$
$$Y_5 \sim \{\{\theta_1\}, \{\theta_3, \theta_5\}, \{\theta_2, \theta_4\}, \{\theta_6\}\}$$
$$Y_6 \sim \{\{\theta_1, \theta_2, \theta_3, \theta_4\}, \{\theta_5, \theta_6\}\}$$

Ordnen Sie diese Systeme (soweit möglich) nach der Feinheitsrelation.

▶ **P2-2 Wert von Informationssystemen.** Betrachtet sei das Problem eines risiko-neutralen Entscheiders mit folgender Ergebnismatrix:

		Zustand	
Aktion	θ_1	θ_2	θ_3
a_1	120	0	60
a_2	30	90	90
a_3	0	150	0

Die drei Zustände sind gleich wahrscheinlich. Zur Wahl stehen zwei Informationssysteme Y_1 und Y_2. Das System Y_1 verursacht Kosten von 30 und beinhaltet die Partitionierung $Y_1 = \{\{\theta_1, \theta_3\}, \{\theta_2\}\}$. Y_2 ist dagegen vollkommene Information und induziert Kosten von 45.

a) Wie lautet die optimale Entscheidung ohne Informationsbeschaffung?
b) Welches Informationssystem ist optimal?
c) Wie hoch ist die „Preisobergrenze" des Entscheiders für die vollkommene Information?
d) Was würde sich an der Beantwortung der obigen Fragen ändern, wenn die Aktion a_3 ihren einzigen Überschuss ausschließlich im Zustand θ_3 hätte?

▶ **P2-3 Wert von Informationssystemen.** Das Unternehmen steht vor der grundlegenden Entscheidung, ein neues Produkt einzuführen. Aufgrund seiner bisherigen Informationen hat es folgende Erwartungen:

Günstige Marktlage:	Wahrscheinlichkeit 60 %	Barwert 350
Ungünstige Marktlage:	Wahrscheinlichkeit 40 %	Barwert −200

a) Wie sollte sich das Unternehmen auf Basis der vorhandenen Informationen entscheiden?

b) Das Unternehmen kommt auf die Idee, die Segmentberichterstattung eines Mitbewerbers, der schon in diesem Markt tätig ist, auszuwerten. Es schätzt die Wahrscheinlichkeit für ein gutes (schlechtes) Segmentergebnis, gegeben eine günstige (ungünstige) Marktlage, auf jeweils 80 %. Wie hoch ist der Nutzen aus der Auswertung der Segmentberichterstattung?

c) Wie hoch ist der Nutzen bei vollkommener Information über die Marktlage?

▶ **P2-4 Wert von Informationssystemen im Mehrpersonenkontext.**[36] Dieses Beispiel basiert auf denselben Angaben wie das Beispiel in Abschn. 4.2 und verändert nur die Eintrittswahrscheinlichkeiten der beiden Signale. Unternehmen A hat zwei Aktionen a_1 und a_2 zur Auswahl, Unternehmen B zwei Aktionen b_1 und b_2. Alle Entscheidungsträger sind risikoneutral. Unternehmen A kann ein Informationssystem erwerben, das Signale y_1 und y_2 produziert. Die *a priori*-Wahrscheinlichkeit für das Signal y_1 ist nun 80 %, für y_2 20 %. Unternehmen B kann beobachten, ob A das Informationssystem besitzt, nicht aber das Signal selbst.

Signal y_1			Signal y_2		
Nutzen A; B	Aktion B		Nutzen A; B	Aktion B	
Aktion A	b_1	b_2	Aktion A	b_1	b_2
a_1	32; 11	9; 20	a_1	0,75; 3,5	2,75; −1,25
a_2	2; 1	−16; 25	a_2	2; 1	4; 0

Die beiden folgenden Tabellen geben die Nutzen von Unternehmen A und B an, die sich abhängig vom Signal bei Wahl der jeweiligen Aktionen ergeben.

a) Welche Aktionen wählen A und B, und welche Nutzen bekommen die beiden? Ist das Informationssystem wertvoll oder nicht?

b) Angenommen, Unternehmen A erwirbt das Informationssystem. Welche Aktionen wählen A und B, und welche Nutzen bekommen die beiden?

c) Angenommen, B kann nicht beobachten, ob A das Informationssystem erworben hat oder nicht. Hat dies einen Einfluss auf die obigen Ergebnisse?

▶ **P2-5 Wert von allgemein bekannter Information.**[37] Ein König ruft die drei weisesten Personen im ganzen Land zusammen, um aus ihnen eine als seinen persönlichen Berater zu wählen. Dazu stellt er ihnen folgende Aufgabe: Er lässt sie sie im Kreis sitzen und setzt jeder Person einen Hut auf. Es gibt nur weiße und rote Hüte.

---

[36] Die Aufgabe folgt *Baiman* (1975), S. 7–12.

[37] Dies ist eine Variante des *wise men*-Puzzle.

Die Personen können die Farbe der Hüte der anderen beobachten, nicht aber die des eigenen Hutes. Der König erklärt nun, dass nur die Person sein Berater werden soll, die die Farbe ihres eigenen Hutes nennen könne.

a) Angenommen, alle Personen haben weiße Hüte auf. Keine der Personen kann ihre Hutfarbe erschließen. Nun sagt der König, dass mindestens einer der Hüte weiß ist. Dies ist allgemein bekannte Information (*common knowledge*), weil ja jede der Personen zwei weiße Hüte sieht. Dennoch wird es mit dieser Information möglich, die Farbe ihrer Hüte zu erschließen. Wie geht das?

b) Angenommen, die Personen sitzen nicht im Kreis, sondern hintereinander, so dass die erste Person keine der beiden anderen sieht, die mittlere die unmittelbar davorsitzende und die dritte beide davorsitzenden Personen sieht. Weiter sei bekannt, dass es insgesamt zwei weiße und drei rote Hüte gibt. Von diesen setzt der König den Personen ihre Hüte zufällig auf. Wenn unbedingt Sie der Berater des Königs werden wollen, auf welchen Platz sollten Sie sich dann setzen?[38]

Literaturempfehlungen

Allgemeine Literatur

Demski, J.S.: *Information Analysis*, 2. Auflage, Reading, MA 1980.
Liang, P.J.: Recognition: An Information Content Perspective, *Accounting Horizons* 2001, S. 223–242.

Spezielle Literatur

Ballwieser, W.: Zur Begründbarkeit informationsorientierter Jahresabschlussverbesserungen, *Zeitschrift für betriebswirtschaftliche Forschung* 1982, S. 772–793.
Demski, J.: The General Impossibility of Normative Accounting Standards, *The Accounting Review* 1973, S. 718–723.
Ewert, R.: Bilanzielle Publizität im Lichte der Theorie vom gesellschaftlichen Wert öffentlich verfügbarer Information, *Betriebswirtschaftliche Forschung und Praxis* 1989, S. 245–263.
Gjesdal, F.: Accounting for Stewardship, *Journal of Accounting Research* 1981, S. 208–231.

---

[38] Wir danken Klaus Schredelseker für dieses Beispiel.

Rechnungslegung und Kapitalmarkt

3

Dr. Bernhard Kumpf hat sich an diesem Wochenende einiges vorgenommen. Schon lange wollte er seine Anlagestrategie an der Börse gründlich überprüfen, konnte bislang aber nie Zeit dafür finden. Dr. Kumpf ist Techniker und in einer verantwortlichen Position tätig, und er hat gut verdient. Das Geld musste natürlich angelegt werden, aber die Kurseinbrüche in der letzten Zeit kosteten ihn doch einiges an Nerven. Jetzt ist es aber soweit – bewaffnet mit den neuesten Bilanzen und Geschäftsberichten der „wichtigsten" Unternehmen sowie zahlreichen Informationen aus dem Internet sitzt er an seinem Schreibtisch und versucht zu ergründen, was ihm das für seine Anlagestrategie hilft. Insgesamt ist er sehr beeindruckt, was die Unternehmen mittlerweile alles an Informationen bekannt geben, viele Unternehmen scheinen auch regelrecht damit zu werben, wie sie bilanzieren und was sie alles an Zusatzangaben offenlegen. Mitten im Studium dieser Unterlagen klingelt es an der Tür – wer ist denn das schon wieder? Ach ja, Vanessa, seine Tochter, wollte die Eltern wieder einmal übers Wochenende besuchen. Vanessa ist seit über drei Jahren aus dem Haus und studiert Betriebswirtschaftslehre in einer anderen Stadt. Bernhard ist immer gespannt, was sie alles über das Studium zu erzählen hat, und so allmählich müsste es wohl auch auf das Examen zugehen.

„Hallo Paps", begrüßt Vanessa ihren Vater und wirft einen Blick auf dessen Schreibtisch. „Bei dir sieht es ja gefährlich nach Arbeit aus. Was liegt denn da so an?", fragt sie. „Grüß dich, Vani", antwortet Bernhard, „Ich versuche, unsere finanzielle Zukunft an der Börse mal auf eine fundierte Grundlage zu stellen. Ich will nicht immer nur in Unternehmen investieren, die sich später als ,loser' erweisen. Nein, ich lege an, um zu gewinnen, und da will ich mal die Spreu vom Weizen trennen."

„Nimm es mir nicht übel, Paps", antwortet Vanessa, „aber was meinst du, wird dir das wirklich bringen?" Bernhard ist sich nicht sicher, ob er die Frage richtig verstanden hat, und sein Glaube an die Qualität der Ausbildung gerät allmählich ins Wanken. Nach

A. Wagenhofer et al., *Externe Unternehmensrechnung*, https://doi.org/10.1007/978-3-662-67409-3_3

einigen Jahren Studium sollte seine Tochter doch wohl wissen, dass gute Entscheidungen gute Informationen voraussetzen, außerdem sagt sie immer, dass sie als Schwerpunkt Rechnungswesen und Finanzen studiert. Vanessa nimmt sein verdutztes Gesicht und die eintretende Stille zum Anlass nachzulegen: „Sieh mal, nehmen wir die Unterlagen der Constant Development AG. Da kenne ich mich zufällig etwas aus, weil wir sie gerade in einem Seminar zur Bilanzanalyse durchgesprochen haben. Die hat in den letzten Jahren ein ordentliches Gewinnwachstum erzielt, und alles spricht dafür, dass es auch in Zukunft so sein wird." Noch bevor Vanessa fortfahren kann, wirft Bernhard ein: „Das sind doch gute Nachrichten – warum sollte mir das denn nichts bringen? Ich werde am besten gleich online eine Kauforder erteilen, die am Montag früh ausgeführt wird, um mir die künftigen Kursgewinne zu sichern."

„Siehst du", entgegnet Vanessa, „das ist gerade das Problem. Du bist nicht der einzige, der die Unterlagen der Constant studiert. Wir haben das im Seminar mit dreißig Teilnehmern schon rauf und runter gerechnet, Analysten haben sich damit beschäftigt und Empfehlungen abgegeben, auch andere Anleger haben vielleicht viel früher als du Zeit gefunden, die Berichte zu lesen – immerhin sind die bereits seit, glaube ich, sechs Wochen verfügbar. Du musst also damit rechnen, dass etliche andere zu ähnlichen Folgerungen wie du gekommen sind, ihre Orders aber bereits platziert haben. Und jetzt überleg mal – der Preis, zu dem du am Montag einsteigst, der muss das alles doch schon beinhalten, die möglichen Kursgewinne sind also darin längst berücksichtigt. Du darfst also kein Schnäppchen erwarten, nur weil du glaubst, Unterlagen ausgewertet zu haben, die allen anderen auch zugänglich sind."

Bernhard ist zunächst perplex, doch das klingt nicht unlogisch – seine Meinung über die universitäre Ausbildung steigt wieder. Dennoch wirft er ein: „Du setzt aber voraus, dass der Kurs immer richtig ist. Das glaube ich nicht unbedingt, denn an der Börse handeln doch alle möglichen Leute. Wenn ich mir anschaue, was alles so in meinem Stammlokal für wirtschaftlicher Unsinn verzapft wird, und wenn ich mir vorstelle, dass die alle an der Börse handeln – das behaupten sie jedenfalls –, dann würde es mich wundern, wenn sich daraus der richtige Kurs ergibt." „Na ja, Paps", wischt Vanessa das Argument weg, „das kann man zwar so sehen, du musst aber bedenken, dass es gar nicht klar ist, wer von all denen sich in welcher Richtung verschätzt. Nimm doch mal an, der eine verschätzt sich nach unten, der andere nach oben, das gleicht sich im Durchschnitt aus. Es bleibt der Effekt von denen übrig, die systematisch richtig liegen. Das werden auch die sein, die langfristig an der Börse überleben – wer häufig daneben liegt, verliert Geld und hat bald nichts mehr zu investieren."

„Du meinst also", bricht es aus Bernhard hervor, „dass diese ganze Bilanzanalyse für die Katz ist, nur weil der Markt ohnedies schon alles in den Aktienkurs eingerechnet hat? Warum macht ihr das dann eigentlich an der Uni?" Bernhard sieht siegesgewiss hoch. „Und warum spielt dann in der Politik und in der Wirtschaft derzeit gerade die Bilanzierung und die Publizität so eine große Rolle? Alle Welt redet von Dammbrüchen in der Rechnungslegung, die zu massiv mehr Transparenz über die Unternehmen führen soll. Doch was habe ich als normaler Anleger davon, wenn ich durch diese Informationen nicht *echt was verdienen kann?" „Paps, ganz so schlimm ist es nicht", beruhigt ihn Vanessa und klopft ihm freundlich auf die Schulter, was Bernhard noch nie gerne hatte: „Man muss die Dinge nur nüchtern betrachten und darf nicht alles erwarten, es bleibt aber noch genug übrig. Das kann ich dir gerne erklären, aber bei Kaffee und Kuchen". Nachdenklich steht Bernhard auf – macht es dann einen Sinn, dass die Unternehmen so viel Informationen veröffentlichen? Na ja, vielleicht sollte er doch den von seiner Bank gerade angepriesenen Hedgefonds zeichnen anstatt sich das alles anzutun – die werden schon wissen, was sie anbieten, und „Hedge" klingt ja sehr sicher …*

Ziele dieses Kapitels
- Vorstellung der Konzeptionen informationseffizienter Kapitalmärkte
- Verstehen der Eigenschaften, welche die Qualität der Rechnungslegung ausmachen und deren Messung
- Analyse der Wertrelevanz der Rechnungslegung
- Diskussion des Einflusses der Ergebnisgrößen auf die Kapitalkosten von Unternehmen

1   Einführung

Im 2. Kapitel: *Wert von Informationssystemen* wurden die Grundlagen informationsökonomischer Ansätze behandelt. Dabei wurde deutlich, dass allgemeine Aussagen über die Nützlichkeit von Informationssystemen nur unter sehr restriktiven Umständen möglich sind. Dies gilt sowohl für den Einpersonen- als auch den Mehrpersonenkontext. Es wurde mit dem Informationsablehnungstheorem bereits eine Wirkung von Informationen im Kapitalmarktkontext dargestellt, die sich von intuitiven Überlegungen über die Vorteilhaftigkeit von Informationen unterscheidet.

Dieses Kapitel widmet sich vertiefend den Wirkungen von Informationen auf Kapitalmärkten. Die hier zu besprechenden Ansätze verfolgen das Ziel, die **konzeptionellen Analysen** durch eine **empirische Messung** von **Informationswirkungen** zu ergänzen. Dabei ist zunächst die grundlegende Frage interessant, *wie* Informationen am Kapitalmarkt überhaupt verarbeitet und in die Kurse einbezogen werden. Diese Probleme stehen im Mittelpunkt der Untersuchungen zur **Informationseffizienz des Kapitalmarktes**. Man kann verschiedene Formen der Informationseffizienz unterscheiden, die alle sehr verschiedene Implikationen für die Rechnungslegung aufweisen.

Hat man eine Vorstellung darüber entwickelt, wie der Kapitalmarkt Informationen verarbeitet, schließt sich naturgemäß die Frage an, welche Informationen dem Kapitalmarkt durch die Rechnungslegung übermittelt werden und wie deren **„Qualität"** beurteilt werden kann. In der Literatur wurden dazu eine Fülle von Kriterien und Eigenschaften (z. B. Beständigkeit, Prognosefähigkeit und Volatilität) entwickelt, die im Anschluss an die Informationseffizienz mit einem Fokus auf den **kapitalmarktorientierten Attributen** diskutiert werden. Ein besonderes Kriterium ist, wie weit die Rechnungslegung Bilanzpolitik zulässt. Dies wird im 6. Kapitel: *Bilanzpolitik – Grundlagen* aufgegriffen. Vorsicht im Sinne von frühzeitiger Information über ungünstige Ereignisse ist ein weiteres Kriterium, das im 4. Kapitel: *Bilanzierungs- und Bewertungsgrundsätze* dargestellt wird. Die kapitalmarktorientierten Kriterien betreffen Beziehungen zwischen Ergebnisgrößen und Marktpreisen (Wertrelevanz) und Kapitalkosten.

2 Informationseffiziente Kapitalmärkte und Rechnungslegung

Informationseffizienz des Kapitalmarktes bezeichnet dessen Eigenschaft, **Informationen zu verarbeiten**, und die Art, wie die Informationen in die **Marktpreise der Finanztitel** einfließen. Die Preise beinhalten Erwartungen der Anleger über künftige Erfolgsniveaus und Risiken. Sie sind Ausdruck der für ein Unternehmen relevanten **Kapitalkosten** und beeinflussen daher die Investitionstätigkeit. Sollen knappe Finanzmittel über den Kapitalmarkt in die effizientesten Verwendungen gelenkt werden und will man dies über eine Informationsvermittlung *via* Rechnungslegung unterstützen, ist es wichtig zu wissen, *wie* die bereit gestellten Informationen vom Markt tatsächlich aufgenommen und verarbeitet werden.

Die grundlegenden Arbeiten zur Informationseffizienz stammen sowohl aus der Finanzwirtschaft (Kapitalmarkttheorie) als auch aus dem Rechnungswesen. Des Weiteren gibt es eine umfangreiche **empirische Literatur** zu diesem Thema.[1] Die folgende Darstellung konzentriert sich auf folgende **Aspekte**:

- Wie lässt sich Informationseffizienz definieren und abgrenzen?
- Welche Implikationen ergeben sich für die Rechnungslegung, wenn der Kapitalmarkt in bestimmtem Umfang informationseffizient ist?
- Wie lässt sich Informationseffizienz empirisch testen, und welchen Grad der Informationseffizienz glaubt man auf Basis der vorliegenden empirischen Ergebnisse annehmen zu können?

2.1 Konzept der Informationseffizienz

Für eine theoretische Analyse und empirische Prüfung der Informationseffizienz ist deren möglichst präzise Abgrenzung erforderlich, was gar nicht so einfach ist. Am einflussreichsten sind die Überlegungen von *Fama* (1970, S. 383), der Informationseffizienz wie folgt beschreibt: *„A market in which prices always ‚fully reflect‘ available information is*

---

[1] Übersichtsaufsätze sind *Brown* (1994), *Kothari* (2001).

called ‚efficient'." Damit ist die Eigenschaft von Marktpreisen angesprochen, verfügbare Informationen „vollständig" einzuschließen. Was dies allerdings genau bedeutet, bleibt zunächst offen.[2]

Fama präzisiert seine Überlegung mit folgender Leitlinie: „*Market efficiency requires that in setting the prices of securities at any time t − 1, the market correctly uses all available information.*"[3] Dies wirft wiederum die Frage auf, was mit **richtiger Informationsverarbeitung** gemeint ist. Dazu vergleicht *Fama* (1976) zwei Dichtefunktionen f und f_m. Die Funktion $f\left(P_t \middle| Y_{t-1}\right)$ beschreibe die **„wahre" Verteilung** der zum künftigen Zeitpunkt t geltenden Marktpreise P_t von Finanztiteln, basierend auf allen verfügbaren Informationen Y_{t-1}. Die **vom „Markt" tatsächlich genutzte Informationsmenge** sei Y_{t-1}^m, und die sich daraus ergebende Dichtefunktion der künftigen Preise sei $f_m\left(P_t \middle| Y_{t-1}^m\right)$.[4] Der Markt ist demnach genau dann **informationseffizient**, wenn gilt[5]:

$$f\left(P_t \middle| Y_{t-1}\right) = f_m\left(P_t \middle| Y_{t-1}^m\right) \tag{3.1}$$

Diese Beziehung ist allerdings *empirisch* **nicht testbar**, weil die beiden Verteilungen nicht beobachtet werden können. Beobachtbar sind nur die Marktpreise selbst, die in einer Beziehung zu der Dichtefunktion f_m stehen. Wie eine solche Beziehung aussehen könnte, wird letztlich durch **Kapitalmarktmodelle** (wie z. B. das *Capital Asset Pricing Model*, CAPM) präzisiert, aus denen sich konkrete Beziehungen über gleichgewichtige Preise und erwartete Renditen – folgend aus den Erwartungen der Anleger – ergeben. Bezeichnet R_t die **Rendite** eines Finanztitels in der Periode t (es ist $R_t = (P_t - P_{t-1})/P_{t-1}$), so erhält man für den Preis eines Finanztitels in $t - 1$

$$P_{t-1} = \frac{\mathrm{E}_m\left[\tilde{P}_t \middle| Y_{t-1}^m\right]}{1 + \mathrm{E}_m\left[\tilde{R}_t \middle| Y_{t-1}^m\right]} \tag{3.2}$$

Der Preis im Zeitpunkt $t - 1$ ergibt sich also aus dem vom Markt erwarteten Preis im folgenden Zeitpunkt t (also zum Ende der Periode t) diskontiert mit der vom Markt erwarte-

---

[2] Die Ausführungen in *Fama* (1970) sind daher oftmals kritisiert worden, besonders pointiert von *LeRoy* (1976), der dem ganzen theoretischen Konzept Tautologie vorwarf.

[3] *Fama* (1976), S. 143.

[4] Die konkrete Bestimmung dessen, was die „wahre" Verteilung ist und welche Informationen welchen Personen unter welchen Bedingungen zur Verfügung stehen, wird von *Fama* (1976) offengelassen (was auch zB von *Beaver* (1981) kritisiert wird). Unter der „wahren" Verteilung hat man sich aber nach der Logik des Effizienzkonzeptes diejenige Wahrscheinlichkeitsverteilung künftiger Preise vorzustellen, die sich aus einer Auswertung der Informationen Y_{t-1} ergibt, wenn daraus alle begründbaren Folgerungen gezogen werden. Dies wird auch bei *Fama* (1977, S. 135) deutlich, der die in $t - 1$ verfügbaren Informationen als „*whatever is knowable about relationships among variables*" kennzeichnet.

[5] Vgl *Fama* (1976), S. 143.

ten Rendite (deren konkrete Bestimmung aus einem Marktgleichgewichtsmodell folgt). Das Eintreffen eines bestimmten Preises P_t erfolgt nun aber gemäß der „wahren" Dichtefunktion f. Gilt indes die Beziehung (3.1), so gilt auch

$$E\left[\tilde{P}_t \middle| Y_{t-1}\right] = E_m\left[\tilde{P}_t \middle| Y_{t-1}^m\right]$$

$$E\left[\tilde{R}_t \middle| Y_{t-1}\right] = E_m\left[\tilde{R}_t \middle| Y_{t-1}^m\right] \tag{3.3}$$

Diese Beziehungen lassen sich so interpretieren, dass „*in an efficient market the true expected return on any security is equal to its equilibrium expected value, which is, of course, also the market's assessment of its expected value*".[6] Ist der Markt **nicht effizient**, dann wird nicht die gesamte Information Y_{t-1} verwendet oder/und nicht korrekt interpretiert, so dass die in (3.3) angegebenen Gleichungen verletzt sein können.

Aus (3.3) lassen sich wichtige **Folgerungen für empirische Tests** ableiten.[7] Angenommen, ein Anleger wertet die verfügbare Information Y_{t-1} unmittelbar für seine Anlageentscheidungen aus. Im Anschluss an die Informationsauswertung bestimmt er die Anteile a_i, die er von seinen verfügbaren Mitteln in die einzelnen Finanztitel $i = 1, \ldots, n$ am Markt zu investieren gedenkt. Die tatsächliche erwartete Rendite aus jeder, an eine Informationsauswertung anknüpfenden Anlagepolitik entspricht in einem informationseffizienten Markt einer Linearkombination der erwarteten Gleichgewichtsrenditen:

$$\sum_{i=1}^{n} a_i\left(Y_{t-1}\right) \cdot E\left[\tilde{R}_{it} \middle| Y_{t-1}\right] = \sum_{i=1}^{n} a_i\left(Y_{t-1}\right) \cdot E_m\left[\tilde{R}_{it} \middle| Y_{t-1}^m\right] \tag{3.4}$$

Man kann also durch die individuelle Auswertung der verfügbaren Informationen keine Renditen erzielen, die systematisch über den durchschnittlichen Gleichgewichtsrenditen liegen („**Überrenditen**"). Lässt sich daher empirisch eine Handelsstrategie finden, die basierend auf bestimmten Informationen (z. B. dem veröffentlichten Gewinn) systematische Überrenditen erbringt, folgt, dass bezüglich der betrachteten Informationen keine Informationseffizienz vorliegt. Anders formuliert darf es nicht möglich sein, durch Auswertung einer bestimmten Information Abweichungen der tatsächlich erwarteten Rendite von ihrem Gleichgewichtswert zu identifizieren.

Zu beachten ist stets, dass die Bestimmung von Überrenditen oder Abweichungen von Gleichgewichtswerten eine Annahme über diese Gleichgewichtsrenditen voraussetzt – man muss also bei jedem empirischen Test eine **zusätzliche Hypothese** über das **Gleichgewichtsmodell** aufstellen. Insofern ist ein empirischer Test der Informationseffizienz immer ein **Test verbundener Hypothesen**.

---

[6] *Fama* (1976), S. 144.
[7] Vgl *Fama* (1976), S. 144 f.

Warum könnte man Informationseffizienz erwarten?

Die Informationseffizienz stellt streng genommen nur die Definition einer bestimmten Eigenschaft eines Kapitalmarktes dar, die dieser haben kann oder nicht. Welche *theoretischen Gründe* könnten für die Gültigkeit dieser Eigenschaft sprechen? *Fama* (1970), S. 387, gibt einige hinreichende Bedingungen, bei deren Erfüllung der Markt informationseffizient ist. Diese sind:

- Keine Transaktionskosten beim Handel mit Wertpapieren,
- kostenlose Verfügbarkeit aller verfügbaren Informationen für alle Anleger und
- übereinstimmende Interpretationen der Informationen durch alle Marktteilnehmer.

Dann haben alle Anleger die gleichen Informationen, ziehen die gleichen Schlüsse und können friktionslos Transaktionen am Kapitalmarkt vornehmen, so dass die Informationen problemlos Eingang in die Preise finden.

Diese, eher strengen, Annahmen sind aber nicht *notwendig*. Man benötigt noch nicht einmal die Annahme, dass sämtliche Anleger rational handeln.[8] Angenommen, es gibt sogenannte *„noise traders"*, deren Handel nicht rational gesteuert, sondern zufällig ist. Dann besteht zwar die grundsätzliche Möglichkeit, dass der Marktpreis im Einzelfall vom ansonsten relevanten „Fundamentalwert" (der sich durch die verfügbaren Informationen eigentlich ergibt) abweicht. Sind die Zufallseinflüsse aber nicht systematisch, sondern gleichen sich aus, hat man dennoch Marktpreise, die so aussehen, als hätte eine durchgängig rationale Informationsverarbeitung stattgefunden. Selbst wenn durch das *noise trading* systematische Einflüsse gegeben wären, träfen diese auf rationale Arbitrageure am Markt. Systematische Abweichungen der Preise von den Fundamentalwerten eröffnen nämlich Arbitragemöglichkeiten, die von rationalen Anlegern ausgenutzt werden. Spätestens die Arbitrage sichert nach dieser Argumentation Marktpreise, die dem Konzept der Informationseffizienz genügen.

Die Bedeutung der Beziehung (3.4) wird daran deutlich, dass manche Autoren die **Informationseffizienz** dadurch *definieren* (während sie hier als Implikation dargestellt wurde). So findet man bei *Jensen* etwa folgende Definition: *„A market is efficient with respect to information set Y_{t-1} if it is impossible to make economic profits by trading on the basis of information set Y_{t-1}."*[9] Dabei beinhalten die „*economic profits*" auch sämtliche Kosten, die mit der Beschaffung und Auswertung der Informationen sowie den folgenden

---

[8] Siehe dazu auch die instruktive und kritische Darstellung bei *Shleifer* (2000), S. 2–27.

[9] *Jensen* (1978), S. 96 (dabei wurde die Symbolik für das *information set* der hier verwendeten angepasst).

Transaktionen am Kapitalmarkt verbunden sind. Das Erzielen von Brutto-Überrenditen ohne Berücksichtigung der Kosten reicht nicht aus.

Das hier vorgestellte Konzept von *Fama* (1976) lässt einige Fragen offen. Was ist z. B. die Verteilung f_m des „Marktes" bei **heterogenen Erwartungen** von Anlegern? Von *Beaver* (1981) stammt ein Konzept, das auch solche Szenarien erfasst. Danach ist der Markt bezüglich einer bestimmten Information effizient, wenn sich die Marktpreise so einstellen, als hätte jeder Anleger *ceteris paribus* (dh gegeben alle sonstigen Unterschiede im Informationsstand, in den Präferenzen usw.) die betreffende Information.[10]

Darüber hinaus kann bezweifelt werden, dass sich die künftigen Preise P_t gemäß der „wahren" Verteilung f ergeben. Die sich am Ende der Periode t einstellenden Preise hängen nicht ausschließlich von Zufallsereignissen „der Umwelt", sondern erneut von den Erwartungen und Handlungen der Marktteilnehmer im Zeitpunkt t ab. Hinter der gesamten Konzeption verbergen sich daher subtile Fragen **mehrperiodiger Marktgleichgewichte** bei heterogenen Erwartungen.

Grade der Informationseffizienz

In der obigen Darstellung wurde ganz allgemein von einer verfügbaren Informationsmenge Y_{t-1} gesprochen. Es ist insbesondere in der empirischen Literatur üblich, im Zusammenhang mit der Beziehung (3.4) verschiedene Versionen der Informationseffizienz durch Bezug auf ganz bestimmte Inhalte dieser Informationen zu unterscheiden[11]:

- **Schwache Informationseffizienz**: Dabei bezieht sich die Informationsmenge Y_{t-1} lediglich auf alle, bis zum Zeitpunkt $t-1$ **beobachtbaren Marktpreise** der Finanztitel. Es ist dann nicht möglich, durch Auswertung der Zeitreihen vergangener Marktpreise Überrenditen zu erzielen.
- **Mittelstrenge Informationseffizienz**: Hier enthält die Informationsmenge Y_{t-1} sämtliche Informationen, die zum Zeitpunkt $t-1$ **öffentlich verfügbar** sind. Dazu gehören zunächst die Zeitreihen der Marktpreise, so dass die schwache Informationseffizienz einen Spezialfall darstellt. Darüberhinaus können aber z. B. auch aus der Auswertung *öffentlich verfügbarer Jahresabschlüsse und sonstiger Publikationen* eines Unternehmens keine Überrenditen erzielt werden. Allgemein ist die Abgrenzung der Informationen, die als öffentlich verfügbar gelten können, nur schwer vorzunehmen. Als Beispiel seien etwa die Informationen eines Börsendienstes genannt, die von jedem Anleger zu einem bestimmten Preis erworben werden können. Diese Informationen sind allgemein verfügbar, soweit der Preis dafür gezahlt wird. Bei sehr niedrigem Preis werden viele Anleger die Informationen erwerben, bei hohem Preis nur sehr wenige. Ab welchem Preis sollen diese Informationen als allgemein verfügbar gelten?

---

[10] Siehe zu einer Ergänzung dieser Definition *Latham* (1986).
[11] Vgl *Jensen* (1978), S. 97.

- **Strenge Informationseffizienz**: Die Menge Y_{t-1} beinhaltet hier sämtliche Informationen, die sich in der Ökonomie bei irgend jemandem überhaupt befinden. Damit wäre die Implikation verbunden, dass sich auch durch extreme Insiderkenntnisse keine Überrenditen erzielen lassen.

Potenzielle Unmöglichkeit informationseffizienter Märkte

Die Eigenschaft des *„fully reflect"* kann auch in der extremen Form aufgefasst werden, dass sich die im Marktpreis enthaltenen Informationen aus diesem auch *ablesen lassen*. Dies kann unter der Annahme normalverteilter Zufallsvariablen verdeutlicht werden. Sei $\tilde{x}$ der normalverteilte Überschuss am Periodenende, über dessen Verteilung zunächst homogene Erwartungen vorliegen, d. h. alle Anleger gehen von den gleichen Parametern (Erwartungswert, Varianz) aus,

$$\tilde{x} = \mu + \tilde{\theta} \quad \left(\tilde{\theta} \sim N\left(0, \sigma^2\right)\right)$$

Angenommen, ein Anleger kann eine Information mit folgenden Eigenschaften beschaffen:

$$\tilde{y} = \tilde{\theta} + \tilde{\varepsilon} \quad \left(\tilde{\varepsilon} \sim N\left(0, \sigma_\varepsilon^2\right), \; \mathrm{Cov}\left(\tilde{\theta}, \tilde{\varepsilon}\right) = 0\right)$$

Gemäß der Erwartungsrevision bei normalverteilten Zufallsvariablen folgt, dass der Erwartungswert des informierten Anlegers nach Erhalt des Signals eine lineare Funktion von y ist:

$$\mathrm{E}\left(\tilde{x} \mid y\right) = \mu + \gamma \cdot y \quad \text{mit } \gamma = \sigma^2 \big/ \left(\sigma^2 + \sigma_\varepsilon^2\right) > 0$$

Dies impliziert, dass (bei negativ exponentieller Nutzenfunktion) auch die Nachfrage des informierten Anlegers nach diesem Finanztitel linear vom erhaltenen Signal abhängt (die *a posteriori-Varianz* von $\tilde{x}$ ist signalunabhängig). Wenn sich nun im Marktgleichgewicht auch der Marktpreis in strukturell ähnlicher Form

$$P(y) = \bar{P} + \zeta \cdot y \quad \text{für eine positive Konstante } \zeta$$

darstellen lässt, kann aus der Beobachtung des Preises unmittelbar auf das Signal y geschlossen werden. Sofern die uninformierten Anleger die Struktur der gleichgewichtigen Preisfunktion kennen (rationale Erwartungen), können sie die Information direkt aus dem Preis ablesen und werden quasi kostenlos informiert.

Dies kann dazu führen, dass ein **Gleichgewicht**, welches auch eine mit Kosten behaftete Informationsbeschaffung als reine Strategie einschließt, **nicht existiert**.[12]

---

[12] Siehe dazu ausführlich *Grossman/Stiglitz* (1980), S. 400–402.

Angenommen, eine bestimmte Zahl von Anlegern fände es vorteilhaft, sich zu informieren. Kann diese Information aus dem Preis abgelesen werden, wäre es für einen solchen Anleger individuell vorteilhaft, die Information doch nicht zu beschaffen, weil er – gegeben die Entscheidungen der anderen Anleger – die Information ohnedies kostenlos erhalten würde. Diese Überlegung trifft aber auf alle Anleger zu, so dass die Annahme, eine bestimmte positive Zahl von Anlegern wäre informiert, kein Nash-Gleichgewicht sein kann. Informiert sich aber niemand, kann der Preis auch keine Information beinhalten. Dann jedoch kann es für Anleger wiederum individuell vorteilhaft sein, sich zu informieren, so dass die Annahme, niemand sei informiert, ebenfalls kein Nash-Gleichgewicht darstellt.

Diese Überlegungen gelten analog für den Fall, dass die Auswertung vorhandener Informationen Kosten verursacht (d. h. die Implikationen eines Signals y erschließen sich erst nach einer Analyse). In der theoretischen Literatur behilft man sich durch die Einführung von *noise traders* und *liquidity traders,* die aus Sicht der „rationalen" Anleger eine Zufallsgröße in die Preisgleichung bringen (etwa, weil sie zufällig einen Liquiditätsbedarf haben und verkaufen müssen), so dass die Information nicht mehr direkt aus dem Preis abgelesen werden kann.

Im Zusammenhang mit der Rechnungslegung ist vornehmlich die **mittelstrenge Informationseffizienz** relevant, weil die externe Rechnungslegung zum Prototyp von Informationen zählt, die man als öffentlich verfügbar ansieht. Die strenge Informationseffizienz „*is an extreme form which few people have ever treated as anything other than a logical completion of the set of possible hypotheses*".[13]

2.2   Implikationen für die Rechnungslegung und deren Nutzer

Angenommen, der Markt ist mittelstreng, nicht aber streng effizient. Was würde dies für Probleme im Bereich der Rechnungslegung bedeuten?[14]

Recognition versus disclosure
Für die Einbindung in den Marktpreis kommt es nur darauf an, *dass* eine Information öffentlich verfügbar ist, **nicht aber auf die Form** der Publikation. Es sollte also **keine Rolle** spielen, **an welcher Stelle des Jahresabschlusses** Informationen erscheinen oder ob sie bilanziert (*recognition*) oder im Anhang dargestellt (*disclosure*) werden. Sobald sie öffentlich verfügbar sind, müssten sie **gleichermaßen** Eingang in den Preis finden.

---

[13] *Jensen* (1978), S. 97.
[14] Die folgenden Punkte orientieren sich zum Teil an *Beaver* (1998), S. 145–156.

Empirische Ergebnisse sprechen tendenziell dagegen: Angaben im Anhang sind **kein voller Ersatz** für die Bilanzierung der Informationen.[15] Unterschiede können nur dann resultieren, wenn die Art der Darstellung ihrerseits mit unterschiedlichen Informationseigenschaften verknüpft ist. So können Angaben, die als Vermögenswert oder Schuld in die Bilanz eingehen, einer anderen bzw. genaueren Prüfung als Angaben im Anhang unterliegen, wodurch die Art des Ausweises aufgrund der damit verbundenen unterschiedlichen Präzision der Information Bedeutung erlangt. Andere Konsequenzen können sich etwa aus Entlohnungs- und/oder Kreditverträgen ergeben,[16] wenn nur bilanzierte Positionen die Kennzahlen und Erfolgsgrößen beeinflussen, aus denen wegen ihrer Rückwirkungen auf die Unternehmenspolitik Änderungen der Überschüsse resultieren.

Konkurrenz der Informationsquellen

Ein Kapitalmarkt mit mittelstrenger Informationseffizienz verarbeitet „korrekt" alle öffentlich verfügbaren Informationen, von denen die **Rechnungslegung typischerweise nur einen Teil** abdeckt. Aus der Tatsache, dass bestimmte Größen nicht in einem Jahresabschluss enthalten sind, folgt daher nicht, dass sie auch keinen Eingang in die Marktpreise finden und deswegen in die Rechnungslegung einbezogen werden sollten – sie könnten durch *andere Informationsquellen* bereits abgedeckt sein.

> So kann z. B. der zusätzliche Informationsgehalt eines *„Inflation accounting"* mit einer Bilanzierung zu preisindex-basierten Wiederbeschaffungspreisen gering sein. Solche Indizes sind üblicherweise in statistischen Publikationen enthalten und öffentlich verfügbar. Die Anleger können zumindest Teile der Vermögens- und Erfolgseffekte gestiegener Preise selbst berechnen.

Die **Konkurrenz der Informationsquellen** zeigt sich besonders deutlich in empirischen Studien, die belegen, dass der Markt Rechnungslegungsinformationen bereits einige Zeit vor Veröffentlichung des Jahresabschlusses durch Kursanpassungen vorwegnimmt.[17] Insbesondere *Finanzanalysten* liefern in diesem Zusammenhang ergänzende und interpretierende Informationen. Weitere Informationen kommen z. B. durch laufende Nachrichten über wirtschaftliche, branchenbezogene und konjunkturelle Entwicklungen sowie durch freiwillige Zusatzpublizität der Unternehmen an den Markt. Bei einem mittelstreng effizienten Markt finden somit **permanent Anpassungen der Erwartungen** statt, wobei dafür neben den allgemein verfügbaren natürlich auch privat beschaffte Informationen relevant sind. Die Veröffentlichung einer Gewinngröße ist daher auch nur insofern als neue Information zu werten, wie sie von den aktuell gebildeten und akkumulierten Erwartungen am Markt abweicht. Dies kann zu auf den ersten Blick überraschenden Erscheinungen führen:

---

[15] Vgl zB *Aboody* (1996) für die Öl- und Gasbranche.

[16] Siehe dazu ausführlich das 5. Kapitel: Ausschüttungsbemessung.

[17] Siehe dazu die für die empirische Rechnungswesenforschung bahnbrechende Arbeit von *Ball/ Brown* (1968).

Verzeichnet eine Unternehmung z. B. eine bedeutsame Gewinnsteigerung, könnte man intuitiv annehmen, dass dies auch mit einer Kurssteigerung verbunden sein müsste. Tatsächlich kann mit der Veröffentlichung des höheren Gewinns eine Kurssenkung verknüpft sein, weil die zwischenzeitlich gebildeten Erwartungen eine noch größere Gewinnerhöhung beinhalteten.

Aus der Tatsache, dass andere Informationsquellen vorliegen, folgt nicht, dass der **Nutzen der Rechnungslegung**, die ja relativ spät Informationen liefert, reduziert wird. Er wird nur für die Preisbildung reduziert (siehe auch weiter unten die Diskussion zur Wertrelevanz), aber eine andere Funktion der Rechnungslegung, nämlich die **Bestätigung der Informationen** aus früheren Quellen, wie z. B. Presseaussendungen oder Prognosen des Managements, wird dadurch nicht geschmälert. Gäbe es keine nachträgliche Rechnungslegungsinformation, würde die Preisreaktion auf frühere andere Informationsquellen geringer ausfallen.

Basisschutz „naiver" und wenig fachkundiger Anleger

In einem mittelstreng effizienten Markt bündeln die Marktpreise die Implikationen der öffentlich verfügbaren Informationen in einer „durchschnittlich richtigen" Form. Anleger können daher davon ausgehen, dass sie hinsichtlich dieser Informationen ein „faires Spiel" eingehen, denn die Preise gewährleisten, dass die dem allgemeinen Wissensstand entsprechende, risikoäquivalente Verzinsung erzielt wird. Dafür muss nicht jeder Anleger selbst die **Implikationen** umfangreicher Rechenwerke **durchschauen** – es reicht aus, dass es genügend kenntnisreiche Anleger gibt (z. B. professionelle Fondsmanager, Analysten), die diesen Auswertungsprozess vornehmen und die Informationen letztlich in die Preise einfließen lassen. Dadurch werden auch **„naive"** und wenig fachkundige **Anleger** grundlegend **geschützt** (sie sind „*price protected*"). Dies kann wiederum deren Bereitschaft beeinflussen, sich überhaupt am Kapitalmarkt zu engagieren und Finanzmittel an Unternehmen zu geben, was für die Prosperität einer Volkswirtschaft bedeutsam sein kann.

Regulative Implikationen

Angesichts der obigen Folgerungen ist es für einen Standardsetter eigentlich nicht erforderlich, eine Regulierung der Rechnungslegung aus der *Perspektive „naiver" oder unkundiger Anleger* vorzunehmen, wenn man auf den Preiseffekt abstellt. Bei mittelstrenger Informationseffizienz darf man sicher sein, dass die in der veröffentlichten Rechnungslegung zugänglichen Informationen auch zutreffend in den Marktpreisen verarbeitet werden und ihre Konsequenzen für die Kapitalkosten der Unternehmen entfalten.

Die Gretchenfrage liegt eher darin, welche tatsächliche **Bedeutung** die Forderungen eines Standardsetters nach **Publikation von Informationen** im Rahmen der Rechnungslegung haben. Ein Regulator könnte versucht sein, den Umfang der öffentlich verfügbaren Informationen auszuweiten, um Handelsvorteile aus verbleibenden asymmetrischen Informationsständen zwischen Anlegern abzubauen und eine Parität zu erreichen. Zusätzliche Anforderungen an die Rechnungslegung implizieren aber nicht zwingend auch andere Marktpreise, weil die Informationen der Rechnungslegung ja in einem Konkurrenz- und Substitutionsverhältnis mit anderen Informationsquellen stehen. Handelt es sich um Informationen, bei denen es wahrscheinlich ist, dass sie genauso verlässlich auch durch andere

Kanäle an den Markt gelangen, muss ein Standardsetter die Frage beantworten, warum es günstiger ist, sie durch die Rechnungslegung zu vermitteln.

Handelt es sich dagegen um **Informationen, die echten Insidercharakter** haben, am Markt nicht verfügbar und für Marktteilnehmer kaum beschaffbar sind und auch nicht freiwillig durch die Unternehmen publiziert werden, dann lässt sich aus der **mittelstrengen Markteffizienz** alleine keine definitive Folgerung ableiten. Die Informationseffizienz impliziert für sich keinerlei Werturteile über **gesellschaftliche Vorteilhaftigkeiten**, sondern sie kennzeichnet nur eine spezifische Eigenschaft von Märkten. Wird eine bestimmte Informationsmenge öffentlich verfügbar gemacht, so findet sie „korrekt" Eingang in die Preise, doch ob die Anleger bei den sich einstellenden Preisen eine bessere Zielerreichung erfahren, steht auf einem anderen Blatt.[18] Führt etwa die Forderung nach Veröffentlichung von Angaben über den Erfolg von Forschung und Entwicklung zu negativen Konkurrenzeffekten und *ex ante* daher zu einer Einschränkung der Forschungs- und Entwicklungstätigkeit, so verarbeitet ein mittelstreng effizienter Markt das alles „korrekt" – ob es aber auch wirklich aus einer Gesamtbetrachtung vorteilhaft ist, bleibt offen.

Implikationen für das Management

Die obigen Faktoren bergen auch Konsequenzen für das Management von Unternehmen. Es kann davon ausgehen, dass die **Kapitalkosten den allgemein zugänglichen Informationen** angepasst sind. Will man geringere Kapitalkosten erhalten, lässt sich dies ggf. durch freiwillige Publizität erreichen, und man kann sicher sein, dass die publizierten Angaben vom Markt unverzüglich und korrekt verarbeitet werden. Ein informationseffizienter Markt nährt auch **Zweifel** am Erfolg **bilanzpolitischer Maßnahmen**. Der Markt ist in Summe in der Lage, die mit den Zahlen der Rechnungslegung verbundenen Implikationen zu durchschauen (sonst könnte er die darin enthaltenen Informationen nicht „korrekt" erfassen) und verwendet darüber hinaus zahlreiche andere Informationsquellen. Änderungen von Bilanzierungs- und Bewertungsmethoden, die mit dem Ziel ergriffen werden, bestimmte Entwicklungen vorzuspiegeln, erscheinen daher bezüglich ihres Erfolgs zweifelhaft. Dies bedeutet nicht unbedingt, dass Bilanzpolitik im Gleichgewicht nicht vorkommen sollte – diesen Fragen wird ausführlich im 7. Kapitel: *Bilanzpolitik – Spezialfragen* nachgegangen.

Implikationen für Investoren

Bei mittelstrenger Informationseffizienz wäre es **vergeblich, Jahresabschlüsse zu analysieren und auszuwerten**, um Fehlbewertungen zu entdecken und eine daran anknüpfende Handelsstrategie zu verfolgen. Die Rechnungslegung ist öffentlich verfügbar und ihre Informationen sind daher in den Kursen „korrekt" verarbeitet.

Dies bedeutet aber nicht, dass die Analyse von Abschlüssen gänzlich unsinnig wäre. Die Marktpreise mögen zwar „richtig" sein, doch kann man deswegen nicht unbedingt alle da-

---

[18] Siehe dazu die Ausführungen im 2. Kapitel: *Wert von Informationssystemen* über die Wirkung von Informationen im Mehrpersonenkontext.

rin enthaltenen Informationen aus ihnen *ablesen*. Will ein Investor ein Portefeuille bilden, welches den eigenen Erfolgs- und Risikopräferenzen entspricht, benötigt er **Informationen** über die künftigen Überschussverteilungen, und dafür kann eine Auswertung der Abschlüsse sinnvoll sein. Der *effiziente Markt* gewährleistet mithin ein „*faires Spiel*", doch alleine deswegen weiß man noch nicht, auf *welches* Spiel man sich konkret einlässt. Auch die Einbeziehung **privater Informationsbeschaffung** kann die vorgelagerte Auswertung allgemein zugänglicher Informationen vorteilhaft machen. Die Implikationen eines Signals erschließen sich letztlich ja nur im Kontext des schon verfügbaren Wissens. Will man bei einer privaten Informationsbeschaffung nicht Gefahr laufen, die falschen Schlüsse zu ziehen, ist es sinnvoll, das bereits allgemein verfügbare Wissen auch selbst zu verarbeiten.

Fehlinterpretationen

Die Vermutung, ein informationseffizienter Markt käme einem **„Hellseher"** gleich, trifft nicht zu. Die sich einstellenden Preise sind **im Durchschnitt richtig**. Sie gewährleisten ein „faires Spiel" unter Berücksichtigung der Risiken, wobei positive wie negative Entwicklungen gemäß dem öffentlich verfügbaren Wissensstand aggregiert werden. Dies bedeutet gerade *nicht,* dass die später tatsächlich eintretende Entwicklung nun **perfekt vorhergesagt** werden könnte. *Ex post* kann sich daher ein bestimmter Preis als zu hoch erweisen, wenn sich eine sehr ungünstige Entwicklung einstellt, doch sind solche *ex post*-Irrtümer unvermeidlich. Bei einem effizienten Markt gleichen sich aber die negativen und positiven Irrtümer im Durchschnitt aus und haben keinen systematischen Effekt.

2.3   Empirische Tests der Informationseffizienz

Ob ein Kapitalmarkt die Eigenschaft der Informationseffizienz aufweist und die obigen Implikationen daher tatsächlich eintreten, ist letztlich eine empirische Frage.

Grundsätzliche Probleme der Testbarkeit von Informationseffizienz

Empirische Tests der Informationseffizienz beinhalten eine Fülle von Problemen. Die grundlegenden Schwierigkeiten wurden bereits bei der konzeptionellen Darstellung in Abschn. 2.1 erwähnt. Um etwa beurteilen zu können, ob eine bestimmte Handelsstrategie Überrenditen beschert, benötigt man ein **Modell des Kapitalmarktes**, aus dem sich die **„normalen" gleichgewichtigen Renditen** ergeben. Je nach verwendetem Modell kann daher eine Handelsstrategie Überrenditen erbringen oder nicht. Dies wirft die Frage nach dem „richtigen" Kapitalmarktmodell auf. Wenn z. B. im Rahmen der wertorientierten Steuerung das CAPM oftmals zur Bestimmung der Eigenkapitalkosten verwendet wird, so impliziert das nicht die empirische Gültigkeit dieses Modells – das CAPM ist nämlich grundsätzlich empirisch gar nicht testbar.[19] Was das „richtige" Kapitalmarktmodell ist, ist eine offene Frage.

---

[19] Dies zeigt *Roll* (1977).

Andere Probleme sind weniger offensichtlich: Sie resultieren letztlich aus den Definitionen, in denen Eigenschaften wie *„fully reflect"* oder *„correctly uses all available information"* auftauchen. Der Markt soll Informationen also nicht nur irgendwie, sondern „korrekt" verarbeiten. Was damit aber gemeint ist, kann nicht ohne eine Theorie der Rechnungslegung beantwortet werden.

Angenommen, ein Unternehmen **wechselt** im Jahresabschluss die **Methode zur Bewertung bestimmter Vermögenswerte** (z. B. Übergang von degressiver auf lineare Abschreibung, Wechsel von LIFO auf FIFO), und der methodeninduzierte Erfolgseffekt ist für die betrachtete Periode positiv. Möchte man wissen, ob der Markt diesen Vorgang korrekt verarbeitet, kann die Kursreaktion zum Zeitpunkt der Veröffentlichung des Jahresabschlusses beobachtet werden. Diese Vorgehensweise ist eine sogenannte *event*-Studie. Zur Vereinfachung sei unterstellt, dass der Test für sämtliche sonstigen Einflussfaktoren[20] Kontrollvariablen vorsieht, so dass der Effekt der Änderung der Bewertungsmethode isoliert werden kann. Bei einem mittelstreng informationseffizienten Markt sollte eine potenzielle Kursreaktion unmittelbar nach dem Zeitpunkt der Veröffentlichung auftreten. Die Kursreaktion wird durch die „abnormale" Rendite am Tag der Veröffentlichung und einen Tag vorher gemessen, wobei zur Messung der „abnormalen" Rendite ein bestimmtes Kapitalmarktmodell verwendet wird.

Angenommen, das Ergebnis ist, dass die derart gemessene „abnormale" Rendite nicht signifikant verschieden von null ist. Ist diese Beobachtung vereinbar mit mittelstrenger Informationseffizienz? Die Beantwortung dieser Frage hängt – neben dem verwendeten Kapitalmarktmodell – insbesondere von der **theoretischen Grundlage** ab, die der empirischen Studie zugrunde liegt.[21] Beispiele dafür sind die folgenden:

- Die **Methodenänderung** betrifft nur den Abschluss selbst, hat aber keinerlei **steuerliche Effekte** und zieht auch keine sonstigen Änderungen der **Unternehmenspolitik** nach sich. Dann führt die Methodenänderung zu keinen Konsequenzen für künftige Cashflows. Wenn der Markt diesen Mechanismus durchschaut, sollte man tatsächlich **keine Kursreaktion** beobachten. Bei dieser Hypothese wäre der Markt im Beispiel **informationseffizient**.[22] Es bleibt allerdings die Frage offen, warum das Management die Bewertungsmethode änderte.
- Die Methodenänderung hat direkte **steuerliche Konsequenzen** (bei Geltung des Maßgeblichkeitsprinzips). Dann hat der Vorgang auch Konsequenzen für künftige Cash-

---

[20] Diese können zB allgemeine Gewinnänderungen, Angaben im Geschäftsbericht oder die Dividendenpolitik sein.

[21] Vgl *Brown* (1994), S. 90.

[22] Dies sind die tatsächlichen empirischen Resultate und Interpretationen der methodisch unterschiedlichen Arbeiten von *Archibald* (1972) und *Ball* (1972) zur Problematik des Wechsels von Bewertungsmethoden. Dabei werden in beiden Arbeiten Renditeentwicklungen über einen längeren Zeitraum betrachtet, also nicht nur (wie im Textbeispiel beschrieben) für den konkreten Zeitpunkt des Methodenwechsels.

flows. Bei gegebenem Steuersatz und sonst gleicher Unternehmenspolitik resultiert aus dem positiven Erfolgseffekt für die laufende Periode ein höherer Barwert der Steuerzahlungen und daher ein niedrigerer Netto-Ertragswert des Unternehmens. In diesem Fall sollte eine **negative Kursreaktion** auftreten. Der Markt wäre daher im Beispiel **nicht informationseffizient**.

- Die Methodenänderung hat wiederum auch steuerliche Konsequenzen. Es besteht **asymmetrische Information zwischen Management und Anlegern** über die künftigen Überschüsse, und das Management maximiert den Marktwert des Unternehmens. Weil die Anleger nicht in der Lage sind, die tatsächliche Cashflow-Verteilung zu identifizieren, sind bestimmte Unternehmen unterbewertet. Deren Management hat ein Interesse daran, dem Markt die besseren Aussichten zu **signalisieren**. Derartige Maßnahmen sind allerdings nur glaubhaft, wenn sie nicht von Unternehmen mit weniger guten Aussichten imitiert werden. Diese Zusammenhänge hängen stark von den Kosten des Signalisierens ab, zu denen der höhere Barwert der Steuerzahlungen zählt. Gute Unternehmen können sich solche Kosten ggf. eher leisten als schlechte, so dass der Methodenwechsel ein Signaling-Instrument sein kann.[23] Unter dieser Hypothese sollte man eine **positive Kursreaktion** erwarten, weil der Methodenwechsel bessere Erfolgserwartungen signalisiert. Der Markt wäre wiederum **nicht informationseffizient**.

- Der Methodenwechsel betrifft nur den **Abschluss** selbst. Allerdings hat sich das Unternehmen gegenüber den Kreditgebern zur **Einhaltung bestimmter Bilanzkennzahlen** verpflichtet,[24] bei deren Verletzung den Gläubigern ein sofortiges Kündigungsrecht zugestanden wird, wobei die Kündigung dem Unternehmen Kosten verursacht. Das Unternehmen befindet sich in einer Situation, bei der man mit an Sicherheit grenzender Wahrscheinlichkeit eine Verletzung der Kennzahlen erwartet. Durch die Methodenänderung wird diese Verletzung vermieden, wodurch auch die damit verbundenen Kosten nicht anfallen. Sofern der Markt die bisherige Entwicklung berücksichtigt hat, sollte der Methodenwechsel mit einer **positiven Kursreaktion** verknüpft sein. Der Markt wäre dann **nicht effizient**.

- Es wird die zunächst **gleiche Situation** wie vorher betrachtet, doch ist die bislang offenbar **schwierige Situation des Unternehmens dem Markt verborgen** geblieben. Der Methodenwechsel verhindert jetzt zwar die Verletzung der Kennzahlen, offenbart dem Markt aber auch die grundsätzlich kritische Situation (sonst hätte es den Wechsel in diesem Szenario nicht gegeben). Der **Kurs sollte dann negativ reagieren** – die Kosten der Kennzahlenverletzung wurden bislang nicht erfasst und fallen auch tatsächlich nicht an, während zugleich eine Information über eine kritische Lage gegeben wird. Auch jetzt ist der Markt **nicht effizient**.

Dies zeigt, dass man je nach theoretischer Grundlage also diese oder jene Folgerung zur Informationseffizienz ziehen kann. Eine **theoretische Fundierung ist aber erforderlich**, weil man ansonsten nicht weiß, was die „korrekte" Kursreaktion ist. In einer konkreten

---

[23] Siehe dazu die Darstellung zum *Signaling* im 7. Kapitel: *Bilanzpolitik – Spezialfragen*.
[24] Vgl 5. Kapitel: *Ausschüttungsbemessung*.

Situation lassen sich die obigen Varianten bezüglich Ertragsteuerwirkungen regelmäßig eingrenzen, weil man bei einer bestimmten Bewertungsänderung weiß, welcher dieser Fälle relevant ist. Doch bei jedem dieser Fälle bleiben stets noch mehrere Alternativen übrig, so dass unterschiedliche Folgerungen gezogen werden können.

> Man könnte im obigen Beispiel dem Problem entgehen, indem man behauptet, die Ergebnisse seien mit der These konsistent, dass der Markt effizient ist und weder Cashflow- noch sonstige Effekte auftreten. Dies käme aber der Vorgehensweise gleich, die Informationseffizienz im Nachhinein anhand derjenigen Theorie zu messen, die am besten passt!
>
> In empirischen Studien wird nicht nur ein einziges Unternehmen einbezogen, sondern typischerweise eine **Querschnittsanalyse** durchgeführt. Dann könnte man argumentieren, dass bei manchen Unternehmen diese, bei anderen dagegen jene Hypothese zutreffe, so dass im Durchschnitt ein ausgeglichener Effekt resultieren könne. Offenbar kann aber auch mit dieser Argumentation nahezu jeder Befund im Nachhinein erklärt werden.

Die Verwobenheit der Aspekte wird auch deutlich, wenn man die Untersuchungsrichtung umdreht. Angenommen, es soll nicht die Effizienz geprüft werden, sondern eine **Theorie**, z. B. Signaling durch Methodenänderungen. Der eigentliche Test wäre unverändert, man müsste aber **Informationseffizienz** unterstellen, um ihn sinnvoll anwenden zu können – ohne mittelstrenge Effizienz könnte nicht erwartet werden, dass der *Signaling*-Effekt im Marktpreis aufscheint.

> Die Abhängigkeit der Folgerungen für die **Informationseffizienz** von der theoretischen Hypothese zur Rechnungslegung gilt nicht nur für die Effizienzdefinition von *Fama* (1976). Sie trifft auch für die oben erwähnte Variante von *Beaver* (1981) zu. Darin wird der Markt bezüglich einer bestimmten Information als effizient definiert, wenn sich die Marktpreise so einstellen, als hätte jeder Anleger diese Information (gegeben alle sonstigen Unterschiede zwischen den Anlegern). Zur Beurteilung dieses Sachverhalts muss man wissen, wie solche Marktpreise aussehen würden, und dazu benötigt man wiederum eine Theorie der Rechnungslegung.

Ausspruch

„… market efficiency per se is not testable. It must be tested jointly with some model of equilibrium, an asset pricing model. This point … says that we can only test whether information is properly reflected in prices in the context of a pricing model that defines the meaning of 'properly'. As a result, when we find anomalous evidence on the behavior of returns, the way it should be split between market inefficiency or a bad model of market equilibrium is ambiguous." (*Fama* 1991, S. 1575 f)

Es zeigt sich daher, dass die vielfältigen Möglichkeiten der empirischen Messbarkeit im Rahmen von Kapitalmarktstudien nicht den Blick dafür verstellen dürfen, dass man bei ihnen *nicht* ohne **theoretische Fundierung** auskommt. Bei jedem Test der Informationseffizienz werden letztlich mehrere Hypothesen gleichzeitig getestet, so dass eine definitive Aussage über die Informationseffizienz alleine so gut wie unmöglich ist.

Wenn mithin Informationseffizienz nicht direkt testbar ist, so kann man sich im Grunde nur danach richten, ob die verfügbare Evidenz eine hinreichende gute Grundlage für die *Annahme* der Informationseffizienz liefert. Man wird sicher sagen können, dass bis in die 1990er-Jahre die **vorherrschende Ansicht** diejenige war, **Informationseffizienz** unterstellen zu können. In einer Vielzahl von Studien konnte z. B. gezeigt werden,[25] dass der Markt neue Informationen sehr rasch verarbeitet, dass er selbst komplizierte und im Anhang des Jahresabschlusses verborgene Angaben einbezieht, dass Marktpreise Gewinnentwicklungen vorwegnehmen und daher offenbar vielfältige Informationsquellen integrieren und dass es scheint, als würde der Markt auch Bilanzpolitik durchschauen und nicht „naiv" oder „mechanisch" auf Erfolgsänderungen reagieren.

In der Folge wurden allerdings auch vermehrt Resultate gefunden, die begründete Zweifel an der Effizienzthese aufkommen lassen. Solche Abweichungen von der Informationseffizienz werden zumeist als „Anomalien" bezeichnet, was implizit die Informationseffizienz als den Normalfall voraussetzt. Im Zusammenhang mit der Rechnungslegung werden dabei insbesondere die *„accrual anomaly"* sowie der *„post-earnings-announcement drift"* genannt.[26]

Accrual anomaly

Unter *accrual anomaly* versteht man die These, dass der Markt die **Nachhaltigkeit der Periodenabgrenzungen** *(„accruals")* bei den Gewinngrößen anscheinend systematisch überschätzt.[27] Gewinne können als Summe aus den operativen Cashflows und den Periodenabgrenzungen, die den Unterschieden zwischen Zahlungsgrößen und Erträgen bzw. Aufwendungen entsprechen, betrachtet werden.

Periodenabgrenzungen sind das Ergebnis der in der Rechnungslegung vorgenommenen **Periodisierung** von Zahlungen, und bei Geltung des Kongruenzprinzips kehren sich solche Periodisierungen in künftigen Perioden um. Daraus wird geschlossen, dass die darin enthaltenen Gewinnbestandteile weniger nachhaltig als diejenigen aus Cashflows sein sollten. Resultiert z. B. eine Erfolgserhöhung aus der höheren Bewertung einer Vermögensposition, kehrt sich dieser Effekt beim späteren Verbrauch der betreffenden Gegenstände automatisch um, so dass die frühere, bewertungsbedingte Erfolgserhöhung nicht als nachhaltige Erfolgserhöhung angesehen werden kann.

Sloan (1996) zeigt mit einer empirischen Analyse, dass der Markt diese Effekte anscheinend nicht richtig einschätzt. Der Markt differenziert danach nicht zwischen den beiden Bestandteilen des Gewinns, nämlich den Cashflows und den Periodenabgrenzungen, sondern geht davon aus, dass sie keine unterschiedliche Beständigkeit haben. *Sloan* (1996)

---

[25] Siehe dazu zB *Beaver* (1998), S. 129–138 und insbesondere *Kothari* (2001).

[26] Siehe zu Anomalien im Accounting-Kontext ausführlicher *Richardson/Tuna/Wysocki* (2010).

[27] Diese Problematik wurde erstmals von *Sloan* (1996) gezeigt und hat in der Folge eine Fülle weiterer Arbeiten angeregt, siehe zu einer kompakten Übersicht etwa *Mashruwala/Rajgopal/Shevlin* (2006), S. 5 f.

identifiziert **vorteilhafte Handelsstrategien**, indem er ein „Hedge-Portefeuille" bildet, das positive Anteile an Unternehmen mit sehr niedrigen Periodenabgrenzungen und Leerverkäufe von Anteilen an Unternehmen mit stark positiven Periodenabgrenzungen aufweist. In der Stichprobe von *Sloan* ergeben sich daraus für das der Portfoliobildung jeweils folgende Jahr durchschnittliche Überrenditen von 10,4 % über einen Zeitraum von 30 Jahren (1962–1991). Ähnliche Effekte lassen sich für andere Stichproben replizieren.[28] Auf einem mittelstreng informationseffizienten Kapitalmarkt dürfte es solche vorteilhaften Handelsmöglichkeiten indes nicht dauerhaft geben.

Es gibt aber auch Argumente, die für eine Vereinbarkeit der gezeigten Überrenditen mit der mittelstrengen Informationseffizienz sprechen. Einerseits müssen die Kosten der Bildung solcher „**Hedge-Portefeuilles**" berücksichtigt werden. Andererseits deuten die Ergebnisse von *Mashruwala/Rajgopal/Shevlin* (2006) darauf hin, dass ein „Hedging" im strengen Sinne nicht möglich ist, weil die für die Portefeuillebildung auszuwählenden Titel in den extremen Wertebereichen der Periodenabgrenzungen besonders hohe nicht diversifizierbare Risiken aufweisen, so dass die Möglichkeit, dafür geeignete Duplikate für Gegenpositionen zu finden, eher gering sei. Konsistent damit findet *Khan* (2008), dass sich bei einer detaillierteren Risikomessung auf der Basis eines intertemporalen Kapitalmarktmodells ein Großteil der bisherigen Überrenditen von Hedging-Strategien auf Basis der *accrual anomaly* durch Risikofaktoren erklären lassen und nach Berücksichtigung dieser Risiken oftmals verschwinden.[29]

Außerdem zeigen *Green/Hand/Soliman* (2011), dass der **Arbitragemechanismus** anscheinend doch wirksam ist. Die Autoren finden, dass die Überrenditen der *accrual*-basierten Hedging-Portefeuilles nach dem Jahr 2000 stetig verfallen und nicht mehr verlässlich positiv sind. Sie führen dies auf umfangreiche Investitionen von Hedgefonds zurück, die nach dem Aufdecken der *accrual anomaly* die Vorteile aus den daraus basierenden Portefeuillestrategien ausnutzen wollten.[30] Diesen Befund kann man aber unterschiedlich deuten. Einerseits belegt er, dass Marktkräfte dafür sorgen, dass Überrenditen nicht dauerhaft erzielt werden können, was für die Informationseffizienz spricht. Andererseits zeigt er, dass sich eine Analyse von Bilanzen offenbar doch lohnt, denn die *accrual*-basierten Strategien der Hedgefonds starteten ja *nach* dem Erscheinen des Beitrags von *Sloan* (1996), der als erster zeigte, dass damit Überrenditen erzielt werden können.[31] Dies wiederum spricht gegen die mittelstrenge Informationseffizienz, deren Implikation ja ist, dass sich eine Bilanzanalyse gerade nicht lohnt.

Das Verschwinden bestimmter Anomalien im Zeitablauf deutet auf einen evolutionären Prozess der Entdeckung möglicher Ineffizienzen und deren Beseitigung durch Arbitrage

---

[28] Vgl *Mashruwala/Rajgopal/Shevlin* (2006).

[29] Vgl aber *Dechow/Khimich/Sloan* (2012) zur Kritik der bei *Khan* (2008) angewandten Methodik.

[30] So berichten auch *Dechow/Khimich/Sloan* (2012), dass „*several of the academics that conducted early research on the accrual anomaly were subsequently hired by hedge funds.*" (S. 19).

[31] Vgl zu diesem Argument auch *Dechow/Khimich/Sloan* (2012), S. 19.

im Zeitablauf hin. Dieser Gedanke wurde insbesondere von *Lo* (2004) zur Grundlage eines Konzepts der *„Adaptive Market Efficiency"* gemacht.

Post-earnings-announcement drift

Unter ***post-earnings-announcement drift*** (PEAD) versteht man das Phänomen, dass sich nach der Veröffentlichung unerwarteter Gewinnänderungen noch für einige Zeit danach abnormale Renditen in dieselbe Richtung am Markt identifizieren lassen.[32] Dieser Zusammenhang kann für die Bildung von Handelsstrategien ausgenutzt werden, die systematisch Überrenditen erzielen und daher mit der Annahme einer mittelstrengen Informationseffizienz nicht vereinbar sind.

Die Formulierung einer Handelsstrategie, die an vergangene *Änderungen* bestimmter Größen anknüpft, wird allgemein auch als ***momentum*-Strategie** bezeichnet. Der *post-earnings-announcement drift* kann mithin als Grundlage für eine *earnings momentum-Strategie* verwendet werden.

> Es gibt aber noch drastischere Möglichkeiten, Überrenditen zu erzielen. So lässt sich zeigen, dass sich alleine aus der Beobachtung der Zeitreihen vergangener Preise Informationen für eine sogenannte *return **momentum*-Strategie** gewinnen lassen.[33] Sie basiert auf der Beobachtung, dass Titel, die in den vergangenen drei bis 12 Monaten hohe (niedrige) Renditen erbracht haben, sich auch in den folgenden drei bis 12 Monaten günstig (ungünstig) entwickeln. Daraus lassen sich erfolgreiche Handelsstrategien entwickeln, so dass der Markt noch nicht einmal in schwachem Sinne informationseffizient wäre. Vielfach wird *momentum* aber auch als Parameter dafür herangezogen, die erwartete Rendite für die Schätzung der **Eigenkapitalkosten** zu ermitteln. In diesem Fall wird der empirisch beobachtbare Effekt des *momentum* als „normaler" Eigenkapitalkostenbestandteil und damit per Definition nicht als Überrendite interpretiert. Auch dies zeigt wieder die Wichtigkeit von theoretischen Modellen für die Interpretation empirischer Studien.

Diese beiden ***momentum*-Effekte** *(earnings und return momentum)* sind insofern bedeutsam, als sie in der Literatur seit vielen Jahren gut dokumentiert sind, sich für verschiedene Märkte weltweit nachweisen lassen[34] und durch die bei einem effizienten Markt eigentlich zu erwartende Arbitrage zumindest bislang nicht eliminiert worden sind. Dies dürfte auch der Grund dafür sein, dass selbst *Fama* (1998, S. 304) diese beiden Effekte als über jeden Verdacht erhaben bezeichnet.[35]

---

[32] Dieses Ergebnis wurde bereits bei *Ball/Brown* (1968) dokumentiert und konnte in einer großen Zahl weiterer Arbeiten bestätigt werden. Siehe insbesondere *Bernard/Thomas* (1989, 1990).

[33] Vgl *Jegadeesh/Titman* (1993, 2011) sowie *Chan/Jegadeesh/Lakonishok* (1996).

[34] Dies trifft insbesondere für den *return momentum*-Effekt zu, wie *Jegadeesh/Titman* (2011) zeigen.

[35] Es finden sich aber neuerdings auch Modelle, die sich um eine rationale Erklärung des *post-earnings-announcement drifts* bemühen. Siehe dazu etwa *Shin* (2006) und die Diskussion von *Kanodia* (2006).

Ausspruch

Vorsicht gegenüber allzu forschen Implikationen ist zwar immer geboten, doch fraglich ist, was aus den empirischen Ergebnissen konkret, z. B. für Standardsetter, folgt. So konstatieren etwa *Kothari/Ramanna/Skinner* (2010, S. 279):

„…, we do not intend to imply that we are dismissive of the hypothesis that individual investors (and perhaps the market) exhibit behavioral biases, which might lead to prices deviating from the fundamentals. Even if investors were to exhibit behavioral biases, we argue that regulated GAAP should be designed as if market pricing is efficient, i.e., consistent with investor rationality, and prices, on average, reflecting economic fundamentals. For example, suppose we were to assume investors over-react to accruals. Would we then ask managers to report smaller absolute amounts of accruals because investors would be over-reacting to reported accruals? How much discretion would we give managers in such reporting? What guidance would we offer to auditors? The bottom line is that there is no realistic viable alternative to the fundamental assumption in standard setting that securities markets are informationally efficient."

Diese Entwicklungen sind natürlich weiter im Fluss, doch als Fazit wird man Folgendes ziehen können: Während bis vor einigen Jahren die Annahme der **Informationseffizienz** nahezu „Standard" war, gibt es ernst zu nehmende Hinweise, die **Zweifel** daran aufkommen lassen. Solche Zweifel nehmen inzwischen einen breiten Raum in der neueren empirischen und theoretischen Literatur ein und bilden die Grundlage neuerer Richtungen in manchen Teildisziplinen der Wirtschaftswissenschaften.[36] Unter Berücksichtigung der zweifellos vorhandenen und beachtlichen positiven Evidenz zur Informationseffizienz ergibt sich somit kein einheitliches, sondern ein sehr **differenziertes Bild**. Dies alles impliziert aber auch, dass die aus der Effizienzthese folgenden Implikationen für die Rechnungslegung mit der gebotenen Vorsicht angesehen werden sollten.

Kapitalmarkteffizienz und Digitalisierung

Die Digitalisierung wirkt sich auf die Informationsbereitstellung und die Informationsauswertung durch Kapitalmarktteilnehmer aus. In den USA verpflichtet die Börsenaufsicht SEC seit 2009 börsennotierte Unternehmen, ihren Jahresabschluss in einem elektronisch auslesbaren Format (XBRL – eXtensible Business Reporting Language) zu veröffentlichen. In der EU sind börsennotierte Unternehmen seit 2020 dazu verpflichtet, ihren Jahresabschluss in einem European Single Electronic Format (ESEF), das auf XBRL basiert, zu veröffentlichen. Der Grundgedanke ist, dass

---

[36] Siehe zB das Buch von *Shleifer* (2000) über „Behavioral Finance" sowie *Lee/So* (2014) für eine Übersicht über Arbeiten zur Interdependenz von Kapitalmärkten, Informationsmärkten und verhaltensorientierten Aspekten.

weniger professionelle Anleger (etwa Kleinanleger) durch das neue Format einen einfacheren Zugang zu den Finanzdaten haben, und dass sich infolgedessen die Informationsasymmetrie im Kapitalmarkt reduziert.

Blankespoor/Miller/White (2014) untersuchen diese Begründung empirisch und kommen zu dem Ergebnis, dass die erwarteten Verbesserungen im Kapitalmarkt nicht eingetreten sind. Im Gegenteil verschlechterten sich empirische Maße für die Informationsasymmetrie im Kapitalmarkt (wie etwa das abnormale Handelsvolumen und die abnormale Liquidität). Als mögliche Begründung wird angeführt, dass professionelle Investoren die durch XBRL zur Verfügung gestellte Information besser nützen können, weil sie größere Fähigkeiten zur Auswertung haben. Die Studie zeigt jedoch auch, dass der gefundene Effekt im Zeitablauf zurückgeht. Ähnliche Effekte sind bei dem Auftreten neuer Technologien wie der künstlichen Intelligenz zu erwarten, weil professionelle Großinvestoren hier einen schnelleren Zugang haben werden.

3 Qualität der Rechnungslegung und Kapitalmarkt

3.1 Einführung

Fasst man die externe Rechnungslegung als kapitalmarktorientiertes Informationsinstrument auf, so ist das Wissen um die Verarbeitung von Informationen auf dem Kapitalmarkt nur eine Facette zur Beurteilung der Frage, welche Wirkungen von der Rechnungslegung induziert werden. Reagiert der Kapitalmarkt auf neue Informationen, so weiß man zwar, dass in der Rechnungslegung enthaltene Informationen aufgenommen und verarbeitet werden, doch es bleibt offen, wie „gut" die Informationen sind, die dem Kapitalmarkt durch die Rechnungslegung angeboten werden.

Die Frage nach der **Qualität der Rechnungslegung** ist z. B. für einen Standardsetter ein wesentliches Motiv, Grundsätze und Regeln für eine möglichst „gute" Rechnungslegung zu entwickeln. Auf den ersten Blick scheint die Beantwortung einer solchen Frage einfach zu sein: Rechnungslegung produziert spezifische Informationen für die Erfüllung bestimmter Zwecke, und aus dem Grad deren Erfüllung sollte sich die Qualität verschiedener Rechnungslegungssysteme ableiten lassen.

Ein Blick auf die Ergebnisse im 2. Kapitel: *Wert von Informationssystemen* zeigt jedoch rasch, dass die Beantwortung der Qualitätsfrage nicht so einfach ist. Denn der Nutzen eines Informationssystems hängt vom **Entscheidungsproblem des jeweiligen Adressaten** ab. Schon im Einpersonenkontext hat man einen Tradeoff zwischen Kosten und Nutzen von Informationen. Im Mehrpersonenkontext können im Extremfall sogar kostenlose Informationen für jeden Anleger im Kapitalmarktkontext nachteilig sein. Diese Probleme lassen sich schon alleine mit Blick auf die **Informationsfunktion** konstatieren; bezieht man noch weitere Funktionen wie etwa die **Vertragsgestaltung** und Ausschüttungsbemessung in die Betrachtung ein, ergeben sich offensichtlich zusätzliche Schwierigkeiten, weil die Priorität der verschiedenen Funktionen zu klären ist.

Ausspruch

„Thus, …, the term „earnings quality" alone is meaningless; earnings quality is defined only in the context of a specific decision model." (*Dechow/Ge/Schrand* (2010), S. 344).

Ähnlich konstatiert auch das IASB in seinem Rahmenkonzept (2018, 1.8):

„Individual primary users have different, and possibly conflicting, information needs and desires. The Board, in developing Standards, will seek to provide the information set that will meet the needs of the maximum number of primary users."

Dazu hat sich eine umfangreiche und vornehmlich empirische Literatur entwickelt, die unter dem Stichwort *Earnings Quality (EQ)* beobachtbare Eigenschaften der Rechnungslegung analysiert, aus denen sich Anhaltspunkte für die Beurteilung der Güte von Ergebnisgrößen gewinnen lassen. Der Fokus liegt dabei auf der Informationsfunktion der Rechnungslegung. Folgt man einer **Definition** im Übersichtsbeitrag von *Dechow/Ge/Schrand* (2010), so könnte man *EQ* wie folgt auffassen: *„Higher quality earnings provide more information about the features of a firm's financial performance that are relevant to a specific decision made by a specific decision maker."*[37]

Mit *„financial performance"* ist dabei das gemeint, was man im deutschsprachigen Raum als die *„finanzielle Lage des Unternehmens"* bezeichnen würde. Die Bedeutung von *„more information"* in dieser Definition ist etwas interpretationsbedürftig. Dies wird zumeist mit größerer Präzision identifiziert, d. h. präzisere Information erlaubt eine Senkung des Prognoserisikos bei der Schätzung künftiger Größen.[38]

Es ist wichtig, die Größen der Rechnungslegung nicht mit der Lage des Unternehmens als solcher gleich zu setzen. Diese „Lage" besteht im Kern aus einer **Wahrscheinlichkeitsverteilung künftiger mehrperiodiger Cashflows**, die aus der bisherigen Historie der vom Management gesetzten Aktivitäten, den künftig erwarteten Entscheidungen des gegenwärtigen und künftigen Managements, den bisherigen und erwarteten Maßnahmen von Konkurrenten, den Entwicklungen auf den Märkten sowie zahlreichen stochastischen, nicht kontrollierbaren Einflüssen resultiert.[39] Eine derartige **Lage** des Unternehmens ist wegen ihrer inhärenten Zukunftsbezogenheit **grundsätzlich unbeobachtbar**. Die Rechnungslegung bildet auf der Basis vorhandener Transaktionen und Erwartungen Aspekte dieser Lage in einem Abschluss ab, und diese Zahlen dienen wiederum als **Input** für die Adressaten zur **Veränderung ihrer Erwartungen** über die künftigen Cashflows.

---

[37] *Dechow/Ge/Schrand* (2010), S. 344.

[38] Vgl zB *Francis/Olsson/Schipper* (2006), *Marinovic* (2013).

[39] Vgl dazu auch *Wagenhofer/Dücker* (2007), S. 269.

Angenommen, man will die Höhe der Zugspitze messen. Der Berg ist da, man kann ihn sehen, und es gibt verschiedene, mehr oder weniger präzise Methoden, seine Höhe zu messen (z. B. barometrisch, nivellitisch, trigonometrisch, GPS-basiert, laser-basiert).

Will man dagegen die Höhe des Eigenkapitals eines Unternehmens als Bestandteil seiner finanziellen Lage messen, kann man sich nicht vor das Unternehmen stellen oder durch seine Räume schreiten, um es sich anzusehen. Das Eigenkapital wird überhaupt erst durch Anwendung von Bilanzierungs- und Bewertungsverfahren (Messverfahren) sichtbar, und je nach angewendeten Methoden kann es völlig unterschiedlich ausfallen. Es gibt dabei keine Möglichkeit festzustellen, welche dieser Methoden nun „korrekt" ist, weil das zu messende Objekt selbst nicht beobachtbar ist. ◄

Wenn also *EQ* empirisch gemessen werden soll, kann es nicht darum gehen, die ausgewiesenen Zahlen an der „tatsächlichen Lage bzw. Performance" zu überprüfen, und es wäre sogar tautologisch, wenn man die jeweils ausgewiesenen Größen gleich als die richtige Performance auffasst. Stattdessen werden eine Reihe von **Eigenschaften der Rechnungslegung** betrachtet, von denen man glaubt – oder zu denen es theoretische Hypothesen derart gibt –, dass sie für eine qualitätsmäßig hochwertige Rechnungslegung im Sinne von *„more information"* bedeutsam sind.

Solche Eigenschaften der Rechnungslegung können sowohl isoliert als auch in Kombination mit Größen wie z. B. Marktpreisen, Kapitalkosten oder anderen externen Indikatoren betrachtet werden. Insgesamt vollzieht sich die Messung von *EQ* anhand folgender **Kriterien**[40]:

- **Direkte Eigenschaften von Ergebnisgrößen:** Die Attribute werden rein aus den Zahlen der Rechnungslegung und ggf. deren zeitlichem Verlauf abgeleitet. Solche Eigenschaften sind dabei Beständigkeit, Prognosefähigkeit, Glättung bzw. Volatilität, Ausmaß der Bilanzpolitik, Erreichen von Zielgrößen sowie bedingte Vorsicht.
- **Zusammenhang von Ergebnisgrößen und Marktpreisen:** Hier geht es um Größen wie Wertrelevanz *(value relevance)* und bedingte Vorsicht (asymmetrische Zeitnähe).
- **Ergebnisgrößen und deren Auswirkungen auf Analystenprognosen:** Hier werden vornehmlich durchschnittliche Prognosefehler und die Streuung von Prognosen zwischen Analysten herangezogen.
- **Effekte von Ergebnisgrößen auf Kapitalmarktgrößen:** Untersucht werden dabei die Auswirkungen auf Eigen- und Fremdkapitalkosten, auf Fehlbepreisungen *(mispricing)*, Bid-Ask-Spreads sowie auf das Handelsvolumen.

---

[40] Vgl dazu zB *Francis/Olsson/Schipper* (2006), *Dechow/Ge/Schrand* (2010).

- **Externe Indikatoren für Falschberichterstattung:** Hier betrachtet man Fehler in veröffentlichten Abschlüssen (die man weitgehend durch Ergebnisse von Enforcement-Aktivitäten erhält), rückwirkende Korrekturen (*restatements*) sowie berichtspflichtige Defizite interner Kontrollsysteme. Dabei handelt es sich offenkundig um eine „schlechte" Qualität, woraus Indikatoren für die Qualität der Berichterstattung gewonnen werden können.

Bei manchen Kriterien ist der **Zusammenhang zur Qualität** der Rechnungslegung im Sinne von mehr Präzision für die Schätzung künftiger Entwicklungen sehr intuitiv (so sollte z. B. eine „bessere" Rechnungslegung zu genaueren Analystenprognosen und weniger Dissens zwischen verschiedenen Analysten führen), bei anderen Attributen sind die Beziehungen dagegen weniger offensichtlich. Im weiteren Verlauf dieses Kapitels wird der Fokus auf kapitalmarktbezogene Aspekte gelegt (Wertrelevanz, Kapitalkosten), zumal sich dort auch theoretische Zusammenhänge herstellen lassen. Vorab werden kompakt die Maßgrößen erläutert, die als direkte Eigenschaften von Ergebnisgrößen in der obigen ersten Gruppe genannt sind und zusammen mit den kapitalmarktorientierten Größen den wohl bedeutsamsten Anteil in der empirischen *EQ*-Literatur haben. Einige dieser Maßgrößen werden in weiteren Kapiteln dieses Buches ebenfalls analysiert.

> Die **Maßgrößen der *EQ*-Literatur** werden auch für die Beurteilung regulativer Maßnahmen im Bereich der Wirtschaftsprüfung verwendet, wenn man etwa wissen möchte, ob von einem gemeinsamen Angebot von **Prüfung** und Beratung durch denselben Prüfer Beeinträchtigungen der Unabhängigkeit ausgehen. Diese sollten sich ja in beobachtbaren Eigenschaften der Rechnungslegung widerspiegeln, und das kann anhand von *EQ*-Maßgrößen gemessen werden. Siehe dazu das 9. Kapitel: *Wirtschaftsprüfung – Grundlagen und Unabhängigkeit*.

Hat Qualität einen *first-order* Effekt?

Zimmerman (2013) bezeichnet es als Mythos, dass die Qualität der Finanzberichterstattung einen wesentlichen Effekt auf den Unternehmenswert hat (S. 887 f):

„I argue that some accounting researchers unrealistically view EFRQ [external financial reporting quality] as having a first-order (i.e., large and significant) effect on firm value. In particular, they believe that managers can increase substantially the value of their firms by improving external financial accounting quality. In this note, I assert that "EFRQ has on average at best a second-order effect on firm value of U.S. publicly listed companies and improvements in these firms' EFRQ have a third-order effect on firm value. [...]

   To clarify what I mean by this assertion, consider the following thought experiments. Suppose you surveyed senior managers and asked them to rank all the various factors that affect the value of their firm, or you ran a regression of firm value (i.e., the market value of the equity plus debt) on a host of factors you believe affect firm value. It would not be surprising (at least to me) if the factors most frequently mentioned by managers (or independent variables with the largest economic significance in your regression) include: the competitiveness of the firm's products or services, new product pipeline, the firm's human resources, patents, brand name capital, the firm's regulation and tax environment, the efficiency of the firm's supply chain, internal incentive system and management oversight, its strategic alliances, and so forth."

In der empirischen *EQ*-Literatur werden häufig **Maßgrößen** für mehrere Eigenschaften der Rechnungslegung **kombiniert**. Das scheint zwar dem Vorwurf zu begegnen, dass Qualität ein vielschichtiger Begriff ist, berücksichtigt jedoch weder die bestehenden Korrelationen unter den Maßgrößen noch eine allfällige Gewichtung, welche Maßgrößen wichtiger oder unwichtiger sind.

Im Gegensatz zur empirischen Literatur finden *Dichev/Graham/Harvey/Rajgopal* (2013) in einer umfangreichen Befragung der CFOs von großen US-Unternehmen, dass die CFOs die **Ergebnisqualität** eher als eine einzelne und unbedingte Charakteristik, nicht als ein Bündel von Eigenschaften, die von der Situation abhängen, sehen. Sie assoziieren mit Ergebnisqualität, dass Ergebnisse nachhaltig und wiederholbar sind.

3.2   Direkte Eigenschaften von Ergebnisgrößen

Beständigkeit

Eine hohe Beständigkeit von Gewinnen oder auch deren Änderungen wird oftmals als wünschenswert angesehen, weil auf diese Weise bessere Prognosen über künftige Entwicklungen angestellt werden können. Die empirische Messung der **Beständigkeit** (*persistence*) erfolgt typischerweise durch folgende Regressionsgleichung:

$$G_{i,t+1} = \alpha + \beta G_{it} + \varepsilon_{it}$$

Darin bezeichnen:

G_{it} Ergebnis des Unternehmens i in der Periode t
ε_{it} Störterm bzw. Regressionsresiduen
α, β Regressionskoeffizienten

Als Maß für die *Beständigkeit* dient die Höhe des **Koeffizienten** β, die Ergebnisse werden als umso beständiger beurteilt, je höher β ausfällt.

Prognosefähigkeit

Die **Prognosefähigkeit** (*predictability*) hängt eng mit der Beständigkeit auf Basis der obigen Regression zusammen. Hat man z. B. einen hohen Wert für β, so heißt das aus einer *ex ante*-Perspektive streng genommen nur, dass man aus heutigen Gewinnen künftige Gewinne *erwarten* kann, dahinter kann sich aber ein recht hohes Prognoserisiko verbergen.

Die Messung der Prognosefähigkeit basiert daher grundsätzlich auf der obigen Regression zur Beständigkeit, man verwendet dann die Varianz bzw. **Standardabweichung der Residuen** oder das **Bestimmtheitsmaß** R^2 dieser Regression. Weitere Messgrößen für die Prognosefähigkeit sind aus einer Anwenderperspektive Prognosefehler bei Schätzungen von Analysten und die Streuung zwischen den Prognosen mehrerer Analysten.

„Innate factors"

Anhand der beiden Eigenschaften **Beständigkeit** und **Prognosefähigkeit** lässt sich eine grundsätzliche Herausforderung von *EQ*-Studien gut verdeutlichen: Angenommen, man vergleicht die Rechnungslegung zweier Unternehmen A und B anhand dieser Größen, und Unternehmen A schneidet hinsichtlich beider Größen besser als Unternehmen B ab (z. B. höheres β und höheres Bestimmtheitsmaß). Ist die Rechnungslegung des Unternehmens A nun „besser" als diejenige von B?

Zur Beantwortung dieser Frage muss man berücksichtigen, dass die Gewinnentwicklung nicht nur von den Regeln der Rechnungslegung und deren Anwendung beim jeweiligen Unternehmen abhängt. Ebenso sind sämtliche Charakteristika der Geschäftsprozesse bedeutsam sowie die Eigenschaften der Märkte, auf denen die Unternehmen jeweils agieren. So mag Unternehmen B stark wachsen und auf sehr volatilen Märkten mit hoher Konkurrenz tätig sein, während Unternehmen A in einem reifen und stabilen Markt mit überschaubaren Risiken arbeitet.

Diese Faktoren sind intrinsische Eigenschaften der jeweiligen Geschäftsmodelle, sie werden in der Literatur als *innate factors* bezeichnet.[41] Die Eigenschaften von Ergebnisgrößen werden maßgeblich durch diese Faktoren getrieben, und daher ist es zentral, in *EQ*-Studien für die *innate factors* zu kontrollieren, um den Einfluss der Rechnungslegung selbst isolieren zu können.

Glättung und Volatilität

Unter **Glättung** *(smoothness)* von Ergebnissen versteht man eine relativ zu den operativen Cashflows **niedrigere Volatilität** der Ergebnisse bzw. Gewinne. Eine Möglichkeit der Messung besteht im Quotienten aus der Standardabweichung der Gewinne zur Standardabweichung der operativen Cashflows. Ein Wert kleiner 1 deutet auf Glättung hin, und je niedriger der Quotient, desto höher das Ausmaß der Glättung.

Systeme der Rechnungslegung haben alleine durch ihre Bilanzierungs- und Bewertungsregeln eine quasi **„eingebaute" Eigenschaft zur Glättung**, denn über die Periodisierung von Ein- und Auszahlungen erfolgt eine Verteilung von Zahlungen über die Zeit (z. B. die Aufteilung eines Auszahlungsbetrages mittels Abschreibungen).

Das Kriterium der Glättung gehört zu den schillerndsten Maßgrößen für *EQ*. Kommt man zunächst von den beiden obigen Kriterien der Beständigkeit und Prognosefähigkeit, sollte eine **höhere Glättung** eigentlich **positiv** sein, denn weniger volatile Ergebnisse sind automatisch beständiger und prognosefähiger. Tatsächlich wird die **Glättung** aber oft **negativ** gesehen, weil man befürchtet, dass das Management an „stabilen" Gewinnentwicklungen interessiert ist, auch wenn sich die „tatsächliche" Lage ändert. Es hat daher Anreize, durch Maßnahmen der **Bilanzpolitik** dafür zu sorgen, die Auswirkungen von Marktimpulsen auf die Erfolgsentwicklung zu verschleiern.

---

[41] Vgl *Francis/Olsson/Schipper* (2006), S. 262.

Gemäß dieser Sichtweise ist die Ergebnisglättung im **Zusammenhang mit der Bilanzpolitik** zu beurteilen, doch so eindeutig ist die Beurteilung auch dann nicht. Angenommen, das Management möchte durch bilanzpolitische Maßnahmen Glättung betreiben, dann muss es in diese Bilanzpolitik den Verlauf heutiger und künftiger Ergebnisse einflechten, denn nur dann kann entschieden werden, welche heutigen Maßnahmen zu welchem künftigen Gewinnverlauf führen. Dies aber impliziert, dass die zur Glättung ausgeübte Bilanzpolitik private Informationen des Managements über künftige Entwicklungen enthält, und dies ist für die Adressaten des Jahresabschlusses grundsätzlich informativ. Der Zusammenhang der Glättung mit Bilanzpolitik wird im 6. Kapitel: *Bilanzpolitik – Grundlagen* genauer besprochen.

Die empirische Feststellung eines bestimmten **Ausmaßes an Glättung** sagt alleine also wenig aus, weil unklar ist, wie man den jeweiligen Befund im Sinne der *EQ* bewertet. Es überrascht daher nicht, dass es sowohl Studien mit einer negativen Beurteilung von Glättung gibt[42] als auch solche, die Glättung mit einem verbesserten Informationsgehalt und daher höherer *EQ* verbinden.[43]

Qualität der Periodenabgrenzungen

Eine andere Möglichkeit der Messung der Qualität der Finanzberichterstattung besteht in der Analyse der Eigenschaften der Periodenabgrenzungen selbst. **Periodenabgrenzungen** PA_t einer Periode t sind die Differenz des Ergebnisses und des Cashflows aus der laufenden Geschäftstätigkeit *(CFO)*.

Dechow/Dichev (2002) entwickeln ein Maß für die Qualität der Periodenabgrenzungen *(accruals quality),* die sich in **Änderungen des Working Capital** (Forderungen, Vorräte, kurzfristige Verbindlichkeiten und Rückstellungen sowie Rechnungsabgrenzungen) niederschlagen. Dabei handelt es sich i. d. R. um kurzfristige Periodenabgrenzungen. *Dechow/ Dichev* gehen davon aus, dass die Rechnungslegung die Aufgabe hat, möglichst aussagekräftige Ergebnisse zu ermitteln und damit Zufallsschwankungen der operativen Cashflows gewissermaßen wegzufiltern. Der Grad der Erreichung dieses Ziels kann danach gemessen werden, wie gut die *CFO* der Vorperiode, der betreffenden Periode und der nachfolgenden Periode die Änderung des Working Capitals zu erklären imstande sind.[44] Damit ergibt sich folgende Regressionsgleichung:

$$\Delta WC_{it} = \alpha + \beta_1 CFO_{i,t-1} + \beta_2 CFO_{it} + \beta_3 CFO_{i,t+1} + \varepsilon_{it}$$

mit ΔWC als Änderungen des Working Capital von Unternehmen i in der Periode t.

Geht man davon aus, dass höhere *CFO* in der Betrachtungsperiode *ceteris paribus* mit einer Minderung des Working Capital einhergehen, sollte der Koeffizient β_2 negativ sein, während die beiden anderen Koeffizienten β_1 und β_3 positiv sein sollten, weil das Working Capital in den *CFO* anderer Perioden aufgrund der Abgrenzungen steigt. Die Regression

---

[42] Vgl zB *Leuz/Nanda/Wysocki* (2003).

[43] Vgl zB *Subramanyam* (1996), *Tucker/Zarowin* (2006).

[44] Die Berücksichtigung nur jeweils einer Periode vor oder nach der betrachteten Periode folgt aus der Kurzfristigkeit der Posten des Working Capital.

wird unternehmensspezifisch geschätzt, weil die Koeffizienten stark von den jeweiligen Charakteristika des betreffenden Unternehmens abhängig sind.

Die **Qualität der Periodenabgrenzungen** wird als Standardabweichung der **Residuen** ε_{it} definiert. Je geringer die Standardabweichung, desto mehr erklären die *CFO* der drei Perioden die Änderungen des Working Capital und umso höher ist deren Qualität.

Mit diesem Qualitätsmaß wird zunächst der Fall erfasst, dass die Rechnungslegung **zufällige Fehler** in der Abgrenzung bzw. Schätzung von operativen Erträgen und Aufwendungen beinhaltet. Des Weiteren erfasst es bewusste Bilanzierungsentscheidungen, wie z. B. eine Abwertung von Vorräten oder eine Wertberichtigung von Forderungen. Solche Effekte führen zu größeren Residuen und damit zu einer Reduktion des Qualitätsmaßes. Dies wäre gleichbedeutend mit einer Interpretation solcher **Bilanzierungsentscheidungen** als Ausfluss von Bilanzpolitik. Die Qualität der Periodenabgrenzungen wird in der empirischen Literatur meist zur Messung von Bilanzpolitik verwendet. Tatsächlich können – und sollten – sie aber die Information des Managements etwa über Wertminderungen erfassen, und dann sollte das Qualitätsmaß eigentlich steigen. Daher ist die Interpretation ambivalent.

Ausmaß der Bilanzpolitik
Als weitere Maße für die Qualität der Rechnungslegung dienen in der empirischen Literatur Metriken, die versuchen, **Bilanzpolitik direkt** zu erfassen. Zum großen Teil basieren sie wiederum auf den Periodenabgrenzungen, die ja gerade die Auswirkungen der Rechnungslegung im Vergleich zu den Cashflows aggregiert beinhalten. Solche Maße werden im 6. Kapitel: *Bilanzpolitik – Grundlagen* vorgestellt.

In der *EQ*-Literatur wird **Bilanzpolitik zumeist negativ** interpretiert, weil sie aus opportunistischen Entscheidungen des **Managements** folgt, das den Informationsgehalt des Jahresabschlusses verzerren möchte. Daraus folgt dann, dass die Qualität der Rechnungslegung in dem Ausmaß der Bilanzpolitik sinkt.

Wie schon bei der Qualität der Periodenabgrenzungen angesprochen, besteht das Problem dieser Interpretation darin, dass Periodenabgrenzungen eigentlich das **Kommunikationsinstrument** für private Information des Unternehmens darstellen. Es sind gerade die Abweichungen von erwarteten Periodenabgrenzungen, die informativ für die Adressaten sein sollten.

Erreichen von Zielgrößen
Das Management kann bestrebt sein, bestimmte **Zielgrößen** bzw. **Benchmarks** zu erreichen. Es möchte z. B. unter keinen Umständen einen auch noch so kleinen Verlust ausweisen und betreibt Bilanzpolitik, um gerade noch „die schwarze Null" zu erreichen. Ebenso kann das Ziel sein, Analystenprognosen zu erreichen oder knapp zu übertreffen, und auch hier können bilanzpolitische Maßnahmen passend eingesetzt werden.

Die Darstellung zeigt, dass das Erreichen von Zielgrößen vielfach im **Zusammenhang mit der Bilanzpolitik** gesehen wird. Es führt letztlich zu einem anderen Maß der Bilanzpolitik, denn die Betrachtung wird vom *vermuteten* Ergebnis her rückwirkend vorgenommen. In der *EQ*-Literatur wird dementsprechend auch das Erreichen von Zielgrößen analog zum Ausmaß der Bilanzpolitik als negativ angesehen. Dieses Kriterium wird ebenfalls im 6. Kapitel: *Bilanzpolitik – Grundlagen* weiter besprochen.

Bedingte Vorsicht

Unter bedingter Vorsicht *(conditional conservatism)* versteht man im Grunde das, was typischerweise unter dem Stichwort „Vorsichts- und Imparitätsprinzip" behandelt wird und für die handelsrechtliche Rechnungslegung in § 252 (1) Nr 4 dHGB (§ 201 (2) Z 4 öUGB) kodifiziert ist. Günstige und ungünstige Entwicklungen werden demnach in der Rechnungslegung asymmetrisch bzw. imparitätisch behandelt – günstige Entwicklungen sind erst dann erfolgswirksam zu erfassen, wenn sie realisiert sind, ungünstige indes bereits dann, wenn man mit ihnen rechnet. Diese Eigenschaft wird daher auch als **asymmetrische Zeitnähe** *(asymmetric timeliness)* bezeichnet. „Bedingt" ist diese Vorsicht deshalb, weil die Erfassung in der Rechnungslegung vom Eintritt bestimmter Bedingungen (nämlich der Geschäftsentwicklung) abhängt.

Die **Eigenschaft der Vorsicht** wird in den folgenden beiden Kapiteln dieses Buches unter verschiedensten Aspekten ausführlich und separat analysiert. Dort wird auch gezeigt, unter welchen Bedingungen eine vorsichtige Rechnungslegung vorteilhaft sein kann. In der ***EQ*-Literatur** ist die Beurteilung **uneinheitlich.**[45] Geht man nämlich davon aus, dass eine „gute" Rechnungslegung Information möglichst früh erfasst, ist Vorsicht ein Indikator für hohe Qualität – gegeben eine Situation, in der die Rechnungslegung systematisch Informationen „zu spät" liefert. Umgekehrt kann man sich fragen, was an einer Rechnungslegung „gut" sein soll, wenn sie nur ungünstige Informationen rasch liefert, günstige jedoch (offenbar bewusst) nicht. In diesem Sinne ist hohe Vorsicht ein Indikator für „schlechte" Qualität. Wie im 4. Kapitel: *Bilanzierungs- und Bewertungsmethoden* auch noch gezeigt wird, ist Zeitnähe zwar wünschenswert, sie geht aber regelmäßig Hand in Hand mit einer weniger präzisen Information.

> Schon die Betrachtung der Metriken, die auf direkten Eigenschaften von Ergebnisgrößen basieren, zeigt eine große Bandbreite von Kennzahlen auf. Natürlich kann man die Vor- und Nachteile jeder Kennzahl individuell diskutieren, es stellt sich aber die Frage, ob es nicht ein übergeordnetes Kriterium für die Güte solcher Metriken gibt. *Ewert/Wagenhofer* (2015) analysieren ein Kapitalmarktsetting bei rationalen Erwartungen und verwenden als Gütekriterium die Unsicherheitsreduktion am Kapitalmarkt durch die Publizierung einer Kennzahl. Dabei zeigt sich, dass die Beständigkeit und die nachfolgend dargestellte Wertrelevanz (in Form des *Earnings-Response*-Koeffizienten) faktisch äquivalente und die am besten geeigneten Metriken zur Repräsentation der Unsicherheitsreduktion sind. *Nezlobin/Sloan/Giedt* (2022) betrachten im Grunde die gleiche Fragestellung, verwenden aber ein anderes Gütekriterium, das auf dem Messfehler der Periodenabgrenzungen bezüglich der „idealen" Gewinne und Eigenkapitalwerte basiert. Sie entwickeln daraus drei Unterkriterien für die Beurteilung der Metriken und finden, dass keine Kennzahl sämtliche Anforderungen erfüllt.

---

[45] So konstatieren *Dechow/Ge/Schrand* kritisch, dass selbst die Studien, die einen positiven Zusammenhang zwischen bedingter Vorsicht und *EQ* postulieren, *„do not provide evidence on whether asymmetric timeliness improves decision outcomes."* (*Dechow/Ge/Schrand* 2010, S. 364).

3.3   Wertrelevanz

Wie im 1. Kapitel: *Einführung und institutionelle Grundlagen* gezeigt, ist derzeit die **Entscheidungsnützlichkeit** im Kapitalmarktkontext die international maßgebliche Leitlinie regulativer Bemühungen in der internationalen Rechnungslegung. Informationen sind dann für Entscheidungen nützlich, wenn sie in der Lage sind, Erwartungen über künftige Zustände bzw. Überschüsse zu ändern, so dass daraus wiederum andere Entscheidungen der Nutzer folgen.

Eine Änderung von Erwartungen setzt voraus, dass die Informationen **relevant** und **verlässlich** bzw. zuverlässig sind.

Informationen sind **relevant**, wenn sie prognosegeeignet sind (so dass sich grundsätzlich Erwartungsänderungen einstellen können) und wenn sie rechtzeitig eintreffen (so dass sie für die anstehenden Entscheidungen tatsächlich noch verwendet werden können).

Informationen müssen hinreichend **verlässlich** sein, weil nur dann ein gewisses Vertrauen der Nutzer gewährleistet ist und diese ihre Erwartungen auch tatsächlich ändern.

Will ein Standardsetter Varianten der Rechnungslegung im Sinne der **Entscheidungsnützlichkeit** beurteilen, muss er sie also anhand der Kriterien Relevanz und Verlässlichkeit messen. Weil sich auch diese Kriterien nur recht allgemein charakterisieren lassen, wäre eine **Operationalisierung von Relevanz** und **Verlässlichkeit** hilfreich. **Wertrelevanz** *(value relevance)* wird in genau diesem Sinne verstanden und möchte eine ganz spezifische, nämlich **empirisch-kapitalmarktorientierte Präzisierung** dieser Aspekte liefern.

Das IASB hat in seinem **Rahmenkonzept** (2018) als fundamentale Qualitätskriterien die Eigenschaften *„relevance"* und *„faithful representation"* genannt, die mit dem unterstützenden Kriterium *„verifiability"* ergänzt wird. Es erläutert dies aber in den Grundlagen der Beschlussfassung damit, dass es besser verdeutlichen wollte, was im Einzelnen mit einer verlässlichen, vertrauenswürdigen Darstellung gemeint ist. Die hinter der *reliability* stehenden Vorstellungen sollten also nicht aufgegeben werden, auch wenn dies von vielen anderen so interpretiert wird.

Ausspruch

„… tests of value relevance represent one approach to operationalizing the FASB's stated criteria of relevance and reliability. Value relevance is an empirical operationalization of these criteria because an accounting amount will be value relevant, i.e., have a predicted significant relation with share prices, only if the amount reflects information relevant to investors in valuing the firm and is measured reliably enough to be reflected in share prices." *(Barth/Beaver/Landsman* 2001, S. 80)

Die Idee ist, dass die Entscheidungen und Erwartungen der Anleger die Marktpreise der Finanztitel bestimmen, sie bilden gewissermaßen das komprimierte Gesamtresultat der Aktivitäten von Marktteilnehmern. Diese werden sich bei ihrer Informationsverarbeitung nur von solchen Größen leiten lassen, die sie als relevant ansehen und denen sie eine gewisse Verlässlichkeit beimessen. Während man dies nicht direkt beobachten kann, lässt sich jedoch über den **Marktpreis** das **Resultat** dieser Prozesse beobachten. Auf Basis der empirischen **Assoziation zwischen** Größen der **Rechnungslegung** und den **Marktpreisen** soll dann beurteilt werden, ob die Zahlen der Rechnungslegung systematisch mit solchen Größen verknüpft sind, die von den Anlegern bei ihren Handlungen tatsächlich verwendet werden und sich in den Preisen letztlich widerspiegeln.

Konzeptionelle Präzisierung

Während die Beziehung zwischen Rechnungslegungsgrößen und Marktpreisen immer schon einen wichtigen Aspekt der empirischen Rechnungslegungsforschung darstellte, entsprang die *value relevance*-Richtung in der oben beschriebenen Form erst im Anschluss an eine Arbeit von *Lev* (1989). Darin wird die **Höhe der Assoziation** zwischen Kapitalmarktrenditen und Gewinnen explizit als ein maßgebliches **Beurteilungskriterium** für die Güte der Rechnungslegung propagiert. Im Folgenden wird die zur formalen Begründung angeführte Argumentation kurz erläutert.

Betrachtet wird ein bestimmter Finanztitel an einem Markt mit risikoneutraler Bewertung.[46] Der Barwert $\tilde{x}$ der künftigen Cashflows sei normalverteilt mit $\tilde{x} = \mu + \tilde{\theta}$, wobei $\tilde{\theta} \sim N(0, \sigma^2)$. Der **Marktpreis** P ergibt sich daher aus

$$P = \mathrm{E}[\tilde{x}] = \mu$$

Die Anleger erhalten nun eine **Information** y mit folgenden Eigenschaften:

$$\tilde{y} = \tilde{x} + \tilde{\varepsilon} \tag{3.5}$$

wobei $\tilde{\varepsilon} \sim N(0, \sigma_\varepsilon^2)$ und $\mathrm{Cov}(\tilde{\theta}, \tilde{\varepsilon}) = 0$.

Die Information y wird als **Gewinn** interpretiert. Sie ist mit dem eigentlich interessierenden Barwert der Cashflows wegen

$$\mathrm{Cov}(\tilde{x}, \tilde{y}) = \mathrm{Cov}(\tilde{\theta}, \tilde{\theta}) = \sigma^2 > 0$$

positiv korreliert. Die *a posteriori*-Erwartungen und mithin $P(y)$ folgen dann als

$$P(y) = \mathrm{E}[\tilde{x}|y] = \mu + \frac{\mathrm{Cov}(\tilde{x}, \tilde{y})}{\sigma_y^2}(y - \mathrm{E}[\tilde{y}])$$

$$= \mu + \frac{\sigma^2}{\sigma^2 + \sigma_\varepsilon^2}(y - \mu) \tag{3.6}$$

---

[46] Vgl dazu *Lev* (1989), S. 186–188. Die Annahme der risikoneutralen Bewertung dient lediglich zur Vereinfachung der Darstellung. Die grundlegenden Zusammenhänge bleiben auch bei anderen Bewertungsmodalitäten gültig.

Daraus erhält man eine informationsinduzierte Preisänderung von

$$\Delta P = P(y) - P = \frac{\sigma^2}{\sigma^2 + \sigma_\varepsilon^2}(y - \mu) = \frac{\sigma^2}{\sigma^2 + \sigma_\varepsilon^2}\left(y - \mathrm{E}[\tilde{y}]\right) \qquad (3.7)$$
$$= ERK \cdot \left(y - \mathrm{E}[\tilde{y}]\right)$$

Die an die Veröffentlichung der Rechnungslegung anknüpfende Preisänderung ist damit **proportional** zur Differenz zwischen dem **tatsächlichen Gewinn und dem Erwartungswert** des Gewinns, also dem **unerwarteten Gewinn**. Die Stärke des Zusammenhangs lässt sich durch den sogenannten *earnings response*-**Koeffizienten** *ERK* messen. Er ist umso niedriger, je ungenauer der Gewinn y den tatsächlichen Barwert x misst, d. h. je höher die Varianz von ε ist. Deshalb liefert der *ERK* ein Maß für die **Qualität der Rechnungslegung**, denn je geringer die Messrisiken der Rechnungslegung sind, desto höher ist der *ERK* und desto stärker reagiert der Preis auf die ausgewiesene Ergebnisgröße.

Der **Korrelationskoeffizient** von Rendite und unerwartetem Gewinn ergibt sich *ex ante* aus

$$\rho = \frac{\mathrm{Cov}\left(\dfrac{\Delta \tilde{P}}{P}, (\tilde{y} - \mu)\right)}{\sigma\left(\Delta \tilde{P}/P\right)\sigma(\tilde{y} - \mu)} = \frac{\mathrm{Cov}\left(\tilde{P}, \tilde{y}\right)}{\sigma\left(\tilde{P}\right)\sigma(\tilde{y})}$$

Wegen $\mathrm{Cov}\left(\tilde{P}, \tilde{y}\right) = ERK \cdot \sigma^2(\tilde{y})$ und $\sigma\left(\tilde{P}\right) = ERK \cdot \sigma(\tilde{y})$ folgt

$$\rho = \frac{\mathrm{Cov}\left(\tilde{P}, \tilde{y}\right)}{\sigma\left(\tilde{P}\right)\sigma(\tilde{y})} = \frac{ERK \cdot \sigma^2(\tilde{y})}{ERK \cdot \sigma(\tilde{y})\sigma(\tilde{y})} = \frac{ERK \cdot \sigma^2(\tilde{y})}{ERK \cdot \sigma^2(\tilde{y})} = 1$$

Die Ungenauigkeit des Gewinns hat daher zwar Konsequenzen für den **Koeffizienten** *ERK*, nicht aber für die **Korrelation** zwischen Renditen und unerwarteten Gewinnen. Der Grund liegt darin, dass im vorliegenden Szenario der **Gewinn** die **einzige Größe** ist, die zu **Preisänderungen** führen kann. Dadurch „erklärt" die Gewinngröße *ex ante sämtliche* Preisänderungen, so dass bei einer empirischen Studie der Anteil der erklärten Varianz an der Gesamtvarianz gleich 1 sein sollte ($R^2 = 1$).

Empirische Messung

Empirische Arbeiten messen die Wertrelevanz der Rechnungslegung typischerweise anhand des **Bestimmtheitsmaßes** R^2 folgender einfacher Regression:

$$R_{it} = \alpha + \beta \frac{G_{it}}{P_{i,t-1}} + \varepsilon_{it}$$

Darin bezeichnen:

R_{it} Rendite der Aktie i während der Periode t
G_{it} Ergebnis je Aktie des Unternehmens i in der Periode t
$P_{i,t-1}$ Marktpreis einer Aktie des Unternehmens i zu Beginn der Periode t
ε_{it} Störterm bzw. Regressionsresiduen
α, β Regressionskoeffizienten

Der *earnings response*-**Koeffizient** entspricht dabei dem empirisch gemessenen Wert des **Parameters** β.

Bei einem empirischen Test erfordert dies eine präzise Identifikation des **Zeitpunktes** des Bekanntwerdens von Gewinnen und der daran anknüpfenden Messung von Marktpreisen. Dies wird in empirischen Studien zum Teil dadurch zu berücksichtigen gesucht, dass die Rendite über einen Zeitraum von **drei Monaten** gegenüber dem Geschäftsjahr nach hinten versetzt oder über einen **15-monatigen Zeitraum** ermittelt wird. Dabei wird angenommen, dass die Rechnungslegung innerhalb der drei Monate nach dem Bilanzstichtag veröffentlicht ist. Ein Problem damit besteht allerdings darin, dass in diesen drei Monaten auch neue renditebeeinflussende Ereignisse auftreten können, die in der Rechnungslegung nicht abgebildet werden dürfen (wertgenerierende Ereignisse).

Die **Assoziation** zwischen Renditen und Gewinnen kann allerdings nur *einen* Aspekt der **Informationswirkungen** erfassen. Die Ungenauigkeit der Gewinngröße selbst spiegelt sich nämlich in der Korrelation gar nicht wider, sie zeigt sich nur in der *ERK*-Größe. Wie oben gezeigt, ändert sich die Korrelation nicht in Abhängigkeit der Präzision der Gewinngröße. Will man unter sonst gleichen Bedingungen Informationswirkungen der Rechnungslegung auch in der Korrelation erscheinen lassen, müssen weitere Unsicherheiten der Erfolgsmessung betrachtet werden.

Alternative Schätzung der Wertrelevanz
Eine andere Schätzgleichung berücksichtigt zusätzlich die Änderung des Ergebnisses gegenüber der Vorperiode $\Delta X_{i,t} = X_{i,t} - X_{i,t-1}$:

$$R_{it} = \alpha + \beta_1 \frac{X_{it}}{P_{i,t-1}} + \beta_2 \frac{\Delta X_{it}}{P_{i,t-1}} + \varepsilon_{it}$$

Damit kommt neben dem direkten Zusammenhang von Rendite und Ergebnis noch ein Bewertungskonstrukt zur Anwendung. Der Marktpreis eines Unternehmens kann als *multiple* des Ergebnisses dargestellt werden. Daraus folgt, dass die Änderung des Marktpreises durch die Änderung des (*multiples* des) Ergebnisses ausgedrückt werden kann. Wie die beiden Koeffizienten β_1 und β_2 relativ zueinander zu interpretieren sind, ist allerdings unklar, weil diese nicht nur die unmittelbaren Effekte, sondern auch das *multiple* approximieren.

Erweiterung um spezifische Unsicherheiten

Eine Voraussetzung für das obige Ergebnis besteht darin, dass die Anleger die Gewinngröße y nicht modifizieren, bevor sie für die Erwartungsänderung verwendet wird. Sie rechnen also z. B. keine Größen heraus, die sie für wenig verlässlich halten. Der ausgewiesene Gewinn enthält allerdings **mehrere Komponenten**, die für die Anleger unterschiedlich relevant sein können. Die Investoren orientieren sich bei ihren Erwartungsänderungen nur an solchen Erfolgsbestandteilen, denen sie subjektiv eine Bedeutung für die Prognose künftiger Überschüsse beimessen.[47] Die aus Sicht der Anleger **irrelevanten Erfolgsbestandteile** lassen sich stilisiert durch eine Erweiterung des in (3.5) modellierten Risikos erfassen[48]:

$$\tilde{y}_a = \tilde{x} + \tilde{\varepsilon} + \tilde{\delta} \tag{3.8}$$

mit $\tilde{\delta} \sim N\left(0, \sigma_\delta^2\right)$ und $\mathrm{Cov}\left(\tilde{\theta}, \tilde{\varepsilon}\right) = \mathrm{Cov}\left(\tilde{\theta}, \tilde{\delta}\right) = \mathrm{Cov}\left(\tilde{\varepsilon}, \tilde{\delta}\right) = 0$. Die zusätzliche Zufallsvariable $\tilde{\delta}$ beeinflusst zwar den *ausgewiesenen* Erfolg y_a, wird aber von den Anlegern wegen **mangelnder Relevanz** und/oder **Verlässlichkeit** bei ihrer Erwartungsrevision nicht verwendet. Es gilt gemäß (3.8)

$$\tilde{y}_a = \tilde{y} + \tilde{\delta} \quad \text{und} \quad \sigma^2\left(\tilde{y}_a\right) = \sigma^2\left(\tilde{y}\right) + \sigma_\delta^2 \tag{3.9}$$

Für die Erwartungsrevision und demnach die informationsinduzierte Preisänderung ist nach wie vor also nur die Größe y mit den obigen Beziehungen (3.6) und (3.7) relevant, doch weicht y jetzt vom ausgewiesenen Erfolg y_a ab. Der Korrelationskoeffizient zwischen Renditen und ausgewiesenen Erfolgen wäre

$$\rho_a = \frac{\mathrm{Cov}\left(\tilde{P}, \tilde{y}_a\right)}{\sigma\left(\tilde{P}\right)\sigma\left(\tilde{y}_a\right)}$$

Einsetzen von (3.9) ergibt schließlich

$$\rho_a = \frac{\mathrm{Cov}\left(\tilde{P}, \tilde{y}_a\right)}{\sigma\left(\tilde{P}\right)\sigma\left(\tilde{y}_a\right)} = \frac{ERK_y \cdot \sigma^2\left(\tilde{y}\right)}{ERK_y \cdot \sigma\left(\tilde{y}\right)\sigma\left(\tilde{y}_a\right)} =$$

$$= \frac{\sigma\left(\tilde{y}\right)}{\sigma\left(\tilde{y}_a\right)} = \frac{\sigma\left(\tilde{y}\right)}{\sigma\left(\tilde{y} + \tilde{\delta}\right)} = \sqrt{\frac{\sigma^2\left(\tilde{y}\right)}{\sigma^2\left(\tilde{y}\right) + \sigma_\delta^2}}$$

wobei ERK_y den *earnings response*-Koeffizienten gemäß (3.7) bezeichnet.

Der **Korrelationskoeffizient** zwischen Renditen und ausgewiesenen Gewinnen ist jetzt also **kleiner** als 1 und wird umso geringer, je größer die für den empirischen Forscher

---

[47] Man könnte dies zB dadurch beschreiben, dass die Anleger sogenannte „Scheingewinne" (bei Preissteigerungen) herausrechnen oder dass sie versuchen, Erfolgskomponenten zu identifizieren, die nur als einmalig und mithin transitorisch angesehen werden.

[48] Vgl auch *Lev* (1989), S. 187.

letztlich **unbeobachtbaren Modifikationen** sind (gemessen durch die Varianz von δ), die von den Anlegern wegen mangelnder Relevanz und/oder Verlässlichkeit vorgenommen werden, ehe die eigentliche Erwartungsrevision stattfindet. Die Entscheidungsnützlichkeit zeigt sich in dieser Interpretation vor allem darin, dass ein ausgewiesener Erfolg möglichst wenige **Uminterpretationen** durch die Anleger erfordert und daher unmittelbar für **Erwartungsrevisionen** verwendbar wird. Dies drückt sich in höheren Korrelationen bzw. einem höheren Anteil der durch die Rendite-Gewinnregression erklärten Varianz an der Gesamtvarianz der Rendite aus. Ebenso würde der relevante *earnings response*-Koeffizient steigen, wie sich aus dem Einschub ergibt. Der obige Basisansatz zeigt aber auch, dass selbst bei einer vollständigen Korrelation noch Ungenauigkeiten verbleiben, die sich nur im *ERK* finden.

Erwartungsrevision bei zwei normalverteilten Signalen

Die im Text beschriebene Situation einer Modifizierung des ausgewiesenen Gewinns durch die Anleger kann auch so aufgefasst werden, dass die Investoren neben dem öffentlich verfügbaren Signal $y_1 = y_a$ der Rechnungslegung das (private) *zusätzliche Signal* y_2 erhalten:

$$\tilde{y}_1 = \tilde{x} + \tilde{\varepsilon} + \tilde{\delta}, \quad \tilde{y}_2 = \tilde{\delta}$$

Für multivariat normalverteilte Zufallsvariablen folgt bei Verfügbarkeit von zwei Signalen für die Erwartungsrevision allgemein[49]:

$$\mathrm{E}\left[\tilde{x}\,|\,y_1, y_2\right] = \mu +$$

$$\frac{1}{\sigma_{y_1}^2 \sigma_{y_2}^2 - \mathrm{Cov}\left(\tilde{y}_1, \tilde{y}_2\right)^2} \cdot \left[\left(\sigma_{y_2}^2 \mathrm{Cov}\left(\tilde{x}, \tilde{y}_1\right) - \mathrm{Cov}\left(\tilde{y}_1, \tilde{y}_2\right) \mathrm{Cov}\left(\tilde{x}, \tilde{y}_2\right)\right)\left(y_1 - \mathrm{E}\left[\tilde{y}_1\right]\right)\right] +$$

$$\frac{1}{\sigma_{y_1}^2 \sigma_{y_2}^2 - \mathrm{Cov}\left(\tilde{y}_1, \tilde{y}_2\right)^2} \cdot \left[\left(\sigma_{y_1}^2 \mathrm{Cov}\left(\tilde{x}, \tilde{y}_2\right) - \mathrm{Cov}\left(\tilde{y}_1, \tilde{y}_2\right) \mathrm{Cov}\left(\tilde{x}, \tilde{y}_1\right)\right)\left(y_2 - \mathrm{E}\left[\tilde{y}_2\right]\right)\right]$$

Für die Situation im Text gilt wegen (3.5) und (3.8)

$$\sigma_{y_1}^2 = \sigma^2 + \sigma_{\varepsilon}^2 + \sigma_{\delta}^2, \quad \sigma_{y_2}^2 = \sigma_{\delta}^2, \quad \mathrm{E}\left[\tilde{y}_1\right] = \mu, \quad \mathrm{E}\left[\tilde{y}_2\right] = 0$$

$$\mathrm{Cov}\left(\tilde{x}, \tilde{y}_1\right) = \sigma^2, \quad \mathrm{Cov}\left(\tilde{x}, \tilde{y}_2\right) = 0, \quad \mathrm{Cov}\left(\tilde{y}_1, \tilde{y}_2\right) = \sigma_{\delta}^2$$

Einsetzen dieser Zusammenhänge in den Ausdruck für die **Erwartungsrevision** ergibt nach einigen Umformungen

---

[49] Vgl *Fahrmeir/Hamerle* (1996), S. 27–29.

$$E\left[\tilde{x}\,\middle|\,y_1,y_2\right]=\mu+\frac{\sigma^2}{\sigma^2+\sigma_\varepsilon^2}\left(x+\varepsilon+\delta-\mu\right)-\frac{\sigma^2}{\sigma^2+\sigma_\varepsilon^2}\delta$$

$$=\mu+\frac{\sigma^2}{\sigma^2+\sigma_\varepsilon^2}\left(x+\varepsilon-\mu\right)$$

Dies ist äquivalent zur Gleichung (3.6), so dass die Erwartungs- und Preisänderung aus Sicht der Anleger tatsächlich wie bei Verfügbarkeit eines Gewinns gemäß (3.5) stattfindet. Die obige Beziehung für den revidierten Erwartungswert nach dem Empfang von y_1 und y_2 suggeriert, dass der *earnings response*-Koeffizient für den gemäß (3.8) *ausgewiesenen* Gewinn y_a keinen Unterschied zum *ERK* gemäß (3.7) aufweist. Dies gilt in der obigen Herleitung jedoch nur deswegen, weil das zweite Signal $y_2=\delta$ *explizit* einbezogen wird. Weil dieses Signal aber nur *private* Information der Anleger ist, könnte es in einer empirischen Analyse nicht *beobachtet* werden. Dort müsste man einen Reaktionskoeffizienten alleine für den ausgewiesenen Gewinn y_a bestimmen.

Dieser Koeffizient ist aber dann verschieden vom *ERK* gemäß (3.7). Formal ergibt er sich aus der Regression

$$\tilde{P}=\alpha+ERK_{y_a}\cdot\tilde{y}_a+\tilde{\omega}$$

und setzt man für den Preis folgenden Ausdruck ein,

$$\tilde{P}=E\left[\tilde{x}\,\middle|\,y_1,y_2\right]=\mu+\frac{\sigma^2}{\sigma^2+\sigma_\varepsilon^2}\left(\tilde{x}+\tilde{\varepsilon}-\mu\right)$$

folgt nach einigen Umformungen:

$$ERK_{y_a}=\frac{\mathrm{Cov}\left(\tilde{P},\tilde{y}_a\right)}{\sigma_{y_a}^2}=\frac{\sigma^2}{\sigma^2+\sigma_\varepsilon^2+\sigma_\delta^2}<ERK_y.$$

Clean surplus accounting

Die obige Darstellung zeigt Zusammenhänge auf, die auf der Annahme einer Beziehung zwischen **Barwerten** und **Gewinnen** beruhen (siehe z. B. die Annahmen (3.5) und (3.8)). Inhaltlich lässt sich dieser Zusammenhang auf Basis des sogenannten *clean surplus accounting* begründen,[50] das in der empirischen Literatur eine maßgebliche Rolle spielt. Dieses Konzept basiert auf dem **Kongruenzprinzip** *(clean surplus,* CS), nach dem sämtliche Änderungen im buchmäßigen Eigenkapital, die nicht aus direkten Transaktionen zwischen Eignern und Unternehmen resultieren, in der Erfolgsrechnung erfasst werden müssen. Bezeichnet man mit AU_t die Netto-Ausschüttungen (das sind die von den Eignern empfangenen Zahlungen abzüglich der Kapitaleinzahlungen an das Unternehmen) und mit G_t den

---

[50]Vgl dazu *Ohlson* (1990, 1995) sowie *Feltham/Ohlson* (1995, 1996).

Gewinn der Periode t, und bezeichnet EK_t das bilanzielle Eigenkapital zum Zeitpunkt t, dann erfordert *clean surplus,* dass Folgendes gilt:

$$EK_t = EK_{t-1} + G_t - AU_t \qquad\qquad\qquad (CS)$$

Die **Gültigkeit** von CS scheint evident zu sein, es gibt aber tatsächlich kaum ein **Rechnungslegungssystem**, in dem keine Verletzungen von CS vorkommen. In IFRS werden Wirkungen der Verletzung von CS im **sonstigen Ergebnis** (*other comprehensive income,* OCI) erfasst. Dabei gibt es temporäre Abweichungen (wie z. B. zur Veräußerung verfügbare aktive Finanzinstrumente, die in der Bilanz zum Fair Value bewertet werden, in der GuV aber faktisch auf Anschaffungswertbasis, und Fair Value-Änderungen von Derivaten, die als Sicherungsinstrument in Cashflow-Hedges verwendet werden) wie auch permanente Abweichungen (wie z. B. Änderungen im Buchwert von Pensionsrückstellungen aufgrund versicherungsmathematischer Gewinne oder Verluste oder die Neubewertung von Sachanlagen). Weitere Verletzungen von CS treten bei Methodenänderungen oder Fehlerberichtigungen auf, die retrospektiv erfasst werden.

Der Wert der Anteile zum Zeitpunkt t entspricht *per definitionem* dem **Barwert** der erwarteten **Netto-Ausschüttungen** ab t,

$$W_t = \sum_{\tau=t+1}^{\infty} \mathrm{E}\left[AU_\tau\right] \cdot \left(1+i\right)^{-(\tau-t)}$$

Löst man CS nach AU_t auf und setzt den so gefundenen Ausdruck in diese Barwertgleichung ein, erhält man

$$W_t = \sum_{\tau=t+1}^{\infty} \mathrm{E}\left[G_\tau + EK_{\tau-1} - EK_\tau\right]\left(1+i\right)^{-(\tau-t)} =$$

$$= \sum_{\tau=t+1}^{\infty} \mathrm{E}\left[G_\tau + \left(1+i\right)EK_{\tau-1} - i \cdot EK_{\tau-1} - EK_\tau\right]\left(1+i\right)^{-(\tau-t)} =$$

$$= \sum_{\tau=t+1}^{\infty} \mathrm{E}\left[G_\tau - i \cdot EK_{\tau-1}\right]\left(1+i\right)^{-(\tau-t)} + \sum_{\tau=t}^{\infty} EK_\tau \left(1+i\right)^{-(\tau-t)} - \sum_{\tau=t+1}^{\infty} EK_\tau \left(1+i\right)^{-(\tau-t)} =$$

$$= EK_t + \sum_{\tau=t+1}^{\infty} \mathrm{E}\left[G_\tau - i \cdot EK_{\tau-1}\right] \cdot \left(1+i\right)^{-(\tau-t)} =$$

$$= EK_t + \sum_{\tau=t+1}^{\infty} \mathrm{E}\left[RG_\tau\right]\left(1+i\right)^{-(\tau-t)}$$

Darin bezeichnet RG_t den **Residualgewinn** der Periode t, der sich aus dem bilanziellen Gewinn G_t abzüglich der Zinsen auf das Eigenkapital am Ende der Vorperiode ergibt,[51] d. h.

---

[51] Insofern handelt es sich um die gleichen Zusammenhänge, die in der deutschsprachigen Literatur üblicherweise unter dem Stichwort „*Lücke-Theorem*" behandelt werden (vgl zB *Ewert/Wagenhofer/Rohlfing-Bastian* (2023), S. 192–197). Die damit zusammenhängenden Aspekte werden im Rahmen der internen Unternehmensrechnung aber eher für Planungs- und Koordinationszwecke diskutiert (und daher häufig in einer Bruttoform definiert, dh als Gewinn plus (steuerkorrigierte) Zinsen abzüglich der gesamten Kapitalkosten), während die mit dem *clean surplus accounting* verbundenen Fragen eher einen externen Fokus haben und eine besondere Bedeutung für die theoretische Fundierung empirischer Arbeiten besitzen.

$$RG_t = G_t - i \cdot EK_{t-1} \tag{3.10}$$

Die Beziehung für W_t lässt dabei die **Form der Erwartungen** noch völlig offen. Inhaltlich substanziellere Einsichten erhält man, wenn man die Form der Erwartungen näher spezifiziert. Eine einfache Variante ist die Annahme einer **linearen Form**[52]:

$$RG_{t+1} = \gamma \cdot RG_t + \theta_{t+1} \tag{LF}$$

mit $E[\theta_t] = 0$, $Cov(\theta_t, \theta_{t+1}) = 0$. Einsetzen dieser zusätzlichen Annahme in den Ausdruck für W_t führt zu

$$W_t = EK_t + \sum_{\tau=t+1}^{\infty} E\left[RG_\tau \right] (1+i)^{-(\tau-t)} = EK_t + RG_t \sum_{\tau=1}^{\infty} \gamma^\tau (1+i)^{-\tau}$$

Geht man davon aus, dass positive Residualgewinne ein Ausdruck von Vorteilen sind, die im Laufe der Zeit durch Konkurrenz schwinden, dann ist der Parameter $\gamma < 1$. Die an den Residualgewinn RG_t anknüpfende Summe in der obigen Gleichung rechts ist eine unendliche geometrische Reihe, die dann einen Grenzwert $\alpha = \gamma/(1 + i - \gamma)$ besitzt, so dass

$$W_t = EK_t + \alpha \cdot RG_t$$

Folgt der Marktpreis denselben fundamentalen Beziehungen, ergibt sich

$$P_t = EK_t + \alpha \cdot RG_t \tag{3.11}$$

In dieser Darstellung lässt sich der Marktpreis zu jedem Zeitpunkt t als eine Funktion auffassen, die alleine von Rechnungslegungsgrößen in diesem Zeitpunkt bzw. der betreffenden Periode abhängt. Der **Marktpreis** steht dabei in einer **linearen Beziehung** zum **Residualgewinn** der Periode t. Allerdings wird der Residualgewinn nicht unmittelbar von einem der üblichen Rechnungslegungssysteme ausgewiesen, weil die Eigenkapitalkosten wegen ihres fehlenden pagatorischen Charakters nicht angesetzt werden.

Die Beziehungen lassen sich aber auch so darstellen, dass nur noch solche Größen erscheinen, die in einem Rechnungslegungssystem tatsächlich auftauchen.[53] Setzt man in den Ausdruck (3.11) die Definition des Residualgewinns (3.10) ein, folgt

$$P_t = EK_t + \alpha \left(G_t - i \cdot EK_{t-1} \right)$$

Die Verwendung der CS-Beziehung für EK_t ergibt

$$P_t = EK_{t-1} + G_t - AU_t + \alpha \left(G_t - i \cdot EK_{t-1} \right)$$

---

[52] Es lassen sich zahlreiche Varianten und Erweiterungen der LF-Beziehung modellieren. Vgl zB *Myers* (1999).

[53] Vgl *Collins/Pincus/Xie* (1999), S. 59 f.

Dies führt schließlich zu

$$P_t + AU_t = (1 - i \cdot \alpha) EK_{t-1} + (1 + \alpha) G_t = \hat{\alpha}_1 \cdot EK_{t-1} + \hat{\alpha}_2 \cdot G_t \qquad (3.12)$$

Auf der linken Seite von (3.12) steht die Summe aus Marktpreis und Netto-Ausschüttung, das ist der sogenannte *„Marktpreis cum Dividende"* im Zeitpunkt *t*. Dieser Preis ist eine lineare Funktion des **Buchwertes des Eigenkapitals** der *Vorperiode* und des **Gewinns** der laufenden Periode. Beides sind Größen, die für jedes System der Rechnungslegung ausgewiesen werden und in einem Zeitpunkt *t* zur Verfügung stehen. Weil der Buchwert des Eigenkapitals der Vorperiode aus Sicht der betrachteten Periode eine Konstante ist, ist der Preis cum Dividende für einen Zeitpunkt *t* eine lineare Funktion des laufenden Gewinns. Das *clean surplus accounting* liefert somit eine konzeptionelle Begründung für die Annahme einer positiven Beziehung zwischen laufenden Gewinnen und Barwerten. Beziehungen des Typs (3.11) bzw. (3.12) bilden eine wichtige theoretische Grundlage für die Formulierung von Regressionsansätzen in der empirischen Literatur, die ebenso lineare Zusammenhänge annehmen.

Anwendungsbeispiel: Vergleich von Rechnungslegungssystemen
Die konzeptionelle Darstellung zeigt, dass sich die Eigenschaften von Erfolgsgrößen zur Änderung von Erwartungen in empirischen Rendite-Gewinn-Korrelationen und *ERK*-Größen niederschlagen. Der Fokus der *value relevance*-Literatur liegt demgemäß auf der Ermittlung solcher Kennzahlen für die verschiedensten Fragestellungen im Bereich der Rechnungslegung.[54] Die potenziellen **Vorteile**, auf diese Weise Aspekte wie Relevanz und Verlässlichkeit zu messen und zu operationalisieren, liegen darin, dass spezifische Fragestellungen – wie etwa der Vergleich von Systemen der Rechnungslegung – auf „traditionelle" Weise oder über die *value relevance*-Orientierung untersucht werden können.

Eine solche wichtige Frage ist, welches System der Rechnungslegung (z. B. HGB, IFRS, US-GAAP) den Anlegern eher entscheidungsnützliche Informationen liefert. Die Vor- und Nachteile verschiedener Systeme hängen inhaltlich von deren Zwecksetzung ab. Im Folgenden wird dieses Problem am Beispiel des Systemvergleichs von HGB und US-GAAP demonstriert.

Dabei kann man sich einmal von der Betrachtung der **erklärten Zwecke** des jeweiligen Systems und den darin enthaltenen **Regeln** leiten lassen. Ein Vergleich von HGB und US-GAAP würde beim HGB etwa die Orientierung am Gläubigerschutz betonen, während bei den US-GAAP die direkte Ausrichtung an der Informationsvermittlung für Investoren im Vordergrund steht. Im Detail würde man dann beim HGB das Vorsichtsprinzip in seinen zahlreichen Erscheinungsformen sowie den durch die Maßgeblichkeit gegebenen steuerlichen Einschlag der deutschen Bilanzierung anführen. Es scheint unstrittig, dass diese Aspekte wegen der übermäßigen Betonung von Risiken und der Einbeziehung auch steuer-

---

[54] Siehe zB *Holthausen/Watts* (2001) und *Dechow/Ge/Schrand* (2010), S. 366–371.

lich motivierter Wertansätze eine verzerrte Darstellung der Vermögens- und Erfolgslage beinhalten, während für die Vermittlung entscheidungsnützlicher Informationen eher neutrale Angaben sinnvoll sind. Weil die US-GAAP von solchen Verzerrungen in weit geringerem Maße betroffen sind, scheint die Hypothese auf der Hand zu liegen: Die US-GAAP sind zur Vermittlung entscheidungsnützlicher Informationen für Anleger besser geeignet als das HGB.

Ein derartiger Systemvergleich ist Gegenstand von *value relevance-Unter*suchungen. Aus dieser Perspektive zählt alleine die **empirische Assoziation** zwischen **Marktpreisen** bzw. **Kapitalmarktrenditen** und den Größen des jeweiligen Rechnungslegungssystems. Die Vielzahl derartiger Studien zeigt uneinheitliche und teilweise konträre Ergebnisse zu der obigen Hypothese. Die folgenden **Beispiele** verdeutlichen dies:

- *Bartov/Goldberg/Kim* (2005) untersuchen am deutschen Kapitalmarkt anhand des *earnings response*-Koeffizienten die Wertrelevanz der Gewinne für Bilanzierungen nach HGB, US-GAAP sowie IAS (den heutigen IFRS) für den Zeitraum von 1998–2000, während dessen Unternehmen bezüglich der Konzernrechnungslegung zwischen diesen drei Rechnungslegungssystemen wählen konnten. Sie finden für Unternehmen mit positiven Gewinnen, dass die Wertrelevanz nach US-GAAP und IAS höher als diejenige nach HGB ist. Für Unternehmen mit Verlusten gibt es dagegen keine signifikanten Unterschiede.
- *Hung/Subramanyam* (2007) untersuchen ebenfalls am deutschen Kapitalmarkt für die Periode zwischen 1998–2002 die Wertrelevanz von Bilanzierungen nach HGB und nach IFRS. Wertrelevanz wird sowohl mit dem Bestimmtheitsmaß R^2 als auch dem *earnings response*-Koeffizienten gemessen.[55] Sie finden, dass die HGB-Bilanzierung einen signifikant höheren Wert für R^2 als die IFRS-Bilanzierung aufweist, außerdem ist der *earnings response*-Koeffizient gemäß HGB ebenfalls signifikant höher als derjenige für IFRS. Dagegen ist der *earnings response*-Koeffizient für den Eigenkapitalbuchwert nach IFRS signifikant höher als derjenige für die HGB-Bilanzen.
- *Barth/Landsman/Lang* (2008) untersuchen in einer international vergleichenden Studie für 21 Länder die Frage, ob die Qualität der Rechnungslegung gemessen an einigen der oben genannten Maßgrößen höher ist, wenn nach IFRS statt nach den ansonsten gültigen nationalen Standards bilanziert wird. Der Untersuchungszeitraum umfasst die Jahre 1994–2003, und für die Bildung des Samples wird jedem nach IFRS bilanzierenden Unternehmen ein Vergleichsunternehmen gegenübergestellt, das nach den jeweiligen nationalen Standards bilanziert. Die Wertrelevanz gemessen am Bestimmtheitsmaß R^2 ist für IAS signifikant höher als nach den jeweiligen nationalen Standards.

Vorhandene *value relevance*-Studien zeigen ein **breites Spektrum von Resultaten**, je nachdem, wie die Zusammensetzung des Samples, die Untersuchungsperioden sowie die

---

[55] Die Autoren verwenden eine um den Buchwert des Eigenkapitals erweiterte Regression, so dass es sowohl einen *earnings response*-Koeffizienten als auch einen *book value response*-Koeffizienten gibt.

verwendeten Maßgrößen und das empirische Design aussehen. Als **Standardsetter** hätte man es deshalb nicht leicht, daraus eine definitive Empfehlungsrichtung abzuleiten und zu begründen. Der anfängliche „Charme" der Wertrelevanz, die quasi eine marktbezogene Gesamtbewertung von Standards anstrebt und sich von den „Niederungen" rein regelbezogener Betrachtungen löst, wird somit relativiert.

> Ein wesentliches ökonometrisches Problem dieser Art von Studien liegt darin, dass zumeist Unternehmen betrachtet werden, die zwischen verschiedenen Rechnungslegungssystemen wählen können. Damit erhält man automatisch einen **Endogenitätseffekt**, weil die Stichprobe nicht zufällig ist. Zum Teil kann man diesen Endogenitätseffekt durch geeignetes Design der Studie kontrollieren.

Diskussion

Jede Maßgröße der *EQ*-Literatur hat ihre spezifischen Vorteile und Probleme, und so ist es auch bei der Wertrelevanz. Letztlich geht es immer um die Frage, ob gemessene **Assoziationen** wirklich **entscheidende Faktoren** bei der **Auswahl von Varianten der Rechnungslegung** sein sollten.

Die Beziehung zwischen Wertrelevanz, Korrelationen und **Informationseffizienz** ist differenziert zu sehen. Geht es um einen reinen Korrelationstest, ist die Annahme eines informationseffizienten Marktes nicht notwendig.[56] Der Fokus liegt rein auf der Beziehung zwischen den Größen der Rechnungslegung und den Erwartungen „des Marktes", wie sie sich in den Marktpreisen manifestieren. Ob diese Erwartungen „richtig" sind oder nicht, spielt dabei im Grunde keine Rolle. Das kann natürlich dazu führen, dass die **Qualität einer Rechnungslegung** ggf. an Beziehungen gemessen wird, die mit den wirklichen **Fundamentaldaten** gar nichts zu tun haben. Das kann insbesondere dann der Fall sein, wenn sich etwa aus Gründen wie *noise trading* und *liquidity trading* Preiseinflüsse fern der Fundamentaldaten ergeben sollten.

Die obige konzeptionelle Darstellung unterstellt die Abfolge

$$\text{Gewinn} \rightarrow \text{Erwartungsänderung} \rightarrow \text{Marktpreis}$$

Betrachtet man aber die zu Beginn dieses Abschnitts gegebene Charakterisierung der *value relevance*-Orientierung, dann fließt die **Wirkungsrichtung** in die empirischen Untersuchungen gar nicht ein. Im Grunde wird nur auf die **Assoziation** zwischen Erfolgsbestandteilen und Marktpreisen abgestellt, unabhängig davon, ob die Erfolgsgrößen auch *ursächlich* für beobachtete Preisänderungen sind. Wie oben bei den Konzepten der Informationseffizienz gezeigt wurde, ist am Markt eine **Fülle verschiedener Informationen** vorhanden und fließt in die Preise ein. Es kann also durchaus sein, dass diese anderen Informationen die eigentlichen Ursachen für beobachtete Preisänderungen darstellen. Wenn der ausgewiesene Gewinn die Inhalte dieser alternativen Quellen nur nachvollzieht (also selbst keinerlei neue Informationen an den Markt bringt), kann man zwar empirisch eine hohe Korrelation zwischen dem ausgewiesenen Gewinn und den beobachteten Perioden-

---

[56] Vgl *Barth/Beaver/Landsman* (2001), S. 94–95.

renditen feststellen, diese ist allerdings kein Indikator für die originäre Informationswirkung der Rechnungslegung. Die Implikation ist, dass eine hohe Wertrelevanz und damit offenbar eine hohe „**Qualität**" der Rechnungslegung empirisch auch dann gemessen werden kann, wenn die Rechnungslegung selbst überhaupt **keine eigenständigen Informationen** für Entscheidungen der Adressaten bereitstellt. Dann stellt sich die Frage nach dem Nutzen einer solchen Untersuchung. Die Orientierung an den Marktpreisen unterstellt bei Existenz anderer Informationsquellen implizit, dass die in den Kursen enthaltenen Informationen die Messlatte für die Rechnungslegung sind, weil sie etwa viel umfassendere Aspekte viel schneller beinhalten.

Der Schluss, dass die Rechnungslegung in diesem Fall keine Funktion hat, wäre aber voreilig: Rechnungslegung liefert eine **Bestätigung** für zeitlich frühere Informationsquellen, die ohne die nachfolgende Rechnungslegung mangels Verlässlichkeit sonst keinen Einfluss auf die Marktpreise ausübten.[57] Für eine Messung dieser Funktion der Bestätigung früherer Informationen eignen sich *value relevance*-Studien daher überhaupt nicht.

Ausspruch

„… if prices were indeed a better reflection of fundamental value than accounting numbers because they contain the non-accounting information, there would be no demand for accounting numbers in the first place. Whatever the degree of correlation between the accounting information and the non-accounting information imbedded in prices, whether high or low, the implication would be the same: accounting information is redundant in light of the non-accounting information which, by the maintained hypothesis underlying the use of prices as benchmark, presumptively has made prices the best available reflection of fundamental value." (*Ronen* 2001, S. 244)

Reale Effekte

Die bisherige Diskussion geht davon aus, dass die Messlatte die Qualität einer Rechnungslegungsvariante mittels der **Assoziation** mit den Marktrenditen beurteilt wird. Dabei wird die Verteilung der Marktpreise in einer Ökonomie als gegeben angenommen. Sofern sich allerdings die Preise durch die Rechnungslegung nicht ändern, hätte die Rechnungslegung hier **keinen realen ökonomischen Effekt**. Haben verschiedene Varianten der Rechnungslegung dagegen signifikante Konsequenzen für die Verteilung der Marktpreise am Kapitalmarkt, wäre der Vergleich der Assoziation verschiedener Rechnungslegungsvarianten mit Renditen aus aktuell bestehenden Verteilungen gar nicht wichtig für die Qualität der Rechnungslegung, weil es im Kern auf die **Wohlfahrtswirkungen** der verschiedenen induzierten Marktreaktionen ankommt. Darüber geben die *value relevance*-Studien keine Auskunft.

Reale Effekte entstehen dadurch, dass Rechnungslegungsinformationen die kurzfristigen Marktpreise beeinflussen, die für Manager (auch) wichtig sind. Dies führt dazu, dass

---

[57] Siehe zur *confirmation hypothesis* zB *Ball/Jayaraman/Shivakumar* (2012).

Manager die antizipierte Marktpreisänderung berücksichtigen, wenn sie ihre Investitionsentscheidungen und operativen Entscheidungen treffen.[58]

Beispiel

Ein Unternehmen generiert unsichere operative Cashflows in zwei Perioden.[59] Zusätzlich
kann es in ein neues Investitionsprojekt investieren, das einen operativen Cashflow in der
zweiten Periode erzeugt, dessen Höhe von der privaten Information über die Profitabilität
des Projekts abhängt. Die Frage ist, welchen Effekt die Rechnungslegung hat, wenn entweder die Investitionsausgabe separat auszuweisen ist oder mit operativen Cashflows im
Aufwand erfasst werden muss. Konkret könnte es sich um Investitionen in einen immateriellen Gegenstand handeln, der entweder aktiviert werden muss oder nicht aktiviert werden darf.

Angenommen, die Investitionsausgabe wird aktiviert und damit dem Markt bekannt.
Dann lernt der Markt vom Cashflow über die erste Periode etwas über den Cashflow in der
zweiten Periode, und zusätzlich lernt er etwas über die Profitabilität der Investition und
damit den Cashflow in der zweiten Periode. Daraus ergibt sich ein Anreiz zu überinvesti-
ren, weil mehr Investition die Erwartung über diesen Cashflow erhöht (siehe dazu auch 7.
Kapitel: *Bilanzpolitik – Spezialfragen*). Wenn die Investition hingegen nicht aktiviert wird
und sich damit mit dem operativen Cashflow in der ersten Periode vermischt, muss der
Markt aus dem Periodenergebnis sowohl auf den operativen Cashflow ohne Investition als
auch auf die Investition schließen. Tatsächlich können sich dadurch (wie im vorigen Fall)
Anreize zu Überinvestition oder aber zu Unterinvestition ergeben. Der Unterinvestitions-
anreiz entsteht dadurch, dass eine geringere Investition den Cashflow in der ersten Periode
erhöht, woraus der Markt auf eine höhere Rendite der operativen Tätigkeit schließt.

Wenn ein Standardsetter derartige reale Effekte berücksichtigt, ist es fraglich, ob bei
Anwendung des Kriteriums der Wertrelevanz für die Messung der Qualität der Rechnungslegung tatsächlich die beste Variante ausgewählt wird. Insofern ist die Wertrelevanz
ein Kriterium, aber sicherlich nicht das einzige Kriterium für die Beurteilung der Qualität
der Rechnungslegung.

Reale Effekte aufgrund marktpreisbasierten Lernens
Neben den hier dargestellten realen Effekten gibt es in der Finanzierungsliteratur
eine weitere Art von realen Effekten, die daraus entstehen, dass Manager aus den
Marktpreisen selbst für ihre Entscheidungen lernen: Marktpreise haben damit einen
Feedback-Effekt (siehe z. B. *Goldstein* und *Yang* 2017). Verschiedene Marktteilneh-
mer haben Zugang zu unterschiedlichen Informationsquellen, und diese fließen in
Marktpreise ein. Beispielsweise haben Finanzanalysten oft mehr Informationen als
Unternehmen selbst über makroökonomische Gegebenheiten. Marktpreisreaktionen
auf die Ankündigung von Investitionsentscheidungen können daher zu einer Revi-
sion der Entscheidung durch das Management führen.

---

[58] Siehe dazu *Kanodia/Sapra* (2016).
[59] Vgl *Jiang/Kanodia/Zhang* (2023).

3.4   Auswirkungen auf die Kapitalkosten

Die Rechnungslegung liefert Informationen, die Investoren zur Revision ihrer Erwartungen über künftige Zahlungen aus dem Unternehmen nutzen. Diese Erwartungen betreffen die Höhe, den zeitlichen Verlauf und die Unsicherheit der Zahlungen. Eine veränderte Risikoeinschätzung wird sich in den risikoadjustierten Kapitalkosten ausdrücken, mit denen Investoren erwartete Zahlungen diskontieren und daraus den Marktpreis bilden. Intuitiv würde man vermuten, dass eine qualitativ bessere Rechnungslegung letztlich zu einer **Senkung der Kapitalkosten** führt, und zwar sowohl der Eigenkapital- als auch der Fremdkapitalkosten.

Theoretische Aspekte
Aus **theoretischer Perspektive** ist zunächst eine Verbindung von Informationsqualität und Kapitalkosten herzustellen. Zur Verdeutlichung wird das grundlegende Portefeuillemodell aus Abschn. 4.3 im 2. Kapitel: *Wert von Informationssystemen* leicht modifiziert verwendet.[60] Ein Anleger j kann in einem einperiodigen Kontext zwischen einer risikolosen Geldanlage zum Zinssatz z und dem Erwerb eines Anteils $a_j \leq 1$ eines risikobehafteten Unternehmens mit einem normalverteilten Überschuss $\tilde{x} = \mu + \tilde{\theta}$ am Periodenende wählen. Jeder Anleger hat eine exponentielle Nutzenfunktion mit konstanter absoluter Risikoaversion $r_j > 0$, und es bestehen homogene Erwartungen am Kapitalmarkt. Im Marktgleichgewicht muss die Summe aller gehaltenen Anteile gleich 1 sein, und unter Verwendung der im 2. Kapitel gezeigten Rechnungen ergibt sich der Marktpreis des Unternehmens im Gleichgewicht aus

$$P = \frac{\mu - \phi\sigma^2}{1+z}$$

Der Preis P ergibt sich also durch Diskontierung des Sicherheitsäquivalents der Cashflows mit dem sicheren Zins. Der Risikoabschlag beim Sicherheitsäquivalent setzt sich aus dem Produkt aus Marktpreis des Risikos[61] $\phi = 1 / \sum_j r_j^{-1}$ und der Risikomenge $\sigma^2 = \mathrm{Var}\left(\tilde{\theta}\right)$ zusammen.

Risikoadjustierte Kapitalkosten i sind definiert als derjenige Zins, mit dem der Erwartungswert der Cashflows zu diskontieren ist, um den Marktpreis zu erhalten, woraus folgt:

$$\frac{\mu}{1+i} = P \quad \Rightarrow \quad i = \frac{\mu - P}{P} = \frac{z\mu + \phi\sigma^2}{\mu - \phi\sigma^2} \tag{3.13}$$

---

[60]Vgl zum Folgenden auch *Ewert/Wagenhofer* (2010) basierend auf der Modellstruktur von *Lambert/Leuz/Verrecchia* (2007).

[61] Dafür wird im Folgenden das Symbol ϕ verwendet, weil R in diesem Kapitel für die Marktrendite verwendet wird.

Diese Gleichung bestätigt zunächst intuitive Vermutungen: Geht man von einem positiven Preis $P > 0$ (und daher $\mu - \phi\sigma^2 > 0$) aus, übersteigt der risikoadjustierte Zins i den sicheren Zinssatz z, außerdem steigt i streng monoton in z. Sowohl höhere Risiken als auch ein höherer Marktpreis des Risikos führen zu höheren risikoadjustierten Kapitalkosten.

Angenommen, der Markt erhält nun eine neue Information

$$\tilde{y} = \tilde{x} + \tilde{\varepsilon}$$

mit $\tilde{\varepsilon} \sim N\left(0, \sigma_\varepsilon^2\right)$, $\mathrm{Cov}\left(\tilde{\theta}, \tilde{\varepsilon}\right) = 0$. Bei normalverteilten Zufallsvariablen folgt für den revidierten Erwartungswert

$$\mu(y) = \mu + \frac{\mathrm{Cov}\left(\tilde{x}, \tilde{y}\right)}{\mathrm{Var}\left(\tilde{y}\right)}(y - \mu) = \mu + \frac{\sigma^2}{\sigma^2 + \sigma_\varepsilon^2}(y - \mu)$$

$$= \mu \frac{\sigma_\varepsilon^2}{\sigma^2 + \sigma_\varepsilon^2} + y \frac{\sigma^2}{\sigma^2 + \sigma_\varepsilon^2}$$

$$= \mu \frac{pr_\theta}{pr_\theta + pr_\varepsilon} + y \frac{pr_\varepsilon}{pr_\theta + pr_\varepsilon}$$

Darin sind $pr_\theta = 1/\sigma^2$ und $pr_\varepsilon = 1/\sigma_\varepsilon^2$ die jeweilige Präzision der Zufallsvariablen. Sie ist als Reziprokwert der Varianz definiert, je größer (kleiner) die Varianz, desto niedriger (höher) die jeweilige Präzision.

Die Revision des Cashflowrisikos nach Erhalt der Information ergibt sich aus

$$\sigma^2(y) = \sigma^2 - \frac{\mathrm{Cov}\left(\tilde{x}, \tilde{y}\right)^2}{\mathrm{Var}\left(\tilde{y}\right)} = \sigma^2 - \frac{\left(\sigma^2\right)^2}{\sigma^2 + \sigma_\varepsilon^2} = \frac{\sigma^2 \cdot \left(\sigma^2 + \sigma_\varepsilon^2\right) - \left(\sigma^2\right)^2}{\sigma^2 + \sigma_\varepsilon^2} = \frac{\sigma^2 \sigma_\varepsilon^2}{\sigma^2 + \sigma_\varepsilon^2}$$

$$= \frac{1}{pr_\theta + pr_\varepsilon}$$

Die Reduzierung des Risikos ist daher unabhängig von der Ausprägung der Information y, und je höher die Summe der Präzision der risikobehafteten Komponenten ist, desto geringer ist das verbleibende Risiko.

Bei Erhalt einer bestimmten Information y folgt für den neuen Marktpreis

$$P(y) = \frac{\mu(y) - \phi\sigma^2(y)}{1 + z}$$

und nach Einsetzen betragen die neuen risikoadjustierten Kapitalkosten

$$i(y) = \frac{z\mu(y) + \phi\sigma^2(y)}{\mu(y) - \phi\sigma^2(y)} = \frac{z\left(\mu \cdot pr_\theta + y \cdot pr_\varepsilon\right) + \phi}{\left(\mu \cdot pr_\theta + y \cdot pr_\varepsilon\right) - \phi} \tag{3.14}$$

Der Zusammenhang zwischen **ex post-Kapitalkosten** und **Qualität der Rechnungslegung** lässt sich durch Differenzierung von (3.14) nach der spezifischen Präzision pr_ε des Informationssystems gewinnen. Dafür gilt

$$\frac{\partial i(y)}{\partial pr_\varepsilon} = \frac{zy \cdot (\mu \cdot pr_\theta + y \cdot pr_\varepsilon - \phi) - y(z(\mu \cdot pr_\theta + y \cdot pr_\varepsilon) + \phi)}{(\mu \cdot pr_\theta + y \cdot pr_\varepsilon - \phi)^2}$$

$$= -\frac{y\phi(1+z)}{(\mu \cdot pr_\theta + y \cdot pr_\varepsilon - \phi)^2} \begin{cases} < 0 & \text{falls } y > 0 \\ \geq 0 & \text{sonst} \end{cases} \tag{3.15}$$

Anders als vermutet sind die Wirkungen einer präziseren Information auf die risikoadjustierten Kapitalkosten **keineswegs klar**. Eine Senkung der Kapitalkosten lässt sich nur für relativ günstige Informationen *(y > 0)* identifizieren, nicht aber generell. Die Intuition dahinter wird deutlich, wenn man zunächst den Fall betrachtet, dass die Information die bisherigen Erwartungen über die Cashflows unmittelbar bestätigt, d. h. man erhält das Signal $y = \mu$. Zwar bleibt der Erwartungswert der Cashflows gleich, doch das verbleibende **Risiko sinkt**, so dass der Marktpreis nach Empfang von *y* steigt. Aus der Definition der Kapitalkosten ergibt sich für diesen Fall

$$P(y)\big|_{y=\mu} = \frac{\mu}{1+i(y)\big|_{y=\mu}} > \frac{\mu}{1+i} = P \quad \Rightarrow \quad i(y)\big|_{y=\mu} < i$$

Ist das Signal günstiger *(y > μ)*, steigt der revidierte Marktpreis sowohl wegen des gesunkenen Risikos als auch wegen der günstigeren Erwartungen über die Cashflows. Bei den risikoadjustierten Kapitalkosten ist die Wirkung nicht gleich offensichtlich, weil die verbesserten Erwartungen auch einen Basiseffekt im Zähler der Definition haben, doch die Ableitung in (3.15) offenbart, dass eine weitere Senkung von *i(y)* resultiert, um die Preisbewegung bei der Sicherheitsäquivalentmethode duplizieren zu können.

Ist dagegen die Information relativ zu den *a priori*-Erwartungen ungünstiger *(y < μ)*, ergibt sich zwar eine Reduktion des Risikos, aber auch eine sinkende Erwartung für die künftigen Cashflows. Je ungünstiger die Information ausfällt, desto niedriger ist auch der Preis *P(y)*, was sich bei schlechten Informationen *(y < 0)* auch in einer Erhöhung der risikoadjustierten Kapitalkosten niederschlagen muss, um auf den gemäß Sicherheitsäquivalentberechnung folgenden Gleichgewichtspreis zu kommen.

Neben den obigen Ambiguitäten gibt es noch weitere Aspekte. Erweitert man nämlich das Kapitalmarktszenario auf den Fall **vieler Unternehmen**, stellt sich überhaupt die Frage, weshalb unternehmensspezifische Informationen in der Rechnungslegung am Kapitalmarkt zu Effekten führen sollten, weil sie dann ja **diversifizierbar** wären. Ein Kapitalmarkteffekt erfordert, dass Rechnungslegungsinformationen die **Kovarianz der Renditen** aller Unternehmen am Markt verändern. Dann führt eine Verbesserung der Qualität der Rechnungslegung zu einer Reduktion der *ex post*-Kapitalkosten.[62]

Aus einer *ex ante-Sicht* betrachtet man Kapitalkosten, bevor man das Signal aus einem Informationssystem erhalten hat. Man weiß aber, dass man eine Information erhalten und anschließend reagieren wird. Die *ex ante*-Perspektive ist insofern wichtig, weil sie maßgeblich ist für den Zeitpunkt, zu dem über die Installierung eines Informationssystems

---

[62] Diese Effekte werden im Modell von *Lambert/Leuz/Verrecchia* (2007) unmittelbar deutlich.

entschieden wird. Hier ist zu berücksichtigen, dass eine Reduzierung von Prognoserisiken *nach* Erhalt einer Information nicht bedeutet, dass es diese Risiken *ex ante* nicht mehr gibt – das zeigt sich darin, dass man *ex ante* ja nicht weiß, welche Information man später erhalten wird (sogenanntes „**Informationsrisiko**"). Dann sind die Kapitalkosten *ex ante* unabhängig vom Informationssystem.[63]

Die theoretische Analyse zeigt demnach, dass die Hypothesen über den Zusammenhang zwischen Ergebnisgrößen und Kapitalkosten keineswegs klar auf der Hand liegen. Die **empirische Betrachtung** der Kapitalkosten könnte interessant sein, weil aus dem beobachtbaren Zusammenhang zwischen Ergebnisgrößen und Kapitalkosten ein gewissermaßen **marktbasiertes Urteil über die Qualität** der Rechnungslegung gewonnen werden könnte. Ähnlich zur Wertrelevanz, die Marktpreise selbst betrachtet, beinhalten die Kapitalkosten einen spezifischen Tradeoff der Anleger bezüglich der Aspekte Relevanz und Verlässlichkeit der Rechnungslegung.

Empirische Messung

Empirische Tests der Hypothese, dass eine bestimmte Variante der Rechnungslegung die Eigenkapitalkosten reduziert, haben die Schwierigkeit, dass die **Eigenkapitalkosten nicht beobachtbar** sind. Auch die β-Faktoren aus dem Capital Asset Pricing Model (**CAPM**) sind nicht hilfreich, weil das CAPM den Publizitätsumfang gar nicht erfasst.[64] Bei Gültigkeit des CAPM und einer Querschnittsbetrachtung über den gesamten Kapitalmarkt sollte sich überhaupt keine Änderung des durchschnittlichen β zeigen. Gewichtet man nämlich jeden individuellen β-Faktor mit dem Anteil des Marktwertes des jeweiligen Unternehmens am Gesamtmarkt, so erhält man letztlich den β-Faktor des **Marktportefeuilles**, der gemäß Definition gleich 1 sein muss – und zwar unabhängig davon, welcher Informationsumfang am Markt vorhanden ist.[65] Wenn es daher Unternehmen gibt, deren β-Faktor sich infolge der Veränderung des Rechnungslegungssystems verringert, muss sich derjenige anderer betroffener Unternehmen entsprechend erhöhen. Reduzierungen von Kapitalkosten gemäß CAPM können demnach nur stattfinden, wenn zugleich der Marktpreis des Risikos berücksichtigt wird.

Eine andere Methode als die Anwendung des CAPM besteht darin, einen **impliziten Eigenkapitalkostensatz** zu schätzen.[66] Im Rahmen der obigen Darstellung der Wertrelevanz wurde gezeigt, dass der Marktpreis des Eigenkapitals zu einem Zeitpunkt *t* als Barwert der erwarteten Ausschüttungen definiert werden kann:

---

[63] Vgl *Christensen/de la Rosa/Feltham* (2010). *Clinch* (2013) modifiziert das Szenario und kommt zu anderen Resultaten, was wiederum zeigt, wie fragil Forschungsergebnisse in diesem Bereich sind.

[64] *Lambert/Leuz/Verrecchia* (2007) untersuchen modellanalytisch, welche Hypothesen zum Zusammenhang zwischen Publizität und Kapitalkosten sich aus einem dem CAPM angelehnten Modell überhaupt entwickeln lassen. Siehe auch *Johnstone* (2016, 2018).

[65] Vgl auch *Lambert/Leuz/Verrecchia* (2007), S. 404.

[66] Vgl zu einzelnen Varianten dieser Vorgehensweise *Botosan/Plumlee* (2005) und zu einer Übersicht der Literatur *Daske* (2005).

$$P_t = \sum_{\tau=t+1}^{\infty} \mathrm{E}\left[AU_\tau\right]\left(1+i\right)^{-(\tau-t)} \qquad (3.16)$$

Bei börsennotierten Unternehmen ist der Marktpreis zwar beobachtbar, jedoch sind die Erwartungen des Marktes weder bezüglich der künftigen Ausschüttungen noch der Eigenkapitalkostensatz i beobachtbar. Es gibt allerdings vielfach Dividenden- und Gewinnprognosen von Analysten, die als Erwartungen des Marktes verwendet werden können. Aus den Prognosen verschiedener Analysten lassen sich sogenannte „**Konsensus-Prognosen**" bilden, z. B. als Median der verschiedenen Prognosewerte. Damit kann der interne Zinssatz i aus Gleichung (3.16) ermittelt werden. Die impliziten Eigenkapitalkosten entsprechen dem internen Zinssatz, der dazu führt, dass der Barwert der durch die Konsensus-Prognosen repräsentierten Erwartungen genau dem beobachtbaren Marktpreis entspricht.

Eine alternative Ermittlung von Kapitalkosten macht sich das **Kongruenzprinzip** (CS, Abschn. 2.3) zunutze. Danach entspricht der Marktpreis der Summe aus Buchwert des Eigenkapitals und Barwert der künftig erwarteten **Residualgewinne** (siehe dazu weiter oben):

$$P_t = EK_t + \sum_{\tau=t+1}^{\infty} \mathrm{E}\left[RG_\tau\right]\left(1+i\right)^{-(\tau-t)} = EK_t + \sum_{\tau=t+1}^{\infty} \mathrm{E}\left[G_\tau - i\cdot EK_{\tau-1}\right]\left(1+i\right)^{-(\tau-t)}$$

In dieser Gleichung sind der Marktpreis und der Buchwert des Eigenkapitals EK_t beobachtbar, und die künftig erwarteten Residualgewinne basieren auf den Gewinnprognosen der Analysten als Konsensus-Größen.

Diese Vorgehensweisen bergen im Detail zahlreiche **Probleme**, weil z. B. explizite Analystenprognosen nur für wenige Jahre nach dem Betrachtungszeitpunkt vorliegen. Letztlich muss daher ab dem 4. oder 5. Jahr eine **Annahme** über den weiteren Verlauf von Gewinnen bzw. Eigenkapitalrenditen und/oder Restwerten gemacht werden. Verschiedene Modelle unterscheiden sich durch den Typ der diesbezüglich gesetzten Annahmen. Solche Hypothesen haben nicht nur kosmetische Bedeutung, weil darüber vielfach der größte Teil des Wertes bestimmt wird. Dadurch werden auch die geschätzten impliziten Kapitalkosten stark durch diese Annahmen bestimmt.[67]

Empirische Ergebnisse

Die **geschätzten Eigenkapitalkostensätze** der Unternehmen werden in den empirischen Studien anschließend auf verschiedene Einflussgrößen (z. B. systematische Risiken gemessen durch β-Faktoren, Unternehmensgrößen, Marktwert-Buchwert-Verhältnis etc) regressiert, zu denen auch Größen zur Messung der jeweils interessierenden Faktoren der Unternehmenspublizität (z. B. Wechsel des Rechnungslegungsstandards, direkte Eigenschaften der Rechnungslegung (wie etwa Beständigkeit, Prognosefähigkeit, Umfang der Publizität) gehören.

---

[67] Vgl zu einer Beurteilung und Kritik der existierenden Ansätze *Wallmeier* (2007).

Die Anwendung dieser Techniken auf Fragen der Rechnungslegung liefert durchaus unerwartete Resultate. Hinsichtlich des **Übergangs auf internationale Rechnungslegungsstandards** verwendet *Daske* (2006) unmittelbar die Methodik impliziter Kapitalkostenschätzungen. Er ermittelt mehrere direkte Maßgrößen für die Kapitalkosten und findet entgegen der Intuition, dass sich die **Kapitalkosten deutscher Unternehmen mit dem Übergang auf internationale Rechnungslegung eher erhöhten** als verminderten. *Francis/LaFond/Olsson/Schipper* (2004) untersuchen die Beziehung zwischen Kapitalkosten und Eigenschaften der Rechnungslegung wie Beständigkeit, Prognosegenauigkeit, Glättung, Qualität von Periodenabgrenzungen, Wertrelevanz und bedingte Vorsicht. Die stärksten Wirkungen auf die Kapitalkosten haben demnach die Qualität von Periodenabgrenzungen, die Beständigkeit sowie die Eigenschaft der Glättung, die geringsten Wirkungen wurden für die Prognosegenauigkeit und die bedingte Vorsicht identifiziert.

> Ein alternativer Zugang zur Ergründung der Kapitalmarktwirkungen „guter" Rechnungslegung ist die Betrachtung von Überrenditen. Letztlich sind am Kapitalmarkt nur die Marktpreise und damit Marktrenditen beobachtbar, nicht aber die Kapitalkosten selbst. Diese werden über verschiedene Modelle abzuleiten versucht. Die **Marktrendite** lässt sich damit in die erwartete Rendite (die Eigenkapitalkosten) und die Überrendite (die natürlich auch negativ sein kann) zerlegen. Die **absoluten Überrenditen** können verschiedene Ursachen haben. Eine davon ist auch die Qualität der Rechnungslegung, die sich auf die Fehlbepreisung (*mispricing*) auswirkt. Nun kann man vermuten, dass eine qualitativ hochwertige Rechnungslegung mehr preisrelevante Information liefert und damit die absoluten Überrenditen reduziert werden. *Perotti/Wagenhofer* (2014) analysieren die Auswirkung von *EQ*-Maßgrößen auf diese absoluten Überrenditen und finden, dass die Qualität der Periodenabgrenzungen diese stärker mindert als andere direkte Eigenschaften von Ergebnisgrößen.

Im **Ergebnis** sind Kapitalkosten als *EQ*-Maßgröße zwar konzeptionell interessant, ihre Anwendung ist aber mit sehr hohen Messrisiken verbunden, weil sie von zahlreichen Annahmen betreffend Erwartungen von Gewinnen und Restwerten abhängt.

4   Zusammenfassung

Dieses Kapitel behandelt Fragen der Informationsverarbeitung am Kapitalmarkt aus konzeptioneller und empirischer Sicht. Neben den theoretischen Aspekten sind dabei vor allem empirisch gemessene Informationswirkungen der Rechnungslegung von Interesse. Dafür ist zunächst die **Informationseffizienz** des Kapitalmarktes, **Informationen „korrekt"** zu verarbeiten, von Bedeutung. Bei mittelstrenger Informationseffizienz ergeben sich für die Rechnungslegung viele Implikationen (wie z. B. Bilanzierung versus Ausweis, Basisschutz wenig fachkundiger Anleger, Fokussierung auf komparative Vorteile der Rechnungslegung gegenüber anderen Informationsquellen). Eine nähere Betrachtung dieses Effizienzkonzeptes offenbart, dass jeder Test der Informationseffizienz von **theoretischen Hypothesen** über das Kapitalmarktgleichgewicht einerseits und Wirkungszusammenhängen der Rechnungslegung andererseits abhängt, so dass Informationseffizienz für sich genommen nicht testbar ist. Es finden sich aber viele empirische Ergebnisse, die Zweifel an der Annahme einer mittelstrengen Informationseffizienz entstehen lassen. Beim gegenwärtigen Stand müssen die Informationseffizienz und deren Implikationen daher differenziert gesehen werden.

Die empirische Literatur beschäftigt sich unter dem Titel *Earnings Quality* mit der Frage, wie anhand beobachtbarer Indikatoren die Güte verschiedener Varianten der Rechnungslegung beurteilt werden kann. Diese Indikatoren können rein aus Eigenschaften der Ergebnisgrößen oder aus Beziehungen zwischen Ergebnisgrößen, Kapitalmarktgrößen und/oder anderen externen Faktoren abgeleitet sein. Fokussierend auf Kapitalmarktaspekte wurden insbesondere die marktbasierten Indikatoren **Wertrelevanz** und **Kapitalkosten** genauer betrachtet.

Die Wertrelevanz versucht die Kriterien **Relevanz** und **Verlässlichkeit** zu erfassen, die für die Vermittlung entscheidungsnützlicher Informationen an Investoren wichtig sind. Sie wird durch die **Assoziation von Gewinngrößen** mit **Marktrenditen** gemessen. Das Problem solcher Analysen besteht darin, dass dadurch Rechnungslegungssysteme als gut klassifiziert werden können, die gar keine originären und entscheidungsnützlichen Informationen beinhalten, dass ggf. eine Orientierung an aus fundamentaler Sicht nicht gerechtfertigten Marktentwicklungen stattfindet und dass die Distributionswirkungen von Informationen nicht berücksichtigt werden. Insgesamt ist eine alleinige Ausrichtung der Regulierung der Rechnungslegung am Kriterium der Wertrelevanz sehr zurückhaltend zu beurteilen.

Anstelle der Marktpreise und -renditen können auch **Kapitalkosten** als Kriterium verwendet werden. Hier wird typischerweise davon ausgegangen, dass eine bessere Rechnungslegung mehr entscheidungsnützliche Informationen offenlegt, die wiederum zu einer Reduzierung der Prognoserisiken beiträgt und mithin die risikoadjustierten Kapitalkosten verringert. Weil aber Kapitalkosten unbeobachtbar sind, behilft man sich mit der Schätzung sogenannter **impliziter Kapitalkosten**, die jedoch mit zahlreichen Messrisiken behaftet sind.

Dennoch stellen Wertrelevanz und Kapitalkosten nützliche Versuche dar, **Kriterien** wie Relevanz und Verlässlichkeit der **Rechnungslegung** zu operationalisieren. Man sollte nämlich die aufgezeigten Schwierigkeiten auch nicht überbewerten. Dieses wie auch das vorangegangene Kapitel zeigen, dass weder aus theoretischer noch aus empirischer Sicht klare und einfache Antworten auf die schwierige Frage nach den Konsequenzen „guter" Rechnungslegung zu erhalten sind. Beide Richtungen ermöglichen letztlich die Gewinnung wichtiger Einsichten über die Zusammenhänge von Rechnungslegung und Kapitalmarkt.

Insgesamt lässt sich festhalten, dass beim gegenwärtigen Stand weder die theoretischen noch die empirischen Ansätze eindeutige Antworten auf die Frage der Bestimmung „guter" Varianten der Rechnungslegung aus Sicht der Informationsfunktion liefern. Es scheint momentan eher so zu sein, dass jedes Aufbohren eines neuen Loches noch größere, unbekannte Löcher aufreißt. Dies sollte aber auch zur **Zurückhaltung** gegenüber in der Praxis oftmals zu beobachtenden markigen Statements zur „**optimalen" Rechnungslegung** mahnen.

5 Fragen

▶ **F3-1** Was versteht man unter einem informationseffizienten Kapitalmarkt? Welche Grade der Informationseffizienz lassen sich unterscheiden? Was hat Informationseffizienz mit der möglichen Erzielung von Überrenditen zu tun?

▶ **F3-2** Lässt sich die Eigenschaft der Informationseffizienz empirisch selbständig testen?

▶ **F3-3** Welche Implikationen ergeben sich aus der Informationseffizienz für die Rechnungslegung?

▶ **F3-4** Was versteht man unter Wertrelevanz? Was hat Wertrelevanz mit der Vermittlung entscheidungsnützlicher Informationen zu tun?

▶ **F3-5** Wie lassen sich *value relevance*-Studien zur Beantwortung strittiger Fragen im Rahmen der Informationsfunktion einsetzen?

▶ **F3-6** In welcher Beziehung stehen Wertrelevanz und Informationseffizienz?

▶ **F3-7** Ist Wertrelevanz notwendig oder hinreichend zur Beantwortung regulativer Fragestellungen im Bereich der externen Rechnungslegung?

▶ **F3-8** Welcher Zusammenhang besteht theoretisch zwischen Qualität der Rechnungslegung und Kapitalkosten?

6 Probleme

▶ **P3-1 Informationseffizienz.** Sie beobachten bei einem Unternehmen eine Minderung des Gewinns gegenüber dem Vorjahr. Bei der Ankündigung dieses Gewinns findet eine Kurssteigerung statt. Angenommen, in einer entsprechenden empirischen *event*-Studie würden die gleichen Beobachtungen als signifikant *positive* Erfolgseffekte und signifikant *negative* Kurseffekte aufscheinen. Sind solche Konstellationen möglich, und wie lassen sie sich erklären? Ist der Markt mittelstreng informationseffizient?

▶ **P3-2 Informationseffizienz.** Früher durfte nach HGB (wie auch nach IAS) im Rahmen der Konzernrechnungslegung ein Geschäftswert aus der Kapitalkonsolidierung offen (d. h. erfolgsneutral) mit den Rücklagen verrechnet werden. Angenommen, ein Unternehmen kündigt an, dass es von diesem Recht Gebrauch machen wird. Sie wollen überprüfen, ob der Markt informationseffizient ist. Was wären Ihre Hypothesen?

▶ **P3-3 Wertrelevanz.** Angenommen, ein Unternehmen bilanziert derzeit nach HGB. Man möchte „bessere" Erfolgskonzeptionen finden und hat dabei insbesondere eine Bilanzierung nach IFRS oder nach einer Konzeption der Substanzerhaltung im Auge. Die Qualität der Erfolgskonzeptionen wird als Wertrelevanz an der Korrelation der jeweiligen Gewinne mit den Kapitalmarktrenditen gemessen. Man errechnet *intern* die alternativen Unternehmensgewinne nach IFRS und Substanzerhaltung und prüft die jeweiligen Korrelationen. Der Gewinn nach IFRS sei nun derjenige mit der höchsten Wertrelevanz. Was halten Sie von dieser Vorgehensweise? Sollte das Unternehmen der Empfehlung folgen?

▶ **P3-4 Immaterielle Werte und Wertrelevanz.** Ein Discussion Paper von *EFRAG* (2021, S. 21) identifiziert vier wesentliche Eigenschaften von immateriellen Gegenständen, die zu berücksichtigen sind, wenn eine Aktivierung in der Bilanz überlegt wird: Hohe Unsicherheit über künftige Vorteile, Unklarheit über die Beherrschung (Kontrolle), Wertgenerierung häufig nur gemeinsam mit anderen Gegenständen und Skalierbarkeit. Was lässt sich aus solchen Eigenschaften aus Sicht der Wertrelevanz hinsichtlich einer Aktivierungspflicht immaterieller Gegenstände ableiten? Was wäre der Unterschied in der Wertrelevanz, wenn es nur eine Angabepflicht von Investitionen in immaterielle Gegenstände im Anhang gäbe? Und hätte die Bilanzierung eine Auswirkung auf Investitionsanreize der Unternehmen in immaterielle Gegenstände?

Literaturempfehlungen

Allgemeine Literatur

Beaver, W.H.: *Financial Reporting: An Accounting Revolution,* 3. Auflage, Upper Saddle River 1998.

Brown, P.: *Capital Markets-Based Research in Accounting: An Introduction,* Melbourne 1994.

Dechow, P.M./Sloan, R.G./Zha, J.: Stock Prices and Earnings: A History of Research, *Annual Review of Financial Economics* 6 (2014), 343–363.

Spezielle Literatur

Barth, M. E./Beaver, W.H./Landsman, W.R.: The Relevance of the Value Relevance Literature for Financial Accounting Standard Setting: Another View, *Journal of Accounting and Economics* 31 (2001), S. 77–104.

Kothari, S.P.: Capital Markets Research in Accounting, *Journal of Accounting and Economics* 31 (2001), S. 105–231.

Lev, B.: On the Usefulness of Earnings and Earnings Research: Lessons and Directions from Two Decades of Empirical Research, *Journal of Accounting Research* 1989, Supplement, S. 153–192.

Bilanzierungs- und Bewertungsgrundsätze

4

Bernhard West hatte eine hervorragende Idee. Der Manager der BWood, einer Großhandelsgesellschaft für Holz, war wie immer besorgt über die Preisvolatilität von Holz, sowohl im Einkauf als auch im Verkauf. Die Preise hängen von der Wetterlage genauso ab wie von neuen Trends, wie z. B. Pellet-Heizungen. Die Kunden der BWood waren ebenfalls an möglichst konstanten Preisen für Holz interessiert. Was also, dachte West, wenn wir den Kunden langfristige Lieferverträge zu konstanten Preisen anbieten? Dann bräuchten wir keine Angst zu haben, diese Kunden zu verlieren und wir würden unsere Erträge langfristig sichern.

Das Problem ist offensichtlich, dass die Einkaufspreise für Holz dennoch schwanken, so dass es je nach Preisniveau einmal viel Gewinn, wenig Gewinn oder gar einen Verlust ergibt. West hat allerdings eine Lösung parat: Kaufen wir uns doch mehr Wald, dann haben wir die Einkaufspreise im Griff. Er bespricht seine Idee mit der Führungsmannschaft von BWood. Silvia Fuhrmann, die für den Verkauf verantwortlich ist, sieht vorsichtig positiv in die Runde: „Das kann ich mir schon gut vorstellen. Meine Kunden wären sicher begeistert, wenn ich ihnen Fixpreise über eine längere Laufzeit anbieten kann. Wir müssten überlegen, welche Preisprämie ihnen das wert wäre." Pete Kovalski schüttelt den Kopf. „Na klar, dass die das wollen. Ich wäre froh, wenn wir von unseren Lieferanten ebenfalls fixe Preise erhielten. Aber leider gibt es da einen Holzmarkt, der sehr kompetitiv reagiert." West wird lauter: „Aber Kovalski, das habe ich doch gerade versucht zu erklären. Wir kaufen Wald, und dann haben wir konstante Einkaufspreise." „So einfach ist das aber nicht", meint Kovalski. „Es ist zwar nett, wenn wir irgendwo Wald kaufen, aber das ist leider meist nicht derselbe Ort, an dem wir unsere Kunden haben. Und Sie wissen selbst, wie teuer es ist, das Holz über längere Strecken zu transportieren. Das kostet uns die ganze Handelsspanne." West hat das nicht so wirklich bedacht.

A. Wagenhofer et al., *Externe Unternehmensrechnung*,
https://doi.org/10.1007/978-3-662-67409-3_4

Da kommt ihm aber seine Finanzchefin Barbara Fuchs zu Hilfe. „Das ist kein Problem. Wir müssen ja gar nicht das Holz transportieren. Wir kaufen bei einem anderen Lieferanten und nehmen das Preisrisiko auf uns, das de facto aber keines ist, weil wir ja den Waldbestand haben." *Kovalski ist nicht überzeugt, aber West beschließt, das Geschäft so zu versuchen. Er kauft ein passendes Waldgrundstück, und Silvia Fuhrmann hat auch gleich ein paar Kunden an der Angel: 20 Jahre Verträge mit Mindestbezugsmenge und fixem Preis und damit gutem – fixem – Gewinn über 20 Jahre für BWood.*

Fuhrmann geht zu Jörg Wagner, der das Rechnungswesen und Controlling bei BWood leitet. „Jetzt habe ich mich so angestrengt und tolle Geschäfte abgeschlossen, und davon sieht man gar nichts im Jahresergebnis. Du weißt, Jörg, dass meine Performancebeurteilung von diesen Zahlen abhängt." *Wagner versucht ihr zu erklären, dass so ein Kundenvertrag ein schwebendes Geschäft ist, bei dem der Gewinn erst über die 20 Jahre realisiert wird. „Aber das ist doch Unsinn. Wir haben den Gewinn praktisch fix",* *ärgert sich Fuhrmann; warum strenge ich mich so an? Wer weiß, wo ich in 20 Jahren bin. Wagner muss zugeben, dass das Geschäft betriebswirtschaftlich gesehen tatsächlich bereits jetzt abgeschlossen ist. „Aber die Rechnungslegungsvorschriften sind nun einmal so, tut mir leid." „Das ist unbefriedigend", meint Fuhrmann. „Eigentlich sollte man den Vertrag mit dem Fair Value bewerten, dann sieht man sofort, wann der Erfolg eigentlich entstanden ist." Sie kommt ins Schwärmen. „Und natürlich müssten wir auch den Waldbestand mit dem Fair Value erfassen, dann hätten wir alles betriebswirtschaftlich sinnvoll erfasst, und auch die Anreize würden stimmen. Ich gehe gleich zu West und schlage vor, dass wir das im internen Reporting so machen. Alles andere ist doch sinnlos." Und sie macht kehrt und verlässt das Büro von Wagner.*

Wagner grübelt noch eine Weile darüber. Wirtschaftlich gesehen hat sie eigentlich Recht. Aber es führt dazu, dass der gesamte geplante Gewinn eines Vertrags im Zeitpunkt des Vertragsabschlusses erfasst wird, obwohl er erst im Lauf von 20 Jahren anfällt. Für die Bonuszahlungen von Silvia mag das ja erfreulich sein, denkt er. Aber das heißt auch, dass in den übrigen 19 Jahren im Durchschnitt kein Gewinn mehr anfällt. Was macht sie denn im nächsten Jahr, wenn sie wieder Gewinne haben möchte? Noch mehr Kunden und noch mehr Verträge? Das wird aber doch immer schwieriger, denn die einfachen Kunden hat sie ohnedies schon an der Angel. Schlechtere Kunden – zahlen die dann auch wirklich?

Er holt sich einen Kaffee, groß und schwarz, genauso wie seine weiteren Gedanken. Was sind solche Verträge wirklich wert? Es gibt keinen Marktpreis dafür. Also müsste man die erwarteten Cashflows nehmen und diskontieren. Wenn sich die Preise ändern, ändert sich der Fair Value der Verträge. Ist das nicht auch gewinnwirksam? Wagner schaudert. Wie soll er das prognostizieren? Das sind ja Ergebnisabweichungen, die überhaupt nicht planbar sind. Und es führte zu hohem Erklärungsbedarf gegenüber West, der für Abweichungen überhaupt kein Verständnis hat. Nach einem Schluck Kaffee überfällt Wagner noch ein Gedanke. Da bekommen wir ja auch noch ein Zinsrisiko-Exposure hinein. Die DCF-Methode zur Ermittlung des Fair Value erfordert eine Abzinsung, und wenn sich der Zinssatz ändert, dann kann auch das erhebliche Schwankungen auslösen. Wagner hat Schweiß auf der Stirn. Niemals, denkt er, nicht mit mir. Nur ja keine Fair Values. Zum

Glück leuchtet der Bildschirm auf – eine dringende E-Mail ist gerade angekommen. Wagner seufzt erleichtert und öffnet die E-Mail.[1]

Ziele dieses Kapitels
- Analyse der Zusammenhänge von Entscheidungsnützlichkeit (*decision usefulness*) und Anreiznützlichkeit (*stewardship*)
- Darstellung des Vorsichtsprinzips in seinen verschiedenen Ausprägungen, der Gründe für seine Verwendung und seiner Auswirkungen
- Diskussion der ökonomischen Wirkungen einer Bewertung mit Fair Values

1 Einführung

In den bisherigen Kapiteln wurden allgemeine Charakteristika der externen Unternehmensrechnung vorgestellt sowie Analysen von Informationssystemen und kapitalmarkttheoretische Konzepte mit Bezug zum externen Rechnungswesen diskutiert. In diesem Kapitel wird nun konkret auf drei grundsätzliche Themen eingegangen, die in der Rechnungslegung seit langem umstritten sind und in der **internationalen Rechnungslegung** im Zuge der Weiterentwicklung des **Rahmenkonzepts** im IASB diskutiert werden. Diese gehören wahrscheinlich zu den wichtigsten konzeptionellen Fragen der externen Unternehmensrechnung.

Die erste Frage betrifft den grundsätzlichen **Zweck der externen Rechnungslegung**. Die internationalen Standardsetter konzentrieren sich bei der Bestimmung der Rechnungslegungsstandards ganz auf den Aspekt der **Entscheidungsnützlichkeit** (*decision usefulness*). Das ist aber nicht der einzige Zweck der Rechnungslegung, und das wirft die Frage auf: Schließt die Vermittlung entscheidungsnützlicher Informationen für Kapitalgeber auch andere Zwecksetzungen ein, etwa die Bereitstellung von Informationen für die optimale **Verhaltenssteuerung** von Managern (*incentive usefulness* bzw. *stewardship*)?

Die zweite Frage betrifft das **Vorsichtsprinzip** als ein zentrales Prinzip der Rechnungslegung. Vorsicht ist je nach Rechnungslegungssystem mehr oder weniger ausgeprägt vorhanden. Die Frage ist, weshalb eine bewusst verzerrte Rechnungslegung vorteilhaft sein kann. Dazu wird die Rolle des Vorsichtsprinzips im Rahmen der Entscheidungsnützlichkeit einerseits und der Anreiznützlichkeit andererseits untersucht.

Die dritte Frage behandelt die **Fair Value-Bewertung**. In der internationalen Rechnungslegung sind seit einiger Zeit Bestrebungen zur Ausweitung der Fair Value-Bewertung

---

[1] Diese Illustration ist einem tatsächlichen Geschäft von Enron mit langfristigen Energielieferverträgen nachempfunden. Enron schaffte es, die SEC zu überzeugen, dass diese Geschäfte auch im Abschluss mit dem Fair Value bewertet werden konnten. Vgl dazu zB *Eichenwald* (2005), S. 40–62.

als spezifische Variante einer Bewertung zu Zeitwerten zu verzeichnen. Was spricht grundsätzlich für die Verwendung von Fair Values und welche Auswirkungen hat sie auf Entscheidungs- und Anreiznützlichkeit?

2   Entscheidungsnützlichkeit und Anreiznützlichkeit

Standardsetter wie das IASB und das FASB stellen ganz die **Entscheidungsnützlichkeit** der Rechnungslegung in den Vordergrund. So heißt es im Rahmenkonzept des IASB (IFRS Conceptual Framework 2018, Abs 1.2, unter Auslassung von Fußnoten):

> „The objective of general purpose financial reporting is to provide financial information about the reporting entity that is useful to existing and potential investors, lenders and other creditors in making decisions relating to providing resources to the entity. Those decisions involve decisions about:
>
> (a) buying, selling or holding equity and debt instruments;
> (b) providing or settling loans and other forms of credit; or
> (c) exercising rights to vote on, or otherwise influence, management's actions that affect the use of the entity's economic resources."

Daraus wird eine Dominanz der Kapitalgeber (Investoren, Gläubiger) von Unternehmen als Adressaten der Rechnungslegung nach IFRS etabliert. Das Entscheidungsproblem der Kapitalgeber besteht in der Allokation von finanziellen Ressourcen, konkret darin, Anteile an Unternehmen zu kaufen oder zu verkaufen bzw. einen Kredit zu bestimmten Konditionen zu geben oder nicht. Dies bedingt eine stark **kapitalmarktorientierte Sichtweise**: Rechnungslegung soll den Kapitalgebern möglichst nützliche Information für solche Ressourcenallokationsentscheidungen bieten.

Die Rechnungslegung wurde ursprünglich hauptsächlich zur **Rechenschaftslegung** (*stewardship*) des Managements für das ihm anvertraute Kapital entwickelt und genutzt. Dieser Zweck entspricht der **Verhaltenssteuerungsfunktion** der Rechnungslegung. Das IASB erwähnt diesen Zweck im Rahmenkonzept wie folgt (IFRS Conceptual Framework 2018, Abs 1.3):

> „Investors', lenders' and other creditors' expectations about returns depend on their assessment of the amount, timing and uncertainty of (the prospects for) future net cash inflows to the entity and on their assessment of management's stewardship of the entity's economic resources."

Das IASB geht aber davon aus, dass dieser Zweck der Performancebeurteilung des Managements durch die Entscheidungsnützlichkeit ausreichend abgebildet wird, weil Investoren solche Information für die Einschätzung künftiger Cashflows ebenfalls benötigen. Deshalb fand sich letztlich keine eigene Erwähnung des Zwecks von *stewardship* im Rahmenkonzept.[2]

---

[2] Vgl IASB (2018), Abs 3.2.

Kontroverse über *stewardship* in der internationalen Standardsetzung
Da international betrachtet ein weites Spektrum bezüglich der Auffassung über die Zielsetzung von Rechnungslegung besteht, gab es auch beim IASB eine rege Diskussion, ob *stewardship* nicht ein eigenes Ziel der Rechnungslegung (bzw. der IFRS) sein sollte. Laut *Pelger* (2016) nahm in den USA die Entscheidungsnützlichkeit durch die Übernahme der Verantwortung für die Rechnungslegung durch die US-Börsenaufsicht SEC in den Siebzigerjahren des letzten Jahrhunderts eine dominierende Rolle ein. In der Folge wurde der US-Standardsetzer FASB gegründet, der seitdem die US-GAAP entwickelt. Es ist wenig überraschend, dass eine Börsenaufsicht rein die Kapitalmarktperspektive (Entscheidungsnützlichkeit) berücksichtigt. *Pelger* (2016) zeigt auch auf, dass bei den Diskussionen im IASB eine Verwirrung bezüglich einer Definition von *stewardship* aufgekommen war, insbesondere was den Zusammenhang zur *accountability* (Rechenschaftspflicht) betrifft. *Pelger* (2016) kommt auch zu dem Ergebnis, dass Mitarbeiter des IASB, die die Standards vorbereiten, einen großen Einfluss auf den Ausgang des Prozesses hatten.

In eine ähnliche Richtung weist die Tendenz zur **Harmonisierung von internem und externem Rechnungswesen** in der Folge der Internationalisierung der Rechnungslegung. Eine Rechnungslegung mit hoher Entscheidungsnützlichkeit wird dabei vielfach als günstig für eine interne Unternehmenssteuerung betrachtet. Deshalb beobachtet man, dass viele Unternehmen im Zuge des Übergangs auf internationale Rechnungslegung ihr internes Reporting und Controlling an die Rechnungslegung anpassen. Nur mehr ein System des Rechnungswesens zu haben, erscheint als erstrebenswertes Ziel, und das nicht nur aus Kostengründen, sondern auch aus Gründen der besseren Verständlichkeit. Allerdings beobachtet man auch, dass die Unternehmen nur selten eine vollständige Angleichung vornehmen; meist werden immer noch spezifische Abweichungen beibehalten.

So einleuchtend eine Harmonisierung auf den ersten Blick scheint – sie hält einer näheren Analyse nicht unbedingt stand. Mit einer internen Performancegröße will man letztlich die Leistungen des Managements messen und optimale Anreize für dessen Aktivitäten setzen. In diesem Abschnitt wird gezeigt, dass **Entscheidungsnützlichkeit** typischerweise eine andere Präferenzreihung von Informationssystemen ergibt als die **Anreiznützlichkeit**, die beiden Zwecke also nicht kongruent sind.

Rechnungslegung und *moral hazard*
In einem Vortrag in Sydney im April 2014 sagte der Vorsitzende des IASB, *Hans Hoogervorst,* Folgendes im Zusammenhang mit der Zielsetzung des IASB (*Hoogervorst* 2014, S. 3):

„Personally speaking, I prefer David Tweedie's much snappier version of this definition of the role of accounting being to ‚keep capitalism honest'. Indeed, if I had to summarize the essence of our mission in five words, I would say it is „building trust in financial markets". The public interest in our work goes beyond serving the information needs of investors. We protect and strengthen the very fabric of trust in our market economies.

People sometimes tell us that we should not set our standards from an anti-abuse perspective. I do not agree with this view. I believe combating moral hazard is at the core of what we do. That is why our standards are all about discipline and rigour. Eliminating information asymmetry is the key to minimising moral hazard. We should be completely unapologetic about it."

Die Argumentation erfolgt auf Basis eines Agency-Modells, mit dem gerade der Aspekt der Rechenschaftslegung und Steuerung eines Managers durch den Eigentümer eines Unternehmens erfasst wird. **Agency-Modelle** (Prinzipal-Agenten-Modelle) dienen vor allem der Analyse von hierarchischen Situationen in einem Unternehmen, z. B. des Verhältnisses von **Eigentümer** und Manager, Unternehmensleitung und (Bereichs-)Manager oder Manager und Arbeitnehmer. Genauso lassen sich Beziehungen von Unternehmen und **Kreditgeber** (als Prinzipal) modellieren (siehe auch 5. Kapitel: *Ausschüttungsbemessung*). Die Agency-Theorie bildet auch eine wesentliche Grundlage von **Corporate Governance**.

2.1   Grundlagen eines Agency-Modells

Ein grundlegendes Agency-Modell besteht aus einem **Prinzipal**, dem eine Produktionstechnologie zur Verfügung steht, und einem **Agenten**. Das dem Prinzipal zufließende **Ergebnis** $x = x(a, \theta)$ hängt von der **Arbeitsleistung** $a \geq 0$, die der Agent erbringt, und von einer stochastischen Größe θ ab, die letztlich alle vom Agenten nicht beeinflussbaren Sachverhalte umfasst. Die Produktionstechnologie ist konkav und derart, dass für beliebiges a sämtliche Ergebnisse auftreten können. Andernfalls könnte man von bestimmten Ergebnissen unmittelbar auf die Arbeitsleistung rückschließen und den Agenten direkt zur Verantwortung ziehen.

Die eingesetzte Arbeitsleistung verursacht dem Agenten privaten, unbeobachtbaren **Disnutzen** (Nutzenentgang), wie z. B. Arbeitsleid oder Opportunitätskosten der Zeit. Es wird angenommen, dass der Prinzipal weder die Arbeitsleistung noch die stochastische Größe θ **beobachten** kann. Das ist die Ursache für das Auftreten eines **Anreizproblems**. Im Falle eines schlechten Ergebnisses könnte der Agent einfach behaupten, nicht er, sondern eine ungünstige Umweltentwicklung θ sei daran schuld. Der Agent muss daher durch den Vertrag motiviert werden, die gewünschte Arbeitsleistung zu erbringen.

Der Prinzipal schlägt dem Agenten einen Vertrag vor, der ein **Entlohnungsschema** $S(\cdot)$ als Funktion des Ergebnisses x bestimmt, welches als beobachtbar und kontrahierbar angenommen wird (in einer Erweiterung können auch andere Informationssysteme einfließen).

Um zu entscheiden, ob er den Vertrag akzeptieren sollte, vergleicht der Agent den erwarteten Nutzen bei Annahme des Vertrags mit seiner besten Alternative, die exogen als **Reservationsnutzen** $\underline{U}$ vorgegeben wird. Der erwartete Nutzen aus der Tätigkeit für den Prinzipal hängt davon ab, welche Aktion bzw. Arbeitsleistung a der Agent einsetzen würde. Er ermittelt daher zunächst die optimale Aktion bei Zugrundelegung des im Vertrag enthaltenen Entlohnungsschemas und danach den erwarteten Nutzen bei Annahme des Vertrags. Der Prinzipal macht im Grunde das Gleiche: Er möchte einen Vertrag anbieten, den der Agent akzeptiert und der dem Prinzipal den größtmöglichen erwarteten Nutzen bringt.

Ist der **Prinzipal risikoneutral**, interessiert er sich für einen möglichst hohen Erwartungswert des Ergebnisses abzüglich der Kompensation, die er an den Agenten leisten muss. Der **Agent** ist **risikoscheu** mit einer Nutzenfunktion $U(S, a)$, die in der Entlohnung S strikt konkav und in der Aktion a konvex ist.

Formal stellt sich das **Agency-Modell** damit wie folgt dar: Der Prinzipal maximiert seinen Erwartungsnutzen durch Wahl der Entlohnungsfunktion:

$$\max_{S,a} \mathrm{E}\big[x(a,\theta) - S(x) \big] \tag{4.1}$$

unter zwei Nebenbedingungen, nämlich dass der Agent im Durchschnitt mindestens seinen **Reservationsnutzen** erzielt und deshalb den Vertrag akzeptiert (**Teilnahmebedingung**),

$$\mathrm{E}\big[U(S(x),a) \big] \geq \underline{U} \tag{4.2}$$

und dass er die optimale Aktion a als beste Antwort auf die vorgegebene Entlohnungsfunktion auswählt (**Anreizbedingung**)[3]

$$a \in \arg\max_{a'} \mathrm{E}\big[U(S(x), a') \big] \text{ für alle } a' \tag{4.3}$$

Die Anreizbedingung (4.3) ist jene Bedingung, die i. d. R. das Erreichen der sogenannten *first best*-Lösung ausschließt, weil nun der Agent – und nicht der Prinzipal – die Arbeitsleistung nach seinen eigenen Vorstellungen wählt.

> Ein Sonderfall ist es, wenn der **Agent risikoneutral** ist. Dann führt eine Entlohnung $S(x) = \underline{s} + x$ zur *first best*-Lösung. Darin verpachtet der Prinzipal das Unternehmen faktisch an den Agenten (z. B. in einem Franchise-Vertrag). Da der Agent den Grenzerfolg x seiner Arbeitsleistung erhält, hat er die optimalen Anreize. Infolge der Risikoneutralität verursacht die Aufbürdung des Risikos keine Kosten, und der Prinzipal kann $\underline{s}$ als „Pachtzahlung" unabhängig von x bekommen.

Aufgrund des Anreizproblems muss der Prinzipal dem Agenten durch die Entlohnungsfunktion Anreize zur Arbeit geben; dies bürdet dem Agenten aber gleichzeitig Entloh-

---

[3] Diese Formulierung schließt ein, dass es mehrere optimale Aktionen a geben kann. In diesem Fall kann der Prinzipal die für ihn beste Aktion daraus auswählen, wie in der Zielfunktion (4.1) ausgedrückt ist.

nungsrisiko auf. Wenn der Agent risikoavers ist, muss ihm dieses Risiko vom Prinzipal abgegolten werden. Die optimale Entlohnungsfunktion folgt aus der Abwägung der Vorteile höherer Arbeitsleistung und der Nachteile aus höherer Entlohnung aufgrund steigenden Risikos. Das Ergebnis wird auch als *second best*-**Lösung** bezeichnet. Diese zeichnet sich durch folgende typische **Eigenschaften** aus:

- Die *second* best-Lösung führt für den Prinzipal zu einer strikt schlechteren Zielerreichung als die *first* best-Lösung.
- Die Entlohnung weist ein geringeres Risiko auf als das Ergebnis. Der Anstieg der Entlohnungsfunktion hängt vom Informationsgehalt von x über die Arbeitsleistung (den sogenannten *likelihoods*) ab. Je eher von einem Ergebnis auf die hohe relativ zur niedrigen Arbeitsleistung geschlossen werden kann, desto höher ist die Entlohnung.
- Die *second* best-Arbeitsleistung ist niemals höher als die *first best*-Arbeitsleistung. Bei kontinuierlicher Arbeitsleistung a ist sie strikt geringer.

LEN-Modell

Eine spezifische Variante eines Agency-Modells ist das sogenannte **LEN-Modell**.[4] Es setzt eine Reihe von Annahmen, die eine explizite Lösung des Modells erlauben (aber nicht immer eine allgemeine optimale Lösung sicherstellen). Seine Bezeichnung erhält es aus L wie linear, E wie exponentiell und N wie normalverteilt. Im Einzelnen umfasst es folgende **Annahmen**:

- Das **Ergebnis** x ist **linear** in der Arbeitsleistung und der stochastischen Größe, d. h. $\tilde{x} = a + \tilde{\theta}$.
- Die **Entlohnungsfunktion** ist **linear** in x, $S(x) = s_0 + sx$.
- Die **Nutzenfunktion** des Agenten ist **exponentiell** und multiplikativ separierbar in S und a, d. h. $U(S, a) = -\exp[-r(S - K(a))]$. Dabei bezeichnen $r > 0$ den konstanten Risikoaversionskoeffizienten und $K(a)$ den Disnutzen mit $K'(a) > 0$ und $K''(a) > 0$.
- Die **stochastische Größe** θ ist **normalverteilt** mit Erwartungswert 0 und Varianz σ^2. Daraus ergibt sich als erwartetes Ergebnis $E[\tilde{x}] = a$.

Mit diesen Annahmen kann das **Sicherheitsäquivalent** des Nutzenerwartungswertes des Agenten einfach dargestellt werden, nämlich

$$E\big[U(S, a)\big] = U\left(s_0 + sE[\tilde{x}] - K(a) - \frac{rs^2\sigma^2}{2}\right)$$

Das Sicherheitsäquivalent entspricht dem Erwartungswert der Entlohnung abzüglich des Disnutzens sowie des letzten Terms in der Klammer, der eine Risikoprämie darstellt. Auf-

---

[4]Vgl *Spremann* (1987), S. 17 ff.

grund der Nebenbedingung (4.2), die dem Agenten den **Reservationsnutzen** garantiert, ist das Sicherheitsäquivalent in der optimalen Lösung konstant – der Prinzipal wird nicht mehr zahlen als unbedingt notwendig. Diese Nebenbedingung ergibt sich daher zu

$$s_0 + sa - K(a) - \frac{rs^2\sigma^2}{2} = \underline{u} \tag{4.4}$$

wobei $\underline{U} \equiv U(\underline{u})$ und $E[x] = a$.

Die Nebenbedingung (4.3), dass der Agent die **Aktion** a wählt, vereinfacht sich zu

$$a = \arg\max_{a'} sa' - K(a')$$

wobei die nicht von a abhängenden Terme weggelassen sind, weil sie für die Optimierung keine Bedeutung haben.

Der **erwartete Nutzen** des Prinzipals lautet für dieses vom Agenten gewählte a

$$E[\tilde{x}] - (s_0 + sE[\tilde{x}])$$

bzw. unter Verwendung von (4.4) und $E(x) = a$

$$a - K(a) - \frac{rs^2\sigma^2}{2} - \underline{u}$$

Das **LEN-Modell** lautet nun zusammengefasst wie folgt: Der Prinzipal maximiert seinen erwarteten Nutzen

$$\max_{s,a} a - K(a) - \frac{rs^2\sigma^2}{2} - \underline{u} \tag{4.5}$$

unter den Nebenbedingungen

$$s_0 = \underline{u} - sa + K(a) + \frac{rs^2\sigma^2}{2} \tag{4.6}$$

$$a = \arg\max_{a'} sa' - K(a') \tag{4.7}$$

Nebenbedingung (4.6) ist die **Teilnahmebedingung**, die dem Agenten im Erwartungswert den Reservationsnutzen sichert; Nebenbedingung (4.7) ist die **Anreizbedingung**, dass der Agent die optimale Aktion a wählt.

Setzt man z. B. $K(a) = a^2/2$, ergibt sich folgende explizite Lösung: Aus (4.7) folgt die **optimale Arbeitsleistung** $a = s$, und diese ist für $s < 1$ immer geringer als die *first*-best-Arbeitsleistung. Einsetzen in (4.5) ergibt die **variable Entlohnungshöhe**

$$s^* = \frac{1}{1 + r\sigma^2}$$

Daraus wird deutlich ersichtlich, dass $0 < s^* \leq 1$ umso größer ist, je weniger risikoavers der Agent (kleineres r) oder je geringer die Varianz des Ergebnisses σ^2 ist. Die **fixe Entlohnungskomponente** s_0 ergibt sich aus (4.6) als

$$s_0 = \underline{u} - \frac{1 - r\sigma^2}{2 \cdot \left(1 + r\sigma^2\right)^2}$$

Setzt man schließlich s^* in die Zielfunktion (4.5) ein, folgt ein **erwarteter Nutzen des Prinzipals** von

$$\frac{1}{2 \cdot \left(1 + r\sigma^2\right)} - \underline{u}$$

So schön das LEN-Modell für die explizite Lösungsmöglichkeit von Agency-Modellen ist, es hat auch Nachteile, weil die **Einschränkung** auf lineare Entlohnungsfunktionen möglicherweise bessere Lösungen ausschließt. So könnte z. B. ein dichotomer Sanktionsvertrag verwendet werden, der bei gegen $-\infty$ gehendem Ergebnis (das ist bei einer Normalverteilung möglich) eine gegen $+\infty$ gehende Sanktion vorsieht und damit ein gegen die *first best*-Lösung konvergierendes Ergebnis erreicht. Die **Vorteile** der mathematischen Einfachheit und die Ermöglichung expliziter Lösungen müssen daher gegen allfällige **Nachteile** aus der Tatsache abgewogen werden, dass man eigentlich keine allgemein optimalen Lösungen analysiert, sondern solche innerhalb vorgegebener Struktur. Man kann allerdings davon ausgehen, dass viele Einsichten, die in der einfacheren Struktur gewonnen werden, allgemeiner gelten.

2.2   Informationssysteme im Agency-Modell

Nun wird das grundlegende LEN-Modell um die Annahme ergänzt, dass das **Ergebnis** x **unbeobachtbar** und daher für die Vertragsgestaltung nicht verwendbar ist. Dies kann z. B. dann auftreten, wenn das Ergebnis langfristige Konsequenzen hat, die sich erst nach Beendigung des Arbeitsverhältnisses mit dem Agenten zeigen. Es stehen aber **zwei Informationssysteme** zur Auswahl, die jeweils eine beobachtbare Performancegröße liefern. Diese kann man sich als Rechnungslegungssysteme mit verschiedenen Bilanzierungs- und Bewertungsregeln vorstellen.

Das erste Informationssystem entspricht einer unpräzisen Messung der tatsächlichen Ergebnisse,

$$\tilde{y}_1 = \tilde{x} + \tilde{\varepsilon} = a + \tilde{\theta} + \tilde{\varepsilon} \quad \text{mit } \tilde{\varepsilon} \sim N\left(0, \sigma_\varepsilon^2\right), \ \mathrm{Cov}\left(\tilde{\theta}, \tilde{\varepsilon}\right) = 0 \tag{4.8}$$

Diese Performancegröße ist ein unverzerrter Schätzer der Arbeitsintensität, denn es gilt $\mathrm{E}\left(\tilde{y}_1\right) = a = \mathrm{E}\left(\tilde{x}\right)$. Wegen der zusätzlichen Störgröße ε ist die Varianz von y_1 größer als die **Ergebnisvarianz**,

$$\mathrm{Var}\left(\tilde{y}_1\right) = \sigma^2 + \sigma_\varepsilon^2 > \sigma^2 = \mathrm{Var}\left(\tilde{x}\right)$$

Verwendet man dieses Informationssystem für die **Managemententlohnung**, dann ergibt sich (unter Annahme eines Reservationsnutzens $\underline{u} = 0$) die optimale Zielerreichung des Prinzipals wie folgt:

$$\frac{1}{2\left(1 + r\mathrm{Var}\left(\tilde{y}_1\right)\right)} = \frac{1}{2\left(1 + r\left(\sigma^2 + \sigma_\varepsilon^2\right)\right)}$$

Das **zweite**, alternativ zur Verfügung stehende **Informationssystem** ist wie folgt definiert:

$$\tilde{y}_2 = a + \tilde{\gamma} \quad \text{mit } \tilde{\gamma} \sim N\left(0, \sigma_\gamma^2\right), \mathrm{Cov}\left(\tilde{\theta}, \tilde{\gamma}\right) = 0 \tag{4.9}$$

Diese Performancegröße liefert ebenfalls einen **erwartungstreuen Schätzer** des tatsächlichen Ergebnisses. Sie knüpft aber nicht an das Ergebnis, sondern direkt an die Arbeitsintensität an, die freilich ebenfalls unpräzise gemessen wird. Eine analoge Verwendung von y_2 zur Anreizsteuerung des Managers ergibt folgende Zielerreichung für den Prinzipal:

$$\frac{1}{2\left(1 + r\mathrm{Var}\left(\tilde{y}_2\right)\right)} = \frac{1}{2\left(1 + r\sigma_\gamma^2\right)}$$

Die Verwendung von y_2 ist für die **Verhaltenssteuerung** offenbar genau dann besser als die Verwendung von y_1, wenn gilt:

$$\mathrm{Var}\left(\tilde{y}_2\right) = \sigma_\gamma^2 < \mathrm{Var}\left(\tilde{y}_1\right) = \sigma^2 + \sigma_\varepsilon^2 \tag{4.10}$$

Diese Bedingung ist plausibel, weil σ_γ^2 und σ_ε^2 Messfehler sind, die ähnlich groß sein können; sie wird daher im Folgenden unterstellt. Aufgrund der unterschiedlichen Varianz der beiden alternativen Performancemaße y_1 und y_2 ergibt sich auch eine unterschiedliche optimale Beteiligung des Managers an dem Performancemaß, denn – wie oben gezeigt wurde – sinkt s_i^* ($i = 1, 2$ für das jeweilige Informationssystem) in der Varianz des jeweiligen Performancemaßes aufgrund von

$$s_1^* = \frac{1}{1 + r\left(\sigma^2 + \sigma_\varepsilon^2\right)} \quad \text{bzw.} \quad s_2^* = \frac{1}{1 + r\sigma_\gamma^2}$$

Ebenso unterscheidet sich die optimale Arbeitsleistung; für die Disnutzenfunktion $K\left(a_i\right) = a_i^2 / 2$ gilt $a_i^* = s_i^*$. Da das zweite Informationssystem, wie angenommen, eine geringere Varianz aufweist $\left(\sigma_\gamma^2 < \sigma^2 + \sigma_\varepsilon^2\right)$, ist die optimale Arbeitsleistung $a_1^* < a_2^*$.

Entscheidungsrelevanz

Welches Informationssystem ist nun das entscheidungsrelevantere? Die **Verbindung zum Marktkontext** wird auf Basis der zeitlichen Sequenz in Abb. 4.1 hergestellt. Der Prinzipal ist ursprünglicher Eigentümer des Unternehmens, veräußert es aber am Ende der Periode nach Bezahlung des Managers an neue risikoneutrale Eigner (Anleger am Kapitalmarkt) zum **erwarteten Barwert** der künftigen Überschüsse, die dem (nicht beobachtbaren) künftigen Ergebnis x entsprechen (dies ist ein einfaches „*overlapping generations*"-Szenario).

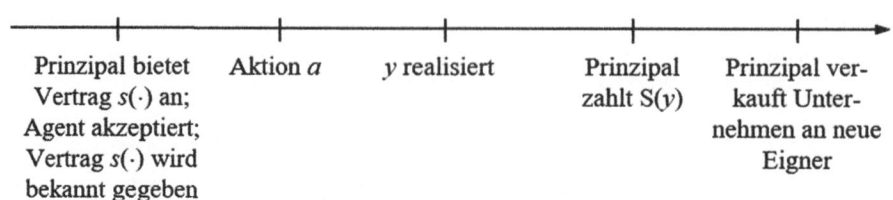

Abb. 4.1 Zeitliche Sequenz des Anreizproblems

Die **Kapitalmarktteilnehmer** versuchen nun, das Ergebnis zu schätzen, und nutzen dazu alle ihnen verfügbaren Informationen. Aus ihren aggregierten Investitionsentscheidungen ergibt sich der Marktpreis. Als Informationen stehen ihnen das Informationssystem sowie die Ausprägung der jeweiligen Signale y_1 bzw. y_2 zur Verfügung. Außerdem wissen sie, dass die jeweilige Information als Basis für die Managemententlohnung verwendet wird. Dies ergibt sich z. B. aus veröffentlichungspflichtigen Angaben zu Vorstandsbezügen.

Wird das **erste Informationssystem** verwendet, können die Anleger wegen der Kenntnis des Entlohnungsvertrages auf die optimale Arbeitsintensität des Managers schließen. Damit beträgt der *ex ante*-Erwartungswert des Ergebnisses a_1. Aufgrund der Normalverteilung der Zufallsvariablen ergibt sich der bedingte Erwartungswert nach Erhalt des Signals y_1 zu

$$\mathrm{E}\left[\tilde{x}\middle|y_1\right] = a_1 + \frac{\mathrm{Cov}\left(\tilde{x},\tilde{y}_1\right)}{\mathrm{Var}\left(\tilde{y}_1\right)}\left(y_1 - a_1\right) = \frac{\sigma_\varepsilon^2}{\sigma^2 + \sigma_\varepsilon^2}a_1 + \frac{\sigma^2}{\sigma^2 + \sigma_\varepsilon^2}y_1 \tag{4.11}$$

Weil y_1 gemäß (4.8) in Beziehung zum Ergebnis x steht, ergibt sich aufgrund der Publikation von y_1 eine Revision des erwarteten Barwertes der künftigen Überschüsse. Insofern beträgt der **Marktpreis**

$$P\left(y_1\right) = \mathrm{E}\left[\tilde{x}\middle|y_1\right] \tag{4.12}$$

Ex ante lautet der erwartete **Marktpreis**

$$\mathrm{E}\left[P\left(\tilde{y}_1\right)\right] = \mathrm{E}\left[\mathrm{E}\left[\tilde{x}\middle|y_1\right]\right] = a_1 \tag{4.13}$$

Wird das zweite Informationssystem verwendet, besteht wegen (4.9) *keine* Korrelation zwischen dem Ergebnis x und der Performancegröße y_2,

$$\mathrm{Cov}\left(\tilde{x}, \tilde{y}_2\right) = \mathrm{Cov}\left(a_2 + \tilde{\theta}, a_2 + \tilde{\gamma}\right) = \mathrm{Cov}\left(\tilde{\theta}, \tilde{\gamma}\right) = 0$$

Daher kann nach Publikation von y_2 auch **keine Erwartungsrevision** stattfinden, d. h.

$$\mathrm{E}\left[\tilde{x}\middle|y_2\right] = a_2 + \frac{\mathrm{Cov}\left(\tilde{x},\tilde{y}_2\right)}{\mathrm{Var}\left(\tilde{y}_2\right)} \cdot \left(y_2 - a_2\right) = a_2$$

Für den Marktpreis ergibt sich mithin ebenfalls eine Konstanz,

$$P(y_2) = \mathrm{E}\left[\tilde{x}|y_2\right] = a_2 = \mathrm{E}\left[P(\tilde{y}_2)\right] \tag{4.14}$$

Damit ist die Frage nach der Entscheidungsnützlichkeit für diesen Fall einfach zu beantworten: Das erste Informationssystem liefert entscheidungsnützliche Information, das zweite Informationssystem hingegen nicht.

2.3 Implikationen

Das gezeigte Beispiel verdeutlicht plastisch die **Unterschiede** zwischen den einzelnen **Nützlichkeitskonzepten**:

- Bei einer Fokussierung auf die **Anreiznützlichkeit** ist im gegebenen Fall das zweite Informationssystem mit der Performancegröße y_2 besser. Es führt wegen des geringeren Risikos der Performancegröße zu einer höheren Zielerreichung des Prinzipals, weil ein verbesserter Tradeoff zwischen Motivation und Risikoteilung gegenüber der Verwendung des ersten Informationssystems erreicht wird. Dadurch können höhere Anreize für den Manager gesetzt werden, der deswegen auch eine höhere Arbeitsleistung erbringt. Daher ist auch der erwartete Marktpreis bei Verwendung von y_2 höher als bei Verwendung von y_1.
- Aus Sicht der **Entscheidungsnützlichkeit** ist dagegen das erste Informationssystem mit der Performancegröße y_1 besser. Dieses ist in der Lage, zusätzliche Information über den Barwert der künftigen Überschüsse zu liefern, was beim zweiten Informationssystem nicht gelingt.

Damit ergeben sich auch Implikationen für die **Wertrelevanz** der beiden Informationssysteme: Die Verwendung der Performancegröße y_1 weist eine positive Korrelation zwischen ausgewiesener Erfolgsgröße und dem Marktpreis auf. Wegen (4.11) und (4.12) ist

$$\mathrm{Cov}\left(\tilde{y}_1, P(\tilde{y}_1)\right) = \frac{\sigma^2}{\sigma^2 + \sigma_\varepsilon^2}\, \mathrm{Cov}\left(\tilde{y}_1, \tilde{y}_1\right) = \frac{\sigma^2}{\sigma^2 + \sigma_\varepsilon^2}\, \mathrm{Var}\left(\tilde{y}_1\right) = \sigma^2 > 0$$

Insofern ist die Verwendung des ersten Informationssystems mit einer positiven Wertrelevanz (im Sinne einer signifikanten Assoziation von Erfolgsgröße und Marktpreis) verbunden. Wird stattdessen y_2 verwendet, folgt aus (4.14)

$$\mathrm{Cov}\left(\tilde{y}_2, P(\tilde{y}_2)\right) = \mathrm{Cov}\left(\tilde{y}_2, a_2\right) = 0$$

Die für die interne Steuerung bessere Performancegröße ist daher mit dem Marktpreis völlig unkorreliert, was einer nicht vorhandenen **Wertrelevanz** gleichkommt.

Im Rahmen der **wertorientierten Unternehmenssteuerung** wird die Vorteilhaftigkeit bestimmter Performancegrößen (z. B. des Economic Value Added) häufig anhand ihrer

Wertrelevanz beurteilt.[5] Damit soll festgestellt werden, in welchem Maße die ins Auge gefasste Größe mit Informationen verknüpft ist, die am Kapitalmarkt für die Preisbestimmung verwendet werden und sich im Marktpreis letztlich komprimiert niederschlagen. Das obige Ergebnis zeigt, dass dieses Kriterium für die Auswahl von Informationssystemen *nicht* geeignet ist – ja sogar, dass es zu einer Minderung des Unternehmenswertes beiträgt. Denn die zweite Performancegröße, die mit dem Marktpreis unkorreliert ist, ist zugleich diejenige Performancegröße, die *ex ante* den höchsten Marktwert beschert.

Die zentrale Einsicht dieses Abschnitts liegt darin, dass die betrachteten Konzepte zu **verschiedenen Beurteilungen** von Erfolgsgrößen führen können und häufig auch führen werden. Im obigen Modell resultiert der Konflikt zwischen Anreiz- und Entscheidungsnützlichkeit für die Preissetzung aus der Problematik der Risikoteilung. Die Verwendung der Performancegröße y_2 filtert genau diejenigen Schwankungen aus der Performancemessung heraus, die zwar für die Prognose von Überschüssen und mithin für die Bestimmung der Marktpreise wichtig ist, aber für Zwecke der Anreizsetzung störend wirkt.

Richtet man sich bei der Gestaltung von Rechnungslegungsregeln stärker nach den Bedürfnissen der externen Interessenten am Unternehmen, kann dies **negative Konsequenzen für die Anreiznützlichkeit** und letztlich für den **Unternehmenswert** haben. Dies führt zu dem paradoxen Ergebnis, dass die Ausrichtung der Rechnungslegung auf die Investoren den Unternehmenswert präziser darstellt, dieser aber gleichzeitig geringer ist als bei einem anderen Informationssystem.

Um diesen Nachteil auszugleichen, müsste man **eigenständige interne Performancegrößen** entwickeln oder die extern berichteten Größen entsprechend adaptieren. Am Kapitalmarkt werden Manager i. d. R. anhand der Marktpreissteigerungen des Unternehmens beurteilt, und die Verwendung anderer Performancegrößen stößt bei Investoren häufig auf Unverständnis, weil die Beurteilung anhand der Marktpreissteigerungen einfach intuitiv einleuchtend erscheint.

3   Vorsichtsprinzip

3.1   Mögliche Gründe für ein Vorsichtsprinzip

Im 1. Kapitel: *Einführung und institutionelle Grundlagen* wird das Vorsichtsprinzip als eine fundamentale **charakteristische Eigenschaft** der externen Unternehmensrechnung genannt. Im Grunde geht es auf die alte Vorstellung zurück, dass sich der sorgfältige Kaufmann im Zweifel eher zu arm als zu reich rechnen solle. Das Vorsichtsprinzip führt im Ergebnis dazu, dass der **Buchwert** des Nettovermögens (Eigenkapitals) im Verhältnis zum Marktwert systematisch zu niedrig ausgewiesen wird. **Ergebnisse** werden ebenfalls ver-

---

[5] Vgl etwa *Biddle/Bowen/Wallace* (1997) für die USA und *Günther/Landrock/Muche* (2000) für Deutschland.

zerrt ausgewiesen, auch wenn sich für die Verzerrung keine allgemeine Tendenz angeben lässt.[6] Das Vorsichtsprinzip bewirkt nämlich nur eine zeitliche Verlagerung von Gewinnen in spätere Perioden, es kommt aber zu keiner Änderung des Totalgewinns (solange das Kongruenzprinzip gilt).

In diesem Abschnitt werden mögliche Erklärungen für das Bestehen des Vorsichtsprinzips dargestellt sowie die ökonomischen Wirkungen des Vorsichtsprinzips analysiert.

Das Vorsichtsprinzip ist ein wesentlicher **Grundsatz der Bilanzierung und Bewertung** in vielen Rechnungslegungssystemen. Es hat eine sehr lange Tradition in der Rechnungslegung nicht nur im deutschsprachigen Raum, sondern auch in Europa. Das Vorsichtsprinzip ist in der Bilanzrichtlinie der EU prominent enthalten (aktuell in der Richtlinie 2013/34/EU, Art 6 Abs 1 c). Ebenso wird es in Deutschland in § 252 (1) Nr 4 dHGB (in Österreich in § 201 (2) Z 4 öUGB) ausdrücklich genannt. Danach umfasst es auch das **Realisationsprinzip** und das **Imparitätsprinzip**.

Das **IASB-Rahmenkonzept** enthielt im früheren Rahmenkonzept 1989 ein Vorsichtsprinzip unter den qualitativen Anforderungen an einen Abschluss. Es war aber enger und bezog sich auf die Berücksichtigung unsicherer Erwartungen im Rahmen von Schätzungen von Wertansätzen (z. B. bei Rückstellungen oder Forderungen). Im Rahmenkonzept 2010 wurde es bewusst eliminiert. Die Gründe dafür waren, dass es der Anforderung der **Neutralität** widerspricht und eine vorsichtige Bewertung zu einer unvorsichtigen Überbewertung in Folgeperioden führt, weil sich langfristig Bewertungsvorgänge ausgleichen. Im aktuellen Rahmenkonzept 2018 findet sich hingegen erneut ein etwas anders formuliertes Vorsichtsprinzip. Dies zeigt, wie kontrovers diese Materie ist.

> **Vorsichtsprinzip im Rahmenkonzept des IASB**
> Im früheren Rahmenkonzept (1989, F. 37) hieß es:
>
> „Vorsicht bedeutet, dass ein gewisses Maß an Sorgfalt bei der Ermessensausübung, die für die erforderlichen Schätzungen unter ungewissen Umständen erforderlich ist, einbezogen wird, so dass Vermögenswerte oder Erträge nicht zu hoch und Schulden oder Aufwendungen nicht zu niedrig angesetzt werden. Allerdings gestattet eine vorsichtige Vorgehensweise beispielsweise nicht, stille Reserven zu legen oder Rückstellungen überzubewerten, den bewusst zu niedrigen Ansatz von Vermögenswerten oder Erträgen oder den bewusst zu hohen Ansatz von Schulden oder Aufwendungen, da der Abschluss dann nicht neutral wäre und deshalb das Kriterium der Verlässlichkeit nicht erfüllen würde."

---

[6]Allerdings führt Unternehmenswachstum tendenziell zu einem zu niedrigen Gewinn (in der Zeit des Wachstums).

Im IFRS Conceptual Framework (2018), Abs 2.16, wird das Vorsichtsprinzip wie folgt beschrieben:

„Neutrality is supported by the exercise of prudence. Prudence is the exercise of caution when making judgements under conditions of uncertainty. The exercise of prudence means that assets and income are not overstated and liabilities and expenses are not understated. Equally, the exercise of prudence does not allow for the understatement of assets or income or the overstatement of liabilities or expenses. Such misstatements can lead to the overstatement or understatement of income or expenses in future periods."

Das Vorsichtsprinzip führt zu einer **systematischen Verzerrung** der Rechnungslegung. Damit vermindert es den Informationsgehalt der Rechnungslegung. Da das Vorsichtsprinzip jedoch eine charakteristische Eigenschaft von Rechnungslegungssystemen war und weiterhin ist, muss es **Vorteile** geben, die mit einer neutralen Rechnungslegung so nicht erzielbar sind. Mögliche **Gründe** für ein Vorsichtsprinzip umfassen[7]:

- Schutz von Gläubigern;
- effizientere Steuerung des Managements;
- steuerliche und sonstige rechtliche Konsequenzen.

Historisch wird das Vorsichtsprinzip im deutschsprachigen Raum vor allem mit dem **Gläubigerschutz** begründet. Geht man davon aus, dass Gläubiger vor einem Entzug des haftenden Eigenkapitals durch die Eigentümer mit der Rechnungslegung geschützt werden müssen, dann ist eine systematische Unterbewertung des Eigenkapitals ein Instrument, das die **Ausschüttung begrenzt**. Ob damit den Gläubigern ein guter Dienst erwiesen wird und sie damit einen wirksamen Schutz erfahren, ist aber offen. Dies wird ausführlich im 5. Kapitel: *Ausschüttungsbemessung* diskutiert.

Gläubiger sind als Kapitalgeber **asymmetrisch** am Erfolg des Unternehmens beteiligt; ihr Risiko ist im Wesentlichen die Insolvenz des Unternehmens. Deshalb haben sie ein besonderes Interesse an Untergrenzen der Werte des (Netto-)Vermögens, weil dies die Haftungsbasis darstellt und im Insolvenzfall eine **Absicherung** der Kredite ermöglichen soll. Diese Information wird von einer vorsichtigen Rechnungslegung geliefert.

Die **Performance des Managements** eines Unternehmens wird i. d. R. an Rechnungslegungsgrößen gemessen. Dies hat Konsequenzen für die Managemententlohnung, Karrierechancen, Reputation und ähnliches. Das Management hat daher einen Anreiz, die jeweiligen Erfolgsgrößen möglichst hoch auszuweisen. Dies kann neben produktiver Tätigkeit auch durch Bilanzpolitik (siehe 6. Kapitel: *Bilanzpolitik – Grundlagen*) erfolgen. Ein Vorsichtsprinzip begrenzt den Spielraum für eine Überbewertung und kann Bilanzpoli-

---

[7]Vgl insbesondere *Watts* (2003a), *Fülbier/Gassen/Sellhorn* (2008).

tik vermindern. Die frühe Erfassung künftig erwarteter Verluste kann auch auf Investitions- und Desinvestitionsentscheidungen des Managements Einfluss haben. Dies gilt insbesondere dann, wenn ein Manager einen kürzeren Zeithorizont hat und mögliche künftige Verluste nur über das Vorsichtsprinzip „spürt".

Neben den Gläubigern gibt es noch andere involvierte Institutionen, die eine asymmetrische Verlustfunktion und daher stärkeres Interesse an ungünstigen als an günstigen Informationen haben. Dies sind im Wesentlichen **Corporate Governance-Institutionen**. Eine wichtige Institution ist der **Aufsichtsrat** von Unternehmen, der die Geschäftsführung überwachen soll. Solange alles gut geht, ist dies offenbar recht einfach; passieren negative Ereignisse, ist der Aufsichtsrat stärker gefordert. Eine andere Institution ist der **Abschlussprüfer**. Deckt er einen Fehler nicht auf, aufgrund dessen ein zu hoher Gewinn ausgewiesen wird, sind die ihm dadurch entstehenden Kosten (z. B. Klagegefahr, Reputationsverlust) meist höher als im umgekehrten Fall.[8]

Ähnliches gilt für das **Enforcement**, durch welches die Durchsetzung der Rechnungslegung durch eine weitere Kontrollinstanz gesichert werden soll, für **Rechnungslegungsregulatoren** und für **Politiker**. Dass alles „gut geht", ist gewissermaßen der Normalfall, wofür es kein Lob gibt; wenn hingegen etwas passiert, wie z. B. ein „Bilanzskandal", wird sofort nach Schuldigen gesucht.

Eine weitere Begründung für einen Vorteil des Vorsichtsprinzips sind **steuerliche Konsequenzen**. Hängt die Bemessungsgrundlage für Ertragsteuern unmittelbar vom Gewinn im Jahresabschluss ab – wie dies z. B. in Deutschland aufgrund des Maßgeblichkeitsprinzips grundsätzlich zutrifft –, führt eine vorsichtige Gewinnermittlung bei gegebenen Steuersätzen zu einer Reduktion des Barwerts der Ertragsteuerzahlungen durch Hinausschieben von Steuerzahlungen. Ähnliches gilt – umgekehrt – für andere rechtliche Konsequenzen, etwa im Zusammenhang mit **regulatorischem Kapital** von Finanzinstitutionen. Unternehmen wollen ihr regulatorisches Kapital tendenziell höher ausweisen, während die Bankenaufsicht dies z. B. durch ein Vorsichtsprinzip verhindern möchte. Schließlich ist auch die **Gefahr einer Klage** durch Investoren (jedenfalls in den USA) deutlich höher, wenn ein Jahresabschluss das Unternehmen „zu günstig" darstellt, nicht aber umgekehrt.

Aus **ökonomischer Sicht** überzeugen diese Erklärungen nicht zur Gänze. So ist grundsätzlich unklar, weshalb mehr oder frühere Information nur bei ungünstigen Ereignissen erfolgen soll, nicht jedoch auch bei günstigen Informationen. Implizit gehen einige Begründungen für Vorsicht davon aus, dass bei Entfall des Vorsichtsprinzips weder günstige noch ungünstige Informationen berichtet werden. Die Fair Value-Bewertung würde aber die Adressaten sowohl über günstige als auch ungünstige Ereignisse informieren und wäre so gesehen vorteilhaft.

Vertragspartner können i. d. R. ganz gut abschätzen, welche Anreize für unerwünschtes Verhalten ein Vertrag mit sich bringt, und sie werden sich dagegen schützen. Wenn sie

---

[8]Vgl zB *Antle/Nalebuff* (1991).

dennoch einen Vertrag abschließen, der einen Spielraum eröffnet oder eine Möglichkeit für eine (*ex post*) „Ausbeutung" schafft, so wird dies vermutlich Bestandteil eines (*ex ante*) **optimalen Arrangements** sein.

Auf einem informationseffizienten Kapitalmarkt müssen die durch das Vorsichtsprinzip verursachten Informationsverzerrungen keinen wesentlichen Nachteil bewirken. Rationale Kapitalmarktteilnehmer sind sich der Verzerrungen bewusst und werden dies bei ihren Entscheidungen berücksichtigen. Sie werden im Durchschnitt daher nicht getäuscht; sie sind sozusagen „**preisgeschützt**". Vorsicht bewirkt allerdings i. d. R. einen **Informationsverlust** gegenüber unverzerrter Information (dieser ist durch die reduzierte Preissensitivität erkennbar), was gegebenenfalls zu Wertabschlägen führt.

Im Folgenden werden einige der Gründe, die für ein Vorsichtsprinzip ins Treffen geführt werden, näher diskutiert.

3.2   Ausprägungen von Vorsicht

Unbedingte und bedingte Vorsicht
Die meisten Rechnungslegungsstandards enthalten eine Vielzahl von Einzelregelungen, die das Vorsichtsprinzip konkretisieren. Aus ökonomischer Sicht können sie in zwei **Kategorien** eingeteilt werden[9]:

- Unbedingte Vorsicht,
- bedingte Vorsicht.

Unbedingte Vorsicht (*ex ante*-Vorsicht) wird durch Bilanzierungs- und Bewertungsregeln erzeugt, die unabhängig vom Eintreffen nachfolgender wertrelevanter Informationen eine Unterbewertung von Vermögenswerten (bzw. Überbewertung von Schulden) bewirken. Beispiele:

- Nichtaktivieren von Forschungs- und Entwicklungskosten;
- Ansatz eines Firmenwertes nur aufgrund eines Unternehmenszusammenschlusses (derivativer Firmenwert), nicht aber eines originären, selbst erwirtschafteten Firmenwertes (mangels dahinterstehender Transaktion);
- Bewertung zu historischen Anschaffungskosten von Vermögenswerten mit aktuell höherem Zeitwert;
- planmäßige Abschreibung von Vermögenswerten über einen kürzeren Zeitraum als die Nutzungsdauer oder mit einem degressiven Abschreibungsverfahren, wenn der Wertverlust nicht degressiv erfolgt.

---

[9] Vgl zB *Beaver/Ryan* (2005), S. 269 f.

Bedingte Vorsicht (*ex post*-Vorsicht) führt zu einer Abschreibung von Vermögenswerten bei Eintritt ungünstiger Ereignisse, nicht aber symmetrisch zu einer Zuschreibung oder Aufwertung bei Eintritt günstiger Ereignisse (ausgenommen Wertaufholung früher vorgenommener Abschreibung). Beispiele:

- Außerplanmäßige Abschreibungen von Anlage- und Umlaufvermögen;
- Bildung von Rückstellungen;
- Aktivierung latenter Steuern nur im Ausmaß, zu dem sie voraussichtlich genutzt werden können;
- Angaben, die nur für Risiken, nicht aber für Chancen erforderlich sind, wie die Risikoberichterstattung.

Beide Ausprägungen von Vorsicht führen zu einer systematischen Unterbewertung von Vermögenswerten oder Überbewertung von Schulden. Der wesentliche **Unterschied** liegt darin, dass bedingte Vorsicht einen höheren Informationsgehalt der Rechnungslegung bewirkt als unbedingte Vorsicht. Es werden nämlich neue wertrelevante Ereignisse in der Bewertung erfasst, wenngleich nur einseitig solche, die eine Wertminderung bewirken. **Unbedingte** und **bedingte Vorsicht** hängen miteinander negativ zusammen. Werden beispielsweise Entwicklungskosten gar nicht aktiviert (unbedingte Vorsicht), können sie in der Folge auch nicht außerplanmäßig abgeschrieben werden. Unbedingte Vorsicht kann daher bedingte Vorsicht verdrängen.[10]

Die empirische Literatur beurteilt unbedingte Vorsicht tendenziell als negative Eigenschaft eines Rechnungslegungssystems, während **bedingte Vorsicht als positive Eigenschaft** wahrgenommen wird. Diese Unterscheidung wird verständlich, weil unbedingte Vorsicht im Gegensatz zu bedingter Vorsicht Information unterdrückt. Weniger verständlich ist die positive Einschätzung bedingter Vorsicht, wenn man bedenkt, dass ja nur ungünstige Ereignisse, nicht jedoch auch günstige Ereignisse frühzeitig in der Rechnungslegung erfasst werden. Aus einer reinen Informationssicht sollte man meinen, dass auch bedingte Vorsicht relativ zu einer neutralen Bilanzierung ungünstig ist. Im 3. Kapitel: *Rechnungslegung und Kapitalmarkt* wird auf Qualitätskriterien der Rechnungslegung eingegangen.

Empirische Schätzung von Vorsicht
Empirische Studien, die Aussagen über Vorsicht in der Rechnungslegung treffen wollen, benötigen einen Maßstab für Vorsicht.[11]

Ein allgemeines Maß ist die **Marktpreis-Buchwert-Relation** des Eigenkapitals. Dieses Maß macht sich die Unterbewertung von Vermögenswerten und Überbewertung von Schulden zunutze, denn unbedingte wie auch bedingte Vorsicht bewirkt letztlich ein nied-

---

[10] Vgl zB *Beaver/Ryan* (2005), *Gassen/Fülbier/Sellhorn* (2006), *Qiang* (2007).
[11] Vgl dazu zB *Watts* (2003b), *Fülbier/Gassen/Sellhorn* (2008).

rigeres Eigenkapital als eine neutrale Rechnungslegung. Das heißt, mehr Vorsicht zeigt sich in einer höheren Marktpreis-Buchwert-Relation. In die Marktpreis-Buchwert-Relation fließen jedoch viele Einflüsse ein, und Vorsicht ist nur einer davon. Deshalb ist nicht völlig klar, welche Einflüsse in empirisch geschätzten Zusammenhängen wirklich maßgebend sind.

> Der Marktpreis enthält auch **Erwartungen über künftige Cashflows**, die aus nicht bilanzierungsfähigen Gegenständen herrühren, wie z. B. Wachstumschancen. Solange daher neutrale und vorsichtige Rechnungslegung solche Gegenstände nicht erfasst, übertreibt die Marktpreis-Buchwert-Relation die Effekte und sogar eine neutrale Rechnungslegung erschiene als vorsichtig. Für einen Vergleich zweier Rechnungslegungssysteme ist das Maß hingegen dennoch geeignet.

Für **bedingte Vorsicht** gibt es mehrere Maßgrößen. Sie verwenden die Eigenschaft, dass **Ereignisse**, die den Unternehmenswert beeinflussen, **asymmetrisch erfasst** werden: Negative Ereignisse werden sofort ergebniswirksam, positive hingegen nur zeitverzögert.

Weil Vorsicht Gewinne und Verluste asymmetrisch erfasst, sollten **Periodenabgrenzungen** (die Differenz zwischen Gewinn und operativem Cashflow) tendenziell **negativ** sein. Daher sollten auch **kumulative Periodenabgrenzungen** bei mehr Vorsicht stärker negativ sein. Die asymmetrische Erfassung von Ereignissen sollte sich auch in der **Schiefe der Verteilung** der Gewinne im Vergleich zur Schiefe der operativen Cashflows zeigen. Mehr Vorsicht äußert sich in einer stärker linksschiefen Verteilung der Gewinne.

Eine Konsequenz der asymmetrischen Erfassung ist, dass Verluste danach **weniger beständig** sein sollten als Gewinne, weil sie negative Ereignisse unmittelbar erfassen und sich im Folgejahr eher umkehren als Gewinne, wenn positive Ereignisse eher über längere Zeiträume erfasst werden. Dieser Zusammenhang kann über folgende lineare Regressionsgleichung geschätzt werden:

$$\frac{\Delta X_{it}}{P_{i,t-1}} = \alpha_0 + \alpha_1 D_{it} + \beta_0 \frac{\Delta X_{i,t-1}}{P_{i,t-2}} + \beta_1 D_{it} \frac{\Delta X_{i,t-1}}{P_{i,t-2}} + \varepsilon_{it}$$

Dabei bezeichnen:

X_{it} Gewinn des Unternehmens i im Jahr t

P_{it} Marktkapitalisierung des Unternehmens i am Ende des Jahres t

ΔX_{it} Gewinnänderung in der Periode t, $\Delta X_{it} = X_{it} - X_{i,t-1}$

D_{it} Indikatorvariable für positive oder negative Gewinnänderungen: $D_{it} = 0$ für $\Delta X_{i,t-1} \geq 0$, $D_{it} = 1$ für $\Delta X_{i,t-1} < 0$

ε_{it} Residualgröße für Unternehmen i und Jahr t.

Diese Regressionsgleichung stellt die Gewinnänderung einer Periode mit der Gewinnänderung der nächsten Periode in Beziehung. Geht man davon aus, dass Ergebnisänderungen zum Teil auf bestimmte einmalige Ereignisse zurückzuführen sind, sollten sich diese tendenziell **umkehren**. Die Indikatorvariable D trennt das Sample nach Unternehmen und Jahren mit positiver und negativer Gewinnänderung. Für $D = 0$ wird die „Basis-regression" geschätzt. Der Koeffizient β_0 sollte wegen der (teilweisen) Umkehrung kleiner als null sein. Bei negativer Gewinnänderung ist $D = 1$ und damit kommen zwei zusätzliche Terme in die Regression: ein weiterer fixer Term $(\alpha_1 D_{it})$ sowie ein weiterer Koeffizient β_1 zur Gewinnänderung der Vorperiode. Dieses β_1 sollte ebenfalls kleiner null sein und misst, um wieviel stärker sich eine Gewinnänderung bei vorsichtiger Rechnungslegung umkehrt.

Das bekannteste Maß für bedingte Vorsicht geht auf *Basu* (1997) zurück. Als **Indikator für günstige und ungünstige Ereignisse** über den Unternehmenswert werden die Markt-preisänderungen herangezogen: Eine positive (unerwartete) **Marktrendite** deutet auf günstige Information hin (und umgekehrt). Bedingte Vorsicht sollte bewirken, dass un-günstige Informationen in einen niedrigeren Gewinn münden, während günstige Informa-tionen nicht oder nur in geringem Umfang erfasst werden und damit nur ein geringfügig höherer Gewinn beobachtet wird. Dieses Maß wird daher auch als **asymmetrische Zeit-nähe** bezeichnet. Vorsicht wird mit folgender **Regression** geschätzt:

$$\frac{X_{it}}{P_{it-1}} = \alpha_0 + \alpha_1 D_{it} + \beta_0 R_{it} + \beta_1 D_{it} R_{it} + \varepsilon_{it} \qquad (4.15)$$

Dabei bezeichnen:

X_{it} Gewinn des Unternehmens i im Jahr t

P_{it} Marktkapitalisierung des Unternehmens i am Ende des Jahres t

R_{it} unerwartete Rendite des Unternehmens i im Jahr t

D_{it} Indikatorvariable für positive oder negative Renditen: $D_{it} = 0$ für $R_{it} \geq 0$, $D_{it} = 1$ für $R_{it} < 0$

ε_{it} Residualgröße für Unternehmen i und Jahr t.

Diese Regression ist eine Variante der Schätzung der **Wertrelevanz** von Gewinngrößen und misst die Assoziation des Gewinns X und der unerwarteten Marktrendite R. Für $D = 0$ bekommt man so genau eine Regression für die Wertrelevanz; sie ist allerdings eine „um-gekehrte" Regression, weil die Marktrendite die erklärende Größe für den Gewinn ist. Der Koeffizient β_0 entspricht der **Sensitivität des Gewinns** bei positiver Rendite. Dabei sollte $\beta_0 > 0$ gelten.

Für Unternehmen mit negativer Rendite ist $D = 1$, und der Koeffizient β_1 schätzt die zu-sätzliche Sensitivität von negativen Ereignissen. Bei bedingter Vorsicht sollte der Koeffi-zient $\beta_1 > 0$ sein. Die Summe $(\beta_0 + \beta_1)$ misst die Sensitivität des Gewinns bei negativer Rendite. Der absolute Koeffizient β_1 oder die relative Größe $(\beta_0 + \beta_1)/\beta_0$ sind Maße für be-dingte Vorsicht.

Für $\beta_0 > 0$ und $\beta_1 > 0$ folgt, dass der Anstieg im Bereich negativer Marktrenditen steiler ist als im Bereich positiver Marktrenditen. Abb. 4.2 zeigt diesen Knick; der Winkel zwi-schen den beiden Regressionsgeraden entspricht der Stärke von Vorsicht.[12]

---

[12] In der Grafik wird $\alpha_0 = 0$ und $\alpha_1 = 0$ angenommen.

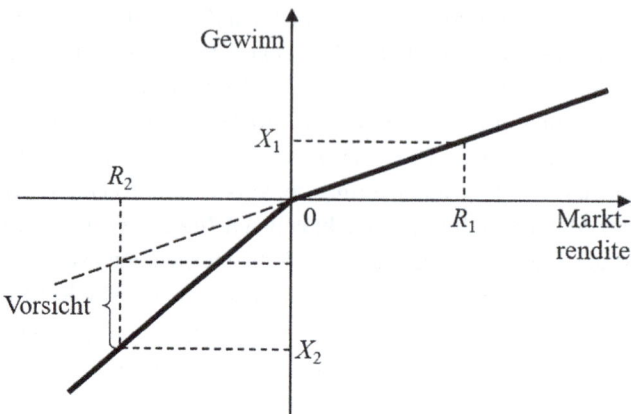

Abb. 4.2 Marktrendite und Gewinn bei bedingter Vorsicht (In Anlehnung an *Basu* (1997), S. 12)

Die Schätzung von Vorsicht mit der obigen Regression kann aus mehreren Gründen problematisch sein.[13] So wird angenommen, dass die **Marktrendite ein guter Indikator** für günstige oder ungünstige Unternehmensentwicklungen ist. Diese Annahme setzt voraus, dass der Markt **Informationsquellen** hat, die ihm faktisch alle wesentlichen Informationen über Unternehmen liefern. Die Rechnungslegung hinkt gewissermaßen nach, und es wird geprüft, ob sie diese Informationen letztlich auch in den Gewinnen nachvollzieht. Die Idee, dass die Rechnungslegung den Markt informiert und damit zur Preisbildung am Markt beiträgt, wird hier ins Gegenteil verkehrt.[14] Und ebenso wie Wertrelevanzmaße berücksichtigt dieses Maß keine **bilanzpolitischen Maßnahmen**, die ebenfalls zu unterschiedlichen Verläufen von Marktrendite und Gewinn führen können.

Das Maß für Vorsicht setzt voraus, dass Marktpreise vorhanden sind. Es kann daher nur für börsennotierte Unternehmen geschätzt werden. *Ball* und *Shivakumar* (2005) modifizieren das Maß für die Untersuchung nicht börsennotierter Unternehmen, indem sie anstelle von Marktrenditen **operative Cashflows** verwenden, sonst aber die Regression (4.15) unverändert lassen. Vorsichtige Rechnungslegung sollte eher in gewinnmindernden Periodenabgrenzungen münden. Jedoch lässt sich für diese Maßgrößen einwenden, dass Cashflows i. d. R. keine guten Indikatoren für günstige oder ungünstige Unternehmensentwicklungen in der betreffenden Periode sind, weil ihr zeitlicher Anfall von mehreren Faktoren abhängt.

---

[13] Siehe dazu auch *Ryan* (2006), *Givoly/Hayn/Nataragan* (2007), *Fülbier/Gassen/Sellhorn* (2008), *Ball/Kothari/Nikolaev* (2013), *Badia/Duro/Penalva/Ryan* (2021).

[14] Analytisch lassen sich jedoch ähnliche geknickte Kurven generieren, wenn man die Rechnungslegung als informativ für die Marktpreisbildung ansieht. Vgl *Gigler/Kanodia/Sapra/Venugopalan* (2009), *Wagenhofer* (2012).

Ein grundlegendes Problem mit der empirischen Schätzung von Vorsicht mit der *Basu*-Regression liegt darin, dass implizit davon ausgegangen wird, dass Gewinne und Verluste grundsätzlich gleich verteilt sind. Dies ist jedoch nicht der Fall. Mehrere Arbeiten belegen, dass Verluste über die Zeit weniger beständig sind als Gewinne. Beispielsweise werden verlustbringende Projekte i. d. R. rascher liquidiert und durch neue Projekte ersetzt. *Breuer/Windisch* (2019) sowie *Hemmer/Labro* (2019) zeigen anhand von Modellanalysen, dass sich auch ohne Verzerrungen der Gewinnermittlung durch das Vorsichtsprinzip dadurch ein Knick oder eine alternative konkave Gewinn-Marktrendite-Funktion ergibt.[15]

Empirische Ergebnisse
Zu vorsichtiger Rechnungslegung gibt es eine Fülle von empirischen Arbeiten. Im Folgenden werden nur einige wenige herausgegriffen, um einen Einblick in die **Ausprägung von Vorsicht in verschiedenen Rechnungslegungssystemen** zu gewinnen.[16] Es muss dabei jedoch immer bedacht werden, dass – wie oben diskutiert – die Maßgrößen für Vorsicht „mit Vorsicht" zu genießen sind und die Ergebnisse daher nicht überinterpretiert werden dürfen.

Givoly/Hayn (2000) zeigen in einer umfangreichen Analyse von US-amerikanischen Daten über einen Zeitraum von 1950 bis 1998, dass die US-amerikanische Rechnungslegung erstens vorsichtig und zweitens die **Vorsicht im Zeitablauf gestiegen** ist. Dies gilt insbesondere für Maße wie die kumulativen Periodenabgrenzungen und die asymmetrische Zeitnähe. Die Marktpreis-Buchwert-Relation ist bis etwa Anfang der 1980er-Jahre gefallen und dann aber deutlich gestiegen. Das Steigen der Vorsicht ist durchaus überraschend, weil viele meinen, dass Vorsicht in den US-amerikanischen Standards tendenziell an Bedeutung verloren hat. *Givoly* und *Hayn* identifizieren allerdings keine spezifischen Gründe für das Steigen der Vorsicht.

Ball/Kothari/Robin (2000) schätzen die bedingte Vorsicht in der Rechnungslegung von sieben Staaten mit Daten über einen Zeitraum von 1985 bis 1995. Als Ergebnisgröße in der Regression (4.15) verwenden sie das Netto-Jahresergebnis vor außerordentlichen Posten. Tab. 4.1 gibt die Koeffizienten β_0 und β_1 sowie das Bestimmtheitsmaß R^2 wieder.

Die Ergebnisse zeigen, dass die **bedingte Vorsicht in *common law*-Staaten** erheblich **größer** ist als in *code law*-Staaten. Interpretiert man die Assoziation von Gewinnen mit Renditen als Informationsgehalt der Rechnungslegung, so ist dieser in *common law*-Staaten ebenfalls erheblich größer als in *code law*-Staaten. Die Autoren gehen davon aus, dass *common law*-Staaten die Investoren und Kapitalmärkte (und damit den Bedarf nach rascher Veröffentlichung von Informationen) fokussieren, während die *code law*-Staaten dagegen eher die Stakeholder in den Mittelpunkt stellen (und eher eine Glättung von Informationen wünschen).

---

[15] Empirische Analysen zeigen dies ebenfalls. Vgl zB *Lawrence/Sloan/Sun* (2018).

[16] Überblicke über Forschungsergebnisse finden sich zB in *Watts* (2003b) und *Mora/Walker* (2015).

Tab. 4.1 Bedingte Vorsicht in verschiedenen Staaten

Staat	β_0	β_1	Korr. R^2
Australien	–0,01	0,37	9,1
Kanada	0,00	0,40	17,0
USA	0,03	0,29	14,7
Großbritannien	0,04	0,15	13,8
Frankreich	0,08	0,07	12,6
Deutschland	0,05	0,10	5,4
Japan	0,01	0,01	4,2
Common law-Staaten	0,02	0,31	14,4
Code law-Staaten	0,04	0,01	5,2

Ball/Kothari/Robin (2000), S. 22. *Als common law*-Staaten wurden Australien, Kanada und USA zusammengefasst, als *code law*-Staaten Frankreich, Deutschland und Japan. Großbritannien wurde nicht zugeordnet

Ein **Grund** für dieses Ergebnis kann darin liegen, dass nur die bedingte Vorsicht gemessen wird. Da eine hohe unbedingte Vorsicht den Spielraum für bedingte Vorsicht reduziert, bedeuten die Ergebnisse nicht unbedingt, dass die Rechnungslegung auch hinsichtlich der Bewertung des Nettovermögens vorsichtiger ist. Dies wäre konsistent mit der Annahme, dass etwa deutsche Abschlüsse besonders vorsichtig sind (im unbedingten Sinn). So finden *Pae/Thornton/Welker* (2005) signifikant größere bedingte Vorsicht bei Unternehmen, die eine geringere Marktpreis-Buchwert-Relation aufweisen. *Gassen/Fülbier/Sellhorn* (2006) zeigen auch noch, dass unterschiedliche Gewinnglättung ein Grund für internationale Unterschiede in der Vorsicht ist.

Ball/Shivakumar (2005) untersuchen britische Unternehmen und zeigen, dass **asymmetrische Zeitnähe in börsennotierten Unternehmen** trotz im Grunde gleicher Regelungen erheblich stärker ausgeprägt ist als in nicht börsennotierten Unternehmen. Sie begründen dies damit, dass börsennotierte Unternehmen stärker von einer Marktnachfrage nach bedingter Vorsicht betroffen sind als nicht börsennotierte Unternehmen, die eher von steuerlichen und ausschüttungsbedingten Erwägungen beeinflusst sind und Rechnungslegungsdaten in geringerem Umfang für Verträge mit Gläubigern, Managern und anderen verwenden.

Qiang (2007) analysiert den Zusammenhang von möglichen Gründen für Vorsicht mit bedingter und unbedingter Vorsicht für die USA. Die Messung erfolgt durch eine Regression der Marktpreis-Buchwert-Relation und kumulativen Marktrenditen ähnlich wie bei der asymmetrischen Zeitnähe. *Qiang* findet Folgendes[17]:

- Vertragsgestaltung führt eher zu bedingter Vorsicht;
- größere Klagegefahr führt zu beiden Arten von Vorsicht;
- größere Regulierungsgefahr führt eher zu unbedingter Vorsicht;
- steuerliche Gründe führen eher zu unbedingter Vorsicht.

---

[17] *García Lara/García Osma/Penalva* (2009) erweitern diese Studie und finden, dass Regulierung und Steuern auch beide Arten von Vorsicht erhöhen.

Diese Ergebnisse deuten darauf hin, dass **bedingte Vorsicht eine erwünschte Eigenschaft** ist und offenbar ein Qualitätsmerkmal der Rechnungslegung bildet, weil sie informativ für die Vertragsgestaltung ist. Die anderen Gründe für Vorsicht führen zu Vorsicht insgesamt, die vor allem darauf ausgerichtet ist, das Eigenkapital und damit einen frühzeitigen Gewinnausweis zu mindern.

3.3 Repräsentation von Vorsicht im Informationssystem

Die Beispiele von unbedingter und bedingter Vorsicht zeigen bereits, dass Vorsicht in der Rechnungslegung in **unterschiedlichen Ausprägungen** auftaucht.[18] Eine Ausprägung basiert auf der Eigenschaft, dass Vorsicht die **Eintrittswahrscheinlichkeit eines ungünstigen Signals** erhöht und diejenige eines günstigen Signals vermindert. Die Idee ist hier, dass im Zweifel eher ungünstige Situationen berichtet werden. Eine andere Ausprägung geht davon aus, dass günstige Signale gar nicht berichtet werden, ungünstige Signale jedoch in der Rechnungslegung erfasst werden. Dies liegt z. B. Regelungen zu außerplanmäßigen Abschreibungen zugrunde.

Die Effekte einer **Verschiebung von Eintrittswahrscheinlichkeiten** können am einfachsten in folgender Situation gezeigt werden. Angenommen, es gibt nur zwei mögliche künftige Zustände, einen günstigen mit einem Cashflow von $x = x_H$ und einen ungünstigen mit einem Cashflow von $x = x_L$, wobei $x_H > x_L$. Der günstige Zustand tritt mit Wahrscheinlichkeit $q \in (0,1)$ ein, der ungünstige mit $1 - q$.

Das Informationssystem liefert ein binäres Signal $y \in \{y_L, y_H\}$ über den künftigen Cashflow. Seine Eigenschaften werden durch zwei Wahrscheinlichkeiten f_L und f_H beschrieben, mit denen das Informationssystem den künftigen Cashflow korrekt berichtet: $\Pr(y_L|x_L) = f_L \geq 0{,}5$ ist die Wahrscheinlichkeit, dass bei einem Zustand x_L das Signal y_L lautet; $\Pr(y_H|x_H) = f_H \geq 0{,}5$ die Wahrscheinlichkeit, dass das Signal y_H bei einem Zustand x_H auftritt. Damit sind $(1 - f_L)$ und $(1 - f_H)$ die **Fehler vom Typ I und Typ II**.

Ein Informationssystem mit $f_L + f_H = 2$ ist perfekt, eines mit $f_L + f_H = 1$ liefert überhaupt keine Information über die künftigen Cashflows. Je höher $f_L + f_H$ ist, umso größer ist die **Präzision des Informationssystems** insgesamt. Abb. 4.3 stellt diese Situation dar.

Die **Eintrittswahrscheinlichkeiten** der beiden Signale sind:

$$\Pr\left(y_L\right) = \left(1-q\right)f_L + q\left(1-f_H\right)$$
$$\Pr\left(y_H\right) = \left(1-q\right)\left(1-f_L\right) + qf_H$$

Mit Beobachtung eines Signals ist eine Erwartungsrevision über die künftigen Cashflows verbunden. Der **Erwartungswert** des Ergebnisses x ohne Information beträgt

$$\mathrm{E}\left[\tilde{x}\right] = \left(1-q\right)x_L + qx_H$$

---

[18] Vgl zum Folgenden *Ewert/Wagenhofer* (2012) und *Wagenhofer* (2012).

Abb. 4.3 Ein binäres
Informationssystem

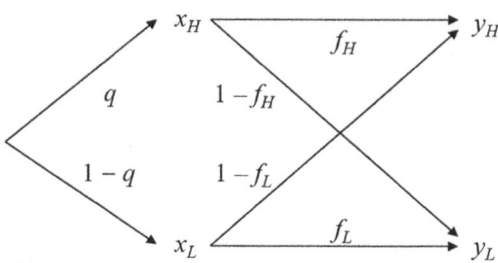

und bei Beobachtung eines Signals ergibt sich:

$$
E\left[\tilde{x}|y_L\right] = \frac{(1-q)f_L x_L + q(1-f_H)x_H}{\Pr(y_L)} < E\left[\tilde{x}\right]
$$

$$
E\left[\tilde{x}|y_H\right] = \frac{(1-q)(1-f_L)x_L + qf_H x_H}{\Pr(y_H)} > E\left[\tilde{x}\right]
$$

(4.16)

Geht man davon aus, dass in einem **unverzerrten Informationssystem** beide Typen von Fehlern gleich häufig sind, gilt $f_L = f_H$. **Vorsicht** führt dann dazu, dass ein ungünstiger Zustand wahrscheinlicher zu einem ungünstigen Signal führt (und umgekehrt), was sich in $f_L > f_H$ ausdrückt.[19] Erhöht man die Vorsicht eines Informationssystems, indem f_L erhöht und f_H um denselben Betrag reduziert wird, ergeben sich folgende Auswirkungen:

- Eine Erhöhung von Vorsicht erhöht die **Eintrittswahrscheinlichkeit** des ungünstigen Signals y_L und verringert diejenige des günstigen Signals y_H. Das entspricht der Charakterisierung, dass vorsichtige Rechnungslegung eher ungünstige Signale berichtet.
- Gleichzeitig führt eine Erhöhung von Vorsicht dazu, dass das günstige Signal **präziser** über den Zustand informiert und damit höheren **Informationsgehalt** aufweist. Dies äußert sich in einer mit Vorsicht steigenden Änderung des Erwartungswertes gemäß (4.16). Intuitiv erkennt man diesen Effekt in Abb. 4.3, wenn man extreme Vorsicht annimmt, bei der $f_L = 1$ wird. Dann kann aus einer Beobachtung des günstigen Signals y_H *exakt* auf den hohen Cashflow x_H geschlossen werden. Umgekehrt wird das ungünstige Signal y_L entsprechend weniger informativ.

Letztlich führt eine **Änderung der Vorsicht** eines Informationssystems zu einer Veränderung der Fehler vom Typ I und II. Wenn nun an das Signal ökonomische Entscheidungen geknüpft sind, hängt der Vorteil eines bestimmten Informationssystems von der Höhe der **Nutzeneinbußen** durch diese beiden Fehler ab. Ob also ein vorsichtiges Informationssystem besser oder schlechter als ein neutrales ist, wird durch das dahinterstehende

---

[19] Vgl *Gigler/Kanodia/Sapra/Venugopalan* (2009), S. 778–784, mit einer allgemeineren Charakterisierung für beliebige Signale.

Entscheidungsproblem bestimmt. Und es sind Fälle vorstellbar, in denen mehr oder weniger Vorsicht günstiger ist. Darauf wird im Abschn. 3.4 noch genauer eingegangen.

Eintrittswahrscheinlichkeiten und Informationsgehalt von Signalen
Die Änderung von Eintrittswahrscheinlichkeiten und Informationsgehalt durch eine Veränderung der Eigenschaften eines Informationssystems lassen sich mit der Analogie der Benotung von Klausuren demonstrieren (*Gigler/Kanodia/Sapra/Venugopalan* 2009, S. 768 f).

Außenstehende sehen nur die Note, haben aber keinen Einblick in die Klausuren selbst. Angenommen, ein Vortragender benotet Klausuren sehr streng. Dann ist es schwer bis fast unmöglich, dass weniger gute Studierende ein Sehr gut bekommen, aber es gibt viele gute Studierende, die schlechte Noten bekommen. Beobachtet man jemanden, der ein Sehr gut erzielt hat, kann man fast sicher sein, dass dies ein sehr guter Studierender ist. Beobachtet man jemanden mit einer schlechten Note, erfährt man nicht sehr viel über die Qualität des Studierenden.

Benotet ein Vortragender Klausuren sehr weich, dann werden viele Studierende ein Sehr gut erhalten, aber dies sagt wenig über deren Qualität aus. Bei jemandem mit einer schlechten Note kann man dagegen fast sicher sein, dass es sich um jemanden mit schlechter Qualität handelt.

Eine alternative Repräsentation von Vorsicht eines Informationssystems basiert auf einer asymmetrischen **Berichterstattung** über zugrunde liegende Informationen. Angenommen, das obige binäre Informationssystem liefert nur mit Wahrscheinlichkeit p ein Signal. Ein **vorsichtiges Rechnungslegungssystem** berichtet nur das ungünstige Signal y_L, sonst jedoch gar nichts (Abb. 4.4).[20]

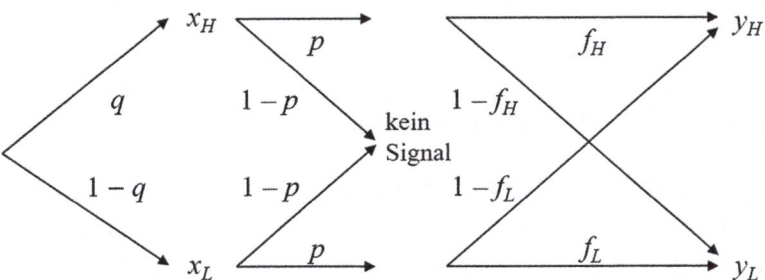

Abb. 4.4 Ein erweitertes Informationssystem

---

[20] Entsprechend wäre ein unvorsichtiges Rechnungslegungssystem nur durch Bericht von y_H gekennzeichnet. Dies gilt unabhängig von den Wahrscheinlichkeiten f_L und f_H, die als gegeben betrachtet werden.

Ein Beispiel ist die **Bewertung von Anlagevermögen** auf Basis der Anschaffungskosten. Bei Vorliegen eines ungünstigen Signals y_L muss außerplanmäßig abgeschrieben werden, bei einem Signal y_H darf hingegen keine Aufwertung (über die fortgeschriebenen Anschaffungskosten hinaus) erfolgen. Es kann aber auch sein, dass das Unternehmen gar kein Signal empfängt, weil z. B. kein Indikator für eine Wertminderung vorliegt. Somit kann die Situation einer günstigen zugrunde liegenden Information nicht von einer Situation unterschieden werden kann, in der gar keine Information bekannt ist.

Die **Eintrittswahrscheinlichkeiten** der beiden Ereignisse sind nun wie folgt:

$$\Pr(y_L, p) = p \cdot \left[(1-q) \cdot f_L + q \cdot (1 - f_H) \right]$$
$$\Pr(y_H, p) = p \cdot \left[(1-q) \cdot (1 - f_L) + qf_H \right]$$
$$\Pr(N) = (1-p) + p \cdot \left[(1-q) \cdot (1 - f_L) + qf_H \right]$$

wobei $N = \{$(kein Signal, $y_H\}$ zusammenfasst. Die **Erwartungsrevision** beträgt:

$$E\left[\tilde{x} | y_L \right] = \frac{(1-q) \cdot f_L x_L + q \cdot (1 - f_H) \cdot x_H}{(1-q) \cdot f_L + q \cdot (1 - f_H)} < E\left[\tilde{x} \right]$$

$$E\left[\tilde{x} | N \right] = \frac{(1-p)}{(1-p) + p \cdot \Pr(y_H)} \cdot E\left[\tilde{x} \right] + \frac{p \cdot \Pr(y_H)}{(1-p) + p \cdot \Pr(y_H)} \cdot E\left[\tilde{x} | y_H \right] > E\left[\tilde{x} \right]$$

Die Erwartungsrevision bei Bericht von y_L ist gleich groß wie in (4.16). Im Fall keines Berichts entspricht sie dem Durchschnitt derjenigen bei Signal y_H und dem ursprünglichen Erwartungswert $E\left[\tilde{x} \right]$ und ist entsprechend geringer, je kleiner die Wahrscheinlichkeit p ist, dass Information vorhanden ist. Anders betrachtet ist jedoch im Fall, dass z. B. *keine* außerplanmäßige Abschreibung erfolgt ist, von einem *höheren* Wert als dem Buchwert auszugehen. Eine Interpretation des Buchwertes als beste Schätzung des dahinter liegenden Wertes des Anlagevermögens entspricht keiner rationalen Interpretation der Rechnungslegung.

3.4   Vorsicht und Fremdfinanzierung

Ein häufig genanntes Argument für vorsichtige Rechnungslegung ist ihr **Nutzen für den Gläubigerschutz**. In diesem Abschnitt werden zwei Modelle dargestellt, die zeigen, ob dieser Nutzen besteht, worin er besteht und wie sich dies auf die gewünschten Eigenschaften der Rechnungslegung auswirkt.[21] In beiden Modellen hat ein Unternehmen eine **Investitionsmöglichkeit** und muss diese **fremdfinanzieren**. Die Szenarien unterscheiden sich

---

[21] Weitere Aspekte zum Gläubigerschutz werden im 5. Kapitel: *Ausschüttungsbemessung* behandelt.

in dem Zweck, zu dem Rechnungslegungsinformation benötigt wird, im Zeitpunkt, zu dem Information zur Verfügung steht und in den Entscheidungen, die das Management des Unternehmens trifft.

Vorsicht in der Bewertung von Sicherheiten

Ein Modell, in dem es um die Bewertung von Sicherheiten im Zuge einer Kreditaufnahme geht, stammt von *Göx/Wagenhofer* (2009). Ein Unternehmen kann in ein **Investitionsprojekt** investieren, das Investitionskosten von I verursacht und einen riskanten künftigen Cashflow erzielt, der $X > 0$ mit Wahrscheinlichkeit q und null mit Wahrscheinlichkeit $1 - q$ beträgt. Diese Wahrscheinlichkeit hängt vom **Arbeitseinsatz** des Managers ab, der Disnutzen $V > 0$ verursacht. *Ex ante* ist das Investitionsprojekt nur dann vorteilhaft, wenn der Manager hohe Arbeitsleistung erbringt, die $q_H > q_L$ bedingt *($q_H X > I$ und $q_L X < I$)*. Der Manager ist risikoneutral und arbeitet im besten Interesse des Unternehmens (unter Beachtung seines Disnutzens).

Um zu investieren, benötigt das Unternehmen **Fremdkapital** in Höhe der gesamten Investition von I. Die Rückzahlung D an den Gläubiger muss aus dem Cashflow des Projekts gedeckt sein, d. h. $D \leq X$. Bei einem Cashflow von 0 kann das Unternehmen daher nichts zurückzahlen, es hat aber **Sicherheiten** zur Verfügung, die einen Wert von A haben. Dieser Wert kommt dem Gläubiger bei Verwertung der Sicherheiten zugute.

Der **Gläubiger** ist ebenfalls risikoneutral und in einem kompetitiven Markt tätig. Die Kreditkonditionen werden daher so gewählt, dass er einen erwarteten Gewinn von Null erzielt. Unter der Voraussetzung, dass der Manager die hohe Arbeitsleistung erbringt, muss die folgende Bedingung erfüllt sein:

$$q_H D + \left(1 - q_H\right) A - I \geq 0 \tag{4.17}$$

Der Manager wird eine hohe Arbeitsleistung erbringen, wenn

$$q_H \left(X - D\right) + \left(1 - q_H\right)\left(-A\right) - V \geq q_L \left(X - D\right) + \left(1 - q_L\right)\left(-A\right)$$

$$D \leq X + A - \frac{V}{q_H - q_L}$$

Diese Bedingung gibt eine **Obergrenze für die Rückzahlung** D an, die dem Manager gerade genug Überschuss bei erfolgreichem Projektverlauf belässt, dass er einen Anreiz hat, die hohe Arbeitsleistung zu erbringen.

Der **Wert der Sicherheiten** A vor Vertragsabschluss ist daher für beide Vertragspartner ein wichtiger **Vertragsbestandteil**.[22] Höhere Sicherheiten ermöglichen eher, dass das Projekt finanziert wird. Der Grenzwert, der sich aus den obigen Bedingungen ergibt, sei $\hat{A}$, so dass für $A \geq \hat{A}$ eine Finanzierung erfolgen kann.

---

[22] Vereinfachend wird angenommen, dass der bilanzierte Wert gleichzeitig dem Wert entspricht, den der Gläubiger im Fall der Verwertung der Sicherheiten erlösen kann.

Die Rechnungslegung liefert nun Informationen genau über A. Dabei wird angenommen, dass

$$\tilde{A} = \mu + \tilde{\varepsilon} + \tilde{\xi}$$

wobei μ der erwartete Wert ist und $\tilde{\varepsilon}$ und $\tilde{\xi}$ zwei unabhängig verteilte Zufallsvariablen mit Erwartungswert jeweils von 0 bezeichnen. Das Informationssystem liefert ein Signal

$$\tilde{y} = \mu + \tilde{\xi}$$

d. h. die Information besteht aus einer der beiden Risikokomponenten von A. Der Erwartungswert des Signals y ist $\mathrm{E}[y] = \mu$, und der bedingte Erwartungswert nach Erhalt des Signals y wird zu $\mathrm{E}\left[\hat{A}|y\right] = \mathrm{E}\left[y + \tilde{\varepsilon}|y\right] = y$.

Das **Rechnungslegungssystem** wird im Voraus eingerichtet. Darin wird festgelegt, welche y die Bewertung der Sicherheiten ändern und welche nicht, formal also, welche y in der Menge derjenigen Signale enthalten sind, die berichtet werden. Die Menge der y, die im Gleichgewicht nicht berichtet werden, sei mit N bezeichnet. Die Frage ist, welche Eigenschaften ein optimales Rechnungslegungssystem aufweist.

Rationale Erwartungen des Gläubigers in Abhängigkeit von der Berichtspolitik sind wie folgt definiert[23]:

$$E\left[\tilde{A}|y\right] = y$$
$$E\left[\tilde{A}|N\right] = E\left[\tilde{A}|y \in N\right]$$

Die optimale Rechnungslegung maximiert die **Wahrscheinlichkeit**, dass das Projekt durchgeführt wird – dieses hat schließlich positiven Kapitalwert (bei hoher Arbeitsleistung) – bzw. dass eine Finanzierung erfolgt; denn in diesem Fall wird das Projekt jedenfalls durchgeführt.

Intuitiv würde man zunächst davon ausgehen, dass der Manager ein Interesse hat, *hohe* Signale y zu berichten, denn für alle $y \geq \hat{A}$ kommt es zu einer Finanzierung des Projekts. *Ex ante* beträgt die Wahrscheinlichkeit, dass finanziert wird, $1 - F\left(\hat{A}\right)$, wobei F die Verteilungsfunktion der y bezeichnet. Wird nicht berichtet, schließt der Gläubiger, dass $y \in N = \left\{y|y < \hat{A}\right\}$ und damit $\mathrm{E}\left[\tilde{A}|y < \hat{A}\right] < \hat{A}$ ist. In diesem Fall wird kein Kredit gegeben. Ein solches Rechnungslegungssystem ist *unvorsichtig,* weil es nur günstige Informationen berichtet, ungünstige hingegen nicht.

Es gibt aber eine strikt bessere **Lösung**[24]: Das optimale Rechnungslegungssystem hat gerade *umgekehrt* die Eigenschaft, dass nur *ungünstige* y berichtet werden. Konkret werden $y < y^N$ berichtet und $y \geq y^N$ nicht. Der Grenzwert y^N wird im Gleichgewicht so gewählt, dass $\mathrm{E}\left[\tilde{A}|y \geq y^N\right] = \hat{A}$ beträgt. Daraus ergibt sich, dass bei Bericht von y gewissermaßen

---

[23] Vgl dazu ausführlicher 8. Kapitel: *Publizität und Publizitätsanreize,* insbesondere Abschn. 2.
[24] Vgl *Göx/Wagenhofer* (2009).

eine **außerplanmäßige Abschreibung** der Sicherheiten erfolgt und aufgrund des niedrigen Wertes kein Kredit vergeben wird.[25] Umgekehrt, wird nicht berichtet, entspricht der bedingte Erwartungswert gerade dem notwendigen Grenzwert $\hat{A}$ für die Vergabe des Kredits. Diese Rechnungslegung ist deshalb besser, weil eine Finanzierung mit Wahrscheinlichkeit von

$$1 - F\left(y^N\right) > 1 - F\left(\hat{A}\right)$$

häufiger erfolgt, was wegen $y^N < \hat{A}$ gilt. Dies ist gleichzeitig das optimale Rechnungslegungssystem, und es ist **vorsichtig** in dem Sinne, dass **nur ungünstige Signale berichtet** werden, günstige hingegen nicht. Dieses Rechnungslegungssystem ist in Abb. 4.5 dargestellt. Das Unternehmen profitiert also von einer vorsichtigen Rechnungslegung; und der Gläubiger ist indifferent, weil er durch den Vertrag (im Durchschnitt) preisgeschützt ist (Teilnahmebedingung (4.17)).

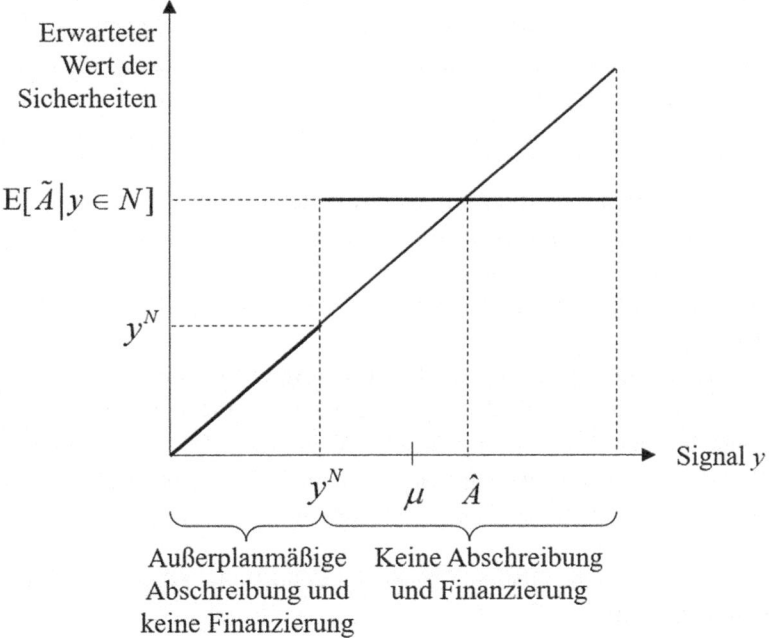

Abb. 4.5 Optimales Rechnungslegungssystem

---

[25] Diese Lösung setzt eine Verpflichtung des Unternehmens zu dieser Form der Berichterstattung voraus. Die Modellstruktur ist auch als *Bayesian persuasion* bekannt (vgl *Kamenica/Gentzkow* 2011).

Vorsicht und Vertragsklauseln

Im Folgenden wird ebenfalls angenommen, dass das Unternehmen ein **Investitionsprojekt** fremdfinanzieren muss, dieses jedoch stets einen positiven erwarteten Kapitalwert aufweist und deshalb immer durchgeführt wird. Dieses Modell ist eine einfache Variante des Modells von *Gigler/Kanodia/Sapra/Venugopalan* (2009).[26] Die Struktur der Cashflows ist wie folgt: Mit Wahrscheinlichkeit q ist das Umfeld günstig (g), und der Cashflow ist mit Wahrscheinlichkeit p gleich $x = X > 0$ und mit Wahrscheinlichkeit $1 - p$ gleich $x = 0$. Mit Wahrscheinlichkeit $1 - q$ ist das Umfeld ungünstig *(b)*, weshalb der Cashflow immer null beträgt. *Ex ante* beträgt der Erwartungswert der künftigen Cashflows qpX, und es wird angenommen, dass $qpX > I$ ist, d. h. das Projekt hat einen strikt positiven Erwartungswert des Kapitalwertes und wird immer durchgeführt.

Das Projekt wird zur Gänze fremdfinanziert. Der **Kreditvertrag** sieht eine Rückzahlung (einschließlich Zinsen) von D in einer Höhe vor, dass der Gläubiger gerade einen erwarteten Gewinn von null erhält (Teilnahmebedingung im Konkurrenzgleichgewicht). Daraus folgt wegen des positiven Ausfallrisikos $D > I$. Weiter muss $X > D$ gelten, d. h. die Rückzahlung D kann aus dem positiven Cashflow bezahlt werden.

Nach Investition erhält der Manager ein Signal aus dem **Rechnungslegungssystem**, das unvollständige Information über den künftigen Cashflow liefert. Dieses sei wie in Abb. 4.3 mit den Wahrscheinlichkeiten f_L und f_H definiert. In diesem Stadium kann das Projekt abgebrochen werden, wodurch ein **Liquidationserlös** von $L > 0$ erzielt wird. Der Liquidationserlös ist geringer als die Investitionskosten, $I > L$. Weiter wird $pD < L$ angenommen.[27]

Der Manager erzielt aus der Fortführung des Projekts, unabhängig von dessen Erfolg, einen **privaten nichtmonetären Nutzen**, der einen monetären Gegenwert von $B > 0$ hat, wobei $B < L$ sei. Dieser Nutzen resultiert z. B. aus dem Aufbau von Erfahrung oder Ressourcenpräferenzen und steht den Gläubigern nicht für die Abdeckung ihrer Forderungen zur Verfügung.

Das Signal kann nun dazu dienen, die **Fortführungsentscheidung** zu unterstützen. Es wird angenommen, dass es ausreichend präzise ist, dass das Projekt bei Erhalt eines ungünstigen Signals y_L abgebrochen werden sollte, d. h. $\Pr(x = X \mid y_L)X < L$, womit es bei Erhalt eines günstigen Signals y_H weitergeführt wird, d. h. $\Pr(x \mid y_H)x > L$, weil der erwartete Cashflow über den Liquidationskosten liegt. Tab. 4.2 fasst die möglichen Situationen zusammen.

Das Unternehmen und der Gläubiger haben hinsichtlich der Fortführungsentscheidung einen **Interessenkonflikt**:

---

[26] Dazu wird als Grundszenario jenes von *Gao* (2013) verwendet.

[27] Diese Annahme dient dazu, dass der Gläubiger immer den Abbruch bevorzugt (siehe Tab. 4.2). Insgesamt implizieren die Annahmen: $X > D > I > L > pD$ und $X > qpX > I$.

Tab. 4.2 Zustandsabhängiger Nutzen von Unternehmen und Gläubiger

Fall	Umfeld	Signal	Wahrscheinlichkeit	Entscheidung	Cashflow	Nutzen Manager	Gläubiger
(i)	b	y_L	$(1-q)f_L$	Abbruch	L	0	L
(ii)	b	y_H	$(1-q)(1-f_L)$	Fortführung	0	B	0
(iii)	g	y_L	$q(1-f_H)$	Abbruch	L	0	L
(iv)	g	y_H	qf_H	Fortführung	pX	$p(X-D)+B$	pD

- Der **Manager** möchte das Projekt immer **fortführen**, weil er – gleichgültig welches Umfeld tatsächlich vorliegt – immer einen strikt positiven Nutzen aus der Fortführung zieht, während er im Fall des Abbruchs einen Nutzen von 0 hat.
- Der **Gläubiger** möchte das Projekt dagegen immer **abbrechen** und den Liquidationserlös erzielen (aufgrund von $L > pD$).

Betrachtet man die erwarteten Cashflows insgesamt, so sollte die Entscheidung bei ungünstigem Umfeld Abbruch und bei günstigem Umfeld Fortführung sein. Da das Informationssystem annahmegemäß hinreichend präzise ist, bedeutet dies, dass es einen Vorteil bringt, wenn der **Kreditvertrag** eine **Vertragsklausel** (*covenant*) enthält, in der bei günstigem Signal y_H das Unternehmen weiterhin das Entscheidungsrecht über das Investitionsprojekt behält, während bei ungünstigem Signal y_L der Gläubiger das Entscheidungsrecht zugesprochen erhält.

Die Frage ist nun wiederum, ob in dieser Situation – und für dieses Entscheidungsproblem – eine vorsichtige oder unvorsichtige Rechnungslegung günstig ist. Betrachtet man nochmals Tab. 4.2, so gibt es vier Zustände, zwei davon, in denen das Signal das Umfeld korrekt wiedergibt (Fall (i) und (iv)), aber auch zwei Zustände, in denen die Entscheidung aufgrund des Signals falsch ist:

- **Fehler vom Typ I** (Fall (iii)): In diesem Fall wird das Projekt abgebrochen, obwohl es günstiger wäre, es fortzuführen. Der erwartete gesamte Nachteil aus diesem Fehler beträgt (siehe Tab. 4.2)

$$-q\big(1-f_H\big)\big(pX+B-L\big)$$

- **Fehler vom Typ II** (Fall (ii)): In diesem Fall wird das Projekt weitergeführt, obwohl es günstiger wäre, es abzubrechen. Der erwartete gesamte Nachteil aus diesem Fehler beträgt

$$-\big(1-q\big)\big(1-f_L\big)\big(L-B\big)$$

Nimmt man an, dass die **Summe der Fehlerwahrscheinlichkeiten** $f_L + f_H = 1 + F$ konstant mit $0 < F < 1$ ist, dann ist die Summe der erwarteten Verluste

$$-q\left(f_{L}-F\right)\left(pX+B-L\right)-\left(1-q\right)\left(1-f_{L}\right)\left(L-B\right) \qquad (4.18)$$

Die Vorsicht der Rechnungslegung kann nun über die Verschiebung der Fehlerwahrscheinlichkeiten festgelegt werden. Die erste Ableitung von (4.18) nach f_{L} lautet

$$-q\left(pX+B-L\right)+\left(1-q\right)\left(L-B\right)=-\left(qpX+B-L\right)<0$$

wobei die Ungleichung aufgrund des positiven Kapitalwerts $qpX>I>L$ und $B>0$ folgt. Für das optimale Rechnungslegungssystem sollte daher f_{L} möglichst klein und umgekehrt f_{H} möglichst groß gewählt werden. In der vorliegenden Struktur ergibt sich die Randlösung $f_{L}=F$ und $f_{H}=1$. Dieses **Rechnungslegungssystem** ist damit möglichst **unvorsichtig**![28]

Dieses Ergebnis folgt intuitiv aus einem Vergleich der erwarteten **Verluste** aufgrund des **Fehlers vom Typ I und II**. Der Fehler vom Typ I, nämlich das Projekt abzubrechen anstelle fortzuführen, führt hier zu einem gravierenderen Nachteil *ex ante,* und deshalb ist es günstig, die Wahrscheinlichkeit eines ungünstigen Signals $\Pr(y_{L})$ möglichst zu reduzieren, was durch $f_{H}=1$ gelingt. Dadurch wird umgekehrt das Signal y_{L} so präzise wie möglich, und es kommt zu einer Verringerung der Wahrscheinlichkeit eines Abbruchs – wenngleich auf der anderen Seite mehr Projekte weitergeführt werden als sinnvoll ist.

Diese Analyse zeigt, dass intuitiv **plausible Vermutungen**, dass ein vorsichtiges Rechnungslegungssystem zum Vorteil der Gläubiger ist bzw. zur Verbesserung der Konditionen von Krediten dient, *nicht* immer zutreffen. Es gibt jedoch einige Abwandlungen der vorliegenden Entscheidungssituationen, in denen eine vorsichtige Rechnungslegung doch wieder günstig wird.[29] Es hängt damit sehr stark vom jeweiligen **Entscheidungsproblem** ab, wie die Rechnungslegung gestaltet sein sollte.

3.5   Vorsicht und Managementanreize

In diesem Abschnitt wird der Frage nachgegangen, ob eine Rechnungslegung mit Vorsichtsprinzip für Managementanreize günstig oder ungünstig ist. Dazu wird ein Agency-Modell betrachtet, in dem der Prinzipal im Vorfeld die Vorsicht der Rechnungslegung bestimmen kann.

Beschränkte Haftung des Managers
Das folgende Modell ist eine vereinfachte Variante des Modells von *Kwon/Newman/Suh* (2001). Betrachtet wird ein **binäres Agency-Modell** mit einem binären stochastischen Er-

---

[28] *Gigler/Kanodia/Sapra/Venugopalan* (2009) zeigen dieses Ergebnis für allgemeinere Modellannahmen.

[29] Vgl zB *Caskey/Hughes* (2012) mit einem zusätzlichen Risikoanreizproblem *(asset substitution)* oder *Li* (2013) mit der Einführung von Nachverhandlungen.

gebnis $\tilde{x} \in \{0,1\}$. Die Arbeitsleistung bestimmt die Wahrscheinlichkeit p, mit der das hohe Ergebnis $x = 1$ auftritt. Bei niedriger Arbeitsleistung beträgt diese Wahrscheinlichkeit p_L *und bei hoher Arbeitsleistung* p_H, und es gilt: $p_L, p_H \in (0, 1)$ sowie $p_L < p_H$. Der Disnutzen des Agenten bei hoher Arbeitsleistung beträgt $V > 0$ und bei niedrigerer Arbeitsleistung null. Der Reservationsnutzen des Agenten ist vereinfachend ebenfalls null. Prinzipal und Agent sind risikoneutral, und es besteht bezüglich der Vertragsgestaltung die Restriktion, dass die Entlohnung des Agenten nicht negativ sein darf (beschränkte Haftung).

Das Ergebnis ist bis zum Zeitpunkt der Entlohnung des Agenten nicht beobachtbar (z. B. weil es langfristige Erfolgswirkungen enthält). Das Rechnungswesen berichtet allerdings eine Ergebnisgröße $y \in \{y_L, y_H\}$, die kontrahierbar ist und analoge Eigenschaften aufweist wie im vorigen Abschnitt:

$$\Pr\left(y_L \middle| x_L\right) = f_L \geq 0,5 \quad \text{und} \quad \Pr\left(y_H \middle| x_H\right) = f_H \geq 0,5$$

Die Wahrscheinlichkeiten $(1 - f_L)$ und $(1 - f_H)$ sind wiederum die **Fehler vom Typ I und Typ II**.

Der Prinzipal möchte die hohe Arbeitsleistung p_H induzieren (sonst würde kein Agency-Problem bestehen) und muss daher bei einem Bericht y_H eine höhere Entlohnung anbieten als bei y_L, weil die hohe Arbeitsleistung die Wahrscheinlichkeit des hohen Ergebnisses erhöht. Die optimale Entlohnungsstruktur beträgt daher $s \equiv s(y_H) > s(y_L) = 0$. *Da der Agent aber auch bei niedriger Arbeitsleistung mit positiver Wahrscheinlichkeit einen hohen Bericht erzielt, ohne dass er einen Disnutzen hätte, erhält er immer einen strikt positiven Nutzen.*

Der Prinzipal maximiert den erwarteten Nutzen

$$E\left[U^P\right] = p_H - \Pr\left(y_H \middle| p_H\right)s \tag{4.19}$$

(wobei das hohe Ergebnis $x = 1$ im ersten Term berücksichtigt ist). Diese Maximierung ist äquivalent zur Minimierung der erwarteten Entlohnung, $\Pr(y_H | p_H)s$. Die Anreizbedingung des Agenten zur Wahl der hohen Arbeitsleistung lautet

$$\mathrm{E}\left[U^A \middle| p_H\right] \geq \mathrm{E}\left[U^A \middle| p_L\right] \quad \Rightarrow \quad \Pr\left(y_H \middle| p_H\right)s - V \geq \Pr\left(y_H \middle| p_L\right)s > 0 \tag{4.20}$$

wobei die **Eintrittswahrscheinlichkeiten** wie folgt gegeben sind:

$$\Pr\left(y_H \middle| p_H\right) = \left(1 - p_H\right)\left(1 - f_L\right) + p_H f_H$$
$$\Pr\left(y_H \middle| p_L\right) = \left(1 - p_L\right)\left(1 - f_L\right) + p_L f_H$$

Die Reservationsbedingung ist aufgrund von $s > 0$ automatisch gewährleistet.

Die optimale Entlohnung ergibt sich daher, dass s möglichst niedrig gesetzt wird, damit es die Anreizbedingung (4.20) gerade noch erfüllt, d. h.

$$s = \frac{V}{\Pr\left(y_H \,|\, p_H\right) - \Pr\left(y_H \,|\, p_L\right)}$$

$$= \frac{V}{\left(p_H - p_L\right)F} \tag{4.21}$$

wobei $f_L + f_H - 1 \equiv F$ gesetzt wird. Die für den Prinzipal relevanten *erwarteten* Entlohnungskosten betragen

$$E\left[s \,|\, p_H\right] = \Pr\left(y_H \,|\, p_H\right)s$$

$$= \frac{\left(1 - f_L\right) + p_H F}{\left(p_H - p_L\right)F} V \tag{4.22}$$

Das **optimale Rechnungslegungssystem** ergibt sich durch Minimierung der erwarteten Entlohnungskosten. Hält man die Präzision des Rechnungslegungssystems F konstant und ändert nur den Grad der Vorsicht, ergibt sich aus Gl. (4.22) unmittelbar, dass die erwarteten Entlohnungskosten umso kleiner sind, je größer f_L wird. Das Minimum ist $f_L = 1$. Das heißt aber nichts anderes, als dass die optimale Rechnungslegung **maximale Vorsicht** umfasst.

Warum ist hier eine Vorsicht optimal? Der Grund liegt in der **beschränkten Haftung** bzw. der Mindestentlohnung des Agenten von $s \geq 0$. Diese verhindert, dass die Entlohnung s_L bei Beobachtung einer ungünstigen Information y_L negativ gesetzt werden kann und damit hinreichend stark als Sanktion wirksam wird. Die in y_L enthaltene Information wird daher nicht in vollem Umfang genutzt. Macht man nun y_L weniger präzise, schadet dies im vorliegenden Fall nicht (alle Komponenten mit $s_L = 0$ fallen weg). Gleichzeitig wird dadurch der Informationsgehalt von y_H gesteigert, und da s_H nicht beschränkt ist, kann der höhere Informationsgehalt besser verwertet werden. Eine vorsichtige Rechnungslegung macht nun genau das: Sie erhöht den Informationsgehalt von y_H, weil sie den Fehler dabei reduziert (bzw. in der optimalen Lösung (bei $f_L = 1$) sogar gleich null setzt), während sie den Informationsgehalt von y_L reduziert – bei Beobachtung von y_L kann weniger genau auf x_L oder x_H geschlossen werden.

Chen/Mittendorf/Zhang (2010) erweitern diese Situation dadurch, dass der Manager zwei Aktionen zu wählen hat, eine Aktion, die den Erwartungswert des Ergebnisses x erhöht, und eine andere Aktion, die deren **Risiko reduziert**. Sie finden, dass das optimale Informationssystem **unvorsichtig** sein muss. Der Grund liegt darin, dass ein Anreiz zu Risikoreduktion erfordert, dass besonders ungünstige, aber auch besonders günstige Ergebnisse zu weniger Entlohnung führen. Denn auch ein sehr günstiges Ergebnis ist ein Indikator für ein hohes Risiko. Ein günstiges Ergebnis muss aber weiterhin höher entlohnt werden als ein ungünstiges, um Anreize zur Erhöhung des Erwartungswertes des Ergebnisses zu schaffen. Dies führt zu einem Tradeoff, der letztlich zu einem (moderat) unvorsichtigen Informationssystem führt.

Zusammenfassend zeigt diese Analyse, dass eine vorsichtige Rechnungslegung in einem Anreizkontext eine **erwünschte Eigenschaft** sein kann. Sie wird dazu genutzt, um Nachteile durch exogene **Einschränkungen der Vertragsgestaltung** zu mindern. Im Beispiel ist dies beschränkte Haftung des Managers, welche die Entlohnung einschränkt. Es gibt jedoch auch andere Einschränkungen, wie z. B. standardisierte Vertragsformen, mangelnde Verpflichtungsmöglichkeit und damit Nachverhandlungsmöglichkeiten, die ebenfalls mit einer gewünschten Verzerrung von Information gemildert werden können.

Vorteile des Niederstwertprinzips

Im Modell von *Dutta/Zhang* (2002) trifft ein Agent Produktions-, Kostenmanagement- und Verkaufsentscheidungen. Sie untersuchen darin die Auswirkungen einer Bewertung zu Herstellungskosten und zum Zeitwert, der dem Erwartungswert der möglichen künftigen Verkaufspreise entspricht, auf diese Entscheidungen.

Sie zeigen zum einen, dass die Bewertung zu Herstellungskosten gepaart mit einer Entlohnung auf Basis des Residualgewinns optimale Produktions- und Kostenmanagemententscheidungen sicherstellt, während dies bei einer Bewertung zum Zeitwert nur im Ausnahmefall gelingt.

Zum anderen zeigen sie, dass das Niederstwertprinzip Anreize zu unternehmensoptimalen Entscheidungen gibt, wenn der Agent einen Entscheidungsspielraum besitzt, in welcher Periode er die produzierten Güter verkauft. Mit der Bewertung zum niedrigeren Wert von Herstellungskosten und Zeitwert wird nämlich verhindert, dass der Agent weitgehend wertlose Produkte so lange auf Lager belässt, bis er das Unternehmen verlassen hat, um den dadurch entstehenden Verlust nicht auf seine Entlohnung durchschlagen zu lassen.

Einschränkung von Bilanzpolitik

Die bisherigen Modelle gehen von einer Rechnungslegung aus, die vom Manager nicht manipuliert werden kann. Die Eingrenzung eines bestehenden **bilanzpolitischen Spielraums** wird aber ebenfalls als ein Argument für das Vorsichtsprinzip genannt. Dies ist insbesondere dann relevant, wenn ein Agent eine Entlohnung erhält, die im Performancemaß steigt. Auf Bilanzpolitik wird ausführlich im 7. Kapitel: *Bilanzpolitik – Spezialfragen* eingegangen. Hier werden deshalb nur einige grundsätzliche Überlegungen dargestellt.

Als Ausgangspunkt dient wiederum ein **Agency-Modell**, in dem ein Manager eine Arbeitsleistung erbringt, die das erwartete Ergebnis erhöht, aber ihm privaten Disnutzen verursacht. Angenommen, die Performance wird über ein Signal aus der Rechnungslegung gemessen, das binär mit y_L und y_H ist, wobei y_H auf ein höheres Ergebnis hinweist. Dann ist die optimale Entlohnung dergestalt, dass der Manager für y_H eine **höhere Entlohnung** (oder einen Bonus) erhält als für y_L.

Kann nun der Manager das Signal manipulieren, wird er seine **erwartete Entlohnung steigern** wollen, indem er öfter y_H anstelle von y_L berichtet. Verursacht ihm eine solche **Bilanzpolitik** Kosten, muss er den Effekt auf seine erwartete Entlohnung gegenüber diesen Kosten abwägen. *Bertomeu/Darrough/Xue* (2017) betrachten eine Bilanzpolitik, bei welcher der Manager *ex ante* eine Wahrscheinlichkeit wählt, mit der ein niedriges Signal y_L als hohes berichtet wird – und damit die hohe Entlohnung anfällt. Die Bilanzpolitik verursacht weiteren Disnutzen und erhöht damit die Kosten für den Prinzipal. Verspricht dieser

Abb. 4.6 Bilanzpolitik
und Vorsicht

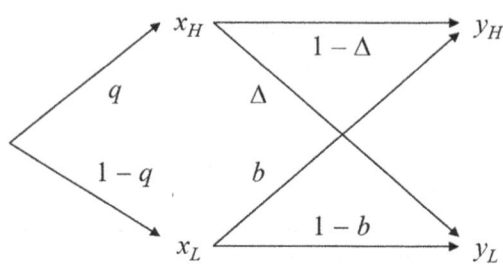

eine höhere Entlohnung s, erhöht das nicht nur die produktive Arbeitsleistung, sondern gleichzeitig die Bilanzpolitik. Daher darf Vorsicht nicht zu hoch gewählt werden, um hohe Arbeitsanreize zu bieten. Mit höherer Vorsicht tritt ja das ungünstige Signal y_L häufiger auf, was zu einer höheren Wahrscheinlichkeit bilanzpolitischer Maßnahmen und damit zu höheren Kosten für den Prinzipal durch die Notwendigkeit des Ausgleichs des Disnutzens kommt.

Chen/Hemmer/Zhang (2007) analysieren eine andere Situation, in welcher der Manager Bilanzpolitik betreiben kann. Abb. 4.6 stellt diese vereinfacht dar, indem von einem vollkommenen Informationssystem ausgegangen wird, das x an den Manager fehlerlos berichtet. Der Manager wählt nun die Wahrscheinlichkeit $b > 0$, mit dem ein tatsächlich niedriges Signal als hohes Signal y_H berichtet wird. Natürlich antizipiert der Prinzipal einen solchen Anreiz und wird dies bei der Gestaltung des Managementvertrags entsprechend berücksichtigen.

Chen/Hemmer/Zhang (2007) zeigen nun, dass die bewusste Einführung einer vorsichtigen Verzerrung, in Abb. 4.6 durch den Parameter $\Delta > 0$ symbolisiert, zu einer Verbesserung führt. Steigendes Δ wird als höhere Vorsicht definiert (und sie verringert im Gegensatz zu obigen Modellen die Präzision des Informationssystems). Eine solche Verzerrung verringert den **Grenznutzen der Bilanzpolitik**, weil das Signal y_H weniger wahrscheinlich und aufgrund des relativ höheren Effekts der Bilanzpolitik auf seinen Informationsgehalt unpräziser wird. Der Manager reduziert deshalb – bei gleichen Grenzkosten – seine Bilanzpolitik. Diesem Vorteil steht allerdings der Nachteil eines verzerrten Informationssystems in Bezug auf die Entlohnung gegenüber. Im Optimum wird die Verzerrung $\Delta > 0$ entsprechend austariert. Das heißt, es besteht ein **negativer Zusammenhang zwischen Vorsicht und Bilanzpolitik**.[30]

Wenn man die Ausgangssituation etwas abändert, lässt sich aber auch ein umgekehrtes Resultat zeigen. Dazu wird auf das in Abb. 4.3 gezeigte Informationssystem mit f_L und f_H zurückgegriffen, und es wird $f_L + f_H - 1 = F$ fixiert. Angenommen, das Informationssystem ist bereits völlig „unvorsichtig", d. h. $f_H = 1$. Dann hat der Manager gar keinen Spielraum mehr, *ex ante* das Informationssystem durch Bilanzpolitik noch „unvorsichtiger" zu ma-

---

[30] In einer empirischen Studie finden *García Lara/García Osma/Penalva* (2012), dass mehr bedingte Vorsicht mit weniger buchmäßiger Bilanzpolitik assoziiert ist. Gleichzeitig erhöht sie reale Bilanzpolitik.

chen. Je vorsichtiger das Informationssystem ursprünglich ist (höheres f_L und niedrigeres f_H) desto größer wird der Spielraum für Bilanzpolitik. Daraus ergibt sich (wie auch im obigen Ansatz von *Bertomeu/Darrough/Xue* (2017)) ein **positiver Zusammenhang zwischen Vorsicht und Bilanzpolitik.**

Gao (2013) untersucht die Eigenschaft von Vorsicht, wonach die Erfassung günstiger Signale einen höheren **Grad an Verifikation** erfordert als die Erfassung ungünstiger Signale. Dies formalisiert die Idee, dass erwartete Verluste in der Rechnungslegung vorwegzunehmen sind, während erwartete Gewinne erst dann erfasst werden, wenn sie faktisch sicher sind. Berichtet ein Manager ein ungünstiges Signal y_L, ist eine Verifikation nicht erforderlich, da eindeutig ist, dass der Manager keine ergebniserhöhende Bilanzpolitik gemacht hat. Wird hingegen ein günstiges Signal y_H berichtet, so ist eine Verifikation nützlich, weil sie den Vorteil von Bilanzpolitik vermindert und damit den Umfang von Bilanzpolitik reduziert. Dies ist konsistent mit vorsichtiger Rechnungslegung.

Diese Ergebnisse hängen natürlich stark an der Annahme, dass das Management typischerweise **gewinnerhöhende Bilanzpolitik** betreibt. Siehe dazu auch 6. Kapitel: *Bilanzpolitik – Grundlagen.*

Zusammenfassend ergibt sich, dass die Vorteilhaftigkeit eines Vorsichtsprinzips von der jeweils betrachteten **Entscheidungs- und Informationssituation abhängig** ist. Allgemein gilt jedoch, dass ein **neutrales** Rechnungslegungssystem grundsätzlich *niemals* optimal ist.

4 Fair Value-Bewertung

Kaum ein Bilanzierungsthema erhitzt die Gemüter derart wie die Frage, ob die Bewertung von Vermögenswerten, Schulden auf Basis von Anschaffungswerten oder zu Zeitwerten erfolgen sollte. Dabei wird der Zeitwert vornehmlich in Form des sogenannten **Fair Value** definiert. Im Folgenden werden wichtige Aspekte dieser Diskussion vorgestellt. Nach einer konzeptionellen Betrachtung von Zeitwerten wird auf die Verwendung der Fair Value-Bewertung in den IFRS eingegangen. Anschließend wird geprüft, wie Fair Values in einem Anreizsystem zur Steuerung von Managemententscheidungen wirken. Zum Schluss wird kurz auf mögliche Zusammenhänge der Fair Value-Bewertung mit der Finanzmarktstabilität eingegangen.

4.1 Konzepte für Zeitwerte

Bei der Diskussion von Wertrelevanz (*value relevance*) im 3. Kapitel: *Rechnungslegung und Kapitalmarkt* wurde gezeigt, dass die Zielsetzung der Entscheidungsnützlichkeit typischerweise in die Bestandteile **Relevanz** und **Verlässlichkeit** von Informationen zerlegt wird. Dabei werden Informationen als relevant bezeichnet, wenn sie in der Lage sind,

Erwartungen von Anlegern über die Vermögens-, Ertrags- und Finanzlage eines Unternehmens zu verändern. Solche Erwartungen beziehen sich naturgemäß stets auf **künftige Sachverhalte**.

Unter dem Blickwinkel der Relevanz schneiden **Anschaffungskosten** im Vergleich zu Zeitwerten ziemlich ungünstig ab. Besitzt ein Unternehmen z. B. ein Grundstück für seine Fabrikanlagen, so entspricht der Buchwert dieses Grundstücks bei einer Bewertung zu historischen Anschaffungswerten auch nach vielen Jahren noch dem damaligen Anschaffungspreis, selbst wenn sich zwischenzeitlich bedeutsame Wertänderungen ergeben haben sollten. Damit wird offenbar keine Information über die *aktuelle* Vermögenslage gegeben, und die Anleger wären nicht in der Lage, zeitnahe Erwartungen über künftig erzielbare Cashflows (die ggf. auch die Erträge aus einem Grundstücksverkauf einschließen) zu bilden.

Die Anschaffungskostenbewertung in der Rechnungslegung sieht jedoch keine reine Bewertung zu historischen Anschaffungskosten vor, sondern ergänzt das Anschaffungswertprinzip um ein **Niederstwertprinzip**, das aus dem **Vorsichtsprinzip** folgt. Danach werden Wertänderungen **asymmetrisch** erfasst, weil zwar wesentliche Wertminderungen, nicht aber Wertsteigerungen (über die Anschaffungskosten hinaus) im Wertansatz berücksichtigt werden. Möchte man daher zeitnahe Werte in der Rechnungslegung darstellen, scheint im Sinne der **Relevanz** eine Bewertung mit aktuellen Zeitwerten erforderlich.

Der **Zeitwert** ist jedoch kein eindeutiger Wert, sondern hängt je nach **Konzept** von zahlreichen Faktoren bzw. Annahmen ab:

- **Veräußerungspreis**: Dies ist der Preis, der heute für den *Verkauf* des Gutes am Markt erzielbar wäre (*exit price*). Dabei wäre zu klären, ob Kosten eines Verkaufs zu berücksichtigen sind, außerdem hängt ein solcher Preis davon ab, unter welchem *Verkaufsdruck* das Unternehmen steht. Wenn etwa wegen Liquiditätsschwierigkeiten rasch verkauft werden muss (Liquidationspreis), wird der Preis geringer sein als ein Preis, den man ohne Zwangslage erzielen kann. Darüber hinaus steht für viele Güter der **relevante Markt** nicht ohne weiteres fest. Hat man z. B. ein unfertiges Erzeugnis, das als Komponente in verschiedene Endprodukte eingebaut wird, könnte man sich entweder an einem potenziellen Marktpreis der Komponente oder an den Verkaufspreisen der Endprodukte orientieren, wobei die noch anfallenden Kosten bis zur Fertigstellung abgezogen werden müssten. Es wäre auch zu klären, an welchem Endprodukt man sich orientieren sollte. Ein weiteres Problem taucht dann auf, wenn sich für Vermögenswerte **kein „aktiver" Markt** finden lässt. Hat ein Unternehmen z. B. eine Fertigungsanlage als Spezialanfertigung beschafft, wird man für diese spezifische Anlage später kaum einen Sekundärmarkt identifizieren können.
- **Wiederbeschaffungspreis**: Dieser Wert entspricht jenem Preis, den man heute für den *Erwerb* des gleichen Gutes zahlen müsste (*entry price*). Neben der Frage, welcher Markt betrachtet werden soll, ist auch unklar, ob ein exakt gleiches Gut wiederbeschafft werden soll, selbst wenn sich die Leistungsmerkmale geändert haben, oder wie technischer Fortschritt berücksichtigt werden kann. Weiter können allfällige Anschaffungsnebenkosten ebenfalls berücksichtigt werden oder nicht.

- **Nutzungswert**: Der Nutzungswert (*value in use*) ist der **Barwert** der künftig erzielbaren Cashflows bei Verwendung im Unternehmen auf Basis der aktuellen Erwartungen. Aus Sicht des Relevanzkriteriums hat dieser Ansatz den Charme, dass direkt auf Ertragswerte abgestellt wird. Dieser Wert berücksichtigt, dass das Unternehmen Vermögenswerte gerade nicht verkaufen, sondern im Produktionsprozess nutzen will. Neben der grundsätzlichen Schätzproblematik künftiger Cashflows und dem damit verbundenen Ermessensspielraum besteht beim Nutzungswert die technische Schwierigkeit, dass vielen Vermögenswerten gar keine eigenständigen Überschüsse aus dem Produktionsprozess zugeordnet werden können (z. B. einem Grundstück, auf dem eine Fabrikanlage steht). Sie sind dann nur im Rahmen übergeordneter Einheiten bewertbar, wobei das Herunterbrechen des Gesamtwertes auf den Einzelwert des Gutes zwangsläufig willkürlich ist.
- **Kombinierte Werte**: Diese verwenden verschiedene Wertkonzepte, aus denen je nach Situation ein Wert als repräsentativ ausgewählt wird. Zwei solche kombinierten Werte sind die folgenden:

  Erzielbarer Betrag: Er ist der höhere Wert aus Nutzungswert und beizulegendem Zeitwert abzüglich Veräußerungskosten und wird für den Impairment-Test nach IAS 36 ermittelt. Der *höhere* Wert ergibt sich aus einer angenommenen optimalen Verwendungsentscheidung des Managements, wie das zu bewertende Gut weiter verwendet wird: Ist der Nutzungswert höher, sollte das Unternehmen das Gut weiter im Unternehmen nutzen, ist der beizulegende Zeitwert abzüglich Veräußerungskosten höher, sollte es das Gut eigentlich verkaufen und den Veräußerungserlös realisieren.

  Deprival value (*value to the business*): Dieser Wert verwendet den erzielbaren Betrag und berücksichtigt eine zusätzliche Entscheidung des Managements zum erzielbaren Betrag, nämlich den Wiederbeschaffungswert. Der *deprival value* entspricht dem Nachteil, der dem Unternehmen entstünde, wenn ihm das Gut entzogen würde, es also darüber nicht mehr verfügen könnte. So könnte der Schaden im Verlust der künftig erzielbaren Überschüsse und mithin im Nutzungswert bestehen. Kann man das Gut wiederbeschaffen und ist der Wiederbeschaffungswert niedriger als der Nutzungswert, sollte das Unternehmen optimal eine Ersatzbeschaffung vornehmen (siehe Abb. 4.7).

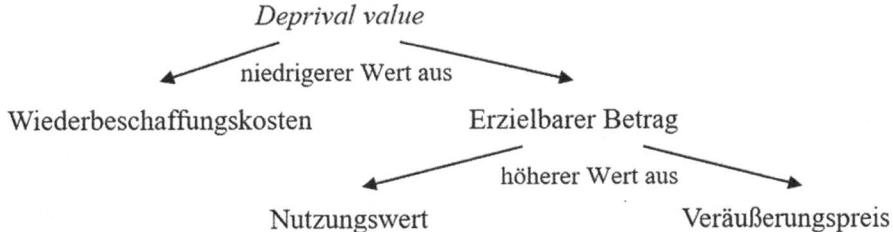

Abb. 4.7 Erzielbarer Betrag und *deprival value*

Hinter einem Zeitwert verbergen sich also **grundsätzlich sehr heterogene Vorstellungen,** und deshalb ist es nicht verwunderlich, dass die einzelnen Zeitwerte zu unterschiedlichen Werten für ein zu bewertendes Gut führen. Die obigen **Konzepte konvergieren** genau dann, wenn es für jedes Gut **vollständige** und **vollkommene Märkte ohne Transaktionskosten** bei **symmetrischer Informationsverteilung** zwischen allen Marktteilnehmern und freiem Marktzugang gibt.[31] Dann nämlich wird *jedes Gut* (Endprodukte und Produktionsfaktoren) zu *jedem Zeitpunkt* gehandelt.[32] In diesem Fall entsprechen einander Wiederbeschaffungs- und Veräußerungspreis, aber auch Nutzungswert. Jeder Marktteilnehmer wäre bezüglich der Unternehmensentscheidungen an einer Maximierung seines Wohlstands interessiert; und weil alle Akteure den gleichen Zugang zu allen Vermögenswerten haben und den gleichen Informationsstand besitzen, müssen die *allseits beobachtbaren Marktpreise* im *Gleichgewicht den Ertragswerten* bei bestmöglicher Verwendung der jeweiligen Güter (bzw. Kombinationen von Produktionsfaktoren) entsprechen. **Problematisch** ist zweierlei: Erstens wird unter diesen Bedingungen eine Rechnungslegung völlig unnötig (worüber sollte sie noch „entscheidungsnützliche" Informationen liefern?), und zweitens steht es außer Zweifel, dass diese Bedingungen in der Realität nicht anzutreffen sind.

Die Diskussion um möglichst zweckentsprechende **Zeitwerte** hat in der Rechnungslegung eine sehr lange Tradition, die bis ins 19. Jahrhundert reicht. Bewertungskonzeptionen bilden auch Grundbausteine der verschiedenen **Bilanztheorien,** die über 100 Jahre in verschiedenen Ausprägungen entwickelt wurden.[33] Die jeweils favorisierte Bewertungskonzeption wird darin durch die Betonung ganz bestimmter Zielsetzungen, Faktoren und Annahmen begründet.

Zeitwerte, gleichgültig welchem Konzept sie folgen, bergen damit vielfältige und unterschiedliche **Ermittlungsprobleme** und **Ermessensspielräume** in sich. Damit erweisen sich Zeitwerte aus Sicht der **Entscheidungsnützlichkeit** insofern als problematisch, weil sie – im Vergleich zu Anschaffungswerten – zwar eher **relevant** sind, doch dem Kriterium der **Verlässlichkeit** nicht oder nur unzureichend genügen. Es gibt derzeit kein Rechnungslegungssystem, das vollständig auf einer Zeitwertbewertung aufbaut. In bestehenden Rechnungslegungssystemen (z. B. HGB, IFRS, US-GAAP) werden Zeitwerte selektiv für bestimmte Sachverhalte verwendet und für andere nicht. Dies deutet auf den notwendigen **Kompromiss** der Stärken und Schwächen der jeweiligen Bewertungskonzepte hin.

---

[31] Vgl insbesondere *Beaver/Demski* (1979).

[32] Bei *Unsicherheit* impliziert die Annahme vollständiger Märkte, dass jedes Gut auch für jede Zeit-Zustandskombination handelbar ist. Man könnte also zB heute einen Vertrag schließen, der den Kauf einer Produktkomponente in zwei Jahren für den Fall beinhaltet, dass die Europäische Zentralbank den Leitzins bis dahin um mehr als 1 % angehoben hätte. Der heute zu zahlende Preis wäre der Marktpreis für diese spezifische Kombination des Gutes zu einem bestimmten Zustand eines bestimmten Zeitpunkts. Auf diese Weise wäre der Markt in der Lage, jede denkbare Produkt- und Konsumstruktur zu gewährleisten.

[33] Siehe zu einer Übersicht *Schneider* (2002).

4.2   Fair Value in IFRS

Definition

In den letzten Jahren hat gerade in der internationalen Rechnungslegung eine **spezifische Kategorie von Zeitwerten** unter dem Namen **Fair Value** besondere Bedeutung erlangt. Als Grund wird ins Treffen geführt, dass der Fair Value als einziges Bewertungskonzept umfassend und intern konsistent ist und die qualitativen Anforderungen im **IFRS-Rahmenkonzept** sehr gut erfüllt.[34] Danach erfasst der Fair Value am besten die zum Bewertungszeitpunkt **bestehende wirtschaftliche Situation**; er führt zu **vergleichbarer** Information, weil er nur von den Eigenschaften des Gegenstandes abhängt, nicht aber von Eigenschaften des Unternehmens; und er wird über die Zeit **konsistent** ermittelt.

Nachdem die damit verbundenen Inhalte zumeist in etlichen Einzelvorschriften enthalten waren, beschloss das IASB im Jahr 2011 den Standard **IFRS 13**, der die Bemessung des Fair Value (in der offiziellen Übersetzung: **beizulegender Zeitwert**) im Detail regelt.

Der Fair Value ist gemäß IFRS 13 **definiert** als der „Preis, der in einem geordneten Geschäftsvorfall zwischen Marktteilnehmern am Bemessungsstichtag für den Verkauf eines Vermögenswerts eingenommen bzw. für die Übertragung einer Schuld gezahlt würde". Damit handelt es sich konzeptionell um einen **Veräußerungspreis**, allerdings **ohne** allfällige **Verkaufskosten** zu berücksichtigen. Zugrunde liegt eine **fiktive Transaktion**, und damit handelt es sich um einen hypothetischen Veräußerungspreis, der auf Basis folgender Annahmen ermittelt wird:

- **Geordneter Geschäftsvorfall**: Damit wird z. B. ausgeschlossen, dass es sich um einen Zwangsverkauf handelt, etwa aus einem Liquiditätsengpass. Wenn es mehrere Märkte gibt, ist der Hauptmarkt des Unternehmens zu beachten, und wenn es keinen Hauptmarkt gibt, der vorteilhafteste Markt.
- **Unabhängige Marktteilnehmer**: Die hypothetischen Marktteilnehmer handeln in ihrem besten wirtschaftlichen Interesse. Das Unternehmen legt bei der Bewertung die Annahmen zugrunde, die Marktteilnehmer bei ihrer Preisbildung verwenden würden. Dazu zählen auch übliche Risiken, wie das der Nichterfüllung des Vertrags (Kreditrisiko).
- **Höchste und beste Verwendung** der Gegenstände (für nicht finanzielle Vermögenswerte): Es ist nicht diejenige Verwendung ausschlaggebend, im Rahmen welcher das Unternehmen den Gegenstand tatsächlich verwendet, sondern diejenige, die andere Marktteilnehmer wählen würden – und das ist die Verwendung, die den höchsten Wert ergibt.

---

[34] Vgl *Barth* (2006), S. 274–275. *Barth* (2014) vergleicht Fair Values mit historischen Anschaffungskosten und Anschaffungskosten modifiziert um das Niederstwertprinzip und findet, dass Fair Values bei allen Anforderungen am besten abschneiden. Man muss dabei jedoch berücksichtigen, dass die qualitativen Anforderungen im Rahmenkonzept zum Teil erst *nach* dem stärkeren Einzug von Fair Values entwickelt wurden.

IFRS 13 unterscheidet verschiedene **Bewertungstechniken**, die dann angewandt werden, wenn der Marktpreis nicht direkt beobachtbar ist:

- **Marktbasierte Bewertungstechniken** verwenden Preise und andere Informationen aus Markttransaktionen für gleiche oder ähnliche Gegenstände.
- **Kostenbasierte Bewertungstechniken** nutzen Wiederbeschaffungspreise (obwohl der Fair Value konzeptionell ein Veräußerungspreis ist).
- **Ertragswertbasierte Bewertungstechniken** umfassen im Wesentlichen Barwertmodelle oder Optionspreismodelle.

Sind mehrere Bewertungstechniken geeignet, ist diejenige zu wählen, bei der möglichst viele beobachtbare und möglichst wenige unternehmensindividuelle Inputfaktoren verwendet werden. **Inputfaktoren** werden in drei Stufen kategorisiert:

Stufe 1: Notierte Preise auf aktiven Märkten für identische Gegenstände;
Stufe 2: Andere beobachtbare Faktoren, ausgenommen Marktpreise der Stufe 1, wie z. B. Preise ähnlicher Gegenstände, Zinskurven oder Kredit-Spreads;
Stufe 3: Nichtbeobachtbare Faktoren, die vom Unternehmen etwa auf Basis eigener Daten und unter Bedachtnahme der Annahmen, die unabhängige Marktteilnehmer verwenden würden, entwickelt werden.

Es ist offensichtlich, dass die **Verlässlichkeit** der Fair Value-Ermittlung auf Stufe 1 am höchsten und auf Stufe 3 am geringsten ist. Gerade Fair Values auf Stufe 3 eröffnen einen großen Bewertungsspielraum aufgrund der subjektiven Daten, die in sie einfließen.

Verwendung
Der Standard regelt nicht, für welche Gegenstände der Fair Value verwendet werden soll; dies ist in anderen Standards festgelegt. Die Bewertung mit Fair Values wird am häufigsten für **Finanzinstrumente** vorgeschrieben (IFRS 9), allerdings hängt dies von der Kategorie der Finanzinstrumente ab. Ein Wahlrecht für die Folgebewertung besteht für **als Finanzinvestition gehaltene Immobilien** (IAS 40) und im Wege der **Neubewertung** für Sachanlagen (IAS 16) und bestimmte immaterielle Vermögenswerte (IAS 38). Grundsätzlich sind auch **biologische Vermögenswerte** und landwirtschaftliche Erzeugnisse mit dem Fair Value (abzüglich Verkaufskosten) zu bewerten (IAS 41). Ein wesentlicher Anwendungsfall für die Fair Value-Bewertung bei allen Vermögenswerten ergibt sich bei **Unternehmenszusammenschlüssen** (IFRS 3). Des Weiteren sehen die IFRS umfangreiche Anhangangaben für Fair Values vor.

Empirische Ergebnisse

Der Tradeoff zwischen **Relevanz** und **Verlässlichkeit** bei der Bewertung mit Fair Values kann empirisch durch Wertrelevanz-Untersuchungen analysiert werden.[35] Solche Arbeiten gibt es vornehmlich für die Bewertung von Finanzinstrumenten bei Finanzunternehmen (z. B. Banken, Versicherungen). In der Tendenz zeigen die Ergebnisse zwar überwiegend eine *zusätzliche* Wertrelevanz der Fair Values, doch hängen die Resultate auch stark von den Stichproben, dem Untersuchungsdesign und den konkret betrachteten Vermögenswerten (z. B. Wertpapiere, Ausleihungen) ab.

Danbolt/Rees (2008) zeigen aber, dass Fair Values bei Investmentfonds, die hauptsächlich Finanzinstrumente halten, deutlich relevanter sind und weniger Bilanzpolitik erlauben als bei Immobiliengesellschaften, die ihre Immobilien mit dem Fair Value bewerten.

Bezüglich potenzieller Implikationen aus den *value relevance*-Studien gelten die im 3. Kapitel: *Rechnungslegung und Kapitalmarkt* dargestellten kritischen Aspekte natürlich weiter.

Der wesentliche Impuls für mehr Zeitwertbewertung stammt aus der Diskussion über die **Bewertung von Finanzinstrumenten**. Bereits 1997 gab es den Vorschlag für deren vollständige Fair Value-Bewertung. Diesbezügliche Initiativen waren bislang jedoch nicht umsetzbar. Gründe, warum der Fair Value gerade bei Finanzinstrumenten geeignet erscheint, sind insbesondere folgende:

- Eine **anschaffungskostenbasierte Bewertung** von Finanzinstrumenten, insbesondere von Derivaten, ist vielfach völlig **irrelevant**, weil sie weder aktuelle Werte noch Risiken widerspiegelt.
- Für viele Finanzinstrumente bestehen **aktive Märkte**. Sie sind leicht handelbar und werden von Unternehmen auch häufig gehandelt. Und es bestehen praktisch keine Synergien mit anderen Instrumenten (sieht man von Diversifikationseffekten ab).
- Eine Fair Value-Bewertung von Finanzinstrumenten führt zu einem **Wertausgleich** innerhalb der Finanzinstrumente, so dass keine besonderen Bilanzierungsregelungen über Sicherungsgeschäfte (*hedge accounting*) erforderlich sind, die einen solchen Wertausgleich für diese Geschäfte schaffen.
- Eine Fair Value-Bewertung kann gewinnerhöhende **Bilanzpolitik** durch Veräußerung von Finanzinstrumenten verhindern, weil automatisch alle nicht realisierten Gewinne aufgrund eines den Buchwert übersteigenden Veräußerungspreises erfasst werden; daher gibt es keinen Vorteil aus einer selektiven Veräußerung.

---

[35] Siehe zu einer Übersicht etwa *Landsman* (2007).

Diese Gründe treffen für andere nach IFRS mit dem Fair Value bewertete Gegenstände zum Teil auch noch zu. Bei **operativen Vermögenswerten** sind sie jedoch nicht mehr überzeugend und daher entsprechend selten.

Das IASB verfolgt einen **bilanzorientierten Ansatz** (*asset-liability-approach*), wonach die Bilanzwerte der Vermögenswerte und Schulden im Mittelpunkt stehen und die Änderungen in deren Werten ihren Niederschlag im Gewinn bzw. zum Teil im sonstigen Ergebnis (*other comprehensive income,* OCI) finden. Der bilanzorientierte Ansatz ist mit der Fair Value-Bewertung gut kombinierbar. Im Gegensatz dazu korrespondiert die Bewertung auf Basis von **Anschaffungswerten** mit dem GuV-orientierten Ansatz, wonach die Ermittlung eines möglichst informativen Gewinns im Vordergrund steht.[36] Die Bilanzwerte folgen danach tendenziell aufgrund von Periodenabgrenzungen und nicht individuellen Bewertungsvorgängen der Vermögenswerte und Schulden.

Ein Problem mit dem Fair Value besteht darin, dass er von der **Bewertungseinheit** abhängt. Eine maschinelle Anlage ist mehr wert als die Summe der Werte ihrer Einzelteile. Summiert man daher Fair Values von Bilanzposten auf, entspricht dies i. d. R. aufgrund von **Synergieeffekten** nicht dem Fair Value einer größeren Einheit, die diese Bilanzposten umfasst, oder des Unternehmens insgesamt.

Es trifft auch aus einem weiteren Grund nicht zu, dass die Summe der Fair Values der Gegenstände gleich dem Unternehmenswert ist: Viele nutzenerzeugende Ressourcen werden **nicht bilanziert**, wie z. B. Managementqualität, Knowhow, Standort, Wachstumsoptionen oder Reputation. Diese Werte finden sich bei der Akquisition eines Unternehmens im derivativen Firmenwert.

„Tag 1"-Gewinne

Im Zuge der Entwicklung von IFRS 15, der die **Ertragsrealisierung** regelt, diskutierten das IASB und das FASB unter anderem ein *„current exit price model",* das wie folgt charakterisiert werden kann.

Jeder Vertrag mit einem Kunden führt zu einer Verbindlichkeit des Unternehmens aufgrund der Verpflichtung, die vertragliche Leistung zu erbringen, und zu einem Vermögenswert, der den Anspruch auf die Gegenleistung des Kunden repräsentiert. Nach dem *current exit price model* werden beide Posten mit dem Fair Value bewertet. I. d. R. ist es nun so, dass das Unternehmen mit einem Kundenvertrag einen Gewinn machen wird. Dies bedeutet, dass der Fair Value der Verbindlichkeit geringer ist als der Fair Value des Vermögenswertes. Die Konsequenz ist eine **Gewinnrealisierung** im Zeitpunkt der Vertragsunterzeichnung in Höhe des Kapitalwertes des Kundenvertrags (ein sogenannter „Tag 1"-Gewinn). In weiterer

---

[36] Vgl dazu *Penman* (2007).

Folge werden die Fair Values zwar schwanken, aber der gesamte erwartete Gewinn entsteht zu Beginn der Kundenbeziehung.

In den Diskussionen wandten sich das IASB und das FASB aufgrund dieser Konsequenz von der weiteren Verfolgung dieses Modells für die Ertragsrealisierung ab und einer grundsätzlich anschaffungswertbasierten Bewertung zu.

Warum eigentlich ein „Tag 1"-Gewinn entsteht, hat seine **Ursache** letztlich darin, dass nicht alle Ressourcen des Unternehmens, die es für die Vertragserfüllung benötigt, bilanziell erfasst sind. Sonst dürfte es im Marktgleichgewicht nur die Kapitalkosten verdienen, was gleichbedeutend mit einem Kapitalwert von null ist.

Gründe für die Fair Value-Orientierung des IASB

Power (2010) nennt vier Gründe, die gemeinsam dafür verantwortlich sind, warum das IASB (wie auch das FASB) so stark auf die Fair Value-Bewertung setzt und diese letztlich nur durch den starken Widerstand verschiedener Adressaten gebremst wird:

  (i)   die innere Konsistenz und Autorität der Finanzierungstheorie;
  (ii) die Notwendigkeit einer sinnvollen Bewertung von Derivaten;
  (iii) die Transformation der Bilanz von einer rechtlichen Institution in eine Finanzinstitution,
  (iv) die Professionalisierung der Standardsetter durch Besetzung mit unabhängigen Rechnungslegungsexperten.

4.3   Fair Values und Verhaltenssteuerung

Während die größere Relevanz von Fair Values gegenüber Anschaffungswerten i. d. R. unstrittig ist, birgt die Fair Value-Bewertung aus Sicht der Unternehmenssteuerung eine besondere Problematik. Verfolgt man nämlich das bereits zu Beginn dieses Kapitels erwähnte Ziel einer **Harmonisierung von internem und externem Rechnungswesen**, dann spiegeln sich die bilanziellen Bewertungsänderungen auch im internen Rechnungswesen wider. Die Erfolgsgrößen der internen Rechnungslegung werden insbesondere für die anreizorientierte **Performancemessung** verwendet, und gerade hier werden oftmals Beeinträchtigungen durch die Verwendung von Fair Values gesehen: Fair Values vollziehen die aktuellen Marktentwicklungen nach, womit sämtliche **Schwankungen der Marktpreise** auf das Erfolgsmaß durchschlagen. Damit aber kommt – im Vergleich zu einem Performancemaß auf der Basis fortgeführter Anschaffungskosten – ein **zusätzliches Risiko** in die Erfolgsgröße hinein, das vom zu beurteilenden **Manager** zumeist **nicht**

kontrollierbar ist. Dies wird regelmäßig als ungünstig für die Zwecke der Leistungsbeurteilung angesehen, womit selbst Unternehmen, die sich bislang zur Konvergenz von internem und externem Rechnungswesen bekannten, feststellen, dass „eine zunehmende fair value-Bewertung ... die Konvergenz der beiden Rechnungswesen gefährden kann".[37]

Fair Value und Performancemessung

Im Folgenden wird anhand eines Agency-Modells auf Basis von *Ewert* (2006) dargestellt, wovon der Nutzen einer Bewertung zum Fair Value für die Performancemessung abhängt. Das Modell ist eine zweiperiode Variante eines **LEN-Modells**: Der Prinzipal realisiert ein Investitionsprojekt, das Investitionsauszahlungen I erfordert, und engagiert einen Agenten, der in jeder Periode $t = 1, 2$ einen Arbeitseinsatz a_t leistet. In jeder Periode entsteht ein risikobehafteter Cashflow $\tilde{c}_t = a_t + \tilde{\theta}_t$ mit normalverteilter Zufallsgröße $\tilde{\theta}_t \sim N\left(0, \sigma_t^2\right)$.

Der Agent ist risikoscheu und verhält sich entsprechend einer negativ exponentiellen und zeitlich additiven Nutzenfunktion:

$$U = U_1 + U_2 \quad \text{mit} \quad U_t = -\exp\left(-r\left(W_t - a_t^2/2\right)\right) \quad \left(t = 1, 2\right)$$

Darin bezeichnet W_t das für den Konsum verwendete Vermögen des Agenten in der Periode t, das sich von den Entlohnungszahlungen S_t durch **Geldanlagen und Kreditaufnahmen** unterscheiden kann. Der Agent hat Zugang zum Kapitalmarkt und ist über Kapitalmarkttransaktionen in der Lage, eine für ihn zeitlich zweckmäßige Konsumverteilung zu realisieren.

> Damit wird der mit dem Manager vereinbarte Vertrag von der Aufgabe entlastet, eine intertemporal optimale Entlohnungsstruktur für den Agenten herzustellen. Da auch die Risikoscheu des Agenten vom Anfangsvermögen unabhängig ist, braucht das Vertragsdesign nur die **Motivations- und Risikoteilungsaspekte der Entlohnung** S_t zu berücksichtigen.

Der Agent kann am Ende der ersten Periode kündigen. Daher muss ihm faktisch in **jeder Periode** der **Reservationsnutzen** geboten werden. Aus diesen Annahmen folgt, dass beide Perioden für die Vertragsfestlegung separiert werden können.[38] Für die Bestimmung der Entlohnung S_t gilt in jeder Periode t die folgende **Teilnahmebedingung**:

$$\mathrm{E}\left[\tilde{U}_t\right] \geq U_t\left(\underline{u}\right) \Leftrightarrow \mathrm{E}\left[\tilde{S}_t\right] - \frac{1}{2}a_t^2 - \frac{1}{2}r\mathrm{Var}\left(\tilde{S}_t\right) \geq \underline{u} \tag{4.23}$$

Der **Prinzipal** ist risikoneutral und maximiert den Kapitalwert der ihm zufallenden erwarteten Zahlungsüberschüsse. Wird unterstellt, dass das Projekt am Ende der zweiten

---

[37] *Beißel/Steinke* (2004), S. 63.

[38] Vgl ausführlich *Dutta/Reichelstein* (2005), S. 1078 f.

Periode wertlos ist und über beide Perioden durchgeführt wird, lautet der Kapitalwert bei einem Zinssatz von (vereinfachend) null:

$$KW = \sum_{t=1}^{2} \mathrm{E}\left[\tilde{c}_t - \tilde{S}_t\right] - I$$

Gemäß den LEN-Annahmen ist die Entlohnung in jeder Periode linear in einer (oder mehreren) **Performancegrößen**. Als solche werden die **Gewinne auf Anschaffungswertbasis** und auf **Fair Value-Basis** betrachtet.

Gewinn auf Anschaffungswertbasis

Für die Gewinnermittlung wird von einer Rechnungslegung ausgegangen, die dem **Clean-Surplus-Prinzip** folgt (siehe 3. Kapitel: *Rechnungslegung und Kapitalmarkt*). Bezeichnet B_t den Buchwert der projektspezifischen Vermögenswerte am Ende der Periode t, dann lautet der Gewinn G_t

$$G_t = c_t - \left(B_{t-1} - B_t\right) \tag{4.24}$$

Wird angenommen, dass sich die Buchwerte ausschließlich aus den Werten des **projektbezogenen Anlagevermögens** ergeben, das zum Investitionszeitpunkt mit den Anschaffungskosten I aktiviert wird, ist $B_0 = I$. Die Buchwertdifferenz $B_0 - B_1$ entspricht der Abschreibung der ersten Periode, und $B_1 - B_2 = B_1$ wegen $B_2 = 0$ der Abschreibung der zweiten Periode.

Die Entlohnungsfunktion lautet

$$S_t = S_{0t} + s_{1t}G_t \quad \left(t = 1,2\right)$$

Aus anreizorientierter Perspektive ist entscheidend, dass (gegeben ein bestimmtes Abschreibungsverfahren) die **periodischen Abschreibungen deterministische Größen** sind. Sie hängen auch nicht von der Arbeitsleistung des Managers ab, so dass der Gewinn auf Basis der Anschaffungskosten letztlich nicht mehr Information liefert als nur der jeweilige Cashflow. Im Ergebnis erhält man folgenden variablen Entlohnungssatz:

$$s_{1t}^{G^*} = \frac{1}{1 + r\sigma_t^2}$$

Der erwartete Nutzen des Prinzipals beträgt damit

$$KW = \frac{1}{2}\sum_{t=1}^{2}\left(\frac{1}{1 + r\sigma_t^2}\right) - 2\underline{u} - I$$

Gewinn auf Fair Value-Basis

Für die Bestimmung des Gewinns auf Fair Value-Basis wird ebenfalls die Geltung des Clean-Surplus-Prinzips angenommen; es wird also von einem *„fair value through profit and loss"* ausgegangen, wonach sämtliche Wertänderungen des Vermögens (unabhängig vom Vorzeichen) in derselben Periode erfolgswirksam sind. Gegeben $B_0 = I$ und $B_2 = 0$

hängt der Gewinn der beiden Perioden vom Fair Value des Investitionsprojekts am Ende von Periode 1 ab. Dieser möge dem **Liquidationswert** des Projekts entsprechen. Er ist bei Vertragsabschluss in $t = 0$ riskant und beträgt

$$\tilde{B}_1 = LQ + \tilde{\varepsilon}$$

wobei $\tilde{\varepsilon} \sim N\left(0,\sigma_\varepsilon^2\right)$ eine normalverteilte Störgröße ist. LQ bezeichnet den zu $t = 0$ erwarteten Liquidationserlös des Anlagevermögens in $t = 1$. Die dahinterstehenden Risiken können mehr oder weniger stark mit den durch θ_1 gegebenen operativen Risiken verknüpft sein. Im Folgenden sei angenommen, dass die beiden Zufallsvariablen korrelieren, wobei $\alpha \in [0,1]$ die Stärke der **Korrelation** angibt:

$$\tilde{\varepsilon} = \alpha\tilde{\theta}_1 + \left(1-\alpha\right)\tilde{\gamma} \qquad \left(\tilde{\gamma} \sim N\left(0,\sigma_\gamma^2\right); \operatorname{Cov}\left(\tilde{\theta}_1,\tilde{\gamma}\right)=0\right) \tag{4.25}$$

Für $\alpha = 1$ ist das Fair Value-Risiko identisch mit dem operativen Risiko; für $\alpha = 0$ sind die beiden vollkommen unabhängig voneinander, und das Fair Value-Risiko entspricht $\tilde{\gamma}$.

Die **Entlohnung** auf Basis des Fair Value-basierten Gewinns ist

$$S_t = S_{0t} + s_{1t}G_t^F \qquad \left(t = 1,2\right)$$

Der **Gewinn** in der ersten Periode beträgt

$$\tilde{G}_1^F = \tilde{c}_1 + LQ + \tilde{\varepsilon} - I = a_1 + \left(1+\alpha\right)\tilde{\theta}_1 + LQ + \left(1-\alpha\right)\tilde{\gamma} - I \tag{4.26}$$

Für einen gegebenen Wert des Entlohnungsparameters s_{1t} erhält der Manager dieselben Arbeitsanreize wie bei Verwendung des Gewinns auf Anschaffungswertbasis. Allerdings erhöht sich wegen der Berücksichtigung des **Fair Value-Risikos** das Entlohnungsrisiko. Die Entlohnungsvarianz ist

$$\operatorname{Var}\left(\tilde{S}_1\right) = s_{11}^2\left(\left(1+\alpha\right)^2\sigma_1^2 + \left(1-\alpha\right)^2\sigma_\gamma^2\right)$$

Damit erhöhen sich für den Prinzipal die Kosten der Entlohnung aufgrund der höheren notwendigen Risikoprämie. Der Prinzipal reagiert darauf mit einem geringeren variablen **Entlohnungssatz**:

$$s_{11}^{F^*} = \frac{1}{1 + r\left(\left(1+\alpha\right)^2\sigma_1^2 + \left(1-\alpha\right)^2\sigma_\gamma^2\right)} < \frac{1}{1 + r\sigma_1^2} \tag{4.27}$$

Die Lösung für die zweite Periode unterscheidet sich dagegen nicht von der Lösung für den Gewinn auf Anschaffungswertbasis. Zwar ist der Fair Value-basierte Gewinn der zweiten Periode *ex ante* gemäß

$$\tilde{G}_2^F = \tilde{c}_2 + B_2 - \tilde{B}_1 = \tilde{c}_2 - \left(LQ + \tilde{\varepsilon}\right)$$

auch vom Fair Value-Risiko beeinflusst, doch die Separierbarkeit der Perioden impliziert, dass für die Bestimmung des **optimalen Vertrags der zweiten Periode** jeweils von den zu diesem Zeitpunkt gegebenen Bedingungen ausgegangen werden kann. Zu Beginn der zweiten Periode steht der Liquidationswert am Ende der ersten Periode fest, so dass bei einem Restwert von null die Abschreibung in der zweiten Periode **deterministisch** ist. Damit sind auch beim Fair Value-basierten Gewinn nur noch die operativen Risiken für die zweite Periode entscheidend, und es ergibt sich dasselbe Ergebnis wie bei Verwendung des Gewinns auf Anschaffungswertbasis. Daher resultiert in der zweiten Periode für beide Performancegrößen der gleiche optimale Beteiligungsparameter, wobei das Fixgehalt stets so adaptiert wird, dass die Teilnahmebedingung des Managers gerade erfüllt ist.

Wegen des risikobedingten ungünstigeren Tradeoffs in der ersten Periode ist der erwartete **Nutzen des Prinzipals** bei Verwendung des Fair Value-basierten Gewinns **niedriger** als bei Verwendung des Gewinns auf Anschaffungswertbasis. Der Fair Value „belastet" die Performancegröße also mit weiteren unkontrollierbaren Risiken, die völlig uninformativ über die Leistung des Managers sind.[39]

Die Einbeziehung potenzieller **Liquidationsentscheidungen** am Ende der ersten Periode **ändert diese Beurteilung nicht**. Im vorliegenden Szenario trifft der Prinzipal die Investitions- und Desinvestitionsentscheidungen, die Fair Values wurden als beobachtbar angenommen und die Lösung für die zweite Periode ist unabhängig vom Performancemaß. Daher bleibt auch eine potenzielle Liquidationsentscheidung des Prinzipals unbeeinflusst von der Performancegröße.

Ähnliches gilt, falls der **Agent die Desinvestitionsentscheidung** trifft. Im Falle des Gewinns auf Anschaffungswertbasis als Performancegröße ist der Agent indifferent bezüglich der Liquidation am Ende der ersten Periode und der Weiterführung: Einerseits ist er nicht am Liquidationserlös beteiligt, andererseits erzielt er bei einem Arbeitseinsatz in der zweiten Periode stets nur seinen Reservationsnutzen. Unterstellt man, dass er bei Indifferenz die Entscheidung trifft, die aus Sicht des Prinzipals optimal wäre, erhält man die gleiche Desinvestitionspolitik wie oben. Beim **Fair Value**-basierten Gewinn ist der buchmäßige Liquidationserfolg am Ende der ersten Periode null (weil die Vermögenswerte ja bereits zum Liquidationswert bewertet sind), so dass auch hier eine Indifferenz des Agenten hinsichtlich der Liquidationsentscheidung vorliegt, da er in der zweiten Periode immer auf seinem Reservationsnutzen gehalten wird.

Fair Values als zusätzliche Performancegröße

Das obige Ergebnis entspricht dem Prinzip der **Controllability**, wonach ein Manager nicht für etwas verantwortlich gemacht werden sollte, was er nicht beeinflussen kann. Allerdings muss dieses Prinzip in einem anreiztheoretischen Kontext differenziert betrachtet werden.[40] Ob die Einbeziehung bestimmter Größen in ein Anreizsystem sinnvoll ist oder nicht, richtet sich danach, ob diese Größen unter Berücksichtigung der schon **verwendeten**

---

[39] Ein ähnliches Ergebnis findet sich bei *Magee* (1978).

[40] Vgl *Antle/Demski* (1988), *Ewert/Wagenhofer/Rohlfing-Bastian* (2023), S. 325–328.

Performancegrößen einen besseren Tradeoff zwischen Motivation und Risikoteilung erlauben. Es zählt also der sogenannte **inkrementale Informationsgehalt** einer Performancegröße, nicht deren Controllability.

Im Folgenden wird gezeigt, dass die Verwendung von **Fair Values** *neben* dem Gewinn auf Anschaffungswertbasis als zusätzliche Performancegröße vorteilhaft sein kann. Die Entlohnungsfunktion in $t = 1$ sei wie folgt gegeben[41]:

$$\tilde{S}_1 = S_{01} + s_{11}\tilde{G}_1 + s_{21}\left(LQ + \tilde{\varepsilon}\right) \tag{4.28}$$

Falls in der optimalen Lösung der Parameter $s_{21} \neq 0$ ist, heißt dies, dass die Einbindung von Fair Values in ein (umfassenderes) Anreizsystem vorteilhaft ist. Zunächst würde man vermuten, dass dies keinen Vorteil bringt, denn der Fair Value ist ja vom Manager nicht beeinflussbar und übt daher keinen Motivationseffekt für die Arbeitsleistung des Agenten aus.

Es lohnt sich jedoch sehr wohl, den Fair Value in der Entlohnung zu berücksichtigen. Der Schlüssel liegt in dem mit dem Fair Value verbundenen Risiko. Dieses besteht gemäß (4.25) aus dem operativen und aus sonstigen Risiken in der ersten Periode. Sofern der Gewichtungsparameter α strikt positiv ist, enthält die Störgröße ε damit **eigenständige Information über das operative Risiko**. Ganz analog zu einem Problem der Portefeuilleoptimierung kann eine geschickte Einbindung des Fair Value das mit der operativen Stochastik verbundene Entlohnungsrisiko „diversifizieren", so dass im Ergebnis eine niedrigere Risikoprämie an den Manager gezahlt werden muss.

Angenommen, der Beteiligungsparameter s_{11} sei gegeben, so dass auch die induzierte Arbeitsleistung feststeht. Die optimale Bestimmung von s_{21} ergibt sich dann durch **Minimierung der Entlohnungsvarianz**

$$\begin{aligned}
\mathrm{Var}\left(\tilde{S}_1\right) &= s_{11}^2 \mathrm{Var}\left(\tilde{G}_1\right) + s_{21}^2 \mathrm{Var}\left(LQ + \tilde{\varepsilon}\right) + 2s_{11}s_{21}\mathrm{Cov}\left(\tilde{G}_1, LQ + \tilde{\varepsilon}\right) \\
&= s_{11}^2 \sigma_1^2 + s_{21}^2 \sigma_\varepsilon^2 + 2s_{11}s_{21}\mathrm{Cov}\left(\tilde{\theta}_1, \tilde{\varepsilon}\right)
\end{aligned}$$

Partielles Differenzieren dieser Varianz nach s_{21} und Nullsetzen der ersten Ableitung führt zu

$$s_{21}^* = -s_{11}\frac{\mathrm{Cov}\left(\tilde{\theta}_1, \tilde{\varepsilon}\right)}{\sigma_\varepsilon^2} \tag{4.29}$$

---

[41] Im Folgenden wird vereinfachend die Performance an LQ gehängt; dies ist aus Informationssicht gleichbedeutend wie wenn sie auf den Gewinn auf Fair Value-Basis bezogen würde.

Der Fair Value ist genau dann im Anreizsystem enthalten, wenn **das Risiko des Liquidationswertes nicht völlig unabhängig vom operativen Risiko** in der ersten Periode ist. Mit dieser Lösung erhält man für die Entlohnungsvarianz

$$\text{Var}\left(\tilde{S}_1\right) = s_{11}^2 \left(\sigma_1^2 - \frac{\text{Cov}\left(\tilde{\theta}_1, \tilde{\varepsilon}\right)^2}{\sigma_\varepsilon^2} \right)$$

Setzt man die in (4.25) gegebene Darstellung des Risikos ε des Liquidationswertes ein, folgt

$$\text{Var}\left(\tilde{S}_1\right) = s_{11}^2 \sigma_1^2 \underbrace{\left(\frac{\left(1-\alpha\right)^2 \sigma_\gamma^2}{\alpha^2 \sigma_1^2 + \left(1-\alpha\right)^2 \sigma_\gamma^2} \right)}_{\equiv q(\alpha)} \tag{4.30}$$

Durch eine geeignete Einbindung des Fair Value kann das Entlohnungsrisiko bei gegebener Arbeitsleistung reduziert werden, wenn zumindest ein Teil des operativen Risikos mit dem Liquidationswertrisiko korreliert (d. h. wenn $\alpha > 0$ ist). Eine positive **Kovarianz** führt dazu, dass der Fair Value mit einem *negativen* Faktor im Anreizsystem berücksichtigt wird (s_{11} muss positiv sein, weil ansonsten keinerlei Arbeitsleistung induziert würde). Die negative Einbindung ist Ausdruck des Diversifikationsaspekts, durch den das im traditionellen Gewinn enthaltene operative Risiko zumindest teilweise herausgefiltert wird.

Der in (4.30) definierte Term $q(\alpha)$ ist für positives α kleiner als 1 und zeigt die mit der Verwendung des Fair Value verbundene **Risikoreduktion**. Im Falle von $\alpha = 1$ ist $q(\alpha) = 0$, so dass gar kein Entlohnungsrisiko mehr entsteht. In dieser Situation wirkt der Fair Value *quasi* wie ein separates Signal über das operative Risiko, das mithin zur Gänze aus der Entlohnung eliminiert werden kann und faktisch die *first* best-Lösung erlaubt. Für $\alpha = 0$ folgt $q(\alpha) = 1$, und es kann durch Einbindung des Fair Values keine Verbesserung erreicht werden. Für Zwischenwerte von α ist die Risikodiversifikation zwar nicht perfekt, aber es lohnt sich, den Fair Value als separate Größe zu verwenden.

> Für die **zweite Periode** ergibt sich auch hier, dass sich die Einbindung des Fair Value *nicht* lohnt: Zu Beginn der zweiten Periode liegt der Fair Value fest, und bei einem Restwert von null am Ende der zweiten Periode ergeben sich deterministische Buchwertverläufe, die keinen zusätzlichen Informationsgehalt über operationelle Risiken aufweisen. Bei risikobehafteten Restwerten in der zweiten Periode könnte sich dagegen wieder eine Vorteilhaftigkeit für separate Fair Values ergeben.

Für die bisherige Analyse wurde unterstellt, dass der Fair Value beobachtbar ist. In der Realität bestehen jedoch i. d. R. erhebliche **Ermessensspielräume** bei der Bestimmung der Fair Values. In der dargestellten Modellstruktur lässt sich aber zeigen, dass diese Probleme die grundsätzliche Vorteilhaftigkeit der Einbindung von Fair Values als separate Größen nicht aufheben. Die Existenz bilanzpolitischer Spielräume dämpft zwar das Gewicht der Fair Values im Anreizsystem, doch der grundsätzliche Vorteil aus der potenziellen Risiko-minderung bleibt aufrecht.[42] Auf Bilanzpolitik wird im 6. und 7. Kapitel ausführlicher ein-gegangen.

Zusammenfassend ergibt sich aus der Modellanalyse:

* Ein Fair Value-basierter Gewinn als **alleiniges Performancemaß** ist in dem Modell wegen des zusätzlichen Risikos von Fair Values **ungünstiger** als der Gewinn auf Basis von Anschaffungswerten.
* Fair Values können als **zusätzliche Größe** zum Gewinn vorteilhaft sein, sofern sie stochastisch nicht völlig unabhängig vom operationellen Geschäftsrisiko sind. Ihre Aufnahme in das Anreizsystem kann genutzt werden, um das dem Manager aufgebür-dete Risiko und die damit verbundene Risikoprämie zu vermindern, selbst wenn das Risiko von Fair Value-Schwankungen vom Manager unkontrollierbar ist.

Das Modell formalisiert die Fair Value-Bewertung natürlich sehr spezifisch. In der Praxis kann es durchaus sein, dass der Fair Value **zusätzliche Information** zum Gewinn bzw. zum Cashflow beinhaltet. Dann ergibt sich ein Nutzen aus der Fair Value-Bewertung, der gegen das erhöhte Risiko abgewogen werden muss. Fair Value-Bewertung kann, aber muss nicht günstig für die Verhaltenssteuerung sein. Im Folgenden wird ein anderer Spezialfall gezeigt, in dem der Fair Value die beste Information darstellt, aber ebenfalls ungünstig für die Verhaltenssteuerung ist.

Negative Anreizeffekte von Fair Values
Bisher wurde davon ausgegangen, dass der Fair Value dem Liquidationswert des Investiti-onsprojektes entspricht, und dass der Liquidationswert zwar risikobehaftet, aber *exogen* gegeben ist. Der Fair Value nach IFRS 13 ist jedoch als (realer oder fiktiver) **Marktpreis** konzipiert und wird als solcher von den **Erwartungen der Marktteilnehmer** beeinflusst. Im Idealfall antizipieren die Marktteilnehmer die künftig erwarteten Cashflows und han-deln so, dass der Marktpreis den Barwert der künftigen Cashflows einschließlich deren Ri-siken widerspiegelt.

Die Verwendung eines solchen Marktpreises für die **Verhaltenssteuerung** des Mana-gers ist jedoch äußerst problematisch für die Anreizgestaltung. Der Grund dafür wird an folgendem einfachen Beispiel gezeigt *(Shin* 2007, S. 284 f).

Angenommen, ein Unternehmen existiert für T Perioden und erzielt ausschließlich einen Cashflow am Ende der letzten Periode T, der als Liquidationswert interpretiert wer-den kann. P_t bezeichnet den Marktpreis zu $t \in \{0, 1, 2, ..., T\}$. In einem effizienten Markt wird dieser Liquidationswert antizipiert und der **Marktpreis** in jeder Periode t ist

---

[42] Siehe dazu ausführlich *Ewert* (2006).

$$P_t = \mathrm{E}_t \left[P_{t+1} \right] = \mathrm{E}_t \left[P_T \right]$$

Nun sei angenommen, dass der Zeithorizont jedes Managers kürzer ist als T; konkret lebt jeder Manager zwei Perioden. In der ersten Periode arbeitet er und in der zweiten Periode konsumiert er.

Jeder Manager entscheidet über seinen **Arbeitseinsatz**. Hoher Arbeitseinsatz erhöht den Liquidationswert um einen risikobehafteten Betrag $\tilde{x}$, der einen Erwartungswert von $\mu > 0$ aufweist. Falls z. B. α Manager hart arbeiten und die übrigen nicht, ist der Liquidationswert $P_t = \alpha \tilde{x}$ Der Disnutzen aus hohem Arbeitseinsatz beträgt $v > 0$.

Verträge können nur mit aktiven Managern abgeschlossen werden; daraus ergibt sich, dass der Entlohnungsvertrag nur auf aktuellen Preisen in dieser Zeit basiert. Die **Entlohnungsfunktion** jedes Managers hängt nur von der **Marktpreisänderung** während seiner Amtszeit ab. Sie lautet für einen Manager, der zu t aufgenommen wird,

$$S_t = s \left(P_{t+1} - P_t \right)$$

wobei $s > 0$ ist. Die **Anreizbedingung** dieses Managers lautet:

$$s\mathrm{E} \left[P_{t+1} - P_t \right] \geq v \tag{4.31}$$

Angenommen, diese Bedingung ist erfüllt und alle Manager leisten hohen Arbeitseinsatz, dann entsprechen die **Marktpreise** in den Perioden t

$$P_t = \mathrm{E}_t \left[P_{t+1} \right] = T \mu$$

Dies ist gleichbedeutend mit $\mathrm{E}_t[P_{t+1}] - P_t = 0$. Diese Gleichung *widerspricht* jedoch der Anreizbedingung (4.31), die wie folgt geschrieben werden kann:

$$\mathrm{E} \left[P_{t+1} \right] - P_t \geq \frac{v}{s} > 0$$

Daraus folgt, dass es **keine Entlohnungsfunktion** auf Basis der aktuellen **Marktpreise** alleine gibt, die einen **Anreiz** zu hoher Arbeitsleistung der Manager bietet.[43] Intuitiv liegt der Grund für das Zusammenbrechen der Anreize darin, dass die künftigen Arbeitsleistungen der Manager von den Marktteilnehmern *antizipiert* werden. Durch die Antizipation kann der Preis durch *tatsächlich geleistete* Arbeit nicht mehr ausreichend steigen. Formal gesehen wird der Nutzen aus Arbeitsleistung aus Sicht jedes Managers *konstant,* so dass er in der Optimierung wegfällt. Es bleibt daher nur der Disnutzen, und so entscheidet sich der Manager im Optimum für die geringe Arbeitsleistung.

Es gibt nun schon ein **Marktgleichgewicht**: Dieses ist durch niedrige Arbeitsleistungen aller Manager und einen Marktpreis $P_t = 0$ in jeder Periode gegeben. Die Marktteilnehmer antizipieren korrekt die niedrige Arbeitsleistung, so dass niemand getäuscht wird,

---

[43] Formal wird dies nur für lineare Entlohnungsfunktionen gezeigt, doch das Ergebnis gilt auch für alle monoton steigenden Entlohnungsfunktionen.

aber es ist **ineffizient**. Um in diesem Kontext Anreize für Arbeitsleistung bereitzustellen, benötigt man ein anderes Performancemaß als den Marktpreis, wie z. B. Anschaffungskosten.[44]

> Diese Situation ist natürlich wiederum ein **besonderer Fall**, der aufzeigt, dass intuitive Vorstellungen, dass der Fair Value nützlich ist, nicht zutreffen müssen. Hier liegt eine solche Situation vor, weil der Fair Value nur Informationen widerspiegelt, die ausschließlich den Leistungsprozess betreffen. Häufig werden Marktteilnehmer zusätzliche Information besitzen, z. B. über das operative Risiko, das vielleicht mit künftigen operativen Risiken korreliert. Eine solche Information ist für die Unternehmenssteuerung wertvoll und kann Anreize für den Manager bereitstellen.

Enron

Enron, der US-amerikanische Energiekonzern, der 2001 unter großer Beachtung der Fachwelt in Konkurs ging, verwendete Fair Values nicht nur für die Bewertung langfristiger Energiekontrakte, sondern auch für die Beurteilung und Entlohnung seiner Projektentwickler. Die daraus resultierenden Anreizeffekte können aus folgendem Zitat von *Eichenwald* (2005, S. 74) ersehen werden:

„Suspicions were spreading inside Enron about deep, fundamental problems with some of the power projects. Few projects seemed to be producing their projected profits. After analysis they found out that plants had been built on a foundation of poor business judgements – overestimating demand, ignoring technical problems and the like. [...] They became to question Enron's compensation system for plant developers. They received their bonuses when someone – a bank, a government – agreed to finance the projects, leaving them with no stake in their ultimate success. Would developers put together deals that could be financed rather than projects that could work? ‚We pay millions in bonuses based on projections, and then end up with pieces of shit that don't look like what we started with,' said an executive."

4.4   Fair Values und Finanzmärkte

Die **Finanzkrise**, die 2007 begann, löste eine besonders kontroverse Diskussion über die Verwendung der Fair Value-Bewertung aus. Vielfach wurde sie – vor allem von Regulatoren, aber auch Unternehmensvertretern – als Mitursache und Verstärker der Finanzkrise betrachtet. Diese Meinung beruht auf zwei miteinander zusammenhängenden Effekten der Fair Value-Bewertung, die sich aus Marktineffizienzen ergeben[45]:

---

[44] *Dutta/Zhang* (2002) zeigen einen solchen negativen Anreizeffekt im Rahmen von Regeln für die Ertragsrealisierung, wenn diese auf Marktpreisen anstatt auf dem Realisationsprinzip beruht.

[45] Vgl dazu im Überblick *Véron* (2008).

- **Ansteckung** anderer Unternehmen,
- **Prozyklizität**.

In der Finanzkrise trocknete die **Liquidität** unter anderem durch eine Vertrauenskrise zwischen den Marktteilnehmern aus. Wenn nun z. B. eine Bank kurzfristig Liquidität benötigt, ist sie gezwungen, längerfristige Finanzinstrumente rasch zu verkaufen. Dies drückt die erzielbaren Preise stark nach unten. Wenn andere Banken ähnliche Finanzinstrumente besitzen, müssen diese bei einer Fair Value-Bewertung auf Basis von Marktpreisen (Stufe 1 und zum Teil Stufe 2) entsprechend abwerten. Dies lässt sie in einem schlechteren Licht erscheinen als sie (womöglich) sind. Und es verstärkt die Gefahr möglicher **Zwangsverkäufe** auch bei anderen Banken, weil die Vertragspartner bei Geschäften vorsichtiger werden, aber auch weil die **Bankenregulierung** bestimmte Mindesteigenkapitalanforderungen vorgibt. Das kann dann auch Zwangsverkäufe anderer Banken auslösen und diesen Effekt verstärken.

Dieser **Ansteckungseffekt** entsteht also einerseits durch induzierte Verkaufsentscheidungen unabhängig von der Bilanzierung; andererseits folgt er alleine aufgrund der Bilanzierung dann, wenn Fair Values auf Basis dieser gedrückten Marktpreise ermittelt werden. Der Marktpreis ist aufgrund des Zwangsverkaufs **verzerrt** und bildet die künftig erwarteten Cashflows aus den Finanzinstrumenten nicht richtig ab.[46] Dies unterscheidet die Fair Value-Bewertung von einer anschaffungswertbasierten Bewertung: Bei letzterer ist nur das Kreditrisiko für eine außerplanmäßige Abschreibung relevant, nicht aber andere Preisrisiken.

Die **Prozyklizität** der Fair Value-Bewertung folgt aber nicht nur bei einer Wertminderung, sondern auch bei einer **Werterhöhung**. Angenommen, die Marktpreise von Finanzinstrumenten steigen. Dann steigen auch deren Fair Values, die damit bei erfolgswirksamer Erfassung den Gewinn erhöhen. Dies verbessert am Kapitalmarkt die Einschätzung der Erfolgssituation der Unternehmen, die diese Finanzinstrumente halten. Diese positiven Erfolgsaussichten erhöhen die Nachfrage nach Finanzinstrumenten, und dies setzt einen positiven Zyklus (**Spekulationsblase**) in Gang. Eine Bewertung auf Basis von Anschaffungswerten vollzieht zwar einen analogen Trend nach unten, nicht aber einen Trend nach oben, weil die Wertansätze mit den Anschaffungskosten nach oben begrenzt sind. Das führt auch bei einem Trend nach unten dazu, dass keine Prozyklizität auftritt, solange die Werte über den Anschaffungskosten liegen. Dieses Argument setzt voraus, dass sich am Kapitalmarkt Blasen bilden können, was bestimmte Ineffizienzen erfordert.

Zu einem gegenläufigen Effekt zur Prozyklizität kommt es bei Verbindlichkeiten. Angenommen, die **Kreditwürdigkeit** eines Unternehmens sinkt, dann sinkt auch der Fair Value seiner Verbindlichkeiten. Werden Verbindlichkeiten mit dem Fair Value bewertet, so hat dies den Effekt, dass das Unternehmen einen entsprechend *höheren* Gewinn ausweist.

---

[46] Vgl *Plantin/Sapra/Shin* (2008) zu einer formalen Analyse.

Diese Folge wird von vielen als kontraintuitiv betrachtet, wenngleich sie konsequent ist. Das IASB schreibt deshalb in IFRS 9 vor, dass Gewinne, die auf einer Verschlechterung der eigenen Kreditwürdigkeit entstehen, unter dem sonstigen Ergebnis (*other comprehensive income*, OCI) auszuweisen sind. Aber dieser Effekt dämpft im Regelfall nur den prozyklischen Effekt, der von der Aktivseite der Bilanz stammt, vorausgesetzt die Aktivseite erfasst die Verschlechterung der wirtschaftlichen Situation des Unternehmens, die die Kreditwürdigkeit mindert.[47]

Empirische Untersuchungen zeigen allerdings, dass die **Fair Value-Bewertung in Banken** praktisch keinen Einfluss auf den Gang der Finanzkrise ausübte.[48] So betrug der Anteil der zum Fair Value bewerteten Finanzinstrumente der Banken nur rund ein Drittel der Bilanzsumme, und nur ein Teil davon war auch erfolgswirksam Fair Value-bewertet. Und während es tatsächlich in der Krise zu Zwangsverkäufen von Finanzinstrumenten kam, die deren Preis drückten, gibt es keine Hinweise dafür, dass die Rechnungslegung diesen Trend verstärkte. Insgesamt betrachtet kann die Fair Value-Bewertung eher als die Anschaffungswertbewertung Entscheidungen auslösen, die die Finanzmarktstabilität beeinträchtigt, doch dürfte der Effekt insgesamt gering sein, wenn er nicht einmal in einer der größten Finanzkrisen direkt sichtbar wird.

In der politischen Diskussion wird häufig die kapitalmarktorientierte Rechnungslegung mit einer Rechnungslegung verknüpft, die **Regulierungsinstitutionen**, wie insbesondere der Banken- und Versicherungsaufsicht, dienen soll. Die IFRS sind bewusst nicht auf die Ermittlung und Sicherung des regulativen Eigenkapitals ausgerichtet, und insofern ist es schwierig, sie für Ziele wie die Sicherung der Finanzmarktstabilität verantwortlich zu machen. Ähnlich wie bei der Harmonisierung von internem und externem Rechnungswesen sind es hier vor allem Kostenargumente, die eine Verwendung von Daten der Rechnungslegung auch für Zwecke der Regulierung nahelegen – wobei es bei der Ermittlung des **regulatorischen Eigenkapitals** ohnehin viele spezielle Bewertungsregeln gibt.

Zusammenfassend zeigt sich, dass grundsätzlich weder die Fair Value-Bewertung noch die Bewertung auf Basis von Anschaffungswerten eindeutig vorzuziehen ist. Jedes Bewertungskonzept hat gewisse **Stärken** und **Schwächen**, die von der jeweiligen Situation abhängen. Betrachtet man die Bewertung von Finanzinstrumenten, überwiegen tendenziell die Vorteile des Fair Values; bei operativen Vermögenswerten hat eher die Anschaffungswertbewertung die Nase vorn. Dies wird vom IASB mit dem sogenannten *business model* bei der Bewertung zu berücksichtigen versucht: Danach soll das Bewertungskonzept von der beabsichtigten Verwendung der jeweiligen Gegenstände im Unternehmen abhängen. Soll der Nutzen eines Gegenstands aus dessen Verkauf realisiert werden, ist der **Fair Value** besonders relevant; soll der Gegenstand im Unternehmen genutzt werden, sind es eher die **Anschaffungskosten**, die Informationen über Ergebnismargen liefern können.

---

[47] Vgl dazu *Barth/Hodder/Stubben* (2008).
[48] Vgl *Laux/Leuz* (2010), *Laux* (2012).

5 Zusammenfassung

Dieses Kapitel behandelt drei grundsätzliche Fragen im Zusammenhang mit der Konzeption von Bilanzierungs- und Bewertungsgrundsätzen. Der erste Aspekt betrifft die Zwecke der **Entscheidungsnützlichkeit** und der **Anreiznützlichkeit** der Rechnungslegung. Das IASB geht davon aus, dass eine für Investoren entscheidungsnützliche Rechnungslegung automatisch auch für interne Zwecke geeignet ist; außerdem ist seit einigen Jahren eine Tendenz zur Harmonisierung von internem und externem Rechnungswesen zu beobachten, so dass die **interne Steuerung** faktisch immer stärker unter den Einfluss der externen Rechnungslegung gerät.

In diesem Kapitel wird gezeigt, dass eine entscheidungsnützliche Rechnungslegung nicht automatisch optimal für Zwecke der Anreizsetzung ist. Bei der internen Performancemessung geht es im Grunde um eine möglichst präzise Abbildung der zu steuernden Aktivitäten des Managements. Je risikobehafteter diese Messung durch eine Performancegröße ist, desto höher muss die dem Agenten zu zahlende **Risikoprämie** sein, und desto **ungünstiger wird die Performancegröße** aus Sicht des Prinzipals. Will man dagegen prognoserelevante Informationen über die Lage des Unternehmens vermitteln, sollten nach Möglichkeit sämtliche Risikofaktoren in der Erfolgsgröße enthalten sein, unabhängig davon, ob sie mit der Leistung des Managements zusammenhängen oder nicht. Je nach Zweck der Erfolgsmessung sind daher unterschiedliche Bestandteile relevant, so dass sich das Prinzip *„Der Zweck der Rechnungslegung bestimmt die Bewertung"* auch hier bestätigt.

Die zweite Frage betrifft die Funktion und die Auswirkungen des **Vorsichtsprinzips** als einer charakteristischen Eigenschaft der Rechnungslegung. Das Vorsichtsprinzip ist insbesondere in der internationalen Rechnungslegung umstritten und wird zugunsten einer neutralen Rechnungslegung zurückgedrängt. **Gründe** für eine vorsichtige Rechnungslegung liegen insbesondere im Gläubigerschutz, in der effizienten Steuerung des Managements und in steuerlichen und sonstigen rechtlichen Konsequenzen. Man unterscheidet zwischen **unbedingter** und **bedingter Vorsicht.** Unbedingte Vorsicht liegt vor, wenn unabhängig von der Wertentwicklung im Zeitablauf eine Unterbewertung von Vermögenswerten erfolgt. Bei bedingter Vorsicht werden die im Zeitablauf eintretenden Wertänderungen asymmetrisch berücksichtigt – negative Wertänderungen werden sofort erfasst, positive (über die Anschaffungskosten hinausgehende) Änderungen dagegen erst bei Realisation. **Beide Arten** des Vorsichtsprinzips **hängen zusammen**, denn eine Rechnungslegung mit ausgeprägter unbedingter Vorsicht kann nur noch sehr eingeschränkt bedingte Vorsicht entfalten. Auch formal gibt es unterschiedliche Ausprägungen von Vorsicht.

Eine Analyse von Situationen, in denen Projekte **fremdfinanziert** werden, zeigt, dass ein optimales Rechnungslegungssystem vorsichtig (im Wege von außerplanmäßigen Abschreibungen) ist. Verwendet man die Rechnungslegung in Klauseln von Kreditverträgen, so ist es grundsätzlich optimal, eine unvorsichtige Rechnungslegung zu verwenden. Dies hängt mit den Kosten von Fehlern vom Typ I und Typ II zusammen. Im Kontext von

Managementanreizen kann vorsichtige Rechnungslegung Vorteile bewirken, weil sie bestehende Vertragsrestriktionen, wie z. B. beschränkte Haftung des Managers, ausgleichen kann. Schließlich hat Vorsicht auch eine Auswirkung auf den Umfang von Bilanzpolitik. Insgesamt ist die Nützlichkeit des Vorsichtsprinzips von der jeweiligen Situation abhängig; es ist aber jedenfalls so, dass eine neutrale Rechnungslegung grundsätzlich *nicht* optimal ist.

Die dritte untersuchte Frage betrifft die Verwendung des **Fair Values** als spezifischen Zeitwert im Rahmen der Bewertung. Für die **Entscheidungsnützlichkeit** weisen Zeitwerte grundsätzlich eine **höhere Relevanz** als Anschaffungswerte auf. Allerdings ist der Aspekt der **Verlässlichkeit** bei Zeitwerten tendenziell **weniger** erfüllt als bei Anschaffungswerten. Das IASB setzt seit längerer Zeit auf die Bewertung mit dem Fair Value, vor allem bei Finanzinstrumenten, aber auch bei anderen Vermögenswerten. Dies wird vielfach sehr kritisch gesehen.

Aus Sicht der **Performancemessung** führt die Verwendung von Fair Values regelmäßig zu einer **Erhöhung des Risikos** der verwendeten Performancegrößen. Soweit dies nicht durch zusätzliche Information ausgeglichen werden kann, wirkt die Fair Value-Bewertung **nachteilig** für das Unternehmen. Bei Verwendung als **zusätzliche Performancegröße** kann sie jedoch typischerweise Vorteile bieten. In einem effizienten Markt vernichtet der **Marktpreis** als Performancegröße hingegen sämtliche **Arbeitsanreize**, weil diese im Marktpreis antizipiert werden und deshalb die tatsächliche Arbeitsleistung keinen Effekt mehr hat. Zuletzt wird noch der Einfluss der Fair Value-Bewertung auf die **Stabilität des Finanzmarktes** besprochen. Es besteht zwar grundsätzlich eine **Ansteckungsgefahr** und auch eine **Prozyklizität** einer Fair Value-Bewertung, doch ist es offen, ob diese für die Finanzkrise verantwortlich war.

6   Fragen

▶   **F4-1** Welche Faktoren sind grundsätzlich für die Lösung im Grundmodell der Prinzipal-Agenten-Theorie verantwortlich?

▶   **F4-2** Durch welche zusätzlichen Festlegungen zeichnet sich das sogenannte LEN-Modell aus? Überlegen Sie, wie einschränkend diese Festlegungen sind.

▶   **F4-3** Wann und warum ist im Rahmen des LEN-Modells für den Prinzipal eine Performancegröße optimal, die *ceteris paribus* eine geringere Varianz aufweist?

▶   **F4-4** Warum sind Informationen, die für Anleger entscheidungsnützlich sind, nicht zwingend auch diejenigen, die für die Steuerung von Managemententscheidungen optimal sind?

▶   **F4-5** Was sind unbedingte und bedingte Vorsicht? Welcher Zusammenhang besteht zwischen unbedingter und bedingter Vorsicht?

▶ **F4-6** Welche Gründe lassen sich allgemein für eine vorsichtige Rechnungslegung anführen?

▶ **F4-7** Wie kann man Vorsicht in einem Informationssystem formal definieren? Diskutieren Sie Eintrittswahrscheinlichkeiten und den Informationsgehalt von Signalen. Erläutern Sie, wie verschiedene Grade an Vorsicht Fehler von Typ I und Typ II verändern.

▶ **F4-8** Wie wirkt ein vorsichtig ermittelter Wert eines Investitionsprojekts bei Verwendung in der Klausel eines Kreditvertrags, wonach der Kreditgeber bei niedrigem Wert das Recht auf Verwertung des Investitionsprojekts erhält? Worin bestehen hier Fehler vom Typ I und Typ II?

▶ **F4-9** Induziert eine vorsichtige Rechnungslegung mehr oder weniger gewinnerhöhende Bilanzpolitik?

▶ **F4-10** Welche Kategorien von Zeitwerten lassen sich unterscheiden, und was könnte aus Sicht der Entscheidungsnützlichkeit grundsätzlich für oder gegen die Verwendung von Zeitwerten sprechen?

▶ **F4-11** Inwiefern ist der Fair Value ein spezifischer Zeitwert? Worin liegen die besonderen Annahmen für dessen Ermittlung?

▶ **F4-12** Was könnte gegen die Verwendung eines Fair Value-basierten Gewinns als alleinige Performancegröße im Rahmen eines Anreizsystems sprechen?

▶ **F4-13** Was ändert sich an dieser Beurteilung, wenn man Fair Values als separate Performancegröße verwendet?

▶ **F4-14** Wieso kann die Fair Value-Bewertung zu Prozyklizität führen?

7   Probleme

▶ **P4-1 Bedingte und unbedingte Vorsicht.** Ein Unternehmen erwirbt eine Maschine um 100, die eine geschätzte Nutzungsdauer von acht Jahren aufweist. Es schreibt die Maschine linear über acht Jahre ab. Am Ende des dritten Jahres der Nutzung erhält das Unternehmen eine der beiden folgenden Informationen:

(i) Die Maschine läuft hervorragend und ist zwei Jahre länger als geplant nutzbar.

(ii) Die Maschine erfüllt ihre Erwartungen nicht; ihr Nutzungswert beträgt nur 40 und die restliche Nutzungsdauer drei Jahre.

a) Wie werden diese beiden Situationen in der Rechnungslegung erfasst? Ist insbesondere eine außerplanmäßige Abschreibung erforderlich, und wenn ja, in welcher Höhe? Skizzieren Sie den Buchwertverlauf und die Gewinnänderung über die gesamte Nutzungsdauer der Maschine.

b) Angenommen, das Unternehmen verwendet eine degressive Abschreibung von 30 % auf den jeweiligen Buchwert. Wie ändern sich die Buchwerte und die Gewinne über die Nutzungsdauer in diesem Fall?

▶ **P4-2 Bedingte Vorsicht.**[49] Die künftig erwarteten Cashflows eines Unternehmens sind mit gleicher Wahrscheinlichkeit entweder $x_L = 20$ oder $x_H = 80$. Dem Unternehmen steht ein Informationssystem zur Verfügung, das drei Signale erzeugt, $y_L = 20$, $y_M = 50$ und $y_H = 80$. Die Wahrscheinlichkeiten für die Signale $\Pr(y \mid x)$ lauten:

$\Pr(y \mid x)$	x_L	x_H
y_L	0,8	0,6
y_M	0,198	0,25
y_H	0,002	0,15

a) Ist dieses Informationssystem vorsichtig?
b) Ermitteln Sie die bedingten Wahrscheinlichkeiten $\Pr(x \mid y)$.
c) Wie hoch ist der bedingte Erwartungswert der Cashflows nach Beobachtung von y_L, y_M und y_H?
d) Skizzieren Sie den Zusammenhang von bedingten Erwartungswerten und Signalen in einem Diagramm mit Marktrendite und Gewinn.

▶ **P4-3 Marktpreisreaktionen bei Vorsicht und Bilanzpolitik.**[50] Bei einem Unternehmen betragen die verifizierbaren („*hard*") Ergebnisbestandteile +50. Schlecht verifizierbare („*soft*") Ergebnisbestandteile sind −30 (25 % Wahrscheinlichkeit), 0 (50 % Wahrscheinlichkeit) und +30 (25 % Wahrscheinlichkeit). Der Manager strebt eine Maximierung des Marktpreises des Unternehmens an. Das Vorsichtsprinzip soll besagen, dass schlecht verifizierbare Gewinne nicht erfasst werden, schlecht verifizierbare Verluste hingegen schon. Betrachten Sie zwei Extremfälle: Bilanzpolitik verursacht entweder keine Kosten oder sie ist prohibitiv teuer. Welche Berichterstattung wird das Unternehmen für jede Informationssituation machen, und welche Marktpreisreaktion folgt auf das jeweilige berichtete Ergebnis?

---

[49] Vgl *Gigler/Kanodia/Sapra/Venugopalan* (2009), S. 793–795.
[50] Vgl *Guay/Verrecchia* (2006).

▶ **P4-4 Anreize einer Fair Value-Bewertung**. Eine Bank vergibt einen vierjährigen festverzinslichen Kredit in Höhe von 100 und einem Zinssatz von 5 % an einen Kunden, bei dem (praktisch) kein Ausfallsrisiko besteht.

a) Ermitteln Sie die Cashflows und die Gewinne bei einer Bewertung zu Anschaffungskosten für die vier Jahre.

b) Angenommen, die Fair Values am Ende der jeweiligen Jahre betragen 102,5, 98,5, 97,1 und 100. Wie lauten die Gewinne bei einer Fair Value-Bewertung für die vier Jahre?

c) Welche Anreizwirkungen können sich bei den beiden Formen der Bewertung ergeben, wenn das Management unterschiedliche Entscheidungsbefugnisse hat?

▶ **P4-5 Fair Value oder Anschaffungskosten**. Ein risikoneutraler Prinzipal realisiert ein Investitionsprojekt, welches eine Investitionsauszahlung I erfordert und eine Laufzeit von T Jahren aufweist. Vereinfachend ist der Zinssatz null. Zu Beginn jeder Periode t wird ein Vertrag mit einem neuen Manager ausgehandelt, welcher in Periode t einen Arbeitseinsatz von a_t leistet. Der risikobehaftete Cashflow in Periode t beträgt $c_t = a_t + \theta_t$, wobei θ_t eine normalverteilte Zufallsgröße mit $\theta_t \sim N\left(0, \sigma^2\right)$ ist. Die Teilnahmebedingung des Managers in Periode t ist durch

$$\mathrm{E}\left[\tilde{U}_t\right] \geq U_t\left(\underline{u}\right) \quad \text{bzw.} \quad \mathrm{E}\left[\tilde{S}_t\right] - \frac{a_t^2}{2} - \frac{r}{2}\mathrm{Var}\left(\tilde{S}_t\right) \geq \underline{u}$$

gegeben. Die Entlohnung ist linear abhängig vom Gewinn $G_t = c_t - (B_{t-1} - B_t)$, d. h. $S_t = S_{0t} + s_{1t}G_t$. Das projektbezogene Anschaffungskosten I werden zum Investitionszeitpunkt aktiviert, d. h. $BW_0 = I$.

a) Berechnen Sie den optimalen variablen Entlohnungssatz s_{1t} in den Perioden t, wenn der Gewinn auf Anschaffungswertbasis berechnet wird und die Abschreibung linear erfolgt. Wie hoch ist der erwartete Nutzen des Prinzipals zu Beginn des Projekts?

b) Angenommen der Liquidationswert zum Zeitpunkt t des Projekts beträgt $B_t = I\left(1 - \dfrac{t}{T}\right) + \lambda\tilde{\theta}_t + \tilde{\gamma}_t$, wobei $\lambda \in [-1, 1]$, $\tilde{\gamma}_t \sim N\left(0, \sigma_\gamma^2\right)$, $\mathrm{Cov}\left(\tilde{\theta}_t, \tilde{\gamma}_t\right) = 0$ für $t \in \{1, 2, \ldots, T - 1\}$, $\theta_T = 0$ und $\gamma_T = 0$. Berechnen Sie den optimalen variablen Entlohnungssatz s_{1t}, wenn das Vermögen zum Fair Value bewertet wird (der hier gemäß Stufe 3 dem Kapitalwert der künftigen Zahlungsüberschüsse aus dem Projekt entspricht). Sämtliche Wertänderungen werden in der betreffenden Periode erfolgswirksam erfasst. Wie hoch ist der erwartete Nutzen des Prinzipals zu Beginn des Projekts?

c) Angenommen, der Prinzipal kann zu Beginn des Projekts wählen, ob der Gewinn auf Anschaffungskostenbasis oder Fair Value-Basis ermittelt wird. Für welche Methode würde er sich entscheiden? Inwiefern hängt Ihre Antwort von λ ab?

▶ **P4-6 Konzepte von Zeitwerten.** Ein Unternehmen erwartet, dass eine seiner Maschinen in den nächsten drei Jahren Überschüsse von jeweils 37.000 € erzeugt. Der Zinssatz beträgt 10 %. Diese Maschine wird am Sekundärmarkt für 93.000 € gehandelt. Bei Verkauf würden dem Unternehmen Kosten in Höhe von 1.500 € entstehen. Bei Neuinbetriebnahme würden zusätzlich zum Kaufpreis Kosten in Höhe von 500 € anfallen. Berechnen Sie die folgenden Werte:

a) Veräußerungspreis;
b) Wiederbeschaffungspreis;
c) Nutzungswert;
d) Erzielbaren Betrag;
e) Deprival value.

▶ **P4-7 Optimale Kombination von Performancemaßen in einem Agency-Modell.** In einem LEN-Modell mit risikoneutralem Prinzipal führt der Agent gleichzeitig zwei Aktionen a_1 und a_2 durch. Der Output des Produktionsprozesses ist

$$x = a_1 + a_2 + \theta$$

wobei θ normalverteilt mit Erwartungswert 0 und Varianz σ_x^2 ist. Weder der Output x noch eine andere dieser Größen kann direkt beobachtet oder kontrahiert werden. Das Rechnungslegungssystem berichtet allerdings zwei Signale y_1 und y_2, die für Vertragsgestaltungszwecke verwendet werden können.

$$y_1 = a_1 + 2a_2 + \varepsilon_1$$
$$y_2 = 2a_1 + a_2 + \varepsilon_2$$

Die beiden Zufallsvariablen ε_1 und ε_2 sind normalverteilt mit Erwartungswert 0 sowie Varianzen $\sigma_1^2 = 1$ und $\sigma_2^2 = 10$; sie sind darüber hinaus stark positiv korreliert mit $\rho = 0{,}9$.

Die Entlohnungsfunktion ist eine Linearkombination der beiden Signale,

$$S\left(y_1, y_2\right) = S_0 + s_1 y_1 + s_2 y_2$$

Die Nutzenfunktion des Agenten in Entlohnung S und Aktionsvektor $\mathbf{a} = (a_1, a_2)$ lautet

$$U\left(S, \mathbf{a}\right) = -\exp\left(-S + \frac{a_1^2 + a_2^2}{2}\right)$$

a) Ermitteln Sie die optimalen variablen Entlohnungsparameter s_1 bzw. s_2 für den Fall, dass jeweils nur eines der beiden Signale für die Entlohnung verwendet wird.

b) Ermitteln Sie die optimalen variablen Entlohnungsparameter s_1 und s_2 für den Fall, dass beide Signale für die Entlohnung verwendet werden. Wie müssten die beiden Signale optimal in eine Performancegröße aggregiert werden? (Hinweis: Die Risikoprämie beträgt $r\left(s_1^2\sigma_1^2 + 2s_1s_2\rho\sigma_1\sigma_2 + s_2^2\sigma_2^2\right)/2$.)

c) Angenommen, Sie können nur eine Performancegröße für die Entlohnung verwenden. Diese kann aber aus den beiden Signalen zusammengesetzt werden. Wie müssten die beiden Signale optimal gewichtet werden?

Literaturempfehlungen

Allgemeine Literatur

Penman, S.H.: Financial Reporting Quality: Is Fair Value a Plus or a Minus?, *Accounting and Business Research* 2007, Special Issue: International Accounting Policy Forum, S. 33–44.

Watts, R.L.: Conservatism in Accounting, Part I: Explanations and Implications, *Accounting Horizons* 2003a, S. 207–221.

Watts, R.L.: Conservatism in Accounting, Part II: Evidence and Research Opportunities, *Accounting Horizons* 2003b, S. 287–301.

Spezielle Literatur

Basu, S.: The Conservatism Principle and the Asymmetric Timeliness of Earnings, *Journal of Accounting and Economics* 24 (1997), S. 1–51.

Ewert, R.: Fair Values und deren Verwendung im Controlling, in: *Wagenhofer, A.* (Hrsg.): *Controlling und IFRS-Rechnungslegung*, Berlin 2006, S. 21–47.

Gigler, F./Kanodia, C./Sapra, H./Venugopalan, R.: Accounting Conservatism and the Efficiency of Debt Contracts, *Journal of Accounting Research* 2009, S. 767–797.

Penalva, F./Wagenhofer, A.: Conservatism in Debt Contracting: Theory and Empirical Evidence, *Accounting and Business Research* 2019, S. 619–647.

Ausschüttungsbemessung

5

Die Longterm AG ist ein noch relativ junges Unternehmen, hat sich aber am Markt mit dem Angebot „Fabriksysteme aus einem Guss" gut positionieren können. Ähnlich wie ein Bauträger bietet sie ein komplexes Leistungsbündel im Zusammenhang mit der Planung und dem Aufbau von ganzen Fabriken an. Longterm stellt dabei einige Komponenten selbst her und lässt weitere Komponenten von anderen Anbietern fertigen. Um bei diesen Unternehmen auf die Qualität und Zuverlässigkeit ein besonderes Auge werfen zu können, erwarb sie zahlreiche Beteiligungen, die Longterm in manchen Fällen definitive Kontrollrechte, ansonsten aber einen zumindest maßgeblichen Einfluss auf die jeweilige Unternehmenspolitik sichern.

Longterm zehrte bislang von ihrer ausgezeichneten Eigenkapitalausstattung. Der Markterfolg lässt nun aber Wachstumsgelüste aufkommen, für deren Finanzierung zusätzliches Kapital erforderlich ist. Der Leiter des Bereichs Finanz- und Rechnungswesen, Heinz Sachlich, entschloss sich daher, mit dem Bankhaus Caution Ltd über einen langfristigen Investitionskredit zu sprechen. Darüber hinaus bereitete er Longterm auch vor, um in Zukunft den Kapitalmarkt in Anspruch nehmen zu können. Ein Blick in die Auswahl an neueren Bilanzierungslehrbüchern und Fachartikeln, die er nach der Arbeit zu Hause zur Entspannung durchsah, überzeugte ihn, dass es sinnvoll war, die Bilanzierung auf IFRS umzustellen, denn was behaupteten die Autoren stets: Der Kapitalmarkt fordert internationale Standards. In einem mutigen Schritt wollte Sachlich – wenn schon denn schon – gleich auch den Einzelabschluss in Angriff nehmen und ihn parallel nach HGB (das muss ja noch sein, dachte er) und IFRS aufstellen.

Zur Unterstützung der Umstellungen stellte er vor einigen Monaten Ute Ehrlich ein. Sie kam frisch von der Uni und hatte dort die IFRS quasi von der Pike auf gelernt. Mit ihrer Hilfe schloss er den Prozess vor kurzem auch mit Erfolg ab. Bewaffnet mit diesen umfangreichen Zahlenwerken begibt sich Sachlich zu den Kreditverhandlungen mit der

Caution, natürlich nicht ohne Begleitung von Ute, auf deren ausgezeichnete Bilanzkennt-nisse er nicht verzichten wollte – die Bank könnte ja Detailfragen stellen. „Wir nehmen aber auch den HGB-Einzelabschluss mit", meinte Heinz noch, „wer weiß. "

Heinz und Ute treffen bei der Caution auf Wendy Moneybottom, eine aus den USA stammende Bankerin, die seit einiger Zeit für die Investitionskredite der Caution in Deutschland zuständig ist. Wendy hat sich natürlich schon im Vorfeld einige Unterlagen aushändigen lassen und sich mit den Strukturen der Longterm beschäftigt. Nach einem Blick auf den IFRS-Konzernabschluss und die wesentlichen Erfolgsindikatoren ist Wendy positiv gestimmt. Dann aber kommt es: „Haben Sie denn auch den Einzelabschluss dabei?", fragt Wendy und erklärt auf die fragenden Gesichter hin: „Wissen Sie, wir geben den Kredit ja an die Longterm AG als ‚legal entity', und da haben wir vorrangig Ansprü-che auf das, was sich bei Ihnen in der AG befindet und dort an Überschüssen zufließt. "
„Kein Problem", antwortet Ute und zieht den IFRS-Einzelabschluss aus der Tasche.

Nach einigen Minuten fragt Wendy: „Wie sind denn die Beteiligungen bewertet?" „Die sind mit der Equity-Methode bewertet", antwortet Ute und ergänzt: „Unsere Beteili-gungsunternehmen sind recht erfolgreich, und das erkennt man damit auch im Einzelab-schluss. " Wendy erwidert: „Natürlich, aber dann bedeutet das, dass im Gewinn Bestand-teile enthalten sind, über welche Longterm gar nicht verfügen kann, sofern die Gewinne der Beteiligungsgesellschaften dort verbleiben?" Heinz blickt fragend zu Ute. Wendy spricht weiter: „Ich nehme an, die Aufträge im Vorratsvermögen sind so bewertet, dass an-teilig Gewinne mit dem Fertigstellungsgrad realisiert werden, oder?" Ute schwant etwas, sie nickt jedoch tapfer. Und Wendy ist noch nicht am Ende. „Das kann wegen der Bedeu-tung der langfristigen Fertigung bei Longterm beachtliche Ausmaße annehmen. Unter die-sen Bedingungen sehen wir die Gefahr, dass die Eigentümer dem Unternehmen Geld ent-ziehen können, ohne dass es schon wirklich verdient wurde. Sie werden verstehen, dass das für uns ein zusätzliches Risiko bedeutet. " Wendy überlegt kurz, dann meint sie trocken zu Heinz: „Das macht 75 Basispunkte zusätzlich zu unserem Kreditzinssatz. "

Ute schluckt schwer und sieht zu Heinz hinüber. Ihr Glaube an IFRS gerät ins Wanken, sie dachte immer, bei so viel mehr an Information müsste die Bank doch mit dem Kredit-zins eigentlich hinunter gehen. Dann hätten sie ja auch gleich bei der HGB-Bilanzierung bleiben können. Da greift Heinz das Thema auf – wie sachlich er bleiben kann, denkt Ute. Heinz sagt: „Wegen der Ausschüttungen müssen Sie sich wirklich keine Gedanken ma-chen, äh, Ms. Moneybottom. Bedenken Sie, dass in Deutschland die Bemessung von Aus-schüttungen nach den HGB-Regeln für den Einzelabschluss vorzunehmen ist, und dabei spielen die Equity-Bewertung und die Teilgewinnrealisierung bei den Aufträgen keine Rolle. Der Gewinn im IFRS-Einzelabschluss ist daher für die Ausschüttungsfrage über-haupt nicht relevant. Und hinsichtlich der Vorratsbewertung kann ich Sie ebenfalls beru-higen. Wir bemühen uns bei unseren langfristigen Projekten stets darum, separate Teilpro-jekte zu definieren und Teilzahlungen vorzusehen, so dass wir sogar nach HGB faktisch Teilgewinnrealisierung betreiben. Wenn Sie wollen, kann ich Ihnen aber auch den HGB-Abschluss zeigen. "

"Das überzeugt mich nur teilweise, Herr Sachlich", entgegnet Wendy. *"Sie wissen, dass derzeit eine lebhafte Diskussion über die Anwendung der IFRS auch für den Einzelabschluss stattfindet. Möglicherweise haben wir schon in den nächsten Jahren ganz andere Regeln, und wir reden hier immerhin über einen langfristigen Investitionskredit. Ich denke, wir haben verschiedene Möglichkeiten: Wir könnten einmal einen regulären Kreditvertrag ohne Erhöhung des Kreditzinses schließen, dabei aber vorsehen, dass im Falle einer rechtlichen Zulässigkeit von IFRS für den Einzelabschluss die Konditionen neu verhandelt werden. Oder wir begrenzen von vornherein zumindest die Equity-Bewertung für den Einzelabschluss, dann brauchen wir später auch nichts anzupassen."*

"Es gibt vielleicht noch eine Alternative", wirft Ute ein, die sich mittlerweile gefangen hat. *"Falls tatsächlich IFRS auch im Einzelabschluss rechtlich zulässig werden sollte – und im Vorgriff darauf haben wir ja schon mal so bilanziert –, dann wäre es auf Dauer störend, wenn wir parallel zwei verschiedene Verfahren für die Beteiligungsbewertung anwenden müssten. Wie wäre es denn, wenn wir die Equity-Bewertung grundsätzlich beibehalten, aber vorsehen, dass im Falle einer Rechtsänderung nicht die gesamten Gewinne, sondern sagen wir 80 % maximal ausgeschüttet werden können?"*

"Das könnte ich mir auch vorstellen", antwortet Wendy, die solche Vereinbarungen aus amerikanischen Kreditverträgen kennt. Heinz nickt anerkennend. Wendy fährt fort: *"Damit würden wir mehrere Fliegen mit einer Klappe schlagen. Wir hätten dann eine umfassendere Information, und meine Bedenken hinsichtlich eines allzu großen Mittelentzugs wären weg. Machen wir Folgendes: Die Kreditkonditionen werden ohne Aufschlag vereinbart, wir sehen aber vor, dass im Falle einer Rechtsänderung nur 80 % des danach entstehenden Gewinns im Einzelabschluss der Longterm AG ausgeschüttet werden können."*

"Ich bin sicher", sagt Heinz, *"dass wir dies gegenüber unserem Eigentümer vertreten können. Bereiten Sie bitte schon mal den Kreditvertrag so vor. Ach übrigens, Sie kennen doch Jim Doyle?"* Heinz hatte herausgefunden, dass er und Wendy einen gemeinsamen Bekannten haben.

Ziele dieses Kapitels
- Aufzeigen unterschiedlicher Vorgehensweisen bei der gesetzlichen Regelung von Ausschüttungen
- Darstellung möglicher Reichtumsverlagerungen von Gläubigern zu den Eignern auf Basis der finanziellen Agency-Theorie
- Analyse der Stellung und Wirkungsweise bilanzieller Ausschüttungsbeschränkungen als Instrument zum Gläubigerschutz
- Vergleich von Rechnungslegungssystemen (HGB, IFRS) im Zusammenhang mit dem Gläubigerschutz
- Darstellung von Manager-Eigner-Konflikten und deren Bedeutung für die Ausschüttungsbemessung

1   Rechtlicher Rahmen von Ausschüttungsregelungen und Gläubigerschutz

1.1   Einführung

Im 1. Kapitel: *Einführung und institutionelle Grundlagen* wurde dargestellt, dass die externe Rechnungslegung Grundlagen für die Bemessung von Ausschüttungen bei haftungsbeschränkten Unternehmen liefert. Diese **Ausschüttungs-** bzw. **Zahlungsbemessungsfunktion** spielt insbesondere im deutschsprachigen Raum eine große Rolle. Dieser Zweck der Rechnungslegung ist aber nicht zwingend: Man könnte sich vorstellen, dass ein Gesetzgeber Grenzen für Ausschüttungen völlig unabhängig von den Zahlen dieser Rechnungslegung festsetzt. Tatsächlich sind die **rechtlichen Regelungen** zur Ausschüttungsbemessung in verschiedenen Ländern unterschiedlich. Um einen Eindruck möglicher Regelungen zu vermitteln, werden in diesem Abschnitt zunächst die deutschen Regelungen und anschließend diejenigen in den USA kurz beschrieben. Dieser Vergleich zeigt grundlegend verschiedene Vorgehensweisen für die Behandlung des Gläubigerschutzes auf.

Dieses Kapitel analysiert, inwieweit die **Rechnungslegung und daran anknüpfende Ausschüttungsregelungen** die Funktion des Gläubigerschutzes erfüllt. Die Analyse differenziert nach Ursachen für die (vermutete) **Notwendigkeit von Ausschüttungsregelungen**. Sie entstehen aus potenziellen **Interessenkonflikten** verschiedener Betroffener. Abb. 5.1 zeigt wesentliche Betroffene. Eine ausführliche Analyse von Eigner-Gläubiger-Konflikten wird im zweiten Abschnitt für die Problematik des Gläubigerschutzes auf Basis der *finanziellen Agency-Theorie* geleistet; daraus ergeben sich auch Implikationen für regulative Fragestellungen.

Abschn. 3 widmet sich den **Manager-Eigner-Konflikten** und analysiert Argumente, die zur Regelung der Ausschüttungsbemessung aus dieser Sicht bestehen. Mögliche Konflikte zwischen unterschiedlichen Kategorien von Eigentümern einschließlich potenzieller künftiger Eigentümer werden nicht weiterverfolgt.

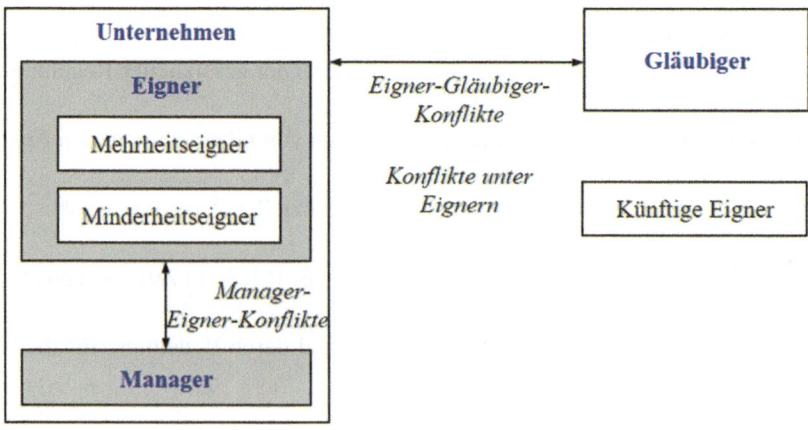

Abb. 5.1 Agency-Konflikte in Unternehmen

1.2   Ausschüttungsregelungen in Deutschland

Die in Deutschland (und in faktisch gleicher Form auch in Österreich) bestehende Rolle der Rechnungslegung für die Zahlungsbemessung wird durch eine Verzahnung der **Rechnungslegung mit dem Gesellschaftsrecht** erreicht. Dieses Recht definiert einerseits die Organe eines Unternehmens (z. B. bei der AG Vorstand, Aufsichtsrat und Hauptversammlung) und bestimmt deren jeweilige Rechte und Pflichten, womit letztlich Kompetenzen gegeneinander abgegrenzt werden. Andererseits beinhaltet das Gesellschaftsrecht **Schutzvorschriften** für zahlreiche Gruppen (z. B. Gläubiger, Arbeitnehmer), die sich auch in der Eingrenzung von Kompetenzen der Organe niederschlagen können. Die **Kompetenzregelung** basiert maßgeblich auf den Zahlen der **Rechnungslegung**.[1] Die Rechnungslegung füllt faktisch die Inhalte der jeweiligen Rechte und Pflichten aus, mit denen Konflikte zwischen den verschiedenen Gruppen gemildert werden sollen. Die für die Rechnungslegung besonders relevanten Konfliktfelder bestehen zwischen den Eignern und den Gläubigern sowie zwischen den Eignern und dem Management. Die folgende Darstellung geht von der AG aus; für andere Rechtsformen bestehen weniger strenge Kompetenzregelungen.

Eigner-Gläubiger-Konflikte
Bei haftungsbeschränkten Unternehmen steht – sofern die Eigner ihren Einzahlungsverpflichtungen voll nachgekommen sind – den Gläubigern nur das Unternehmensvermögen zur Befriedigung ihrer Forderungen zur Verfügung. Ausschüttungen an die Eigner mindern das im Unternehmen vorhandene Vermögen und erhöhen daher ggf. die Risiken der Gläubiger. Um die Bereitschaft zur **Kreditvergabe** und damit die **Funktionsfähigkeit der Kreditmärkte** aufrecht zu halten, soll dieses Risiko begrenzt werden.

Eine **bilanzielle Ausschüttungsrestriktion** beschränkt den Mittelabzug durch die Eigner. So bestimmt z. B. § 57 (3) dAktG, dass „vor Auflösung der Gesellschaft … an die Aktionäre nur der Bilanzgewinn verteilt werden" darf. Gemäß § 158 dAktG ergibt sich der Bilanzgewinn wie folgt:

> **Jahresüberschuss**(Jahresfehlbetrag)
>
>   + Verminderung von Kapitalrücklagen (insbesondere Agiobeträge)
>
>   + Verminderung von (−Zuweisung zu) Gewinnrücklagen (gesetzliche Rücklage, satzungsmäßige Rücklagen, andere Gewinnrücklagen)
>
>   + Gewinnvortrag (−Verlustvortrag)
> _____
>
> = **Bilanzgewinn**(Bilanzverlust)

---

[1] Es gibt jedoch auch Regelungen, die explizit nicht auf Daten der Rechnungslegung basieren, obwohl sie eine Bewertung einschließen. Insbesondere die Überschuldung einer Kapitalgesellschaft wird nicht durch bilanzielle Größen, sondern durch gesonderte Bewertung ermittelt.

Die Höhe der für die Berechnung des Bilanzgewinns verfügbaren Bestandteile gibt das
Ausschüttungspotenzial wieder und wird letztlich durch die **Bilanzierungs- und Bewertungsregeln** des HGB bestimmt. Die Obergrenze dessen, was maximal ausgeschüttet und
den Gläubigern an **Haftungsmasse** entzogen werden kann, *ohne* dass den Gläubigern ein
formales **Mitspracherecht** an dieser Entscheidung gewährt würde, wird also durch die
Regeln der Rechnungslegung und die daran anknüpfenden gesellschaftsrechtlichen Normen bestimmt.

> Bei der Ausschüttung **anderer Beträge** werden den **Gläubigern** durch das Gesetz **bestimmte
> Rechte** zugestanden. So können bei einer AG Teile des Grundkapitals nur durch eine ordent-
> liche **Kapitalherabsetzung** ausgeschüttet werden.[2] Dabei sind aber spezifische **Gläubiger-
> schutzvorschriften** zu beachten. Eine tatsächliche Auszahlung darf erst dann erfolgen, wenn
> den vorhandenen Gläubigern Befriedigung oder Sicherheit geleistet wurde, sofern sie sich
> nach der Bekanntmachung des Beschlusses zur Kapitalherabsetzung beim Unternehmen bin-
> nen sechs Monaten gemeldet haben.

Die Kombination aus Bilanz- und Gesellschaftsrecht definiert also Größen, mit denen
Rechtspositionen abgegrenzt werden. Über bestimmte Teile des gesamten Eigenkapitals
kann insofern frei verfügt werden, als den Gläubigern keine vorab zu erfüllenden Rechte
zugestanden werden, während bei der Ausschüttung anderer Teile des Eigenkapitals die
Gläubiger vorher zu bedienen sind.

Die konkrete **Höhe** der so bestimmten **Ausschüttungspotenziale** ergibt sich aus den
Regeln der Rechnungslegung. Die HGB-Rechnungslegung spezifiziert das **Vorsichtsprinzip**, welches als charakteristisches Merkmal einer dem **Gläubigerschutz verpflichteten Rechnungslegung** gilt. Die Begründung ist an sich sehr einfach[3]:

* Weil ausgeschüttete Beträge als Haftungsmasse endgültig verloren sind, sind bei der
  Berechnung des Ausschüttungspotenzials **Risiken besonders** zu berücksichtigen.
* **Erkennbare Risiken** am Bilanzstichtag sind daher bereits zu **antizipieren**, und
  Wertansätze für Aktiva (Passiva) sind im Zweifel tendenziell etwas niedriger (höher)
  als der Erwartungswert anzusetzen.
* Treten die antizipierten Risiken tatsächlich ein, hat sich die frühere Verminderung des
  Ausschüttungspotenzials als richtig erwiesen. Treten die Risiken nicht ein, erfolgt mit
  Abschluss des jeweiligen Geschäftsfalls automatisch eine **Gewinnkorrektur**, da die
  frühere Verlustantizipation rückgängig gemacht wird. Aus Sicht der Eigner wurde dann
  also das **Ausschüttungspotenzial** zeitlich **nach hinten verlagert**, was gegenüber den
  Eignern als vertretbar bzw. zumutbar angesehen wird.

---

[2] Auch bei der Verwendung von Kapitalrücklagen, gesetzlichen Rücklagen, Rücklagen für eigene
Aktien und satzungsmäßigen Rücklagen sind jeweils spezielle Verwendungsbeschränkungen zu beachten (zB § 150 dAktG).

[3] Vgl *Schildbach* (2008), S. 16, der allerdings auch problematische Aspekte des Vorsichtsprinzips
(zB Nachprüfbarkeit, allzu weitgehende Erfassung denkbarer Risiken) betont.

Das derart charakterisierte **Vorsichtsprinzip** schlägt sich in zahlreichen Bilanzierungs- und Bewertungsregeln des HGB nieder. Es beinhaltet z. B. die **Wertobergrenze** der Anschaffungs- und Herstellungskosten für die Bewertung von Aktiva, die imparitätische Berücksichtigung von unrealisierten Verlusten (nämlich Bilanzierung bei Bekanntwerden) und Gewinnen (nämlich Bilanzierung erst bei Realisierung), das Abstellen der Bilanzierungsfähigkeit nach dem Grundsatz der Einzelverwertbarkeit, die Bewertung sehr unsicherer Rückstellungen mit einem höheren Wert als dem Erwartungswert und vieles andere mehr.

Die oben genannte Begründung des Vorsichtsprinzips ist aber nicht primär **ökonomisch fundiert**. Zwar steht die ökonomische Kategorie der „Funktionsfähigkeit des Kreditmarkts" Pate, doch die eigentliche Argumentation für eine vorsichtige Rechnungslegung ist eher an Kategorien wie „Vertretbarkeit" oder „Zumutbarkeit" orientiert. Man erhält den Eindruck, als handelte es sich bei Fragen der Rechnungslegung primär um Aspekte der gesetzgeberischen Abwägung verschiedener Interessen, was im Grunde eine politische Angelegenheit ist, d. h. von Partikularinteressen Betroffener abhängig. Dennoch kann eine Abwägung von Interessen nur vorgenommen werden, wenn man die **Wirkungen des Instrumentes** kennt, über das Entscheidungen zu treffen sind. Eine solche Wirkungsanalyse ist aber ein ökonomisches Problem, welches mit Ansätzen der ökonomischen Theorie in diesem Kapitel behandelt wird.

Manager-Eigner-Konflikte

Bei Trennung von Eigentum und Geschäftsführung müssen die Interessen des Managements nicht zwingend mit denen der Eigner übereinstimmen. Während die Eigner typischerweise nur an den finanziellen Konsequenzen der Maßnahmen eines Unternehmens interessiert sind, erfährt das Management sowohl finanzielle (z. B. Gehalt, erfolgsabhängige Entlohnungen) als auch nichtpekuniäre Konsequenzen (z. B. Arbeitsleid, Nutzung von Ressourcen). **Ausschüttungen** spielen bei diesem Konflikt eine Rolle, weil sie bestimmen, über welche Mittel das Management verfügen kann. Befürchten die Eigner etwa eine Neigung des Managements, auch solche Projekte zu realisieren, die aus Sicht der Eigner eigentlich unvorteilhaft sind, könnte dem durch eine Ausschüttung vorhandener Mittel vorgebeugt werden.

Die Regelungen in Deutschland tragen diesem Konflikt in spezifischer Weise Rechnung, indem sie **Entscheidungskompetenzen der Organe eines Unternehmens** abgrenzen. Bei einer AG ist dafür insbesondere der § 58 (2) dAktG einschlägig, wonach Vorstand und Aufsichtsrat maximal 50 % des Jahresüberschusses in andere Gewinnrücklagen einstellen können.[4] Über die andere Hälfte des Jahresüberschusses hat dagegen grundsätzlich die Hauptversammlung Verwendungskompetenz, sofern nicht in der **Satzung** etwas anderes festgelegt wurde. Eine solche Satzungsregelung kann der Verwaltung grundsätzlich

---

[4] Diese Ermächtigung greift dann, wenn Vorstand und Aufsichtsrat den Jahresabschluss feststellen, was allerdings der Regelfall ist.

Kompetenz über einen größeren oder kleineren Anteil als 50 % des Jahresüberschusses zuweisen, doch dürfen durch eine solche Regelung keine Beträge thesauriert werden, falls die anderen Gewinnrücklagen größer als 50 % des Grundkapitals sind oder diese Grenze nach der Thesaurierung übersteigen würden. Der Vorstand einer AG kann in Deutschland eine Thesaurierung des gesamten Jahresüberschusses also typischerweise nicht von sich aus beschließen.[5]

Die **Kompetenzen zur Verwendung freier Gewinnrücklagen** sind indes **asymmetrisch** verteilt. Sind einmal Beträge in die „anderen Gewinnrücklagen" eingestellt worden, unterliegen sie grundsätzlich vollständig der Verwendungskompetenz von Vorstand und Aufsichtsrat. Entnahmen aus den Gewinnrücklagen oder Einstellungen in diese sind bereits bei der Aufstellung der GuV durch Überleitung vom Jahresüberschuss zum Bilanzgewinn zu berücksichtigen. Die Hauptversammlung kann wohl die in ihrer Kompetenz liegenden Teile des Jahresüberschusses in andere Gewinnrücklagen einstellen,[6] sie kann aber keine Entnahmen aus diesen Rücklagen beschließen. Ist sie mit der Ausschüttungspolitik der Verwaltung nicht zufrieden, kann sie deren Entscheidungen auch nicht durch eigenen Beschluss rückgängig machen. Sie kann höchstens dem Vorstand und Aufsichtsrat die Entlastung verweigern und damit eine Ablehnung der Politik bekunden.

Die Relevanz der **Verwendungskompetenz der Hauptversammlung** hängt maßgeblich davon ab, welche **Bilanzierungs- und Bewertungsregeln** Anwendung finden. Ist es z. B. dem Management möglich, durch die Ausnutzung von Wahlrechten und die weitgehende **Unterbewertung** von Vermögensgegenständen (begründet etwa mit dem Gebot der Vorsicht) Überschüsse erheblich zu verringern, so hätte das Recht der Hauptversammlung faktisch keinen Wert. Solchen Unterbewertungstendenzen beugen die HGB-Regelungen vor, indem z. B. ein Wertaufholungsgebot vorgeschrieben wird.

Die gesetzlichen Regelungen beinhalten **keine Verpflichtung** zu einer **Mindestausschüttung**. Es gibt aber in § 254 dAktG die Möglichkeit der Anfechtung eines Gewinnverwendungsbeschlusses der **Hauptversammlung** durch eine qualifizierte Minderheit. Eine solche Anfechtung kann vorgenommen werden, wenn etwa die Hauptversammlung eine Einbehaltung großer Teile des Bilanzgewinns beschließt und der Ausschüttungsbetrag dadurch niedriger als 4 % des Grundkapitals abzüglich nicht eingeforderter Einlagen ist (zu weiteren Voraussetzungen siehe § 254 (1) dAktG). Diese Regelung zielt aber mehr auf **Konflikte innerhalb der Eigner** ab, wenn also etwa ein Großaktionär wegen seiner strategischen Interessen eine umfangreiche Thesaurierung wünscht, während Minderheitsaktionäre vielleicht eher an Ausschüttungen orientiert sind.

---

[5] § 58 (4) dAktG legt den Anspruch der Aktionäre auf den Bilanzgewinn fest, der gemäß § 58 (5) dAktG auf Beschluss der Hauptversammlung auch durch Sachdividenden befriedigt werden kann, sofern diese Möglichkeit in der Satzung festgelegt wird.

[6] Vgl § 58 (3) dAktG. Dies wird dann im Jahresabschluss des folgenden Jahres ausgewiesen (§ 152 (3) dAktG).

1.3   Ausschüttungsregelungen in den USA

Die US-amerikanische Situation der Beziehung zwischen Rechnungslegung und Gläubigerschutz wird regelmäßig mit einer **quasi privatvertraglichen Regelung** identifiziert, bei welcher der Fokus auf entsprechenden **Vereinbarungen in Kreditverträgen** liegt. Allerdings existieren auch in den USA einige gesetzliche Regelungen zur Ausschüttungsbemessung,[7] doch sind diese in ihrer praktischen Ausprägung so vage, dass sich die vertragliche Lösung als die tatsächlich relevante erweist.

In den USA existiert **kein bundeseinheitliches Gesellschaftsrecht**, die damit verbundenen Regelungskompetenzen liegen vielmehr bei den einzelnen Bundesstaaten. Grundsätzlich gibt es daher ebenso viele Gesellschaftsrechte wie Einzelstaaten. Eine Besonderheit des US-amerikanischen Gesellschaftsrechts liegt darin, dass Unternehmen auswählen können, nach welchem einzelstaatlichen Recht sie sich inkorporieren lassen wollen, unabhängig davon, in welchem Bundesstaat sie ihren Sitz haben.[8]

Eine gewisse **Harmonisierung** ist allerdings durch die Vorschläge der *American Bar Association*[9] über grundlegende Statuten für Unternehmensstrukturen (dabei handelt es sich um den sogenannten „Model Business Corporation Act" (MBCA) bzw. „Revised Model Business Corporation Act" (RMBCA)) erreicht worden, denn diese Vorschläge wurden von vielen Einzelstaaten (teilweise jedoch mit erheblichen Modifikationen) übernommen.

Bezüglich der Ausschüttungen gelten in den einzelstaatlichen Systemen regelmäßig **zwei Begrenzungen**, nämlich ein sogenannter *surplus test* und ein *insolvency test*.

Surplus test

Nach dem *surplus test* sollen Ausschüttungen nur möglich sein, wenn Gewinne vorliegen. Diese lassen sich aber auf verschiedenen Wegen erhalten. Zu diesen Gewinnen zählt zunächst der *earned surplus,* der faktisch dem Jahresüberschuss und den offenen Rücklagen entspricht. Darüber hinaus ist auch der sogenannte *capital surplus* ausschüttungsfähig, der neben den Kapitalrücklagen (z. B. Agio bei einer Kapitalerhöhung) auch solche Rücklagen umfasst, die aus einer Herabsetzung des Nennkapitals entstehen (ohne dass den Gläubigern Sicherheit zu leisten wäre). Faktisch besteht also *keine* Verpflichtung, ein bestimmtes **Mindestkapital** im Unternehmen zu belassen, so dass im **Extremfall das gesamte Eigenkapital ausschüttungsfähig** ist. Die US-GAAP sind dabei für die Berechnung von

---

[7] Die folgende Darstellung orientiert sich an den Ausführungen in *Leuz/Deller/Stubenrath* (1998), S. 113–114, *Schildbach* (2002), S. 11–16 und *Gros* (2010), S. 125–133.

[8] Dies führt zu einem Wettbewerb des Gesellschaftsrechts, bei dem derzeit Delaware mit seinem sehr flexiblen Recht am erfolgreichsten ist.

[9] Dies ist eine Vereinigung, die rechtsbezogene Dienstleistungen im weitesten Sinne anbietet. Sie legt auch Empfehlungen zur Gestaltung, Fortentwicklung und Harmonisierung des amerikanischen Rechts vor.

Periodengewinnen nicht zwingend anzuwenden[10] und können durch eine explizite Neubewertung der Bilanzpositionen im Wege eines *„informed judgment"* des Managements ersetzt werden.[11]

Insolvency test

Wegen der mangelnden Strenge des *surplus test* kommt einem weiteren Test maßgebliche Bedeutung zu, nämlich dem sogenannten *insolvency test*. Er zielt darauf ab, eine **durch Ausschüttungen induzierte Insolvenz zu vermeiden**. Dazu wird einerseits geprüft, ob das Unternehmen nach Vornahme einer Ausschüttung noch seinen **Zahlungsverpflichtungen** nachkommen kann (*equity insolvency*). Anschließend ist festzustellen, ob das Unternehmen ggf. **überschuldet** ist (*bankruptcy insolvency* bzw. *balance sheet test*).

Die *bankruptcy insolvency* wird typischerweise mit dem *surplus test* verbunden, da eine Überschuldung negatives Eigenkapital impliziert, was aber durch den *surplus test* bereits ausgeschlossen sein sollte. Die zentrale Rolle kommt daher der *equity insolvency* zu. Dazu müsste aber nachgewiesen werden, dass die Ausschüttung *ursächlich* für eine potenzielle Zahlungsunfähigkeit ist. Weil eine Zahlungsunfähigkeit typischerweise mit einer Fülle von Problemen einhergeht, wird ein solcher Nachweis allgemein kaum möglich sein.

Fazit

Die Ausführungen zeigen, dass die gesellschaftsrechtliche Verankerung von Ausschüttungsgrenzen in den USA recht vage ist. Insbesondere die Bedeutung der Rechnungslegung gestaltet sich völlig anders als in Deutschland. Beim *insolvency test* spielt die **Rechnungslegung** überhaupt **keine Rolle**, und beim *surplus* bzw. *balance sheet test* hat die „offizielle" Rechnungslegung nach US-GAAP bestenfalls die Funktion eines **Anhaltspunktes**, kann aber jederzeit durch eine abweichende Bewertung seitens der Verwaltung modifiziert werden.[12] Grenzen bestehen insofern, als bei unzulässigen Ausschüttungen eine **persönliche Haftung** der Mitglieder des Verwaltungsrats (*board of directors*) besteht, die allerdings erst in einem nachträglichen Insolvenzfall gerichtlich festgestellt werden muss.[13]

Ergänzend sei bemerkt, dass es auch in Deutschland ein **Insolvenzrecht** mit den Tatbeständen der Zahlungsunfähigkeit und der Überschuldung gibt. Diese Aspekte stehen mithin auch in Deutschland stets im Hintergrund und setzen implizit Grenzen für die Ausschüttungspolitik. Auch sie sind *nicht* von der Rechnungslegung abhängig. Die Regelungen des HGB und des

---

[10] Vgl *Wüstemann* (1999), S. 60–62.

[11] Nur Kalifornien fordert die grundsätzliche Anwendung der US-GAAP, sieht aber ausdrückliche Abweichungen beim Bilanzansatz von Positionen wie Goodwill, aktivierten Forschungs- und Entwicklungskosten usw vor. Die Regelung in Kalifornien wird bezüglich der US-GAAP von *Wüstemann* (1999) treffend als „Ausnahme von der generellen Unverbindlichkeit der generally accepted accounting principles" bezeichnet (S. 61).

[12] Eine Ausnahme bildet Kalifornien, wo die Anwendung der US-GAAP zwar vorgesehen ist, aber gesetzlich modifiziert wird.

[13] Vgl *Niehues* (2001), S. 1218.

Gesellschaftsrechts betreffen dagegen Ausschüttungsbeschränkungen, die ungeachtet des „*worst case*-Szenarios" für den Normalfall des Going Concern gelten. Gerade für diese Situation bieten die gesellschaftsrechtlichen Regelungen in den USA keine effektive Lösung.

Es überrascht daher nicht, dass die Akteure in den USA zur Milderung der nach wie vor existenten Eigner-Gläubiger-Konflikte andere Lösungen verfolgen.[14] Diese bestehen darin, im Rahmen **privater Kreditverträge** Restriktionen in **Covenants** vorzusehen, mit denen Ausschüttungen an die Eigner beschränkt werden, und diese privat vereinbarten Restriktionen basieren größtenteils auf Zahlen der Rechnungslegung.[15] Auch in den USA gibt es also die Funktion einer **gläubigerschützenden Rechnungslegung**, sie zeigt sich aber durch das andere rechtliche Umfeld in anderem Gewand.

Schließlich gibt es in den USA bezüglich der **Manager-Eigner-Konflikte** *keine* den deutschen Regelungen vergleichbare **Kompetenzabgrenzung** bei der Entscheidung über die Verwendung von Jahresüberschüssen. In den USA obliegt die Festsetzung der Ausschüttungen gänzlich der Verwaltung des Unternehmens.

Finanzielle Agency-Theorie

Die finanzielle Agency-Theorie wurde durch eine bahnbrechende Arbeit von *Jensen/ Meckling* (1976) initiiert[16] und bildet heute eine zentrale Grundlage für die Untersuchung von Governance-Strukturen. Im Mittelpunkt stehen einerseits die Anreize, die sich durch die **Art der Finanzierungsinstrumente** für die Gestaltung der Unternehmenspolitik ergeben; andererseits werden Maßnahmen betrachtet, die zur **Milderung** der jeweiligen **Interessenkonflikte** und **Allokationsverzerrungen** beitragen können.

Diese Theorie erlangte insbesondere für die Rechnungslegung große Bedeutung, weil sie als Grundlage für empirisch testbare Hypothesen bezüglich der Verwendung der Rechnungslegung als Instrument zur Milderung von Agency-Problemen dient. Diese Zusammenhänge sind Gegenstand der sogenannten *Positive Accounting Theory* bzw. *Economic Consequences*-**Theorie**,[17] die eine empirische Erklärung real beobachteter Phänomene im Bereich der Rechnungslegung auf Basis Agency-theoretischer Argumentationsmuster anstrebt und insbesondere in der US-amerikanischen empirischen Rechnungswesenforschung einen großen Raum einnimmt.

---

[14] Die eher schwache Betonung des Gläubigerschutzes im US-amerikanischen Recht wird auch von *La Porta/Lopez-de-Silanes/Shleifer/Vishny* (1998, S. 1138) in einer vergleichenden Studie festgestellt: „*The United States is actually one of the most anti-creditor common-law countries.*"

[15] Diese Aspekte werden im 2. Abschnitt dieses Kapitels ausführlich dargestellt. Siehe zu einer Darstellung der Vielfalt kreditvertraglich vereinbarter Restriktionen in den USA insbesondere *Smith/ Warner* (1979).

[16] Die Analyse bei *Jensen/Meckling* (1976) geht freilich über die Eigner-Gläubiger-Konflikte hinaus und behandelt auch Agency-Probleme des Eigenkapitals. Vgl zu Übersichten auch *Barnea/Haugen/ Senbet* (1985) und *Jensen/Smith* (1985).

[17] Vgl zu Übersichten über die dort analysierten Fragestellungen zB *Watts/Zimmerman* (1986, 1987, 1990).

2   Rechnungslegung und Eigner-Gläubiger-Konflikte

2.1   Fremdfinanzierungsbedingte Agency-Probleme

Die Grundlage für die folgende Analyse bildet die Identifikation von **Maßnahmen**, mit denen **Reichtumsverlagerungen** zwischen verschiedenen Kapitalgebergruppen verbunden sein können. Im Zusammenhang mit **Eigner-Gläubiger-Konflikten** bezeichnet man solche Reichtumsverlagerungen, die von den Eignern (bzw. dem Management) gesetzt werden, als **fremdfinanzierungsbedingte Agency-Probleme**. Die Wirkung bilanzieller Restriktionen hinsichtlich des Gläubigerschutzes ergibt sich aus der **Verhinderung** von Maßnahmen, mit denen *nach* einer Kreditgewährung **Reichtumsverlagerungen** von den Gläubigern zu den Eignern vorgenommen werden können. Die Analyse solcher Maßnahmen ist Gegenstand der sogenannten **finanziellen Agency-Theorie**. Im Folgenden werden die typischen Maßnahmen systematisch erläutert. Anschließend werden die darauf bezogenen Effekte von Rechnungslegung und Ausschüttungsbeschränkungen gezeigt.

Ausgangssituation

Betrachtet wird die Situation eines **haftungsbeschränkten** Unternehmens am Ende der Periode t. Das Unternehmen hat in früheren Perioden Investitionen getätigt, die hier nicht näher spezifiziert werden müssen. Auf Grund dieses bisherigen Programms liegen im Zeitpunkt t **Cashflows** vor Durchführung potenzieller Investitionen und Ausschüttungen in t in Höhe von $c_t = 120$ vor. Dieses bisherige Programm würde bei Weiterführung risikobehaftete Überschüsse in der Folgeperiode $t + 1$ erbringen, die vereinfachend zugleich die letzte Periode des Unternehmens sei. Am Ende der Folgeperiode kann einer von zwei **Zuständen** θ_L (Eintrittswahrscheinlichkeit 40 %) und θ_H (Eintrittswahrscheinlichkeit 60 %) eintreten, die mit Überschüssen des bisherigen Programms von $c_{t+1}(\theta_L) = 200$ bzw. $c_{t+1}(\theta_H) = 400$ verbunden sind. Das Unternehmen hat seine Projekte teilweise fremdfinanziert. Die **Forderungen der Gläubiger** sind vollständig in $t + 1$ fällig und betragen (zustandsunabhängig) $VK = 300$. Die Annahmen sind in Abb. 5.2 zusammengefasst.

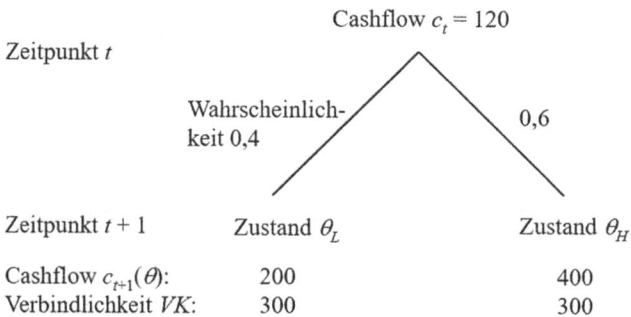

Abb. 5.2 Basisszenario zur Verdeutlichung von Reichtumsverlagerungen

Für die **Bewertung** aller Cashflows wird vereinfachend von Risikoneutralität und einem risikolosen Zinssatz von null ausgegangen. Dann können die Werte von Finanzierungstiteln (Eigenkapital und Fremdkapital) einfach durch ihre **Erwartungswerte** repräsentiert werden.

Die **Forderungstitel** der Gläubiger sind gegenüber den Anteilen der Eigner **prioritär zu bedienen**, aber nach oben beschränkt, denn die Gläubiger erhalten maximal ihre Forderungen gegenüber dem Unternehmen. Auf Basis des bisherigen Programms sind die Forderungstitel ausfallbedroht. Tritt der Zustand θ_L ein, ist nur ein Überschuss von 200 vorhanden, der nicht zur vollständigen Bedienung der Forderungen von 300 ausreicht. Die Gläubiger erhalten in diesem Fall nur die vorhandenen Überschüsse von 200, während ihre Forderungen im Zustand θ_H erfüllt werden können. Der **Wert des Fremdkapitals** W_t^{FK} in t auf Basis des bisherigen Programms beträgt daher

$$W_t^{FK} = 0,4 \cdot 200 + 0,6 \cdot 300 = 260 \qquad (5.1)$$

Zur Verdeutlichung der Interessenkonflikte zwischen Eignern und Gläubigern wird von der Existenz irgendwelcher Beschränkungen der Unternehmenspolitik abgesehen. Angenommen, die Eigner können unmittelbar die Unternehmenspolitik bestimmen und sind an der Maximierung des Wertes *ihrer* **Anteile** im Zeitpunkt t interessiert. Im Zustand θ_L erhalten sie keine Zahlungen, weil sämtliche Überschüsse an die Gläubiger fließen. Im Zustand θ_H fällt ihnen der nach Bedienung der Verpflichtungen verbleibende Restbetrag $400 - 300 = 100$ zu. Der gesamte Wert GW_t^{EK} des Eigenkapitals in t ergibt sich aus der Ausschüttung AU_t und dem Wert W_t^{EK} nach Ausschüttung

$$GW_t^{EK} \equiv AU_t + W_t^{EK} = 120 + 0,4 \cdot 0 + 0,6 \cdot \left(400 - 300\right) = 180 \qquad (5.2)$$

Der gesamte **Unternehmenswert** W_t für das bestehende Programm entspricht dem Wert des Eigenkapitals und des Fremdkapitals. Er beträgt

$$W_t \equiv GW_t^{EK} + W_t^{FK} = AU_t + W_t^{EK} + W_t^{FK} = 180 + 260 = 440 \qquad (5.3)$$

Liquidationsfinanzierte Ausschüttungen[18]
Angenommen, das Unternehmen könne im Zeitpunkt t durch **Liquidation** des vorhandenen Programms einen **Liquidationserlös** von 150 erzielen. Eine solche Liquidation ist eigentlich unvorteilhaft, weil die Summe aus diesem Liquidationserlös und den Überschüssen c_t niedriger als der in (5.3) angegebene Unternehmenswert von 440 ist. Bestehen aber keine Ausschüttungsbeschränkungen, können die Eigner die erzielten Liquidationserlöse zusammen mit den vorhandenen Überschüssen c_t ausschütten und dadurch einen Betrag von insgesamt $150 + 120 = 270$ erlangen. Für sie lohnt sich diese Aktion, weil sie gegenüber (5.2) einen Wertzuwachs

$$\Delta GW_t^{EK} = 270 - 180 = 90$$

---

[18] Vgl etwa *Black* (1976), S. 7

erbringt. Diese Verbesserung entsteht deswegen, weil es den Eignern gelingt, den Gläubigern sämtliche Zahlungen in $t + 1$ durch Liquidation zu entziehen und den Gegenwert durch die Ausschüttung des Liquidationserlöses faktisch auf sich selbst umzulenken. Diese Umlenkung ist wegen des relativ niedrigen Liquidationserlöses zwar nicht perfekt, aber doch hoch genug, um die aus Gesamtsicht eigentlich unvorteilhafte Maßnahme für die Eigner sinnvoll werden zu lassen. Die **Position der Gläubiger** wird dadurch **ausgehöhlt**.

Fremdfinanzierte Ausschüttungen[19]
Angenommen, die Eigner erwägen im Zeitpunkt t eine **Ausschüttung** von 170, ohne dass Liquidationsalternativen bestünden. Weil der vorhandene Cashflow von 120 dazu nicht ausreicht, muss der fehlende Betrag von 50 durch externe Finanzmittel aufgebracht werden. Dazu wird weiteres Fremdkapital aufgenommen, das ebenfalls am Ende der Folgeperiode zurückgezahlt werden muss.

Sind sich die neuen Gläubiger der bisherigen Verschuldung des Unternehmens bewusst, berücksichtigen sie, dass schon die bisherigen Forderungen mit einer Wahrscheinlichkeit von 40 % ausfallbedroht sind. Die **Konditionen** für die neuen Kredite werden daher so gestaltet, dass sich unter Berücksichtigung der Ausfallrisiken und der bestehenden Forderungen die **risikoäquivalente Verzinsung** der Kredite ergibt. Im vorliegenden Fall impliziert dies einen Erwartungswert der Rückzahlungen, der gleich dem Kreditbetrag FK^N von 50 ist. Wenn bisherige und neue Gläubiger im Falle der Insolvenz gleichberechtigt sind, folgt für den anzusetzenden Forderungsbetrag VK^N

$$50 = 0,4 \cdot 200 \cdot \frac{VK^N}{VK + VK^N} + 0,6 \cdot VK^N \tag{5.4}$$

Mit der Wahrscheinlichkeit von 40 % tritt Zustand θ_L ein und die Forderungen können nicht bedient werden. Die neuen Gläubiger partizipieren dann am anfallenden Cashflow von 200 gemäß ihrem Anteil an den gesamten Forderungen. Tritt der Zustand θ_H ein, werden ihre Forderungen zur Gänze erfüllt. Eine Auflösung von (5.4) nach VK^N erbringt (als einzige Lösung mit positivem Wert)

$$\left(VK^N\right)^2 + 350 \cdot VK^N - 25.000 = 0 \quad \Rightarrow \quad VK^N = 60,85 \tag{5.5}$$

Die **fremdfinanzierten Ausschüttungen** von 50 führen mithin zu einer Erhöhung der in $t + 1$ rückzahlbaren Verpflichtungen von 60,85. Dies trifft die Eigner aber nicht im Zustand θ_L, da sie dort ohnehin keine Zahlungen zu erwarten hatten. Der Wert der Anteile GW_t^{EKN} inklusive der neuen Dividenden beträgt daher

$$GW_t^{EKN} = 120 + 50 + 0,4 \cdot 0 + 0,6 \cdot \left(400 - 360,85\right) = 193,49$$

---

[19] Vgl etwa *Fama/Miller* (1972), S. 151 f, *Kim/McConnell/Greenwood* (1977).

Daraus resultiert für die Eigner verglichen mit (5.2) ein **Wertzuwachs** von

$$\Delta GW_t^{EK} = 193,49 - 180 = 13,49$$

Eine Betrachtung von (5.4) zeigt, dass dieser **Wertzuwachs** durch eine **Reichtumsverlagerung von den bisherigen Gläubigern** stammen muss. Diese müssen sich nämlich jetzt im Zustand θ_L den gegebenen Überschuss von 200 mit den neuen Gläubigern teilen, so dass sich der Wert der ausstehenden Forderungstitel um exakt 13,49 verringert.[20] Die neuen Gläubiger zahlen aber für ihre anteiligen Überschüsse durch den Kreditbetrag, den sich die Eigner auszahlen lassen. Insofern ist die Minderung des Wertes der bisherigen Forderungstitel über den Weg der Ausschüttung zu den Eignern gewandert. Der Unternehmenswert bleibt in diesem Fall allerdings unverändert.

Unterinvestition

Das Unternehmen verfügt nun über die Möglichkeit, im Zeitpunkt t eine neue Investition zu realisieren.[21] Die Investitionsauszahlungen seien $I = 100$ und die Cashflows $c^N(\theta)$ in $t + 1$ betragen

$$c^N\left(\theta_L\right) = 80; \quad c^N\left(\theta_H\right) = 150$$

Das Projekt besitzt einen positiven Kapitalwert und ist grundsätzlich vorteilhaft

$$0,4 \cdot 80 + 0,6 \cdot 150 - 100 = 22$$

Aus **Sicht der Eigner** stellt sich die Rechnung aber anders dar. Die zusätzlichen Projektüberschüsse von 80 im Zustand θ_L fallen nämlich *nicht* ihnen zu, sondern führen faktisch zur Besicherung der Gläubigerposition. Wenn die Eigner das Projekt durch Thesaurierung von Überschüssen im Zeitpunkt t finanzieren, tragen sie zwar die Finanzierungslasten, erhalten aber nur einen Teil der Projektvorteile, dann nämlich, wenn der Zustand θ_H eintritt. Aus ihrer Sicht hat das Projekt daher einen negativen Kapitalwert, nämlich

$$0,4 \cdot 0 + 0,6 \cdot 150 - 100 = -10$$

Dies wird bestätigt, wenn man die **Gesamtposition** der Eigner nach Realisierung des Projekts betrachtet

$$GW_t^{EKN} = 120 - 100 + 0,4 \cdot 0 + 0,6 \cdot \left(550 - 300\right) = 170$$

Sie unterschreitet den bisherigen Wert in (5.2), so dass ein **Wertverlust** von

$$\Delta GW_t^{EK} = 170 - 180 = -10$$

---

[20] Wären die neuen Verbindlichkeiten lediglich *nachrangig* zu bedienen, könnte eine Reichtumsverlagerung zu Gunsten der Eigner vermieden werden. Dagegen würde die Reichtumsverlagerung noch drastischer ausfallen, wenn die Forderungen der neuen Gläubiger Priorität gegenüber den bisherigen Verbindlichkeiten hätten. Eine solche Situation kann etwa durch eine Sale and Lease Back-Maßnahme mit Ausschüttung der dadurch erlangten Mittel entstehen. Vgl zB *Kim/Lewellen/McConnell* (1978).

[21] Vgl *Myers* (1977).

resultiert. Eine anfängliche Erwartung der Gläubiger, dass nach der Kreditgewährung **Folgeinvestitionen** mit zusätzlichen Überschüssen durchgeführt werden, kann sich daher als trügerisch erweisen, weil die Eigner *ex post* ggf. kein Interesse mehr an solchen Folgeinvestitionen haben. Wenn es sich wie im Beispiel um ein vorteilhaftes Projekt handelt, sinkt dadurch der Unternehmensgesamtwert.

Überinvestition

Angenommen, die Eigner können in t ein neues Projekt mit Investitionsauszahlungen $I = 100$ und folgenden Zahlungsüberschüssen realisieren[22]:

$$c^N\left(\theta_L\right) = -60;\quad c^N\left(\theta_H\right) = 180$$

Das neue Projekt hat einen **negativen Kapitalwert** und ist eigentlich unvorteilhaft:

$$0,4\cdot\left(-60\right) + 0,6\cdot 180 - 100 = -16$$

Aus Sicht der Eigner ist es jedoch **vorteilhaft**, weil die Verminderung der Überschüsse im Zustand θ_L ausschließlich von den Gläubigern getragen wird. Wird das Projekt durch Thesaurierung von Überschüssen in t finanziert, folgt für den Gesamtwert der Anteile nach Projektrealisierung

$$GW_t^{EKN} = 120 - 100 + 0,4\cdot 0 + 0,6\cdot\left(580 - 300\right) = 188$$

Daraus ergibt sich für die Eigner ein **Wertzuwachs** von

$$\Delta GW_t^{EK} = 188 - 180 = 8$$

Risikoanreizproblem (*asset substitution*)

Für die Eigner können auch Anreize bestehen, das **Risiko des Investitionsprogramms** zu Lasten der Gläubiger zu erhöhen.[23] Sei unterstellt, die Eigner können im Zeitpunkt t das bestehende Programm liquidieren und die Erlöse in ein anderes Projekt investieren. Die Cashflows $c^A(\theta)$ des alternativen Programms in der Folgeperiode sind in Abb. 5.3 gegeben.

Das alternative Programm weist einen gleich hohen **Erwartungswert der Cashflows** auf:

$$0,4\cdot 200 + 0,6\cdot 400 = 320$$
$$0,4\cdot 50 + 0,6\cdot 500 = 320$$

Seine **Varianz der Cashflows** ist wegen der für beide Zustände höheren Abweichung vom gegebenen Erwartungswert größer als diejenige des Basisprogramms. Die Risikoanreiche-

---

[22] Vgl zB *Drukarczyk* (1993), S. 311.

[23] Vgl *Jensen/Meckling* (1976), S. 334–337, *Gavish/Kalay* (1983), *Green* (1984), S. 117–124, *Green/Talmor* (1986).

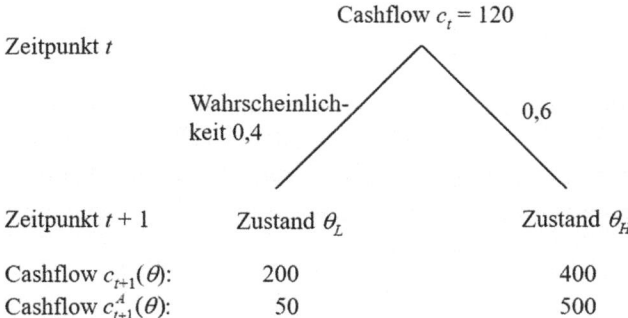

Abb. 5.3 Überschüsse des bisherigen und eines alternativen Programms in t + 1

rung ist mit einer Cashflow-Einbuße im Zustand θ_L und mit einer Cashflow-Erhöhung im Zustand θ_H verbunden. Die Einbuße in θ_L trifft ausschließlich die Gläubiger, weil die Eigner in diesem Zustand ohnehin nichts zu erwarten hatten. Dagegen fällt ihnen der zusätzliche Cashflow von 100 in θ_H voll zu. Der **Gesamtwert des Eigenkapitals** nach Durchführung der Substitution beträgt

$$GW_t^{EKA} = 120 + 0,4 \cdot 0 + 0,6 \cdot (500 - 300) = 240$$

Daraus ergibt sich für die Eigner ein **Wertzuwachs** von

$$\Delta GW_t^{EK} = 240 - 180 = 60$$

Wegen des unveränderten Gesamtwertes entspricht dieser Wertzuwachs exakt der **Verminderung des Wertes der Forderungstitel**. Es ist aber offensichtlich, dass der Anreiz zur Risikoerhöhung auch dann grundsätzlich besteht, wenn die Substitution eigentlich unvorteilhaft ist. Angenommen, der Cashflow des alternativen Programms beträgt im Zustand θ_H nicht 500, sondern nur 450. Dann hat das Alternativprojekt einen geringeren Unternehmenswert als das Basisprogramm, wird von den Eignern aber dennoch präferiert, weil sie bei Substitution zusätzliche Überschüsse von 50 in θ_H erhalten würden.

Kombinationen einzelner Agency-Probleme
Die einzelnen fremdfinanzierungsbedingten Agency-Probleme können auch kombiniert auftreten. Dadurch kann ein ansonsten bestehendes Problem gemildert werden, es können aber auch ursprünglich bestehende Agency-Probleme verschärft oder neue induziert werden.[24] Dies wird am obigen Beispiel zum **Unterinvestitionsproblem** illustriert. Die Investition beträgt $I = 100$, jetzt aber mit Cashflows von

$$c^N (\theta_L) = 0; \quad c^N (\theta_H) = 150$$

---

[24]Vgl ausführlich *Ewert* (1984).

Das neue Projekt ist unvorteilhaft, weil

$$0,4 \cdot 0 + 0,6 \cdot 150 - 100 = -10$$

Bei reiner **Eigenfinanzierung** des neuen Projekts sähe die Rechnung für die Eigner ebenso aus, weil sie nur im Zustand θ_H Zahlungen erhalten und das Projekt auch nur dort Überschüsse aufweist. Wird das Projekt aber z. B. **zur Hälfte fremdfinanziert**, müssen die Eigner einen Betrag von 50 bei neuen Gläubigern aufnehmen. Diese werden sich dafür Ansprüche gemäß Gl. (5.5) in Höhe von

$$VK^N = 60,85$$

einräumen lassen. Berechnet man die Gesamtposition für die Eigner nach Durchführung dieser Transaktion, ergibt sich ein Gesamtwert des Eigenkapitals von

$$GW_t^{EKN} = 120 - 50 + 0,4 \cdot 0 + 0,6 \cdot \left(550 - 360{,}85\right) = 183,49$$

Für die Eigner ergibt sich ein **Wertzuwachs** von

$$\Delta GW_t^{EK} = 183,49 - 180 = 3,49$$

Er setzt sich zusammen aus dem negativen Projektkapitalwert[25] (-10) und dem Effekt der faktisch fremdfinanzierten Dividendenzahlung ($+13,49$). Eine Investition, die an sich ungünstig ist und auch von den Eignern bei Eigenfinanzierung nicht realisiert worden wäre, wird also plötzlich aus Eignersicht günstig, weil sie *implizit* **fremdfinanzierte Dividendenzahlungen** und die damit verbundenen Reichtumsverlagerungseffekte eröffnet.

2.2   Gläubigerschutz durch rationale Erwartungen der Gläubiger

Die diskutierten Maßnahmen im Zeitpunkt t setzen voraus, dass es künftig fällige Forderungen von Gläubigern gibt, die letztlich aus einer Kreditaufnahme *vor* dem Zeitpunkt t stammen müssen. Diese ausstehenden Verbindlichkeiten induzieren eine bestimmte, möglicherweise asymmetrische Aufteilung der aus der Unternehmenspolitik stammenden Überschüsse zwischen Eignern und Gläubigern. Daraus können für die Eigner Anreize entstehen, eine aus Gesamtsicht **suboptimale Unternehmenspolitik** zu wählen, *weil* sie mit **Reichtumsverlagerungsmöglichkeiten** von den bisherigen Gläubigern zu den Eignern verbunden ist. Daraus wird deutlich, dass Gläubigerschutz nicht einfach ein reines Verteilungsproblem ist. Die Möglichkeit, Gläubigerpositionen *ex post* auszuhöhlen, schafft nämlich ein **Allokationsproblem**, weil viele Reichtumsverlagerungen gerade über den Weg der **Veränderung der Unternehmenspolitik** vorgenommen werden können.

Aus dem Blickwinkel der Agency-Theorie ist der Allokationseffekt sogar der einzige Effekt, der für den direkten Gläubigerschutz relevant ist. Grundlage für diese These ist die

---

[25] Wegen der Überschussstruktur stimmt hier der negative Projektkapitalwert mit der Verringerung des Wertes der Anteile überein.

Annahme rationaler Erwartungen seitens der **Gläubiger** zum Zeitpunkt der Kreditgewährung. Die Gläubiger sind sich bewusst, dass es für die Eigner *nach* der Kreditgewährung **Anreize** geben wird, die Unternehmenspolitik so zu gestalten, dass der *ex post* resultierende Marktwert des Eigenkapitals maximiert wird. Unterstellt man, dass die Gläubiger in der Lage sind, das Ausmaß der dadurch entstehenden Reichtumsverlagerungen *im Durchschnitt* korrekt zu antizipieren, werden sie die Kreditkonditionen so adaptieren, dass sie unter Berücksichtigung der zu erwartenden Reichtumsverlagerungen ihre risikoäquivalente Verzinsung erhalten. Die **Konkurrenz auf dem Kreditmarkt** sorgt dann dafür, dass ein Gläubiger auch keine darüber hinaus gehende Rendite erlangt, weil es ansonsten andere Gläubiger gäbe, die bereit wären, zu günstigeren Konditionen den Kredit zu gewähren. Daher wird der bereit gestellte Kredit in einer Höhe gegeben, so dass der Kapitalwert der Kreditvergabe gleich null ist. Die Gläubiger schützen sich also selbst durch die Gestaltung der Kreditverträge; sie sind **preisgeschützt** (*price-protected*). Im Ergebnis folgt daraus, dass zum Zeitpunkt der Kreditgewährung die **Eigner** sämtliche **Marktwertminderungen** durch potenzielle, *ex post* auftretende Reichtumsverlagerungen **selbst** zu tragen haben.[26]

Zur Verdeutlichung sei der Zeitpunkt der erstmaligen Kreditgewährung betrachtet ($t = 0$), typischerweise der Zeitpunkt der Unternehmensgründung. Die Eigner maximieren den ihnen zufallenden Gesamtwert

$$GW_0^{EK} = AU_0 + W_0^{EK} \tag{5.6}$$

Die Ausschüttungen AU_0 sind in $t = 0$ regelmäßig negativ, weil noch keine Cashflows aus bisherigen Projekten vorliegen und sich die Eigner an der Finanzierung des Investitionsprogramms durch eine Bareinlage EK_0 (Eigenkapitaleinzahlung) beteiligen:

$$AU_0 = -EK_0 \tag{5.7}$$

Beträgt der von den Gläubigern bereit gestellte Kreditbetrag FK_0, folgt wegen der Finanzierungsbedingung[27] für das Investitionsvolumen

$$I_0 = EK_0 + FK_0 \tag{5.8}$$

Einsetzen von (5.7) und (5.8) in (5.6) ergibt

$$GW_0^{EK} = W_0^{EK} + FK_0 - I_0 \tag{5.9}$$

Der Wert des Eigenkapitals W_0^{EK} ergibt sich nun aus dem Unternehmenswert W_0 abzüglich des Wertes der Forderungstitel W_0^{FK}, d. h.

$$W_0^{EK} = W_0 - W_0^{FK} \tag{5.10}$$

---

[26] Vgl zB *Smith/Warner* (1979), S. 157–159.

[27] Diese Bedingung stellt auf die Alimentierung des Investitionsvolumens ab. Im Gründungszeitpunkt müssen die Investitionsauszahlungen durch die Summe aus Eigen- und Fremdkapitaleinzahlungen gedeckt sein.

Einsetzen in (5.9) führt zu

$$GW_0^{EK} = W_0 + \left[FK_0 - W_0^{FK} \right] - I_0 \qquad (5.11)$$

Wegen der Annahme **rationaler Erwartungen** der Gläubiger und der Konkurrenz auf dem Kreditmarkt gilt

$$W_0^{FK} = FK_0 \qquad (5.12)$$

Daher verschwindet der Ausdruck in der eckigen Klammer von (5.11), und es folgt

$$GW_0^{EK} = W_0 - I_0 \equiv KW_0 \qquad (5.13)$$

Die von den Eignern *ex ante* zu **maximierende Zielfunktion** entspricht demnach dem **gesamten Kapitalwert** KW_0 des Unternehmens. Gl. (5.13) verdeutlicht, dass die Eigner bei rationalen Erwartungen der Gläubiger von der Möglichkeit späterer Reichtumsverlagerungen nicht wirklich profitieren.

Aussage

„Despite over 40 years of research, we still know surprisingly little about the determinants of capital structure. There is general agreement that debt has a tax advantage over equity, but disagreement over the magnitude of this tax advantage and the relative importance of the costs of debt that offset this tax advantage at the margin." (*Parrino/Weisbach* 1999, S. 39).

2.3   Unternehmenspolitik, Restriktionen und Gläubigerschutz

Ein (scheinbarer) Ausweg bestünde für die Eigner darin, *kein* Fremdkapital aufzunehmen – dann gibt es offenbar auch keine fremdfinanzierungsbedingten Agency-Probleme, die mit Verzerrungen der Unternehmenspolitik einhergehen könnten. Wird trotzdem Fremdkapital aufgenommen (und dies ist regelmäßig zu beobachten), muss es **Vorteile der Fremdfinanzierung** gegenüber der Eigenfinanzierung geben. Solche gibt es tatsächlich.[28] Es zeigt sich, dass die meisten Vorteile keineswegs zwingend entstehen. Jedenfalls führen steuerliche Aspekte (insbesondere die Existenz einer nicht anrechenbaren Körperschaftsteuer auf Unternehmensebene) zu Vorteilen der Fremdfinanzierung.[29] **Nachteile** der Fremdfinanzierung können etwa in Kosten einer ggf. eintretenden Insolvenz, aber auch in den Marktwertminderungen durch fremdfinanzierungsbedingte Agency-Probleme bestehen.[30]

---

[28] Vgl zu einer Übersicht zB *Brealey/Myers/Allen* (2014), S. 448–478.

[29] Siehe zu den Beziehungen für das derzeit in Deutschland geltende System zB *Kruschwitz/Husmann* (2012), S. 419–425.

[30] Einige finanzierungstheoretische Arbeiten bemühen sich um eine Messung der relativen Größenordnung (im Vergleich zu steuerlichen Vorteilen) von Marktwertminderungen durch fremdfinanzierungsbedingte Agency-Probleme. Siehe dazu *Mello/Parsons* (1992), *Leland* (1998) und *Parrino/Weisbach* (1999).

Fremdfinanzierung wird umso vorteilhafter, je besser es gelingt, die durch **Agency-Probleme** bewirkten Nachteile **abzuschwächen**. Dazu müssen Mechanismen installiert werden, welche die **Anreize** und/oder die **Möglichkeiten späterer Reichtumsverlagerungen vermindern**. Beispielsweise sind spezifische Finanzierungsinstrumente wie Wandel- und Optionsanleihen,[31] Kündigungsoptionen oder andere Covenants in Kreditverträgen[32] Instrumente zur Milderung von Agency-Problemen. Die Besicherung von Krediten kann ebenfalls dazu beitragen,[33] weil z. B. sicherungsübereignete Vermögensgegenstände nicht ohne Zustimmung des Sicherungsnehmers (Gläubiger) veräußert werden können und auf diese Weise die Möglichkeit zur Veränderung des Investitionsprogramms eingeschränkt wird.

Die Gestaltung von Kreditverträgen ist aber nicht auf direkt finanzbezogene Bestandteile beschränkt. Sie kann auch Aspekte der **Rechnungslegung** einbeziehen. Eine Klausel, die eine **Obergrenze für die periodischen Ausschüttungen** (z. B. in Höhe des Periodengewinns) vorsieht, bildet offenbar eine Restriktion, die die Möglichkeiten für fremd- und liquidationsfinanzierte Ausschüttungen einschränkt. In ähnlicher Weise wirkt eine Vereinbarung, durch die das Unternehmen verpflichtet wird, während der Laufzeit der Kredite eine **bilanziell ermittelte Eigenkapitalquote** mindestens einzuhalten. Ausschüttungen würden diese Eigenkapitalquote verringern und die Restriktion damit ggf. verletzen. Eine Risikoanreicherung des Investitionsprogramms erhöht das künftige Erfolgsrisiko, ändert daher auch die Wahrscheinlichkeitsverteilung der künftigen bilanziellen Eigenkapitalquoten und demnach die Wahrscheinlichkeit der Restriktionsverletzung. Solche Verletzungen sind typischerweise **nicht kostenlos**, wenn den Gläubigern etwa das Recht gegeben wird, sofortige Rückzahlung oder eine Anpassung der Kreditkonditionen zu verlangen. Die Antizipation dieser erwarteten Kosten kann die Eigner *ex post* davon abhalten, eine Risikobereicherung durchzuführen. Die Rolle von Vorsicht im Rahmen von solchen Covenants wird im 4. Kapitel: *Bilanzierungs- und Bewertungsgrundsätze* dargestellt.

Die Gefahr einer **Unternehmensübernahme** ist ein weiteres Instrument zur Reduktion von Agency-Problemen. Beispielsweise könnte ein Investor die Finanzierungstitel des Unternehmens (Eigen- *und* Fremdkapital) am Markt erwerben, um die insgesamt optimale Politik zu installieren, die Finanztitel danach wieder zu veräußern und auf diese Weise *Arbitragegewinne* zu erzielen. Man muss daher unterstellen, dass derartige Kontrollprozesse über den Kapitalmarkt nicht vollständig wirksam sind, so dass Agency-Probleme verbleiben. Ein Beispiel dafür wäre, dass nach Abschluss eines solchen Arbitrageprozesses die Finanztitel wieder in verschiedenen Händen liegen und die neuen Eigner wiederum ein Interesse haben, Reichtumsverlagerungen durchzuführen.

---

[31] Vgl etwa *Haugen/Senbet* (1981) und *Green* (1984).

[32] Vgl *Bodie/Taggart* (1978).

[33] Vgl zB *Rudolph* (1984).

Rechnungslegung und Kreditverträge

Armstrong/Guay/Weber (2010) besprechen eine Fülle von empirischer Literatur, die sich mit der Verwendung der Rechnungslegung bei der Gestaltung von Kreditverträgen befasst. Varianten und Attribute der Rechnungslegung können demnach Bedeutung haben für:

- Kreditzinssätze;
- Kreditlaufzeiten;
- die Vereinbarung von Sicherheiten;
- Klauseln zum Performance-Pricing (hier wird vorab vereinbart, wie sich Kreditzinssätze in Abhängigkeit vom Erreichen bestimmter Größen der Rechnungslegung (z. B. Verschuldungsgrad, Renditen) ändern;
- Kreditumfänge und Beschränkungen weiterer Kreditaufnahmen;
- Investitionsbeschränkungen;
- Bilanzkennzahlen und Ausschüttungsbeschränkungen;
- die Ausgestaltung sogenannter *income escalators* (dabei werden z. B. Restriktionen zur Aufrechterhaltung eines Mindesteigenkapitals in Abhängigkeit vom Gewinn modifiziert);
- die Bestimmung fester oder variabler Rechnungslegungsstandards (bei festen Standards gelten für den Kreditvertrag die Regeln zum Zeitpunkt der Kreditvergabe, Änderungen von Standards haben daher keinen Einfluss für die kontraktbezogene Rechnungslegung);
- die Bestimmung maßgeschneiderter Regeln der Rechnungslegung (für die konkrete Unternehmenssituation wird z. B. bestimmt, dass Firmenwerte oder immaterielle Vermögensgegenstände nicht für die kontraktbezogene Rechnungslegung als Vermögenswerte angesetzt werden).

Für Deutschland zeigen einige Arbeiten,[34] welche spezifischen Vereinbarungen in Kreditverträgen getroffen werden.[35] Dabei ist die Vereinbarung unmittelbarer Ausschüttungsrestriktionen kaum zu beobachten[36]; die meisten Bestimmungen beziehen sich auf die Festlegung von Kennzahlen, die über die Laufzeit des Vertrages einzuhalten sind. Dabei lassen sich sogar – trotz der grundsätzlich auf den Gläubigerschutz ausgerichteten HGB-Rechnungslegung – Abweichungen von den HGB-Regeln nachweisen.[37]

---

[34] Vgl etwa *Thießen* (1996) und *Wittig* (1996, 2003).

[35] Dafür sind die durch die Rechtsprechung und die Änderungen im Insolvenzrecht bewirkten Aushöhlungen der Realsicherheiten ebenso verantwortlich wie die Tatsache, dass die Werthaltigkeit solcher Sicherheiten offenbar nicht immer gegeben ist. Vgl *Watrin* (2001), S. 205.

[36] Vgl *Leuz/Deller/Stubenrath* (1998), S. 122.

[37] Siehe zu einer Übersicht gängiger Modifikationen etwa *Watrin* (2001), S. 206.

Ergänzend muss auch beachtet werden, dass die Abweichung von marktwertmaximierenden Politiken ggf. mit einer Minderung des Wertes des **Humankapitals** eines Managers verbunden sein könnte. Sofern solche Effekte wirksam sind, mindern sie die Anreize zur Durchführung von Reichtumsverlagerungen.[38]

Die **Gesamtwirkung** der beschriebenen Restriktionen ist **ambivalent**. Beschränkungen von Handlungsmöglichkeiten können nämlich auch an sich **erwünschte Aktivitäten** behindern. So führt eine Ausschüttungsbeschränkung tendenziell dazu, dass Mittel im Unternehmen verbleiben und daher irgendwie investiert werden müssen.[39] Doch was ist, wenn das Unternehmen keine vorteilhaften Projekte hat? Aus wertorientierter Perspektive ist es gleichgültig, ob eine Marktwertminderung durch Unterlassung eines an sich vorteilhaften Projekts oder durch Investition in ein Projekt mit negativem Kapitalwert zustande kommt. Umfang und Strenge von Restriktionen müssen also unter **Abwägung** solcher gegenläufiger Effekte festgelegt werden.

Restriktionen auf Basis der Rechnungslegung machen nur einen **Teil** des gesamten **Optimierungsproblems** aus. Die Rolle der Rechnungslegung ist stets Teil eines ganzen Bündels von Maßnahmen, die zur Milderung von Agency-Konflikten verwendet werden können. Beschränkungen auf Basis der Rechnungslegung sind daher stets anhand ihrer **komparativen Vorteile** gegenüber anderen Restriktionsparametern zu beurteilen.

Werden z. B. **Realsicherheiten** vereinbart, kann – je nach *Investment opportunity set* des Unternehmens – bereits ein großer Teil der möglichen Risikoanreizprobleme gemildert sein. Die Gestaltung weiterer Restriktionen auf Grundlage der Rechnungslegung braucht diese Aspekte dann nicht mehr zu berücksichtigen. In welchem Maße wiederum Realsicherheiten ihre intendierte Funktion erfüllen, hängt auch von der Ausgestaltung des Insolvenzrechts ab.

Bei der Vereinbarung von Restriktionen sind darüber hinaus **Transaktionskosten**, insbesondere Kosten der **Vertragsschließung** und **-überwachung** zu beachten. Aufgrund dieser Kosten kommt es in der Realität auch nicht in Betracht, in einem Kreditvertrag für alle künftigen Zeitpunkte und Zustände in der Vertragsdauer die Politiken genau festzulegen und jede Abweichung davon mit hinreichend hohen Sanktionen zu belegen. Man muss sich daher mit Restriktionen (z. B. Sicherheiten, Beschränkungen von Ausschüttungen, Handlungsbegrenzungen durch Kennzahlen) behelfen. Auch dabei können mehr oder weniger anspruchsvolle Festlegungen unterschieden werden. Für die Zwecke des Kreditvertrags könnte man z. B. völlig andere Bilanzierungs- und Bewertungsregeln als in der laufenden, gesetzlich verpflichtenden Rechnungslegung vorsehen. Dies induziert ebenfalls **Transaktionskosten**: Zunächst müssen die Regeln im Kreditvertrag spezifiziert werden, dann muss das Unternehmen im Zeitablauf faktisch zwei parallele Rechenwerke erstellen, und schließlich muss die Einhaltung der kreditvertraglich vereinbarten Regeln ebenso überwacht werden wie bei der laufenden Rechnungslegung.

---

[38] Vgl dazu etwa *Fama* (1980).

[39] Siehe eine detaillierte Analyse dieses Sachverhalts in Abschn. 2.4.

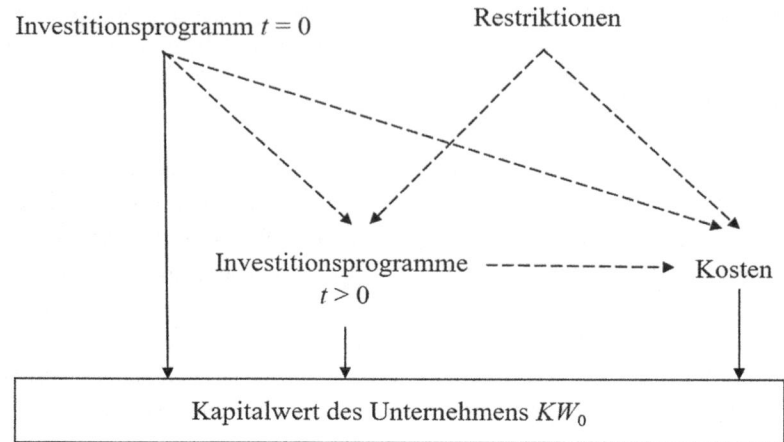

Abb. 5.4 Optimierung von Restriktionen

Zusammenfassend ergibt sich Folgendes im Hinblick auf die optimalen Restriktionen (siehe auch Abb. 5.4):

- Die **Eigner tragen** bei rationalen Erwartungen der Gläubiger sämtliche Marktwertminderungen durch fremdfinanzierungsbedingte Agency-Probleme selbst.
- Daher haben sie selbst ein **Interesse** an der Milderung von Agency-Problemen, um günstigere Kreditkonditionen zu erhalten und die Marktwertvorteile der Fremdfinanzierung besser nutzen zu können.
- Zur Milderung von Agency-Problemen können sowohl spezifische **Finanzinstrumente** als auch spezifische **Vereinbarungen** in Kreditverträgen (Covenants) genutzt werden.
- **Restriktionen** künftiger Handlungsspielräume werden häufig auf Basis von **Rechnungslegungsgrößen** formuliert.
- Die Vereinbarung von Restriktionen **beeinflusst** die künftige **Unternehmenspolitik** im Anschluss an die Kreditgewährung. Damit bestimmen die einem Unternehmen verfügbaren Investitionsmöglichkeiten *(investment opportunity set,* IOS) maßgeblich die Vorteilhaftigkeit von Restriktionen.
- Die Festlegung von Restriktionen ist mit **Transaktionskosten**, insbesondere der Vertragsschließung und -überwachung, verbunden, deren Höhe darüber hinaus von der heutigen und künftigen Unternehmenspolitik beeinflusst wird.
- Die Eigner haben daher ein unmittelbar zu **realisierendes Investitionsprogramm** *und* ein **optimales** Portfolio von **Restriktionen** zu bestimmen. Diese Restriktionen beinhalten jenes Maß an Gläubigerschutz, welches sich für das konkrete IOS des Unternehmens unter Berücksichtigung der Restriktionskosten als optimal erweist.

Gläubigerschutz und Allokation

Gläubigerschutz hat aus Agency-Sicht eine **produktive** und eine **allokative Funktion**. Seine Funktion resultiert zwar aus Anreizen zur *ex* post-Reichtumsverlagerung, ist aber nicht primär distributiv ausgerichtet. Es geht insbesondere *nicht* um Aspekte von „Verteilungsgerechtigkeit" oder „Minderheitenschutz" *per se*. Die distributiven Probleme spielen nur insoweit eine Rolle, als sie sich in Abweichungen von derjenigen Politik manifestieren, die den Gesamtwert des Unternehmens maximiert. Diese Perspektive resultiert letztlich aus den **rationalen Erwartungen der Kreditgeber**. Sie sind dadurch *ex ante* geschützt und sichern sich durch ihre Konditionen – wie auch immer die künftige Unternehmenspolitik aussieht und soweit sie antizipiert wird.[40] Die Marktwertkonsequenzen können daher komplett auf die Eigner „durchgerechnet" werden, so dass *ex ante alleine* die **Allokationsverzerrung** bestehen bleibt. **Gläubigerschutz** behebt diese, ist aber nicht kostenlos zu haben und kann neue Allokationsverzerrungen induzieren. Daher gibt es ein „optimales" Maß an Gläubigerschutz, weil sich sämtliche Tradeoffs in der Reichtumsposition einer Gruppe (nämlich der Eigner) niederschlagen.

Empirische Ergebnisse

Hinsichtlich der Zusammenhänge zwischen der Verschuldung, dem *investment opportunity set* (IOS) und Restriktionen auf Basis der Rechnungslegung können folgende Tendenzen identifiziert werden:

a) Unternehmen mit einem **größeren Umfang von Wachstumsmöglichkeiten** (Bestandteil des IOS) weisen einen **geringeren Verschuldungsumfang** auf.[41] Dies ist durch das Unterinvestitionsproblem erklärbar, weil dessen Intensität mit dem Umfang des Fremdkapitals steigt. Das Ausmaß der Wachstumsmöglichkeiten kann freilich nur indirekt durch Ersatzgrößen gemessen werden, wie z. B. Relation aus Buchwert des Anlagevermögens und Unternehmenswert (je höher, desto geringer der Anteil künftiger Projekte am Unternehmenswert); Relation von Forschungs- und Entwicklungsausgaben und Umsatzerlösen (je höher, desto größer die Wachstumsmöglichkeiten); Tobin's Q als Relation von Marktwert und Wiederbeschaffungswert des Vermögens (je höher, desto größer der Anteil immaterieller Güter und potenzieller Zukunftsprojekte am Unternehmenswert).

b) Die Wachstumsmöglichkeiten haben auch Bedeutung für die Wahl der Restriktionen. Unternehmen mit **höherer Verschuldung** haben signifikant **häufiger Restriktionen** auf Basis der **Rechnungslegung**,[42] und da die Verschuldung wiederum systematisch mit dem IOS verknüpft ist, treibt dieses auch die Strukturierung der Restriktionen *ex ante* zum Zeitpunkt der Kreditaufnahme.

---

[40] Dies gilt nicht nur für die Gläubiger zum Zeitpunkt t = 0, sondern auch für spätere Kreditgeber. Soweit die eintretenden Kapitalgeber rationale Erwartungen über die zu erwartende Politik hegen, schützen sie sich im Durchschnitt vor Reichtumsverlagerungen.

[41] Vgl *Chung/Charoenwong* (1991), *Smith/Watts* (1992), *Chung* (1993), *Gaver/Gaver* (1993).

[42] Vgl etwa *Duke/Hunt* (1990), *Skinner* (1993) und zur unmittelbaren Rolle des IOS in einem ganz speziellen Fall, nämlich der Bilanzierung bei Bauentwicklungsgesellschaften, *Zimmer* (1986).

c) Die Vereinbarungen bezüglich der Rechnungslegung sind typischerweise nicht so streng, dass sie sämtliche **Wahlrechte** ausschließen. Gegeben die vereinbarten Restriktionen haben Manager *ex post* Anreize, die Bilanzierung so auszurichten, dass Restriktionsverletzungen möglichst minimiert werden. Nach der sogenannten *Debt Covenant Hypothesis* sollten **höher verschuldete Unternehmen** signifikant **häufiger gewinnerhöhende Methoden** wählen (z. B. lineare anstatt degressiver Abschreibung, Aktivierung von Goodwill, d. h. allgemein positive diskretionäre Periodenabgrenzungen[43]). Die Ergebnisse etlicher früher empirischer Untersuchungen sind konsistent mit dieser Hypothese,[44] und sie hat sich auch in neueren Replikationsstudien[45] als recht robust erwiesen. Unternehmen, die sich auf eine Restriktionsverletzung zubewegen, wenden dabei das gesamte bilanzpolitische Spektrum an (also sowohl buchmäßig als auch reale Bilanzpolitik).[46]

Asymmetrische Information und Kreditverträge

Sind die Kreditgeber zum Zeitpunkt der Kreditgewährung nicht in der Lage, ihre Risikoposition im Durchschnitt korrekt einzuschätzen, haben Insider bessere Informationen über das *investment opportunity set* (IOS) und dessen Zahlungskonsequenzen. Solche Szenarien führen nicht zwangsläufig zu einer Aufhebung der Ergebnisse bezüglich der Sichtweise der Rechnungslegung. Stattdessen kann sich eine zusätzliche Funktion von Restriktionen ergeben, weil diese jetzt auch einen **Signaling-Effekt** haben können.[47]

Die Idee kann am Beispiel von **Ausschüttungsrestriktionen** verdeutlicht werden. Solche Beschränkungen binden Mittel im Unternehmen, die dann in diesem investiert werden müssen. Die Vorteilhaftigkeit solcher Investitionen hängt vom IOS des Unternehmens ab. Unternehmen mit eher umfangreichen Wachstumsmöglichkeiten können Mittel tendenziell besser investieren als andere Unternehmen. Die Gläubiger können aber das IOS nicht exakt identifizieren und hegen diesbezüglich nur „durchschnittliche" Erwartungen. Dies führt typischerweise zu einer Unterbewertung von Unternehmen mit guten Wachstumsmöglichkeiten. Diese können ihr IOS aber ggf. dadurch signalisieren, dass sie sich strenge Ausschüttungsrestriktionen auferlegen. Dieses Verhalten kann von anderen Unternehmen nur durch hohe Kosten imitiert werden, die in künftigen Überinvestitionen und mithin Wertminde-

---

[43] Zur Messung dieser Größen siehe ausführlich das 6. Kapitel: *Bilanzpolitik – Grundlagen.*

[44] Vgl etwa *Skinner* (1993), *DeFond/Jiambalvo* (1994), *Sweeney* (1994), *Dichev/Skinner* (2002).

[45] Vgl *Bordeman/Demerjian* (2022).

[46] Vgl *Franz/HassabElnaby/Lobo* (2014).

[47] Vgl zB *John/Kalay* (1985), *Ewert* (1988).

rungen bestehen. Restriktionen haben dann zwar weiterhin allokative Effekte, signalisieren jedoch den Typ des Unternehmens.[48]

Aspekte asymmetrischer Information bieten aber auch noch einen anderen Zugang zu Restriktionen in Kreditverträgen. So basiert die *incomplete contracting*-Theorie[49] auf der Annahme, dass es wegen der mannigfachen Unsicherheiten nahezu unmöglich oder zu teuer ist, in einem Vertrag für sämtliche künftigen Entwicklungen konkrete Regelungen vorzusehen. Eine Möglichkeit, mit diesem Problem in einem Kreditvertrag umzugehen, liegt in der Vereinbarung von Klauseln, bei deren Verletzung Entscheidungsbefugnisse zwischen Eignern und Gläubigern neu zugeordnet werden. Die Idee besteht darin, dass die Entscheidungsrechte (z. B. über Investitionen und Liquidationen) der Partei zufallen, die in einem sich abzeichnenden Zustand die besten Anreize für effiziente Maßnahmen hat.[50] In dieser Sicht geht es daher um die *ex post*-Allokation für Entscheidungsrechte und weniger um eine *ex ante*-Beschränkung bestimmter Handlungen wie etwa Ausschüttungen. Die neuere empirische Literatur zu Kreditverträgen[51] betrachtet sowohl die Agency-theoretische als auch die *incomplete contracting*-Perspektive. Viele Resultate sind konsistent mit beiden Zugängen, andererseits ergänzen sich die Perspektiven, weil manche Vereinbarungen in Kreditverträgen mit nur einer Perspektive konsistent sind.

Keine Betonung der Informationsfunktion

Die Rechnungslegung hat im obigen Szenario **keine Informationsfunktion** in dem Sinne, dass **entscheidungs- bzw. bewertungsrelevante Informationen** für Investoren geliefert werden sollen. Zwar ist nicht ausgeschlossen, dass die vertraglich vereinbarte Rechnungslegung auch solche Informationen liefert,[52] doch ist dies nicht notwendig. Es geht vielmehr rein um die Bestimmung von Größen, an denen vertragliche Beschränkungen von Handlungsmöglichkeiten anknüpfen können. Die Unterscheidung von bewertungsrelevanter Information und Grundlage für Restriktionen wird auch daran deutlich, dass eine hohe **Information** der Gläubiger **kein Substitut für Restriktionen** ist. Die Gläubiger

---

[48] Signaling wird im 7. Kapitel: *Bilanzpolitik – Spezialfragen* in Bezug auf Bewertungswahlrechte dargestellt.

[49] Siehe im Zusammenhang mit Kreditverträgen insbesondere *Aghion/Bolton* (1992)

[50] Dieser Zusammenhang wird auch bei der Analyse der Beziehung zwischen Vorsicht und Vertragsklauseln im 4. Kapitel: *Bilanzierungs- und Bewertungsgrundsätze* thematisiert.

[51] Vgl etwa *Christensen/Nikolaev/Wittenberg-Moerman* (2016), *Demerjian* (2017) und *Christensen/Macciocchi/Morris/Nikolaev* (2022) (jeweils mit weiteren Nachweisen).

[52] Ist zB eine Restriktion verletzt und erhalten die Gläubiger das Recht zur sofortigen Kündigung des Kredits oder der Anpassung der Kreditkonditionen, machen sie ihre Entscheidung von den für sie relevanten Konsequenzen abhängig. Für diese Entscheidung sind Informationen über die Erfolgsaussichten des Unternehmens wichtig, und solche Angaben können natürlich auch aus der vereinbarten Rechnungslegung erhalten werden.

sind durch ihre **rationalen Erwartungen** und ihre Fähigkeit, die Forderungstitel im Durchschnitt korrekt zu bewerten, geschützt. Reichtumsverlagerungen und Allokationsverzerrungen müssen dazu bereits zum Zeitpunkt der Kreditvergabe antizipiert und in die Kreditkonditionen eingerechnet werden. Um diese zu verhindern, müssen die Eigner zusätzliche Maßnahmen ergreifen, wie z. B. die Vereinbarung von Restriktionen basierend auf der Rechnungslegung.

Ausspruch

„Under the agency theory role of accounting, investors desire accounting information to determine whether certain contractual requirements are met rather than as a direct means of valuing corporate securities. Accounting numbers used in contracts provide information that is valuable for assessing firm and security values. But the primary purpose of accounting from an agency theory perspective is to facilitate contracting thereby reducing agency costs." (*Watts/Zimmerman* 1987, S. 202).

2.4   Wirkungen bilanzieller Ausschüttungsrestriktionen

Welche Auswirkungen haben Ausschüttungsrestriktionen auf Basis der **Rechnungslegung** auf die Anreize von Eignern, *ex post* Reichtumsverlagerungen durchzuführen? Ist eine „vorsichtige" Bewertung aus Sicht des Gläubigerschutzes günstig? Zur Beantwortung dieser Fragen wird von folgendem einfachen Szenario ausgegangen, das in Abb. 5.5 dargestellt ist.

In $t = 0$ wurde ein **teilweise fremdfinanziertes Programm** mit risikobehafteten Cashflows c_1 und c_2 realisiert. Die Kredite aus $t = 0$ im Wert von FK_0 sind vollständig in $t = 2$ fällig. Das ursprüngliche Investitionsprogramm kann später nur insofern verändert werden, als in $t = 1$ eine **weitere Investition** I_1 durchgeführt wird, die im Zeitpunkt $t = 2$ risikobehaftete Cashflows c beschert. Eine potenzielle Liquidation des in $t = 0$ durchgeführten Programms am Ende der ersten Periode wird nicht betrachtet, so dass keine Gefahr liquidationsfinanzierter Ausschüttungen gegeben ist. Die Aufnahme **weiteren** (gleichrangigen) **Fremdkapitals** FK_1 in $t = 1$ mit einer Rückzahlungsverpflichtung VK_1 gegenüber den Gläubigern wird jedoch zugelassen.

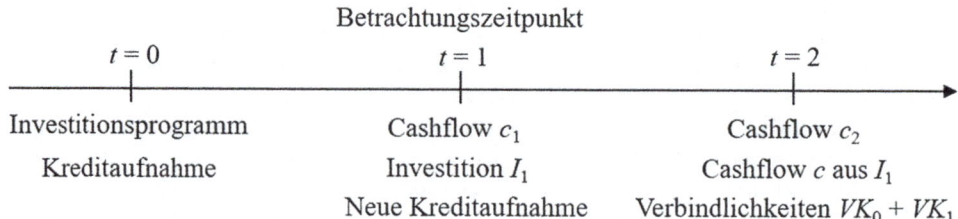

Abb. 5.5 Szenario zur Analyse bilanzieller Ausschüttungsrestriktionen

Eigenschaften bilanzieller Ausschüttungsrestriktionen

Betrachtet wird folgende bilanzielle Ausschüttungsbeschränkung, die am **Gewinn** der ersten Periode anknüpft. Die Ausschüttung AU_1 darf nicht größer als der Periodengewinn g_1 sein; und sie darf bei haftungsbeschränkten Unternehmen (und voller Einzahlung des gezeichneten Kapitals) in $t = 0$ auch nicht negativ sein, weil die Eigner nicht gezwungen werden können, weiteres Kapital einzulegen. Für die Ausschüttung ergibt sich daher zunächst folgende Beschränkung:

$$AU_1 \leq \max\{g_1; 0\} \tag{5.14}$$

Der **Gewinn** g_1 lässt sich darstellen als Zahlungsüberschuss c_1 des bisherigen Programms modifiziert um die Periodenabgrenzungen PA,

$$g_1 = c_1 - PA \tag{5.15}$$

Ein bedeutender Teil der Periodenabgrenzungen ergibt sich durch die Abschreibungen auf Investitionen aus $t = 0$, die zu $t > 1$ dazu führen, dass die Gewinne niedriger als die Zahlungsüberschüsse der Periode sind. Umgekehrt führen Zielverkäufe zu einer Minderung der Periodenabgrenzungen, weil die erst später anfallenden Einzahlungen schon vorweg erfolgswirksam im Periodengewinn erfasst sind.

Die **Ausschüttungsbeschränkung** lässt sich daher wie folgt schreiben:

$$AU_1 \leq \max\{c_1 - PA; 0\} \tag{5.16}$$

Weil **eigenfinanzierte Ausschüttungen** keine Gefahr von Reichtumsverlagerungen bergen, spricht nichts dagegen, die Obergrenze auf der rechten Seite von (5.16) um (nichtnegative) Bareinlagen EK_1^N von Eignern zu ergänzen. Das führt zu

$$AU_1 \leq \max\{c_1 - PA; 0\} + EK_1^N \tag{5.17}$$

Diese Beschränkung ist eine **direkte Ausschüttungsrestriktion**, weil sie unmittelbar an den Ausschüttungen anknüpft. Bei **indirekten Ausschüttungsrestriktionen** ist der unmittelbare Anknüpfungspunkt eine andere Größe, etwa eine Bilanzkennzahl, für deren Berechnung sich die Ausschüttungen aber als relevant erweisen. Angenommen, man würde vereinbaren, dass die bilanzielle Eigenkapitalquote einen bestimmten Mindestwert nicht unterschreiten darf. Weil Ausschüttungen das bilanzielle Eigenkapital vermindern, werden sie durch eine solche Restriktion indirekt beschränkt.

Zu $t = 1$ gilt auch eine **Finanzierungsbedingung**: Sie erfordert, dass sämtliche Auszahlungen durch sämtliche Einzahlungen gedeckt sein müssen, andernfalls wäre die hinter den Auszahlungen stehende Politik nicht realisierbar. Die in $t = 1$ anfallenden **Auszahlungen** ergeben sich aus potenziellen Ausschüttungen AU_1 und Investitionsauszahlungen I_1.[53]

---

[53] Weil sämtliche Forderungen der in $t = 0$ eingetretenen Gläubiger erst in $t = 2$ fällig sind, gibt es am Ende der ersten Periode keine Zins- und Tilgungszahlungen. Auch Kassenhaltung kann als spezifische Investition mit sicheren Einzahlungen in Höhe der Auszahlungen (und mithin einem Zinssatz von null) aufgefasst werden.

Die **Einzahlungen** resultieren aus den Cashflows c_1 sowie möglichen Bareinlagen der Eigner EK_1^N und ggf. neuen Krediten FK_1. Die Finanzierungsbedingung lautet:

$$AU_1 + I_1 = c_1 + EK_1^N + FK_1 \qquad (5.18)$$

Löst man diese Gleichung nach AU_1 auf und setzt das Ergebnis in (5.17) ein, folgt nach einigen Umformungen

$$I_1 \geq \min\{PA; c_1\} + FK_1 \qquad (5.19)$$

Aufgrund von $c_1 = g_1 + PA$ ist dies gleichbedeutend mit

$$I_1 \geq PA + \min\{0; g_1\} + FK_1$$

Daraus sind **zwei Eigenschaften** bilanzieller Ausschüttungsrestriktionen ersichtlich:

- Die Restriktion ist gleichbedeutend mit einer **Untergrenze für das Investitionsvolumen** in $t = 1$. Wegen $FK_1 \geq 0$ muss am Ende der ersten Periode ein Mindestbetrag angelegt werden, der sich durch den Vergleich des Überschusses c_1 mit den Differenzen PA ergibt. Ist der Periodengewinn g_1 positiv, muss das Unternehmen einen Betrag in Höhe von PA investieren, andernfalls den gesamten Überschuss c_1.
- Jede weitere **Fremdfinanzierung** in $t = 1$ führt zu einem **Investitionserfordernis** in gleicher Höhe, so dass fremdfinanzierte Ausschüttungen unterbunden werden.[54] Umgekehrt setzt die Restriktion für die Finanzierung eines gegebenen Investitionsbetrages spezifische Grenzen. Das Unternehmen kann faktisch keine vollständige Fremdfinanzierung neuer Investitionen durchführen, denn in diesem Fall wäre $I_1 = FK_1$ und die Bedingung (5.19) i. d. R. verletzt. Es ist also nicht nur ein Mindestbetrag zu investieren, sondern dieser Betrag kann i. d. R. auch nicht ausschließlich durch Fremdkapital alimentiert werden.[55]

Eine bilanzielle Ausschüttungsbeschränkung verknüpft demnach **zwei** grundsätzlich verschiedene **Restriktionstypen**, nämlich einmal eine an das **Investitionsvolumen** anknüpfende Beschränkung und andererseits eine **Finanzierungsrestriktion**. Durch diese Kombination können sich verschiedene, zum Teil komplexe Wirkungszusammenhänge ergeben.[56]

---

[54] Lässt man im obigen Szenario auch Liquidationen in $t = 1$ zu, würde die betrachtete Beschränkung auch liquidationsfinanzierte Ausschüttungen unterbinden.

[55] Eine reine Investitionsvolumenuntergrenze impliziert dies nicht, weil offen bleibt, wie das Investitionsvolumen finanziert wird.

[56] Vgl dazu ausführlich *Ewert* (1986).

Ausschüttungsrestriktionen in US-amerikanischen Kreditverträgen

Die in den USA bei Kreditaufnahmen vereinbarten Ausschüttungsrestriktionen haben typischerweise folgende Gestalt[57]:

$$AU_t \leq \alpha \cdot \sum_{\tau=0}^{t} g_\tau + \sum_{\tau=0}^{t} EK_\tau^N - \sum_{\tau=0}^{t-1} AU_\tau + \text{Konstante} \quad (0 \leq \alpha \leq 1)$$

Die Ausschüttungen AU_t beinhalten sowohl Dividendenzahlungen als auch Aktien-rückkäufe. Der Zeitpunkt $t = 0$ bezeichnet den Zeitpunkt der Aufnahme des Kredits, für den die entsprechende Restriktion vereinbart wird. Setzt man $\alpha = 1$, sind die Ausschüttungen einer Periode t auf einen Betrag begrenzt, der sich – beginnend mit der Konstanten auf der rechten Seite – aus der Summe der Gewinne und der Eigen-kapitaleinzahlungen abzüglich der bislang geleisteten Ausschüttungen ergibt, ge-messen ab dem Zeitpunkt der Kreditaufnahme. Im Grunde werden damit die seit der Kreditaufnahme thesaurierten Gewinne sowie die seitdem geleisteten Eigenkapital-einzahlungen für ausschüttungsfähig erklärt. Bei Setzung von $\alpha < 1$ kann davon je-doch abgewichen werden, indem nur ein Teil der Gewinne in das Ausschüttungspo-tenzial einfließt. Die Konstante kann grundsätzlich beliebig gewählt sein. Wird sie in Höhe des zum Zeitpunkt der Kreditaufnahme bestehenden Eigenkapitals (inklusive offener Rücklagen) festgesetzt, ergibt sich bei $\alpha = 1$ eine Ausschüttungsfähigkeit des gesamten bilanziellen Eigenkapitals.

Eine repräsentative Formulierung solcher Restriktionen wird von *Healy/Palepu* (1990, S. 99) für eine im Jahre 1966 erfolgte Ausgabe einer Obligation von Gulf & Western Industries, Inc. angegeben: „*(The) company may not pay cash dividends or acquire capital stock in excess of consolidated net income after December 31, 1965; plus net proceeds from the sale of capital stock after such date, up to an amount not exceeding the amount expended after such date to purchase or redeem capital sha-res; plus $ 7.000.000*".

Die „schöne" Seite des Vorsichtsprinzips

Die grundsätzliche Ambivalenz von möglichen Gestaltungen solcher Restriktionen lässt sich schon an einfacheren Szenarien zeigen, bei denen Kombinationswirkungen keine Rolle spielen. Dazu wird angenommen, dass im Kreditvertrag eine weitere Fremdkapital-aufnahme in $t = 1$ untersagt ist, d. h. $FK_1 = 0$. Fremdfinanzierte Ausschüttungen scheiden damit direkt aus, ebenso eine anteilige Fremdfinanzierung neuer Projekte in $t = 1$. Alle

---

[57] Vgl dazu etwa *Kalay* (1982) und *Healy/Palepu* (1990). *Leuz/Deller/Stubenrath* (1998), S. 116, geben eine Übersicht über die in verschiedenen empirischen Studien in den USA beobachtete Häu-figkeit der Vereinbarung direkter Ausschüttungsrestriktionen. Die Zahlen schwanken – je nach Grundgesamtheit und Design der Studie – von 23 bis 95 % der jeweils betrachteten Verträge.

Zusatzinvestitionen sind demnach durch Eigenkapital zu finanzieren, indem entweder vorhandene Überschüsse einbehalten oder zusätzliche Bareinlagen geleistet werden. Unter diesen Annahmen kann die **Ausschüttungsrestriktion** in folgende Form gebracht werden:

$$I_1 \geq PA + \min\{0; g_1\} \tag{5.20}$$

Sie ist jetzt also äquivalent zu einer reinen **Untergrenze für das Investitionsvolumen**. Die Strenge dieser Restriktion im Zeitpunkt $t = 1$ wird durch die Periodenabgrenzungen PA repräsentiert, denn das Investitionserfordernis steigt monoton mit PA. Höhere Differenzen PA lassen sich im vorliegenden Szenario mit einer **vorsichtigeren Bewertung** verknüpfen. Eine z. B. degressive Abschreibung führt gegenüber der linearen Variante zu einem niedrigeren Restbuchwert von Anlagen in $t = 1$, damit zu höheren Differenzen PA und mithin zu höheren Untergrenzen für das Investitionsvolumen in $t = 1$. Ganz analog wirkt die Einführung eines Niederstwerttests für die Vermögensgegenstände in $t = 1$; eine dadurch erforderliche Abwertung erhöht ebenfalls PA.

Bei Betrachtung der oben beschriebenen Agency-Probleme erkennt man sofort den potenziell günstigen Einfluss von Variationen der Differenzen PA, denn es könnten sich **Milderungen von Unterinvestitionsproblemen** ergeben.[58] Dies wird an folgendem Beispiel einer vorsichtigeren Bewertung in Abb. 5.6 gezeigt, das bezüglich der Ausgangssituation in $t = 1$ auf einer ähnlichen Struktur wie in Abb. 5.2 mit geringfügig veränderten Zahlen basiert.

Das Unternehmen kann in $t = 1$ verschiedene Anlagemöglichkeiten wahrnehmen. Zunächst kann Geld am **Kapitalmarkt** in beliebiger Höhe risikolos zum Zinssatz von (vereinfacht) null angelegt werden. Der Kapitalwert dieser Investitionen ist daher stets gleich null. Darüber hinaus steht ein **Realprojekt** zur Verfügung. Das Investitionsvolumen in $t = 1$ entspricht der Summe aus Finanzinvestitionen IF_1 und Realinvestitionen IR_1

$$I_1 = IF_1 + IR_1 \tag{5.21}$$

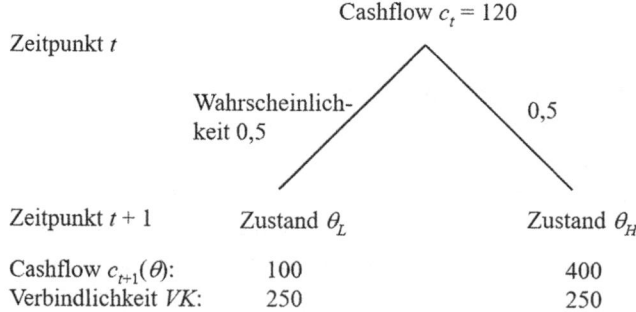

Abb. 5.6 Ausgangssituation zur Verdeutlichung des Vorsichtsprinzips

---

Das Realprojekt erfordert eine Investitionsauszahlung von $IR_1 = 100$ und weist folgende Cashflows in den beiden Zuständen von $t = 2$ auf

$$c(\theta_L) = 50; \quad c(\theta_H) = 180 \tag{5.22}$$

Das Projekt ist grundsätzlich **vorteilhaft**, denn sein Kapitalwert beträgt

$$0,5 \cdot c(\theta_L) + 0,5 \cdot c(\theta_H) - IR_1 = 0,5 \cdot 50 + 0,5 \cdot 180 - 100 = 15$$

Gäbe es **keine Ausschüttungsrestriktion**, würden die Eigner allerdings auf die Investition verzichten, weil sie die Überschüsse im Zustand θ_L verlieren. Aus ihrer Sicht ist der ihnen zustehende **Kapitalwert des Realprojekts** nur

$$0,5 \cdot 0 + 0,5 \cdot c(\theta_H) - IR_1 = 0,5 \cdot 180 - 100 = -10 \tag{5.23}$$

Auch **Finanzinvestitionen** würden sich für die Eigner nicht lohnen. Diese Projekte haben einen Kapitalwert von null und sind daher grundsätzlich neutral für den Unternehmenswert. Allerdings gilt aus Sicht der Eigner diese Rechnung nicht, weil sie auch hier die Überschüsse der Finanzinvestitionen im Zustand θ_L an die Gläubiger abtreten müssten. Der Kapitalwert von Finanzinvestitionen in Höhe von IF_1 ist aus Eignersicht[59]

$$0,5 \cdot 0 + 0,5 \cdot IF_1 - IF_1 = -0,5 \cdot IF_1 \tag{5.24}$$

Angenommen, man führt jetzt eine Ausschüttungsbeschränkung gemäß (5.20) ein und variiert die Höhe von PA. Die Eigner sind damit verpflichtet, einen Mindestbetrag von PA (bzw. $c_1 = 120$) zu investieren. Sie können dem sowohl durch Finanz- als auch durch Realinvestitionen nachkommen. Ein Betrag von z. B. $PA = 10$ führt aus Eignersicht bei der Anlage in Finanzinvestitionen zu einem Kapitalwert, den man aus (5.24) durch einfaches Ersetzen von IF_1 durch PA erhält:

$$0,5 \cdot PA - PA = -0,5 \cdot PA \tag{5.25}$$

Ein Vergleich mit (5.23) zeigt, dass für eher moderate Werte von PA die Beschränkung der Ausschüttungen von den Eignern durch eine (sichere) Finanzanlage beantwortet würde. Je größer allerdings PA ausfällt, desto eher wird das **Realprojekt** interessant. Der kritische Wert von PA ergibt sich aus:

$$-0,5 \cdot P\hat{A} = -10 \quad \Rightarrow \quad P\hat{A} = 20 \tag{5.26}$$

Übersteigen die Periodenabgrenzungen den Wert 20, lohnt sich für die Eigner plötzlich eine **drastische Ausdehnung des Investitionsvolumens** auf den Betrag $IR_1 = 100$. Aus absoluter Sicht wäre es zwar günstiger, wenn die Eigner nichts investieren müssten, doch das wird durch die Ausschüttungsrestriktion verhindert. Ab einer bestimmten Höhe des

---

[59] Diese Gleichung gilt, solange das Fremdkapital im Zustand θ_L immer noch ausfallbedroht ist. Bei völlig sicherem Fremdkapital wäre auch für die Eigner der Kapitalwert von Finanzinvestitionen gleich null.

Mindestinvestitionsvolumens ist es nun **relativ günstiger**, von den Finanzanlagen auf das Realprojekt umzusteigen. Der kritische Betrag von 20 ist mit einem Periodengewinn von

$$\hat{g}_1 = c_1 - P\hat{A} = 120 - 20 = 100$$

verbunden. Für jeden höheren Gewinnausweis (für $PA < 20$) würde demnach alles ausgeschüttet und der Betrag PA am Kapitalmarkt investiert. Für Gewinne im Bereich von $20 \leq g_1 \leq 100$ findet dagegen eine (scheinbar freiwillige) Gewinnthesaurierung im Umfang

$$IR_1 - PA$$

statt. Bei noch weiteren Gewinnreduzierungen durch Erhöhung der Periodenabgrenzungen PA würden die über IR_1 hinausgehenden Einbehaltungserfordernisse durch Finanzanlagen erfüllt. Dieser Prozess ist dann abgeschlossen, wenn $g_1 = 0$ wird, denn dann wird $PA = c_1$. Die Eigner können ja nicht zur Leistung von weiteren Bareinlagen verpflichtet werden. Abb. 5.7 verdeutlicht die Abhängigkeit des **Investitionsvolumens** von der Strenge der **Ausschüttungsbeschränkung**.

In der gezeigten Situation kann eine **Erhöhung von Periodenabgrenzungen** PA nicht schaden. Einerseits können schon moderate Verschärfungen zu bedeutsamen Erhöhungen der Investitionen und einem **Abbau von Unterinvestitionen** führen, andererseits ist auch eine noch weitergehende Verschärfung nicht ungünstig, weil die Mittel im Zweifel am Kapitalmarkt und damit wertneutral angelegt werden. Auf den ersten Blick scheint sich also alles zu bestätigen, was man traditionell mit einer vorsichtigen Bilanzierung verbindet: Die **Gläubigerposition** wird durch die neuen Projekte **sicherer**, Allokationsverzerrungen

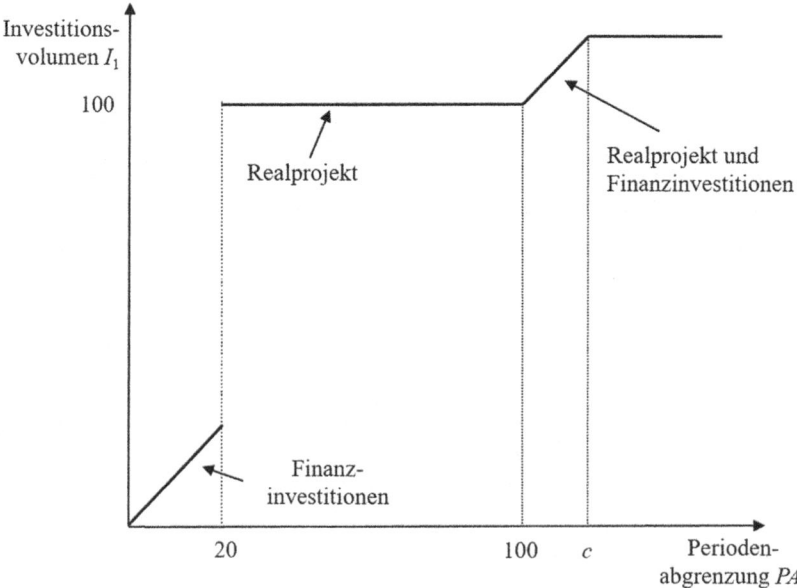

Abb. 5.7 Wirkung einer vorsichtigeren Bewertung auf das Investitionsvolumen

durch **Unterinvestitionen** werden unterbunden, und ggf. allzu strenge Einbehaltungserfordernisse lassen sich durch Finanzinvestitionen ausfüllen.

Die „dunkle" Seite des Vorsichtsprinzips

Dieses Ergebnis ist allerdings nicht verallgemeinerbar, was sich durch die Änderung einer einzigen Zahl demonstrieren lässt. Im Gegensatz zum obigen Szenario lauten die Überschüsse des Realprojekts in den beiden Zuständen von $t = 2$ jetzt:

$$c\left(\theta_L\right) = -50; \quad c\left(\theta_H\right) = 180$$

Das **Realprojekt** weist jetzt im Zustand θ_L einen negativen Überschuss auf und ist daher insgesamt **unvorteilhaft**,

$$0,5 \cdot c\left(\theta_L\right) + 0,5 \cdot c\left(\theta_H\right) - IR_1 = 0,5 \cdot \left(-50\right) + 0,5 \cdot 180 - 100 = -35$$

Es ist ohne Ausschüttungsrestriktion auch für die Eigner unvorteilhaft, denn aus ihrer Sicht gilt wie bisher

$$0,5 \cdot c\left(\theta_H\right) - IR_1 = 0,5 \cdot 180 - 100 = -10$$

Die Überlegungen hinsichtlich der Finanzanlagen und der Erhöhung der Differenz *PA* ändern sich nicht. Auch jetzt gilt für den kritischen Wert der Differenz *PA* die Beziehung:

$$-0,5 \cdot P\hat{A} = -10 \quad \Rightarrow \quad P\hat{A} = 20$$

Es resultieren also strukturell identische Zusammenhänge wie in Abb. 5.7. Da jedoch das Realprojekt mit anderen Überschüssen im Zustand θ_L verbunden ist, kehren sich die **Konsequenzen** für das Vorsichtsprinzip um. Tatsächlich wäre es jetzt sogar besser, auf eine **Ausschüttungsbeschränkung** ganz zu **verzichten**. Ohne die Restriktion würde alles ausgeschüttet. Mit der Restriktion würde der Unternehmenswert bestenfalls konstant bleiben, falls wertneutral am Kapitalmarkt investiert wird. Induziert die Restriktion dagegen eine Anlage ins Realprojekt, wird der Unternehmenswert auf Grund einer **restriktionsinduzierten Überinvestition** geschmälert. Man kann dem auch nicht mit dem Argument begegnen, dass es doch stets möglich sei, Mittel am Kapitalmarkt anzulegen. Das trifft zwar zu, führt aber am Problem vorbei, denn für die Eigner geht es um die *relative* Vorteilhaftigkeit der Investitionen aus ihrer Sicht, und diesbezüglich schneidet ab einem bestimmten Einbehaltungserfordernis das Realprojekt eben besser ab.

Ausschüttungsrestriktionen und Finanzinvestitionen

Im Text wurden Finanzinvestitionen in einer einfachen Form zugelassen: Den Eignern war es stets möglich, Gelder sicher am Kapitalmarkt anzulegen. In der Realität ist das Spektrum bei Finanzanlagen weitaus umfangreicher, verfügbare Mittel könnten ebenso in risikobehaftete Papiere jeglicher Art angelegt werden.

Selbst wenn solche Anlagen bei korrekter Bewertung am Kapitalmarkt grund-
sätzlich wertneutral sind, so sind sie für die Wirkung von Ausschüttungsrestriktionen keinesfalls unbeachtlich.[60] Der Grund liegt darin, dass es durch eine geeignete
Gestaltung eines Portefeuilles von Finanzanlagen bei einigermaßen breitem Kapitalmarkt mühelos gelingt, die Überschüsse des Finanzportefeuilles nur in solchen
Zuständen anfallen zu lassen, in denen die Forderungen der Gläubiger durch die
Überschüsse der Realinvestitionen bedient werden können. Dadurch könnten die
Eigner jegliches Einbehaltungserfordernis durch ein zweckmäßig strukturiertes Portefeuille erfüllen und auf diese Weise die intendierten Wirkungen von Ausschüt-
tungsrestriktionen bezüglich der Milderung von Agency-Problemen unterlaufen.

Beispiel: Angenommen, in $t = 1$ sind zwei risikobehaftete Finanztitel F1 und F2
mit folgenden Überschüssen in $t = 2$ verfügbar:

$$F1: \ddot{U}F1\left(\theta_L\right) = 0,5; \quad \ddot{U}F1\left(\theta_H\right) = 0,6$$
$$F2: \ddot{U}F2\left(\theta_L\right) = 1; \quad \ddot{U}F2\left(\theta_H\right) = 2$$

Verkauft man 2,5 Einheiten von F1 leer und erwirbt 1,25 Stück von F2, erhält man
ein Portefeuille *PF* mit folgenden Überschüssen:

$$PF\left(\theta_L\right) = 0; \quad PF\left(\theta_H\right) = 1$$

Bei gleichwahrscheinlichen Zuständen, einer risikoneutralen Marktbewertung und
einem sicheren Zins von null hat dieses Portefeuille einen Preis von 0,5. Bezogen auf
die Situation in Abb. 5.6 erzielt das Portefeuille nur in dem Zustand einen Überschuss,
in dem die Eigner ebenfalls Zahlungen erhalten. Der Kapitalwert des Portefeuilles ist
null, und das gleiche gilt auch für den Kapitalwert aus Sicht der Eigner. Müssten die
Eigner einen Betrag *PA* investieren, könnten sie einfach *PA*/0,5 Einheiten des Portefeuilles erwerben. Aus ihrer Sicht ist der Wert des Eigenkapitals ebenso hoch wie ohne
Restriktion, doch übt diese offenbar keinen Einfluss mehr auf die Realprojekte aus.

Dies verdeutlicht im Grunde die Feststellung, dass Ausschüttungsrestriktionen
letztlich Bestandteile ganzer Restriktionsbündel sind. Die Wirkung einer bilanziellen Beschränkung kann streng genommen nicht unabhängig davon angegeben werden, welche anderen Beschränkungen parallel vereinbart worden sind. Interessant
ist, dass *Smith/Warner* (1979) bei ihrer Analyse von Restriktionen durchaus Begrenzungen der Finanzanlagen beobachten. Sie finden sowohl Begrenzungen des Um-
fangs von Finanzinvestitionen als auch Einschränkungen von Anlagen in stark risikobehaftete Titel *(Smith/Warner* 1979, S. 125 f). Derartige Restriktionen haben Bedeutung für die Wirkung von Ausschüttungsbeschränkungen.

---

[60] Vgl *Ewert* (1986), S. 180–191.

Auch für die Gläubiger ist die Situation problematisch. Solange die Periodenabgrenzung *PA* den Wert 20 nicht übersteigt, könnte man für die Gläubiger einen positiven Effekt konstatieren, weil in sichere Finanzanlagen investiert wird. Eine weitere Erhöhung von *PA* induziert aber eine Durchführung des Realprojekts, was mit einer **Verschlechterung der Gläubigerposition** verbunden ist.[61] Dieser Effekt wird auch nicht durch noch weitergehende Erhöhungen von *PA* ausgeglichen, etwa bis zu dem Punkt, wo der Gewinn g_1 gleich null ist. Zwar würde oberhalb eines Betrages von *PA* = 100 wieder in Finanzanlagen investiert, doch Abb. 5.7 zeigt, dass dies nur in relativ geringem Umfang geschieht. Maximal werden noch 20 in Finanzinvestitionen angelegt, die zwar im Zustand θ_L auch zu Einzahlungen von 20 führen, aber den Verlust von 50 durch das Realprojekt nicht ausgleichen können.

2.5 Implikationen für Rechnungslegungssysteme

Welche Folgerungen lassen sich aus der obigen Analyse für die Anwendung **internationaler Rechnungslegungsstandards** auch für den Einzelabschluss ziehen?[62] Zwar können deutsche Unternehmen gemäß § 325 (2a) dHGB für Zwecke der *Offenlegung* einen IFRS-Einzelabschluss publizieren, doch ist dieser nach der angegebenen Norm explizit nur für die Offenlegung, **nicht** aber für die **Ausschüttungsbemessung** relevant. Die „Verteidigung" der HGB-Regeln wird stark mit Argumenten des Gläubigerschutzes geführt. Der Einzelabschluss im deutschsprachigen Raum ist danach maßgeblich am Prinzip des Gläubigerschutzes ausgerichtet, wofür gerade die dem Vorsichts- und Imparitätsprinzip folgenden Bilanzierungs- und Bewertungsregeln kennzeichnend seien.

Geht man von der Agency-orientierten Wirkungsanalyse des Vorsichtsprinzips aus, dann kann eine generelle **Überlegenheit des Vorsichtsprinzips** bezüglich des Gläubigerschutzes **nicht festgestellt** werden. Es gibt Situationen, in denen eine vorsichtige Bewertung günstig sein kann, doch ebenso gibt es andere, in denen sie nachteilig ist. Die obigen Beispiele zeigen, dass diese Situationen sehr eng beieinander liegen können, da oftmals schon die Modifikation *eines* Parameters ausreicht, um eine für das Vorsichtsprinzip günstige Situation in eine ungünstige Lage zu verwandeln. Eine Gesamtaussage muss die Wirkungen über alle Entwicklungen aggregieren und kann offenbar nicht unabhängig von den sich einem Unternehmen eröffnenden **Investitionsmöglichkeiten** (dem IOS) vorgenommen werden.

Darüber hinaus hängen die Wirkungen davon ab, wie das gesamte **Restriktionsportfolio** des Unternehmens aussieht. Erlaubt etwa der Kreditvertrag nur die Aufnahme *nachrangigen* Fremdkapitals und wird die Gefahr von Liquidationen durch Realsicherheiten eingeschränkt, hat eine direkte bilanzielle Ausschüttungsrestriktion faktisch nur eine Wir-

---

[61] Das pikante Detail dabei ist, dass dieser höhere Betrag von *PA* letztlich zu Gewinnthesaurierungen führt, eine „verstärkte Eigenkapitalbasis" und damit eine weitere Besicherung der Forderungen suggeriert, obwohl sich die Position der Gläubiger tatsächlich verschlechtert hat.

[62] Vgl auch *Ewert/Wagenhofer* (2003).

kung als Untergrenze für das Investitionsvolumen, während die ansonsten implizit enthaltene Wirkung als zusätzliche Finanzbeschränkung nicht wirklich relevant wird. Werden im Kreditvertrag keinerlei Begrenzungen des Spielraums bei Finanzinvestitionen vereinbart, kann eine bilanzielle Ausschüttungsrestriktion ggf. sogar völlig irrelevant sein.

Empirische Ergebnisse

Donelson/Jennings/McInnis (2017) finden im Rahmen einer Befragung von 492 Bankmitarbeitern, die mit der Vergabe und Verlängerung von Krediten in US-amerikanischen Banken befasst sind, folgende Resultate:

- Die für die Kreditvergabe und -verlängerung bedeutsamsten Faktoren sind Cashflows, Sicherheiten, Verschuldung und die Qualität des Managements.
- Während einige dieser Faktoren Bestandteile der Rechnungslegung sind, spielen spezifische Charakteristika der Qualität der Rechnungslegung (z. B. Vorsicht) nur eine nachgeordnete Rolle.
- Innerhalb dieser Charakteristika werden Maße wie Beständigkeit und Glättung von den Bankmitarbeitern bedeutsamer als Vorsicht eingestuft.
- Die Qualität der Rechnungslegung spielt insbesondere für die Einschätzung der Unternehmensentwicklung im Hinblick auf die Bedienung der Kredite eine Rolle, während die Milderung fremdfinanzierungsbedingter Agency-Probleme anscheinend weniger bedeutsam ist.

Effiziente Ausschüttungsbeschränkungen sind daher stets **unternehmensspezifisch**. Das ist im Grunde auch nicht überraschend. **Gläubigerschutz** weist **produktive Effekte** auf, weil er Allokationsverzerrungen unterbindet. In welchem Maße solche Verzerrungen relevant sind und sich durch Restriktionen eindämmen lassen, hängt von den in einem Unternehmen vorhandenen Investitionsprojekten und den daraus resultierenden Überschussstrukturen ab. Dass man bei empirisch beobachteten Kreditverträgen daher ein *„fine tuning"* von Restriktionen findet, ist nur konsequent. Und dass in diesem Zusammenhang den Marktteilnehmern in Deutschland auch die HGB-Regeln nicht heilig sind, zeigen in Kreditverträgen vereinbarte Rechnungslegungsanpassungen.

Die Schwierigkeit, allgemeine Aussagen zur Wirkungsweise von Bilanzierungsregeln bezüglich des Gläubigerschutzes zu treffen, die Abhängigkeit vom Unternehmenskontext sowie die Einbindung in ein Bündel anderer Restriktionsparameter erlauben zumindest aus **theoretisch-konzeptioneller Sicht** *keine* Aussage über die grundsätzliche Vorziehenswürdigkeit der einen oder anderen Bilanzierungsweise für Zwecke des Gläubigerschutzes. Daraus folgt, dass der etwa in Deutschland durch die Einzelbilanz zu erfüllende Gläubigerschutz weder zwingend die derzeitigen HGB-Regeln voraussetzt noch darunter leiden würde, falls stattdessen weniger „vorsichtige" Rechnungslegungssysteme, wie die IFRS, angewandt werden.

Bei diesem Vergleich muss man auch berücksichtigen, welche Vielzahl an „Stellschrauben" ein **Kreditvertrag** bietet. Angenommen, man würde – angesichts einer konkreten Unternehmenssituation – etwa die Fair Value-Bewertung der Finanzinstrumente nach IFRS für ungünstig bezüglich des Gläubigerschutzes halten. Das HGB sieht derzeit grundsätzlich nur eine asymmetrische Zeitbewertung wegen des Niederstwertprinzips vor, wonach nur unter den Anschaffungskosten liegende Zeitwerte angesetzt werden. Wenn bislang im Kreditvertrag eine **Untergrenze für die Eigenkapitalquote** festgelegt war, so lässt sich durch deren **Erhöhung** der Effekt der (symmetrischen) Zeitbewertung zumindest der Art nach und im Durchschnitt kompensieren. Dass solche Adaptionen nicht in jedem Zeitpunkt und Zustand *im Detail* die exakt gleiche Beschränkung wie bislang nach HGB ergeben, wird man aus Sicht der Reichtumsverlagerungsproblematik kaum argumentativ bewerten können.

Die **Kontextabhängigkeit** der Allokationsverzerrungen entzieht dem Gesetzgeber also die Möglichkeit, mit Hilfe regulativ festgelegter Bilanzierungs- und Bewertungsregeln eine „Feinsteuerung" des Gläubigerschutzes durchführen zu können. Die **Rolle des Gesetzgebers** muss daher an anderer Stelle gesucht werden. Eine gesetzliche Regelung könnte auf die „typischerweise vorliegende Situation" zurückgreifen und dabei Nutzen für typische Konstellationen wie auch Kosten der Regelung von untypischen Konstellationen abwägen. Insbesondere kann eine rechtliche Regelung Vorteile bringen, wenn sie etwas regelt, was auch in privaten Vereinbarungen vermutlich ebenso gehandhabt würde. In diesem Fall könnten durch die gesetzliche Vorgabe Transaktionskosten gespart und daher Effizienzvorteile erreicht werden.

Parametervariationen in Kreditverträgen und Vorsicht

Beatty/Weber/Yu (2008) untersuchen empirisch, wie die Verwendung sogenannter „income escalators" in Kreditverträgen mit Agency-Problemen zusammenhängt. Sie verstehen unter *income escalators* erfolgsabhängige Erhöhungen des Ausschüttungspotenzials, wobei der Zusammenhang zwischen Gewinnen und Veränderungen des Ausschüttungspotenzials durch im Kreditvertrag festgelegte Parameter abgeschwächt werden kann. Als Beispiel führen sie eine Klausel in einem Kreditvertrag von *Lennox International* an: „*Consolidated Net Worth: The Borrower will not permit Consolidated Net Worth as at the last day of any fiscal quarter of the Borrower to be less than the sum of (a) $261,000,000 plus (b) 15 % of its aggregate Consolidated Net Income (but only if a positive number) for the period beginning April 1, 1998 and ending at the end of each fiscal quarter thereafter.*" (*Beatty/Weber/Yu* 2008, S. 157)

Das Ausschüttungspotenzial ändert sich also nur um 15 % des Erfolgs, vorausgesetzt, dieser ist positiv, andernfalls wird die festgesetzte Konstante angewendet. Der verwendete Prozentsatz kann als ein Ausdruck der „Vorsicht" bei der Berechnung des Ausschüttungspotenzials angesehen werden, ohne dass die Rechnungslegungsregeln selbst verändert werden müssten.

Aus der Agency-theoretischen Sichtweise ergeben sich durchaus Anknüpfungspunkte für eine solche Vorgehensweise. So zeigt die Betrachtung der Agency-Probleme, dass die unbeschränkte Zulässigkeit liquidations- und/oder fremdfinanzierter Ausschüttungen in **privaten Vereinbarungen** mit hoher Wahrscheinlichkeit untersagt würde. Andernfalls könnte es zu einer vollständigen Aushöhlung der **Gläubigerposition** kommen. Kein Investor wäre bereit, unter solchen Bedingungen Kredite zu vergeben, und Unternehmen könnten die Vorteile der Fremdfinanzierung nicht nutzen. Daraus ergibt sich das Erfordernis nach einer ganz grundlegenden **Beschränkung solcher Ausschüttungen**. Eine Restriktion, die Ausschüttungen an Periodengewinne (also an die Ergebnisse einer Rechnung basierend auf Erträgen und Aufwendungen) knüpft, würde dem sicher genügen, und zwar unabhängig davon, ob der Gewinn mit einem Niederstwert- und Imparitätsprinzip ermittelt wird oder nicht.

Ausschüttungsregelungen als dispositives Recht

Eine mögliche effiziente Lösung könnte sein, bilanzielle Ausschüttungsrestriktionen als **dispositives Recht** vorzusehen. Die Regelungen des Gesetzgebers bezüglich der Obergrenzen für Ausschüttungen hätten den Charakter von Vorschlägen, die dann greifen, wenn in Kreditverträgen nicht ausdrücklich etwas anderes vereinbart wird. Damit würde dem grundsätzlichen Erfordernis nach einer Ausschüttungsbeschränkung Rechnung getragen, es würden aber keine fallspezifischen Lösungen verhindert.

Dies entspricht freilich nicht der derzeitigen Situation in Deutschland oder Österreich. Hier ist das Bilanzrecht Teil des Gesellschaftsrechts und kann für die gesellschaftsrechtlichen Regelungen nicht einfach durch Verträge modifiziert werden. Die gesetzlich festgelegten Bilanzregeln bestimmen gemeinsam mit den daran anknüpfenden gesellschaftsrechtlichen Regeln eine spezifische Restriktion. Ist diese strenger als eine Restriktion, die von den Parteien gerne privat vereinbart würde, so ist die private Lösung nicht realisierbar.

Man könnte dieser Argumentation entgegenhalten, dass der hier beschriebene Gläubigerschutz unmittelbar nur auf „**Vertragsgläubiger**" ausgerichtet ist, die explizit Konditionen der Kapitalüberlassung festlegen, dabei künftige Reichtumsverlagerungen antizipieren und *ex ante* auf die Eigner durchrechnen. Es gibt aber auch Verpflichtungen der Unternehmen, die nicht auf diesem Wege zustande kommen (z. B. Schadenersatzzahlungen, die einem Unternehmen durch einen Prozess auferlegt werden). Auch derartige Verpflichtungen induzieren grundsätzlich die gleichen Fehlanreize für die Unternehmenspolitik wie die aus expliziten Kreditaufnahmen entstandenen Forderungen. Die Inhaber dieser Forderungen können sich nicht vertraglich absichern, so dass sich daher ein eigenständiger Aspekt zum Schutze dieser Gläubiger ergeben könnte.

Allerdings bewirken Restriktionen in Vereinbarungen mit Vertragsgläubigern **indirekt** auch einen **Schutz** der anderen Gläubiger, weil Allokationsverzerrungen unterbunden werden. Umgekehrt könnten sich allerdings durch derartige Externalitäten wieder Anreize der Vertragsgläubiger ergeben, gesamt gesehen ineffiziente Verträge abzuschließen, die zu Reichtumsverlagerungen von nicht Vertragsgläubigern zu ihnen führen.

3   Rechnungslegung und Manager-Eigner-Konflikte

Die Analyse der Gläubigerschutzfunktion im 2. Abschnitt erfolgte unter der Annahme, die Manager handelten stets im Interesse der Eigner. Potenzielle Konflikte zwischen Management und Eignern können einerseits Modifikationen für die Eigner-Gläubiger-Konflikte ergeben, weil sich diese Reichtumsverlagerungen ggf. nicht in der dortigen extremen Intensität zeigen. Andererseits sind mögliche **Manager-Eigner-Konflikte** aber vor allem deswegen zu beachten, weil sie die Grundlage für Corporate Governance-Regeln, konkret die Kompetenzabgrenzung zwischen Management und Hauptversammlung hinsichtlich der Gewinnverwendung, bilden. Im Folgenden werden zunächst **Agency-Probleme des Eigenkapitals** vorgestellt. Anschließend wird geprüft, ob sich daraus spezifische Folgerungen für die Kompetenzabgrenzung gewinnen lassen.

3.1   Eigenfinanzierungsbedingte Agency-Probleme

Agency-Probleme des Eigenkapitals resultieren letztlich aus einer **Trennung von Eigentum und Verfügungsgewalt** über die Ressourcen eines Unternehmens. Diese Fragen lassen sich in der ökonomischen Literatur weit zurück verfolgen (bis hin zu *Adam Smith*[63]). Sie wurden aber insbesondere mit der Entwicklung der Agency-Theorie auf eine neue Art analysierbar und insbesondere auch für empirische Untersuchungen umsetzbar.

Den Beginn dieser neueren Entwicklung bildet die Arbeit von *Jensen/Meckling* (1976). Die dort dargestellten **Agency-Probleme** des Eigenkapitals entstehen durch die Situation eines Unternehmers, der sich wegen nicht ausreichender Eigenmittel und/oder Diversifikationsmotiven an **externe Eigner** wendet, um ein geplantes Programm finanzieren zu können. Er behält aber die Dispositionsbefugnis über das Unternehmensvermögen und ist mithin ein sogenannter **Eigner-Manager**. Eigner sind zwar – wie die Gläubiger – Financiers des Unternehmens, jedoch sind deren Ansprüche typischerweise auf die Residualgrößen ausgerichtet und nicht fix wie bei typischen Gläubigern. Der Unternehmer hat bei **externer Eigenfinanzierung** nur noch Anspruch auf einen **Anteil am Erfolg**, während er ansonsten sämtliche Erfolge erhielte.

Konsum von „*fringe benefits*"
Ein Manager-Eigner-Konflikt entsteht dadurch, dass die im Unternehmen realisierten Projekte dem Unternehmer typischerweise auch einen **direkten**, nichtpekuniären **Nutzen** bescheren. Beispielsweise stiftet ein teurer Dienstwagen oder ein Firmenjet dem Manager Vorteile aus dessen unmittelbarer Nutzung. Wäre der Eigner-Manager zu 100 % an den Erfolgen beteiligt, würde er die gesamten Kosten dieses Wagens oder Jets mit dessen Nutzen abwägen und seine Entscheidung über die Dimensionierung des Gefährts daran ausrichten. Ist er aber

---

[63] Vgl *Smith* (1776; Cannan Edition 1937, S. 700), zitiert nach *Jensen/Meckling* (1976), S. 305.

nur mit einem geringeren Anteil beteiligt, erhält er den nichtpekuniären Nutzen nach wie vor in voller Höhe, während er nur noch **einen Teil der Kosten** trägt. Dadurch verändert sich sein Tradeoff zugunsten solcher Projekte, die hauptsächlich Vorteile durch Nutzung im Unternehmen erbringen, aber wenig oder ggf. gar nichts zur Wertschaffung beitragen.

Wer letztlich diese **Nachteile trägt**, ergibt sich auf Basis einer ähnlichen Argumentation wie bei Eigner-Gläubiger-Konflikten. Angenommen, die externen **Eigner** haben **rationale Erwartungen** und können das Verhalten des Eigner-Managers im Durchschnitt korrekt antizipieren. Dann berücksichtigen sie im Preis der von ihnen übernommenen Anteile die künftigen Allokationsverzerrungen, so dass der Unternehmer für gegebene Anteile entweder einen geringeren Preis erhält oder für einen bestimmten zu erzielenden Betrag mehr Anteile ausgeben muss. Insofern ist es **der Unternehmer selbst**, der die (erwarteten) Nachteile der Agency-Probleme zum Zeitpunkt der Aufnahme neuer Eigner trägt und daher (ex *ante*) Anreize hat, die neuen Miteigner davon zu überzeugen, dass die antizipierten Allokationsverzerrungen nicht eintreten werden oder nicht möglich sind.

Daher ist es für den Unternehmer vorteilhaft, *monitoring*- und/oder *bonding*-Mechanismen zu installieren, mit denen künftig ungünstige Maßnahmen des Eigner-Managers verhindert werden. Zu diesen Mechanismen gehört insbesondere auch die **gesamte Palette denkbarer Anreizsysteme**, die unter anderem auch an **Größen des Rechnungswesens** anknüpfen können und den Tradeoff des Eigner-Managers beeinflussen.

Die Argumentation bezüglich der Anreizverzerrungen gilt allgemein für den Fall, dass ein Manager nur mit einem bestimmten Anteil an den Erfolgen partizipiert. Erhält er einen Teil seiner Entlohnung in Form von Aktien, so hängt es von deren Wert ab, in welchem Maße eine Eindämmung des künftigen Konsums von *fringe benefits* gelingt. Hier tragen die **ursprünglichen Eigner** den Verlust aus Agency-Problemen. Dies entspricht einem Eigner-Eigner-Konflikt alter und neuer Eigner (siehe auch Abb. 5.1). Im obigen Szenario sind die bisherigen Eigner identisch mit dem Unternehmer, der sich an den Kapitalmarkt wendet. Insofern ergibt sich kein Unterschied.

Free Cash Flow-Maximierung

Einen maßgeblichen Einfluss für die Diskussion von Manager-Eigner-Konflikten hat die auf *Jensen* (1986) basierende Free Cash Flow-Hypothese erlangt. Ausgangspunkt ist die Beobachtung, dass Manager eine Fülle von **Anreizen** haben, allgemein die unter ihrer Kontrolle stehenden **Ressourcen zu maximieren**. **Gründe** dafür können z. B. in Folgendem liegen[64]:

- Macht, Prestige und Einfluss;
- Schaffung von Unternehmenswachstum, um genügend Beförderungsmöglichkeiten für nachgeordnete Managementebenen zu schaffen, so dass die damit verbundenen „Anreizversprechen" eingelöst werden können;
- Unternehmensgröße. Dies ergibt sich aus der empirisch beobachteten positiven Beziehung zur Höhe der Entlohnung des Managements.[65]

---

[64] Vgl *Jensen* (1986), S. 323.

Daraus ergeben sich grundsätzlich Tendenzen zur **Überinvestition**, denn aus Sicht des Managements können auch Projekte sinnvoll sein, die negative Kapitalwerte aufweisen. Diese Tendenzen sind für ein Unternehmen besonders gravierend, wenn es über einen hohen **Free Cash Flow** verfügt. Darunter versteht *Jensen* denjenigen Teil des Zahlungsüberschusses, der über den Betrag hinaus geht, der zur Finanzierung aller Projekte mit positivem Kapitalwert benötigt wird.[66] *„The problem is how to motivate managers to disgorge the cash rather than investing it at below the cost of capital or wasting it on organizational inefficiencies".*[67]

Die mit dem Free Cash Flow verbundenen Probleme sind für solche Unternehmen am größten, die kaum über vorteilhafte Wachstumsmöglichkeiten verfügen, aber aus ihren vorhandenen Investitionen hohe Zahlungsüberschüsse erwirtschaften. Es handelt sich tendenziell um Unternehmen, deren strategisches Portfolio einen Schwerpunkt im sogenannten *„cash cow"*-Segment aufweist. Die mit *fringe benefits* verbundenen Konflikte sind denjenigen des Free Cash Flow ähnlich, doch gehen die mit dem Free Cash Flow angesprochenen Fragen über die engeren *fringe benefits* hinaus und dürften auch vom Umfang her deutlich gravierender sein.

Ausspruch

„... corporate growth enhances the social prominence, public prestige, and political power of senior executives. Rare is the CEO who wants to be remembered as presiding over an enterprise that makes fewer products in fewer plants in fewer countries than when he or she took the office – even when such a course increases productivity and adds hundreds of millions of dollars of shareholder value. The perquisites of the executive suite can be substantial, and they usually increase with company size." (*Jensen* 1989, S. 66)

Unterschiedliche Risikopräferenzen

Eine weitere Quelle von **Konflikten** zwischen Eignern und Managern besteht darin, dass die Unternehmensrisiken für Eigner und Manager unterschiedliche Bedeutung haben können. Anleger sind typischerweise nur an finanziellen Aspekten interessiert und können die damit verbundenen Risiken durch die Gestaltung ihrer individuellen Portefeuilles am Kapitalmarkt hinreichend **diversifizieren**. Das Risiko des einzelnen Unternehmens ist für sie nur noch in dem Maße relevant, wie es nicht durch Diversifikation aufgelöst werden kann. Für die **im Unternehmen tätigen Manager** ist dagegen das **individuelle Unternehmensrisiko** be-

---

[65] Vgl zB *Murphy* (1985). Dies wirft natürlich die Frage auf, *warum* es diese Beziehung gibt, was durch die Free Cash Flow-Hypothese indes nicht thematisiert wird.

[66] Diese Definition des Free Cash Flow unterscheidet sich von der des freien Cashflow, der zB für die Unternehmensbewertung nach der Bruttomethode *(entity approach)* verwendet wird. Dieser entspricht idR dem Cashflow aus der Geschäftstätigkeit zuzüglich des Cashflows aus der Investitionstätigkeit (zumeist negativ) zuzüglich gezahlte Fremdkapitalzinsen (korrigiert um fiktive Steuerzahlungen darauf).

[67] *Jensen* (1986), S. 323.

deutsamer, weil der Wert ihres **Humankapitals** damit verbunden ist und nicht einfach weg-diversifiziert werden kann.[68] Daraus können sich unterschiedliche Präferenzen für die Inves-titionspolitik ergeben, die ebenfalls einen Bedarf nach Mechanismen zur Lösung dieses Pro-blems ergeben. Eine typische Lösung besteht z. B. darin, das Management teilweise mit **Aktienoptionen** zu entlohnen. Deren Wert steigt *ceteris paribus* mit dem Risiko des Basis-titels, so dass dadurch der Tendenz zur Risikominderung begegnet werden kann.[69]

3.2   Funktionen der Ausschüttungsbemessung bei Manager-Eigner-Problemen

Zahlreiche Maßnahmen können Manager-Eigner-Probleme mildern. Dazu gehören unter an-derem Anreizsysteme für das Management, die natürlich auch auf der Rechnungslegung basie-ren können.[70] Die Rechnungslegung kann aber auch im Rahmen der **Gewinnverwendung und Kompetenzabgrenzung** eine Funktion gerade bei *fringe benefits*- und Free Cash Flow-Aspek-ten haben. Diese Funktion darf jedoch nicht isoliert gesehen werden, denn sie ist ein Bestand-teil des gesamten Regelsatzes zur **Corporate Governance**, der in einem Land gilt.[71]

Zusammenhang mit der Corporate Governance-Struktur
Diese Einbindung in die allgemeine Corporate Governance-Problematik lässt sich durch ein einfaches Beispiel verdeutlichen. Die Darstellung des rechtlichen Rahmens im 1. Ab-schnitt zeigte für die Ausschüttungsbemessung deutliche Unterschiede zwischen Deutsch-land auf der einen und den USA auf der anderen Seite. Während in Deutschland der Haupt-versammlung einer AG eine grundsätzliche **Kompetenz** über die **Hälfte des Jahresüber-schusses** eingeräumt wird, entscheidet in den USA das Management ohne Mitsprache der Hauptversammlung über die Gewinnverwendung.

Die scheinbare Folgerung, in Deutschland seien die Aktionäre besser als in den USA geschützt und die Free Cash Flow-Konflikte daher niedriger, dürfte aber als eine eher ge-wagte Hypothese einzustufen sein. Tatsächlich zeigt eine umfassende rechtsvergleichende

---

[68] Vgl ausführlich zB *Smith/Stulz* (1985), S. 399–403.

[69] Vgl *Smith/Stulz* (1985), S. 401 f.

[70] Die optimale Gestaltung solcher Anreizsysteme ist Gegenstand der Prinzipal-Agenten-Theorie. Im 4. Kapitel: *Bilanzierungs- und Bewertungsgrundsätze* wurden bereits derartige Ansätze und ihre Konsequenzen für die Beurteilung von Varianten der Rechnungslegung dargestellt, und im 6. Kapi-tel: *Bilanzpolitik – Grundlagen* werden einige Folgerungen erörtert, die sich aus der Existenz sol-cher Systeme für die Bilanzpolitik des Managements ergeben können.

[71] Vgl zu einer Übersicht über die neuere Governance-Diskussion im Zusammenhang mit der Lö-sung von Eigner-Manager-Konflikten *Shleifer/Vishny* (1997), *Denis* (2001) und mit Bezug auf die Rechnungslegung insbesondere *Armstrong/Guay/Weber* (2010).

Studie von *La Porta/Lopez-de-Silanes/Shleifer/Vishny* (1998) über die in 49 Ländern existierenden gesellschaftsrechtlichen Regelungen Folgendes:

- In Ländern mit **common law-Tradition** (z. B. USA, Großbritannien, Australien) sind die Einwirkungsrechte und die Schutzbestimmungen von Aktionären (etwa bezüglich Abstimmungs- und Klagemöglichkeiten, der Repräsentation im Verwaltungsrat bzw. im Aufsichtsrat, der Möglichkeit der Anfechtung von Entscheidungen der Verwaltung, der zwingenden Gewährung von Bezugsrechten bei Kapitalerhöhungen) insgesamt deutlich höher ausgeprägt als in Staaten mit **civil law-Tradition** (z. B. Deutschland, Österreich, Schweiz, Frankreich), wobei es aber auch innerhalb dieser Staaten Unterschiede zwischen einem *civil law*-System deutschen versus französischen Ursprungs gibt. Den tendenziell schlechtesten Schutz genießen nach der Studie Aktionäre im System französischen Ursprungs.
- Regeln zu einer **eventuellen Mindestausschüttung** gibt es nur in Ländern mit *civil law*-Tradition, und diese Regelungen lassen sich als **Kompensation für den ansonsten schlechten Aktionärsschutz** erklären.

Im Grunde erhält man **analoge Zusammenhänge** wie beim **Gläubigerschutz**. Dort wurde festgestellt, dass die Rechnungslegung als Bestandteil eines Bündels von Restriktionen greift, und bei Manager-Eigner-Problemen ist die Rechnungslegung ebenfalls Teil eines ganzen Spektrums von Regeln zur Corporate Governance. Eine *isolierte* Diskussion etwa über die Kompetenzen bezüglich der Gewinnverwendung ist daher stets **verkürzt** und scheint angesichts der bestehenden Zusammenhänge auch am falschen Ende anzusetzen. Es kann sich für die Lösung von Manager-Eigner-Konflikten als weitaus effektiver erweisen, andere Bestandteile des Gesellschaftsrechts zu ändern als bei gegebenem Regelsatz eine Modifikation der Verwendungskompetenzen zu diskutieren.

Empirische Ergebnisse
Eine empirische Folgearbeit von *La Porta/Lopez-de-Silanes/Shleifer/Vishny* (2000b) zeigt internationale Unterschiede in der Ausschüttungspolitik von Unternehmen (es wurden Daten von 4103 Unternehmen aus 33 Ländern betrachtet).

a) In Staaten mit stärkerem Anlegerschutz werden im Durchschnitt signifikant höhere Dividenden gezahlt als in Ländern mit nur schwach ausgeprägtem Schutzsystem.

b) In Staaten mit starkem Anlegerschutz zahlen wachstumsstarke Unternehmen (gemessen am Wachstum der Umsätze, um Unterschiede in den Methoden der Rechnungslegung zu eliminieren) weniger Dividenden als solche mit geringem Wachstum. Sämtliche *common law*-Länder weisen eine streng monoton *fallende* Beziehung zwischen Umsatzwachstum und der Ausschüttungsquote (Ausschüttungen/Gewinn) auf, während man z. B. für Deutschland und Österreich *steigende* Zusammenhänge erhält.

Diese Ergebnisse werden von den Autoren dahingehend interpretiert, dass die Investoren bei hohem **Anlegerschutz** auch bereit sind, auf Ausschüttungen temporär zu verzichten, weil sie wissen, dass sie künftig in der Lage sein werden, sich Ausschüttungen zu sichern. *„On the other hand, poorly protected shareholders seem to take whatever dividends they can get, regardless of investment opportunities"* (S. 27).

Vorschläge zu Änderungen der Ausschüttungsregelungen

Manager-Eigner-Konflikte werden in der deutschen Corporate Governance-Struktur vor allem im Rahmen der **Kompetenzverteilung** der Gewinnverwendung angesprochen. Darin gibt es eine traditionsreiche Diskussion.

- Im Zuge der Entwürfe einer (mittlerweile nicht mehr verfolgten) 5. EG-Richtlinie zur Unternehmensverfassung wurde eine **Ausweitung der Kompetenz der Hauptversammlung** auf den *gesamten* Jahresüberschuss und den Bestand an freien Gewinnrücklagen erwogen.
- Als Verschärfung wurden in der Literatur Vorschläge für **Zwangsausschüttungen** entwickelt, die entweder in Höhe des gesamten Jahresüberschusses[72] oder in einem festen Betrag (z. B. als „Mindestverzinsung" des Eigenkapitals)[73] vorgenommen werden könnten.

Gemeinsam ist diesen Vorschlägen, dass sie der Hauptversammlung letztlich eine maßgebliche Rolle im Hinblick auf die **Investitionspolitik** eines Unternehmens zuweisen. Der Anknüpfungspunkt besteht darin, dass die Existenz der Free Cash Flow-Probleme mit der Gefahr verbunden ist, dass die im Unternehmen erwirtschafteten Mittel der **Kontrolle des Kapitalmarktes** und der Konkurrenz um die besten Verwendungsmöglichkeiten vorenthalten werden. Um dem zu begegnen, müsse dem Management die Verwendungskompetenz über die Mittel vollständig entzogen werden. Sofern ein Unternehmen günstige Projekte hat, könne das Management bei den Aktionären ja um die Einbehaltung von Mitteln werben, indem es verlässliche Informationen über die Erfolgsaussichten der Projekte präsentiert.

Die Probleme solcher Lösungen bestehen darin, dass *ex ante* nicht eindeutig gesagt werden kann, ob die **Politik der Hauptversammlung** im Durchschnitt besser als diejenige der Verwaltung ist.[74] Die Schwierigkeiten sind wie folgt:

- Ist ein Aktionär wegen seiner **Diversifikationspolitik** nur in geringem Umfang an einem Unternehmen beteiligt, hat er individuell keinen großen Anreiz, sich umfangreich über das Unternehmen zu informieren und zu versuchen, durch die Organisation von Mehrheiten auf der Hauptversammlung die Unternehmenspolitik zu beeinflussen.

---

[72] Vgl *Pütz/Willgerodt* (1985).

[73] Vgl etwa *Wagner* (1987).

[74] Siehe zu einer formalen Analyse der Zusammenhänge auch *Pfaff* (1989).

Er trägt die damit verbundenen Kosten nämlich in vollem Umfang, während er nur einen geringen Teil der Vorteile erhält.

- Es besteht daher eine **asymmetrische Informationsverteilung** zwischen Management und Hauptversammlung. Die Aktionäre dürften kaum in der Lage sein, das optimale Investitionsvolumen eines Unternehmens einzuschätzen, geschweige denn dessen Struktur zu bestimmen.
- Die Aktionäre sind somit auf **Informationen des Managements** über die verfügbaren Projekte angewiesen. Insofern kommt der Publikationspolitik eine maßgebliche Bedeutung zu.[75] Präzisere Informationen bergen aber z. B. die Gefahr, dass Konkurrenten zu viele Details erfahren und zum Nachteil des Unternehmens ausnutzen.

Plakativ formuliert hat man in gewisser Weise die **Wahl** zwischen einer informierten, aber ggf. auch durch Überinvestitionen gekennzeichneten Politik des Managements und einer weniger informierten Politik der Hauptversammlung, die sowohl Über- als auch Unterinvestitionsprobleme aufweisen kann.

Die Vorschläge der **Zwangsausschüttungen** haben eine gewisse theoretische Entsprechung in der Free Cash Flow-Theorie. Dort wird z. B. der Einsatz der **Fremdfinanzierung** als Mittel zur Reduzierung von Überinvestitionsanreizen diskutiert.[76] Fremdkapital verringert Free Cash Flow-Probleme, weil es mit zwingend zu leistenden Auszahlungen für das Unternehmen verbunden ist.[77] **Zwangsausschüttungen** wirken in die gleiche Richtung. Betrachtet man aber die empirischen Verhältnisse, dann hat diese theoretische Entsprechung gerade für die deutsche Diskussion am wenigsten Relevanz, weil die Fremdkapitalquoten deutscher Unternehmen im internationalen Vergleich ohnehin sehr hoch sind. Man könnte daher auch argumentieren, dass die Free Cash Flow-Probleme durch diese Kapitalstrukturen bereits hinreichend gemildert sind. Damit wird es fraglich, ob es noch weitergehender Zwangsausschüttungen bedarf.

Im Ergebnis lassen sich für die Fragen der **Gewinnverwendungskompetenzen** wenig konkrete Schlüsse ziehen. Die USA kommen mit einer vollständigen Kompetenz des Managements offenbar gut aus, und es sind keine Bestrebungen ersichtlich, dies grundsätzlich zu verändern. Wie oben gezeigt, ist dies freilich im Kontext der gesamten Governance-Struktur zu sehen.

Bilanzierungswahlrechte des Managements sind grundsätzlich **problematisch**. Selbst bei voller Kompetenz der Hauptversammlung ist der materielle Inhalt dieses Rechts wenig wert, wenn das Management umfangreiche Unterbewertungen vornehmen kann.[78]

---

[75] Diese Fragen werden im 8. Kapitel: *Publizität und Publizitätsanreize* ausführlich behandelt.

[76] Vgl zB *Jensen* (1986), *Stulz* (1990).

[77] Daraus kann sich auch eine optimale Kapitalstruktur durch Abwägung von Agency-Problemen ergeben: Eine höhere Fremdfinanzierung vermindert die Probleme des Eigenkapitals, erhöht aber diejenigen des Fremdkapitals. Vgl dazu bereits *Jensen/Meckling* (1976).

[78] Eine Analyse von Wahlrechten unter anderen Aspekten findet sich im 7. Kapitel: *Bilanzpolitik – Spezialfragen.*

Es ist aus Agency-theoretischer Sicht allerdings nicht ganz so klar, dass das Management aus dem Vorliegen von **Wahlrechten** massive **Vorteile** ziehen kann. Die Eigner werden *ex ante* Einschätzungen darüber bilden, wie das Management die Wahlrechte hinsichtlich seiner Thesaurierungswünsche möglicherweise ausnutzen wird. Die daraus erwachsenden Vorteile könnten im Prinzip durch Reduzierungen der finanziellen Entlohnung kompensiert werden, so dass die Verbesserungen des Managements gegenüber dem Reservationsnutzen in Grenzen gehalten werden können. In welchem Maße dieses Argument bei einer Publikumsaktiengesellschaft trägt, hängt natürlich davon ab, wie im Aufsichtsrat über die Vergütung des Managements entschieden wird. Seit 2020 ist in Deutschland gemäß § 120a (1) dAktG ein Votum der Hauptversammlung über das vom Aufsichtsrat vorgelegte Vergütungssystem einzuholen (mindestens alle vier Jahre, ansonsten bei wesentlichen Änderungen des Vergütungssystems). Dies trägt zwar grundsätzlich dazu bei, dass den Interessen der Eigner mehr Gewicht zukommt, doch begründet der Beschluss der Hauptversammlung weder Rechte noch Pflichten. Er ist eher eine „Meinungsbekundung" der Hauptversammlung und hat daher keine unmittelbare Wirkung auf den Vergütungsvorschlag.

Die Beurteilung des **Vorsichtsprinzips** aus dem Manager-Eigner-Konfliktfeld ist nicht eindeutig. Einerseits kann man vorbringen, dass Vorsicht tendenziell niedrigere und/oder spätere Gewinnrealisierungen beinhaltet, erwirtschaftete Mittel daher länger der Befugnis des Managements überlässt und **Überinvestitionen** begünstigen könnte. In Verbindung mit Governance-Mechanismen kann aber auch umgekehrt argumentiert werden: Eine vorsichtige Rechnungslegung zeigt schon recht früh ungünstige Entwicklungen von Investitionsprojekten.[79] Sie hilft daher den Kontrollorganen eines Unternehmens bei der Beurteilung der Entscheidungen des Managements, weil gerade Überinvestitionen aus Problemen des Free Cash Flow rasch aufgedeckt werden, frühe Eingriffe möglich sind und das Management zeitnah sanktioniert werden kann. Dies wiederum führt bereits *ex ante* zu **besseren Investitionsentscheidungen** des Managements. Daraus kann sich sogar ein Substitutionsverhältnis zu Dividendenzahlungen ergeben, denn Vorsicht reduziert wegen des Kontrolleffekts die Notwendigkeit, dem Unternehmen durch Ausschüttungen Mittel zu entziehen, um die Free Cash Flow-Problematik zu mildern.[80]

4   Zusammenfassung

Dieses Kapitel widmet sich der **Ausschüttungsbemessungsfunktion der Rechnungslegung**, die im deutschsprachigen Raum insbesondere in der Ausprägung des **Gläubigerschutzes** große Bedeutung erlangt hat. Die rechtlichen Rahmenbedingungen unterscheiden sich von Land zu Land zum Teil erheblich. In Deutschland und Österreich ist der Gläubigerschutz im Verbund mit der HGB-Rechnungslegung gesellschaftsrechtlich verankert. In den USA haben die US-GAAP dagegen kaum eine Bedeutung für den gesellschaftsrechtlich relevanten Gläubigerschutz, der zudem für die Gläubiger recht vage geregelt ist. Man findet daher in den USA hauptsächlich **einzelvertragliche Regelungen**, in

---

[79] Vgl *Watts* (2003a), *Ball/Shivakumar* (2005).

[80] Vgl zur empirischen Bestätigung dieser Hypothese *Louis/Urcan* (2014).

denen auch direkte Ausschüttungsrestriktionen auf Basis der Rechnungslegung formuliert werden. Bezüglich potenzieller Manager-Eigner-Konflikte sehen die deutschen Regelungen eine Abgrenzung der Gewinnverwendungskompetenz zwischen Verwaltung und Hauptversammlung vor. Dagegen entscheidet in den USA das Management grundsätzlich alleine über die Gewinnverwendung.

Der Nutzen der Rechnungslegung als Instrument zum Gläubigerschutz lässt sich mit Hilfe der Theorie **fremdfinanzierungsbedingter Agency-Probleme** analysieren. Agency-Probleme entstehen dadurch, dass die Eigner **Reichtumsverlagerungen** von den Gläubigern zu sich selbst vornehmen können. Bei **rationalen Erwartungen der Gläubiger** tragen die Eigner im Zeitpunkt der Kreditgewährung sämtliche erwarteten Marktwertnachteile aus diesen Agency-Problemen. Sie haben daher selbst ein Interesse, Mechanismen zur Milderung der Probleme und damit Maßnahmen zum Gläubigerschutz zu installieren. So verstandener Gläubigerschutz ist letztlich **produktiv**, weil er spezifische Allokationsverzerrungen verhindert, und es gibt auch ein „optimales" Maß an Gläubigerschutz, das die Allokationsverzerrungen minimiert.

Bilanzielle Ausschüttungsrestriktionen lassen sich als spezifische Kombination aus einer **Untergrenze für das Investitionsvolumen** und einer **Finanzierungsbeschränkung** interpretieren. Entgegen der üblichen Vorstellung ist die **Wirkung** einer vorsichtigen Bilanzierung und Bewertung für den Gläubigerschutz allerdings **keineswegs eindeutig**. Das Vorsichtsprinzip kann günstig für die Milderung von Agency-Problemen und den Gläubigerschutz sein, es kann aber ebenso Agency-Probleme verstärken oder sogar induzieren und damit die Position der Gläubiger verschlechtern. Die detaillierten Wirkungen hängen von den einem Unternehmen verfügbaren Investitionsmöglichkeiten (dem *investment opportunity set)* ab.

Optimaler Gläubigerschutz ist daher grundsätzlich **unternehmensspezifisch**. Eine eindeutige Präferenz für eine vorsichtige Rechnungslegung kann daher aus konzeptioneller Sicht nicht gegeben werden. Der Zusammenhang zwischen der Güte des Gläubigerschutzes und einer vorsichtigen Bilanzierung z. B. gemäß HGB ist aus diesem Grund weniger zwingend, als es im ersten Moment erscheint. Damit steht aber auch der Anwendung von IFRS für den Einzelabschluss aus Sicht des Gläubigerschutzes nicht wirklich etwas entgegen, und in einigen Mitgliedstaaten der EU werden die IFRS auch für Zwecke der Ausschüttungsbemessung verwendet.

Die Manager-Eigner-Konflikte sind vornehmlich in ihrer Ausprägung als *fringe benefits-* und Free Cash Flow-Probleme für die Funktion der Ausschüttungsbemessung relevant. Hier besteht insbesondere die Gefahr, dass das Management **Überinvestitionen** durchführt. Diesem Problem könnte durch geeignete Regelungen zur Gewinnverwendung bzw. zu Zwangsausschüttungen vorgebeugt werden. Die damit verbundenen Fragen stehen aber im Rahmen des gesamten Satzes an Regeln zur **Corporate Governance**. Die Vermeidung von Politiken, die nicht im Eignerinteresse sind, kann vielfach **effektiver** über andere Wege als die Kompetenzabgrenzung bezüglich der Gewinnverwendung erreicht werden. Eine starke **Kompetenz der Hauptversammlung** bindet die Eigner faktisch unmittelbar in die Investitionspolitik eines Unternehmens ein, und *a priori* ist es wegen der asymmetrischen Informationsverteilung zwischen Management und Eignern offen, ob die sich letztlich ergebende Politik dadurch im Durchschnitt besser wird.

5   Fragen

▶ **F5-1** Wie unterscheidet sich die Ausschüttungsmöglichkeit des von den Aktionären eingezahlten Eigenkapitals in Deutschland von derjenigen in den USA?

▶ **F5-2** Warum ist in den USA die kreditvertragliche Lösung des Gläubigerschutzes so wichtig?

▶ **F5-3** Ein Aktionär erhält den Konzernabschluss und verlangt eine Dividende von wenigstens 50 % des Konzern-Jahresüberschusses. Ist er damit im Recht?

▶ **F5-4** Warum kann es für die Eigner vorteilhaft sein, bei risikobehaftetem Fremdkapital ein neues und eigentlich vorteilhaftes Projekt nicht zu realisieren?

▶ **F5-5** Warum kann sich für die Eigner eine Risikobereicherung des Investitionsprogramms lohnen?

▶ **F5-6** Was versteht man unter fremdfinanzierten Dividendenzahlungen, und warum sind sie für die Eigner ggf. vorteilhaft?

▶ **F5-7** Warum kann die Wirkung einer bilanziellen Ausschüttungsbeschränkung immer nur als Bestandteil eines Bündels von Restriktionen analysiert werden?

▶ **F5-8** Wie kann im Agency-Ansatz ein „optimaler" Gläubigerschutz definiert werden?

▶ **F5-9** Warum kann eine vorsichtige Rechnungslegung mit Nachteilen für den Gläubigerschutz verbunden sein?

▶ **F5-10** Was versteht man unter *fringe benefits* und was unter Free Cash Flow?

▶ **F5-11** In welchem Maße ist bei der Betrachtung der Kompetenz zur Gewinnverwendung das sonstige System der Corporate Governance bedeutsam?

▶ **F5-12** Welche Schwierigkeiten ergeben sich bei der Beurteilung der Frage, ob der Hauptversammlung mehr Kompetenzen bei der Gewinnverwendung zugestanden werden sollten?

▶ **F5-13** Wie sind Wahlrechte der Rechnungslegung aus Sicht der Kompetenzabgrenzung zu beurteilen?

6   Probleme

▶   **P5-1 Analyse von Regelungen – Teil 1.** Für Aktiengesellschaften bestimmt § 150
(2) dAktG, dass eine sogenannte gesetzliche Rücklage zu bilden ist. Dort müssen so
lange 5 % des um einen Verlustvortrag aus dem Vorjahr geminderten Jahresüberschusses eingestellt werden, bis diese Rücklage gemeinsam mit den Kapitalrücklagen 10 % (oder einen in der Satzung ggf. höher festgelegten Anteil) des Grundkapitals erreicht hat. Beurteilen Sie diese Regelung aus Sicht des Gläubigerschutzes.
(Hinweis: Sie brauchen keine „Modellanalyse" durchzuführen. Vergleichen Sie einfach ein Unternehmen, das ein bestimmtes Investitionsprogramm mit unterschiedlichen Fremdkapitalquoten (niedrig versus hoch) realisiert.)

▶   **P5-2 Analyse von Regelungen – Teil 2.** Gemäß § 253 (5) Satz 1 dHGB gilt grund-
sätzlich ein Wertaufholungsgebot. Nach § 58 (2a) dAktG hat die Verwaltung einer
AG ein Wahlrecht, den Eigenkapitalanteil solcher Wertaufholungen in die anderen
Gewinnrücklagen einzustellen. Beurteilen Sie diese Regelung

a) aus Sicht des Gläubigerschutzes und
b) aus Sicht der Manager-Eigner-Konflikte.

▶   **P5-3 Strukturen optimaler Restriktionen.** Gegeben seien zwei Unternehmen A und
B mit dem gleichen Unternehmensgesamtwert. Bei Unternehmen A werden 10 % dieses Gesamtwertes aus Wachstumsoptionen gespeist, während es bei Unternehmen B
50 % sind. Welche Hypothesen lassen sich grundsätzlich über das Ausmaß der Fremdfinanzierung und die grundsätzliche Struktur der optimalen Restriktionen aufstellen?

▶   **P5-4 Optimale Strenge einer Ausschüttungsrestriktion.** Ein Unternehmen realisiert in einem zweiperiodigen Szenario in $t = 0$ ein Investitionsprogramm. Die Entwicklung der Umweltzustände mit den jeweiligen Eintrittswahrscheinlichkeiten (an
den Kanten) sowie die Überschüsse der Investitionen aus $t = 0$ und der in $t = 1$ verfügbaren neuen Projekte (Zahlen in Klammern) ergeben sich wie folgt:

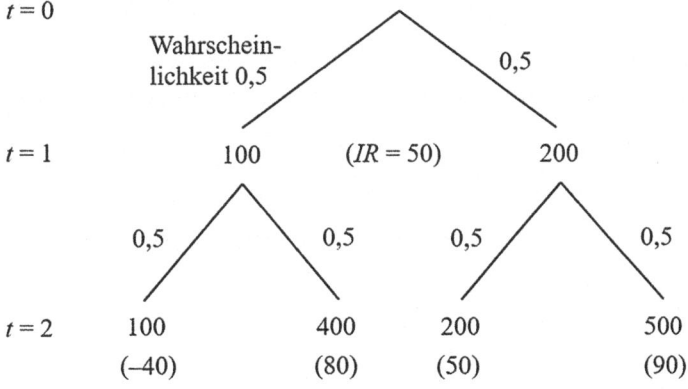

Das in $t = 1$ verfügbare Realprojekt erfordert zustandsunabhängig eine Investitionsauszahlung von $IR = 50$. Neben dem Realprojekt kann das Unternehmen in $t = 1$ beliebige Beträge in sichere Finanzanlagen (der sichere Zins beträgt null) investieren. Das Unternehmen erwägt in $t = 0$ eine Fremdfinanzierung, deren Zins- und Tilgungsleistungen vollständig in $t = 2$ fällig werden und $VK = 300$ betragen. Die Bewertung aller Ansprüche ist risikoneutral.

a) Angenommen, es werden keine Restriktionen vereinbart. Bestimmen Sie die optimale Politik der Eigner in $t = 1$.
b) Jetzt erwägen die Eigner in $t = 0$ die Installierung einer Restriktion, durch welche die Ausschüttungen in $t = 1$ auf die dortigen Zahlungsüberschüsse abzüglich eines Betrages der Periodenabgrenzungen PA begrenzt werden; ist diese Differenz negativ, sind keine Ausschüttungen möglich. Bestimmen Sie die optimale Höhe von PA.

Literaturempfehlungen

Allgemeine Literatur

Armstrong, C.S./Guay, W.R./Weber, J.P.: The Role of Information and Financial Reporting in Corporate Governance and Debt Contracting, *Journal of Accounting and Economics* (50) 2010, S. 179–234.
Barnea, A./Haugen, R.A./Senbet, L.W.: Agency-Problems and Financial Contracting, Englewood Cliffs, NJ 1985.
Leuz, C./Deller, D./Stubenrath, M.: An International Comparison of Accounting-Based Payout Restrictions in the United States, United Kingdom and Germany, *Accounting and Business Research* 1998, S. 111–129.

Spezielle Literatur

Ewert, R.: Rechnungslegung, Gläubigerschutz und Agency-Probleme, Wiesbaden 1986.
Jensen, M.C.: Agency Costs of Free Cash Flow, Corporate Finance, and Takeovers, *American Economic Review*, May 1986, S. 323–329.
John, K./Kalay, A.: Costly Contracting and Optimal Payout Constraints, *Journal of Finance* 1982, S. 457–470.
La Porta, L./Lopez-de-Silanes, F./Shleifer, A./Vishny, R.W.: Law and Finance, *Journal of Political Economy* 1998, S. 1113–1155.
Watts, R.L./Zimmerman, J.L.: Positive Accounting Theory, Englewood Cliffs, NJ 1986.

Bilanzpolitik – Grundlagen

6

Akost ist in den Bereichen Metallurgie, Spezialchemie und Transport tätig. Der neue Vorstand strebt nun eine Konzentration auf die Kernkompetenzen an und sucht einen Käufer für den Transportbereich, der aus zwei Gesellschaften besteht. Schlecht stand der Transportbereich nicht da, aber natürlich sollte das Kaufobjekt noch hübscher aussehen. Der Finanzvorstand Gert Herzog konnte in den letzten zwei Jahren diesbezüglich einige innovative Ideen umsetzen, die den zu erwartenden Verkaufserlös des Transportbereichs erhöhen sollten. Da die meisten potenziellen Käufer Discounted Cashflow-Methoden für die Bewertung anwandten, war es das Ziel, die laufenden Cashflows zu steigern. Operative Maßnahmen bestanden z. B. in der Straffung der Fakturierung und des Mahnwesens sowie einer neuen Softwarelösung, mit der die Routenplanung und Auftragsverfolgung einfacher wurde. Die verringerten Kundenausfälle schlugen sich nicht nur in einem etwas besseren Ergebnis nieder, sondern auch in einer Reduktion der Wertberichtigung auf die Forderungen.

Herzog änderte im selben Zug auch die Berechnungsmethode der Wertberichtigung, indem er weniger pauschale Wertberichtigungen zuließ, sondern mehr auf individuelle Wertberichtigungen setzte, die von den Kundenbetreuern, die für die Aufträge verantwortlich waren, bekannt gegeben werden mussten. Das hatte den positiven Nebeneffekt, dass nun viel weniger hohe Wertberichtigungen notwendig waren. Denn welcher Kundenbetreuer wollte schließlich gerne zugeben, dass sein Kunde säumig sein oder ausfallen könnte.

Jemand aus dem Marketing hatte die überragende Idee mit der Kundenbindung: Kunden wurde versprochen, nach einem größeren Umsatz im darauffolgenden Geschäftsjahr einen Bonus von 3 % und in den nachfolgenden Geschäftsjahren von 5 % auf den Jahresumsatz zu erhalten. Dies belastete die laufende Periode nicht, eher im Gegenteil, weil Kunden mehr Aufträge gaben, um in den Genuss der künftigen Vorteile zu gelangen.

Gert Herzog gelang es nun Anfang Dezember, mit der Transo AG einen Käufer für den Transportbereich zu finden. Seine Rechnung ging weitgehend auf, der Käufer prognostizierte die künftigen Cashflows auf Basis der bisherigen erzielten Cashflows und gelangte zu einem für Herzog günstigen Kaufpreis. In den Verhandlungen vereinbarten Herzog und Ernst Waldmann, der Verantwortliche für die Transaktion bei der Transo, eine Earn out-Klausel der Gestalt, dass sich der bereits bezahlte Kaufpreis um 150 % eines 10 Mio € unterschreitenden Gewinns des laufenden und des nächsten Geschäftsjahres verringert. Ebenfalls wurde vereinbart, dass die Bilanzierungs- und Bewertungsmethoden von der Transo nicht willkürlich geändert werden dürften, um allfällige bilanzpolitisch motivierte Gewinnänderungen auszuschließen. Ein bestimmter Teil des Kaufpreises wurde zur Sicherung der Ansprüche von Transo auf ein Konto eines Treuhänders eingezahlt.

Herzog waren die Zahlen bis November des Vorjahres bekannt, und der Gewinn betrug bis dahin rund 11 Mio €. Er staunte deshalb nicht schlecht, als Waldmann ihn Mitte Februar des nächsten Jahres anrief und ihm mitteilte, dass der Gewinn des letzten Geschäftsjahres nur 7 Mio € betrug. Dieser Gewinn sei vom Wirtschaftsprüfer geprüft worden. Waldmann würde sich deshalb 4,5 Mio € vom Treuhandkonto rückerstatten lassen. Nach langen Verhandlungen ließ Waldmann den Wirtschaftsprüfer von Akost in die Bücher einsehen. Dieser stellte fest, dass nicht nur die Wertberichtigungen zu Forderungen erheblich gestiegen waren, sondern auch sehr vorsichtig bewertete Rückstellungen für künftige Bonuszahlungen gebildet worden waren. Herzog erinnerte ihn an die Kaufvertragsklausel, wonach Bilanzierungs- und Bewertungsmethoden nicht geändert werden dürften. Waldmann entgegnete kühl, dass die Methoden, die Herzog anwandte, nicht den Grundsätzen ordnungsmäßiger Buchführung entsprochen hätten und er deshalb zwingend die betreffenden Änderungen durchführen musste. Sein Wirtschaftsprüfer habe ihm dies bestätigt. Herzog beauftragte nun seinerseits den Wirtschaftsprüfer von Akost mit einem Gutachten, ob die früher angewandten Methoden den Grundsätzen ordnungsmäßiger Bilanzierung entsprachen. Dieser kam – nicht gerade überraschend – zu einem positiven Ergebnis. Nach längeren Streitigkeiten und Klagedrohungen kam es zu einem Vergleich der beiden Kontrahenten, wonach Akost 2 Mio € des Kaufpreises rückerstattete. Herzog wartete nun gespannt, was ihm Waldmann im nächsten Geschäftsjahr auftischen würde.

Ziele dieses Kapitels
- Darstellung bilanzpolitischer Instrumente und Maßnahmen
- Analyse von bilanzpolitischen Zielvorstellungen wie Gewinnmaximierung, Gewinnminimierung, Gewinnglättung, und Erreichung vorgegebener Ziele
- Diskussion der Möglichkeiten, Bilanzpolitik von außen zu erkennen
- Diskussion empirischer Studien, die Art und Umfang von Bilanzpolitik nachzuweisen suchen, und deren Ergebnisse

1 Einleitung

1.1 Wirkungen von Bilanzpolitik

Unter **Bilanzpolitik (Jahresabschlusspolitik,** *creative accounting, window dressing, earnings management*) versteht man das gezielte Ergreifen von Maßnahmen, die Auswirkungen auf den Jahresabschluss haben, um damit Bilanzadressaten oder Rechtsfolgen zu beeinflussen. Diese Maßnahmen können in einer entsprechenden Sachverhaltsgestaltung oder in der Wahl der Abbildung der Geschäftsfälle im Jahresabschluss bestehen. Voraussetzung für Bilanzpolitik ist das **Bestehen von Entscheidungsspielräumen** des Managements in der Darstellung der Lage des Unternehmens. Wie schon im 1. Kapitel: *Einführung und institutionelle Grundlagen* zu sehen war, gibt es etliche solcher Spielräume, und das vielfach mit gutem Grund.

Ziel der Bilanzpolitik ist es, die Lage des Unternehmens in einem bestimmten Licht erscheinen zu lassen und Bilanzadressaten auf diese Art zu Entscheidungen zu motivieren, die dem Bilanzersteller nützen. Sie bezieht sich vor allem auf Gewinngrößen, die in der Unternehmensrechnung im Vordergrund stehen, aber auch auf andere Positionen, wie z. B. die Eigenkapitalquote. Neben Entscheidungen bestimmter Bilanzadressaten, wie dem Kauf von Anteilen, die den Aktienkurs erhöhen, oder geringeren Gehaltsforderungen von Arbeitnehmern, können Wirkungen auch in Rechtsfolgen bestehen, die an den Jahresabschluss oder einzelne Positionen daraus geknüpft sind. Eine solche Rechtsfolge sind Steuerzahlungen, wenn der zu versteuernde Gewinn, wie in Deutschland und Österreich üblich, gemäß dem Maßgeblichkeitsprinzip ausgehend vom handelsrechtlichen Jahresergebnis ermittelt wird. In der Praxis hat die **Steuerbilanzpolitik** besondere Bedeutung, denn die Auswirkungen von Maßnahmen auf die Steuerzahlungen erreichen eine nicht unerhebliche Größenordnung und sind meist recht gut abschätzbar.

Das Ziel der Bilanzpolitik wurde in der obigen Definition *neutral* als Beeinflussung von Bilanzadressaten oder Rechtsfolgen formuliert. Bilanzpolitik umfasst jede **Entscheidung des Managements** über die Ausnutzung eines ihm eingeräumten Entscheidungsspielraums zur Darstellung der Lage des Unternehmens in der Rechnungslegung. Dies schließt die bestmögliche Information von Adressaten mit ein – einer der wesentlichen Gründe für die Einräumung eines Spielraums.

Der Begriff Bilanzpolitik wird allerdings i. d. R. mit einem **negativen** Beigeschmack verwendet, weil die mögliche **Täuschung** von Bilanzadressaten oder die Hintergehung von Vertragspartnern innerhalb der vertraglichen Grenzen im Vordergrund stehen kann.[1] Soweit es sich um legale Spielräume und nicht um gesetz- oder vertragswidrige Manipulationen handelt, ist diese negative Einstellung gegenüber der Bilanzpolitik nicht wirklich verständlich. Denn Spielräume ließen sich ja weitgehend verhindern, wenn die Rechts- oder Vertragsfolgen eindeutiger formuliert würden – dies ist aber gerade (und meist be-

---

[1] Vgl zu einer solchen Definition etwa *Healy/Wahlen* (1999), S. 368.

wusst) nicht der Fall. Die negative Einstellung resultiert daraus, dass bestimmte Regeln, die ja häufig einen Kompromiss zwischen mehreren Zwecken darstellen, nicht genau dem intendierten Zweck entsprechend ausgenutzt werden. Gäbe es in einer solchen Situation (*ceteris paribus*) keine Möglichkeit zur Bilanzpolitik, würde dies zu einer Verbesserung der Situation führen.

> Die Grenze zwischen **legalen** und **illegalen bilanzpolitischen Maßnahmen** ist nicht einfach zu ziehen. Es gibt viele Graubereiche, in denen es Ansichtssache ist, ob eine Vorgehensweise zulässig ist oder nicht. Und wenn etwas als falsch angesehen wird, muss zwischen Unrichtigkeiten und Verstößen unterschieden werden. Entscheidend ist auch die Auffassung von Prüfungsinstanzen, wie dem Prüfungsausschuss, dem Abschlussprüfer oder dem Enforcement, was zulässig und was unzulässig ist.

Die **Wirkungen** von Bilanzpolitik hängen davon ab, inwieweit sich Bilanzadressaten bewusst sind, dass das Unternehmen Bilanzpolitik betreibt, und inwieweit sie entsprechende Vorkehrungen treffen um zu verhindern, dass sie gegebenenfalls getäuscht werden. Solche Vorkehrungen können in bestimmten Vertragsklauseln bestehen, aber letztlich auch darin, mit dem Unternehmen einfach keinen Vertrag zu schließen.

Geht man davon aus, dass Bilanzadressaten sämtliche bilanzpolitischen Maßnahmen erkennen und zurückrechnen können, wie dies vielleicht bei einem informationseffizienten Kapitalmarkt vermutet werden könnte, übt Bilanzpolitik auf deren Entscheidungen (z. B. auf die Setzung des Marktpreises) keinen direkten Einfluss aus. Wie in der Folge jedoch zu sehen ist, ergibt sich daraus nicht unbedingt, dass es keine Anreize für das Management gäbe, dennoch Bilanzpolitik zu betreiben.

Knüpfen **gesetzliche** oder **vertragliche Rechtsfolgen** an Positionen des Jahresabschlusses an, so hat Bilanzpolitik einen direkten Effekt auf die Cashflows – und damit auch auf den Marktpreis des Unternehmens. Beispiele dafür sind:

- Geänderte **Ausschüttungen**, soweit diese an den ermittelten Gewinn gebunden sind oder damit in Verbindung gebracht werden;
- Änderung **vertraglicher Ansprüche**, z. B. Gewinnbeteiligungen des Managements oder anderer Vertragspartner, Besserungsklauseln;
- direkte **steuerliche Konsequenzen**, die durch das Maßgeblichkeitsprinzip hervorgerufen werden;
- **politische Kosten**, soweit sie an den Jahresabschluss gebunden sind, z. B. Preisregulierung etwa im Energie- oder Telekombereich.

Berücksichtigen Vertragspartner oder der Gesetzgeber die Anreize zu Bilanzpolitik seitens der Unternehmen, so werden sie sich abzusichern versuchen, indem sie die erwarteten Wirkungen der Bilanzpolitik antizipieren und bei ihren Ansprüchen *ex ante* berücksichtigen.

In diesem Kapitel werden die **Grundlagen der Bilanzpolitik** analysiert. Diese umfassen eine Darstellung und Systematisierung des bilanzpolitischen Aktionsraumes, die Diskussion gängiger Ziele der Bilanzpolitik sowie Möglichkeiten, bilanzpolitische Maßnahmen empirisch zu erkennen. Auf weitere Spezialfragen der Bilanzpolitik (Kapitalmarktreaktionen bei rationalen Erwartungen und Reaktionen der Investoren, Signaling-Aspekte etc) wird im 7. Kapitel: *Bilanzpolitik – Spezialfragen* gesondert eingegangen. Darin werden auch Themen der Publizität, zu denen auch die formale Bilanzpolitik zählt, aufgegriffen.

Wie beginnt Bilanzfälschung?

Schrand/Zechman (2012) untersuchen US-Unternehmen in der Zeit 1996 bis 2003, bei denen die SEC falsche Abschlüsse feststellte. Von den 49 Fällen waren 13 die Folge von Betrug.

Eine Analyse der Fälle zeigt, dass der Auslöser von Bilanzpolitik vor allem ein zu optimistisches Bild des Managements von der Lage des Unternehmens war. Ein Grund dafür ist übermäßiges Selbstvertrauen des Managements. Wenn die optimistischen Erwartungen nicht eintraten, begann das Management bewusst Bilanzfälschung zu betreiben, weil es ja auch noch die gegenläufigen Effekte der früheren Bilanzpolitik verschleiern musste.

Unternehmen, bei denen Betrug auftrat, hatten tendenziell höhere fixe und variable Managemententlohnung, was auf einen stärkeren persönlichen Vorteil von Bilanzfälschung hindeutet. Allerdings gab es keine wesentlichen Unterschiede in der Governance der Unternehmen und auch nicht in persönlichen Eigenschaften der Manager, wie Ausbildung oder Geschlecht.

1.2   Bilanzpolitische Maßnahmen

Die Bilanzpolitik umfasst zwei grundsätzliche Typen, nämlich reale und buchmäßige Bilanzpolitik (siehe Abb. 6.1).

Reale Bilanzpolitik

Die **reale Bilanzpolitik** umfasst Maßnahmen der **Sachverhaltsgestaltung**, also der Geschäftspolitik. Solche Maßnahmen werden auch als Maßnahmen *vor* dem Bilanzstichtag bezeichnet um auszudrücken, dass sie die Generierung von Geschäftsfällen innerhalb der Abrechnungsperiode erfordern. Es ist offensichtlich, dass das Management hier erhebliche Spielräume besitzt – schließlich ist es ja dazu da, Entscheidungen über Geschäftsfälle zu treffen. Klassische Beispiele für **kurzfristig wirksame Maßnahmen** sind das Erhöhen oder Reduzieren von Auszahlungen, die typischerweise sofort gewinnwirksam erfasst werden, wie **Forschung und Entwicklung**, **Werbung** oder **Weiterbildung**. Die **Veräußerung** von Anlagevermögen führt zu Veräußerungsgewinnen, wenn der Verkaufspreis über dem Buchwert liegt. Das Unternehmen kann den **Lieferzeitpunkt** von Waren und damit den Realisationszeitpunkt von Erträgen beeinflussen. Es kann mehr oder weniger Vorräte kaufen, Wertpapiere kaufen oder verkaufen usw.

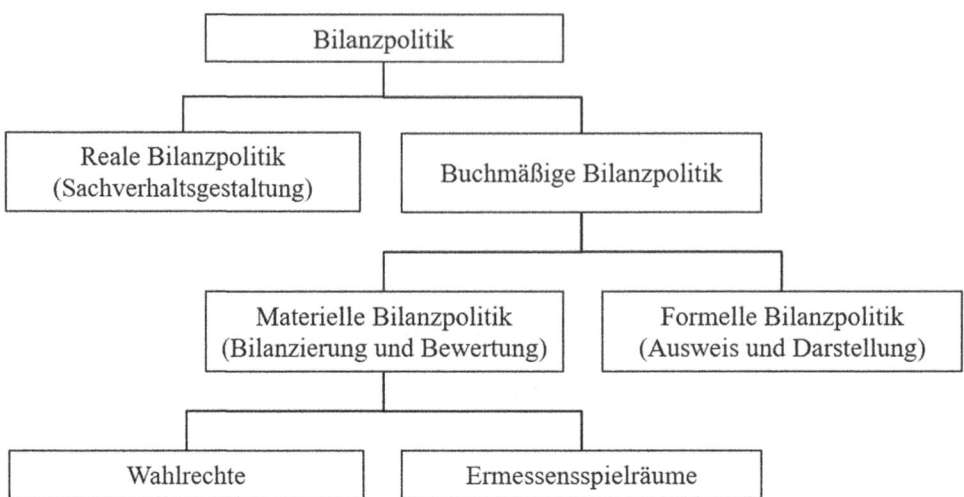

Abb. 6.1 Bilanzpolitische Maßnahmen

Längerfristige Maßnahmen umfassen häufig unterschiedliche vertragliche Gestaltungen von gleichen wirtschaftlichen Sachverhalten, die unterschiedliche bilanzielle Auswirkungen haben (auch wenn es einen Grundsatz der wirtschaftlichen Betrachtungsweise bzw. *substance over form* gibt). Ein Beispiel ist das **Sale and Lease Back** nach HGB, bei dem ein Anlagegegenstand veräußert und gleichzeitig zurückgeleast wird. Handelt es sich bei dem nachfolgenden Leasingvertrag um ein Operate Leasing, so wird der Gegenstand bei Veräußerung gewinnwirksam ausgebucht. Liegt Finanzierungsleasing vor, wird der Leasinggegenstand weiterhin aktiviert, dessen Wertansatz ändert sich jedoch. Stille Reserven werden damit realisiert, auch wenn sich wirtschaftlich nichts geändert hat.[2] Die Einordnung in Operate Leasing oder Finanzierungsleasing hat auch Effekte auf das Cashflow-Statement. Ein anderes Beispiel sind **Umstrukturierungen** im rechtlichen Aufbau des Unternehmens, wie z. B. Ausgliederungen von Teilbetrieben in eigene Rechtsformen, Joint Ventures oder vertragliche Einflussrechte auf Minderheitsbeteiligungen. Solche Maßnahmen zählen deshalb zur realen Bilanzpolitik, weil die Verträge vor dem Bilanzstichtag abgeschlossen werden müssen, um bilanziell Wirkung zu erlangen; ein buchmäßiger Spielraum ist dafür nicht erforderlich.

Die Maßnahmen zeigen auch eine Auswirkung von Rechnungslegungsregeln auf die **reale Sachverhaltsgestaltung**: Die Rechnungslegung beeinflusst die Art und Weise, ob und gegebenenfalls wie Geschäfte vereinbart werden, ist also nicht einfach „nur" die *ex post* erfolgende Abbildung der Geschäftsfälle im Jahresabschluss.

---

[2] Nach IFRS 16 wird dagegen bei einem Sale and Lease Back das zurückbehaltene Nutzungsrecht weiterhin mit dessen Buchwert angesetzt. Ein Gewinn oder Verlust wird damit nur für die sonstigen übertragenen Rechte realisiert.

Ein Beispiel ist wiederum die Bilanzierung von **Leasing**. Für die Unterscheidung zwischen Operate Leasing und Finanzierungsleasing dient im HGB das Kriterium, wem der beiden Vertragspartner im Wesentlichen die Rechte zustehen, die mit dem Eigentum am Leasinggegenstand üblicherweise verbunden sind. Das Ertragsteuerrecht sieht dagegen detaillierte quantitative Kriterien vor. Daraus ergeben sich Anreize für Unternehmen, Leasingverträge in ganz bestimmter Form zu schließen, um die Bilanzierung als Operate Leasing oder Finanzierungsleasing zu gewährleisten.

Ein anderes Beispiel ist die Bilanzierung von **Unternehmenszusammenschlüssen**. Früher gab es in manchen Rechnungslegungssystemen die Interessenzusammenführungsmethode (*pooling of interests method*) für Zusammenschlüsse, bei denen keines der Unternehmen eindeutig als Käufer oder Verkäufer identifizierbar ist. Nach dieser Methode der Konsolidierung wurden, vereinfacht gesprochen, die Buchwerte der beiden zusammen geführten Unternehmen addiert. Es erfolgt weder eine Aufwertung von Gegenständen auf den Zeitwert noch der Ausweis eines Firmenwertes. Dadurch werden künftige Ergebnisse nicht von erhöhten Abschreibungen oder Amortisationen belastet. In den USA war diese Methode äußerst beliebt, und sie wurde nicht zuletzt deshalb im Jahr 2001 abgeschafft, weil viele Unternehmenskäufe so abgewickelt wurden, damit sie sich für die *pooling of interests method* qualifizieren. Es ist zu vermuten, viele Zusammenschlüsse wären nicht zustande gekommen, wenn sie nach der Erwerbsmethode zu bilanzieren gewesen wären.

Maßnahmen der realen Bilanzpolitik haben typischerweise gegenläufige **Folgewirkungen** in späteren Jahren. Werden vor Jahresende noch viele Lieferungen ausgeführt, erhöht dies den Umsatz des betreffenden Jahres zu Lasten des Umsatzes des Folgejahres. Manche Maßnahmen verursachen auch **direkte Kosten**. Möchte ein Unternehmen den Umsatz des Jahres kurzfristig erhöhen, kann es die Nachfrage kurzfristig durch verlockende Sonderangebote erhöhen. Dies verlagert Umsätze zeitlich nach vorne, jedoch sind diese in Summe häufig geringer als wenn sie später als „normale" Umsätze entstanden wären. Das Unternehmen kann auch vor Jahresende Wertpapiere verkaufen, um stille Reserven zu realisieren, und sie zu Beginn des nächsten Jahres wieder zurückkaufen; dies hat Transaktionskosten zur Folge.

Im weitesten Sinne zur realen Bilanzpolitik können auch Versuche einzelner Unternehmen gezählt werden, **Einfluss auf gesetzliche Regelungen** oder **Rechnungslegungsstandards** zu nehmen (Lobbying).

Buchmäßige Bilanzpolitik

Die **buchmäßige Bilanzpolitik** betrifft die buchmäßige Abbildung von bereits erfolgten Geschäftsfällen im Jahresabschluss. Dies erfordert die Existenz von Geschäftsfällen während des Berichtszeitraums, für die Abbildungsspielräume im Jahresabschluss bestehen. Die darunter fallenden Maßnahmen werden deshalb zum Teil auch als Maßnahmen *nach* dem Bilanzstichtag bezeichnet, obwohl sie schon während des Geschäftsjahres entschieden werden können (besonders in Zeiten des *fast close*, also dem Ziel einer möglichst raschen Aufstellung des Abschlusses nach dem Bilanzstichtag).

Die **Maßnahmen** können in formale und materielle Bilanzpolitik unterteilt werden.

- **Formale Bilanzpolitik:** Damit wird der Ausweis der Geschäftsfälle in der Bilanz bzw. der GuV oder die Darstellung und Erläuterung im Anhang beeinflusst. Beispielsweise kann versucht werden, ungewöhnliche Aufwendungen in den außerordentlichen Aufwendungen zu zeigen. Damit wird das Ergebnis der gewöhnlichen Geschäftstätigkeit erhöht und das außerordentliche Ergebnis vermindert. Man kann auch den Zinsanteil in der Dotierung von Pensions- und Abfertigungsrückstellungen im Finanzergebnis an Stelle vom Betriebsergebnis zeigen, wodurch sich das Betriebsergebnis zu Lasten des Finanzergebnisses erhöht. Einzelne Posten können vielfach stärker untergliedert oder umgekehrt auch zusammengefasst werden.
- **Materielle Bilanzpolitik:** Dabei wird die Bilanzierung und Bewertung von Geschäftsvorfällen zielgerichtet gewählt. Dafür bieten sich viele Spielräume an, ganz abgesehen von gesetzwidrigen Bilanzmanipulationen. Die gesetzlichen Regelungen enthalten Wahlrechte und Ermessensspielräume. Ein **Wahlrecht** besteht dann, wenn ein Sachverhalt auf eine von mehreren zur Wahl stehenden Möglichkeiten bilanziert werden kann. Ein solches Wahlrecht kann entweder **offen**, z. B. in einem Gesetz oder Standard, oder **faktisch** erfolgen, wenn die Regelung nicht hinreichend spezifiziert ist. Beispiele sind der Umfang der Herstellungskosten (z. B. Fremdkapitalzinsen, Sozialaufwendungen), der Ansatz latenter Steuern aus einem Verlustvortrag oder die Quotenkonsolidierung oder Equity-Bewertung. Bei einem **Ermessensspielraum** besteht an sich keine Wahlmöglichkeit, die Bilanzierung basiert jedoch auf einer Beurteilung des wirtschaftlichen Sachverhalts durch das Unternehmen. Beispiele sind planmäßige und außerplanmäßige Abschreibungen oder die Bewertung von Rückstellungen. Das Bestehen von Spielräumen zeigt sich vielfach durch Verwendung unbestimmter Rechtsbegriffe in den Regelungen.

Wahlrechte und Ermessensspielräume sind aus regelungstechnischer Sicht oft **Substitute**: Beispielsweise gibt es nach IFRS wenige offene Wahlrechte im Vergleich zum HGB, diese werden allerdings durch ein Mehr an Ermessensspielräumen aufgewogen. Ein Beispiel ist die Verpflichtung, Entwicklungskosten zu aktivieren, wenn bestimmte Kriterien erfüllt sind. Ein Wahlrecht besteht nicht, jedoch eröffnen die Kriterien einen Beurteilungsspielraum, der für Bilanzpolitik genutzt werden kann. Im Ergebnis unterscheiden sich die Möglichkeiten, die dem Unternehmen zur Verfügung stehen, nicht so sehr voneinander.

Zum Teil sind **reale und buchmäßige Bilanzpolitik Substitute**. Bei einer Änderung der Bewertung von Finanzinstrumenten von historischen Anschaffungskosten auf Fair Values reduzieren sich Möglichkeiten der realen Bilanzpolitik, die etwa darin bestehen kann, Finanzinstrumente mit hohen stillen Reserven kurzfristig zu veräußern, um einen Gewinn zu realisieren. Gleichzeitig schafft die Zeitbewertung einen Ermessensspielraum bei der Ermittlung der Zeitwerte für Gegenstände, für die kein Marktpreis existiert.

Die bilanzpolitischen Spielräume werden in der Praxis durch das **Stetigkeitsprinzip** eingeschränkt. Das Stetigkeitsprinzip besagt, dass die in einem Jahresabschluss verwendeten Methoden auch in künftigen Jahresabschlüssen beibehalten werden sollen. Eine Durchbrechung des Stetigkeitsprinzips darf nur bei Vorliegen besonderer Umstände erfolgen. Das Stetigkeitsprinzip umfasst zunächst die Beibehaltung der Methode der Bilanzierung desselben Geschäftsfalles im Zeitablauf. Der Zweck ist die Verbesserung der Vergleichbarkeit von Jahresabschlüssen über die Zeit. In einer Erweiterung, die auch in der Willkürfreiheit begründet ist, betrifft das Stetigkeitsprinzip auch die Bilanzierung gleichartiger Geschäftsfälle im selben oder in künftigen Geschäftsjahren. Es gibt zum Teil auch Wahlrechte, die nur unternehmenseinheitlich ausgeübt werden dürfen.

1.3   Auswahl unter bilanzpolitischen Maßnahmen

Die **Auswahl** der am besten geeigneten bilanzpolitischen Maßnahmen zur Erreichung bestimmter Zielvorstellungen hängt von mehreren Kriterien ab. Dazu zählen die folgenden:[3]

- **Zeitliche Flexibilität**: Manche Maßnahmen stehen in jeder Periode zur Verfügung, andere wiederum sind nur zufällig oder selten verfügbar. Zeitlich sehr flexibel sind etwa Ermessensspielräume, die auf die „bestmögliche" Abbildung des wirtschaftlichen Sachverhalts abzielen. Andere Wahlmöglichkeiten sind nur bei erstmaligem Ansatz eines Gegenstandes verfügbar, nicht aber später.
- **Flexibilität in der Höhe**: Manche Maßnahmen sind Entweder-Oder-Entscheidungen, andere wiederum erlauben ein Kontinuum an Wirkungen. Die Änderung des Abschreibungsverfahrens (z. B. linear oder degressiv) ist ein Beispiel für Ersteres, die Wahl der Nutzungsdauer ein Beispiel für Letzteres.
- **Schnelligkeit und Dauer der Wirkung**: Es gibt Maßnahmen, die sofort zu erheblichen Effekten – etwa auf den Gewinn – führen, vor allem dann, wenn sie Nachholeffekte früherer Perioden aufweisen, wie z. B. Änderungen in versicherungsmathematischen Annahmen von Pensionsrückstellungen. Andere Maßnahmen bauen ihre Wirkung erst langsam auf, wie z. B. eine Erhöhung der Pensionszusagen bei Anwendung des Gegenwartswertverfahrens.
- **Folgewirkungen auf spätere Perioden**: Wird eine Rückstellung in einem Geschäftsjahr „zu hoch" gebildet, kommt es in diesem Umfang zu einem gegenläufigen Effekt im Geschäftsjahr, in dem die Verpflichtung zu einer Auszahlung führt. Erfolgt hingegen etwa die Qualifizierung eines Sachverhalts als außerordentlich, wird das Ergebnis der gewöhnlichen Geschäftstätigkeit dauerhaft um diesen Posten bereinigt. Bei der Änderung von Bilanzierungs- und Bewertungsmethoden kann es auch zum Durchbrechen des Kongruenzprinzips (*clean surplus*) kommen, wenn die Nachholeffekte erfolgsneutral, hingegen die Folgewirkungen erfolgswirksam sind. Dadurch kommt es bei Methodenänderungen, aufgrund derer in früheren Geschäftsjahren zu wenig Aufwand erfasst wurde, zu einem erfolgsneutralen Aufholen und später zu weniger Aufwandsbelastung.
- **Folgewirkungen** auf andere **Geschäftsfälle**: Infolge des Stetigkeitsprinzips können sich bei Verwendung einer bilanzpolitischen Maßnahme auch Auswirkungen auf die Bilanzierung vergleichbarer anderer Geschäftsfälle ergeben. Dies kann noch im selben

---

[3] Vgl zB *Stein* (1993), S. 983 ff.

Geschäftsjahr zu einer Verstärkung oder auch zu einer Reduzierung des erwarteten Effekts der Maßnahme führen.

- **Erkennbarkeit**: Ermessensspielräume wie auch reale bilanzpolitische Maßnahmen sind meist für den externen Bilanzadressaten nicht oder nur schwer erkennbar, während die Ausübung von Wahlrechten und die Änderung von Bilanzierungs- und Bewertungsmethoden i.d.R. im Anhang erläutert werden müssen.
- **Kosten der Inanspruchnahme**: Maßnahmen unterscheiden sich vielfach darin, welche Voraussetzungen erforderlich sind (z. B. Durchführung von Geschäften bei realer Bilanzpolitik, die ohne den bilanzpolitischen Effekt nicht vorgenommen würden) sowie welche Transaktionskosten, Steuerwirkungen, Durchsetzungskosten oder Beratungskosten sie verursachen.

Die zur Verfügung stehenden bilanzpolitischen Maßnahmen erfüllen diese Kriterien unterschiedlich gut. Deshalb ist üblicherweise ein **Abwägen** der Vor- und Nachteile der Maßnahmen erforderlich.

1.4   Anreize zu Bilanzpolitik

Die **Zielvorstellungen**, die ein Unternehmen oder dessen Management mit der Bilanzpolitik verfolgt, hängen von deren **Anreizen** ab. Das Management kann dabei eigene Ziele verfolgen oder jene der Eigentümer, wenn kein Interessenkonflikt besteht. Die Ziele werden überwiegend von drei Motiven bestimmt:[4]

- **Verträge**: Verträge, die auf den ausgewiesenen Erfolg abstellen, sind z. B. Entlohnungsverträge und Kreditverträge.
- **Kapitalmarkt**: Die Preisbildung am Kapitalmarkt berücksichtigt den ausgewiesenen Erfolg zur Schätzung des Ertragspotenzials und des Risikos. Die Adressaten sind Investoren, Fondsmanager und Analysten.
- **Andere Adressaten**: Andere Gruppen mit Interesse am ausgewiesenen Erfolg sind vor allem Lieferanten, Wettbewerber, Kunden, Arbeitnehmervertreter, Regulatoren, Politik und Nichtregierungsorganisationen. Diese können mit ihren Entscheidungen auf Basis des Unternehmenserfolgs die künftige Ertragskraft des Unternehmens beeinflussen.

Je nach Motiv findet man folgende Grundtypen hinsichtlich des Erfolgsausweises vor:

- **Maximierung** des ausgewiesenen Erfolgs,
- **Minimierung** des ausgewiesenen Erfolgs,
- **Glättung** des ausgewiesenen Erfolgs über die Zeit,
- Erreichen von **Zielgrößen**.

---

[4] Vgl *Walker* (2013), S. 457.

Vergleichbare Zielvorstellungen können für andere wichtige Kennzahlen, wie etwa den Verschuldungsgrad, gewonnen werden.

Im Folgenden werden Beispiele für diese Grundtypen gegeben.

Maximierung des ausgewiesenen Erfolgs

Dieses Ziel ist dann relevant, wenn das vorherrschende Ziel des Unternehmens oder des Managements darin besteht, sich **möglichst gut** darzustellen. Dies wird in weiten Bereichen der Managementvergütung auftreten, wenn diese positiv vom Erfolg abhängt. Dieses Ziel ist auch relevant, wenn ein Manager erwartet, dass die bisherigen „Erfolge" für seine künftigen Karrierechancen von Bedeutung sind oder ein scheidender Manager sich „ein Denkmal" setzen möchte. Aber auch die Eigentümer können ein Interesse daran haben, z. B. wenn das Unternehmen verkauft werden soll, sich mit einem anderen Unternehmen zusammenschließen möchte, den Kapitalmarkt für die Aufnahme von Eigenkapital nutzen möchte oder günstige Kreditkonditionen verhandeln möchte.

Minimierung des ausgewiesenen Erfolgs

Die **Minimierung** des ausgewiesenen Erfolgs ist dann das relevante Ziel, wenn das Unternehmen im Fall der Geltung des Maßgeblichkeitsprinzips vor allem Ertragsteuern sparen möchte. Kurzfristig ist es auch dann relevant, wenn Tarifverhandlungen anstehen oder wenn das Unternehmen Aktien zurückkaufen möchte, z. B. um Aktienoptionspläne zu erfüllen, oder Minderheitsgesellschafter abfinden muss. Ein Manager kann ein Interesse haben, den Erfolg zu minimieren, wenn er mit einem Management Buyout spekuliert; durch entsprechende Bilanzpolitik kann er vielleicht den Kaufpreis senken. Soll das Management Aktienoptionen erhalten, kann es kurz davor ebenfalls ein Interesse haben, ein schlechtes Ergebnis auszuweisen, um den Ausübungspreis zu reduzieren. In der Praxis beobachtet man des Öfteren, dass nach einem Wechsel des Managements das neue Management im ersten Geschäftsjahr ein möglichst schlechtes Ergebnis zeigt und damit implizit das alte Management dafür verantwortlich macht. Meist erfolgt dies durch außerplanmäßige Abschreibungen oder Restrukturierungsrückstellungen. Diese Vorgehensweise wird auch als *„big bath"* bezeichnet. Der Vorteil liegt darin, dass (bei Gültigkeit des Kongruenzprinzips) künftige Geschäftsjahre um diese Beträge entlastet werden und relativ bessere Ergebnisse gezeigt werden können.[5]

Glättung des ausgewiesenen Erfolgs über die Zeit

Ein anderes Ziel von Bilanzpolitik ist die **Glättung der Ergebnisse** über die Jahre (*income smoothing*). Ergebnisglättung bewirkt ein Dämpfen der Schwankungen des ausgewiesenen Ergebnisses relativ zu einem angenommenen Sollergebnis.[6] Als Sollergebnis dient dabei i. d. R. das Vorjahresergebnis oder ein Ergebnis, das einen Trend früherer Ergebnisse berücksichtigt.

---

[5] *Glaum/Landsman/Meyer* (2022) zeigen, dass *big bath accounting* weltweit verbreitet und positiv mit dem Umfang der in einem Land eingeräumten bilanzpolitischen Spielräume assoziiert ist.

[6] Vgl *Beidleman* (1973), S. 653.

Die Ergebnisglättung führt zu einer geringeren **Volatilität** der ausgewiesenen Ergebnisse, die etwa Kreditgeber dazu veranlassen kann, die Insolvenzwahrscheinlichkeit des Unternehmens geringer einzustufen und deshalb günstigere Kreditkonditionen zu vergeben.[7] Das Unternehmen kann durch Glättung künftige erwartete Ergebnisse gegenüber Investoren zum Ausdruck bringen.[8] Ein Manager kann Anreize zur Ergebnisglättung haben, wenn ein schlechtes ausgewiesenes Ergebnis die Gefahr erhöht, dass er seinen Arbeitsplatz verliert. Ist das gegenwärtige Ergebnis schlecht, „borgt" er daher von künftigen erwarteten Ergebnissen, ist es gut, „spart" er Ergebnisbestandteile für die Zukunft auf.[9]

Eine steuerlich motivierte **Glättung** zur Minimierung des Barwerts der Steuerzahlungen besteht dann, wenn der Ertragsteuertarif progressiv ist. Steuerminimal ist dabei eine Angleichung der Jahresergebnisse unter Berücksichtigung der Zinseffekte, die zum Kriterium „Gleichheit der Barwerte der Grenzsteuersätze" führt.[10]

Erreichen von Zielgrößen

Bilanzpolitik kann auch zum **Erreichen vorgegebener Zielgrößen** eingesetzt werden. Dies ist besonders dann relevant, wenn die Auswirkungen des Nichterreichens und Erreichens bzw. Übererfüllens unterschiedlich starke Auswirkungen haben. Ergebnisglättung kann als Sonderfall dieser Zielvorstellung betrachtet werden, bei der als Zielgröße i. d. R. das Vorjahresergebnis verwendet wird.

Aus empirischen Studien ist bekannt, dass das Nichterreichen der **Analystenprognosen** zu besonders starken Kurseinbußen führt.[11] Schlagzeilen in der Wirtschaftspresse wie „Bestes Ergebnis der X-AG seit 20 Jahren – Aktienkurs sinkt um 5 %" sind keine Seltenheit. Um dies zu vermeiden, haben Unternehmen Anreize, Analystenprognosen – auch mit Bilanzpolitik – zu erreichen oder zu übertreffen. Ein anderes Ziel ist der Ausweis eines **positiven Ergebnisses**. Manager werden häufig an der Erreichung des **Budgets** beurteilt. Sie haben daher Anreize, diese Budgets mit allen Mitteln zu erreichen, vielfach aber auch nicht zu übererfüllen, um mögliche Anpassungen der Zielgrößen (*ratchet effect*) nach oben zu vermeiden. Bestimmte Branchen unterliegen gesetzlichen Regelungen, die auch an Jahresabschlussgrößen hängen, wie z. B. die Eigenkapitalanforderungen von Banken. Nähert sich die Eigenkapitalrelation dem erforderlichen Mindestkapital, besteht ein Anreiz zu Bilanzpolitik.

Je nach den zur Verfügung stehenden Maßnahmen hängt die Zielerreichung in einer Periode von den bilanzpolitischen Maßnahmen in Vorperioden sowie von den Erwartungen der Notwendigkeit künftiger bilanzpolitischer Maßnahmen ab. Bilanzpolitik ist daher in einem **mehrperiodigen Kontext** zu sehen.

---

[7] Vgl dazu *Trueman/Titman* (1988).

[8] Vgl *Ronen/Sadan* (1981), S. 9 f.

[9] Vgl *Fudenberg/Tirole* (1995) und entsprechende empirische Analysen bei *DeFond/Park* (1997).

[10] Vgl zB *Wagner* (2005), S. 497 f.

[11] Vgl dazu im Überblick *Dechow/Skinner* (2000), S. 244 f.

Es ist auch ersichtlich, dass in der Realität häufig mehrere, **konkurrierende Zielvor-stellungen** auftreten.[12] Um beispielsweise Steuern zu sparen, möchte ein Unternehmen möglichst wenig Gewinn ausweisen, gleichzeitig möchte es seinen Aktienkurs möglichst erhöhen, was möglichst hohen Gewinnausweis erfordert. Die zu setzenden Maßnahmen erfordern daher ein Abwägen der Auswirkungen der Bilanzpolitik auf die verschiedenen Ziele. Sind den Adressaten die möglichen Ziele und deren relative Bedeutung nicht bekannt, reduziert sich deren Möglichkeit, Bilanzpolitik zu orten und sie für ihre eigenen Entscheidungen zu bereinigen.

Ausspruch

In einer Rede über „*The Numbers Game*" an der New York University am 28.9.1998 äußerte sich der Vorsitzende der Securities and Exchange Commission (SEC), *Arthur Levitt,* scharf zum steigenden Anreiz zu Bilanzpolitik:

„Well, today, I'd like to talk to you about another widespread, but too little-challenged custom: earnings management. This process has evolved over the years into what can best be characterized as a game among market participants. A game that, if not addressed soon, will have adverse consequences for America's financial reporting system. A game that runs counter to the very principles behind our market's strength and success. [...]

While the problem of earnings management is not new, it has swelled in a market that is unforgiving of companies that miss their estimates. I recently read of one major U.S. company, that failed to meet its so-called "numbers" by one penny, and lost more than six percent of its stock value in one day.

I believe that almost everyone in the financial community shares responsibility for fostering a climate in which earnings management is on the rise and the quality of financial reporting is on the decline. Corporate management isn't operating in a vacuum. In fact, the different pressures and expectations placed by, and on, various participants in the financial community appear to be almost self-perpetuating.

This is the pattern earnings management creates: companies try to meet or beat Wall Street earnings projections in order to grow market capitalization and increase the value of stock options. Their ability to do this depends on achieving the earnings expectations of analysts. And analysts seek constant guidance from companies to frame those expectations. Auditors, who want to retain their clients, are under pressure not to stand in the way.

Accounting Hocus-Pocus

Our accounting principles weren't meant to be a straitjacket. Accountants are wise enough to know they cannot anticipate every business structure, or every new and innovative transaction, so they develop principles that allow for flexibility to adapt to changing circumstances. That's why the highest standards of objectivity, integrity and judgment can't be the exception. They must be the rule.

---

[12] Vgl auch *Baetge/Ballwieser* (1978), S. 518 ff.

Flexibility in accounting allows it to keep pace with business innovations. Abuses such as earnings management occur when people exploit this pliancy. Trickery is employed to obscure actual financial volatility. This, in turn, masks the true consequences of management's decisions. These practices aren't limited to smaller companies struggling to gain investor interest. It's also happening in companies whose products we know and admire.

So what are these illusions? Five of the more popular ones I want to discuss today are "big bath" restructuring charges, creative acquisition accounting, "cookie jar reserves," "immaterial" misapplications of accounting principles, and the premature recognition of revenue."

Empirische Ergebnisse

Graham/Harvey/Rajgopal (2005) machen in einer Befragung von über 400 Finanzverantwortlichen in US-Unternehmen eine Reihe von interessanten Feststellungen über Bilanzpolitik.

Die Manager geben mehrheitlich an, dass sie auf langfristige ökonomische Vorteile verzichten, um bilanzpolitische Ziele zu erreichen. Die folgenden Prozentsätze sind der Anteil der zustimmenden Antworten:

Reduktion diskretionärer Aufwendungen (z. B. F&E, Werbung, Instandhaltung)	80 %
Verzögern eines neuen Projekts, auch wenn es Nachteile bringt	53 %
Erfassen von Umsätzen jetzt anstelle im nächsten Quartal	40 %
Geben von Anreizen an Kunden, mehr Produkte in diesem Quartal zu kaufen	39 %
Vermindern von früher aufgebauten Reserven	28 %
Verschieben einer Aufwandserfassung	21 %
Veräußerung von Wertpapieren oder Vermögen zur Gewinnrealisierung	20 %
Rückkauf eigener Anteile	12 %
Änderung von Schätzannahmen (z. B. Wertberichtigungen, Pensionen)	8 %

97 % der Manager geben an, dass sie geglättete Gewinnentwicklungen bevorzugen. 78 % der Manager würden dafür ökonomische Nachteile in Kauf nehmen.

2   Identifikation von Bilanzpolitik

2.1   Erkennen von Bilanzpolitik

Möchte man als externer Bilanzleser Aussagen über die Art und den Umfang der von den Unternehmen gemachten Bilanzpolitik gewinnen, ergeben sich meist **Schwierigkeiten**. Sie resultieren vor allem aus der Frage, inwieweit es sich bei einem möglicherweise ungewöhnlich hohen oder niedrigen Posten tatsächlich um Bilanzpolitik handelt, sowie daraus, dass effektive Bilanzpolitik schwer erkennbar ist, da dies für deren intendierte Wirkung entscheidend ist.

In der Praxis sucht man häufig nach Warnsignalen, also **ungewöhnlichen Situationen oder Konstellationen**, die dann weiter untersucht werden, um Bilanzpolitik zu erkennen. Beispiele dafür sind:

- Große Änderung von Posten gegenüber der Vorperiode;
- hohe nicht zahlungswirksame Beträge;
- hohe Einmaleffekte;
- geringe Ertragsteuerzahlungen im Vergleich zum Gewinn;
- Änderung von Bilanzierungs- und Bewertungsmethoden;
- Bilanzkennzahlen gerade über typischen Grenzwerten, z. B. ein knapp positiver Gewinn;
- untypische Kennzahlen im Vergleich mit vergleichbaren Unternehmen.

Neben solchen direkt aus der Rechnungslegung kommenden Signalen gibt es auch Umstände, die **Anreize** zu Bilanzpolitik auslösen können (siehe oben). Dazu zählen z. B. die Aufnahme von Eigen- oder Fremdkapital, Ausgabe von Stock Options, hohe Boni, ein Wechsel im Vorstand oder Aufsichtsrat oder ein Wechsel des Abschlussprüfers, eine stark expandierende Geschäftstätigkeit, eine angespannte Gewinnsituation etc.[13]

Diese Warnsignale können, aber müssen nicht durch Bilanzpolitik ausgelöst worden sein. Dem Unternehmen bzw. dessen Management werden Spielräume für Bilanzpolitik eröffnet, die es im Sinne des Erstellers der Rechnungslegungsregeln, aber auch zur Erreichung anderer Ziele nutzen kann. Die Abgrenzung dieser beiden Motive ist in der Praxis schwierig. Betrachtet man als Adressaten den Kapitalmarkt, so ist regelkonformes Verhalten die Bekanntgabe möglichst vieler preisrelevanter Informationen, darunter auch der Erwartungen des Managements über die zukünftige Situation des Unternehmens. Dies kann auch als „*performance measure hypothesis*"[14] bezeichnet werden: Bilanzpolitik dient dazu, den Adressaten einen besseren Einblick in die künftig erwarteten Cashflows zu geben.

Gleichzeitig eröffnet der Rückgriff auf Erwartungen des Managements einen Spielraum, eine Situation vorzutäuschen, die im Fall, dass der Kapitalmarkt sie für die Preisbildung berücksichtigt, zu einem günstigen Effekt für das Unternehmen bzw. das Management führt. Dies kann auch als „*opportunistic accrual management hypothesis*" betitelt werden.

---

[13] Eine Liste von Indizien für das Vorliegen von Unrichtigkeiten und Manipulationen in der Bilanz aus Sicht des Abschlussprüfers findet sich zB im Prüfungsstandard PS 210 des IDW.

[14] So *Guay/Kothari/Watts* (1996), S. 86; zum Folgenden S. 87.

IAS 38 erfordert, dass **Entwicklungskosten**, die künftig hinreichend verlässlich einen wirtschaftlichen Nutzen für das Unternehmen bewirken, aktiviert, andere Entwicklungskosten dagegen sofort als Aufwand erfasst werden müssen. Die Aktivierungsentscheidung hängt damit klar von Zukunftserwartungen des Managements ab. Da auch die gesamten Forschungs- und Entwicklungskosten im Anhang angegeben werden müssen, lässt sich der Spielraum für Bilanzpolitik recht gut abschätzen. Angenommen, ein Unternehmen aktiviert einen hohen Anteil der Entwicklungskosten. Bedeutet dies nun für den Kapitalmarkt, dass die Entwicklung mit hoher Wahrscheinlichkeit erfolgreich ist, oder bedeutet es, dass das Unternehmen eine gewinnerhöhende Bilanzpolitik betreibt?

Ein Unternehmen nimmt eine hohe **außerplanmäßige Abschreibung** seiner Sachanlagen vor, z. B. aus Gründen der Liberalisierung auf seinem Absatzmarkt. Die Ermittlung des Abwertungsbedarfs hängt direkt von den Zukunftserwartungen des Managements über die künftigen Cashflows ab, die mit diesen Anlagen erzielbar sein werden. Möchte es den Kapitalmarkt damit über die Auswirkungen der Liberalisierung bestmöglich informieren, oder macht es Bilanzpolitik – dessen Richtung praktisch nicht *a priori* abschätzbar ist. Eine Möglichkeit wäre es, die Marktliberalisierung als „ungewöhnliches und seltenes Ereignis" gesondert zu zeigen und damit zu hoffen, dass der Kapitalmarkt es als nicht prognosefähig interpretiert und damit nicht voll im Preis berücksichtigt. Dann kann ein Anreiz bestehen, eine möglichst hohe außerplanmäßige Abschreibung vorzunehmen, weil dies die künftigen Geschäftsjahre durch entsprechend geringere planmäßige Abschreibungen entlastet. Eine andere Möglichkeit wäre, die außerplanmäßige Abschreibung, die vom Kapitalmarkt als notwendig angesehen wird, weil auch andere Unternehmen in derselben Branche eine solche ebenfalls machen, möglichst gering anzusetzen. Damit können gute Zukunftserwartungen suggeriert werden. ◀

In engem Zusammenhang mit dem Abgrenzungsproblem der Bilanzpolitik steht die zweite wesentliche Schwierigkeit, nämlich das **Durchschauen der Bilanzpolitik** durch den externen Bilanzadressaten. So müssen Änderungen von Bilanzierungs- und Bewertungsmethoden regelmäßig im **Anhang** angegeben werden. Die Entscheidung innerhalb von Ermessensspielräumen ist weniger offenkundig, sie kann jedoch in Einzelfällen ebenfalls aus Erläuterungspflichten im Anhang erkannt werden (z. B. ungewöhnliche oder außerordentliche Posten). Bilanzpolitik erfüllt ihren Zweck gegenüber bestimmten Adressaten nur dann, wenn sie nicht leicht erkennbar ist. Verschiedene Adressaten können sich in ihren diesbezüglichen Fähigkeiten durchaus unterscheiden.

Interessanterweise scheint sogar der **Kapitalmarkt** Bilanzpolitik nicht immer zu erkennen (siehe zur Informationseffizienz des Kapitalmarktes das 3. Kapitel: *Rechnungslegung und Kapitalmarkt*).[15] Einen Hinweis dafür liefert etwa die Tatsache, dass Unterneh-

---

[15] Vgl zur Diskussion zB *Healy/Wahlen* (1999), S. 374 f.

men, bei denen die SEC *Enforcement Division* Bilanzmanipulationen feststellte, (erst) im Zeitpunkt der Bekanntgabe der SEC Untersuchung einen erheblichen Kurseinbruch, im Durchschnitt 9 %, erlitten.[16] Dies zeigt, dass der Kapitalmarkt diese Manipulationen davor offenbar nicht bemerkte und einpreiste. Doch sogar explizite Angaben im Anhang berücksichtigt der Kapitalmarkt zum Teil nicht. Beispielsweise zeigt eine empirische Studie von Ölgesellschaften, dass eine außerplanmäßige Abschreibung der Explorationskosten unterschiedliche Kapitalmarktreaktionen auslöst, je nachdem, ob sie bilanziert oder nur im Anhang („Als ob"-Abschreibung) angegeben wird.[17] Ähnliches hat sich für Angaben bei Operate Leasing gezeigt.[18]

Verschiedene empirische Studien untersuchen die Marktpreisreaktionen auf die Änderung von Bilanzierungs- und Bewertungsmethoden.[19] Ändert ein Unternehmen eine Methode, sollte sich im Jahr der Änderung keine Marktpreisreaktion ergeben – soweit die Methodenänderung keine direkten Cashflow-Effekte, wie z. B. Steuereffekte, auslöst. Dies müsste umso mehr gelten, wenn eine Methodenänderung durch einen Standard vorgeschrieben ist. Es zeigt sich allerdings, dass die Kapitalmarktreaktionen vielfach so waren, als ob die Investoren an den berichteten Zahlen „kleben" und die Rechnungslegungseffekte nicht durchschauen (**mechanistische Reaktion**).

Es gibt eine Reihe von Gründen für derartige Beobachtungen. Ein Grund ist eine **funktionale Fixierung** von Bilanzadressaten, die gewissermaßen von den berichteten Werten im Jahresabschluss ausgehen und nicht weiter nachdenken. Dann kann Bilanzpolitik diese Gruppe an Bilanzadressaten sehr wohl beeinflussen und damit Nutzen für das Unternehmen entfalten. Diejenigen Bilanzadressaten, die das durchschauen, werden nicht getäuscht – allerdings müssen sie die Auswirkungen der Existenz funktional fixierter Adressaten mitberücksichtigen.

Ein anderer Grund, bilanzpolitische Maßnahmen in einer **Bilanzanalyse** nicht zu berücksichtigen, liegt schlicht in den **Kosten**, die dies verursacht. Bilanzadressaten haben oft nur begrenzte Zeit zur Verfügung, sich mit Details eines Unternehmens auseinander zu setzen. Je nach Wichtigkeit der Entscheidung, die sie zu treffen haben, werden sie bereit sein, mehr oder weniger Aufmerksamkeit den Details zu widmen. Soll ein Unternehmen akquiriert werden, werden wesentlich mehr Ressourcen in die Unternehmensanalyse gesteckt werden als im Fall, dass ein Portefeuille geringfügig zwischen Unternehmen umgeschichtet werden soll.

---

[16] Vgl *Dechow/Sloan/Sweeney* (1996), S. 27.

[17] Vgl dazu *Aboody* (1996). Die Abschreibungsverpflichtung unterscheidet sich in den USA nach der Bilanzierung der Explorationskosten mit *full cost* (die gesamten Explorationskosten werden aktiviert) oder *successful effort* (nur die Explorationskosten der erfolgreichen Aufsuchungen werden aktiviert). Letztere müssen bestimmte außerplanmäßige Abschreibungen, die erstere bilanzieren, nur im Anhang angeben. *Aboody* zeigt, dass die Kapitalmarktreaktion bei Angabe im Anhang praktisch null ist, während sie sich bei Bilanzierung sehr wohl auswirkt.

[18] Vgl *Imhoff/Lipe/Wright* (1995).

[19] Vgl zB *Watts/Zimmerman* (1986), S. 71 ff.

In der Praxis der Bilanzanalyse eines bestimmten Jahresabschlusses wird vielfach empfohlen, ein **Profil der Bilanzpolitik** zu erstellen.[20] Dabei wird auf Basis der wesentlichen Wahlrechte und Ermessensspielräume, die das angewandte Rechnungslegungssystem gewährt, untersucht, ob das Unternehmen diese tendenziell gewinnerhöhend oder gewinnmindernd ausübt. Da vielfach die exakten Daten fehlen, kann dies nur qualitativ erfolgen. Damit lassen sich Gewinnmaximierung und Gewinnminimierung vergleichsweise gut feststellen, während Gewinnglättung oder Erreichung von Gewinnzielen nur schwer auszumachen sein werden. Einschränkend muss des Weiteren bedacht werden, dass das Stetigkeitsprinzip der Bilanzpolitik Grenzen setzt. Dies ist aus einem solchen Profil nur über die Zeit, z. B. über Änderungen von Bilanzierungs- und Bewertungsmethoden, erkennbar.

2.2   Empirische Schätzung von Bilanzpolitik

Im Folgenden werden übliche Methoden dargestellt, wie Bilanzpolitik in **empirischen Studien** von Abschlüssen gemessen werden kann. Diese Maße werden häufig auch in Studien zur **Ergebnisqualität** angewandt, wobei höhere Bilanzpolitik im Sinne dieser Maße mit geringerer Ergebnisqualität verbunden wird (siehe 3. Kapitel: *Rechnungslegung und Kapitalmarkt*).

Diskretionäre Periodenabgrenzungen

Das Ausmaß der buchmäßigen Bilanzpolitik, die ein Unternehmen in einer Periode höchstens gemacht haben kann, lässt sich durch eine Analyse des Verhaltens der **Periodenabgrenzungen** (*accruals*) abschätzen. Die Periodenabgrenzungen entsprechen der Differenz des Jahresergebnisses und des Cashflows aus der laufenden Geschäftätigkeit und zeigen die zahlungsunwirksamen Erträge und Aufwendungen. Die **zahlungsunwirksamen Erträge und Aufwendungen** umfassen insbesondere folgende Positionen, die bei der indirekten Methode der Kapitalflussrechnung korrigierend erfasst werden:

Jahresergebnis
+ Abschreibungen (− Zuschreibungen) von Anlagevermögen
− Gewinn (+ Verlust) aus dem Abgang von Anlagevermögen
+ Zunahme (− Abnahme) von Rückstellungen
− Sonstige zahlungsunwirksame Erträge (+ Aufwendungen)
− Zunahme (+ Abnahme) der Vorräte
− Zunahme (+ Abnahme) der Forderungen aus Lieferungen und Leistungen
+ Zunahme (− Abnahme) der Verbindlichkeiten aus Lieferungen und Leistungen
= Cashflow aus der laufenden Geschäftätigkeit

Der **Cashflow** aus der laufenden Geschäftätigkeit übersteigt im Durchschnitt das Jahresergebnis, hauptsächlich weil er nicht die Investitionsauszahlungen umfasst, während das Jahresergebnis um die anteiligen Investitionsauszahlungen (Abschreibungen) gekürzt wird. Aus

---

[20] Vgl zB *Küting/Weber* (2012), S. 406 ff.

diesem Grund werden für bestimmte Analysen die Periodenabgrenzungen oft um Bewertungseffekte im Zusammenhang mit Anlagevermögen gekürzt.

Hinweise auf ergebnismaximierende oder ergebnisminimierende Bilanzpolitik wird häufig mit dem Betrag „diskretionärer" Periodenabgrenzungen zu erfassen gesucht. Dazu wird der Gesamtbetrag der Periodenabgrenzungen (*GPA*) in eine **„normale" Periodenabgrenzung** (*NPA*) und eine Restgröße aufzuteilen gesucht, die durch Bilanzpolitik entsteht (**„diskretionäre" Periodenabgrenzungen**, *DPA*), d. h.

$$GPA = NPA + DPA \qquad (6.1)$$

Die diskretionären Periodenabgrenzungen sind ein Maß für Bilanzpolitik. Das Problem besteht darin festzustellen, wie hoch eine „normale" Periodenabgrenzung ist. Dazu sind bestimmte **Hypothesen** über deren zeitliche Entwicklung erforderlich. Aufgrund öffentlich verfügbarer Daten ist wenig über den Prozess bekannt, mit dem normale Periodenabgrenzungen statistisch erkannt werden könnten. Empirische Studien verwenden folgende **Annahmen** zur Schätzung normaler Periodenabgrenzungen (*NPA*):[21]

- **Durchschnittsbildung**: Hier wird angenommen, dass die normalen Periodenabgrenzungen einem Durchschnittswert der gesamten Periodenabgrenzungen (*GPA*) mehrerer Perioden entsprechen. Für den Fall, dass zu *t* die letzten *T* Perioden betrachtet werden, ergibt sich

$$NPA_t = \frac{1}{T} \sum_{\tau=t-1-T}^{t-1} GPA_\tau$$

- **„*Jones*-Modell"**: Das nach *Jones* (1991) bezeichnete Modell geht davon aus, dass sich die normalen Periodenabgrenzungen (*NPA*) mit der wirtschaftlichen Entwicklung des Unternehmens ändern. Dabei werden die gesamten Periodenabgrenzungen für ein Unternehmen durch folgende Größen (jeweils bezogen auf Bilanzsumme zur Korrektur durch Unternehmensgröße) erklärt:

$$GPA_t = \alpha_0 + \alpha_1 \Delta \text{Umsatz}_t + \alpha_2 \text{Bruttoanlagevermögen}_t + \varepsilon_t$$

Aufgrund eines Umsatzwachstums wird erwartet, dass sich die normalen Periodenabgrenzungen (z. B. das Working Capital) entsprechend ändern. Das Bruttoanlagevermögen (zu historischen Anschaffungs- oder Herstellungskosten) ist eine Kenngröße, die den Umfang der normalen Abschreibungen approximiert. Die Parameter α_0, α_1 und α_2 werden über Daten mehrerer vorhergehender Jahre statistisch geschätzt, um die normalen Periodenabgrenzungen prognostizieren zu können. Die Höhe der Bilanzpolitik ergibt sich dann als

$$DPA_t = GPA_t - NPA_t =$$
$$= GPA_t - \left(\alpha_0 + \alpha_1 \Delta \text{Umsatz}_t + \alpha_2 \text{Bruttoanlagevermögen}_t \right)$$

---

[21] Vgl zB *Dechow/Sloan/Sweeney* (1995), *Dechow/Schrand* (2004).

- **Modifiziertes Jones-Modell**. Eine Modifikation korrigiert die Umsatzänderung um die Änderung der Forderungen aus Lieferungen und Leistungen.[22] Dahinter steht die Annahme, dass eine Änderung der Zielverkäufe ebenfalls eine bilanzpolitische Maßnahme darstellt.
  Weitere mögliche Modifikationen betreffen z. B. die Einbeziehung der Periodenabgrenzungen des Vorjahres oder das Umsatzwachstum in der Folgeperiode (höhere Umsatzerwartungen können eine Erhöhung des Vorratsvermögen auslösen).[23]
- **Performanceanpassung**: Eine andere Erweiterung des *Jones*-Modells besteht darin, die diskretionären Periodenabgrenzungen des Unternehmens mit denen einer Kontrollgruppe anderer Unternehmen der Branche abzugleichen, die ähnliche Performance aufweisen, gemessen durch den Return on Assets (ROA).[24] Des Weiteren können die Periodenabgrenzungen in einer Querschnittsanalyse (anstelle einer Längsschnittanalyse) geschätzt werden. Daraus ergeben sich diskretionäre Periodenabgrenzungen wie folgt:

$$DPA_{it}^{PM} = DPA_{it} - DPA_{it}^{\text{Kontrollgruppe}}$$

Dieses Maß ist dann geeignet, wenn Bilanzpolitik untersucht werden soll, die nicht mit der Performance schwankt.

Alle diese Modelle beruhen auf erheblichen Vereinfachungen. Insbesondere gehen sie faktisch davon aus, dass in den **Vorjahren** keine (wesentliche) Bilanzpolitik betrieben wurde, weil ja die gesamten Periodenabgrenzungen (*GPA*) zur Schätzung der diskretionären Periodenabgrenzungen verwendet werden. Das bedeutet allerdings, dass das, was als diskretionäre Periodenabgrenzung interpretiert wird, eigentlich nur *unerwartete* oder *abnormale* Periodenabgrenzungen sind.[25] Diese können ihre Ursache in „normalen" Periodenabgrenzungen wie auch in Bilanzpolitik haben. So wird implizit davon ausgegangen, dass der Cashflow aus der laufenden Geschäftstätigkeit die unbeeinflusste und der Gewinn die bilanzpolitisch manipulierte Größe ist. Der Cashflow hängt aber von vielen Faktoren ab – einschließlich realer Bilanzpolitik.

Beispiel:[26] Sinkt kurz vor dem Bilanzstichtag die Nachfrage nach Waren des Unternehmens und kann dieses die Beschaffungspolitik nicht so rasch anpassen, erhöht sich das Vorratsvermögen. Dies entspricht einer unerwarteten Erhöhung der Periodenabgrenzungen, was etwa im *Jones*-Modell zur Identifikation von gewinnerhöhender Bilanzpolitik führt. Tatsächlich ist aber der Cashflow aus der laufenden Geschäftstätigkeit gesunken, und das entspricht letztlich einer Gewinnminderung – und es hat *keine* Bilanzpolitik stattgefunden.

---

[22] Vgl *Dechow/Sloan/Sweeney* (1995).

[23] Vgl *McNichols* (2000), *Dechow/Richardson/Tuna* (2003).

[24] Vgl *Kothari/Leone/Wasley* (2005).

[25] Vgl *Thomas/Zhang* (2000), S. 350.

[26] Vgl *Ball* (2013), S. 851 f.

Die Verwendung von Periodenabgrenzungen als Maß für die Bilanzpolitik ist auch theoretisch problematisch. Wenn man der Rechnungslegung einen **Informationsgehalt** über die Cashflows hinaus zubilligt, muss sich dieser in den Periodenabgrenzungen ausdrücken. Daher sollte sich entscheidungsrelevante Information in **unerwarteten Periodenabgrenzungen** zeigen. Nun werden gerade die diskretionären Periodenabgrenzungen im Grunde über unerwartete Periodenabgrenzungen ermittelt. Daher ist diese Vorgehensweise nicht in der Lage, zwischen den beiden Ursachen für diskretionäre Periodenabgrenzungen zu unterscheiden. Das Problem ist nur, dass Bilanzpolitik i. d. R. als negativ, die Weitergabe entscheidungsrelevanter Information hingegen positiv beurteilt wird.

Ein statistisches Problem bei der Verwendung von Maßgrößen auf Basis von diskretionären Periodenabgrenzungen entsteht, wenn für deren Ermittlung dieselben Kontrollvariablen verwendet werden, um unternehmensspezifische Eigenschaften zu berücksichtigen. Dann kann ein zweistufiges Verfahren – zunächst Ermittlung der *DPA* und dann Ermittlung des Zusammenhangs von *DPA* mit einer gewünschten Einflussgröße, wie z. B. Anreize – die statistische Schätzung und damit das Ergebnis verzerren.[27]

> **Ausspruch**
>
> „Practitioners and regulators often see earnings management as pervasive and problematic – and in need of immediate remedial action. Academics are more sanguine, unwilling to believe that earnings management is actively practiced by most firms or that the earnings management that does exist should necessarily concern investors." (*Dechow/Skinner* 2000, S. 235)

Ergebnisglättung

Ergebnisglättende Bilanzpolitik hat zum Ziel, Schwankungen der Ergebnisse im Zeitablauf gering zu halten. Sie sollten dann tendenziell **weniger stark schwanken** als die zugrunde liegenden Cashflows aus der Geschäftstätigkeit. Dies kann man mit dem Verhältnis der Standardabweichung σ (**Volatilität**) der Ergebnisse zu derjenigen der Cashflows über einen bestimmten Zeitraum messen:

$$\frac{\sigma\left(G_t\right)}{\sigma\left(CFO_t\right)}$$

Ein niedriger Quotient der Standardabweichungen weist auf eine hohe ergebnisglättende Bilanzpolitik hin.

Eine zweite Möglichkeit der Messung von ergebnisglättender Bilanzpolitik basiert auf den **Änderungen der Cashflows und der Periodenabgrenzungen**. Bei ergebnisglättender Bilanzpolitik werden die Periodenabgrenzungen so eingesetzt, dass sie gegenläufig zu Änderungen der Cashflows wirken und damit Ergebnisschwankungen glätten. Dies kann über die **Korrelation** von Änderungen der Periodenabgrenzungen *PA* und Änderungen der Cashflows erfasst werden:

---

[27] Vgl *Chen/Hribar/Melessa* (2018).

$$\rho\left(\Delta PA_t, \Delta CFO_t\right)$$

Eine negative Korrelation deutet auf eine ergebnisglättende Bilanzpolitik über die Zeit hin.

Nun ist es aber eine **wesentliche Funktion** der Rechnungslegung, die Cashflows mittels der Periodenabgrenzungen zeitlich und sachlich den Perioden zuzurechnen. Damit sollen auch Zufälligkeiten der tatsächlichen Zahlungszeitpunkte besser mit der wirtschaftlichen Leistung in den Perioden in Einklang gebracht werden. Dies führt automatisch zu einer geringeren Volatilität der Ergebnisse im Vergleich zu den Cashflows und zu einer negativen Korrelation der Änderungen der Periodenabgrenzungen und der Cashflows. Ergebnisglättende Bilanzpolitik liegt damit eigentlich erst dann vor, wenn die Periodenabgrenzungen *stärker* als „sinnvoll" zu einer Glättung eingesetzt werden, d. h. wenn die beiden obigen Maßgrößen außerhalb einer (nicht näher bestimmbaren) „**Norm**" liegen.

Aufdeckung von Bilanzierungsfehlern

Die Schätzung von Bilanzpolitik aufgrund statistischer Eigenschaften von Ergebnisgrößen hat den Nachteil, dass letztlich unklar ist, ob es sich wirklich um Bilanzpolitik handelt oder nicht. Eine alternative Identifikation von Bilanzpolitik kann durch aufgedeckte Fehler oder Mängel der Rechnungslegung erfolgen. Dazu können drei verschiedene Informationsquellen herangezogen werden:[28]

*   Durch das **Enforcement** der Rechnungslegung festgestellte Fehler sind öffentlich kundzutun.
*   **Restatements** von Abschlüssen durch Unternehmen zur nachträglichen Korrektur von Fehlern sind aus dem entsprechenden Abschluss ersichtlich.
*   Mängel des **Internen Kontrollsystems (IKS).** Börsennotierte Unternehmen müssen ein angemessenes und wirksames IKS im Hinblick auf den Rechnungslegungsprozess einrichten (§ 91 (3) dAktG seit 2021) und die wichtigsten Merkmale des internen Kontroll- und Risikomanagementprozesses im Lagebericht beschreiben. Der Abschlussprüfer hat bedeutsame Schwächen im rechnungslegungsbezogenen IKS dem Vorstand und Aufsichtsrat mitzuteilen. In den USA muss das Unternehmen oder der Abschlussprüfer über solche Schwächen öffentlich berichten. Zu beachten ist, dass solche Mängel nicht gleichbedeutend mit tatsächlichen Fehlern der Rechnungslegung sein müssen, sie machen Fehler jedoch erheblich wahrscheinlicher.

Der Vorteil solcher Datenquellen für Bilanzpolitik liegt darin, dass eine unabhängige Kontrollinstanz den Fehler (oder die Fehleranfälligkeit) erkannt hat. Allerdings ist daraus nicht erkennbar, ob der Fehler Konsequenz einer bewussten Bilanzpolitik war oder unbeabsichtigt entstand. Dies ist jedoch auch bei anderen Maßgrößen für Bilanzpolitik der Fall. Ein weiterer Nachteil ist, dass die Kontrolle durch das Enforcement wie auch durch den Abschlussprüfer stichprobenartig erfolgt. Wenn ein Unternehmen z. B. vom Enforcement

---

[28] Vgl *Dechow/Ge/Schrand* (2010), S. 371–376.

nicht kontrolliert wird, kann auch keine Fehlerfeststellung erfolgen. Aus empirischer Sicht ist daher die Datenbasis signifikant geringer als bei der Schätzung von Bilanzpolitik durch Erfolgsgrößen aus den Abschlüssen.

Messung realer Bilanzpolitik

Die empirische Messung realer Bilanzpolitik erfordert, bilanzpolitisch motivierte von rein wirtschaftlich motivierten geschäftspolitischen Entscheidungen zu unterscheiden. Ähnlich wie buchmäßige Bilanzpolitik kann versucht werden, eine „**normale**" **Geschäftspolitik** aus Beobachtungen früherer Perioden oder der Geschäftspolitik anderer Unternehmen zu schätzen.

Das bekannteste Maß stammt von *Roychowdhury* (2006) und verwendet drei **Ausprägungen realer Bilanzpolitik** zur Schätzung:

- **Umsatzmanipulation** durch Vorziehen von Umsatzerlösen, die durch besondere Marketingmaßnahmen, wie Rabatte oder Sonderkonditionen, erzielt werden. Dies zeigt sich durch geringere Gewinnmargen;
- **Überproduktion**, um die Umsatzkosten infolge der durch die Fixkostendegression sinkenden Herstellungskosten bei der Bewertung von Vorratsvermögen zu Vollkosten zu senken. Dadurch werden höhere Gewinnmargen berichtet;
- Reduktion der **Ermessensausgaben**, wie Forschungs- und Entwicklungsausgaben, Marketingausgaben und Verwaltungs- und Vertriebskosten bezogen auf den Umsatz.

Die Schätzung „normaler" Einflussgrößen erfolgt durch die folgenden korrespondierenden Regressionsgleichungen (alle Variablen um Größeneffekte durch Division durch die Bilanzsumme zu Beginn der Periode bereinigt) in einer Querschnittsanalyse[29]:

- Normaler Cashflow der laufenden Geschäftstätigkeit (*cash flow from operations, CFO*):

$$CFO_t = \alpha_0 + \beta_1 U_t + \beta_2 \Delta U_t + \varepsilon_t$$

mit U_t als Umsatzerlöse und ΔU_t als Änderung der Umsatzerlöse gegenüber der Vorperiode.

- Normale **Produktionskosten** (*PROD*): Dazu werden normale Umsatzkosten (*cost of goods sold, COGS*) und normale Bestandsveränderungen (*inventory, INV*) geschätzt:

$$COGS_t = \alpha_0 + \beta U_t + \varepsilon_t$$
$$\Delta INV_t = \alpha_0 + \beta_1 \Delta U_t + \beta_2 \Delta U_{t-1} + \varepsilon_t$$
$$PROD_t = COGS_t + \Delta INV_t$$
$$PROD_t = \alpha_0 + \beta_1 U_t + \beta_2 \Delta U_{t-1} + \varepsilon_t$$

---

[29] Für die Querschnittsanalyse werden noch mehrere Kontrollvariablen für Unterschiede zwischen den Unternehmen eingeführt.

- „Normale" **Ermessensausgaben** (*discretionary expenses, DEXP*):

$$DEXP_t = \alpha_0 + \beta U_{t-1} + \varepsilon_t$$

wobei die Umsatzerlöse aus der Vorperiode verwendet werden, um den direkten Effekt durch eine Umsatzmanipulation in der betreffenden Periode auszuschalten.

Die **diskretionäre reale Bilanzpolitik** ergibt sich wie im *Jones-Modell* durch die Differenz der jeweiligen Istgröße mit der entsprechenden „normalen" Größe (also dem jeweiligen Residuum ε_t).

Die **Probleme** dieser Vorgehensweise sind ähnlich denen für buchmäßige Bilanzpolitik. Faktisch wird in der Schätzung der „normalen" Größen nur der Umsatz als erklärende Größe verwendet. Es ist fraglich, ob dies die einzige Einflussgröße für ein „normales" Verhalten der Größen ist. Es wird auch davon ausgegangen, dass der Umsatz aus der jeweiligen Periode oder jedenfalls aus der Vorperiode nicht durch bilanzpolitische Maßnahmen beeinflusst ist; andernfalls ist die „normale" Größe bereits bilanzpolitisch verzerrt.

Insgesamt sind diese empirischen Schätzmethoden zwar intuitiv plausibel, aber oft **sehr grob**, vor allem weil keine detaillierteren Daten verfügbar sind. Damit können Residuen, die als Bilanzpolitik interpretiert werden, ganz „normale" Ursachen haben, die in den Spezifika eines bestimmten Unternehmens liegen. Solange sich solche Spezifika über das Sample ausgleichen, reduziert dies „nur" die Stärke des gefundenen Zusammenhangs, nicht jedoch eine unmittelbare Fehlinterpretation.

Gesamtwirkung von Bilanzpolitik

Die bisher dargestellten empirischen Studien versuchen, Bilanzpolitik durch das statistische Verhalten diskretionärer Periodenabgrenzungen zu erfassen. Ein alternatives Design zur Identifikation von Bilanzpolitik besteht darin, die **Verteilung des daraus resultierenden Ergebnisses** zu untersuchen. Entspricht die Verteilung nicht üblichen Erwartungen, deutet dies auf Bilanzpolitik hin.

Der **Vorteil** dieser Vorgehensweise besteht darin, dass die Auswirkungen von Bilanzpolitik direkt über ihre Auswirkung auf das berichtete Ergebnis erfasst werden. Diese Vorgehensweise ist geeignet, Bilanzpolitik zu erfassen, die der Erreichung von Zielgrößen dient.

In einer empirischen Studie mit über 70.000 Jahresabschlüssen über fast 20 Jahre hinweg zeigen *Burgstahler/Dichev* (1997), dass das Jahresergebnis (skaliert mit dem Marktwert der Stammaktien zu Beginn des Jahres), wie zu erwarten wäre, eine relativ gleichmäßige Verteilung aufweist, jedoch mit Ausnahme des Intervalls, in dem die Werte gerade negativ werden (Abb. 6.2). Dies deutet darauf hin, dass Manager, die kleine Verluste ausweisen würden, Bilanzpolitik betreiben, um dies zu verhindern und stattdessen geringe Gewinne berichten. Im Gegensatz dazu ist es für Manager schwieriger, größere Verluste zum Verschwinden zu bringen. *Burgstahler/Dichev* schätzen, dass 30 bis 44 % der Unternehmen mit **kleinen** tatsächlichen **Verlusten** Bilanzpolitik betreiben, um einen Gewinn ausweisen zu können.

Ein Maß für Bilanzpolitik, das auf der Ergebnisverteilung aufbaut, ist der **Quotient** der Anzahl von **Unternehmen mit „kleinen" Gewinnen** und derjenigen **mit „kleinen" Ver-**

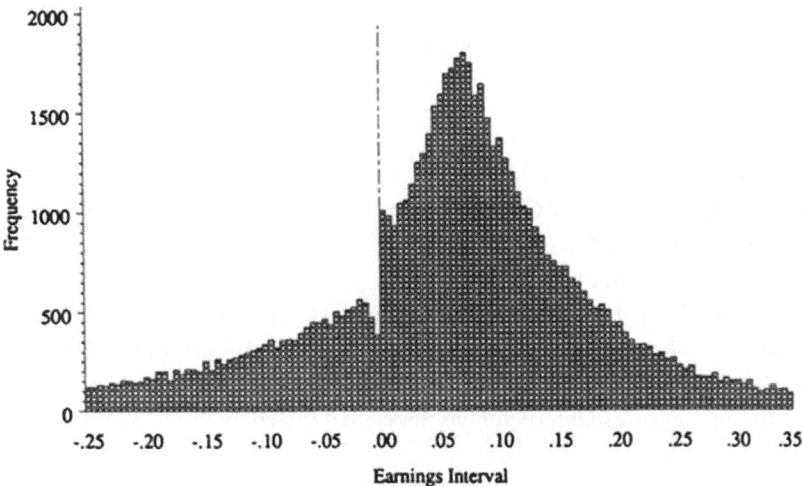

Abb. 6.2 Verteilung der (mit Bilanzsumme skalierten) Jahresergebnisse von US-Unternehmen von 1976–1994 (Burgstahler/Dichev 1997, S. 109, mit freundlicher Genehmigung von © Elsevier AG 1997)

lusten, wobei als „klein" z. B. Intervalle mit Ergebnissen in den Intervallen $[-0,01; 0]$ und $[0; 0,01]$ der Bilanzsumme gewählt werden können. Je größer dieses Maß ist, desto mehr Bilanzpolitik wird vermutet.

Weitere Studien zeigen, dass der Ausweis eines (positiven) Gewinns nur eine von mehreren **Zielvorstellungen** ist. Dazu zählen:[30]

- Erhalten bzw. Steigern des **Ergebnisses der Vorperiode**;
- Erreichen oder Übertreffen der **Gewinnprognosen** von Analysten.

Unklar bleibt bei diesem Bilanzpolitikmaß, in welchem Umfang die Ergebnisverteilung tatsächlich auf **Bilanzpolitik** der Unternehmen zurückzuführen ist.[31] Es gibt auch noch andere Gründe für solche Unstetigkeiten in der Ergebnisverteilung, gerade bei einem Gewinn von null. Ein Grund kann darin liegen, dass Manager erfolgreiche Projekte weiterführen und weniger erfolgreiche Projekte früher beenden und durch neue Projekte ersetzen. Die Ergebnisverteilung weist unter bestimmten Annahmen einen U-förmigen Einbruch bei einem Gewinn von null auf, was nichts mir Bilanzpolitik zu tun hat, sondern aufgrund von optimalen Managemententscheidungen folgt.[32]

Des Weiteren ist das Maß nur für „kleine" Bilanzpolitik geeignet. Bilanzpolitik außerhalb des Umfelds von angenommenen Zielvorgaben wird durch das Maß nicht berücksichtigt.

---

[30]Vgl *Degeorge/Patel/Zeckhauser* (1999).

[31]Vgl zB *Dechow/Richardson/Tuna* (2003).

[32]Vgl *Hemmer/Labro* (2019).

Geht man z. B. davon aus, dass ein Manager *immer* einen Anreiz hat, den berichteten Gewinn zu erhöhen, so kann dieses Maß das nicht erfassen. Es ist aber z. B. geeignet, um Rechnungslegungssysteme hinsichtlich der Leichtigkeit, Bilanzpolitik zu betreiben, zu vergleichen.

Empirische Ergebnisse

In einer Befragung von 169 CFOs börsennotierter US-Unternehmen im Jahr 2011 geben *Dichev/Graham/Harvey/Rajgopal* (2013), S. 25 f, folgende Einsichten von CFOs über Bilanzpolitik wieder:

Gefragt wurde die Einschätzung der CFOs hinsichtlich der Bilanzpolitik von Unternehmen im Allgemeinen. Sie sollten dabei nur jene Bilanzpolitik innerhalb des Ermessensspielraums der US-GAAP berücksichtigen, die in der Absicht vorgenommen wird, die Lage des Unternehmens anders darzustellen als sie wirklich ist.

- Rund 20 % der Unternehmen betreiben Bilanzpolitik.
- Die typische Bilanzpolitik führt zu einer Verzerrung des Gewinns je Aktie von rund 10 %.
- Rund 60 % der Bilanzpolitik ist gewinnerhöhend im Gegensatz zu gewinnmindernd.

Die Hauptmotive der Bilanzpolitik sind insbesondere:

- Beeinflussung des Aktienkurses;
- Erreichen von Zielgrößen für den Gewinn (aufgrund des Drucks sowohl von außen als auch von innerhalb des Unternehmens);
- Beeinflussung der Managemententlohnung;
- Vermeidung von negativen Konsequenzen auf die Karriere des Managements;
- Vermeidung der Verletzung von Klauseln in Kreditverträgen;
- Gewinnglättung.

3   Empirische Ergebnisse zu Bilanzpolitik

3.1   Anreize und Bilanzpolitik

Eine empirische Fragestellung besteht darin, inwieweit Anreize des Managements zu Bilanzpolitik (i) tatsächlich vorliegen und (ii) welche Maßnahmen zur Bilanzpolitik eingesetzt werden.

Für eine empirische Analyse ist zunächst eine Situation zu identifizieren, in der starke Anreize für das Management zu einer bestimmten Bilanzpolitik vermutet werden. Eine entsprechende **Hypothese** wird dann anhand der verfügbaren Daten **getestet**.

Im Folgenden werden beispielhaft einige **empirische Studien** besprochen, die oft wegweisend für Untersuchungen zur Bilanzpolitik waren.[33] Geht man davon aus, dass das **Management Anreize** und die Möglichkeit zu Bilanzpolitik hat, würde es fast verwundern, wenn empirische Studien *keine* Hinweise auf tatsächliche Bilanzpolitik fänden. Allgemein lässt sich erkennen, dass die Modelle zwar häufig signifikante Resultate liefern, ihre Erklärungskraft insgesamt aber relativ gering ist (z. B. das Bestimmtheitsmaß R^2 in einer Regression).

Überraschender wäre es eigentlich, wenn eine Studie *keine* Bilanzpolitik findet. Da jedoch jede Untersuchung ein gemeinsamer Test von zwei Hypothesen ist – nämlich die Anreize für Bilanzpolitik und die Validität des Maßes – lässt sich eher vermuten, dass die Maßgröße für Bilanzpolitik nicht gut geeignet ist, die tatsächliche Bilanzpolitik zu erfassen.

Ist es Mythos, dass Bilanzpolitik weit verbreitet ist?

Ball (2013) bezeichnet als die ihn am meisten beunruhigende falsche Vorstellung, dass Bilanzpolitik ein weit verbreitetes Phänomen in der Realität ist. Bilanzpolitik gibt es, und Agency-Kosten sind positiv, aber sie ist nicht so weit verbreitet, wie die empirische Literatur dies annimmt. Diese Literatur geht seiner Ansicht implizit – und zu Unrecht – von folgenden Annahmen aus:

- Der Großteil der Variation in Periodenabgrenzungen ist diskretionär;
- Manipulation passiert in jedem Unternehmen und in jeder Periode (das Residuum von der „normalen" Periodenabgrenzung ist praktisch immer ungleich null);
- die manipulierten Beträge sind beträchtlich;
- der Großteil der Periodenabgrenzungen besteht im Working Capital (obwohl dieses relativ zu Anlagevermögen einfach zu prüfen ist);
- die Manipulation erfolgt in einer Weise, die von Forschern identifiziert werden kann, nicht jedoch von anderen, die i. d. R. deutlich mehr Information und auch Anreize haben, diese zu entdecken (z. B. Interne Revision, Abschlussprüfer, Aufsichtsrat, Analysten, Short Sellers, Anwälte, Presse, Aufsicht).

Im Ergebnis geht *Ball* davon aus, dass der Großteil der von den verwendeten Maßen erfassten Bilanzpolitik nicht auf Bilanzpolitik, sondern auf normale Schwankungen in der Geschäftssituation zurückzuführen ist.

Wettbewerbsbeschränkungen

Jones (1991) testet die Hypothese, dass US-amerikanische Unternehmen, die einen Antrag auf **Schutzzölle** oder andere **wettbewerbsbeschränkende Maßnahmen** gegen ausländi-

---

[33] Umfassende Überblicke über solche Studien finden sich zB in *Fields/Lys/Vincent* (2001), *Armstrong/Guay/Weber* (2010), *Dechow/Ge/Schrand* (2010), *Walker* (2013).

sche Wettbewerber stellen, eine **gewinnmindernde Bilanzpolitik** betreiben. Da die schlechte Ergebnislage ein Indikator für einen Wettbewerbsnachteil der nationalen Unternehmen ist, erhöht dies die Chance, eine entsprechende Wettbewerbsbeschränkung durchzusetzen.

Die Untersuchung zeigt (trotz einer geringen Stichprobe) eine statistisch signifikante gewinnmindernde Bilanzpolitik (negative diskretionäre Periodenabgrenzungen) im Jahr der Entscheidung über die Wettbewerbsbeschränkung. Dies ist konsistent mit der Hypothese, dass zur Reduktion von politischen Kosten Bilanzpolitik betrieben wird.

Börsengang

Bei einem Börsengang (*initial public offering, IPO*) haben die bisherigen Eigentümer des Unternehmens typischerweise einen Anreiz, **gewinnerhöhende Bilanzpolitik** zu betreiben, um damit den Ausgabekurs der Aktien zu steigern. **Bilanzpolitik** ist in einer solchen Situation vermutlich besonders **wirksam**, weil diese Unternehmen vor dem Börsengang wenig Aufmerksamkeit erlangten, nur wenige Informationen über das Unternehmen am Kapitalmarkt vorhanden sind und die **asymmetrische Information** zwischen Eigentümern und Kapitalmarkt groß ist.

Teoh/Wong/Rao (1998) zeigen in einer empirischen Studie auf Basis von 1.682 Börseneinführungen zwischen 1980 und 1990 in den USA, dass diese Unternehmen im Jahr des Börsengangs (das erste Jahr, in dem Jahresabschlüsse öffentlich bekannt waren) signifikant **positive** diskretionäre Periodenabgrenzungen auswiesen. Im Geschäftsjahr danach waren diese nur mehr knapp positiv, und sie sanken in den Folgejahren deutlich.

Abb. 6.3 zeigt die diskretionären Abgrenzungen bezogen auf die Bilanzsumme zu Beginn des Geschäftsjahres, DPA_t/BS_{t-1}, ermittelt auf Basis des *Jones*-Modells. Dieses Re-

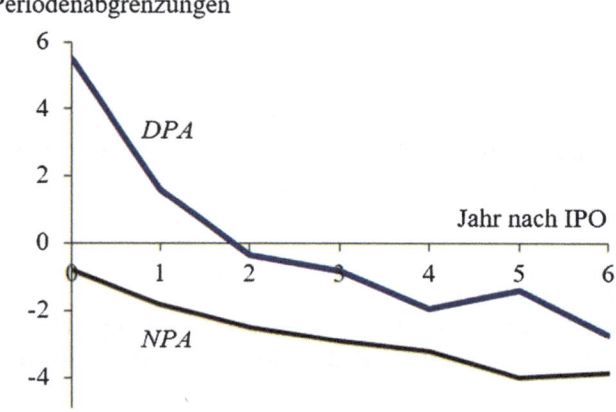

Abb. 6.3 Entwicklung normaler (NPA) und diskretionärer (DPA) Periodenabgrenzungen in den Jahren nach dem IPO (Teoh, Wong, Rao (1998), S. 186 f.)

sultat ist konsistent mit der Hypothese, dass Unternehmen beim Börsengang tatsächlich **gewinnerhöhende Bilanzpolitik** betreiben. Anhand der – negativen – Marktrenditen in den Jahren nach dem IPO belegt diese Studie auch, dass der Kapitalmarkt offenbar durch die Bilanzpolitik getäuscht wird. Dieses Ergebnis passt jedoch mit einem informationseffizienten Kapitalmarkt nicht gut zusammen. Es wurde allerdings auch gezeigt, dass sich die Kurse in den ersten fünf Jahren nach einem Börsengang tendenziell schlechter entwickeln als diejenigen von nicht emittierenden Vergleichsunternehmen – auch unabhängig von der Bilanzpolitik.[34] Gründe dafür sind noch zu wenig erforscht. Es scheint jedoch so zu sein, dass die Analysten der Investmentbanken dabei eine Rolle spielen.[35]

Cecchini/Jackson/Liu (2012) untersuchen Börsengänge in den USA von 1997 bis 2004 und kommen zum **gegenteiligen Schluss**. Sie betrachten dazu nicht die gesamten Periodenabgrenzungen, sondern nur Wertberichtigungen zu Forderungen in der Bilanz und Abschreibungen auf Forderungen aus Lieferungen und Leistungen in der GuV. Eine gewinnerhöhende Bilanzpolitik würde sich in geringen Wertberichtigungen relativ zu den Abschreibungen zeigen. *Cecchini/Jackson/Liu* (2012) zeigen nun, dass dies bei den Unternehmen mit Börsengang gerade umgekehrt ist. Dies deutet darauf hin, dass diese Unternehmen **keine gewinnerhöhende Bilanzpolitik** betreiben. Eine Ursache könnte darin liegen, dass die Unternehmen vor dem Börsengang besonders genau geprüft werden.

Entlohnungsstruktur

Eine typische Hypothese besagt, dass Manager, die abhängig vom Gewinn entlohnt werden, einen Anreiz haben, gewinnerhöhende Bilanzpolitik zu betreiben (**Bonushypothese**).[36] **Managemententlohnungssysteme** sind allerdings häufig nicht durchgängig linear, sondern weisen eine Mindestentlohnung und oft eine Deckelung nach oben auf. Ein solches Bonusschema ist in Abb. 6.4 dargestellt, wobei *L* die Untergrenze und *H* die Obergrenze des für den Bonusanspruch zu berücksichtigenden Gewinns bezeichnen.

Abb. 6.4 Bonusschema

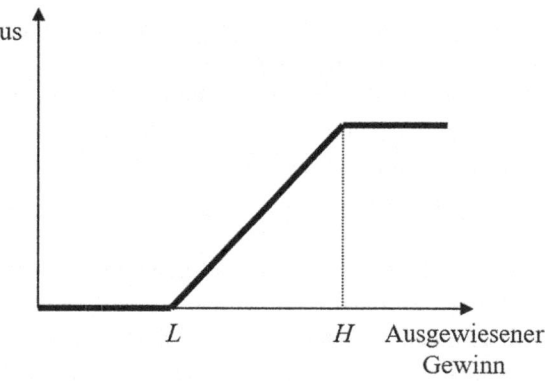

[34] Vgl *Loughran/Ritter* (1995).

[35] Vgl *Dechow/Skinner* (2000), S. 245 f.

[36] Vgl *Watts/Zimmerman* (1986), S. 208.

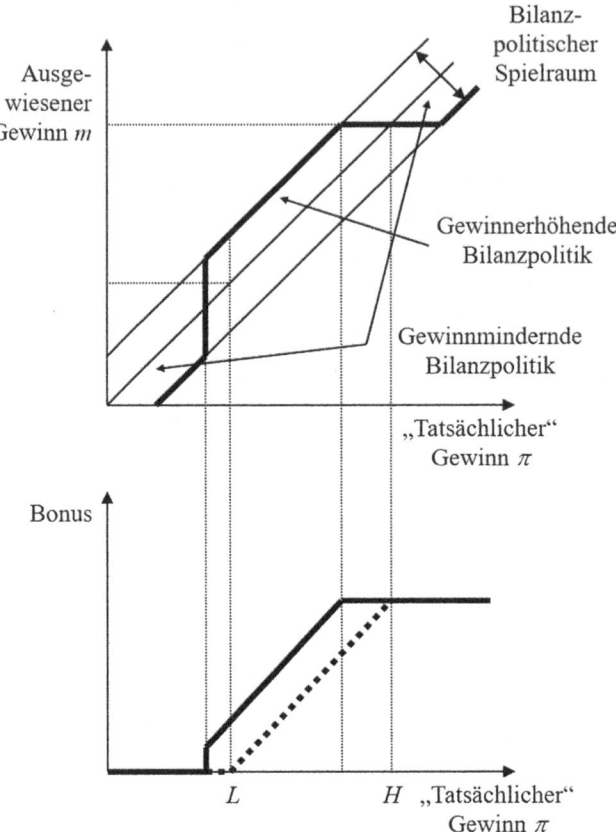

Abb. 6.5   Anreize zur Bilanzpolitik

Aus einem solchen Entlohnungsschema ergeben sich je nach Gewinnsituation **diffe-
renzierte Anreize zu Bilanzpolitik**. Angenommen, die (reale oder buchmäßige) Bilanzpolitik b kann nur in gewissen Grenzen um den „tatsächlichen" Gewinn stattfinden, d. h.
es kann ein Gewinn $m \in [\pi - \underline{b}, \pi + \underline{b}]$ ausgewiesen werden, wobei die maximale Höhe
der Bilanzpolitik $\underline{b}$ bekannt ist. Des Weiteren werden nur zwei Perioden betrachtet. Dann
lassen sich drei Regionen auseinanderhalten (siehe Abb. 6.5):[37]

1. Bei **mittlerem Gewinn** wird **gewinnerhöhende** Bilanzpolitik betrieben, soweit dies
   den Bonus in der betreffenden Periode steigert. Denn ein früherer Bonus wird gegenüber einem späteren bevorzugt. $\pi = H$ ist gerade der Grenzfall, bei dem keine Bilanzpolitik betrieben wird, für $\pi < H$ wird so viel Bilanzpolitik gemacht, um den ausgewiesenen Gewinn auf $m = H$ oder sonst höchstmöglich zu steigern.

---

[37] Vgl *Healy* (1985), S. 90 f, ähnlich auch *Degeorge/Patel/Zeckhauser* (1999), S. 8 ff.

2. Bei **hohem Gewinn** ($\pi > H$) wird eine **gewinnmindernde** Bilanzpolitik betrieben, da Bonuszahlungen bei $m > H$ verloren gehen. Insofern wird bei gegebenen heutigen Erfolgszahlungen Bonus auf später verschoben. Eine vollständige Verlagerung ist freilich nur bei Geltung von $\pi \geq H + \underline{b}$ möglich.

3. Bei sehr **niedrigem** Gewinn wird ebenfalls eine **gewinnmindernde** Bilanzpolitik betrieben (das kann *big bath*-Rechnungslegung bedeuten). Im Fall, dass keine Aussicht auf einen Bonus in der betreffenden Periode besteht ($\pi < L - \underline{b}$), hilft eine gewinnerhöhende Bilanzpolitik ohnedies nichts. Insofern ist es besser, möglichst wenig Gewinn auszuweisen, um die Chance zu maximieren, in Zukunft einen Bonus zu erhalten. Für relativ niedrigen Gewinn muss der Manager abwägen, ob er ebenfalls seine Chancen in Zukunft verbessern soll oder ob er versuchen soll, jetzt noch einen Bonus zu erhalten; letzteres wird mit einer gewinnerhöhenden Bilanzpolitik erreicht. Der **Grenzwert** $\hat{\pi}$ ergibt sich aus einem Abwägen des (geringen) Bonus in der ersten Periode bei gleichzeitigem Verzicht auf möglichen Bonus in der zweiten Periode und dem Verzicht auf einen Bonus in der ersten Periode bei gleichzeitigem Erhöhen der Wahrscheinlichkeit, künftig einen Bonus zu erhalten. Dabei sind die Höhe des künftig erwarteten Gewinns, die Zeitpräferenz und die Sicherheitspräferenz zu berücksichtigen.

Abb. 6.5 gibt im unteren Teil den erzielten Bonus der ersten Periode wieder; die gestrichelte Linie zeigt den Bonus, den der Manager bei Verzicht auf Bilanzpolitik erhielte. Die Differenz ist der **Vorteil**, den er mit seiner Bilanzpolitik erzielt. In der zweiten Periode ergibt sich daraus zwar ein (erwarteter) Nachteil, der jedoch immer geringer ist als der Vorteil in der ersten Periode.

In einer empirischen Studie analysiert *Healy* (1985) 94 große US-Unternehmen mit solchen Managementverträgen über mehrere Jahrzehnte und findet **statistisch signifikante Ergebnisse** für seine Hypothesen. Dies ist konsistent mit der Aussage, dass das Management Bilanzpolitik mit dem Ziel der Maximierung der Entlohnung betreibt.

Kreditverträge

Es gibt Kreditverträge, die explizit auf Daten der Rechnungslegung Bezug nehmen. Besonders in den USA werden gerne Vertragsklauseln verwendet, die dem Kreditgeber einräumen, den Kredit sofort fällig zu stellen, wenn der Verschuldungsgrad (Fremdkapital bezogen auf Eigenkapital) einen bestimmten vorgegebenen Grenzwert übersteigt (siehe dazu auch 4. Kapitel: *Bilanzierungs- und Bewertungsgrundsätze* und 5. Kapitel: *Ausschüttungsbemessung*). Da eine vorzeitige Fälligstellung dem Unternehmen Kosten verursacht, besteht ein Anreiz zu einer **gewinnerhöhenden Bilanzpolitik**, wenn das Unternehmen in die Nähe des Grenzwertes kommt (**Verschuldungsgradhypothese**).[38] Dieselbe Argumentation kann für Klauseln angewandt werden, die auf andere Jahresabschlussgrößen rekurrieren, wie z. B. auf Dividendenauszahlungsrestriktionen. So finden z. B. *Daniel/Denis/Naveen* (2008), dass Unternehmen gewinnerhöhende Bilanzpolitik betreiben, um Dividendenauszahlungsrestriktionen in Kreditverträgen auf Basis des Gewinns zu lockern.

---

[38] Vgl *Watts/Zimmerman* (1986), S. 216.

Tests solcher Hypothesen leiden unter der Tatsache, dass es schwierig ist, die Nähe zu Grenzwerten in Kreditverträgen empirisch festzustellen. Sie formulieren die Hypothese meist in der Form, dass Unternehmen, deren Verschuldungsgrad (oder eine andere Kennzahl) höher ist, einem Grenzwert näher sind als andere Unternehmen.[39] Zudem können Kreditverträge die Ausübung von Bilanzierungs- und Bewertungswahlrechten einschränken.[40]

Es gibt einige Studien, die als Sample nur solche Unternehmen untersuchen, von denen eine **Verletzung von Vertragsklauseln** dokumentiert ist oder denen es finanziell schlecht geht (die z. B. Dividenden aussetzen). *DeFond/Jiambalvo* (1994) finden etwa, dass Unternehmen, die eine Vertragsverletzung berichten, im Geschäftsjahr vor der Vertragsverletzung signifikant positive diskretionäre Periodenabgrenzungen aufweisen. Dies stimmt mit der Hypothese einer gewinnerhöhenden Bilanzpolitik überein.

> Eine Schwierigkeit von Studien wie dieser liegt darin, dass das Sample **keine unverzerrte Stichprobe** ist. Denn Unternehmen, die eine Verletzung der Vertragsklauseln erfolgreich verhindern, sind in den Samples nicht enthalten. Daher sind auch Ergebnisse über diskretionäre Periodenabgrenzungen im Jahr der Vertragsverletzung untypisch; denn offenbar war der zur Verfügung stehende Spielraum für Bilanzpolitik nicht ausreichend. Dies reduziert möglicherweise den Anreiz zu Bilanzpolitik. Falls dies zutrifft, würden die empirischen Resultate genau genommen *gegen* das Finden signifikanter Bilanzpolitik verzerrt.

Persönlichkeitsstruktur

Neben den obigen situativen Aspekten kann auch untersucht werden, ob die Persönlichkeitsstruktur von Managern deren Anreize zur Bilanzpolitik beeinflusst. Derartige Studien basieren auf psychologischen, verhaltenswissenschaftlichen, neuro-biologischen und/oder endokrinologischen Erkenntnissen. Sie setzen voraus, dass man die für die jeweilige Untersuchung relevanten Persönlichkeitsmerkmale zumindest anhand von Proxies beobachten kann. Die zwei folgenden Beispiele verdeutlichen die Vorgehensweise.

Jia/van Lent/Zeng (2014) untersuchen den Zusammenhang zwischen Testosteron und Bilanzpolitik bei männlichen CEOs. Die Hypothese ist, dass der Testosteronspiegel mit Eigenschaften wie etwa Aggressivität, Egozentrik, Risikofreude und Statusdenken verknüpft ist, die als typisch „maskulin" angesehen werden. Der Testosteronspiegel eines Managers ist für einen empirischen Forscher freilich nicht beobachtbar. Man behilft sich daher mit der Erkenntnis, dass die Höhe des Testosterons mit bestimmten, als „maskulin" charakterisierten Gesichtsmerkmalen assoziiert ist. Sie können mit Fotografien der Manager gemessen werden, dienen als Proxygrößen für den Testosteronspiegel und werden in einer empirischen Untersuchung (unter Einbeziehung üblicher Kontrollvariablen) verschiedenen Metriken zur Messung von Bilanzpolitik gegenübergestellt. Der Befund der Autoren zeigt eine positive Assoziation zwischen dem Grad der maskulinen Gesichtsmerkmale und der Bilanzpolitik.

---

[39] Vgl *Fields/Lys/Vincent* (2001).

[40] Vgl zB *Beatty/Weber* (2003).

Ham/Lang/Seybert/Wang (2017) untersuchen die Frage, ob es einen Zusammenhang zwischen einer narzisstischen Persönlichkeitsstruktur von Finanzmanagern und Bilanzpolitik gibt. Als Proxygröße zur Messung des Grads des Narzissmus wird die (nach einem bestimmten Verfahren gemessene) Größe der Unterschrift eines CFO unter ein notarielles Dokument verwendet, wobei im Rahmen einer separaten Experimentalstudie vorab die Beziehung zwischen dem Grad des Narzissmus von Probanden (gemessen durch auf psychologischen Erkenntnissen basierenden Fragebögen) und der Unterschriftsgröße validiert wurde. Die Studie findet eine positive Assoziation zwischen dem Grad des Narzissmus eines CFO und der buchmäßigen sowie der realen Bilanzpolitik und der Wahrscheinlichkeit von Restatements. Eine analoge Betrachtung für CEOs kann dagegen nur eine positive Assoziation zwischen CEO-Narzissmus und realer Bilanzpolitik bestätigen.

Es ist offensichtlich, dass die Verlässlichkeit der Resultate substanziell von der Qualität der Proxygrößen abhängig ist. Die genannten Beiträge gehören zu einer sich entwickelnden Forschungsrichtung zur Qualität der Rechnungslegung, die interessante Verbindungen zwischen verschiedenen Wissenschaftsbereichen beinhaltet.

3.2 Maßnahmen der Bilanzpolitik

Die bisher vorgestellten Studien untersuchen Anreize zur Bilanzpolitik und die Auswirkungen von Bilanzpolitik, ohne auf die Verwendung *einzelner* bilanzpolitischer Maßnahmen einzugehen. Es wird im Grunde von einer **aggregierten Sichtweise** ausgegangen, in der das Entscheidungsproblem des Managements, welche Maßnahmen eingesetzt werden, nicht beachtlich ist. Eine Alternative ist die **isolierte Analyse** von einzelnen Maßnahmen.

Beide Möglichkeiten haben Vor- und Nachteile. Ein **Vorteil** der aggregierten Sichtweise ist darin zu sehen, dass sie vielfach der praktischen Fragestellung entspricht. Das Management möchte z. B. eine ganz bestimmte Höhe oder ein Maximum des ausgewiesenen Gewinns erreichen, und lässt daraufhin die Bilanzspezialisten nach den einfachsten und kostengünstigsten Maßnahmen suchen. Empirisch hat die aggregierte Messung den Vorteil, dass genau am Gesamtergebnis der Bilanzpolitik angesetzt wird. Allerdings gibt es auch bilanzpolitische Zielvorstellungen, die auf einzelne Maßnahmen abzielen, besonders dann, wenn diese von den Bilanzadressaten gesondert evaluiert werden. Dies kann mit einer spezifischen Analyse eher untersucht werden. Empirisch ergibt sich aus der isolierten Betrachtung auch der Vorteil, präzisere Hypothesen und Untersuchungsdesigns (z. B. Kontrollvariable) zu formulieren, weil die Wirkungen und Grenzen einer Maßnahme besser abschätzbar sind.

Es gibt Studien, die **Gruppen von Maßnahmen** gemeinsam testen. Ein typisches Beispiel ist die Untersuchung von *Zmijewski/Hagerman* (1981), in der insgesamt vier verschiedene Maßnahmen gemeinsam getestet werden. Diese sind Vorratsbewertung (FIFO bzw. LIFO), Ab-

schreibungsverfahren (lineare bzw. degressive Abschreibung), Bilanzierung von Steuerbe-
günstigungen (sofortige bzw. gleichmäßige Realisierung) und Amortisationszeitraum rück-
wirkender Pensionszusagen (weniger bzw. gleich 30 Jahre). Dabei entstehen 16 verschiedene
Bilanzpolitiken. Vereinfachend wird von Annahmen über die relative Wirkung der einzelnen
Maßnahmen auf den Gewinn ausgegangen. Anhand von mehreren Hypothesen, wie der
Größe als Maß für politische Kosten, Kapitalintensität, Branchenkonzentration, Entlohnungsschema und Verschuldungsgrad, werden statistische Tests vorgenommen. Die Ergebnisse sind
im Großen und Ganzen konsistent mit den Hypothesen.

Außerplanmäßige Abschreibungen

Außerplanmäßige Abschreibungen sind ein bilanzpolitisches Instrument, das viele subjektive **Schätzungen** erfordert. Nach HGB muss Anlagevermögen außerplanmäßig abgeschrieben werden, wenn der beizulegende Wert dauernd unter den Buchwert gesunken ist.
Nach IFRS ist eine Abwertung nach einem Impairment-Test vorzunehmen, wobei der
niedrigere Wert als höherer Wert aus Nutzungswert und Nettoveräußerungspreis definiert
ist, nach US-GAAP ist der niedrigere Wert der Fair Value. Durch die außerplanmäßige Abschreibung kommt es einmalig zu einer Gewinnminderung, und in nachfolgenden Geschäftsjahren ergeben sich geringere planmäßige Abschreibungen von abnutzbarem Anlagevermögen. Nach US-GAAP dürfen keine Wertaufholungen vorgenommen werden, nach
IFRS sind sie bei Wegfall des Grundes der Vornahme der außerplanmäßigen Abschreibung
grundsätzlich verpflichtend.

Bilanzpolitische Maßnahmen bei außerplanmäßigen Abschreibungen betreffen vor
allem die **Höhe** und die **zeitliche Durchführung** der Abschreibung, aber auch deren **ge-
sonderten Ausweis**. *Elliott/Shaw* (1988) beschreiben Unternehmen, die außerplanmäßige
Abschreibungen gesondert ausweisen. Diese Unternehmen sind typischerweise größer als
der Branchendurchschnitt, sie sind höher verschuldet und ihre Performance ist schon Jahre
vor der außerplanmäßigen Abschreibung unterdurchschnittlich. Insofern werden außerplanmäßige Abschreibungen nicht zur Gewinnglättung verwendet, eher schon ist das Bild
mit einem „*big bath*" konsistent. Die Mehrheit der außerplanmäßigen Abschreibungen,
nämlich rund 63 %, werden im 4. Quartal eines Geschäftsjahres durchgeführt, was auf bilanzpolitische Überlegungen hinsichtlich des **Timing** der Abschreibungen hindeutet. Da
i. d. R. nur Jahresabschlüsse vom Wirtschaftsprüfer geprüft werden, könnte sich deren
Einfluss bemerkbar machen.

Ramanna/Watts (2012) untersuchen **außerplanmäßige Abschreibungen von Firmenwerten** aus Unternehmenszusammenschlüssen. Gemäß IFRS und US-GAAP gilt dieser
als nicht abnutzbar und wird daher nicht planmäßig abgeschrieben. Allerdings muss er
jährlich sowie bei Vorliegen eines Indikators für eine Wertminderung auf Impairment getestet und außerplanmäßig abgeschrieben werden, wenn der Wert unter dem Buchwert des
Firmenwertes liegt. Der **Impairment-Test** gibt dem Management großen Ermessensspielraum, der Bilanzpolitik ermöglicht, weil die Bewertung viele subjektive Annahmen
erfordert.

Bewertung aktiver latenter Steuern bei IBM[41]

Im Jahr 1993 erhöhte IBM die Wertberichtigung aktiver latenter Steuern von 2 Mrd $ auf 5 Mrd $, während die aktiven latenten Steuern nur von 14 Mrd $ auf 19,2 Mrd $ stiegen. Grund dafür war im Wesentlichen eine Restrukturierungsrückstellung im Jahr 1993. Ein großer Teil der Restrukturierungsrückstellung wurde 1994 offenbar aufgelöst, da die aktiven latenten Steuern darauf von 5,2 Mrd $ im Jahr 1993 auf 2,4 Mrd $ im Jahr 1994 sanken. Dennoch reduzierte sich der Gesamtbetrag der Wertberichtigung 1994 nur um 0,5 Mrd $.

Eine mögliche Erklärung ist Bilanzpolitik, mit der 1993 ein *„big bath"* genommen wurde, um Gewinnerhöhungen in Folgejahren zu erreichen. So wies IBM im Jahr 1995 eine Erhöhung des Nettogewinns von rund 1,2 Mrd $ aus, wovon rund die Hälfte (0,68 Mrd $) auf eine Verringerung der Wertberichtigung zurückzuführen ist.

Ein Indikator für eine mögliche Wertminderung liegt vor, wenn der Marktpreis des Unternehmens unter dessen Buchwert des Eigenkapitals liegt. *Ramanna/Watts* (2012) betrachten 124 US-amerikanische Unternehmen im Zeitraum von 2003–2006, die eine **Marktpreis-Buchwert-Relation** kleiner als 1 aufweisen; 69 % davon nahmen keine außerplanmäßige Abschreibung vor. Sie testen nun zwei konkurrierende Hypothesen zur Erklärung, dass keine oder nur eine geringe außerplanmäßige Abschreibung vorgenommen wurde:

- **Private Information**: Der Wert des Firmenwertes entspricht einem Barwert künftiger Cashflows (in US-GAAP dem Fair Value nach Stufe 3, in IFRS dem Nutzungswert). Die künftigen Cashflows hängen von der privaten Information des Managements ab. Erwartet das Management eine positive Entwicklung, die sich noch nicht im Marktpreis widerspiegelt, ist der Wert des Firmenwertes entsprechend hoch und eine Abschreibung unwahrscheinlich.
- **Agency-Theorie**: Dabei wird davon ausgegangen, dass das Management einen Anreiz zu einer gewinnerhöhenden Bilanzpolitik besitzt. Der Grund sind z. B. Klauseln in Kreditverträgen, gewinnabhängige Managemententlohnung, Reputation der Manager (wenn diese z. B. die Akquisition entschieden haben, die den Firmenwert ergab, der nun einen geringeren Wert aufweist) oder den Marktpreis des Unternehmens positiv zu beeinflussen. In diesem Fall wird der Manager den Ermessensspielraum nutzen, eine möglichst geringe außerplanmäßige Abschreibung vorzunehmen.

Mit einer Reihe von Variablen, die diese verschiedenen Motive zu erfassen suchen, finden *Ramanna/Watts* (2012) Ergebnisse, die mit der **Agency-Theorie konsistent** sind, jedoch keine signifikanten Ergebnisse für die positive private Information des Managements.

---

[41] Vgl *Miller/Skinner* (1998), S. 218 f.

Erstmalige Anwendung von Standards

Bei der Neueinführung oder Änderungen von Rechnungslegungsregeln sehen Standard-setter oft **Wahlrechte** vor, wie die Unternehmen die **Standards erstmals anwenden** kön-nen. Solche Sonderregelungen finden sich meist in den Standards, die erhebliche Auswir-kungen auf die dargestellte Lage des Unternehmens aufweisen. Varianten sind etwa, die Differenz zwischen davor gültigen und danach erforderlichen Bilanzposten unter **Umge-hung des Kongruenzprinzips** erfolgsneutral zu bilanzieren oder auf mehrere Jahre zu verteilen.

Ein Beispiel, das in den USA vor allem wegen seiner bilanziellen Auswirkungen unter den Unternehmen sehr umstritten war, bestand in der Einführung von SFAS 106, das die Bilanzierung von Leistungen an ehemalige Arbeitnehmer erstmalig ab Geschäftsjahren, die nach dem 15.12.1992 begannen, vorschreibt. Betroffen waren dabei vor allem betrieb-liche Krankheitszahlungen und Lebensversicherungen. Die **Übergangsvorschriften** sahen vor, dass Unternehmen nicht bilanzierte Verpflichtungsbeträge sofort oder linear über die durchschnittliche Dienstzeit der Arbeitnehmer bzw. jedenfalls über einen Zeit-raum von 20 Jahren rückstellen konnten. Für die Unternehmen ergab sich damit ein großer **Spielraum** für den Gewinnausweis, nämlich entweder einen einmaligen hohen Aufwand zu zeigen, dafür jedoch die künftigen Ergebnisse nicht mit Nachdotierungen zu belasten, oder aber die Belastungen über eine ganze Zeitspanne zu verteilen bei heutiger Erfolgs-neutralität. Die Übergangsvorschriften sahen auch vor, dass die nachdotierten Beträge ge-sondert ausgewiesen werden mussten. Dies hat dann einen (formalen) bilanzpolitischen Effekt, wenn erwartet werden kann, dass Bilanzadressaten solche Sonderposten nicht voll berücksichtigen.

In einer empirischen Studie zeigen *D'Souza/Jacob/Ramesh* (2001), dass Unternehmen, deren Arbeitnehmer stärker **gewerkschaftlich organisiert** waren, eher eine **sofortige Nachholung** wählten. Der Grund dürfte sein, dass viele Unternehmen in Anbetracht der Bilanzierungspflicht versuchten, die bis dahin zum Teil großzügig gegebenen Zusagen zu kürzen, und dies gegenüber einer starken Gewerkschaft schwieriger durchzusetzen ist. Durch die sofortige vollständige Bilanzierung wurden die Effekte deutlich, und das kann als Argument für eine Kürzung der Zusagen dienlich sein. Ein anderer Effekt der soforti-gen Bilanzierung besteht allerdings darin, dass der Verschuldungsgrad ansteigt und Unter-nehmen dadurch tendenziell stärkerem Druck von Kreditgebern ausgesetzt sind (Verschul-dungsgradhypothese). Für bereits stark verschuldete Unternehmen ergibt sich damit ein Anreiz, die Verpflichtung nicht sofort nachzuholen. In einer Regressionsanalyse zeigt sich, dass die entsprechenden unabhängigen Variablen signifikante Koeffizienten in die erwar-tete Richtung aufweisen.

Forschungs- und Entwicklungsaufwendungen

Nach US-GAAP dürfen Forschungs- und Entwicklungsauszahlungen grundsätzlich nicht aktiviert werden, sondern sind sofort als Aufwand anzusetzen. Insofern besteht keine Möglichkeit einer buchmäßigen Bilanzpolitik. Da Forschungs- und Entwicklungsaufwen-

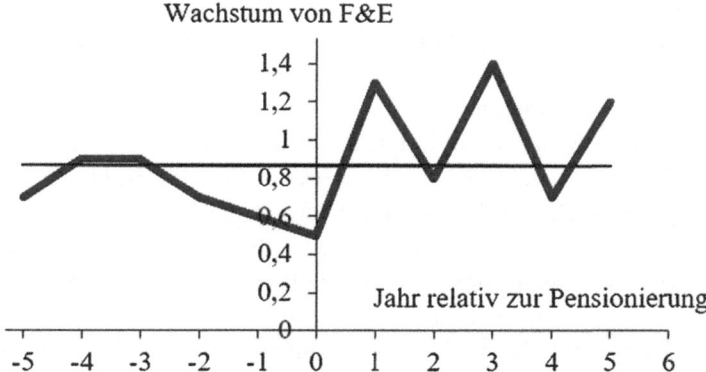

Abb. 6.6 Wachstum von Forschungs- und Entwicklungsaufwendungen vor und nach dem Wechsel des Top-Managers (*Dechow/Sloan* 1991, S. 64; Wachstum wird als $\ln(F\&E_t)/\ln(F\&E_{t-1})$ gemessen)

dungen jedoch meist längerfristig Nutzen bringen, führt eine Einsparung solcher Aufwendungen i. d. R. zu keinen kurzfristig spürbaren negativen Folgen und eignet sich deshalb sehr gut für eine **reale Bilanzpolitik**. Ähnliches gilt für Werbeauszahlungen, die i. d. R. ebenfalls sofort aufwandswirksam werden, weniger stark für aktivierungspflichtige Investitionsauszahlungen, bei denen nur die Abschreibungen den Aufwand erhöhen.

Hängt die Entlohnung von Managern von den erzielten Gewinnen ab, so hat ein **Manager**, der kurz vor seiner **Pensionierung** steht, einen verstärkten Anreiz, Forschungs- und Entwicklungsaufwendungen zu reduzieren, um den Gewinn kurzfristig zu erhöhen (sogenanntes „*horizon problem*"). Die negativen Folgeeffekte in späteren Geschäftsjahren treffen ihn nicht mehr. *Dechow/Sloan* (1991) testen diese Hypothese und finden signifikante Ergebnisse: Vor dem Wechsel des Topmanagers (CEO) wird weniger Geld in die Forschung und Entwicklung investiert (siehe auch Abb. 6.6). Dies deutet auf reale Bilanzpolitik hin.

Dechow/Sloan (1991) belegen auch, dass dieses Phänomen geringer ausfällt, je mehr Aktien und Aktienoptionen der Top-Manager hält. Der Grund besteht darin, dass sich Einsparungen von Forschungs- und Entwicklungsaufwendungen dann in diesem Teil des Vermögens des Managers bemerkbar machen sollten. Er wägt diesen potenziellen Nachteil gegen den Vorteil der kurzfristigen Gewinnerhöhung ab.

Die empirischen Beobachtungen könnten allerdings auch **andere Gründe** als Bilanzpolitik haben. Eine Möglichkeit besteht darin, dass die Ursache für die geringer werdenden Forschungs- und Entwicklungsaufwendungen in einer schlechten **Wirtschaftslage** des Unternehmens liegt – und diese gleichzeitig der Grund für die Ablöse des Top-Managers ist. Eine andere Möglichkeit ist, dass der scheidende Top-Manager seinem **Nachfolger** Entscheidungen, gerade bezüglich größerer Forschungs- und Entwicklungsprojekte, offenhalten möchte und sich deshalb in den letzten Jahren vor der Pensionierung zurückhält (sogenannte „*lame duck*"-Hypothese[42]). Beide alternativen Hypothesen werden von *Dechow/Sloan* (1991) jedoch als wenig wahrscheinlich verworfen.[43]

Buchmäßige und reale Bilanzpolitik
Wenn das Management Bilanzpolitik betreiben möchte, kann es aus einer Reihe von Maßnahmen buchmäßiger und realer Bilanzpolitik wählen. Entsprechend den Eigenschaften und den Kosten der betreffenden Maßnahmen (siehe oben Abschn. 1.3) ist es wahrscheinlich, dass sowohl buchmäßige als auch reale Bilanzpolitik betrieben werden. Eine interessante Frage ist, wie die beiden Arten von Bilanzpolitik miteinander in Beziehung stehen.

Cohen/Dey/Lys (2008) untersuchen die Auswirkungen des Sarbanes-Oxley Act 2002 (SOX), der in den USA als Folge des Platzens der Internet-Blase eingeführt wurde und markante Änderungen im Bereich der Kontrollen der Rechnungslegung bewirkte. Dadurch sollte es schwieriger (oder teurer) geworden sein, buchmäßige Bilanzpolitik zu betreiben; auf reale Bilanzpolitik hat SOX weniger Auswirkungen. Sie finden, dass die buchmäßige Bilanzpolitik nach SOX zurückging. Gleichzeitig finden sie aber auch, dass reale Bilanzpolitik anstieg. Die Unternehmen substituierten also buchmäßige durch reale Bilanzpolitik.

Zang (2012) untersucht den Zusammenhang zwischen buchmäßiger und realer Bilanzpolitik allgemeiner und weist darauf hin, dass dieser Zusammenhang Endogenitätsprobleme auslöst, die in empirischen Analysen berücksichtigt werden müssen. Sie geht davon aus, dass reale Bilanzpolitik *vor* buchmäßiger Bilanzpolitik vorgenommen werden muss, weil sie grundsätzlich vor dem Abschlussstichtag erfolgen muss. Damit braucht nur eine Richtung der Effekte der beiden Arten von Bilanzpolitik beachtet zu werden. Die Schätzgleichungen sind:

$$BP_t^R = \alpha_0 + \sum_j \alpha_1 C_{jt}^R + \sum_j \alpha_{2j} C_{jt}^A + \text{Kontrollen} + \varepsilon_t^R$$

$$BP_t^A = \beta_0 + \sum_j \beta_1 C_{jt}^R + \sum_j \beta_{2j} C_{jt}^A + \beta_3 UBP_t^R + \text{Kontrollen} + \varepsilon_t^A$$

Dabei bezeichnen:

BP^R	Reale Bilanzpolitik
C^R	(bestimmte) Kosten realer Bilanzpolitik
BP^A	Buchmäßige Bilanzpolitik
C^A	(bestimmte) Kosten buchmäßiger Bilanzpolitik
UBP^R	Unerwartete reale Bilanzpolitik (entspricht Residuum ε^R).

Als Kosten der Bilanzpolitik werden Flexibilität der Rechnungslegungsregeln und stärkere Prüfung, Erfolgssituation, Wettbewerbssituation, Eigentümerstruktur usw. verwendet, die sich für buchmäßige und reale Bilanzpolitik unterscheiden.

---

[42] So *Dechow/Sloan* (1991), S. 75.
[43] Vgl kritisch dazu *Murphy/Zimmerman* (1993), S. 307 ff.

Für US-Unternehmen, von denen angenommen werden kann, dass sie Bilanzpolitik zum Erreichen von Zielgrößen vornehmen (z. B. weil sie Gewinne knapp über null berichten), findet *Zang* (2012) erstens, dass die Kosten der Bilanzpolitik diese tatsächlich signifikant erklären, und zweitens, dass **buchmäßige und reale Bilanzpolitik Substitute** sind.

4 Zusammenfassung

Im Rahmen der **Bilanzpolitik** werden im Unternehmen gezielt Maßnahmen gesetzt, die eine Wirkung auf den Jahresabschluss aufweisen, um damit Bilanzadressaten oder Rechtsfolgen zu beeinflussen. Das Ziel ist es, die Lage des Unternehmens in einem bestimmten, meist aus Sicht des Managements bzw. des Unternehmens günstigen, Licht erscheinen zu lassen.

Bilanzpolitik setzt das Vorhandensein von **Spielräumen** voraus, die jedoch in den üblichen Rechnungslegungssystemen gegeben sind. Die bilanzpolitischen Maßnahmen können in **reale und buchmäßige Maßnahmen** eingeteilt werden, je nachdem, ob sie reale geschäftspolitische Entscheidungen oder nur die Bilanzierung von Geschäftsfällen beeinflussen. Sie unterscheiden sich insbesondere durch Flexibilität und Schnelligkeit ihrer Wirkung, Sichtbarkeit nach außen, Folgewirkungen auf ähnliche Sachverhalte und spätere Perioden sowie durch die Kosten, die durch ihre Verwendung entstehen können.

Typische **Zielvorstellungen**, die mit Bilanzpolitik verfolgt werden, sind die Maximierung, Minimierung oder die Glättung des ausgewiesenen Erfolgs über die Zeit sowie das Erreichen von Zielgrößen, wie positiver Gewinn, Budgetwerte oder Analystenprognosen.

Die **Schwierigkeiten**, als Außenstehender Bilanzpolitik zu erkennen und zu bereinigen, liegen vor allem in der **Unsicherheit**, was notwendige Abbildung realer wirtschaftlicher Vorgänge oder bewusste Bilanzpolitik zur zielgerichteten Darstellung einer Situation im Unternehmen ist. Die Reaktion von Adressaten unterscheidet sich typischerweise erheblich. Es wird gezeigt, dass Kapitalmärkte häufig nicht in der Lage sind, offensichtliche bilanzpolitische Maßnahmen zu erkennen und ihre Auswirkungen zu korrigieren.

Es gibt viele empirische **Studien**, die einen Einblick in die Verwendung von Bilanzpolitik, deren Art und Weise sowie die Kapitalmarktreaktionen darauf zu messen suchen. Dies erfolgt sowohl von den **Ergebnissen** der Bilanzpolitik (z. B. Gewinnverteilung) als auch von einzelnen **Jahresabschlusspositionen** aus.

Die empirischen Ergebnisse dürfen allerdings nicht überbewertet werden. Die **Methodik** solcher Studien ist zur Erfassung tatsächlicher Bilanzpolitik nur teilweise geeignet. Es wird vorausgesetzt, dass Bilanzpolitik ein typisches Vorgehen vieler Unternehmen ist; Einzelfälle, die in verschiedenen Medien auftauchen, wären als solche durch derartige Studien nicht erkennbar. Es ist meist auch nicht offensichtlich, welches bilanzpolitische Ziel die Unternehmen überhaupt verfolgen und mit welchen bilanzpolitischen Maßnahmen sie diese Ziele erreichen wollen. Selten sind in der Praxis monokausale Erklärungen beobachteten Verhaltens gegeben. Die Vielfalt möglicher Anreize kann durch einfache

Hypothesentests nur rudimentär erfasst werden. Empirisch führen solche Unsicherheiten zu einer Reduktion der Signifikanz der Ergebnisse.

Dennoch geben solche Studien einen **Einblick**, wie stark Bilanzpolitik in der Praxis vorkommt und wie sie durch Adressaten – zumindest zum Teil – erkannt werden kann. Sie schärfen den Blick auf die dahinterstehenden **Überlegungen und Wirkungshypothesen**, unter denen das Management von Unternehmen agiert.

Im **nächsten Kapitel** werden Spezialfragen der Bilanzpolitik näher analysiert, die in diesem Kapitel nur allgemein und kurz angesprochen wurden. Dies betrifft vor allem die Frage, welche Anreize zu Bilanzpolitik bestehen, wenn der Kapitalmarkt diese völlig durchschaut, welche sonstigen Informationen Bilanzpolitik beinhalten kann und wie Bilanzpolitik vertraglich berücksichtigt werden kann.

5   Fragen

▶   **F6-1** Das Management eines Unternehmens erhält Aktienoptionen neben einem Basisgehalt. Der Ausübungspreis der Optionen beträgt 120, der derzeitige Kurs des Unternehmens ist 130. Die Aktienoptionen sind (innerhalb bestimmter Zeitfenster) ausübbar, vorausgesetzt der *Economic Value Added* liegt über 30 Mio, und sie verfallen nicht. Der *Economic Value Added* des betrachteten Jahres liegt bei 18 Mio. Sie gehen davon aus, dass das Management seine Entlohnung maximieren möchte und dazu auch bilanzpolitische Maßnahmen einsetzt.

   a)   Welche Art von Bilanzpolitik würden Sie erwarten?
   b)   Angenommen, Sie finden, dass das Management eine andere Bilanzpolitik betreibt als Sie erwarten würden. Welche Gründe könnte es dafür geben?

▶   **F6-2** Dem Management stehen drei bilanzpolitische Maßnahmen zur Verfügung:

   (i)   Veräußerung von Wertpapieren, deren Marktwert über dem Buchwert liegt;
   (ii)   die Bildung einer Restrukturierungsrückstellung;
   (iii) ein Leasinggeschäft, dessen Vertrag gestaltbar ist.

   Vergleichen Sie diese drei Maßnahmen anhand der Kriterien Flexibilität, Schnelligkeit und Dauer der Wirkung, Folgewirkungen, Erkennbarkeit und Kosten.

▶   **F6-3** Verschiedene empirische Studien ergaben, dass Wertberichtigungen für offene Kredite bei Banken positiv mit deren Marktrenditen zusammenhängen; je höher die Wertberichtigung, desto höher die Marktrendite.[44] Hohe Wertberichtigungen der Kredite bilden also günstige Information. Wie könnte dieses Phänomen begründet werden?

---

[44] Vgl zB *Beaver/Ryan/Wahlen* (1997).

▶ **F6-4** Als wesentlicher Grund für das bilanzpolitische Ziel der Ergebnisglättung wird angeführt, dass dies die Volatilität (Standardabweichung) der Cashflows reduziert. Investoren, die das Unternehmen mit Hilfe von Discounted Cashflow-Verfahren bewerten, reduzieren deshalb die geforderte Risikoprämie. Die Ergebnisglättung führt damit zu einer Werterhöhung des Unternehmens. Ist dieses Argument gültig? Wenn ja, unter welchen Voraussetzungen und für welche Typen von bilanzpolitischen Maßnahmen?

▶ **F6-5** Nehmen Sie zu folgender Aussage Stellung: „Es stellt sich [...] die Frage, ob Bilanzpolitik generell vertretbar ist und wenn ja, wo die Grenzen der Bilanzpolitik liegen. Dabei ist durchaus erwägenswert, ob Unternehmensethik nicht gebietet, auf Bilanzpolitik ganz zu verzichten und ein richtiges, ungeschminktes Bild des Unternehmens zu geben."[45]

▶ **F6-6** Welche Kapitalmarkteffekte sind bei einem Wechsel von FIFO auf LIFO bei der Vorratsbewertung zu erwarten?

▶ **F6-7** Diskutieren Sie folgende Aussage: „Aufgrund rechtlicher Unterschiede können diese Ergebnisse amerikanischer Studien [zur Bilanzpolitik im Rahmen der Verschuldungsgradhypothese, d.V.] sicher nicht unmittelbar auf deutsche Verhältnisse übertragen werden. Die Forcierung dieses Forschungsbereichs unter deutschen Rahmenbedingungen könnte jedoch durchaus interessante Resultate – insbesondere im Hinblick auf die Unterschiede bei der Bilanzierung und Bilanzpolitik in USA und Deutschland – hervorbringen. Vor allem deshalb, weil als eines der wesentlichen Charakteristika der deutschen Rechnungslegung im Gegensatz zu jener in den USA immer wieder deren Gläubiger-Orientierung hervorgehoben wird."[46]

Welche rechtlichen Unterschiede könnten dabei gemeint sein? Wie könnte sich die Gläubiger-Orientierung auf bilanzpolitische Anreize des Managements gegenüber Kreditgebern auswirken?

6 Probleme

▶ **P6-1 Bilanzpolitik ausscheidender Manager.** In einer empirischen Studie zeigen *Murphy/Zimmerman* (1993) die nachfolgend dargestellten Periodenabgrenzungen relativ zum Jahr des Abgangs des Top-Managers, getrennt nach routinemäßigen bzw. nicht routinemäßigen Wechseln und guter bzw. schlechter Performance.[47]

---

[45] *Stein* (1993), S. 992, mit Verweis auf *Rückle* (1983), S. 207.
[46] *Haller/Park* (1995), S. 104 f.
[47] *Murphy/Zimmerman* (1993), S. 305.

Nicht routinemäßige Managerwechsel und schlechte Performance

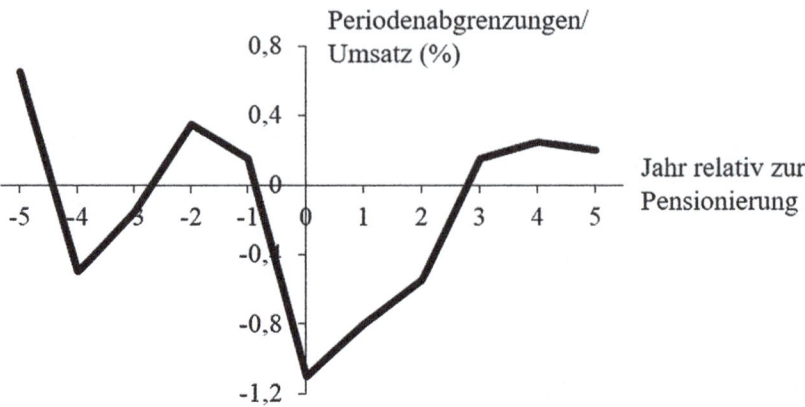

Routinemäßige Managerwechsel und gute Performance

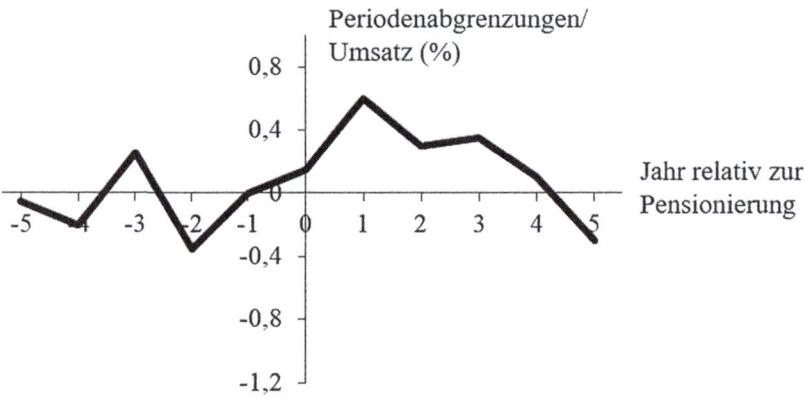

a) Ist aus einer der beiden Grafiken das „*horizon problem*" abzulesen, wonach ausscheidende Manager gewinnerhöhende Bilanzpolitik betreiben?

b) Ist aus einer der Grafiken die Strategie eines „*big bath*" zu erkennen?

c) Angenommen, ein Manager wollte mit seiner Bilanzpolitik eine schlechte Performance des Unternehmens so lange wie möglich kaschieren, um nicht gefeuert zu werden. Ist eine solche Bilanzpolitik erkennbar?

▶ **P6-2 Messung von Bilanzpolitik.** Im modifizierten *Jones-Modell* werden die diskretionären Periodenabgrenzungen $DPA_t = GPA_t - NPA_t$ mit folgender Schätzung der normalen Periodenabgrenzungen ermittelt:

$$NPA_t = \alpha_0 + \alpha_1 \left(\Delta\text{Umsatz}_t - \Delta\text{Lieferforderungen}_t \right) + \alpha_2 \cdot \text{Bruttoanlagevermögen}_t + \varepsilon_t$$

a) Welche Überlegungen stehen hinter dieser Formulierung der Regression? Welches Vorzeichen sollten α_1 und α_2 aufweisen?

b) In empirischen Studien zeigt sich, dass Unternehmen mit höherem Gewinnwachstum im Durchschnitt auch höhere Periodenabgrenzungen aufweisen. Welchen Effekt hat das auf die Schätzung der normalen Periodenabgrenzungen und wie könnte man dem begegnen?

c) Welche Vor- und Nachteile können sich ergeben, wenn man die Regression als Längsschnitts- oder Querschnittsanalyse durchführt?

d) Gemäß dem Kongruenzprinzip gleichen sich bilanzpolitische Maßnahmen über die Zeit aus. Welchen Effekt hat dies auf die Messung der Bilanzpolitik mit dem *Jones*-Modell?

▶ **P6-3 Bilanzpolitik bei Unternehmenszusammenschluss.** Die Coling AG erwirbt 100 % der Anteile an der Delhaus GmbH. Gemäß IFRS werden die übernommenen Vermögenswerte und Schulden der Delhaus mit ihren Fair Values neu bewertet, und die verbleibende Differenz zum Kaufpreis als Firmenwert erfasst. Im Rahmen dessen müssen auch immaterielle Vermögenswerte identifiziert werden, die in der Delhaus nicht aktiviert wurden, wie z. B. Markenwerte, Forschungs- und Entwicklungskosten, Kundenbeziehungen und ähnliches. Immaterielle Vermögenswerte mit unbegrenzter Nutzungsdauer dürfen nicht planmäßig abgeschrieben werden, sondern müssen jährlich auf Impairment getestet werden; immaterielle Vermögenswerte mit begrenzter Nutzungsdauer müssen dagegen planmäßig abgeschrieben werden. Sämtliche immaterielle Vermögenswerte müssen bei Vorliegen eines Indikators für eine mögliche Wertminderung auf Impairment getestet werden. Die folgende Tabelle gibt die Buchwerte und Fair Values der übernommenen Gegenstände und die Kaufpreisallokation an.

	Buchwert	Fair Value
Vermögenswerte Delhaus	390	440
Schulden Delhaus	−180	−170
Zusätzliche Vermögenswerte:		
Markenrechte	–	200
Kundenbeziehungen	–	50
Wert des Eigenkapitals	210	520
Firmenwert		280
Kaufpreis		800

a) Welche „Werte" könnte der Firmenwert enthalten?

b) Angenommen, das Management von Coling möchte die Ergebnisse der nächsten zwei Jahre maximieren. Welche Maßnahmen stehen dafür im Rahmen der Bilanzierung des Unternehmenszusammenschlusses zur Verfügung? Welche Bilanzpolitik erwarten Sie bei der Bewertung der einzelnen Posten aufgrund der vorgenommenen Kaufpreisallokation?

▶   **P6-4 Bilanzpolitik und Vorsicht.** Diskutieren Sie Gemeinsamkeiten und Unterschiede zwischen Bilanzpolitik und Vorsicht.

Gehen Sie dabei auf den Entscheidungsspielraum des Managements sowie auf die folgenden Aspekte ein: die unterschiedlichen Zielsetzungen von Bilanzpolitik, buchmäßige und reale Bilanzpolitik und unbedingte und bedingte Vorsicht.

Literaturempfehlungen

Allgemeine Literatur

Dechow, P.M./Skinner, D.J.: Earnings Management: Reconciling the Views of Accounting Academics, Practitioners, and Regulators, *Accounting Horizons* 2000, S. 235–250.

Walker, M.: How Far Can We Trust Earnings Numbers? What Research Tells Us About Earnings Management, *Accounting and Business Research* 2013, S. 445–481.

Spezielle Literatur

Dechow, P./Ge, W./Schrand, C.: Understanding Earnings Quality: A Review of the Proxies, Their Determinants and Their Consequences, *Journal of Accounting and Economics* 50 (2010), S. 344–401.

Ewert, R./Wagenhofer, A.: Earnings Management, Conservatism, and Earnings Quality, *Foundations and Trends in Accounting* 6 (2011), 2012, S. 65–186.

Fields, T.D./Lys, T.Z./Vincent, L.: Empirical Research on Accounting Choice, *Journal of Accounting and Economics* 31 (2001), S. 255–307.

Graham, J.R./Harvey, C.R./Rajgopal, S.: The Economic Implications of Corporate Financial Reporting, *Journal of Accounting and Economics* 40 (2005), S. 3–73.

Bilanzpolitik – Spezialfragen

7

„Achten Sie bitte darauf, dass uns jetzt niemand stört!", ruft Dietrich Sommer seiner Se-kretärin zu und schließt nach Kristin Pohmer und Jürgen Wilde die Tür zu seinem Büro. Eben hat er einen Blick auf das jüngste Quartalsergebnis geworfen. Der Trend, den er schon einige Monate gespürt hatte, setzt sich also fort, dachte er – gar nicht so überrascht, wie er ehrlich zugeben musste.

Die work@home AG, die Software für die Unterstützung von Homeoffices erstellt und vertreibt, ist ein junges, aufstrebendes Unternehmen. Vor drei Jahren von Dietrich Som-mer und einem Softwarespezialisten gegründet, war es im vergangenen Jahr an die Börse gegangen. Die Analysten waren begeistert: ein innovatives Wachstumsprodukt, rascher Markterfolg und ein – natürlich – gutes Management in den zwei Jahren davor halfen, einen hohen Ausgabekurs der jungen Aktien zu erzielen. Sommer war für die nächsten Jahre seine privaten finanziellen Sorgen auf einen Schlag losgeworden. Das Umsatz-wachstum der letzten beiden Jahre betrug über 100 %. Im laufenden Jahr war das Ge-schäft jedoch härter geworden. Eine allgemeine Nachfrageschwäche am Softwaremarkt war zu spüren. Immer noch war das Wachstum um die 20 %, aber 100 % schienen nicht mehr erzielbar zu sein.

Sommer setzt sich gegenüber Pohmer und Wilde an den Besprechungstisch und runzelt seine Stirn sorgenvoll. „Sehen Sie", beginnt er, „es ist eigentlich lächerlich: Wir kommen jetzt vermutlich auf ein Wachstum von 20 %, die meisten Unternehmen, die ich kenne, wür-den vor Freude in die Höhe hüpfen, und bei uns beginnt die große Krise." „Ist es wirklich so schlimm?", fragt Kristin, die für das Rechnungswesen zuständig ist. „Ja, in der Tat", sagt Sommer und malt sich aus, wie ihn die Analysten der beiden Banken in den nächsten Tagen ausquetschen würden. Sie hatten hohe Erwartungen an die work@home AG. Und Sommer fürchtet sich davor, dass der Kurs abstürzen würde, wenn er diese Erwartungen nicht erreicht.

A. Wagenhofer et al., *Externe Unternehmensrechnung*, https://doi.org/10.1007/978-3-662-67409-3_7

„Der Grund, warum ich Sie beide rief, ist, na ja", Sommer zögert, „… ist, ob Ihnen etwas einfällt, wie wir die Umsätze sozusagen etwas heben könnten." Das war es also, durchfuhr es Pohmer und Wilde gleichzeitig. Sommer fährt fort: „Ich habe mich schon öfter gefragt, wie die von der Soft.wear das machen. Die zeigen weiterhin tolle Wachstumsraten, obwohl sie die gleichen Probleme wie wir haben müssten." Pohmer antwortet: „Ich habe die schon länger im Verdacht, dass sie es mit der Umsatzrealisierung nicht so genau nehmen." Sommer schaut überrascht. In seinem Betriebswirtschaftsstudium war davon nichts zu hören. „Ich dachte, gerade bei den Umsätzen kann man überhaupt nichts machen." Pohmer lacht. „Man kann fast überall etwas machen. Soft.wear hat mit diesem Geschäftsjahr begonnen, Kunden ein Rückgaberecht auf die verkaufte Software einzuräumen. Das funktioniert so: Die Kunden können die Software auf einem Rechner installieren, und wenn sie nach zwei Monaten nicht registrieren, wird die Funktionalität der Software auf praktisch null reduziert, und die Kunden bekommen ihr Geld zurück." „Und was hat das mit den Umsätzen zu tun?", fragt Sommer. „Die buchen den Umsatz einfach, wenn sie die Software ausliefern, obwohl doch ein erheblicher Teil der Kunden diese später nicht registriert. Damit kommen sie in diesem Jahr auf ungewöhnlich hohe Umsätze." „Das klingt interessant", meint Sommer. „Es passt aber mit unserem Geschäftsmodell nicht zusammen", erwidert Wilde, der für das Controlling zuständig ist.

Sommer wischt diesen Einwand weg. „Das ist jetzt nicht so wichtig. Ich brauche rasche Erfolge. Also denken wir es nochmals durch." Pohmer meint: „Ob das so einfach geht, wie die Soft.wear das macht, bezweifle ich. Denn es ist nicht unstrittig, ob so etwas tatsächlich hält, und übrigens", sie sieht Sommer auffordernd an, „ich habe immer den Eindruck, die Analysten erkennen das sowieso. Die wissen doch immer alles. Macht es dann Sinn, so eigenartige Dinge zu versuchen?" Sommer zuckt mit den Achseln. „Hilft es nichts, so schadet es zumindest auch nicht. Vielleicht gibt es ein paar Investoren, die nicht so genau schauen." „Schadet es wirklich nicht?", fragt Pohmer, „Die fühlen sich vielleicht getäuscht und reagieren auf eine geringere Umsatzsteigerung als erwartet überproportional negativ." „Das ist aber wieder unlogisch", ist Sommer überzeugt. „Schlechter als wir sind, können sie uns wohl nicht machen, oder?"

Ziele dieses Kapitels
- Aufzeigen, dass in einem Marktgleichgewicht Bilanzpolitik auch bestehen kann, wenn Adressaten diese vollständig erkennen und berücksichtigen
- Diskussion von Informationswirkungen von Bilanzpolitik durch Signaling
- Analyse der Vor- und Nachteile von Bilanzpolitik, die durch optimale Verträge induziert wird, sowie Bedingungen für die Indifferenz von Bilanzpolitik
- Erkennen, dass Bilanzpolitik in manchen Situationen Vorteile bewirken kann und nicht immer „schlecht" ist

1 Einleitung

Dieses Kapitel widmet sich der **ökonomischen Analyse** der Anreize und Wirkungen von Bilanzpolitik. Die hier vertieften Themen sind im 6. Kapitel: *Bilanzpolitik – Grundlagen* bereits angeklungen: Es geht um Anreize zu Bilanzpolitik und die Reaktionen der Bilanzadressaten auf Bilanzpolitik, sei sie beobachtbar oder erschließbar. Viele der dort beschriebenen Überlegungen beruhen allerdings auf einfachen Gedankengängen, die – wie zu sehen sein wird – nicht immer in dieser Allgemeinheit gelten.

Bilanzpolitik, wie auch die Ermöglichung von Bilanzpolitik durch Rechnungslegungsstandards, wird i. d. R. als etwas **Negatives** gesehen, das eingedämmt oder verhindert werden sollte. Dieses Kapitel zeigt, dass eine solche Sichtweise zu kurz greift. Es gibt Situationen, in denen Bilanzpolitik eine **Verbesserung** des Nutzens der Betroffenen bewirkt. Diese werden in diesem Kapitel an mehreren Stellen aufgezeigt und begründet.

Im vorherigen Kapitel wurden einige empirische Studien besprochen, die durchaus Zweifel an der Fähigkeit des Kapitalmarktes aufkommen lassen, Bilanzpolitik zu erkennen. Insofern können natürlich Anreize zu lohnender Bilanzpolitik bestehen. Was ist jedoch, wenn der **Kapitalmarkt** vollständig in der Lage wäre, Bilanzpolitik zu erschließen und diese entsprechend bei seinen Preisentscheidungen zu berücksichtigen? Dafür erscheint die Vermutung naheliegend, dass sich **Bilanzpolitik** seitens der Unternehmen nicht mehr lohnt, vor allem dann, wenn sie etwas kostet, wie z. B. Managementzeit oder Beratungskosten. Es müsste dann eigentlich für alle Beteiligten günstig sein, auf Bilanzpolitik zu **verzichten**.

Im ersten Abschnitt dieses Kapitels wird gezeigt, dass dem nicht so ist. **Anreize zu Bilanzpolitik** kann es auch dann geben, wenn *alle* **Bilanzadressaten** dies vollständig durchschauen. Dies liegt daran, dass Bilanzpolitik nicht direkt beobachtbar ist, sondern nur im Rahmen konkreter Situationen als Hypothese bei der Interpretation der Rechnungslegung angesetzt werden kann. Damit müssen die Bilanzadressaten wie auch das Unternehmen aufgrund ihrer erwarteten Strategien Entscheidungen treffen. Die Lösung besteht in der Suche nach einem **Kapitalmarktgleichgewicht**. Solche Gleichgewichte weisen zum Teil *a priori* unerwartete Eigenschaften auf.

Im nächsten Abschnitt werden Vorteile von Bilanzpolitik gezeigt, die gar nicht so sehr darin bestehen, bestimmte Werte von Vermögenswerten oder Schulden bzw. einen bestimmten Gewinnausweis zu erreichen. Stattdessen soll eine bestimmte Information gegeben werden, die für sich genommen nicht glaubwürdig übermittelt werden kann. Bilanzpolitik wird damit zum Träger oder Medium für diese Information. Dazu wird ein **Signaling-Modell** aufgestellt, das die Verbindung zwischen der Bilanzpolitik und der eigentlich interessierenden Information über **Steuernachteile** herstellt, die aufgrund des **Maßgeblichkeitsprinzips** bei gewinnerhöhenden bilanzpolitischen Maßnahmen entstehen. Mit solchen Überlegungen kann eine mögliche Erklärung gefunden werden, dass Unternehmen Bilanzierungs- und Bewertungsmethoden wählen, die an und für sich nachteilig zu sein scheinen.

Im dritten Abschnitt dieses Kapitels wird **Bilanzpolitik in optimalen Verträgen** dargestellt. Wie schon im vorherigen Kapitel zu sehen war, gehen von Entlohnungsschemata oft erhebliche Anreize zur Bilanzpolitik aus. Diese können sämtliche Formen wie gewinnerhöhend, gewinnmindernd, gewinnglättend oder auch Erreichen von Zielgrößen annehmen, je nachdem, wie die Entlohnungsfunktion gestaltet ist. Bei solchen Erwägungen wird die Entlohnungsfunktion als exogen vorgegeben betrachtet.

Nun wird daraus nicht ohne Weiteres deutlich, weshalb eine solche, für Bilanzpolitik anfällige **Entlohnungsfunktion in einem optimalen Vertrag** von den Parteien tatsächlich festgelegt wird. Handelt es sich bei Bilanzpolitik nur um Auswüchse nicht optimaler Verträge? Bestehen im Fall, dass mit dem Management optimale Entlohnungsverträge abgeschlossen werden können, möglicherweise gar keine Anreize zu Bilanzpolitik? In der Tat kann bei Vorliegen bestimmter Bedingungen gezeigt werden, dass letzteres der Fall ist – wenn nämlich das **Offenlegungsprinzip** gilt. Bilanzpolitik in optimalen Verträgen ist nur dann relevant, wenn dessen Anwendungsbedingungen nicht gegeben sind. Aber auch dann ist an sich noch nicht klar, ob Bilanzpolitik seitens des Prinzipals immer nur unerwünscht ist. Es kann nämlich auch Vorteile aus der Ermöglichung von Bilanzpolitik geben. Diese Aspekte werden im Rahmen von **Agency-Modellen** analysiert.

Ist Bilanzpolitik schlecht oder gut?

Arya/Glover/Sunder (2003), S. 115, vergleichen die Perspektive für die Beurteilung von Bilanzpolitik wie folgt:

"In his February 26, 2002 testimony before the US Senate, Walter P. Schuetze (a former Chief Accountant of the SEC) stated "Earnings management is a scourge in this country … We need to put a stop to earnings management." He went on to argue for mark-to-market accounting in order to provide a true picture of firms. Eliminating earnings management is, arguably, an unattainable nirvana used only by politicians. Even if we think financial reporting could take a photograph-like "true" pictures of firms, the relationship between financial reporting and business is not like that of a photographer and a landscape. It is more like that between a photographer and a model: the model smiles and poses at the camera even as the photographer changes camera angle and settings in reaction to the model. The state of the firm and its financial reports are reflexive in the sense of being dependent on each other. Debates on financial accounting reforms often focus on making changes to deal with current problems, failing to anticipate problems that may emerge as agents respond strategically to the reforms."

---

2   Bilanzpolitik im Kapitalmarktgleichgewicht

In diesem Abschnitt wird die Frage untersucht, ob und welche Anreize zu Bilanzpolitik bestehen, wenn die Adressaten die Bilanzpolitik vollständig erschließen und bei ihren eigenen Entscheidungen herausrechnen können. Dazu wird von einem **Kapitalmarkt mit rationalen Erwartungen** ausgegangen, der annahmegemäß diese Fähigkeit besitzt. Beim folgenden informationsökonomischen Modell handelt es sich um eine vereinfachte Version des **Modells** von *Fischer/Verrecchia* (2000).

2.1   Ein Kapitalmarktmodell

Der künftige tatsächliche Wert des Unternehmens sei eine Zufallsvariable $\tilde{x}$, die normalverteilt mit einem Erwartungswert μ und einer Varianz σ_x^2 ist. Weder der Manager noch der Kapitalmarkt kennen den künftig realisierten Unternehmenswert. Der Manager beobachtet im Rahmen seiner Tätigkeit allerdings eine **Information** $\tilde{y} = \tilde{x} + \tilde{\varepsilon}$, also eine unscharfe Information über $\tilde{x}$. Die Störgröße $\tilde{\varepsilon}$ ist normalverteilt mit Erwartungswert 0 und Varianz σ_x^2 und *unabhängig* von $\tilde{x}$. Der Kapitalmarkt weiß, dass der Manager diese Information y besitzt, beobachtet diese aber nicht.

Der Manager verfügt über einen großen **bilanzpolitischen Spielraum**. Er kann ein $m = m(y)$ berichten, das beliebig vom beobachteten y abweicht:

$$m = y + b$$

Darin ist b die Wahl der Verzerrung der ursprünglichen Information y durch Bilanzpolitik. Der Manager kann y in jede beliebige Richtung verzerren, b ist nicht auf positive Werte beschränkt. Allerdings ist es für höhere absolute b immer schwieriger, hinreichend bilanzpolitische Maßnahmen zu finden, um die Verzerrung zu bewerkstelligen. Dies wird durch einen **Disnutzen** $b^2/2$ ausgedrückt, der dem Manager durch die Bilanzpolitik entsteht. Der Disnutzen umfasst Kosten des Nachdenkens, des Suchens, der Beratung, der Aushandlung mit dem Wirtschaftsprüfer, aber auch erwartete Kosten einer möglichen Klage, falls die Bilanzpolitik am Rande der legalen Möglichkeiten ist.

Der Manager ist risikoneutral. Er hat einen Anreiz, einen möglichst **hohen Marktpreis** P des Unternehmens zu induzieren. Vereinfachend wird angenommen, dass ein Teil seiner gesamten Entlohnung mit einem Prozentsatz $s > 0$ vom Marktpreis abhängt. Die restliche Entlohnung wird hier nicht weiter betrachtet, da sie für sein Entscheidungsproblem nicht relevant ist. Die **Nutzenfunktion** des Managers lautet damit

$$U = sP - \frac{b^2}{2} \tag{7.1}$$

Der **Kapitalmarkt** ist risikoneutral und bestimmt den Marktpreis P abhängig von sämtlichen öffentlich verfügbaren Informationen (das sind m und die *a priori*-Wahrscheinlichkeit von $\tilde{x}$) unter Berücksichtigung der Anreize des Managers, Bilanzpolitik zu betreiben, als $P = \mathrm{E}\left[\tilde{x} \middle| m\right]$.

2.2   Marktgleichgewicht

Ein **Marktgleichgewicht** hat in dieser Situation folgende Struktur. Es besteht aus einer Bilanzpolitik $b(y)$ des Managers und einer Preisfunktion $P(m)$ des Kapitalmarktes, die die folgenden **Bedingungen** erfüllen:

$$b(y) = \arg\max_b s\hat{P}(m) - \frac{b^2}{2} \tag{7.2}$$

$$P(m) = \mathrm{E}\left[\tilde{x}\,\middle|\,m, \hat{b}(y)\right] \tag{7.3}$$

wobei $\hat{b}(y)$ und $\hat{P}(m)$ die **Erwartungen** über die jeweiligen **Reaktionsfunktionen** des Managers und des Kapitalmarkts bezeichnen. Diese beiden Bedingungen stellen sicher, dass sowohl der Manager als auch der Kapitalmarkt ihre Entscheidungen als beste Antwort auf die vermutete Entscheidung des jeweils anderen Beteiligten treffen. Im **Gleichgewicht** müssen diese Erwartungen erfüllt sein, d. h. es muss gelten:

$$b(y) = \hat{b}(y) \text{ und } P(m) = \hat{P}(m)$$

Dies wird als **Gleichgewicht mit rationalen Erwartungen** *(rational expectations equilibrium)* bezeichnet.

Um ein solches Gleichgewicht explizit zu ermitteln, müssen **Annahmen** über die mögliche Struktur der relevanten Funktionen gemacht werden. Sonst müsste man in einem unendlich großen Raum möglicher Funktionen suchen. Eine in der Literatur sehr häufig gewählte Struktur sind einfache lineare Funktionen, die hier wie folgt angenommen werden:

$$b(y) = \lambda y + \delta \tag{7.4}$$

$$P(m) = \alpha + \beta m = \alpha + \beta(y + b) \tag{7.5}$$

Lineares Gleichgewicht

Der **Manager** kennt die Parameter α und β nicht, die den Preis am Kapitalmarkt bestimmen. Er vermutet stattdessen Parameterwerte von $\hat{\alpha}$ und $\hat{\beta}$ und geht von folgender Preisfunktion aus:

$$\hat{P}(m) = \hat{\alpha} + \hat{\beta}m = \hat{\alpha} + \hat{\beta}y + \hat{\beta}b$$

Damit maximiert er seinen Nutzen durch

$$\max_b s(\hat{\alpha} + \hat{\beta}y + \hat{\beta}b) - \frac{b^2}{2} \tag{7.6}$$

Daraus ergibt sich die **optimale Bilanzpolitik** $b(y) = s\hat{\beta}$. Sie ist zwar abhängig von der Erwartung, wie der Markt die Information y in die Preisbildung einfließen lässt, hängt aber nicht unmittelbar von der Information y ab. Im Rahmen der obigen linearen Funktion (7.4) für die Bilanzpolitik gilt mithin $\lambda = 0$.

Der **Markt** passt seine *a priori*-Erwartungen über $\tilde{x}$ entsprechend dem Bericht m an. Er berücksichtigt dabei, dass die Bilanzpolitik des Managers nicht direkt von y abhängig und daher konstant ist, so dass er aus dem Bericht m faktisch auf das dahinterstehende y schließen kann. Da $\tilde{x}$ und $\tilde{\varepsilon}$ normalverteilt sind, ist $m = y + s\hat{\beta}$ normalverteilt mit Erwartungswert $\mu + s\hat{\beta}$ und Varianz $\sigma_x^2 + \sigma_\varepsilon^2$. Gemäß den Regeln zur Erwartungsrevision bei normalverteilten Zufallsvariablen[1] ergibt sich der Preis nach Bekanntgabe von m als:

$$P(m) = E\left[\tilde{x}\,|\,m\right] = \mu + \frac{\mathrm{Cov}\left(\tilde{x},\tilde{m}\right)}{\sigma_m^2}\left(m - s\hat{\beta} - \mu\right) =$$

$$= \mu + \frac{\sigma_x^2}{\sigma_x^2 + \sigma_\varepsilon^2}\left(m - s\hat{\beta} - \mu\right) =$$

$$= \mu - \left(s\hat{\beta} + \mu\right)\frac{\sigma_x^2}{\sigma_x^2 + \sigma_\varepsilon^2} + \frac{\sigma_x^2}{\sigma_x^2 + \sigma_\varepsilon^2}m =$$

$$= \left(\mu - \left(s\hat{\beta} + \mu\right)\beta\right) + \beta m =$$

$$= \alpha + \beta m$$

Im **Gleichgewicht** müssen die **Erwartungen erfüllt** sein, d. h. $\alpha = \hat{\alpha}$ und $\beta = \hat{\beta}$. Die Gleichgewichtsparameter lauten daher

$$\alpha = \mu - \left(s\beta + \mu\right)\beta$$

$$\beta = \frac{\sigma_x^2}{\sigma_x^2 + \sigma_\varepsilon^2}$$

Und für die Parameter der Bilanzpolitik des Managers gilt entsprechend $\lambda = 0$ sowie

$$\delta = s\beta = s\frac{\sigma_x^2}{\sigma_x^2 + \sigma_\varepsilon^2}$$

2.3   Interpretation

Im Gleichgewicht kommt es also zu einer **Verfälschung** der originären Information y durch bilanzpolitische Maßnahmen. Die Bilanzpolitik besteht aus einer konstanten Erhöhung der tatsächlichen Information y mit einem $b = s\beta = s\dfrac{\sigma_x^2}{\sigma_x^2 + \sigma_\varepsilon^2} > 0$. Die Höhe der **Verzerrung** b wird durch die Informationsstruktur und die (exogen gegebene) Entlohnungsfunktion determiniert. Sie ist umso höher, je stärker der Manager am Marktpreis beteiligt ist (s), je größer die Unsicherheit über den künftigen Unternehmenswert ist (Varianz σ_x^2) und je präziser seine eigene Information ist (die Präzision ist definiert als Reziprokwert der Varianz, hier also $1/\sigma_\varepsilon^2$). **Erhöhen** bestimmte Mechanismen, z. B. striktere Rechnungslegungsstandards, die **Kosten** von Bilanzpolitik, reduziert sich der Vorteil von Bilanzpolitik, und es wird im Gleichgewicht weniger Bilanzpolitik betrieben.

---

[1] Siehe dazu die entsprechenden Ausführungen im 2. Kapitel: *Wert von Informationssystemen*.

Der **Markt antizipiert** diesen Anreiz und korrigiert den Bericht des Managers um die erwartete Bilanzpolitik. In diesem Szenario kann der Markt die Bilanzpolitik *exakt* **herausrechnen**, da diese nicht von Einflüssen abhängt, die nur dem Manager bekannt sind (zu Erweiterungen siehe unten). Die **Erwartungsrevision** erfolgt daher so, als ob y bekannt wäre:

$$P(m) = \mu + \frac{\sigma_x^2}{\sigma_x^2 + \sigma_\varepsilon^2} \left(\underbrace{m - s\beta}_{y} - \mu \right)$$

Der Faktor $\sigma_x^2 / (\sigma_x^2 + \sigma_\varepsilon^2)$ entspricht dem *earnings response*-**Koeffizienten** (*ERK*), wie er im 3. Kapitel: *Rechnungslegung und Kapitalmarkt* für ein Szenario ohne Bilanzpolitik dargestellt wurde.

Im **Ergebnis** zeigt sich daher, dass der Manager **Bilanzpolitik** betreibt, *obwohl* er genau weiß, dass er den Kapitalmarkt nicht täuschen kann. Bilanzpolitik verursacht ihm Kosten von $b^2/2 > 0$, und so könnte man denken, dass er darauf einfach verzichtet, wenn es ihm keinen Vorteil bringt.[2] Doch diese Überlegung trügt, weil die tatsächliche Ausübung oder Unterlassung bilanzpolitischer Maßnahmen **nicht beobachtbar** ist. Ein Manager, der auf die Ausübung von **Bilanzpolitik** verzichtet, sieht sich nämlich dennoch mit Investoren konfrontiert, die weiterhin von der *Möglichkeit* zu einer durch Bilanzpolitik beeinträchtigten Berichterstattung ausgehen. Der Kapitalmarkt setzt daher den Preis P wie folgt fest:

$$P(m) = \mu + \beta (m - s\beta - \mu)$$

Der Nutzen des Managers bei Verzicht auf Bilanzpolitik beträgt

$$sP(y) = s(\mu + \beta (y - s\beta - \mu))$$

Bilanzpolitik im Ausmaß von $b = s\beta > 0$ führt dagegen zu einem Nutzen von

$$sP(y + s\beta) - \frac{s^2 \beta^2}{2} = sP(y) + \frac{s^2 \beta^2}{2} > sP(y)$$

Dieser Nutzen ist *strikt* größer als bei Verzicht auf bilanzpolitische Maßnahmen. Die Folge ist daher, dass sich der Manager – gegeben die Erwartungsrevision durch den Kapitalmarkt – ohne Bilanzpolitik nur schlechter stellen kann. Nur dann, wenn der Kapitalmarkt dem Manager glauben würde, dass er $m = y$ berichtet, ergäbe sich der gewünschte Vorteil. Doch in diesem Fall hätte der Manager wiederum einen **Anreiz**, **Bilanzpolitik** $m > y$ zu betreiben.

---

[2] Dass Bilanzpolitik hier keinerlei Vorteile bringt, hängt von den Modellannahmen ab. Ist etwa der Nutzenanteil s des Managers am Marktpreis des Unternehmens sehr unsicher, kann sich *ex ante* ein Vorteil für ihn ergeben. Vgl *Fischer/Verrecchia* (2000), S. 243.

Das **Marktgleichgewicht** ist in diesem Szenario *ex post* **ineffizient**, weil Bilanzpolitik etwas kostet, aber keinen Nutzen erbringt. Der Manager „schießt" sich sozusagen selbst „ins Knie".[3] Um dieses aus **gesamtwirtschaftlicher Sicht** unbefriedigende Ergebnis zu vermeiden, können Mechanismen wie **Interne Kontrollsysteme, Wirtschaftsprüfung, Enforcement, Reputation** dienen, soweit sie Bilanzpolitik verhindern oder aufdecken können. Dies ist allerdings im Bereich von Ermessensspielräumen nur teilweise der Fall.

Eine andere Möglichkeit wäre eine **Selbstbindung** (Kommitment) des Managers. Aber dabei bleibt unklar, wie eine solche Selbstbindung durchsetzbar ist. *Ex post* ist Bilanzpolitik nämlich nicht direkt **zu erkennen**. Im Modell gibt der letztlich resultierende Unternehmenswert x keine Information über den Wahrheitsgehalt von m; beide können *ex ante* und *ex post* im gesamten Wertebereich (bei einer Normalverteilung von $-\infty$ bis $+\infty$) schwanken. Sämtliche Beteuerungen des Managers, keine Bilanzpolitik betrieben zu haben, sind daher ohne weitere Maßnahmen (wie eine externe Prüfung) nicht glaubwürdig und können den Kapitalmarkt nicht dazu bewegen, der Ankündigung des Managers zu trauen.

Die **Ineffizienz** könnte auch ein Argument für **gesetzliche Regelungen** sein, die Bilanzpolitik erschweren oder verhindern. Allerdings sind gesetzliche Regelungen meist nicht exakt auf den Sachverhalt abgestimmt und schießen oft über das Ziel hinaus. Denkt man etwa an Ermessensspielräume wie etwa bei vielen Rückstellungen, könnte eine gesetzliche Einschränkung nur in einem Verbot von Rückstellungen bestehen – und das verhindert wiederum, dass Informationen über erwartete Verpflichtungen gegeben werden, die künftig zu Ressourcenabflüssen führen.

2.4   Unvollständige Information über Präferenzen des Managers

Sind den Anleger die Präferenzen des Managers nicht genau bekannt, ist ein exaktes Herausrechnen der bilanzpolitischen Verzerrung aus dem veröffentlichten Gewinn nicht mehr möglich. Zur Illustration dieses Effekts sei unterstellt, dass die Kosten der Bilanzpolitik nicht nur vom Ausmaß der Verzerrung b, sondern ebenfalls von unternehmensspezifischen Faktoren η abhängen (z. B. Ausprägung des Internen Kontrollsystems, Schwierigkeiten bei Diskussionen mit dem Prüfer und/oder den Überwachungsorganen etc),[4] so dass die Kosten nun durch

$$\frac{1}{2}\left(b-\eta\right)^2$$

gegeben sind.[5] Eine höhere Ausprägung von η bezeichnet eine günstigere Kostensituation. Nur der Manager kennt die unternehmensspezifische Situation genau, die Anleger gehen

---

[3] Vgl *Stein* (1989).

[4] Siehe dazu auch *Dye/Sridhar* (2008).

[5] *Fischer/Verrecchia* (2000) betrachten den Fall, dass der Markt den Anteil s des Managers am Marktpreis P nicht genau kennt. Weil die Bilanzpolitik b von s abhängt, kann das Ausmaß der bilanzpolitischen Verzerrung vom Markt nicht mehr exakt bestimmt werden, weil s selbst nicht genau bekannt ist. Es ergibt sich auch für das Marktgleichgewicht eine deutlich komplexere Situation als bisher, weil *ERK* nur noch implizit bestimmt werden kann.

dagegen bei η von einer von der Information y unabhängig normalverteilten Größe mit Erwartungswert 0 und Varianz σ_η^2 aus. Die Zielfunktion des Managers lautet nun

$$\max_b s\left(\hat\alpha + \hat\beta y + \hat\beta b\right) - \frac{(b-\eta)^2}{2}$$

und die optimale Bilanzpolitik ist

$$b = s\hat\beta + \eta$$

Der ausgewiesene Gewinn beträgt

$$m = y + b = y + s\hat\beta + \eta$$

Er ist ebenfalls normalverteilt, seine Varianz ist mit

$$\sigma_m^2 = \sigma_x^2 + \sigma_\varepsilon^2 + \sigma_\eta^2$$

aber höher als vorher, was durch die ungenaue Information des Marktes hinsichtlich der Managerpräferenzen begründet ist. Zur Ermittlung der Gleichgewichtsparameter kann man analog zur Situation präziser Information über die Präferenzen vorgehen, so dass der neue *earnings response*-Koeffizient β_η nun durch

$$\beta_\eta = \frac{\sigma_x^2}{\sigma_x^2 + \sigma_\varepsilon^2 + \sigma_\eta^2} < \beta = \frac{\sigma_x^2}{\sigma_x^2 + \sigma_\varepsilon^2}$$

charakterisiert ist. Die Unsicherheit über die Präferenzen des Managers induziert eine höhere Unsicherheit bei der Interpretation des ausgewiesenen Gewinns. Der Markt kann zwar die **erwartete** Bilanzpolitik

$$\mathrm{E}\left[\tilde b\right] = s\beta_\eta + \mathrm{E}\left[\tilde\eta\right] = s\beta_\eta$$

antizipieren, doch wegen der Unkenntnis des konkreten Wertes für η wissen die Anleger nicht, ob einem hohen (niedrigen) ausgewiesenen Gewinn auch ein hohes (niedriges) y oder aber niedrige (hohe) bilanzpolitische Kosten zugrunde lagen. Dieses Interpretationsrisiko führt folgerichtig zu einer Senkung des *earnings response*-Koeffizienten im Gleichgewicht, die um so stärker ausfällt, je höher die Unsicherheit über η ist.

Beyer/Guttman/Marinovic (2019) betrachten eine mehrperiodige Erweiterung dieses Settings unter dem Gesichtspunkt der dynamischen Entwicklung von Gewinnen, Bilanzpolitik, Eigenkapitalwerten, *earnings response*-Koeffizienten und anderen Metriken. Sie entwickeln daraus strukturelle Zusammenhänge, die als Basis eines empirischen Tests dienen. Die daraus erhaltenen Resultate bestätigen die Bedeutung der Trennung von Fundamentalrisiken (Unsicherheit über x bzw. y) und Reportingrisiken (Unsicherheit bezüglich η). Eine fehlende explizite Kontrolle für Reportingrisiken in empirischen Untersuchungen würde zu einer substanziellen Überschätzung von *earnings response*-Koeffizienten und einer Unterschätzung der Beständigkeit von Gewinnen führen.

2.5   Effekt buchmäßiger auf reale Bilanzpolitik

Von einem regulativen Eingriff mit dem Ziel einer Verhinderung von Bilanzpolitik können auch andere Entscheidungen betroffen sein. Wie im 6. Kapitel: *Bilanzpolitik – Grundlagen* dargestellt wurde, gibt es neben der buchmäßigen Bilanzpolitik auch reale Bilanzpolitik. Während striktere Rechnungslegungsstandards, stärkere Kontrollen und ähnliches buchmäßige Bilanzpolitik reduzieren können, haben sie meist keine Auswirkung auf die Möglichkeit **realer Bilanzpolitik**. Das bedeutet aber nicht, dass die reale Bilanzpolitik von einer regulativen Begrenzung buchmäßiger Bilanzpolitik unbeeinflusst ist.

Die obige Modellstruktur kann erweitert werden, dass auch reale Bilanzpolitik möglich ist. *Ewert/Wagenhofer* (2005) betrachten dabei zwei Perioden, um die Effekte von realer Bilanzpolitik auf die künftigen Cashflows des Unternehmens zu erfassen. Die **berichtete Ergebnisgröße** in der ersten Periode ist

$$m_1 = y_1 + b_A + b_R$$

wobei b_A die Verzerrung durch buchmäßige Bilanzpolitik und b_R diejenige durch reale Bilanzpolitik bezeichnet.

Buchmäßige Bilanzpolitik dreht sich in der zweiten Periode aufgrund des Kongruenzprinzips um; reale Bilanzpolitik verursacht dem Unternehmen demgegenüber einen **ökonomischen Nachteil** in Höhe von $(1 + C)b_R$, wobei $C \geq 0$ einen Kostenparameter darstellt. Wenn in der zweiten Periode selbst keine Bilanzpolitik mehr erfolgen kann, ergibt sich die berichtete Ergebnisgröße daher wie folgt:

$$m_2 = x + \varepsilon_2 - b_A - b_R \left(1 + C\right).$$

Beide Arten von Bilanzpolitik verursachen dem Manager **Disnutzen**. Um die Auswirkungen von **strengeren Rechnungslegungsstandards** zu sehen, wird angenommen, dass der Disnutzen buchmäßiger Bilanzpolitik mit einem Faktor $c_A > 0$ variiert wird; ein höheres c_A entspricht strengeren Standards, weil der Disnutzen für den Manager für gleichhohe buchmäßige Bilanzpolitik steigt.

Der Zusammenhang von buchmäßiger und realer Bilanzpolitik hängt dann von der genauen Struktur der Funktion ab, die den Disnutzen bestimmt. Angenommen, die Disnutzenfunktion lautet

$$v\left(b_A, b_R\right) = \left(c_A b_A + b_R\right)^2 / 2 \tag{7.7}$$

Diese beschreibt z. B. eine Situation, in welcher der Disnutzen nur von der gewichteten Summe der beiden Arten von Bilanzpolitik abhängt, also z. B. Disnutzen aus der Zeit zieht, mit der sich der Manager mit Bilanzpolitik, gleich welcher Art, beschäftigen muss. Wird c_A erhöht, ergibt sich bei gleichbleibenden Effekten beider Arten von Bilanzpolitik unmittelbar ein **Substitutionseffekt**, dass buchmäßige Bilanzpolitik reduziert wird und gleichzeitig reale Bilanzpolitik steigt.

Weniger offensichtlich ist das Resultat in dem Fall, dass der Disnutzen keinen *direkten* Substitutionseffekt auslöst. Eine solche **Disnutzenfunktion** ist die folgende:

$$v\left(b_{A},\, b_{R}\right) = \frac{c_{A} b_{A}^{2}}{2} + \frac{b_{R}^{2}}{2}$$

In diesem Fall würde man erwarten, dass eine Veränderung von c_{A} keinen Effekt auf reale Bilanzpolitik hat. Dies ist jedoch unzutreffend. *Ewert/Wagenhofer* (2005) zeigen, dass sich ebenfalls ein **Substitutionseffekt** ergibt, der im Marktgleichgewicht indirekt auf folgende Zusammenhänge zurückgeht:

- Der **direkte Effekt** einer Erhöhung von c_{A} besteht in einer **Reduktion** der buchmäßigen Bilanzpolitik b_{A}.
- Dies **erhöht** den *earnings response*-**Koeffizienten** β, mit dem die Marktteilnehmer ihre Erwartungen auf Basis des berichteten Ergebnisses anpassen.
- Die Erhöhung von β führt aber gleichzeitig dazu, dass der **marginale Nutzen** realer Bilanzpolitik **steigt**. Bei gleichbleibenden marginalen Kosten im Disnutzen bedeutet dies nun, dass der Manager *mehr* reale Bilanzpolitik b_{R} unternimmt.
- Die Erhöhung der realen Bilanzpolitik **reduziert** wiederum β, allerdings in geringerem Umfang als es durch die Verminderung buchmäßiger Bilanzpolitik steigt.

Im Ergebnis zeigt sich daher ebenfalls ein **Substitutionseffekt** von buchmäßiger und realer Bilanzpolitik. Die **Summe der Verzerrungen** ($b_{A} + b_{R}$) sinkt für striktere Rechnungslegungsstandards (wie das ja auch erwünscht ist); dennoch kann das resultierende Gleichgewicht letztlich höhere **Kosten der Bilanzpolitik** aufweisen, weil reale Bilanzpolitik mehr kostet als buchmäßige Bilanzpolitik. Dieser Effekt ist aus einer **gesamtwirtschaftlichen Sicht** unerwünscht. Es zeigt sich also, dass die Zusammenhänge zwischen Rechnungslegungsstandards und den ökonomischen Auswirkungen nicht so einfach sind, wie das durch Betrachtung nur der unmittelbaren Auswirkungen erscheint.

2.6   Nutzen von Bilanzpolitik

Ein wesentliches Ergebnis der bisherigen Modellanalysen ist, dass **Bilanzpolitik** zwar Kosten, aber **keinen Nutzen** verursacht, weil die Marktteilnehmer die erwartete Bilanzpolitik (jedenfalls im Durchschnitt) antizipieren und diese somit in der Preisreaktion enthalten ist. Bilanzpolitik ist also etwas **Negatives**. Doch auch dieses Ergebnis hängt von bestimmten Annahmen ab. Im Folgenden wird eine Variation des obigen Modells gezeigt, in dem (buchmäßige) Bilanzpolitik tatsächlich Vorteile bringt (*Ewert/Wagenhofer* 2012).

Der Manager besitzt **private Zusatzinformation**, die informativ über den künftigen Cashflow ist. Diese Information kann allerdings nicht glaubwürdig berichtet werden. Beispiele sind Erwartungen über den Erfolg unternehmenseigener Forschung und Entwicklung, über Synergien, über Trends an den Absatz- und Beschaffungsmärkten und andere nichtfinanzielle Größen. In dieser Situation kann der Manager seine **bilanzpolitische Entscheidung** vom Signal aus dem Rechnungswesensystem und von der privaten Information abhängig machen. Die Investoren verwenden dann das berichtete Ergebnis dazu, Schlussfolgerungen über beide Signale zu ziehen.

Um dies formal zu zeigen, wird vereinfachend angenommen, der **künftige riskante Cashflow** besteht aus zwei unabhängigen Komponenten,

$$\tilde{x} = \tilde{x}_1 + \tilde{x}_2$$

mit Erwartungswerten $E[\tilde{x}] = E[\tilde{x}_i] = 0$ und Varianzen $\sigma_x^2 = \sigma_1^2 + \sigma_2^2$. Das **Rechnungslegungssystem** liefert ein unverzerrtes Signal über die erste Komponente,

$$\tilde{y} = \tilde{x}_1 + \tilde{\varepsilon}$$

und die **private Information** des Managers ein unverzerrtes Signal über die zweite Komponente,

$$\tilde{z} = \tilde{x}_2 + \tilde{\delta}$$

$\tilde{\varepsilon}$ und $\tilde{\delta}$ sind jeweils unabhängig normalverteilt mit Erwartungswert 0 und Varianz σ_ε^2 bzw. σ_δ^2. Wie bisher angenommen, basiert die berichtete Ergebnisgröße m auf y, allerdings verzerrt um buchmäßige Bilanzpolitik b.

Um einen Anreiz für den Manager zu schaffen, Informationen über seine private Information z zu geben, wird angenommen, dass sein Nutzen nicht nur vom Marktpreis des Unternehmens abhängt, sondern auch von der **Genauigkeit der berichteten Ergebnisgröße**. So erhöht eine höhere Genauigkeit, d. h. eine durchschnittlich geringere Abweichung von x und m, die Einschätzung der Managerfähigkeit und erhöht seine Reputation.[6] Die **Nutzenfunktion** sei damit wie folgt erweitert:

$$U = s\hat{P}(m) - pE\left[(\tilde{x} - m)^2 \big| y, z\right] - \frac{cb^2}{2}$$

wobei $s > 0$ den Nutzen aus dem Marktpreis und $p > 0$ die Gewichtung für den Nutzen aus der Prognosefähigkeit bezeichnen. Der letzte Term ist wiederum der Disnutzen aus der Bilanzpolitik, wobei $c > 0$ ein Parameter für die Kosten der Bilanzpolitik ist, der durch das Rechnungslegungs- oder Überwachungssystem vorgegeben ist.

Für die Bestimmung der optimalen Bilanzpolitik erweist es sich als zweckmäßig, zunächst den Ausdruck für die quadrierten Abweichungen zwischen x und m wie folgt zu schreiben:

---

[6] Siehe auch *Trueman* (1986) zu einer ähnlichen Begründung im Rahmen freiwilliger Publizität.

$$\mathrm{E}\left[\left(\tilde{x}-m\right)^2\middle|y,z\right]$$

$$=\mathrm{E}\left[\left(\tilde{x}-\mathrm{E}\left[\tilde{x}\middle|y,z\right]+\mathrm{E}\left[\tilde{x}\middle|y,z\right]-m\right)^2\middle|y,z\right]$$

$$=\mathrm{E}\left[\left(\tilde{x}-\mathrm{E}\left[\tilde{x}\middle|y,z\right]\right)^2\middle|y,z\right]+2\underbrace{\mathrm{E}\left[\left(\tilde{x}-\mathrm{E}\left[\tilde{x}\middle|y,z\right]\right)\middle|y,z\right]}_{=0}\cdot\left(\mathrm{E}\left[\tilde{x}\middle|y,z\right]-m\right)+\left(\mathrm{E}\left[\tilde{x}\middle|y,z\right]-m\right)^2$$

$$=\mathrm{Var}\left[\tilde{x}\middle|y,z\right]+\mathrm{E}\left[\left(\tilde{x}-m\right)\middle|y,z\right]^2$$

Die Varianz der Cashflows ist unabhängig von m, so dass bei der Optimierung von m nur noch der quadrierte Erwartungswert der Abweichungen zwischen x und m beachtet werden muss. Die **optimale Bilanzpolitik** ergibt sich aus Nullsetzen der Bedingung erster Ordnung:

$$b\left(y,z\right)=\frac{s}{2p+c}\cdot\frac{d\hat{P}}{dm}+\frac{2p}{2p+c}\left[E\left[\tilde{x}\middle|y,z\right]-y\right]$$

$$=\frac{s}{2p+c}\cdot\frac{d\hat{P}}{dm}+\frac{2p}{2p+c}\left(\frac{\sigma_1^2}{\sigma_1^2+\sigma_\varepsilon^2}\,y+\frac{\sigma_2^2}{\sigma_2^2+\sigma_\delta^2}\,z-y\right)$$

(7.8)

Die erste Komponente ist unabhängig von y und z und stellt die **durchschnittliche Verzerrung** infolge des unmittelbaren Marktpreiseffekts des berichteten Ergebnisses m dar. Die zweite Komponente ist ein **gewichteter Mittelwert** aus den beiden Signalen. Beide Komponenten sinken mit höheren Kosten der Bilanzpolitik c. Der Term in der Klammer am Ende der Gleichung (7.8) erklärt sich intuitiv wie folgt: Beobachtet der Manager ein Signal y, so ändert der Manager seine Erwartung von $\tilde{x}$ auf

$$\frac{\sigma_1^2}{\sigma_1^2+\sigma_\varepsilon^2}\,y$$

Ohne Bilanzpolitik führte dies zu einer durchschnittlichen Abweichung zwischen Bericht und erwartetem $\tilde{x}$ von $y\sigma_1^2\big/\left(\sigma_1^2+\sigma_\varepsilon^2\right)-y$. Würde Bilanzpolitik keine Kosten verursachen, verzerrte der Manager den Bericht wie folgt:

$$-\left(1-\frac{\sigma_1^2}{\sigma_1^2+\sigma_\varepsilon^2}\right)y$$

Da Bilanzpolitik aber Kosten verursacht, ist die Verzerrung entsprechend geringer. Die Überlegungen für z sind analog, und gemeinsam mit dem Anreiz des Managers ergibt sich letztlich Gleichung (7.8).

Der **Marktpreis** ist im linearen Gleichgewicht

$$P(m) = \mathrm{E}[\tilde{x}|m] = \alpha + \beta m$$
$$= \alpha + \beta(y + b)$$

wobei $\beta = \mathrm{cov}(\tilde{x}, \tilde{m})/\mathrm{Var}(\tilde{m})$ der *earnings response*-Koeffizient ist, der in vielfältiger Weise von den jeweiligen Parametern abhängt.[7] Nur im Grenzfall, wenn der Manager kein Interesse an einer präzisen Prognose hat ($p = 0$), fällt er mit dem ursprünglichen Wert $\dfrac{\sigma_x^2}{\sigma_x^2 + \sigma_\varepsilon^2}$ im Basismodell ohne private Information zusammen.

Zusammenfassend zeigt sich, dass Bilanzpolitik in dieser Modellstruktur ein Mehr an **Information am Kapitalmarkt** sowie unmittelbar **Vorteile** für den Manager bringt, die die Kosten der Bilanzpolitik aufwiegen können. Bilanzpolitik hängt hier von der privaten Information des Managers ab und überträgt damit im Gleichgewicht Information, die sonst nicht glaubwürdig am Markt **kommunizierbar** wäre.

2.7 Real Effects-Modelle

In diesem Abschnitt wird reale Bilanzpolitik in Form der Wahl einer ineffizienten Investitionshöhe untersucht. Solche *„real effects"-Modelle* basieren i. d. R. auf *Stein* (1989), der aufzeigt, wie Druck seitens des Kapitalmarktes zu einer **kurzfristigen Orientierung** des Managements führt, die letztlich Wert vernichtet. Diese Klasse von Modellen wird auch als *„signal jamming"*-Modelle bezeichnet.

Eine typische Begründung für **kurzsichtige Entscheidungen** ist, dass Investoren die Aktien nur kurzfristig halten wollen und deshalb Strategien fordern, die den kurzfristigen Gewinn maximieren. Diese Argumentation ist jedoch verkürzt:[8] Der Preis, den sie bei Veräußerung der Aktie erzielen, hängt von den zukünftig erwarteten Cashflows ab, und sind diese aufgrund kurzsichtiger Entscheidungen des Managements geringer, wird sich dies in einem niedrigeren Preis ausdrücken. Und auch nachfolgende Generationen von kurzfristig orientierten Investoren werden dies genauso berücksichtigen. Daher lohnt sich ein kurzsichtiges Verhalten zu Lasten künftiger Gewinne *nicht*. Damit sich dennoch ein Anreiz zu solchem kurzsichtigen Verhalten ergibt, erfordert es eine **Informationsasymmetrie** am (effizienten) Kapitalmarkt oder einen aus anderen Gründen **ineffizienten Kapitalmarkt**.

Im Folgenden wird ein Marktgleichgewichtsmodell dargestellt, in dem ein **Preisdruck durch den Kapitalmarkt** entsteht, der zu einer ineffizienten Investitionspolitik führt (*Gigler/Kanodia/Sapra/Venugopalan* 2014).[9]

---

[7] Vgl dazu *Ewert/Wagenhofer* (2012), S. 103.

[8] Vgl *Gigler/Kanodia/Sapra/Venugopalan* (2014), S. 360.

[9] Vgl dazu auch *Wagenhofer* (2014).

Angenommen, es gibt nur ein **Investitionsprojekt**, in das investiert werden kann. Die Investitionsauszahlungen sind I. Die Vorteilhaftigkeit der Investition hängt vom Umweltzustand θ *ab*, der entweder gut (θ_H) oder schlecht (θ_L) ist, wobei $\Pr(\theta_H)$ und $\Pr(\theta_L)$ allgemein bekannt sind. Der (diskontierte) künftige Cashflow $\tilde{x}$ aus dem Projekt sei dergestalt, dass der Kapitalwert im Fall von θ_H positiv und von θ_L negativ ist, d. h. $\mathrm{E}\left[\tilde{x}|\theta_H\right] - I > 0$ und $\mathrm{E}\left[\tilde{x}|\theta_L\right] - I < 0$.

Der Manager erhält private Information über θ durch ein **privates Informationssystem**, das ein Signal $y \in \left[\underline{y}, \overline{y}\right]$ liefert, wobei $\Pr(y\,|\,\theta_H)\,/\,\Pr(y\,|\,\theta_L)$ strikt in y steigt. Dies stellt sicher, dass es für höhere y wahrscheinlicher wird, dass der gute Umweltzustand θ_H eintritt *(monotone likelihood ratio property)*, d. h. $\Pr(\theta_H\,|\,y)$ steigt in y. Dann gibt es einen Grenzwert $y = y^*$, bei dem der Manager gerade indifferent zwischen investieren und nicht investieren ist, dh

$$\Pr\left(\theta_H|y^*\right)\mathrm{E}\left[\tilde{x}|\theta_H\right] + \Pr\left(\theta_L|y^*\right)\mathrm{E}\left[\tilde{x}|\theta_L\right] - I = 0 \qquad (7.9)$$

Die **optimale Investitionspolitik** lautet damit

$$\begin{cases} y \geq y^* : \text{Investieren} \\ y < y^* : \text{Nicht investieren} \end{cases}$$

Würden Kapitalmarktteilnehmer das Signal y beobachten, könnten sie das Unternehmen bepreisen. Nun kennen sie das Signal y aber nicht und haben auch sonst keine Zusatzinformationen über den Umweltzustand θ. Die Marktteilnehmer können jedoch beobachten, *ob* der Manager investiert hat oder nicht. Diese Entscheidung enthält indirekt Information über das Signal y, weil sie daraus schließen, dass das Signal y hinreichend **hoch** sein muss; sonst hätte der Manager nicht investiert.

Nun sei angenommen, der Manager (oder die aktuellen Eigentümer, für die der Manager arbeitet) haben nicht die Maximierung des Unternehmenswertes, sondern die **Maximierung des Marktpreises** des Unternehmens zum Ziel, z. B. weil der Manager „ungeduldig" ist und frühzeitige Bonuszahlungen späteren vorzieht, weil er rasch ausscheidet oder weil die Eigentümer kurzfristig ihre Aktien verkaufen oder Eigenkapital aufnehmen wollen.

In diesem Fall ändert sich die **Investitionsentscheidung** des Managers. Er antizipiert, dass die Durchführung der Investition ein positives Signal über den Unternehmenswert ist. Dies führt zu einer Überinvestition des Managers. Konkret wird der Manager investieren, wenn das Signal hinreichend hoch ist, d. h. $y \geq \hat{y}$. Der Grenzwert $\hat{y}$ ergibt sich aus folgender Gleichung:

$$\Pr\left(\theta_H|y \geq \hat{y}\right)\mathrm{E}\left[\tilde{x}|\theta_H\right] + \Pr\left(\theta_L|y < \hat{y}\right)\mathrm{E}\left[\tilde{x}|\theta_L\right] - I = 0 \qquad (7.10)$$

Es lässt sich leicht erkennen, dass der Grenzwert $\hat{y} < y^*$ sein muss. Angenommen, $\hat{y}$ entspräche gerade y^*, dann gilt:

$$\Pr\left(\theta_H|y \geq y^*\right) > \Pr\left(\theta_H|y = y^*\right) \quad \text{und} \quad \Pr\left(\theta_L|y \geq y^*\right) < \Pr\left(\theta_L|y = y^*\right)$$

d. h. die Wahrscheinlichkeit für einen guten Umweltzustand ist höher (bzw. für einen schlechten Umweltzustand niedriger), wenn y größer als der untere Grenzwert y^* ist. Der Grenzwert $\hat{y}$ muss daher strikt kleiner als y^* sein. Dies ist gleichbedeutend mit **Überinvestition**. Es lohnt sich also für den Manager, auch für Signale $y \in \left[\hat{y}, y^*\right)$ zu investieren, obwohl der erwartete **Kapitalwert negativ** ist.

> Je nach Parametersituation kann es sogar vorkommen, dass im Marktgleichgewicht immer investiert wird. Das Signal y verliert dann seinen Informationsgehalt auf die Investitionsentscheidung völlig. Der Kapitalmarktdruck erzeugt also eine kurzsichtige Investitionspolitik, die von der gewinnmaximierenden Investitionspolitik abweicht.

Derselbe Mechanismus ist im Spiel, wenn der Manager **zwei verschiedene riskante Investitionsprojekte** zur Verfügung hat: Eines, das in der ersten Periode einen geringen, aber in der zweiten Periode einen sehr hohen erwarteten Cashflow liefert; und ein anderes, das in der ersten Periode einen höheren erwarteten Cashflow liefert als das erste Projekt, dafür in der zweiten Periode einen geringen erwarteten Cashflow erbringt. Angenommen, das erste Projekt hat einen höheren Kapitalwert, dann führt der Preisdruck dennoch in vielen Fällen dazu, dass der Manager das zweite, schlechtere Projekt wählt, wenn am Markt nur beobachtet werden kann, *dass* investiert wird, aber nicht, in *welches* Projekt investiert wird.[10] Der Grund für dieses **kurzsichtige Investieren** ist, dass der Marktpreis im Cashflow in der ersten Periode jedenfalls steigt, weil er auch im Umweltzustand θ steigt und damit auch auf einen stochastisch höheren Cashflow in der zweiten Periode hinweist.

Gigler/Kanodia/Sapra/Venugopalan (2014) verwenden dieses Ergebnis zum Nachweis, dass das Verhindern einer **Zwischenberichterstattung** (hier der Berichterstattung des Cashflows in der ersten Periode) die Anreize zu einer ineffizienten Investitionspolitik verhindern kann. Die Zwischenberichterstattung hat zwei Effekte:

- Sie führt tendenziell dazu, dass in das **ungünstigere Investitionsprojekt** investiert wird.
- Sie **verringert** allerdings die **Überinvestition** in jedes der beiden Investitionsprojekte, weil neben dem Signal, dass überhaupt investiert wurde, der Cashflow der ersten Periode als zusätzliches Signal zur Verfügung steht.

Je nach den Kosten dieser beiden Effekte kann also eine **Zwischenberichterstattung günstig oder ungünstig** sein. Insgesamt zeigt sich also, dass die Kritik, dass Zwischenberichterstattung kurzsichtige Unternehmensentscheidungen fördern und den Unternehmenswert mindern kann, grundsätzlich berechtigt ist. Die Zusammenhänge sind jedoch komplexer als vielfach angenommen wird. So ist es nicht nur erforderlich, dass Manager oder Anteilseigner **kurzfristige Preisinteressen** haben, sondern zusätzlich, dass **Informationsasymmetrie** zwischen Management und Kapitalmarkt herrscht, um einen Nachteil zu generieren. Und letztlich muss berücksichtigt werden, dass Zwischenberichterstattung auch **positive Investitionsanreize** schafft, die gegen diesen Nachteil abgewogen werden müssen.

---

[10] Vgl *Gigler/Kanodia/Sapra/Venugopalan* (2014).

3   Signalisieren durch Wahlrechtsausübung

Im Folgenden wird ein Signaling-Modell gezeigt, in welchem die Nutzung von Bewertungswahlrechten ausschließlich den Sinn hat, **private Informationen** glaubwürdig zu übermitteln. Der Mechanismus ist hier ähnlich zu dem, der oben bei der realen Bilanzpolitik im Kapitalmarktgleichgewicht gezeigt wurde. Der Unterschied ist, dass die Kosten hier durch eine Bilanzierungsentscheidung und nicht durch verzerrte wirtschaftliche Entscheidungen ausgelöst werden.

3.1   Grundidee

Bilanzpolitik kann dazu verwendet werden, dem Bilanzadressaten mit der Wahl einer bestimmten Bilanzierungs- oder Bewertungsmethode Informationen zu geben, die auf anderem Wege nicht **glaubwürdig** vermittelt werden können. Solche Informationen betreffen z. B. die **Zukunftsaussichten** über das Unternehmen, dessen nicht beobachtbare Fähigkeiten oder Erwartungen über Markt- und Preisentwicklungen des Managements. Gibt das Management solche Informationen direkt bekannt, hat es Anreize, die Information so zu verzerren, dass es damit Entscheidungen der Bilanzadressaten auslöst, die für das Management oder das Unternehmen möglichst günstige Auswirkungen haben. Rationale Bilanzadressaten antizipieren dies und werden der Information sehr skeptisch gegenüberstehen und entsprechend nicht oder nur gedämpft darauf reagieren.

> **Informationsübermittlung durch Wahlrechtsausübung**
> Angenommen, dem Unternehmen steht ein Methodenwahlrecht offen, einen Sachverhalt in einer von mehreren Möglichkeiten zu bilanzieren. Die Ausübung des Wahlrechts muss angegeben werden. Wenn sich das Unternehmen möglichst günstig darstellen möchte, wählt es die Methode, welche die günstigste Darstellung des Sachverhalts liefert. Durch diese Vorgehensweise wird einmal direkt Information über den Sachverhalt gegeben; gleichzeitig wird aber die Information vermittelt, dass die anderen Bilanzierungsmöglichkeiten zu ungünstigeren Darstellungen geführt hätten.[11]

Bei einem **Signaling** setzt das besser informierte Unternehmen (oder Management) Maßnahmen, um den Bilanzadressaten dadurch implizit zu versichern, dass es eine bestimmte Information besitzt oder nicht besitzt. Dies erfolgt hier durch buchmäßige Bilanzpolitik als Signal.

---

[11] Vgl dazu auch *Penno* (1990). Zu einem ähnlichen Schluss im Hinblick auf die Bilanzierung von immateriellen Gegenständen kommt *Wyatt* (2005) in einer empirischen Studie.

Ein Unternehmen mit einer bestimmten Information wird auch als „**Typ**" des Unternehmens bezeichnet. Die Bilanzadressaten haben über die möglichen Typen *a priori*-Erwartungen.

Von den im 8. Kapitel: *Publizität und Publizitätsanreize* diskutierten **Publizitätsmodellen** unterscheidet sich Signaling dadurch, dass die gewünschte Informationsübertragung nur durch die Vornahme entsprechender Maßnahmen sichergestellt wird und eine Veröffentlichung damit Voraussetzung für deren Wirkung ist. Die Frage, *ob* überhaupt veröffentlicht werden soll, stellt sich hier nicht.

In einem **Signaling-Gleichgewicht** wird nach Bedingungen gesucht, damit der Typ durch ein anderes Signal glaubwürdig übermittelt werden kann. Wenn das Signal mit dem Typ in keinem unmittelbaren Zusammenhang steht, benötigt es eine Verbindung, wie ein indirekter Zusammenhang zwischen Typ und Signal hergestellt werden kann. Dies erfolgt i. d. R. über **Kosten**, die die **Erzeugung des Signals** (also die bilanzpolitische Maßnahme) für das Unternehmen verursacht. **Voraussetzung** für ein Signaling ist, dass die Kosten je nach Typ des Unternehmens **unterschiedlich hoch** sind. Die Beobachtung einer bestimmten Politik ist mit hohen Kosten verbunden, und die Adressaten schließen daraus, dass die Produktion dieses Signals nur für bestimmte Typen von Unternehmen günstig ist, während es sich für andere Typen nicht auszahlt, dieses Signal zu imitieren.

> **Dividendenpolitik als Signal**
> Signaling kann durch viele verschiedene Signale erfolgen. Eines der bekanntesten Signale ist die Dividendenpolitik. Durch die Auszahlung von Dividenden fließen Mittel aus dem Unternehmen ab. Angenommen, „gute" Unternehmen haben mehr liquide Mittel zur Verfügung als „schlechte" Unternehmen. Dann ist es für ein „gutes" Unternehmen einfacher, eine hohe Dividende auszuschütten als für ein „schlechtes" Unternehmen. Die Beobachtung einer hohen Dividende kann daher als Signal gesehen werden, dass es sich um ein „gutes" Unternehmen handelt.
> Es gibt allerdings auch eine alternative Erklärung: Angenommen, „gute" Unternehmen haben große Möglichkeiten zu investieren (ein großes *investment opportunity set*), „schlechte" Unternehmen dagegen keine interessanten Investitionsmöglichkeiten. Dann sollte ein „schlechtes" Unternehmen überflüssige liquide Mittel (Free Cash Flows) an die Eigentümer ausschütten, damit diese die Mittel besser anlegen können. Hohe Dividenden würden dann auf ein „schlechtes" Unternehmen schließen lassen.[12]

---

[12]Vgl zu einer Theorie der Bedeutung des Free Cash Flow im Rahmen der finanziellen Agency-Literatur zB *Jensen* (1986) und die Diskussion im 5. Kapitel: *Ausschüttungsbemessung.*

3.2 Wahl der Vorratsbewertungsmethode

Werden Vorräte zu verschiedenen Zeitpunkten mit unterschiedlichen Einstandspreisen beschafft, stellt sich die Frage, wie der Verbrauch der Vorräte zu bewerten ist. Wenn die Vorräte nicht getrennt gelagert werden, benötigt dies eine bestimmte Annahme über die zeitliche Verwendung der Vorräte. Die in der Praxis üblichen Verfahren sind das **Durchschnittspreisverfahren** (gewogene oder gleitende Durchschnittsbewertung), das First-in-first-out-Verfahren (**FIFO**) und das Last-in-first-out-Verfahren (**LIFO**).

> Bei FIFO wird unterstellt, dass der jeweils älteste Vorratsbestand zuerst verbraucht wird, bei LIFO wird angenommen, dass die jeweils zuletzt beschafften Vorräte zuerst verbraucht werden. Bei im Zeitablauf steigenden Beschaffungspreisen führt die Verwendung von FIFO bei kontinuierlicher Beschaffung zu relativ geringerem Aufwand aus dem Einsatz der Vorräte als LIFO und damit zu (zunächst) höheren Gewinnen. Im HGB besteht keine Restriktion hinsichtlich der Wahl zwischen FIFO oder LIFO; nach IFRS ist die Anwendung von LIFO unzulässig.

Geht man davon aus, dass das im Jahresabschluss gewählte Verbrauchsfolgeverfahren aufgrund des Maßgeblichkeitsprinzips auch steuerlich angewandt wird, führt FIFO bei steigenden Beschaffungspreisen (und keinem Lagerabbau) zu zunächst höheren Ertragsteuerzahlungen als LIFO. Bei sinkenden Beschaffungspreisen bzw. Lagerabbau kehrt sich der Effekt um. Im Folgenden wird vom **typischen Fall steigender Beschaffungspreise** und **Lageraufbau** ausgegangen.

Aufgrund der **Steuervorteile** von LIFO würde man erwarten, dass alle Unternehmen **LIFO** anwenden.[13] In der Praxis beobachtet man allerdings, dass viele Unternehmen dennoch FIFO verwenden und sich die Steuervorteile entgehen lassen. **Gründe** für die Verwendung von FIFO sind etwa:

- FIFO entspricht der **tatsächlichen Verbrauchsfolge** der Vorräte besser, und das Unternehmen möchte seine Vermögens-, Ertrags- und Finanzlage möglichst wahrheitsgetreu darstellen.
- Das **Management** ist am Jahresergebnis beteiligt und kurzfristig orientiert. Damit ergeben sich Cashflow-Wirkungen aus geänderter Managemententlohnung.
- Das Unternehmen möchte sich kurzfristig gegenüber **Gläubigern** oder anderen externen Bilanzadressaten günstiger darstellen. Dies setzt asymmetrische Information oder ineffiziente Informationsverarbeitung voraus.

---

[13] Neben Steuervorteilen gibt es auch noch weitere Gründe, LIFO zu verwenden. Beispiele sind das bessere Zusammenpassen von Erträgen und Aufwendungen, weil sie auf gleicher Preisbasis gemessen werden, oder die bessere Vermeidung von Abwertungen des Vorratsbestands, was viele Adressaten als negativ werten.

- Das Unternehmen muss **Klauseln in Kreditverträgen** berücksichtigen, die von Bilanzkennzahlen abhängen. Das Unternehmen hat Tradition in der Verwendung der Bewertungsmethode, und ein Wechsel zu LIFO verursacht Kosten oder ist wegen des **Stetigkeitsprinzips** in der Rechnungslegung schwierig.
- Das Unternehmen **signalisiert** mit der Bewertungsmethode bestimmte Informationen des Managements. Dies wird im Folgenden näher untersucht.

Durch die Wahl der Vorratsbewertungsmethode können auch **andere Signale** gegeben werden: So kann die Einschätzung des Managements über die künftig erwarteten Produktionskosten signalisiert werden. Mit FIFO können etwa gegenüber dem Markt (*Bar-Yosef/Hughes/ Venezia* 1995) oder einem potenziellen Markteindringling sinkende Produktionskosten signalisiert werden, womit dessen erwarteter Gewinn sinkt (*Jung* 1989).

3.3   Ein Signaling-Modell

Im Folgenden wird das **Signalisieren** mit der Vorratsbewertungsmethode anhand einer einfachen Modellstruktur analysiert. Das Modell ist eine modifizierte Version des binären Modells von *Hughes/Schwartz* (1988).[14]

Es gibt **zwei Typen** von Unternehmen, „gute" Unternehmen (*H*) mit einem hohen künftig erwarteten Erfolg und „schlechte" Unternehmen (*L*) mit einem geringen künftigen Erfolg. Die *a priori*-Wahrscheinlichkeit, dass ein Unternehmen „gut" ist, beträgt *p* und ist allgemein bekannt. Der Erwartungswert des Erfolgs eines „guten" Unternehmens (vor Steuereffekten) ist $\mu_H = \mathrm{E}\left[\tilde{x}\,|\,H\right]$ und der eines „schlechten" Unternehmens $\mu_L = \mathrm{E}\left[\tilde{x}\,|\,L\right]$, wobei $\tilde{x}$ den künftigen Wert (oder Cashflow) bezeichnet. Dabei wird angenommen, dass $\mu_H > \mu_L > 0$. Der Manager kennt den Typ des Unternehmens genau, und der Kapitalmarkt weiß das. Der Manager hat allerdings keine Möglichkeit, dem Markt glaubwürdig den Typ zu berichten.

Der **Nutzen** des risikoneutralen Managers ist von zwei Größen abhängig: Zum einen steigt sein Nutzen mit dem **fundamentalen Wert** des Unternehmens, der als P_1 bezeichnet wird, und zum anderen steigt sein Nutzen mit dem **Marktpreis** des Unternehmens P_0. Der Marktpreis bildet sich *nach Beobachtung* der Vorratsbewertungsmethode, wobei dem Manager FIFO und LIFO zur Auswahl stehen. Konkret lautet die Nutzenfunktion:

$$U = \alpha P_0 + (1-\alpha) P_1 \qquad (7.11)$$

Der Parameter $\alpha \in [0,1]$ gibt die Gewichtung der beiden Werte P_0 und P_1 an. Der Anreiz an einer Maximierung des kurzfristigen Marktpreises P_0 kann bei einem „ungeduldigen" Manager auftreten, der frühzeitige Bonuszahlungen vorzieht oder weil er bald ausscheidet, oder weil die Eigentümer kurzfristig ihre Aktien verkaufen oder Eigenkapital aufnehmen wollen. P_1 steht für Anreize zu einer längerfristig optimalen Geschäftspolitik.

---

[14] Eine andere Variante findet sich in *Chaney/Lewis* (1995).

Verwendet das Unternehmen **FIFO** und nicht LIFO, hat es einen **steuerlichen Nachteil**, der sich aus einem Zinseffekt aufgrund der zeitlichen Vorverlagerung von Steuerzahlungen ergibt. Dies führt zum Abfluss von Ressourcen und mindert den Wert des Unternehmens um T_H bzw. T_L. Die Steuereffekte sind geringer als die Erfolgsaussichten des Unternehmens. Es wird davon ausgegangen, dass ein gutes Unternehmen diesen Ressourcenabfluss leichter „verkraftet" als ein schlechtes Unternehmen, d. h. $T_L > T_H$.[15] Beispielsweise muss ein schlechtes Unternehmen dafür finanzielle Mittel zu einem höheren Zinssatz aufnehmen als ein gutes Unternehmen. Daraus ergibt sich letztlich die Bedingung $\mu_H > \mu_L > T_L > T_H > 0$.

In **Signaling-Modellen** gibt es häufig **mehrere**, bis hin zu unendlich vielen, **Nash-Gleichgewichte**. Beschränkt man sich auf Gleichgewichte in reinen Strategien, können zwei Typen von Gleichgewichten unterschieden werden: Separating- und Pooling-Gleichgewichte.

Separating-Gleichgewicht

Bei einem **Separating-Gleichgewicht** wählen verschiedene Typen von Unternehmen unterschiedliche Bewertungsmethoden, und der Kapitalmarkt berücksichtigt diese Information in seiner Bewertung. Damit wird über die Bewertungsmethode **Information** über den Typ vermittelt.

Im Gleichgewicht darf kein Typ einen strikten Anreiz haben, von der Bewertungsmethode im Gleichgewicht abzuweichen. Der Nutzen für jeden Typ im Gleichgewicht ist:

$$\text{Typ } H, \text{FIFO} \quad U_H^{S,FIFO} = \alpha\left(\mu_H - T_H\right) + \left(1 - \alpha\right)\left(\mu_H - T_H\right) = \mu_H - T_H$$
$$\text{Typ } L, \text{LIFO} \quad U_L^{S,LIFO} = \alpha\mu_L + \left(1 - \alpha\right)\mu_L = \mu_L$$

Dabei erhält der Markt vollständige Information über den Typ, d. h. $P_0 = P_1$.

Damit kein Typ von der jeweiligen Bewertungsmethode abweicht, müssen die folgenden Bedingungen gelten:

1. **Typ H muss FIFO bevorzugen**, dh $U_H^{S,FIFO} \geq U_H^{S,LIFO}$ bzw.

$$\mu_H - T_H \geq \alpha\mu_L + \left(1 - \alpha\right)\mu_H$$

Der Ausdruck auf der rechten Seite der Ungleichung ergibt sich dadurch, dass der Markt das Unternehmen als Typ L betrachtet, d. h. $P_0 = \mu_L$, während der fundamentale Wert $P_1 = \mu_H$ ist. Bei Wahl von LIFO spart das Unternehmen aber die Steuern, die bei FIFO anfielen. Diese Bedingung entspricht

$$\mu_H - \mu_L \geq \frac{T_H}{\alpha} \tag{7.12}$$

---

[15] *Hughes/Schwartz* (1988) nehmen noch die Möglichkeit einer Insolvenz an, die dem Unternehmen Kosten verursacht, die sich je nach Typ unterscheiden.

2. Typ L muss LIFO bevorzugen, dh $U_L^{S,LIFO} \geq U_L^{S,FIFO}$ bzw.

$$\mu_L \geq \alpha\left(\mu_H - T_H\right) + \left(1-\alpha\right)\left(\mu_L - T_L\right)$$

Der Markt sieht das Unternehmen als Typ H an, während es tatsächlich Typ L ist. Zusätzlich fallen natürlich die Steuernachteile bei Wahl von FIFO an. Diese Bedingung ergibt schließlich

$$\mu_H - \mu_L \leq T_H + \frac{1-\alpha}{\alpha} T_L \tag{7.13}$$

Aufgrund von $T_H < T_L$ ist die obige rechte Seite größer als T_H/α, daher gibt es eine Menge von Parametern μ_j, die beide Bedingungen erfüllen.

Sind **beide Bedingungen** (7.12) und (7.13) erfüllt, existiert ein **Separating-Gleichgewicht**, in dem ein Typ H-Unternehmen rational FIFO und ein Typ L LIFO wählt, der Markt vollständig über den Typ informiert wird und sich die entsprechenden Preise einstellen. Die treibende Kraft dahinter ist, dass die Wahl von FIFO den beiden Typen **unterschiedlich hohe Kosten** (T_H, T_L) verursacht. Einem Typ L kommt FIFO teurer als einem Typ H. Dadurch lohnt es sich nicht, FIFO zu wählen, um den Typ H zu imitieren. Das Typ L-Unternehmen zieht die Steuerersparnis vor. Für einen Typ H hingegen ist die Inkaufnahme des Steuernachteils relativ günstiger als der Nachteil, der sich aus einem ungünstigen Marktpreis ergeben würde, wenn er als Typ L eingeschätzt wird.

Auch wenn mit der Bewertungsmethode für Vorräte damit Informationen glaubwürdig bekannt gegeben werden können, handelt es sich um ein Instrument, das **Kosten** für das Typ H-Unternehmen verursacht. Es muss einen **Steuernachteil** in Kauf nehmen, der gegen den kurzfristigen Vorteil eines hohen Marktpreises abgewogen werden muss.

Pooling-Gleichgewicht mit LIFO

Es gibt auch Gleichgewichte, in denen beide Typen von Unternehmen **dieselbe Bewertungsmethode** wählen. In diesem Fall kann der Markt aus der Beobachtung der Bewertungsmethode keine Informationen über den Typ erschließen. Ein solches Gleichgewicht heißt **Pooling-Gleichgewicht**.

Im Folgenden werden Bedingungen für die Existenz eines Pooling-Gleichgewichtes gezeigt, in dem beide Typen LIFO verwenden. Der Markt geht bei der Bewertung des Unternehmens von der *a priori*-Wahrscheinlichkeit p des Vorliegens eines guten Unternehmens aus. Der Marktpreis bei Verwendung von LIFO ergibt sich dann als

$$P_0 = p\mu_H + \left(1-p\right)\mu_L$$

Es fallen keine Steuernachteile bei der Wahl von LIFO an.

Der **Nutzen** des Managers beträgt je nach Typ

$$U_H^{P,LIFO} = \alpha\left(p\mu_H + \left(1-p\right)\mu_L\right) + \left(1-\alpha\right)\mu_H$$
$$U_L^{P,LIFO} = \alpha\left(p\mu_H + \left(1-p\right)\mu_L\right) + \left(1-\alpha\right)\mu_L$$

Ein **Pooling-Gleichgewicht mit LIFO** existiert dann, wenn keiner der beiden Typen einen Anreiz hat, durch Wahl von FIFO davon abzuweichen. Der Vorteil aus einem Abweichen auf FIFO hängt davon ab, welche Bewertung der Kapitalmarkt in diesem Fall vornimmt. Geht er von einem Pooling-Gleichgewicht mit LIFO aus, erwartet er nicht, dass ein Unternehmen FIFO wählen würde. FIFO ist eine **Strategie außerhalb des Gleichgewichts**. Dennoch ist es erforderlich, dass der Markt dafür Erwartungen bildet, auch wenn sie im Gleichgewicht nie zum Tragen kommen (sogenannte *out-of-equilibrium beliefs*).

Angenommen, der Markt würde bei Beobachtung von FIFO davon ausgehen, dass es sich um einen Typ H handelt. Dann darf ein Typ H-Unternehmen keinen Anreiz haben, von LIFO abzuweichen. Der Nutzen bei einem Abweichen unter diesen Markterwartungen lautet

$$U_H^{P,LIFO}\left(FIFO\right) = \alpha\left(\mu_H - T_H\right) + \left(1-\alpha\right)\left(\mu_H - T_H\right) = \mu_H - T_H$$

Eine notwendige **Bedingung** für ein Pooling-Gleichgewicht ist, dass

$$U_H^{P,LIFO} \geq U_H^{P,LIFO}\left(FIFO\right)$$
$$\alpha\left(p\mu_H + \left(1-p\right)\mu_L\right) + \left(1-\alpha\right)\mu_H \geq \mu_H - T_H \text{ bzw.} \qquad (7.14)$$
$$\mu_H - \mu_L \leq \frac{T_H}{\alpha\left(1-p\right)}$$

Ähnlich ergibt sich der Nutzen aus einem Abweichen für einen Typ L. Es würde bei FIFO vom Markt für einen Typ H gehalten.

$$U_L^{P,LIFO}\left(FIFO\right) = \alpha\left(\mu_H - T_H\right) + \left(1-\alpha\right)\left(\mu_L - T_L\right)$$

und dieser Ausdruck muss geringer sein als $U_L^{P,LIFO}$. Die notwendige Bedingung, dass ein Typ L nicht abweicht, ergibt sich damit zu

$$\mu_H - \mu_L \leq \frac{\alpha T_H + \left(1-\alpha\right)T_L}{\alpha\left(1-p\right)}$$

Diese Bedingung ist hier redundant, weil sie weniger streng als die Bedingung für das Nichtabweichen eines Typ H-Unternehmens ist, denn es gilt

$$\frac{\alpha T_H + \left(1-\alpha\right)T_L}{\alpha\left(1-p\right)} > \frac{T_H}{\alpha\left(1-p\right)}$$

Gilt also (7.14), existiert ein **Pooling-Gleichgewicht**, in dem beide Typen von Unternehmen LIFO verwenden. Intuitiv kommt dies dadurch zustande, dass der Vorteil für ein gutes Unternehmen aus einem höheren Marktpreis geringer ist als der Steuernachteil, der sich bei Wahl von FIFO ergäbe. Für ein schlechtes Unternehmen ist dieses **Gleichgewicht günstig**, weil es am Markt **überbewertet** ist. Es erzielt einen höheren Marktpreis als aus fundamentalen Gründen gerechtfertigt wäre. Das gute Unternehmen ist dagegen **unterbewertet**.

Aus der obigen Bedingung (7.14) wird deutlich, dass (*ceteris paribus*) ein Pooling-Gleichgewicht mit LIFO umso eher existiert, je kleiner α ist, dh je weniger der Marktpreis eine Rolle in der Nutzenfunktion des Managers spielt, und je größer p ist, dh je eher erwartet wird, dass es sich um ein gutes Unternehmen handelt. Dann ist die Unterbewertung relativ gering.

Zuletzt wird kurz auf eine Situation eingegangen, in welcher der Markt bei Beobachtung von FIFO unterstellt, es handle sich um einen Typ *L*. Für einen Typ *H* muss dann gelten:

$$\alpha\big(p\mu_H + (1-p)\mu_L\big) + (1-\alpha)\mu_H \geq \alpha\big(\mu_L - T_L\big) + (1-\alpha)\big(\mu_H - T_H\big) \text{ bzw.}$$

$$\mu_H - \mu_L > 0 \geq -\frac{\alpha T_L + (1-\alpha)T_H}{\alpha p}$$

Für einen Typ *L* muss gelten:

$$\alpha\big(p\mu_H + (1-p)\mu_L\big) + (1-\alpha)\mu_L \geq \mu_L - T_L$$

Beide Bedingungen sind für jede zulässige Konstellation erfüllt. Daher existiert ein solches Pooling-Gleichgewicht *immer*. Es basiert jedoch auf **Erwartungen** des Kapitalmarktes, die **nicht intuitiv** sind (obwohl sie – wie schon erwähnt – im Gleichgewicht niemals zum Tragen kommen). Denn wenn überhaupt ein Unternehmen einen Anreiz haben sollte, vom Gleichgewichtspfad abzuweichen, dann ist es eher das gute Unternehmen und weniger das schlechte. Dies müsste vom Markt entsprechend berücksichtigt werden. Daher wird er eher die Erwartung haben, dass die Wahl von FIFO von einem Typ *H*-Unternehmen stammen muss.

Pooling-Gleichgewicht mit FIFO
Neben einem Pooling-Gleichgewicht mit LIFO kann noch ein weiteres **Pooling-Gleichgewicht** existieren, in dem jedes Unternehmen **FIFO** wählt. Dies erscheint zunächst unplausibel, da die Wahl von FIFO mit Steuernachteilen behaftet ist und dem Kapitalmarkt dennoch keine Information über den Typ bietet.

Der Nutzen des Managers beträgt je nach Typ in einem Pooling-Gleichgewicht mit FIFO

$$U_H^{P,FIFO} = \alpha\big(p(\mu_H - T_H) + (1-p)(\mu_L - T_L)\big) + (1-\alpha)(\mu_H - T_H)$$
$$U_L^{P,FIFO} = \alpha\big(p(\mu_H - T_H) + (1-p)(\mu_L - T_L)\big) + (1-\alpha)(\mu_L - T_L)$$

Geht man davon aus, dass der Markt bei Beobachtung (außerhalb des Gleichgewichtspfads) von LIFO einen Typ *L* erwartet, ergeben sich bei einem Abweichen auf LIFO folgende Nutzen:

$$U_H^{P,FIFO}(LIFO) = \alpha\mu_L + (1-\alpha)\mu_H$$
$$U_L^{P,FIFO}(LIFO) = \alpha\mu_L + (1-\alpha)\mu_L = \mu_L$$

Damit kein Unternehmen einen Anreiz hat, von FIFO abzuweichen, muss folgende **Bedingung** erfüllt sein, die sich analog zur obigen Vorgehensweise ableiten lässt:[16]

$$\mu_H - \mu_L \geq \frac{T_L}{\alpha p} - \left(T_L - T_H \right) \tag{7.15}$$

Diese Bedingung ist *(ceteris paribus)* umso eher erfüllt, je größer das Gewicht α ist, mit dem der aktuelle Marktpreis in den Nutzen des Managers eingeht, und je höher p ist, also die *a priori*-Wahrscheinlichkeit, dass ein Typ H vorliegt.

Intuitiv kann man sich das Bestehen eines solchen Gleichgewichts so verdeutlichen, dass ein Typ H einen Anreiz hat, gegenüber dem Kapitalmarkt mit FIFO zu signalisieren, dass es tatsächlich ein gutes Unternehmen ist. Ein Typ L imitiert das jedoch durch Wahl von FIFO. Der Markt kann die beiden Unternehmenstypen dann nicht mehr unterscheiden und nimmt eine durchschnittliche Bewertung vor. *Gegeben* diese Bewertung und die außerhalb des Gleichgewichts befindlichen Erwartungen, hat jedes Unternehmen einen Anreiz, bei FIFO zu bleiben und nicht auf LIFO zu wechseln. Dieses Gleichgewicht führt also zu einem geringeren Nutzen für jeden der beiden Typen, da durch die Wahl von FIFO für beide ein Steuernachteil entsteht. Der Marktpreis ist dadurch geringer als im Fall eines Pooling-Gleichgewichts mit LIFO.

Abb. 7.1 zeigt die Bedingungen für ein Beispiel mit $\mu_L = 2$, $\mu_H = 5$, $T_L = 1$ und $T_H = 0{,}4$. Je nach Parameter-Konstellation können alle drei gezeigten Gleichgewichtstypen existieren, in manchen Konstellationen sogar zwei Gleichgewichtstypen nebeneinander. Die Abbildung zeigt auch einen Bereich mit niedrigen Wahrscheinlichkeiten p und hohen Gewichtungsfaktoren α, in denen keines der drei Gleichgewichtstypen besteht. In diesem Bereich können Gleichgewichte mit gemischten Strategien existieren.

Selektion von Gleichgewichten

Bestehen in einem Spiel mehrere Nash-Gleichgewichte, gibt es mehrere Konzepte, die dazu dienen sollen, sinnvolle „Lösungen" zu selektieren.

Zunächst kann versucht werden, solche Gleichgewichte zu eliminieren, die Strategien beinhalten, die einem Spieler schadeten, wenn er sie tatsächlich ergreifen müsste, d. h. also nicht **sequenziell rational** (oder *subgame perfect*) sind. Angenommen, ein Spieler droht für den Fall, dass die anderen nicht bestimmte Strategien wählen, damit, selbst eine Strategie zu wählen, die für diese zu sehr schlechten Ergebnissen führt. Dadurch ergebe sich ein Nash-Gleichgewicht. Es ist dann nicht se-

---

[16] Die beiden Bedingungen für die Existenz eines Gleichgewichts lauten: Typ H weicht nicht ab, wenn $\mu_H - \mu_L \geq T_H - T_L + \dfrac{T_H - \alpha\left(T_H - T_L\right)}{\alpha p}$; Typ L weicht nicht ab, wenn $\mu_H - \mu_L \geq T_H - T_L + \dfrac{T_L}{\alpha p}$. Die zweite Bedingung ist strikter und entspricht der Bedingung (7.15).

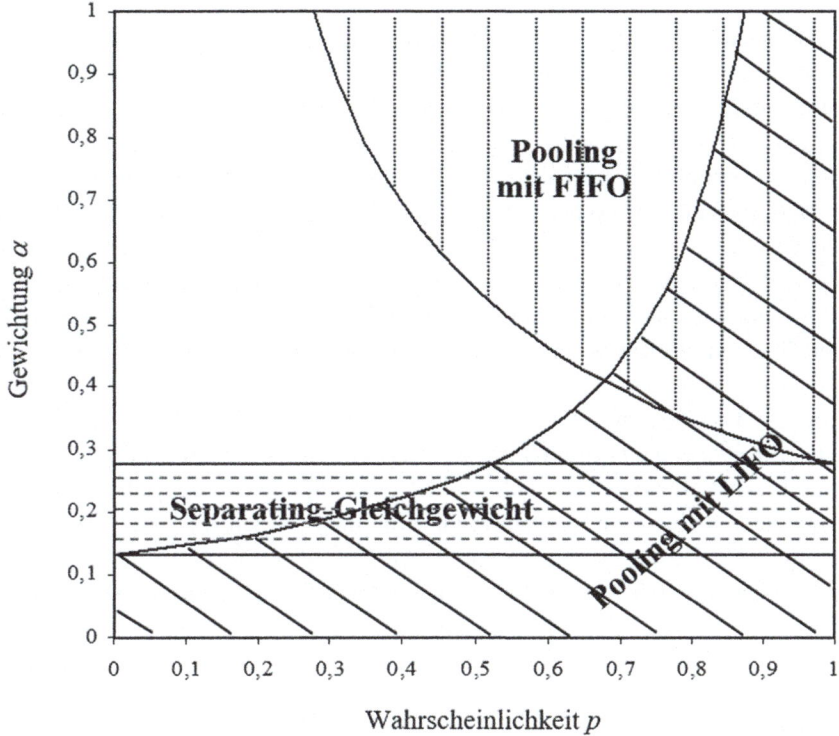

Abb. 7.1 Signaling-Gleichgewichte

quenziell rational, wenn die Drohstrategie auch dem drohenden Spieler schadet. Käme es nämlich tatsächlich zu einem Abweichen der anderen Spieler, würde er die Drohstrategie niemals wählen, weil sie auch für ihn selbst nachteilig wäre.[17] Da die anderen Spieler dies antizipieren, ist die Drohung *ex ante* nicht glaubwürdig. Das bedeutet, dass die Gleichgewichtsstrategie für jede mögliche Situation, in der ein Spieler eine Entscheidung treffen muss, passen muss. Dies gilt auch für Situationen, die im Gleichgewicht niemals (mit Wahrscheinlichkeit null) eintreten. Für solche Situationen versagt die Erwartungsrevision mit Hilfe des *Bayes*-**Theorems**. Sie könnten daher an sich beliebig sein.

---

[17] Spieltheoretische Experimente zeigen aber, dass Spieler oft selbst Nachteile in Kauf nehmen, um andere Spieler zu „bestrafen". Fairness und Reziprozität sind häufige Verhaltensweisen.

Verfeinerungen versuchen, die **Erwartungen** (*out-of-equilibrium beliefs*) eines Spielers im Fall, dass eine vom Gleichgewicht abweichende Aktion beobachtet wird, dadurch einzuschränken, dass bestimmte Anforderungen an sie gesetzt werden. Ein Gleichgewicht, das *out-of-equilibrium beliefs* erfordert, die diese Anforderungen nicht erfüllen, wird dann eliminiert. Eine Variante von Verfeinerungen geht davon aus, dass eine (hypothetische) Abweichung eines Spielers von seiner Gleichgewichtsstrategie nicht „zufällig" ist, sondern möglicherweise Information über den Typ des abweichenden Spielers beinhaltet. Angenommen, bei Beobachtung eines Zugs, der im Gleichgewicht nicht vorkommt, hätte ein Typ eines Spielers größere Nachteile als andere Typen. Erwartungen sind dann eher unplausibel, wenn sie dem Vorliegen dieses benachteiligten Typen eine besonders hohe Wahrscheinlichkeit zuordnen, um das Gleichgewicht zu stützen.

Die „Kunst" bei der Formulierung von Kriterien für Verfeinerungen besteht letztlich darin, **Anforderungen** an die Erwartungen der Spieler so streng zu formulieren, dass damit möglichst viele Gleichgewichte eliminiert werden, jedoch nicht so streng, dass sämtliche Gleichgewichte eliminiert würden. Idealerweise sollte ein einziges Gleichgewicht überleben; doch dies ist in allgemeiner Form kaum sicherzustellen.

3.4   Ergebnis

Signaling-Modelle funktionieren nach denselben Grundsätzen, die für das einfache Beispiel eines Signalisierens mit Hilfe der Vorratsbewertungsmethode (FIFO und LIFO) im Detail dargestellt wurden. Das informative Signal ist hier die vom Markt beobachtete **Wahl der Bewertung*methode*,** nicht der **Wertansatz** der Vorräte. Wesentlich für ein Signaling-Gleichgewicht ist das Bestehen von Kosten, die mit der Erstellung des Signals verbunden sind und je nach zugrunde liegender privater Information des Unternehmens schwanken. Dadurch wird die Glaubwürdigkeit der Informationsübertragung sichergestellt. Die Kosten sind im Fall der Vorratsbewertung die unterschiedlichen steuerlichen Folgen der beiden Bewertungsmethoden. Voraussetzung dafür ist die Geltung des **Maßgeblichkeitsprinzips** für diesen Fall, da sonst die Bewertung im Jahresabschluss keine steuerlichen Konsequenzen aufweist.

Im Beispiel war die Information (der **Typ**) des Unternehmens eine Größe mit nur zwei Ausprägungen (H und L), und auch das Signal war binär (FIFO und LIFO). Dadurch kann bei einem Separating-Gleichgewicht die Information vollständig aus dem Signal erschlossen werden. In einem Pooling-Gleichgewicht kommt es dagegen zu überhaupt keiner zusätzlichen Informationsübermittlung. Häufig wird die Unternehmensinformation jedoch mehr als zwei Ausprägungen aufweisen oder mehrdimensional sein. In diesem Fall können Gleichgewichte existieren, die **teilweises Pooling** bestimmter Informationen umfassen. Ein völlig separierendes Signaling-Gleichgewicht würde in einer solchen Situation eine Ausweitung der Dimension bilanzpolitischer Maßnahmen implizieren, was z. B. auf eine simultane Betrachtung mehrerer Bewertungs- und/oder Bilanzierungsmethoden hinauslaufen könnte.

Das Beispiel zeigte auch, dass es Konstellationen geben kann, in denen **mehrere Gleichgewichte** existieren.[18] Angenommen, in der Situation, die Abb. 7.1 zugrunde liegt, ist $p = 0,8$ und $\alpha = 0,2$. Dann existieren ein Separating-Gleichgewicht und ein Pooling-Gleichgewicht mit LIFO. Wenn der Markt ein Unternehmen sieht, das LIFO verwendet, ist zunächst nicht eindeutig, ob es nur ein schlechtes Unternehmen sein kann (Separating-Gleichgewicht) oder ob es auch ein gutes Unternehmen sein könnte (Pooling-Gleichgewicht). Dies ist jedoch bedeutsam für die Bewertung am Markt. Die Auswahl unter mehreren Gleichgewichten ist deshalb durchaus problematisch. Dies ist eine generelle Eigenschaft von Nash-Gleichgewichten: Es handelt sich um ein statisches Konzept, das nur sicherstellt, ob Strategien Bestandteil eines Gleichgewichts sind, ohne zu berücksichtigen, ob und wie diese Strategien auftreten können.

4   Bilanzpolitik und Verträge

4.1   Grundüberlegung

Die bisherigen Erklärungen zum Auftreten von Bilanzpolitik beruhen auf der Beeinflussung von Adressaten, die mit dem Unternehmen in **keinem spezifischen Vertragsverhältnis** stehen. Dies ist typisch für den **Kapitalmarkt**, auf dem standardisierte Verträge, i. d. R. die Anteile der Unternehmen oder Anleihen, gehandelt werden. Diese enthalten keine besonderen Vereinbarungen, wie die Adressaten auf besondere bilanzpolitische Maßnahmen reagieren. Die Rechnungslegung wird durch gesetzliche Regelungen oder andere anerkannte Standards determiniert, die gewisse Spielräume offenlassen.

Ähnliches gilt für die **Finanzverwaltung**, die sich ebenfalls durch gesetzliche Vorschriften bindet, die von den Unternehmen aufgestellte Rechnungslegung grundsätzlich zu akzeptieren (soweit diese nicht offenkundig verfälscht ist). Im vorigen 6. Kapitel: *Bilanzpolitik – Grundlagen* wurden Anreize zu Bilanzpolitik diskutiert, die sich durch **Managemententlohnungsverträge** ergeben. Beispielsweise bewirken Entlohnungsschemata mit Unter- und Obergrenzen der variablen Entlohnung Anreize zu einer bestimmten Bilanzpolitik (so etwa im Modell von *Healy* 1985). Die Frage ist dabei natürlich, ob solche Entlohnungsschemata überhaupt optimal sind.

Manager können in einer Situation mit vorgegebenen Verträgen Anreize haben, Bilanzpolitik zu betreiben, weil die Adressaten darauf nur vertragsgemäß **eingeschränkt reagieren** können. Strategisch sind sie damit immer im **Nachteil**, und genau das schlägt sich in den Anreizen zu Bilanzpolitik nieder.

---

[18] Es können noch weitere Gleichgewichte bestehen, die zum Teil auf wenig intuitiven Erwartungen (außerhalb des Gleichgewichts) basieren oder gemischte Strategien beinhalten.

Im Folgenden wird untersucht, ob und gegebenenfalls welche Anreize zu Bilanzpolitik auftreten, wenn der Vertragspartner des Managers einen speziell auf die betreffende Situation eingehenden optimalen Vertrag schließen kann. Design und Analyse optimaler Verträge erfolgen in Agency-Modellen. Es wird gezeigt, dass in optimalen Verträgen die **Anreize zu Bilanzpolitik** gesteuert und vielfach sogar völlig verhindert werden können. **Voraussetzung** ist, dass die Vertragsgestaltung hinreichend Freiraum für Gestaltungsmöglichkeiten einräumt, insbesondere muss der Prinzipal *auch* die Eigenschaften der Rechnungslegung (also die Art der Kommunikation der privaten Informationen des Agenten) vertraglich festlegen können. Wenn dann dennoch **Bilanzpolitik** auftritt, muss sie einen (relativen) **ökonomischen Vorteil** für den Adressaten bieten. Insofern kann Bilanzpolitik nicht nachteilig oder negativ sein, sondern sie ist **Bestandteil optimaler Vertragsgestaltungen**. Sie ist dann einfach das geringste Übel in einer Situation, die von Informationsasymmetrie und Interessenkonflikten geprägt ist.

4.2   Das Offenlegungsprinzip

Im Folgenden wird ein **Standard-Agency-Modell** mit einem Prinzipal (z. B. Eigentümer, Investor) und einem Agenten (Manager) betrachtet (siehe auch 4. Kapitel: *Bilanzierungs- und Bewertungsgrundsätze*). Der Agent ist für den Prinzipal tätig und erhält im Lauf des Produktionsprozesses eine private Information y. Dies kann einfach Information über seine eigene Arbeitsleistung sein, alternativ erhält er Informationen über die Umweltsituation, wie z. B. den Zustand von Produktionsanlagen, die Kundentreue, das Marktwachstum oder die Fähigkeiten von Mitarbeitern. Diese **Information ist wertvoll** und würde deshalb im Vertrag berücksichtigt werden – vorausgesetzt der Prinzipal kann sie beobachten. Andernfalls weiß der Prinzipal zwar, dass der Agent die Information besitzt, er ist aber auf die **Berichterstattung** durch den Agenten angewiesen, um die Information im Vertrag verwenden zu können. Rechnungslegung ist eine solche Art der Berichterstattung.

Die ökonomische Theorie hat für eine solche Situation eine elegante Lösung parat, das „**Offenlegungsprinzip**" (*revelation principle*).[19] Es besagt, dass es zu jedem Vertrag, der eine nicht wahrheitsgemäße Berichterstattung induziert, einen ergebnisäquivalenten Vertrag mit wahrheitsgemäßer Berichterstattung gibt. Interpretiert man **Bilanzpolitik** als eine solche „unwahre" bzw. verzerrte Berichterstattung über die vorliegende Information, heißt dies, dass Bilanzpolitik in einem **optimalen Vertrag keinen Vorteil** bringen kann.

Dieses allgemeine – zum Teil auch überraschende – Ergebnis basiert auf folgender **Überlegung**. Angenommen, es gibt einen Vertrag, den der Prinzipal mit dem Agenten vereinbart hat und der einen Anreiz für den Agenten beinhaltet, Bilanzpolitik zu betreiben.

---

[19] Vgl zB *Myerson* (1979, 1982). Das Offenlegungsprinzip kann genauso in der internen Unternehmensrechnung, etwa im Rahmen der Budgetierung, angewandt werden (vgl zB *Ewert/Wagenhofer/ Rohlfing-Bastian* 2023, S. 377–381).

Dann besagt das Offenlegungsprinzip, dass es einen anderen Vertrag gibt, unter dem der Agent y wahrheitsgemäß berichtet und der zum selben erwarteten Nutzen für den Prinzipal und den Agenten führt. Dieser Vertrag sichert dem Agenten in jeder Situation, in der er unter dem bisherigen Vertrag falsch berichtet, die gleiche Entlohnung zu, wenn er die Wahrheit sagt.

Formal bestimmt der Agent unter dem vorherigen Vertrag eine **Berichtsfunktion** $m(\cdot)$, definiert über die Menge an Informationen y. Bilanzpolitik bedeutet, dass es im Optimum einige y gibt, für die $m(y) \neq y$ gilt. Der bisherige Vertrag sieht ein **Entlohnungsschema** $S(\cdot)$, basierend auf dem Bericht m, vor. Der neue Vertrag definiert das **Entlohnungsschema** S^* so, dass für jede Information y, für die $m(y) \neq y$ gilt, die Entlohnung gleich hoch ist wie unter dem bisherigen Vertrag unter Berücksichtigung der Anreize zu Bilanzpolitik, also

$$S^* \left(m^* \left(y \right) \right) = S^* \left(y \right) = S \left(m \left(y \right) \right) \qquad (7.16)$$

Unter S^* hat der Agent keinen strikten Anreiz mehr, falsch zu berichten,[20] und das Ergebnis entspricht dem, das bei Falschberichterstattung möglich ist. Dies gilt für jeden beliebigen Vertrag mit S, d. h. insbesondere auch für einen optimalen Vertrag zwischen Eigentümer und Manager.

Im Lichte des Offenlegungsprinzips nützt Bilanzpolitik so gesehen nicht, sie schadet aber auch nicht. Dieses Resultat ist deshalb wichtig, weil man i. d. R. davon ausgeht, dass Bilanzpolitik für den Prinzipal nachteilig ist. Dabei muss allerdings die Ursache der Bilanzpolitik betrachtet werden: Sie entsteht überhaupt erst, weil der Prinzipal einen **Informationsnachteil** hat. Der Agent besitzt private Information, die dem Prinzipal nicht zur Verfügung steht. Dieser Nachteil zeigt sich auch in der (*second best*) Lösung des Agency-Modells, die typischerweise schlechter ist als unter der Annahme, dass der Prinzipal denselben Informationsstand hat wie der Agent.

In der Realität tritt jedoch Bilanzpolitik häufig auf. Bleibt man im Rahmen der Agency-Modelle, gibt es dafür folgende **Erklärung**: Das Offenlegungsprinzip, so allgemein es auch zu sein scheint, setzt stillschweigend **einige sehr einschränkende Annahmen** voraus, die in der Realität nur selten erfüllt sind. Ist mindestens eine der Annahmen verletzt, ist das Offenlegungsprinzip nicht mehr anwendbar, und es kann sich ein strikter Vorteil von Bilanzpolitik ergeben.

Die **Bedingungen** für die **Geltung des Offenlegungsprinzips** sind:[21]

- Uneingeschränkte Berichterstattung,
- uneingeschränkte Entlohnungsfunktion,
- unbeschränkte Verpflichtungsmöglichkeit.

---

[20] Es gibt allerdings auch keinen strikten Anreiz für wahrheitsgetreue Berichterstattung. Jedoch wird in Agency-Modellen praktisch immer angenommen, dass sich der Agent nach den Wünschen des Prinzipals verhält, wenn es ihm selbst nicht schadet.

[21] Vgl *Dye* (1988), S. 196, *Arya/Glover/Sunder* (1998), S. 10 ff.

Uneingeschränkte Berichterstattung

Die erste Bedingung setzt voraus, dass der Agent sämtliche Facetten der privaten Information berichten kann, die Art und Weise der Berichterstattung ist nicht eingeschränkt. Diese Bedingung wäre z. B. dann verletzt, wenn die Information des Agenten **vielschichtig** und **quantitativ** zum Teil nicht messbar ist und deshalb in der Rechnungslegung nicht abgebildet werden kann, und ebenso dann, wenn die Rechnungslegung die Basisinformationen **saldiert** oder **aggregiert**. Die Folge ist, dass gewissermaßen ein „vertragsfreier Raum" entsteht, der zu Bilanzpolitik genutzt werden kann.

Eine **eingeschränkte Berichterstattung** verhindert zwar die Anwendung des Offenlegungsprinzips, muss aber nicht immer zu Nachteilen für den Prinzipal führen. Angenommen, der Output eines Produktionsprozesses x ist vom Prinzipal nicht direkt beobachtbar. Der Prinzipal beurteilt den Agenten anhand des Erfolgs m, den der Agent mit dem Rechnungswesen in Form von $m = m(x)$ ermittelt. Steigt seine Entlohnung $S(\cdot)$ in m, so hat der Agent einen strikten Anreiz, maximal gewinnerhöhende Bilanzpolitik zu betreiben. Wenn der Umfang des bilanzpolitischen Spielraums beschränkt ist, etwa der Form, dass er $\pm \underline{b}$ beträgt, dann ist die Berichterstattung eingeschränkt, nämlich auf $m(x) \in \left[x - \underline{b}; x + \underline{b} \right]$. Der Agent würde in einer solchen Situation immer $m(x) = x + \underline{b}$ berichten. Das weiß der Prinzipal, und er kann die Entlohnung ohne Nachteil auf m aufbauen, denn m ist gleich informativ wie x selbst, was aus der Invertierbarkeit von m folgt, d. h. $x = m - \underline{b}$. Bilanzpolitik schadet daher nicht.

> Wenn demgegenüber $m \in \left[-\underline{b}, \underline{b} \right]$ vorausgesetzt wird, dann wird der Agent immer $m = \underline{b}$ berichten, woraus der Prinzipal überhaupt keine Information über x entnehmen kann. Um hier Information zu erhalten, hat der Prinzipal nur die Möglichkeit, ein konstantes Entlohnungsschema vorzugeben. Dieses liefert jedoch keinerlei Anreize zur Arbeitsleistung. Ist der Umfang des möglichen Spielraums dem Prinzipal nicht bekannt, hat er keine Möglichkeit, eine die niedrigste Arbeitsleistung übersteigende Arbeitsleistung zu motivieren.[22]

Uneingeschränkte Entlohnungsfunktion

Die **Form der Entlohnung** darf **nicht beschränkt** sein, damit das Offenlegungsprinzip anwendbar ist. Dazu muss es möglich sein, dass die berichtete Information oder Teile derselben beliebig in der Entlohnungsfunktion berücksichtigt werden können. In der Realität beobachtet man meist sehr einfache, z. B. lineare, Entlohnungsfunktionen, meist auch nur über wenige Performancegrößen definiert. Optimale Verträge beinhalten dagegen häufig sehr komplexe Funktionen. Es könnte auch sein, dass die wahrheitsinduzierende Entlohnungsfunktion komplexer ist als ein ergebnisäquivalenter Vertrag, der Bilanzpolitik induziert.[23] Damit wäre diese Bedingung verletzt.

Uneingeschränkte Verpflichtungsmöglichkeit

Die dritte Bedingung ist die glaubwürdige Verpflichtungsmöglichkeit (Kommitment) des Prinzipals, von den vertraglich festgelegten Vereinbarungen nicht abzuweichen. Der Agent muss sich darauf verlassen können, dass der Prinzipal nicht einseitig abweichen kann, wie

---

[22] Vgl etwa *Dye* (1988), *Evans/Sridhar* (1996).

[23] Vgl zB *Ziv* (1998), S. 37. Dieses Argument impliziert „Kosten" der Vertragsdurchführung.

auch, dass sie nicht einvernehmlich davon abweichen. Eine solche **Verpflichtung** besteht meist darin, nicht die gesamte Information zu nutzen, d. h. sie anders als eigentlich (*ex post*) wünschenswert zu nutzen oder – im Extremfall – sie überhaupt zu ignorieren, und dies nicht nur in der betreffenden Periode, sondern auch in Zukunft.

Die unbeschränkte Verpflichtungsmöglichkeit wird bereits verhindert, wenn Prinzipal und Agent den ursprünglichen Vertrag einvernehmlich ändern können (**Nachverhandlungen**). Eine Nachverhandlung ist in üblichen Rechtssystemen aber keine Seltenheit.

Ein Beispiel für eine Nachverhandlung tritt bei **Mitarbeiteroptionsprogrammen** auf. Wenn der Aktienkurs gravierend unter den Ausübungspreis fällt, sodass es praktisch auszuschließen ist, dass die Optionen ausgeübt werden, verlieren sie ihre Anreizwirkung. Unternehmen senkten daraufhin oft den Ausübungspreis (*repricing*), um den Anreizeffekt unter den geänderten Bedingungen wieder herzustellen. Diese Praxis wird aber als mit guter Corporate Governance unvereinbar angesehen. Anstelle dessen können Unternehmen neue Optionen zu den günstigeren Bedingungen ausgeben.

Insgesamt zeigt sich, dass die Bedingungen für die **Anwendbarkeit des Offenlegungsprinzips** durchaus einschränkend sind. Insofern ist es wenig verwunderlich, dass auch in Situationen, in denen spezifische Verträge geschlossen werden können, Bilanzpolitik auftritt. Im Folgenden werden Möglichkeiten angesprochen, in denen Bilanzpolitik gegenüber dem Ausschluss von Bilanzpolitik sogar Vorteile bringt.

Extreme Formen der Verpflichtung

Die Bedingung, dass sich der Prinzipal zu jeder Verwendung oder Nichtverwendung der berichteten Information vertraglich verpflichten kann, kann extreme Formen annehmen.

Angenommen, der Prinzipal möchte in einem Standard-Agency-Modell den Agenten dazu bringen, seine Arbeitsleistung wahrheitsgemäß zu berichten. Aus der Anwendung des Offenlegungsprinzips folgt dafür, dass er sich glaubwürdig verpflichten muss, die berichtete Arbeitsleistung bei der Entlohnung (und der Beurteilung insgesamt) vollständig zu *ignorieren*. Würde er dies nicht tun und für eine bestimmte berichtete Arbeitsleistung dem Agenten eine höhere Entlohnung bieten als für andere Arbeitsleistungen, wird der Agent immer diese Arbeitsleistung berichten. Der Bericht ist damit wertlos. Er ist aber genauso wertlos, wenn ihn der Prinzipal im wahrheitsinduzierenden Vertrag ignorieren *muss*. Dies ist vermutlich schwer durchzustehen, und deshalb sind solche Vertragsgestaltungen kaum zu beobachten.

Konkret stelle man sich eine Fachprüfung vor, in welcher der Prüfer ausschließlich auf die Mühe des Lernens Wert legt. Diese ist nicht beobachtbar und verursacht den Studierenden Disnutzen. Angenommen, der Prüfer möchte, dass die Studierenden im Rahmen der Prüfung wahrheitsgemäß ihre aufgewandte Mühe mitteilen.

Dies gelingt eben nur, wenn er sich glaubwürdig verpflichten kann, sie nicht in das Prüfungsergebnis einfließen zu lassen. Dies ist jedoch gerade der Zweck der Leistungsbeurteilung. Ein rationaler Prüfer wird deshalb gar nicht danach fragen – oder erst nach vollendeter Prüfung (sofern er sich verpflichten kann, das Prüfungsergebnis nicht nachträglich zu korrigieren).

4.3   Kosten verursachende Bilanzpolitik

Im Folgenden wird eine Situation betrachtet, in der Bilanzpolitik **negative Auswirkungen** hat, weil sie dem Prinzipal Kosten verursacht. Dennoch ist es im **Optimum** besser, **Bilanzpolitik** nicht zu vermeiden.

Ausgangsbasis ist ein **LEN-Modell** (siehe 4. Kapitel: *Bilanzierungs- und Bewertungsgrundsätze*) mit zwei Aktivitäten des Agenten: eine **produktive Aktivität** und **Bilanzpolitik** (*window dressing*).[24] Vereinfachend wird nur eine Periode berücksichtigt.

Das für den Prinzipal relevante riskante Ergebnis des Unternehmens hängt von der Aktivität a_1 des Agenten und einer Zufallsgröße $\tilde{\theta}$ ab,

$$\tilde{x} = a_1 + \tilde{\theta}$$

wobei $\tilde{\theta}$ gemäß den LEN-Annahmen normalverteilt mit Erwartungswert 0 und Varianz σ^2 ist.

Dieses Ergebnis ist jedoch nicht direkt beobachtbar und kann daher für die Entlohnung des Agenten nicht verwendet werden. Es besteht aber eine **Rechnungslegung**, die ein unverzerrtes Signal über das Ergebnis liefert und daher vertraglich als **Beurteilungsgröße** für die Entlohnung genutzt werden kann. Der Agent hat die Möglichkeit, das Signal mit bilanzpolitischen Maßnahmen zu verändern. Die **Bilanzpolitik** wird als zusätzliche Aktion des Managers a_2 modelliert, die sonst aber völlig unproduktiv ist. Die Beurteilungsgröße B ergibt sich damit wie folgt:

$$B = x + ba_2 = a_1 + ba_2 + \theta \tag{7.17}$$

Der Agent kann also mit seiner Aktivität a_2 die Beurteilungsgröße mit dem Faktor $b \geq 0$ erhöhen. Sein **Disnutzen** in Höhe von $\left(a_1^2 + a_2^2 \right)/2$ entsteht durch beide Aktivitäten gleichermaßen. Entsprechend den LEN-Annahmen ist die Entlohnung des Agenten linear in der Beurteilungsgröße B, d. h. $S(B) = s_0 + sB$.

Lösung ohne Möglichkeit der Bilanzpolitik
Zur besseren Einordnung der Ergebnisse wird zunächst der Fall betrachtet, in der **Bilanzpolitik keine Wirkung** besitzt; dies ist gleichbedeutend mit der Annahme $b = 0$. Der Agent wählt dann wie im Standard-LEN-Modell die optimalen Arbeitsleistungen durch

---

[24] Vgl *Feltham/Xie* (1994).

Maximierung seines **erwarteten Nutzens**, der durch das Sicherheitsäquivalent abgebildet werden kann:

$$\mathrm{E}\big[U(S,\,a)\big]=U\left(s_0+s\mathrm{E}[B]-\frac{a_1^2+a_2^2}{2}-\frac{rs^2\sigma^2}{2}\right)$$

Dieser Erwartungsnutzen muss mindestens $U(\underline{u})$ betragen (Teilnahmebedingung).

Die Beurteilungsgröße B ohne Bilanzpolitik ist $B=a_1+\theta$ und $\mathrm{E}[B]=a_1$. Daraus ergeben sich als **optimale Aktivitäten**

$$\max_{a_1,a_2} sa_1-\frac{a_1^2+a_2^2}{2}\quad\Rightarrow\quad a_1^0=s\quad\text{und}\quad a_2^0=0$$

Der Prinzipal maximiert den **erwarteten Nutzen** gegeben die optimalen Aktivitäten des Agenten wie folgt:

$$\max_s\mathrm{E}[\tilde{x}]-\frac{a_1^2+a_2^2}{2}-\frac{rs^2\sigma^2}{2}-\underline{u}$$

$$=\max_s s-\frac{s^2}{2}-\frac{rs^2\sigma^2}{2}-\underline{u}$$

Der optimale Entlohnungsparameter ist

$$s^0=\frac{1}{1+r\sigma^2}$$

und der erwartete **Nutzen des Prinzipals** beträgt

$$\mathrm{E}\big[G^0\big]=\frac{1}{2\big(1+r\sigma^2\big)}-\underline{u}\tag{7.18}$$

Lösung mit Bilanzpolitik

Geht man nun von $b>0$ aus, ermittelt der Agent seine beiden optimalen Arbeitsleistungen durch **Maximierung seines Erwartungsnutzens** bzw. dessen Sicherheitsäquivalent, dh

$$\max_{a_1,a_2} s_0+s\mathrm{E}[B]-\frac{a_1^2+a_2^2}{2}-\frac{rs^2\sigma^2}{2}=$$

$$\max_{a_1,a_2} s_0+s\big(a_1+ba_2\big)-\frac{a_1^2+a_2^2}{2}-\frac{rs^2\sigma^2}{2}$$

Daraus ergeben sich die Aktivitäten $a_1^b=s$ sowie $a_2^b=bs$. Der erwartete Nutzen des Prinzipals beträgt

$$\mathrm{E}[G]=s-\frac{s^2+s^2b^2}{2}-\frac{rs^2\sigma^2}{2}-\underline{u}$$

Dessen Maximierung nach dem Entlohnungssatz s ergibt schließlich

$$s^b = \frac{1}{1 + b^2 + r\sigma^2}$$

Der **erwartete Nutzen des Prinzipals** beträgt

$$\mathrm{E}\left[G^b\right] = \frac{1}{2\left(1 + b^2 + r\sigma^2\right)} - \underline{u} \qquad (7.19)$$

Er ist infolge von $b > 0$ eindeutig geringer als im Fall, in dem keine Bilanzpolitik betrieben wird (siehe $\mathrm{E}[G^0]$ in Gleichung (7.18)).[25]

Im **Ergebnis** zeigt sich also, dass dem Prinzipal in einer solchen Situation durch die Möglichkeit der **Bilanzpolitik ein Nachteil** entsteht.

> Das gilt jedoch nur dann, wenn man davon ausgeht, dass der Prinzipal die Eigenschaften des Rechnungslegungssystems nicht selbst entscheiden kann. Sonst ist offensichtlich, dass er den Parameter $b = 0$ festlegt, also Bilanzpolitik verhindern möchte.

Ist das **Rechnungslegungssystem vorgegeben**, dann entstehen bei einem $b > 0$ *immer* Anreize zu **Bilanzpolitik**, da die Beurteilungsgröße von beiden Aktivitäten des Agenten beeinflusst wird. Je größer b ist, desto höher ist der marginale Nutzen aus Arbeitsleistung a_2 auf die Steigerung der Beurteilungsgröße und desto höher ist die vom Entlohnungssatz s induzierte Bilanzpolitik (s^b). Um den Anreiz zu Bilanzpolitik zu reduzieren, verringert der Prinzipal im **Optimum** den variablen Entlohnungssatz $s^b < s$ gegenüber der Situation ohne Bilanzpolitik. Das führt gleichzeitig dazu, dass der Agent weniger Anreize zu produktiver Arbeitsleistung erhält, da $a_1^b = s^b < s^0 = a_1^0$. Insgesamt sinkt also die Produktivität. Der Nutzen für den Prinzipal sinkt zusätzlich aufgrund der Tatsache, dass er dem Agenten die Kosten der Bilanzpolitik $\left(a_2^b\right)^2 \big/ 2$ ersetzen muss.

Dennoch ist dies die **beste Möglichkeit** für den Prinzipal. Die einzige Möglichkeit, **Bilanzpolitik zu verhindern**, besteht darin, den Entlohnungssatz $s = 0$ zu setzen. Dann wird aber nicht nur $a_2^b = 0$, sondern auch die produktive Aktivität $a_1^b = 0$, weil es dann überhaupt keine Arbeitsanreize mehr gibt.[26] Im Optimum wägt der Prinzipal daher den Nutzen aus einer Motivation zu produktiver Arbeitsleistung und den dadurch induzierten Anreizen für Bilanzpolitik ab. **Bilanzpolitik** wird im optimalen Vertrag also bewusst in Kauf genommen und ist insofern das kleinere Übel.

4.4   Vorteile von Bilanzpolitik

In bestimmten Situationen kann es nun – gegeben die Informationsasymmetrien – echte Vorteile bringen, dem Agenten einen **Spielraum für Bilanzpolitik** einzuräumen. Die Grundidee ist wiederum, dass auf diese Art bestimmte **Strukturen des Entscheidungs-**

---

[25] Hier wird angenommen, dass der Reservationsnutzen des Agenten u hinreichend gering ist, dass der erwartete Nutzen des Prinzipals weiterhin positiv ist.

[26] Vgl auch *Dye* (1988), S. 200.

Tab. 7.1 Produktionsfunktion

Wahrscheinlichkeit	$x_t = 0$	$x_t = 200$
Arbeitsleistung a_L	0,4	0,6
Arbeitsleistung a_H	0,3	0,7

problems genutzt werden können, die ohne Bilanzpolitik nicht zur Verfügung stünden. In allen diesen Situationen ist es wieder erforderlich, dass das Offenlegungsprinzip nicht angewandt werden kann.

Im Folgenden wird eine konkrete Situation dargestellt, in der **Bilanzpolitik Vorteile** bewirkt. Das Beispiel folgt *Arya/Glover/Sunder* (1998, S. 11 f).[27]

Ein Prinzipal schließt mit einem Manager einen **zweiperiodigen Vertrag**. Keiner von beiden kann den Vertrag kündigen, und es gibt keine Möglichkeit für Nachverhandlungen. Der Prinzipal und der Manager sind risikoneutral, allerdings darf die Entlohnung des Managers nicht negativ werden („beschränkte Haftung"). Der Reservationsnutzen des Managers beträgt 2.

Der Manager erbringt in der ersten Periode entweder eine niedrige (a_L) oder hohe **Arbeitsleistung** (a_H). Der Disnutzen aus niedriger Arbeitsleistung beträgt 0, der aus hoher Arbeitsleistung 1. Das **Ergebnis** x kann 0 oder 200 betragen. Die Ergebnisse in den beiden Perioden sind völlig voneinander unabhängig verteilt. Diese Informationen sind allgemein bekannt. Tab. 7.1 gibt die Wahrscheinlichkeiten für die Ergebnisse abhängig von der Arbeitsleistung an.

Am **Ende der ersten Periode** erfährt der Manager das Ergebnis x_1 der ersten Periode. Hat er die hohe Arbeitsleistung gewählt, kann er zusätzlich (vereinfachend) mit Sicherheit vorhersagen, welches Ergebnis in der zweiten Periode anfallen wird. Bei niedriger Arbeitsleistung erfährt er nichts Neues über das Ergebnis in der zweiten Periode, d. h. die Wahrscheinlichkeiten bleiben wie in Tab. 7.1 dargestellt.

Beobachtbare Ergebnisse

Als **Benchmark** wird zunächst der **optimale Vertrag** unter der Annahme ermittelt, dass die Ergebnisse x_1 und x_2 beobachtbar und kontrahierbar sind. Dies entspricht einem **perfekten Rechnungslegungssystem**, in dem auch keine Bilanzpolitik möglich ist. Die Entlohnung wird direkt an x_1 und x_2 geknüpft, d. h. $s = s(x_1, x_2)$, und erst am Ende der beiden Perioden ausbezahlt, weil dann das Maximum an Information verfügbar ist und eine vorzeitige Vertragsauflösung oder Nachverhandlung ausgeschlossen wurden.

Der Prinzipal löst dann folgendes **Agency-Modell**: Maximiert wird der **erwartete Gewinn des Prinzipals** unter der Bedingung, dass die hohe Arbeitsleistung a_H induziert wird,[28] der wie folgt lautet:

$$\max_s 0,3 \cdot 0,3 \cdot \left[0 - s(0,\ 0)\right] + 0,3 \cdot 0,7 \cdot \left[200 - s(0,\ 200)\right] + \\ + 0,7 \cdot 0,3 \cdot \left[200 - s(200,\ 0)\right] + 0,7 \cdot 0,7 \cdot \left[400 - s(200,\ 200)\right]$$

---

[27] Das zugrunde liegende Modell stammt von *Demski* (1998). *Arya/Glover/Sunder* (1998) diskutieren noch weitere Beispiele.

[28] Wie leicht zu sehen ist, ist es vorteilhaft, dass der Agent die hohe Arbeitsleistung wählt: Das erwartete Ergebnis steigt um 200·(0,7 – 0,6) = 20, der Disnutzen steigt dagegen nur um 1.

Die Nebenbedingungen sind die **Teilnahmebedingung**, die dem Agenten im Erwartungswert den Reservationsnutzen von 2 sichert,

$$0,3 \cdot 0,3 \cdot s\big(0,\ 0\big) + 0,3 \cdot 0,7 \cdot s\big(0,\ 200\big) +$$
$$+ 0,7 \cdot 0,3 \cdot s\big(200,\ 0\big) + 0,7 \cdot 0,7 \cdot s\big(200,\ 200\big) - 1 \geq 2$$

und die **Anreizbedingung**, damit der Agent die hohe Arbeitsleistung a_H wählt:

$$0,3 \cdot 0,3 \cdot s\big(0,\ 0\big) + 0,3 \cdot 0,7 \cdot s\big(0,\ 200\big) +$$
$$+ 0,7 \cdot 0,3 \cdot s\big(200,\ 0\big) + 0,7 \cdot 0,7 \cdot s\big(200,\ 200\big) - 1 \geq$$
$$\geq 0,4 \cdot 0,4 \cdot s\big(0,\ 0\big) + 0,4 \cdot 0,6 \cdot s\big(0,\ 200\big) +$$
$$+ 0,6 \cdot 0,4 \cdot s\big(200,\ 0\big) + 0,6 \cdot 0,6 \cdot s\big(200,\ 200\big) - 0$$

Darüber ist die Nichtnegativitätsbedingung für die Entlohnungen $s(x_1, x_2) \geq 0$ einzuhalten.

Die **optimale Lösung** ergibt sich unter Verwendung einer Lösungsstruktur, die für Modelle mit risikoneutralem Agenten mit beschränkter Haftung typisch ist: Eine über den Mindestlohn hinausgehende Entlohnung wird nur für das Ergebnis mit der höchsten *likelihood-Relation* gezahlt, weil dieses Ergebnis am informativsten hinsichtlich der gewünschten Aktion ist. Setzt man daher alle $s(\cdot, \cdot)$ außer $s(200, 200)$ gleich null, muss $s(200, 200)$ so hoch gesetzt werden, dass die Anreizbedingung erfüllt ist. Dann ist nur noch zu prüfen, ob die Teilnahmebedingung erfüllt ist (was im vorliegenden Beispiel der Fall ist). Die **optimale Entlohnung** lautet daher:

$$s\big(200, 200\big) = 1 / 0,13 \approx 7{,}69; \text{ alle übrigen } s\big(\cdot,\ \cdot\big) = 0$$

Der **erwartete Gewinn** des Prinzipals beträgt 276,23.

Ermöglichung von Bilanzpolitik

Nun wird angenommen, dass der Prinzipal die beiden **Ergebnisse nicht beobachtet** und diese damit auch nicht als Grundlage für die Entlohnung des Managers herangezogen werden können. Stattdessen berichtet der Manager die beiden Gewinne m_1 und m_2, wobei er **kostenlos buchmäßige Bilanzpolitik** betreiben kann. Die einzige Einschränkung für die Bilanzpolitik ist die Beachtung des **Kongruenzprinzips**, dh

$$m_1 + m_2 = x_1 + x_2$$

Der Manager kann daher nicht beliebig Gewinne berichten, sondern diese nur über die beiden Perioden verschieben. Eine Eingrenzung der Gewinne auf die tatsächlich möglichen Ergebnisrealisationen $\{0, 200\}$ ist nicht vorgesehen.

Im Folgenden wird gezeigt, dass es einen **Vertrag mit Bilanzpolitik** gibt, der einen höheren erwarteten Gewinn für den Prinzipal liefert als der Vertrag auf Basis der beobachtbaren Ergebnisse. Dieser Vertrag bietet eine Entlohnung $s(m_1, m_2) = 3$, falls $m_1 = m_2$, und sonst null (für $m_1 \neq m_2$).

Angenommen, der Manager wählt wie gewünscht a_H. Dann weiß er im Zeitpunkt, zu dem er m_1 berichtet, x_1 und x_2, sodass er keiner Unsicherheit über die Entlohnung mehr ausgesetzt ist. Er berichtet dann

$$m_1 = m_2 = \frac{x_1 + x_2}{2}$$

und sichert sich so eine Entlohnung von 3, die unter Berücksichtigung eines Disnutzens von 1 für a_H gerade seinen Reservationsnutzen von 2 liefert.

Wählt der Manager dagegen a_L, bleibt die Unsicherheit für das Ergebnis x_2 bestehen. Weil $x_2 = 200$ mit höherer Wahrscheinlichkeit (nämlich 60 %) eintritt, lautet seine beste Schätzung für $x_2 = 200$. Die optimale Berichterstattung des Managers lautet damit

$$m_1 = m_2 = \frac{x_1 + 200}{2}$$

Damit erhält er mit Wahrscheinlichkeit 60 % $s = 3$, mit 40 % nur $s = 0$, weil dann die Gewinne in beiden Perioden unterschiedlich sind. Die erwartete Entlohnung beträgt $0{,}6{\cdot}3 = 1{,}8$; allerdings entsteht dem Manager kein Disnutzen.

Im Ergebnis wählt der Manager bei dieser Entlohnungsstruktur die hohe Arbeitsleistung a_H, weil sie ihm einen höheren Erwartungsnutzen als die niedrige Arbeitsleistung verspricht, nämlich 2 anstelle von 1,8. Der erwartete **Gewinn des Prinzipals** aus diesem Vertrag beträgt 277, und das ist mehr als 276,23 im Fall ohne Bilanzpolitik.

Dieses Beispiel zeigt, dass Bilanzpolitik hier einen **echten Vorteil** gegenüber einem perfekten Rechnungswesensystem ohne Bilanzpolitik erbringt, sogar dann, wenn Bilanzpolitik mit Ausnahme des Kongruenzprinzips unbeschränkt und auch kostenlos ist. Der **Grund** liegt darin, dass der Vertrag mit Bilanzpolitik den Umstand ausnutzen kann, dass der Manager bei Wahl von a_H bereits **vorzeitig Kenntnis** über das Ergebnis x_2 der zweiten Periode hat; wählt er a_L, dann kennt er es nicht, und das macht diese Kenntnis wertvoll für Anreize. Dieser Umstand wird bei Bericht der tatsächlichen Ergebnisse in der optimalen Entlohnung nicht genutzt. In diesem Beispiel ist das **Offenlegungsprinzip** nicht anwendbar, weil die **Berichterstattung eingeschränkt** ist.

5   Zusammenfassung

Dieses Kapitel hat zum Ziel, auf die oft **subtilen Zusammenhänge** zwischen **bilanzpolitischen Maßnahmen** und den **Reaktionen** der Bilanzadressaten aufmerksam zu machen. Damit soll das **Denken in Gleichgewichten** geschult werden, die zum Teil überraschende Lösungen beinhalten.

Es wird gezeigt, dass ein Manager selbst dann Anreize hat, Bilanzpolitik zu betreiben, wenn der Kapitalmarkt diese (im Extremfall) vollkommen erschließen kann. In einem **Gleichgewicht mit rationalen Erwartungen** muss der Kapitalmarkt die vermuteten Anreize bei der Preisbildung berücksichtigen, um nicht getäuscht zu werden. Gegeben aber die antizipierte Berücksichtigung bilanzpolitischer Maßnahmen durch den Kapitalmarkt, muss der Manager eine solche auch tatsächlich betreiben, um sich nicht schlechter zu stellen. Im Gleichgewicht sind die Erwartungen über die Bilanzpolitik bzw. die Preisbildung erfüllt. Dies wird sowohl für **buchmäßige** als auch für **reale Bilanzpolitik** gezeigt. Insbesondere kann **Preisdruck** am Kapitalmarkt zu **kurzfristig orientierten unternehmerischen Entscheidungen** führen. Die Bedingungen dafür sind kurzfristige Anreize und Informationsasymmetrie. Es wird auch gezeigt, dass buchmäßige und reale Bilanzpolitik im Allgemeinen **Substitute** sind.

Signaling-Modelle benutzen Zusammenhänge zwischen einem beobachtbaren Signal und einer Information, die sich im Regelfall durch unterschiedliche Kosten der Erzeugung der Signale abhängig von dieser Information ergeben, um die **Information glaubwürdig übermitteln** zu können. Die Bilanzpolitik dient hier nur als Mittel zum Zweck der glaubwürdigen Übertragung bestimmter Informationen, sie hat keine eigenständige Funktion. Die Funktionsweise wird anhand einer Entscheidung zwischen FIFO und LIFO bei der Vorratsbewertung vorgestellt. Den Zusammenhang zum Unternehmenswert stellen die steuerlichen Konsequenzen der beiden Methoden dar.

In Signaling-Modellen können **Separating-** und **Pooling-Gleichgewichte** existieren, zum Teil auch nebeneinander. Für die Auswahl des betreffenden Gleichgewichts muss die Plausibilität der Annahmen erwogen werden, die ein solches Gleichgewicht stützen. Letztlich zeigt sich aber, dass die Erklärung von Bilanzpolitik über Signaling-Modelle restriktiv ist. Die Anforderungen an die Existenz sind sehr hoch und einschränkend zugleich; andere Instrumente sind besser geeignet, den Informationszweck zu erfüllen. In der Praxis ist daher kaum davon auszugehen, dass Signaling für die Bilanzpolitik eine wesentliche Rolle spielt.

Bilanzpolitik kann auch in Situationen auftreten, in denen sich die Parteien durch **Verträge** binden können. Im Gegensatz zu Marktgleichgewichten können Strategien durchgesetzt werden, die ohne Vertrag nicht Bestandteil eines Gleichgewichts wären. Insofern könnte man vermuten, dass **Bilanzpolitik in optimalen Verträgen** keinen Platz hat.

Tatsächlich kann gezeigt werden, dass Bilanzpolitik irrelevant ist, wenn das Offenlegungsprinzip gilt. Danach gibt es zu jedem Vertrag, der Bilanzpolitik induziert, einen ergebnisäquivalenten Vertrag, der keine Bilanzpolitik induziert. Dies erfordert jedoch uneingeschränkte Berichterstattung, uneingeschränkte Entlohnungsfunktionen und unbeschränkte Verpflichtungsmöglichkeiten. In der Realität sind diese Bedingungen aber regelmäßig nicht erfüllt. Daher kann es in **optimalen Verträgen** zu Anreizen zu Bilanzpolitik kommen. Wie erwartet, führt die Möglichkeit von Bilanzpolitik vielfach dazu, dass sie zum **Nachteil** des Prinzipals gereicht, da die verfügbaren Beurteilungsgrößen an Informationsgehalt verlieren. Es gibt jedoch auch Fälle, in denen Bilanzpolitik für den Prinzipal **vorteilhaft** ist, weil sie z. B. bessere Anreize bewirkt.

Insgesamt ergibt die Beurteilung von **Bilanzpolitik** und deren **Wirkungen** ein sehr **differenziertes Bild**. Eine kurzsichtige Verdammung oder der Ruf nach strikteren Rechnungslegungsregeln greifen zu kurz. Die bilanzpolitische Realität ist **komplexer** – auch noch viel komplexer als die Modelle, mit denen einzelne Aspekte in diesem Kapitel analysiert wurden.

6   Fragen

▶   **F7-1** Beurteilen Sie die folgende Aussage: Rationale Manager würden keine Bilanzpolitik betreiben, wenn sie sich daraus keine Vorteile erwarteten. Vorteile setzen jedoch voraus, dass die Manager nicht glauben, dass Kapitalmärkte perfekt sind.

▶   **F7-2** Was sind außerhalb des Gleichgewichts befindliche Erwartungen? Wozu werden sie benötigt? Sind sie jemals beobachtbar?

▶   **F7-3** Kann das Offenlegungsprinzip auch für die Vertragsgestaltung zwischen Eigentümer und Kreditgeber angewandt werden? Welche Modifikationen sind dafür gegebenenfalls erforderlich?

▶   **F7-4** Unter welchen Bedingungen kann ein Manager Bilanzpolitik nutzen, um seine Einkommens- und Konsumströme zu optimieren? Wie lässt sich die daraus resultierende Bilanzpolitik charakterisieren?

▶   **F7-5** Sind in Signaling-Modellen immer *a priori*-Erwartungen über den unbekannten Typ des Unternehmens notwendig? Welchen Einfluss haben diese *a priori*-Erwartungen auf die Existenz von Gleichgewichten?

7   Probleme

▶   **P7-1 Anreizwirkungen von bestimmten Entlohnungsfunktionen.** Finden Sie Entlohnungsfunktionen auf Basis des Jahresergebnisses, die nachfolgend aufgelistete bilanzpolitische Zielsetzungen des Managements induzieren:

a) gewinnerhöhende Bilanzpolitik;
b) gewinnmindernde Bilanzpolitik;
c) Gewinnglättung;
d) Erreichen eines Mindestgewinns in Höhe der Kapitalkosten.

Welche Anreizwirkungen auf die Arbeitsleistung von Managern üben diese Entlohnungsfunktionen aus?

▶   **P7-2 Kosten der Bilanzpolitik.** Gehen Sie von dem Kapitalmarktmodell im Abschnitt 2 nach *Fischer/Verrecchia* (2000) aus. Dort wurde die Nutzenfunktion des Managers wie folgt angenommen: $U = sP - b^2/2$. Nehmen Sie nun an, die Nutzenfunktion ist $U = sP - cb^2/2$, wobei der Parameter $c > 0$ höheren Disnutzen aus Bilanzpolitik darstellt.

a) Wie lautet das Gleichgewicht in rationalen Erwartungen?
b) Welchen Effekt hat eine Erhöhung von c auf den Erwartungsnutzen des Managers?

▶ **P7-3 Striktere Standards und Bilanzpolitik.**[29] Ein Unternehmen wirft zu $t = 1$ eine Dividende $\tilde{d}$ ab, die normalverteilt ist mit Erwartungswert 0 und Varianz σ^2. Zu $t = 0$ wird ein Signal $\tilde{y}$ beobachtet, für das gilt: $\tilde{y} = \tilde{d} + \tilde{\varepsilon}$, wobei $\tilde{\varepsilon}$ eine normalverteilte Zufallsvariable mit Erwartungswert 0 und Varianz (ebenfalls von) σ^2 ist. Der Unternehmenswert ändert sich damit zu $\mathrm{E}\left[\tilde{d}\,\middle|\,y\right] = y\,/\,2$. Der Manager möchte den Marktpreis maximieren; er kann das Signal manipulieren und einen Bericht m offenlegen, der wie folgt definiert ist:

$$m = y + b + \delta$$

wobei b die buchmäßige Bilanzpolitik und δ die reale Bilanzpolitik bezeichnet. Es gibt einen Rechnungslegungsstandard, der den Betrag von b mit B begrenzt. Buchmäßige Bilanzpolitik ist für den Manager kostenlos, reale Bilanzpolitik verursacht Kosten von $k \cdot (\delta - B)^2$.

a) Wie lautet die buchmäßige und reale Bilanzpolitik im Gleichgewicht? Wie erfolgt die gleichgewichtige Marktpreisfunktion?

b) Angenommen, der Standardsetter verändert die Rechnungslegungsstandards so, dass das Potenzial für eine buchmäßige Bilanzpolitik reduziert wird (d. h. B sinkt). Welche Auswirkung hat das auf die Bilanzpolitik im Gleichgewicht?

c) Angenommen, die Kosten der realen Bilanzpolitik hängen von der Möglichkeit der buchmäßigen Bilanzpolitik ab. Konkret sei der Kostenparameter $k = B$. Eine mögliche Interpretation ist, dass es ein strenger Standard leichter macht, ihn durch reale Transaktionen zu umgehen. Welche Auswirkung hat eine Reduktion von B auf die Bilanzpolitik im Gleichgewicht?

▶ **P7-4 Eingeschränkte Bilanzpolitik in einem Agency-Modell.** Der Manager eines Unternehmens kann mit seiner Arbeitsleistung den Erfolg x des Unternehmens (stochastisch) erhöhen. Der Erfolg als solcher ist jedoch nicht beobachtbar, sondern wird mit Größen des Rechnungswesens gemessen. Die Entlohnung des Managers steigt monoton im ausgewiesenen Erfolg m. Der Manager hat einen gewissen bilanzpolitischen Spielraum Y, mit dem er diesen Erfolg m beeinflussen kann. Der verfügbare Spielraum hängt von der Höhe des ursprünglichen Erfolgs x wie folgt ab:

$$Y = \left(-\infty,\ x + \underline{b}\right)$$

Er kann also immer beliebig „vorsichtig" berichten, jedoch nur um einen bestimmten Betrag $\underline{b}$ übertreiben. Der Manager kann innerhalb dieses Spielraums beliebig berichten, überschreitet er diesen Spielraum, wird sein Verhalten entdeckt.[30]

---

[29] Vgl *Demski* (2004), S. 530 f.

[30] Dieses Beispiel ist an *Dye* (1988), S. 201, angelehnt.

a) Wie lautet die optimale Bilanzpolitik?

b) Was kann der Prinzipal aus dem berichteten Erfolg m über x erschließen?

c) Gilt hier das Offenlegungsprinzip? Falls nicht, welche der Bedingungen für seine Gültigkeit sind verletzt?

▶ **P7-5 Vorteilhafte Bilanzpolitik.**[31] Ein risikoneutraler Prinzipal stellt einen risikoneutralen Manager für eine Periode an. Am Ende der Periode entscheidet der Prinzipal, ob er den Manager eine Periode verlängern oder ob er ihn ersetzen soll. Nach zwei Perioden schließt das Unternehmen und zahlt den erzielten Output an den Prinzipal aus. Längerfristige Verträge sind nicht möglich. Es gibt zwei Typen von Managern: einen unflexiblen und einen flexiblen, der seine Arbeitsleistung besser an die Umweltsituation anpassen kann. Beide Typen sind gleich häufig. Der Manager kennt seinen Typ, der Prinzipal kennt ihn nicht. Die Umweltsituation wird durch drei Umweltzustände θ_1, θ_2 und θ_3 beschrieben, die gleich wahrscheinlich sind. Die Umweltsituation in der Folgeperiode ist unabhängig von derjenigen der ersten Periode.

Output x	θ_1	θ_2	θ_3
Unflexibler Manager	0	0	0
Flexibler Manager	$\{-2, -1\}$	$\{-1, 0\}$	$\{1, 2\}$

Die Tabelle gibt den Output x wieder, den jeder Managertyp in den drei Umweltzuständen erzielt. Der unflexible Manager erreicht unabhängig vom Umweltzustand einen Basisoutput, der auf null normalisiert wird. Der flexible Manager hat jeweils zwei mögliche Outputs zur Verfügung, aus denen er wählen kann; aus dieser Wahl entsteht kein Disnutzen. Eine Entlohnung kann ignoriert werden; die Anreize für den Manager stammen daraus, dass er in jeder Periode einen privaten Nutzen aus der Anstellung im Unternehmen zieht. Der Prinzipal erhält den Output erst nach der zweiten Periode. Wenn der flexible Manager hinsichtlich des Outputs indifferent ist, wählt er denjenigen Output, der für den Prinzipal günstiger ist.

a) Wie hoch ist der erwartete Output für jeden Managertyp?

b) Das Unternehmen verfügt ein Rechnungslegungssystem, das perfekte Information über den Output jeder Periode liefert. Wie lautet die optimale Entscheidung über Verlängerung oder Ersatz des Managers? Welchen Output produziert ein flexibler Manager in jedem Umweltzustand? Wie hoch ist der erwartete Output über beide Perioden?

---

[31] Vgl *Arya/Glover/Sunder* (2003), S. 114 f.

c) Angenommen, der Manager kann kostenlos buchmäßige Bilanzpolitik betreiben, indem er einen Output aus der Menge der zulässigen Outputs berichtet. Wie lautet die optimale Entscheidung über Verlängerung oder Ersatz des Managers? Welchen Output produziert ein flexibler Manager in jedem Umweltzustand? Wie hoch ist der erwartete Output über beide Perioden?

Literaturempfehlungen

Allgemeine Literatur

Arya, A./Glover, J./Sunder, S.: Earnings Management and the Revelation Principle, *Review of Accounting Studies* 1998, S. 7–34.
Schipper, K.: Earnings Management, *Accounting Horizons,* December 1989, S. 91–102.

Spezielle Literatur

Ewert, R./Wagenhofer, A.: Earnings Management, Conservatism, and Earnings Quality, *Foundations and Trends in Accounting* 2012, S. 65–186.
Fischer, P.A./Verrecchia, R.E.: Reporting Bias, *The Accounting Review* 2000, S. 229–245.
Hughes, P.J./Schwartz, E.S.: The LIFO/FIFO Choice: An Asymmetric Information Approach, *Journal of Accounting Research,* Supplement 1988, S. 41–62.

Publizität und Publizitätsanreize

8

Es ist 8 Uhr morgens. Der Entwicklungschef Alexander Vogl, der Finanzchef Michael „Mike" Steinwänder und die Marketingleiterin Elena Sutter sitzen im gläsernen Büroturm der MCIS-Software AG zusammen. Mike reibt sich noch verstohlen die Augen, er kommt normalerweise immer später, weil er, bedingt durch seine vielen Kontakte mit Leuten in den USA, normalerweise bis in die Nacht hinein im Büro sitzt. „Möchte noch jemand Kaffee und Kuchen?", fragt er. Kopfschütteln von Vogl und Sutter. „Dann machen wir weiter."

Die Drei sitzen vor dem letzten Konzept des Lageberichts des abgelaufenen Geschäftsjahres, das nur noch einiger strategischer Entscheidungen hinsichtlich dessen bedarf, was alles hineinkommen muss oder nicht erwähnt werden darf. Am Abend muss er der Druckerei zur Verfügung gestellt werden, da die Deadline für den Geschäftsbericht Anfang nächster Woche ist. „Wir waren bei MI-1001. Was machen wir jetzt damit?", fragt Vogl. MI-1001 ist der Codename einer Software für ein Management-Informationssystem, das durch seine Benutzeroberfläche und Flexibilität geradezu revolutionär sein soll. Wenn sich die hoch gestochenen Erwartungen erfüllen, kann das Unternehmen damit seinen Marktwert erheblich steigern, davon ist Mike überzeugt.

„Ich meine, wir müssen zumindest irgendetwas über MI-1001 schreiben.", sagt Mike. „Denn das Gesetz schreibt uns vor, im Lagebericht Aussagen über die Forschung und Entwicklung zu tätigen." Sutter versucht Vogl noch einige Informationen über den Entwicklungsstand zu entlocken: „Alex, wie weit sind wir eigentlich mit der Entwicklung? Sind wir noch im Plan?", wohl wissend, dass sich Vogl bei solchen Fragen immer sehr zugeknöpft zeigt. Deshalb überrascht sie seine Aussage auch keineswegs: „Wir sind zwar mit geringen Verzögerungen noch im Plan, aber solange ich kein funktionierendes Produkt vor mir habe, kann ich gar nichts sagen. Ihr wisst doch, dass es immer wieder Schwierigkeiten und Verzögerungen beim Zusammenführen der Teilfunktionen sowie bei den Schnittstellen nach außen geben kann. Und dann kommt dazu, dass ich nicht überzeugt bin, wie die Kun-

den das aufnehmen. Wir verlangen schon einige Übung im Umgang mit einer solchen Software." Sutter wird ungeduldig: *„Wir könnten aber jedenfalls die Ergebnisse der externen Marktstudie erwähnen, mit der wir den Bedarf nach einem solchen Management-Informationssystem erhoben haben. Die ist doch sehr positiv ausgefallen, sonst hätten wir doch nicht so viel Zeit und Geld in die Entwicklung gesteckt."* *„Das ist keine schlechte Idee"*, meint Mike, der nochmals kräftig schluckt, denn die Marktstudie hatte seiner Meinung nach viel zu viel gekostet. Aber er sagt jetzt nichts mehr dazu. *„Interessanter für die Anleger wäre allerdings eine Erfolgsprognose. Denn ohne technisches Know-how und spezifische Marktkenntnisse kann doch keiner damit etwas anfangen. Das Problem ist die Glaubwürdigkeit von Informationen, die wir geben können. Auszüge aus der Marktstudie wären zwar überprüfbar, wodurch wir kein Problem mit der Glaubwürdigkeit haben dürften, doch ist die Information relativ nutzlos. Erfolgsprognosen wären zwar interessant, die glaubt uns aber wieder niemand, weil alle annehmen, dass wir übertreiben und uns in dieser Phase möglichst günstig darstellen wollen."*

„Sag nicht, dass uns niemand glaubt", meint Vogl, *„die Konkurrenz würde uns das wohl glauben. Gerade die von Soft&Pro schauen uns sicher genau auf die Finger. Die brüten sicher vor etwas Ähnlichem, nur glaube ich nicht, dass sie schon begonnen haben. Wenn wir sie aber mit unseren Daten füttern, kommen sie noch darauf, wie interessant der Markt eigentlich ist. Dann werden sie sich beeilen, und – ich denke schon – sie können uns ein ganzes Stück des Erfolgs wegschnappen"*, und da kommt bei Vogl die Vorsicht wieder durch, *„vorausgesetzt, es wird ein Erfolg."* Mike runzelt die Stirn: *„Und dann können wir unsere Wachstumsprognose gleich wieder in den Kamin schreiben ..."*

Sutter fasst zusammen: *„Das ist ja toll. Was hat sich der Gesetzgeber dabei gedacht, so einen Berichtspunkt vorzuschreiben? Wenn wir berichten, können wir vielleicht mit einem etwas besseren Standing bei den Analysten rechnen, die künftigen Erfolge knabbert uns aber Soft&Pro weg. Und wenn wir nichts berichten, obwohl die Analysten auf eine Erfolgsstory warten, dann fällt unser Kurs."* Alle drei schauen sich kurz an, denn sie sitzen noch auf Aktienoptionen vom letzten Management-Incentive-Programm, die nach der Veröffentlichung des Geschäftsberichts ausgeübt werden können.

„Also, ich bin dafür, dass wir nur ganz allgemein über unsere Softwareentwicklung berichten, vielleicht die Steigerung der Ausgaben, aber nicht konkret auf MI-1001 eingehen", gibt Vogl bekannt. Davor warnt aber Sutter: *„Ich halte das für keine gute Idee. Alle warten doch auf eine Information von uns, und wir haben ja auch Informationen. Wenn wir nichts sagen, wird angenommen, dass wir sie verstecken müssten. Du nimmst bewusst in Kauf, dass unser Kurs dann fallen könnte."* *„So klar ist das aber nicht"*, meint Mike. *„Die Analysten müssen doch mitbekommen, dass wir die Information nur deshalb nicht geben, weil wir Angst vor Soft&Pro haben. Vielleicht wirkt sich das auf den Kurs doch nicht so aus wie ihr denkt."*

Vogl reagiert trotzig: *„Mike, hast Du nicht irgendeine andere Erfolgsstory, über die unter diesem Punkt im Lagebericht berichtet werden könnte? Etwa die neuen Releases von EI-500a und KA-100? Das lenkt die doch ab."* Mike schüttelt den Kopf. *„Wir müssen* *etwas über MI-1001 sagen. Ende der Debatte. Kannst Du einen netten, wenig informativen Text, produzieren, Elena, sagen wir bis 10 Uhr? Ich rufe dann noch unseren Rechtsanwalt in den USA an, ob das unschuldig genug ist, dass uns dort keine Klagen drohen."*

Ziele dieses Kapitels
- Erkennen von Anreizen und Hindernissen, Informationen bekannt zu geben
- Ermittlung von Publizitätspolitiken und der Bildung skeptischer Erwartungen in einem Gleichgewicht
- Diskussion der Auswirkungen von Publizitätskosten, Unsicherheit über den Erhalt von Information und unsicherem Ziel des Managements
- Einfluss von Konkurrenzgefahr auf das Publizitätsverhalten
- Aufzeigen von Möglichkeiten, Prognosen und andere nicht verifizierbare Informationen glaubwürdig bekannt zu geben

1   Rechtliche Rahmenbedingungen

1.1   Gesetzliche und freiwillige Publizität

Die externe Unternehmensrechnung könnte einen großen Teil der ihr zugeschriebenen **Funktionen** nicht erfüllen, wenn es keine Publizität gäbe. Deshalb kommt der Publizität, und zwar den rechtlichen Regelungen sowie der freiwilligen Publizität, erhebliche Bedeutung zu. Dieses Kapitel behandelt **Anreize** und **Auswirkungen** der Publizität. Für die **Vertragsgestaltungsfunktion** der externen Unternehmensrechnung spielt Publizität dagegen keine wesentliche Rolle, da die Vertragspartner ihre Informationsrechte und – pflichten gegenseitig vereinbaren. Publizität ist dort wichtig, wo der Kreis der Adressaten nicht feststeht oder keine spezifischen Verträge geschlossen werden (können).

Unter **Publizität** wird hier die **Veröffentlichung von unternehmensbezogenen Daten im Rahmen der Finanzberichterstattung** verstanden. Der Gesetzgeber spricht im HGB von „**Offenlegung**" und meint damit die Veröffentlichung in bestimmten Medien, die mehr oder weniger allgemein verfügbar sind.[1] Gesetze regeln für bestimmte Unternehmen die Offenlegung von Jahresabschlüssen und Lageberichten, von Zwischenberichten, Börsenprospekten oder von Ad-hoc-Mitteilungen.

Unternehmen können darüber hinaus **freiwillig** mehr **Information** geben. Dies kann durch Veröffentlichung von gesetzlich nicht geforderten Finanzberichten erfolgen, aber auch durch Anreicherung der Finanzberichte mit Zusatzinformationen, die über das ge-

---

[1] *Rückle/Klatte* (1989), S. 195, differenzieren derart, dass Offenlegung der weitere Begriff ist, welcher die Publizität (also eine Unterrichtung der Öffentlichkeit) und die Offenlegung mit Adressatenbegrenzung umfasst.

setzlich geforderte Ausmaß hinausgehen. Freiwillige Publizität erfolgt auch durch Aufstellung von Jahresabschlüssen nach **international anerkannten Rechnungslegungsgrundsätzen**, wenn dies nicht vorgeschrieben ist, denn diese enthalten eine ganze Reihe von zusätzlichen Ausweisregelungen, die über die des nationalen Rechts hinausgehen. Geschäftsberichte werden durch ein *Value Reporting* um aktionärsbezogene Informationen angereichert. Weitere Möglichkeiten außerhalb der Rechnungslegung bieten **Umweltberichte, Nachhaltigkeitsberichte oder** *corporate social responsibility*-**Berichte**. Hierbei ist anzumerken, dass in Europa in den letzten Jahren die verpflichtende Publizität in den angeführten Bereichen wesentlich erweitert wurde. Mit der Non-Financial Reporting Directive (NFRD) 2014 und der Corporate Sustainability Reporting Directive (CSRD) 2022 wurde bzw. wird die **Nachhaltigkeitsberichterstattung** in Europa auf ein rechtliches Fundament gestellt. Klarerweise sind auch die europäischen Berichtspflichten nicht allumfassend, und die Grenzen der verpflichtenden Publizität sind auch durch Wesentlichkeitsschwellen gegeben. Insofern gibt es auch hier einen Spielraum für freiwillige Publizität. In anderen Ländern, in denen die Nachhaltigkeitsberichterstattung noch nicht so weit vorangeschritten ist, ist dies ohnehin der Fall.

Früher gaben sich die Unternehmen im deutschsprachigen Raum bei der Publizität eher zugeknöpft und veröffentlichten nur das unbedingt Nötige.[2] Vielfach wurde auch mit dem Wirtschaftsprüfer gefeilscht, was man wo oder wie verpacken konnte, um vorgeschriebene Angaben möglichst gut zu verstecken.

Diese Einstellung zeigt sich bei Vorschlägen, die gesetzlichen Publizitätsanforderungen zu erhöhen. Dies erfolgte vielfach nur unter lautem **Widerstand** der Unternehmen, die sich gegen – aus ihrer Sicht – überzogene gesetzliche Publizitätsvorschriften wehren. Diesbezüglich hat zwischenzeitlich zumindest bei den börsennotierten Unternehmen ein erkennbares Umdenken stattgefunden. Man richtet sich stärker an der Mentalität in angloamerikanischen Ländern aus. Dort ist die Tendenz zu mehr Information vorherrschend, wie sie sich etwa im folgenden Ausspruch ausdrückt: „*Sunlight is said to be the best of disinfectants; electric light the most efficient policemen.*"[3] Die Annäherung der beiden Kulturen ist durch die Internationalisierung der wirtschaftlichen Beziehungen und der Kapitalmärkte verursacht. Besonders börsennotierte Unternehmen haben Anreize, von internationalen Investoren nachgefragte Zusatzinformationen bereitzustellen. Unter dem Druck der Kapitalmärkte – dem sich die Unternehmen *freiwillig* unterwerfen – weisen sie eine Fülle von Informationen aus, wie z. B. eine umfangreiche Segmentberichterstattung, die noch vor nicht allzu langer Zeit als undenkbar gegolten hätte.

In diesem Kapitel geht es um die **Publizitätspolitik** von Unternehmen. Es werden Bestimmungsgründe und Anreize für eine **freiwillige Bekanntgabe** von Informationen analy-

---

[2] In einer Übersicht über empirische Studien zur Unternehmenspublizität in Deutschland bis 1977 kommentiert *Berndsen* (1978) die Publizitätspraxis bei vielen Informationen als zurückhaltend oder geprägt von einer mangelnden Publizitätsbereitschaft.

[3] So ein häufig zitierter Ausspruch des US-Höchstrichters *Louis Brandeis* im Jahr 1914.

siert. Dabei treten einige Einsichten über die Wirkungen von Publizität zu Tage, die zumindest im ersten Moment kontraintuitiv sind. Dieses Kapitel schließt unmittelbar an die Überlegungen an, die im Rahmen der **Bilanzpolitik** im 6. und 7. Kapitel präsentiert wurden. Während dort Bilanzierungs- und Bewertungsentscheidungen im Vordergrund standen, sind es hier Ausweisfragen im Jahresabschluss, aber auch im Lagebericht und anderen Finanzberichten. Die bei der Bilanzpolitik diskutierten Überlegungen sind auch für die Publizitätspolitik verwendbar. Dies gilt z. B. für das **Offenlegungsprinzip**, soweit die Information in **Verträgen** genutzt wird.[4] Auch **Signaling-Modelle** können zur Erklärung freiwilliger Publizität herangezogen werden.[5] Diese werden hier nicht nochmals diskutiert.

Bedeutung der Publizitätspolitik

„Most importantly, disclosure activity does not differ in principle from other corporate activities, such as investment, production, and marketing. Disclosure shares with these activities the fundamental characteristics of providing benefits and incurring costs, and it therefore warrants the careful attention and long-term planning accorded to any major corporate activity. Hence the need for an information disclosure strategy." (*Lev* 1992, S. 10)

Zum Teil wird Ausweis auch als **Ersatz** für den Bilanzierungsansatz verwendet. Nach IFRS sind Verpflichtungen, die wahrscheinlich (*probable*) eintreten, (grundsätzlich) in der Bilanz anzusetzen, hingegen sind Verpflichtungen, die nur möglicherweise (*possible*) eintreten, nur im Anhang auszuweisen, aber nicht zu bilanzieren. Das Gleiche gilt für wahrscheinlich eintretende Verpflichtungen, deren Wertansatz nicht zuverlässig ermittelt werden kann. Das IASB schreibt zum Teil auch Angaben im Anhang in Fällen, in denen die Bilanzierungsmethode umstritten ist, vor, die gewissermaßen als Ersatz für fehlenden Informationsgehalt dienen sollen.

Im Folgenden wird von **gegebenen rechtlichen Rahmenbedingungen** ausgegangen, die zunächst näher dargestellt werden. Der Fokus liegt aber auf ökonomischen Entscheidungen des Managements, was darüber hinaus veröffentlicht werden soll.

Publizität ist auch als „freiwillig" zu qualifizieren, wenn rechtliche Publizitätsvorschriften nicht eindeutig sind, sondern einen gewissen **Interpretationsspielraum** durch Verwendung unbestimmter Rechtsbegriffe im Gesetz oder Standard beinhalten. Ein klassisches Beispiel ist die Verpflichtung zum Ausweis, wenn eine bestimmte Information *wesentlich* ist. Die Beur-

---

[4] So wird öfter eine „Verheimlichungsstrategie" seitens des Managements gegenüber den Eigentümern beobachtet, um negative Folgen auf die Beurteilung des Managements möglichst zu verhindern. Eine formale Analyse findet sich etwa in *Wagenhofer* (1990b), S. 128 ff.

[5] *Trueman* (1986) argumentiert, dass freiwilliger Ausweis ein Signal für die unbeobachtbare Managerqualität ist, die sich unter anderem darin zeigt, dass der Manager Situationen frühzeitig erkennt und die Leistungserstellung daran ausrichtet. Bei *Teoh/Hwang* (1991) dient freiwilliger Ausweis dazu, den unbeobachtbaren Typ des Unternehmens zu signalisieren und entsprechende Kapitalmarktreaktionen auszulösen.

teilung dessen obliegt weitgehend dem Management. Für den externen Adressaten ist es in solchen Fällen schwierig zu erkennen, ob die Angabe freiwillig oder doch zwingend erfolgte oder, im Fall des Nichtausweises, ob das Management überhaupt einen Entscheidungsspielraum hatte.

1.2   Rechtliche Publizitätsvorschriften

In den meisten hochentwickelten Staaten finden sich **komplexe Systeme** staatlicher oder quasi-staatlicher **Regulierung** der Publizität von Finanzinformationen, die historisch betrachtet immer differenzierter und umfangreicher wurden. Unter rechtlichen Publizitätsvorschriften werden dabei sowohl gesetzliche Regelungen als auch Standards verstanden, die ein Standardsetter festlegt.

Rechtliche Regelungen sind implizit die Folge der Auffassung, dass Unternehmen Informationen *nicht* **freiwillig** geben würden und deshalb mit rechtlichen Vorschriften dazu gezwungen werden müssen. Sie entstanden über Jahrzehnte hinweg, vielfach aus einzelnen **Anlassfällen**, die von der Politik durch ein Verschärfen der Regelungen zu verhindern getrachtet wurden. Früher standen dabei Themen wie die **beschränkte Haftung**, der Schutz von **Kleinaktionären** oder das **öffentliche Interesse** im Vordergrund, wodurch sich auch zum Teil das Abstellen der Publizitätsvorschriften nach Größe, Rechtsform, und Börsennotierung erklären. In jüngerer Zeit wird das Augenmerk verstärkt auf die **Informationsbedürfnisse** von Investoren am **Kapitalmarkt** gelenkt. Die **international anerkannten Rechnungslegungsgrundsätze**, die ja eine Fülle von kapitalmarktorientierten *disclosures* beinhalten, dienen dabei als Vorbild. So meint die SEC, dass das Funktionieren des US-amerikanischen Kapitalmarktes zum wesentlichen Teil auf die umfangreiche Publizität zurückzuführen sei.[6] Internationale Rechnungslegungsgrundsätze beeinflussen nicht nur die Publizität für Unternehmen, die ihre Abschlüsse danach aufstellen, sondern auch die Standards des DRSC. Die meisten vom DRSC erarbeiteten Deutschen Rechnungslegungsstandards (DRS) weisen eine große Affinität zu entsprechenden IFRS und/oder US-GAAP auf.

In Deutschland und in Österreich sind die gesetzlichen Offenlegungsregelungen – entsprechend den Vorgaben durch EU-Richtlinien – nach folgenden **Publizitätskriterien differenziert**:

- Rechtsform,
- Größe,
- Einzel- oder Konzernabschluss,
- Branche und
- Kapitalmarktorientierung bzw. Börsennotierung.

---

[6]Vgl die Zitate bei *Mueller* (1998), S. 73 f.

Für **Kapitalgesellschaften** (einschließlich der GmbH & Co KG und ähnlicher Kombinationen, die zu einer beschränkten Haftung führen) gelten umfangreiche Offenlegungsvorschriften, andere Rechtsformen müssen zum Teil nur dann veröffentlichen, wenn sie eine bestimmte Größe überschreiten (dies wird durch das dPublG geregelt).

Die Offenlegungsvorschriften des HGB unterscheiden sich für **große, mittelgroße, kleine** und **Kleinst-Kapitalgesellschaften** in Abhängigkeit der Merkmale Bilanzsumme, Umsatzerlöse und Anzahl der Arbeitnehmer: Große Kapitalgesellschaften treffen die umfangreichsten Vorschriften, mittelgroße und noch stärker kleine sowie Kleinst-Kapitalgesellschaften können Erleichterungen in Anspruch nehmen.

> Die **Erleichterungen** zeigen eine Differenzierung von Informationen, die im Anhang und Lagebericht zu **geben** sind, von denjenigen Informationen, die zu **veröffentlichen** sind. So müssen z. B. kleine Kapitalgesellschaften einen Jahresabschluss erstellen, jedoch die Gewinn- und Verlustrechnung nicht ausweisen. In diesem Kapitel wird diese Differenzierung nicht weiter berücksichtigt.

Konzernabschlüsse sind, wenn sie aufgestellt werden müssen, gemäß den Vorschriften des HGB immer auch zu veröffentlichen. Die Aufstellungspflicht richtet sich nach der Größe des Konzerns.

Für Unternehmen in bestimmten **Branchen** gibt es Sonderregelungen, so insbesondere für Banken und Versicherungen, aber auch für Investmentfondsgesellschaften und Pensionsfonds.

Eine weitere **Differenzierung** erfolgt danach, ob das Unternehmen **börsennotiert** ist oder nicht. Für börsennotierte Unternehmen beinhaltet das Börsengesetz Verpflichtungen zur Aufstellung und Veröffentlichung von Zwischenberichten, von Börsenprospekten im Rahmen der Ausgabe von Aktien an der Börse und zur *Ad-hoc*-Publizität. Früher war die *Ad-hoc*-Publizität im nationalen Recht geregelt. Im Rahmen der Ad-hoc-**Publizität** galt etwa in Deutschland der folgende Grundsatz: Ein Inlandsemittent muss „Insiderinformationen, die ihn unmittelbar betreffen, unverzüglich veröffentlichen; er hat sie außerdem unverzüglich, jedoch nicht vor ihrer Veröffentlichung dem Unternehmensregister … zur Speicherung zu übermitteln" (§ 15 (1) dWpHG aF, siehe auch § 48 d öBörseG aF). Aktuell findet sich eine ähnliche Regelung in der Marktmissbrauchsverordnung (VO (EU) Nr. 596/2014). Hier heißt es in Art 17 Abs 1: „Ein Emittent gibt der Öffentlichkeit Insiderinformationen, die unmittelbar diesen Emittenten betreffen, unverzüglich bekannt."

Typische Fälle der Anwendung dieser Vorschrift sind sogenannte „**Gewinnwarnungen**", die darauf hinweisen, dass ein Unternehmen die Markterwartungen nicht erfüllen wird. Nach US-Regelungen ist die Ad-hoc-Publizität noch weiter gefasst und beinhaltet unter anderem auch den Erwerb oder Verkauf bedeutsamen Vermögens, den Wechsel des Wirtschaftsprüfers und den Rücktritt von *Board*-Mitgliedern (*Form 8-K*).

> Die **IFRS** kennen bei den Ausweisvorschriften keine größen- oder rechtsformabhängigen Differenzierungen, sie unterscheiden nur nach **Börsennotierung**. So müssen nur börsennotierte Unternehmen eine Segmentberichterstattung (IFRS 8) aufstellen und den Gewinn je Aktie (IAS 33) ermitteln.

Die **erforderliche Qualität** der offengelegten Informationen ist ebenfalls unterschiedlich geregelt. Jahresabschlüsse und Lageberichte sind gemäß HGB von einem **Abschlussprüfer** zu prüfen. Der Lagebericht muss im Einklang mit dem Jahresabschluss stehen. Börsenprospekte unterliegen ebenfalls einer Prüfungspflicht. Zwischenberichte sind nicht prüfungspflichtig – es gibt aber verschiedentlich Bestrebungen, dies zu ändern. Ad-hoc-Meldungen werden ebenfalls nicht geprüft.

Interessant ist, dass der früher geltende **Grundsatz**, dass offengelegte Informationen im Jahresabschluss und Lagebericht auch **geprüft** sein müssen, nicht mehr gilt. Das HGB sieht für kleine Kapitalgesellschaften **keine Prüfungspflicht** vor, obwohl sie eine – wenn auch nicht sehr umfangreiche – Offenlegungspflicht trifft. In diesen Fällen kommt es zur Veröffentlichung ungeprüfter Informationen.

Für die Beurteilung der **Auswirkungen rechtlicher Publizitätsvorschriften** ist die Analyse der Publizitätspolitik der Unternehmen wesentliche Voraussetzung. Sie bildet eine Vergleichsgröße, anhand derer die rechtlichen Vorschriften gemessen werden können. Die Kenntnis der Publizitätsanreize der Unternehmen ist auch wichtig für die Analyse der Frage, ob nicht an Stelle rechtlicher Vorschriften der Markt (insbesondere der Kapitalmarkt) vergleichbare Ergebnisse erzielen kann. Die Argumente, die für oder gegen die Regulierung vorgebracht werden, überschneiden sich erheblich mit denen, welche die freiwillige Publizität bestimmen.

Publikation von Jahresabschlussinformationen vor einem Jahrhundert[7]
Die Zeit zwischen 1890 und 1900 war geprägt von starken Änderungen in der externen Unternehmensrechnung in den USA. Es entstanden viele der nunmehr größten Wirtschaftsprüfungsgesellschaften, es wurden neue Ertragsteuern eingeführt, und die Unternehmen erfreuten sich großen Wachstums. Es war aber auch die Zeit großer Unternehmenszusammenbrüche. Die Veröffentlichung finanzieller Informationen war in der Diskussion. Insbesondere viele große Unternehmen begannen, freiwillig derartige Informationen zu geben. Zu den Gründen dafür gehörten:

• Erkennen des Managements, dass es eine öffentliche Verantwortung hat;
• Kritik seitens Reformgruppierungen;
• Vermeidung staatlicher Regulierungsabsichten;
• stärker werdender Einfluss der Wirtschaftsprüfer;
• hohe Abhängigkeit vom Kapitalmarkt zur Außenfinanzierung.

---

[7] Vgl *Brief* (1987), S. 147.

2 Das *unraveling*-Prinzip

Bilanzadressaten haben ein Interesse an Unternehmensinformationen, weil sie diese für ihre **Entscheidungen** nutzen können. Wäre dies nicht der Fall, hätte Publizität keine Wirkung, und es wäre gleichgültig, ob das Unternehmen etwas publiziert oder nicht. Des Weiteren haben die Entscheidungen der Bilanzadressaten einen tatsächlichen oder potenziellen **Einfluss auf die Zielerreichung** des Unternehmens. Andernfalls würde das Unternehmen bei auch nur den geringsten Kosten der Publizität auf diese verzichten, da sie eine Verschwendung von Ressourcen bedeutete.

Eine simple Maximierung über irgendwelche vermuteten Reaktionen der Bilanzadressaten greift zu kurz, weil darin das Verhalten der Bilanzadressaten als nicht „strategisch" angenommen würde. Geht man von **rationalen Bilanzadressaten** aus, so muss man annehmen, dass sich diese über den **Informationsvorsprung** des Unternehmens im Klaren sind, und sie werden die Anreize des Unternehmens, „strategisch" Information zu publizieren, bei ihren Entscheidungen berücksichtigen. Wie werden nun solche **Erwartungen** gebildet?

Maximierung des Marktpreises des Unternehmens

Es ist nicht ohne Weiteres offensichtlich, warum das Management oder die Eigentümer eines Unternehmens dessen (kurzfristigen) Marktpreis anstelle des intrinsischen Unternehmenswertes maximieren wollen. Folgende Gründe können dafür ausschlaggebend sein:

Management: Eine mögliche Erklärung besteht darin, dass Entlohnung des Managements vom Marktpreis abhängt. Dies könnte über ein Bonusschema oder über eine vom Aktienkurs abhängige Entlohnung (z. B. Aktien selbst, Aktienoptionen, *Stock Appreciation Rights*) erfolgen. Nicht zuletzt deutet ein hoher Marktpreis an, dass das Management erfolgreich ist. Dies wiederum kann die Reputation und den „Marktwert" des Managers steigern.

Eigentümer: Ein hoher Marktpreis bietet eine günstige Verhandlungsposition gegenüber Fremdkapitalgebern. Diese geben sich vielleicht mit einem geringeren Zinssatz zufrieden, was wiederum den Wert des Unternehmens und den Gewinn erhöht. Es kann sein, dass ein Anteilseigner seinen Anteil verkaufen möchte. Aber auch die Aufnahme von Eigenkapital, z. B. durch eine Ausgabe junger Aktien, wird begünstigt: Wenn ein bestimmter Kapitalbetrag aufgebracht werden soll, kann dies mit dem Verkauf einer geringeren Anzahl von Anteilen geschehen.[8]

Annahmen

Angenommen, der tatsächliche **Wert** π eines Unternehmens ist unsicher. Der *a priori*-Erwartungswert des Unternehmenswertes ist $E[\pi]$, mit $\pi = \tilde{y} + \tilde{\varepsilon}$, wobei $\tilde{\varepsilon}$ einen Erwartungswert von 0 aufweist und unabhängig von $\tilde{y}$ verteilt ist. Das Unternehmen erhält

---

[8] Vgl zur Bedeutung solcher Faktoren etwa *Myers/Majluf* (1984).

nun **wertrelevante Information** y, die *a priori* im Intervall $Y = [0, 1]$ gleichverteilt ist. Unter diesen Bedingungen wird der Erwartungswert des Unternehmenswertes zum neuen, *a posteriori*-Erwartungswert $E[\pi|y] = y$ revidiert, d. h. y ist selbst der beste **Prognosewert** des künftigen Unternehmenswertes. Das Unternehmen kann Informationen über seinen besseren Wissensstand veröffentlichen. Wenn das Ziel des Managements bzw. Unternehmens eine Maximierung des gegenwärtigen Marktwertes P ist, soll es Informationen publizieren oder nicht?

Im Folgenden wird vorausgesetzt, dass jede Publikation **wahrheitsgetreu** erfolgen muss, wenn überhaupt publiziert wird. Dies bedeutet, dass das Unternehmen nicht nachweislich lügt. Es kann entweder die Information y bekannt geben oder alternativ schweigen. Diese Annahme setzt eine Institution voraus, die gewährleistet, dass wahrheitsgetreu berichtet wird. In der externen Unternehmensrechnung wird diese Funktion vor allem durch die **Wirtschaftsprüfung** und das **Enforcement** erfüllt. Des Weiteren gibt es zum Teil gesetzliche Sanktionen. So legen etwa § 331 dHGB und § 400 dAktG (§ 255 öAktG) **Sanktionen** für Mitglieder des Vorstands oder des Aufsichtsrats fest, wenn diese im Jahresabschluss oder im Lagebericht **falsche Angaben** machen oder **erhebliche Umstände verschleiern.**

> Voraussetzung für die Gewährleistung wahrheitsgetreuer Information ist jedoch, dass die Information tatsächlich **überprüfbar** ist. Für viele Informationen, vor allem Prognoseinformationen (z. B. Markteinschätzung, Produkterfolg), ist dies allerdings nicht immer möglich. Solche Informationen werden später in diesem Kapitel behandelt.

Ausweisstrategie

Eine **Ausweisstrategie** ist eine Funktion, die für jede mögliche Information $y \in Y$ festlegt, ob dieses y ausgewiesen wird oder nicht.[9] Y kann damit in einen **Ausweisbereich** D und einen **Nichtausweisbereich** N eingeteilt werden, wobei sich die beiden Teilmengen nicht überschneiden (formal heißt dies, dass $N \cup D = Y$ sowie $N \cap D = \{\}$).

Die **Ausweisstrategie** hängt dann vom gegenwärtigen Marktwert P ab, der die Erwartungen der Marktteilnehmer widerspiegelt. Angenommen, der Marktwert sei $P = E[\pi] = E_y[E_\pi[\pi|y]] = 0{,}5$. In diesem Fall wird das Unternehmen immer dann ausweisen, wenn $y > P = 0{,}5$ ist. Das bedeutet, es werden nur überdurchschnittlich günstige Informationen ausgewiesen, ungünstige Informationen werden lieber verschwiegen. Voraussetzung dafür ist allerdings, dass sich bei Nichtausweis der Marktwert nicht ändert. Dies kann unter zwei Bedingungen der Fall sein:

1. Die Marktteilnehmer gehen davon aus, dass das Unternehmen nicht im Besitz von wertrelevanter Zusatzinformation ist.
2. Die Marktteilnehmer sind **naiv** und interpretieren Nichtausweis „wörtlich".

---

[9] Gemischte Ausweisstrategien werden im Weiteren nicht berücksichtigt.

Wenn aber der **Markt weiß**, dass das Unternehmen im Besitz dieser Information ist, antizipiert er die Ausweisstrategie des Unternehmens. Folgerichtig wird er **Nichtausweis als ungünstige Information interpretieren** und den Marktpreis entsprechend revidieren: Wenn das Unternehmen $y \in [0; 0,5]$ nicht ausweist, ergibt sich ein Preis $P = E[\pi|y \in [0; 0,5]] = 0,25$.

Das Unternehmen wird dies jedoch ebenfalls berücksichtigen (müssen) und seine Ausweisstrategie an die **geänderten Erwartungen** anpassen. Es wird daher einen Anreiz besitzen, auch eher ungünstige Informationen auszuweisen, nämlich alle $y > 0,25$. Dies hat jedoch wieder eine Erwartungsänderung der Marktteilnehmer zur Folge, der Preis sinkt auf $E[\pi|y \in [0; 0,25]] = 0,125$. Und damit wird das Unternehmen nochmals mehr Informationen bekannt geben, um diesen ungünstigen Preis zu verhindern. Wie leicht zu sehen ist, geht dieser Prozess so lange weiter, bis sich die Marktteilnehmer in ihrer Einschätzung nicht mehr irren und das Unternehmen seine Ausweisstrategie nicht mehr ändert. Ein **Gleichgewicht** ist erreicht. Dieses **Prinzip** nennt man *„unraveling"*, also das Aufrollen (hier) von oben nach unten.

Der Markt für *„lemons"*

In seinem berühmt gewordenen Aufsatz erläutert *Akerlof* (1970), weshalb der **Markt für Gebrauchtwagen** ohne Zusatzmechanismen zusammenbrechen müsste. Der Besitzer eines Gebrauchtwagens ist typischerweise besser über die Qualität des Wagens informiert als ein Käufer. Er kennt alle möglichen kleineren Mängel und versucht diese auch möglichst zu verbergen. Ein Käufer wird dieses Verhalten berücksichtigen und als Preis einen Durchschnittswert ansetzen. Damit irrt er im Durchschnitt nicht.

Nun gibt es aber auch „gute" Gebrauchtwagen. Der Besitzer eines solchen Wagens wird diesen jedoch nicht für einen Durchschnittspreis verkaufen wollen, sein Wagen ist ja mehr wert. Da er dieses Wissen aber nicht glaubwürdig bekannt geben kann, bleibt ihm nichts anderes übrig, als den Wagen nicht zu verkaufen. Das antizipiert nun auch der Käufer. Damit muss er seinen Durchschnittspreis reduzieren, weil alle Gebrauchtwagen, die mehr wert sind, nicht am Markt angeboten werden. Mit der Reduktion des Durchschnittspreises fallen aber weitere Wagen, die bislang knapp durchschnittliche Qualität hatten, aus dem Markt. Der Käufer reduziert seinen Durchschnittspreis weiter, und zwar so lange, bis nur mehr Gebrauchtwagen mit der schlechtesten Qualität (sogenannte *lemons*) zu dem ihnen angemessenen niedrigen Preis angeboten werden. Der Markt für Gebrauchtwagen bricht also weitestgehend zusammen.

Natürlich existiert in der Praxis ein Gebrauchtwagenmarkt. Das hat mehrere Gründe, wie z. B.: Manche Wagenbesitzer wollen ihren Gebrauchtwagen auf jeden Fall verkaufen (ein neues Modell ist ja um so viel schöner und schneller), Gebrauchtwagen werden vielfach von unabhängigen Fachkundigen getestet, Gebrauchtwagenhändler geben Garantien, u. U. besteht ein Rückgaberecht (das ebenfalls anomales Verhalten auslösen kann), Autohersteller können Reputation auf ihre Qualität aufbauen und anderes mehr.

Gleichgewicht

Ein **Ausweisgleichgewicht** besteht aus

- einer **Ausweisstrategie**, die bei gegebenen und sich im Preis widerspiegelnden Erwartungen der Marktteilnehmer den Marktpreis P für jede Information y maximiert und
- **rationalen Erwartungen** der Marktteilnehmer, die für jede beobachtete Ausweisentscheidung einen Marktpreis P festlegen, der tatsächlich den bei Ausweis der Information zugrunde liegenden Informationen entspricht. Die Marktteilnehmer irren sich im Durchschnitt nicht.

Für die obige Situation gilt: Nicht ausgewiesen werden alle Informationen, die bei Ausweis einen geringeren Marktpreis P ergeben als bei Nichtausweis. Formal ist der **Nichtausweisbereich** N damit die Menge derjenigen Informationen y, die in einem Gleichgewicht nicht ausgewiesen werden:

$$N = \left\{ y \middle| y \leq E\left[\pi \middle| y \in N\right]\right\} \tag{8.1}$$

Der **Erwartungswert** von Elementen aus einer (nichttrivialen) Menge muss immer kleiner sein als das größte Element der Menge. Wenn daher N mehr als ein Element enthält, kann die obige Bestimmungsgleichung niemals erfüllt sein. Der Marktpreis P bei Nichtausweis beinhaltet im Gleichgewicht daher die Annahme der aus Sicht des Unternehmens ungünstigsten Information, die möglich ist, d. h. $y = 0$ und $N = \{0\}$.

Das *unraveling*-**Prinzip** bedeutet damit: Das **einzige Gleichgewicht** in einer Situation, in der das Unternehmen wertrelevante Information besitzt und die Marktteilnehmer dies wissen, setzt sich zusammen aus:[10]

- der **Ausweisstrategie, jede Information** (und zwar **sofort** nach Erhalt) **auszuweisen**,[11] und
- **skeptischen Erwartungen** im Fall, dass nicht ausgewiesen wird, d. h. hier der Annahme der aus Sicht des Unternehmens ungünstigsten Information.

---

[10]Vgl *Grossman* (1981), S. 464 ff, *Milgrom* (1981), S. 387 ff.

[11]In der hier gebrachten Definition von N ist das Unternehmen indifferent zwischen Ausweis und Nichtausweis der Information $y = 0$. Wenn daher nicht ausgewiesen wird, muss das Unternehmen $y = 0$ beobachtet haben, und die Erwartungen sind bestätigt. Definiert man $N = \{y|y < E[N]\}$, dann kommt im Gleichgewicht Nichtausweis niemals, dh auch nicht für $y = 0$ vor. Die oben gegebene Gleichgewichtsdefinition sagt dann nichts darüber aus, wie die Erwartungen bei Nichtausweis sein sollen. Nun kann das Unternehmen aber auch „irren" und von seiner Gleichgewichtsstrategie abweichen. Daher muss die Gleichgewichtsdefinition im Fall, dass ein bestimmter Ausweis niemals vorkommt, auch außerhalb des Gleichgewichts befindliche Erwartungen (*out-of-equilibrium beliefs*) enthalten. Diese müssen hier ebenfalls auf einen Preis $P = 0$ fixiert werden, um das Gleichgewicht zu stützen.

Empirische Ergebnisse

Auf Basis eines historischen Datensatzes untersuchen *Bourveau/Breuer/Stoumbos* (2021) das Offenlegungsverhalten von Unternehmen im Zusammenhang mit dem *unraveling*-Prinzip. Konkret betrachten sie das Offenlegungsverhalten von Straßenbahnunternehmen am Ende des 19. Jahrhunderts. Zu dieser Zeit bestand die neue Möglichkeit, Streubesitzanleger durch eine **Zeitungsbeilage** vierteljährlich über die eigene Ertragskraft zu informieren. Es zeigt sich, dass anfangs ein Viertel der Unternehmen dies nicht freiwillig taten. In der weiteren Folge – also in den darauffolgenden Beilagen – haben allerdings immer mehr Unternehmen freiwillig veröffentlicht, wobei vor allem immer die besten der Unternehmen, die vorher nicht veröffentlicht hatten, dazukamen. Diese Dynamik ist konsistent mit der Gleichgewichtslogik des ***unraveling*-Prinzips**.

Die Gültigkeit des *unraveling*-Prinzips ist sehr umfassend: Sie hängt nicht von der **Art** der Information ab, solange diese wahrheitsgetreu wiedergegeben werden kann, sie hängt auch nicht von der zugrunde liegenden **Wahrscheinlichkeitsverteilung** der Information oder der Preiserwartung ab, und sie benötigt nur **monotone Zielerreichung**, d. h. hier, dass der Preis P monoton steigend oder sinkend in der Information y ist. Diese Bedingungen sind in vielen Situationen erfüllt.

Die Marktteilnehmer haben bei beobachtetem Nichtausweis **skeptische Erwartungen**, sie gehen von der ungünstigsten Information aus. Diese Erwartungen induzieren gewissermaßen die Ausweisstrategie hin zu vollständigem Ausweis. Sie spiegeln sich z. B. in dem bekannten Ausspruch: *„Keine Antwort ist auch eine Antwort."* wider, worin Schweigen auf eine Frage implizit als eine Antwort interpretiert wird, die für den Befragten ungünstige Folgen aufweist.

Ein „bilanzanalytisches Vorsichtsprinzip"[12]

Skeptische Erwartungen können bei einer **externen Bilanzanalyse** wertvolle Dienste leisten. Was soll man tun, wenn für die Ermittlung einer Kennzahl Information benötigt wird, die aber vom Unternehmen nicht gegeben wird? In typischen Anleitungen zur Bilanzanalyse wird zwar regelmäßig ein Bedauern über alle möglichen Mängel in den Daten ausgedrückt. Dann widmet man sich allerdings recht schnell den Rechenschemata für verschiedenste Auswertungen, die Informationen über die Lage des Unternehmens liefern (sollen).

---

[12] Vgl zu vorsichtiger, imparitätischer, skeptischer oder misstrauischer Interpretation von Informationen oder Nichtinformationen z. B. *Wagenhofer* (1990b), S. 307 ff.

Besteht der Bilanzanalytiker nun auf der Ermittlung einer Kennzahl, für die Daten fehlen, so muss er überlegen, welchen Wert er dafür verwendet. Zur Auswahl stehen verschiedene Durchschnittswerte oder eine hilfsweise Kalkulation aus anderen auf das Unternehmen bezogenen Größen. Dies wird – im Lichte des *unraveling*-Prinzips – aber nur dort sinnvoll sein, wo davon ausgegangen werden kann, dass das Unternehmen nicht „strategisch" die Bekanntgabe der Information unterlassen hat. Andernfalls wären skeptische Erwartungen angebracht, denn sie stellen explizit die Frage, *warum* das Unternehmen die Information nicht ausgewiesen hat. Das erfordert eine Analyse der Ziele des Unternehmens. Diese lassen sich häufig durch eine Durchsicht der Nutzung von offenkundigen Wahlrechten erkennen. Dann können auch skeptische Erwartungen bestimmt werden.

Erlaubt man neben Punktinformationen auch die Angabe **unpräziser Informationen**, z. B. die Angabe von Bandbreiten, Ober- und Untergrenzen oder komparative Informationen (z. B. besser – schlechter), muss die Definition skeptischer Erwartungen erweitert werden. Vorausgesetzt, der Gewinn (oder allgemeiner: die Zielgröße) steigt monoton in der Information, heißt dies nun, dass bei Nichtausweis die für das Unternehmen **schlechteste aller Möglichkeiten** angenommen wird. *Beispiel:* Ein Unternehmen kündigt an, dass der Gewinn mindestens 100.000 betragen wird, und dies erfolgt wahrheitsgemäß. Wenn derjenige, der dies ankündigt, den Gewinn bereits kennt, bedingen skeptische Erwartungen eine Revision der Erwartungen auf genau 100.000 und nicht mehr.

3   Erklärungen für nur teilweisen Ausweis

Das *unraveling*-Prinzip, so allgemein sein Gültigkeitsbereich auch scheinen mag, ist dennoch ein **Sonderfall**. Denn in der Praxis ist es nicht üblich, dass einfach *sämtliche* privaten Informationen bekannt gegeben werden. Insbesondere ist eine Tendenz erkennbar, **ungünstige Informationen** zu verheimlichen oder zumindest mit deren Veröffentlichung zuzuwarten. Mögliche Erklärungen für nur teilweisen Ausweis in einem Gleichgewicht werden im Folgenden analysiert.

Empirische Ergebnisse
Graham/Harvey/Rajgopal (2005) machen in einer Befragung von über 400 Finanzverantwortlichen in US-Unternehmen eine Reihe von interessanten Feststellungen über freiwillige Publizität.

Vorteile freiwilliger Publizität (Prozentsatz zustimmender Antworten)

Erhöht die Reputation für transparente/genaue Berichterstattung	92 %
Vermindert das „Informationsrisiko", das Investoren der Aktie zuordnen	82 %
Gibt wichtige Information an Investoren, die nicht in verpflichtender Berichterstattung enthalten ist	72 %
Erhöht die Vorhersagbarkeit der künftigen Entwicklung der Gesellschaft	56 %
Zieht mehr Finanzanalysten an, die Aktie zu covern	51 %
Korrigiert einen unterbewerteten Aktienkurs	48 %
Erhöht die allgemeine Liquidität der Aktie	44 %
Erhöht das Kurs-Gewinn-Verhältnis	42 %
Gibt Externen das Niveau der Managementfähigkeiten bekannt	41 %
Vermindert die Kapitalkosten	39 %
Vermindert die Risikoprämie, die Mitarbeiter für das Halten von Anteilen fordern, die ihnen als Entlohnung gegeben wurden	9 %

Nachteile freiwilliger Publizität (Prozentsatz zustimmender Antworten)

Vermeiden des Setzens eines Präzedenzfalls für Publizität, die schwer fortzusetzen sein kann	70 %
Vermeiden des Bekanntgebens von „Unternehmensgeheimnissen" oder anderer Benachteiligung der Wettbewerbsposition	59 %
Vermeiden möglicher Klagen, wenn künftige Ergebnisse mit den Prognosen nicht zusammenpassen	40 %
Vermeiden möglicher Folgefragen über unwichtige Details	37 %
Vermeiden des Erregens unerwünschter Aufmerksamkeit von Regulatoren	20 %
Vermeiden des Erregens unerwünschter Aufmerksamkeit von Aktionären und Fremdkapitalgebern	17 %

3.1 Direkte Kosten der Publizität

Eine Erklärungsmöglichkeit besteht darin, dass die Publikation direkte Kosten verursacht. Dazu gehören insbesondere **Kosten der Publikation** selbst, wie die Kosten der Textierung, des Grafikers, des Satzes und der Veröffentlichung, und **Kosten der Verifikation**, wie die Kosten einer Wirtschaftsprüfung.

Um den Effekt dieser Kosten auf die Gleichgewichtsstrategien zu analysieren, wird, basierend auf *Verrecchia* (1983), vereinfachend von **konstanten Kosten** $k > 0$ der Publikation ausgegangen. Die Information ist wieder gleichverteilt im Intervall $Y = [0, 1]$, und der Preis des Unternehmens ergibt sich bei Ausweis zu $P = E[\pi|y] = y$. Wenn y ausgewiesen wird, fallen die Kosten k an und mindern den Wert des Unternehmens; wird nicht ausgewiesen, erspart sich das Unternehmen die Kosten der Publizität. Damit ergibt sich ein **Anreiz**, eine Information y **auszuweisen**, wenn

$$y - k > E\left[\pi \big| y \in N\right] \tag{8.2}$$

Günstige Informationen werden also ausgewiesen und ungünstige zurückgehalten. Im Gleichgewicht ist der Nichtausweisbereich definiert als die Menge aller y, die nicht ausgewiesen werden, also

$$N = \left\{ y \middle| y - k \leq \mathrm{E}\left[\pi \middle| y \in N \right] \right\} = \left[0, y_1 \right] \qquad (8.3)$$

Im Unterschied zum Fall ohne Publikationskosten gibt es eine Information $y_1 > 0$, bei der das Unternehmen indifferent ist zwischen Ausweis und Eingehen der Publikationskosten und dem Nichtausweis, d. h.

$$y_1 - k = \mathrm{E}\left[\pi \middle| y \in \left[0, y_1 \right] \right] = y_1 / 2 \quad \text{und}$$
$$y_1 = \min \left\{ 2k, 1 \right\} \qquad (8.4)$$

Das Unternehmen hat einen strikten Anreiz, sämtliche günstigen Informationen $y > y_1$ auszuweisen und sämtliche ungünstigen Informationen $y < y_1$ nicht auszuweisen (für $y = y_1$ ist Indifferenz gegeben). Abb. 8.1 zeigt den Preisverlauf im Gleichgewicht.

Im Bereich $y \in [0, 2k]$, in dem das Unternehmen nicht ausweist, hält der Markt **durchschnittliche Erwartungen** von $P^N = k$, so dass es Unternehmen mit Informationen $y < k$ gibt, die am Markt **überbewertet** sind, und Unternehmen mit Informationen $y \in [k, 2k]$, die **unterbewertet** sind. Nur im Durchschnitt irrt der Markt nicht. Dies ist Folge der weiter verbleibenden asymmetrischen Information zwischen Unternehmen und Markt. Unter-

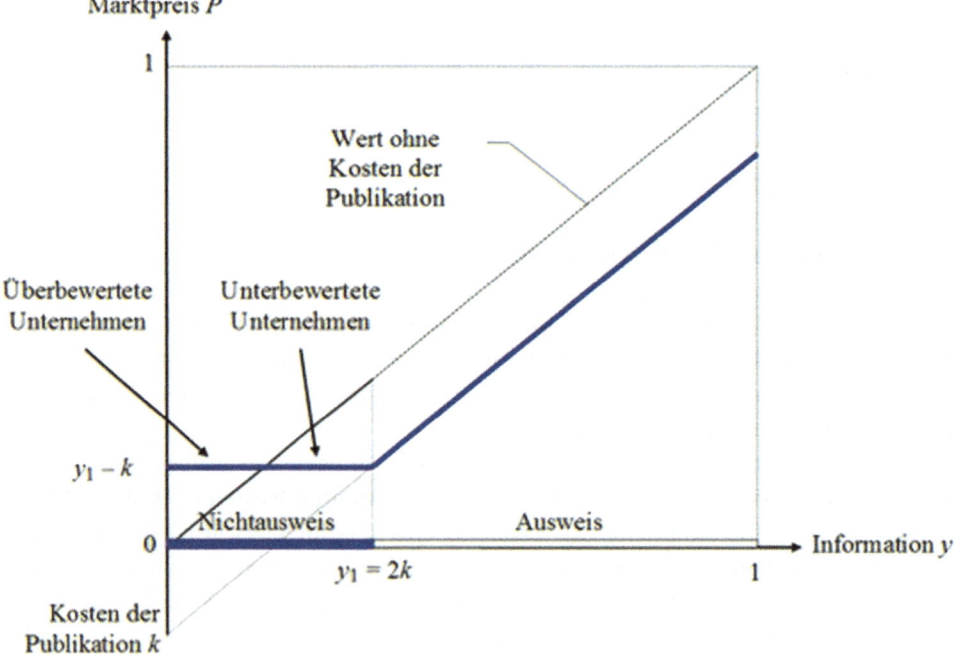

Abb. 8.1   Preisverlauf im Gleichgewicht

bewertete Unternehmen haben dennoch keinen Anreiz zur Publikation von y, weil sie zwar ihren Marktpreis steigern könnten, dabei allerdings gleichzeitig die Kosten k eingehen müssten, die höher sind als die Marktpreissteigerung. Dadurch hat kein Unternehmen einen Anreiz, von dieser Ausweisstrategie abzuweichen.

Je **höher die Kosten der Publizität** k sind, desto **weniger** wird tendenziell ausgewiesen. Die Höhe der Kosten ist dabei **relativ** zur Änderung des Marktpreises aufgrund der Informationsbekanntgabe zu beurteilen. Wenn die Kosten sehr hoch sind, wenn sie konkret die Hälfte der maximalen Auswirkung der Information auf den Marktpreis übersteigen (hier $k \geq 0{,}5$), wird im Gleichgewicht überhaupt nichts ausgewiesen. Sind die Kosten relativ zu den potenziellen Marktpreiseffekten der Information marginal, dann kommt es praktisch zu vollständigem Ausweis.

Wenn man eine etwas andere Verteilung der Information y wählt, kann man analog auch den Effekt unterschiedlich **präziser Information** auf die Ausweisstrategie untersuchen. *Verrecchia* (1990) zeigt, dass der Grenzwert y_1 sinkt, je präziser die Information ist. Daher wird **mehr ausgewiesen**, wenn das Unternehmen **präzisere Information** besitzt. Intuitiv bedeutet das Vorliegen präziserer Information, dass die Adressaten skeptischer werden, wenn nicht ausgewiesen wird.

Verpflichtung zu einer Ausweisstrategie

Unternehmen können die Möglichkeit haben, sich **glaubwürdig** zu einer spezifischen **Ausweisstrategie** zu verpflichten (*commitment*). Dies muss zeitlich *vor* Kenntnis der tatsächlichen Information y erfolgen, denn sonst enthält die Verpflichtung schon Information über die vorliegende Information y. Es wird im Folgenden nur die Verpflichtung zu vollständigem Ausweis oder vollständigem Nichtausweis betrachtet. Ausweisstrategien, nach denen manche Informationen ausgewiesen werden und andere nicht, können von den Adressaten selbst nur dann auf ihre Einhaltung überprüft werden, wenn eine Information ausgewiesen wird, die nicht hätte ausgewiesen werden sollen.

Die **Möglichkeit der Verpflichtung** zu einem Ausweisverhalten vergrößert den Strategieraum des Unternehmens gegenüber den Gleichgewichtsstrategien. Es können (hier) zwei zusätzliche Ausweisstrategien durchgesetzt werden, die dann gewählt werden, wenn sie gegenüber der Gleichgewichtsstrategie einen erwarteten Vorteil bringen.

Direkte Publizitätskosten k verringern den Wert des Unternehmens bei Ausweis von Information und sind somit für das Unternehmen verloren. Gleichzeitig ändert der Ausweis *ex ante*, also vor Erhalt der Information y, den Erwartungswert des Marktpreises nicht. Im Ausweisgleichgewicht betragen die erwarteten Publizitätskosten $kF(D)$, wobei $F(D)$ die Wahrscheinlichkeit angibt, mit der später erhaltene Information ausgewiesen wird. Daher ist es aus Unternehmenssicht günstig, sich zu **vollständigem Nichtausweis** zu verpflichten, denn dann fallen keine Publizitätskosten an.

Eine Verpflichtung zu **vollständigem Ausweis** erhöht demgegenüber die erwarteten Publikationskosten auf $kF(D) = k$, weil diese immer anfallen. Dies ist ein Beispiel für einen Fall, in dem eine **rechtliche Publizitätsregelung** zum Ausweis von Informationen einen **negativen gesamtwirtschaftlichen Effekt** aufweist. Sie führt nur zur Erhöhung von Kosten, ohne *ex ante* den Nutzen des Unternehmens oder der Bilanzadressaten zu erhöhen.

> Die Tatsache, dass im vorliegenden Modell kein Effekt für die Bilanzadressaten auftritt, ist vorwiegend auf die eher passive Betrachtung der Adressaten als reine Preissetzer zurückzuführen. Würde man das **individuelle Portefeuilleproblem** der Adressaten explizit einbeziehen, können sich andere Resultate ergeben. Eine Publizierung von Informationen kann ja die Risikoeinschätzungen verändern und damit zu Anpassungen der einzelnen Portefeuilles führen, selbst wenn sich der bedingte Erwartungswert nicht oder nicht viel ändert. Daraus können sich wiederum Nutzeneffekte für die Adressaten ergeben.

3.2   Unsicherheit über den Erhalt von Information

Ein anderer Grund dafür, dass das *unraveling*-Prinzip nicht hält, ist dann gegeben, wenn die **Marktteilnehmer unsicher** sind, ob das Unternehmen überhaupt die betreffende Information y besitzt.[13] Wenn das Unternehmen keine Information besitzt, kann es sie auch nicht publizieren, weil es sonst gegen die wahrheitsgemäße Publizität verstieße; es kann daher nur schweigen. Die Nichtbekanntgabe von Informationen muss dann aus Sicht des Marktes nicht mehr alleine auf ein bewusstes Verheimlichen bestimmter, meist ungünstiger, Informationen zurückzuführen sein, sie kann auch den Grund darin haben, dass keine Information vorhanden ist.

> Vielfach ist die **Gewinnung von Informationen mit Kosten** verbunden. Marktstudien kosten Geld, genauso wie das Experimentieren mit neuen Produktionstechnologien, Forschung und Entwicklung, Exploration von Bodenschätzen, Bewertungsgutachten usw. Oft sind es auch Opportunitätskosten der Informationserstellung anstelle von mit Auszahlungen verbundenen Kosten. Viele dieser Informationen werden für die Berichterstattung im Lagebericht relevant sein. Es gibt aber auch Angaben im Jahresabschluss selbst, bei denen ein externer Bilanzleser nicht unterscheiden kann, ob ein Unternehmen einen Sachverhalt gesetzt hat oder nicht. Beispielsweise lässt sich ohne freiwilligen Ausweis nicht unterscheiden, ob ein Unternehmen keine Tochtergesellschaften hat oder solche infolge Unwesentlichkeit oder der Inanspruchnahme einer Ausnahme nicht konsolidiert.

Die **Wahrscheinlichkeit**, dass das Unternehmen keine Information besitzt, wird mit ϕ bezeichnet. Insgesamt sind drei Situationen möglich, die in Abb. 8.2 dargestellt werden. Wird ausgewiesen, erfährt der Markt nicht nur, welche Information das Unternehmen besitzt, sondern auch, *dass* überhaupt Information vorliegt. Wird nicht ausgewiesen, kann es sein, dass Information vorhanden ist, aber nicht ausgewiesen wird, oder dass einfach keine Information vorliegt. Die gestrichelte Umrahmung in Abb. 8.2 deutet an, dass die Marktteilnehmer die beiden Knoten, in denen es zu Nichtausweis kommt, nicht unterscheiden können. Damit wäre die Annahme, bei Nichtausweis die ungünstigste Information zu unterstellen, im Gleichgewicht nicht gerechtfertigt.

---

[13] Vgl *Dye* (1985), *Jung/Kwon* (1988).

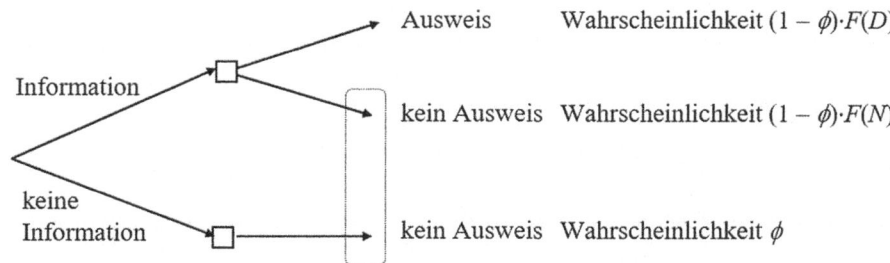

Ausweis   Wahrscheinlichkeit $(1 - \phi)\cdot F(D)$

kein Ausweis Wahrscheinlichkeit $(1 - \phi)\cdot F(N)$

kein Ausweis Wahrscheinlichkeit ϕ

Abb. 8.2 Entscheidungsbaum bei Unsicherheit über Informationserhalt

Dabei bezeichnen:

ϕ Wahrscheinlichkeit, dass das Unternehmen keine Information besitzt
$F(N)$ Wahrscheinlichkeit der Informationen, die nicht ausgewiesen werden
$F(D)$ Wahrscheinlichkeit der Informationen, die ausgewiesen werden

Gleichgewicht
Rationale Erwartungen der Marktteilnehmer führen nun dazu, dass sich bei Nichtausweis folgender **Preis** bildet:

$$P^N = \frac{\phi \cdot \mathrm{E}\big[\pi \big| y \in Y\big] + \big(1-\phi\big) \cdot F\big(N\big) \cdot \mathrm{E}\big[\pi \big| y \in N\big]}{\phi + \big(1-\phi\big) \cdot F\big(N\big)} \tag{8.5}$$

wobei $F(N)$ die Wahrscheinlichkeit angibt, mit der $y \in N$. Dieser Preis entspricht dem mit den entsprechenden Wahrscheinlichkeiten gewichteten Mittelwert der beiden möglichen Erwartungswerte.

Voraussetzung ist, dass die **Information nicht produktiv** ist in dem Sinne, dass der Besitz der Information eine Erhöhung des Unternehmenswertes ermöglicht, weil intern Entscheidungen auf einer besseren Grundlage getroffen werden können.[14] In einem solchen Fall müsste an Stelle von $\mathrm{E}[\pi|y \in Y]$ bei Nichterhalt ein kleinerer Wert eingesetzt werden, der diesen Informationsnachteil erfasst.

Eine alternative Interpretation dieser Situation besteht darin, dass das Unternehmen annimmt, es mit Wahrscheinlichkeit $1 - \phi$ mit rationalen und mit Wahrscheinlichkeit ϕ mit **naiven Marktteilnehmern** zu tun zu haben. Naive Marktteilnehmer nehmen den (Nicht-)Ausweis wörtlich und haben keine skeptischen Erwartungen. Als Folge überschätzen sie daher im Durchschnitt den Wert des Unternehmens.

---

[14] Man könnte im Fall nicht produktiver Information fragen, warum das Unternehmen einen Anreiz haben sollte, derartige Informationen überhaupt zu erkaufen. Tatsächlich lässt sich für nicht allzu hohe Kosten jedoch zeigen, dass ein solcher Anreiz besteht – eben deshalb, weil die Information in der Folge ausgewiesen werden kann. Vgl *Wagenhofer* (1990b), S. 37 ff.

Eine **Ausweisstrategie** muss nur für den Fall ermittelt werden, dass das Unternehmen tatsächlich Informationen besitzt, andernfalls besteht sie trivial im Nichtausweis. Ein Ausweis wird nun immer dann erfolgen, wenn $y > P^N$ ist. Damit muss der **Nichtausweisbereich** ein **Intervall von ungünstigen Informationen** $N = [0, y_1]$ sein, wobei der Grenzwert y_1 gerade so hoch ist, dass das Unternehmen zwischen Ausweis und Nichtausweis indifferent ist.

Für Informationen, die im Intervall $Y = [0, 1]$ gleichverteilt sind, folgt $F(N) = y_1 - 0 = y_1$, $F(D) = 1 - F(N) = 1 - y_1$, $E(y \mid N) = (0 + y_1)/2 = y_1/2$ (wenn bekannt ist, dass Information vorhanden ist). Damit ergibt sich der **Grenzwert** von Ausweis und Nichtausweis zu

$$y_1 = \frac{\dfrac{\phi}{2} + (1 - \phi) \cdot \dfrac{y_1^2}{2}}{\phi + (1 - \phi) \cdot y_1}$$

Dies führt zu folgender **Bestimmungsgleichung** für den **Grenzwert** y_1:

$$(1 - \phi) \cdot y_1^2 + 2\phi \cdot y_1 - \phi = 0$$

Der Grenzwert lautet damit

$$y_1 = \frac{\sqrt{\phi} - \phi}{1 - \phi} = \frac{\sqrt{\phi} \cdot (1 - \sqrt{\phi})}{(1 - \sqrt{\phi}) \cdot (1 + \sqrt{\phi})} = \frac{\sqrt{\phi}}{\sqrt{\phi} + 1}$$

Die Folge der Unsicherheit der Adressaten über das Bestehen von Information ist, dass das informierte Unternehmen im Gleichgewicht ungünstige **Information erfolgreich verheimlichen** kann. Es versteckt sich gewissermaßen hinter der Möglichkeit, keine Information erhalten zu haben. Die **Grenzfälle** sind:

- Geht $\phi \to 0$, dann weiß der Markt praktisch mit Sicherheit, dass das Unternehmen Information hat. Die Erwartungen bei Nichtausweis gehen daher wieder in Richtung der ungünstigsten Information $y = 0$ und infolgedessen $P^N \to 0$.
- Geht $\phi \to 1$, dann ist fast mit Sicherheit keine Information da. Der Marktpreis wird sich daher auf die a priori-Erwartungen einstellen, d. h. $P^N \to 0{,}5$. Hat das Unternehmen trotzdem Information, wird es nur überdurchschnittlich gute Informationen ausweisen.

Der Nichtausweisbereich N steigt daher mit der Vermutung der Marktteilnehmer, dass das Unternehmen keine Information besitzt.

Ein Resultat dieses Gleichgewichts ist, dass ein Unternehmen, das Informationen besitzt, aber nicht ausweist, immer am Kapitalmarkt **überbewertet** ist, da P^N höher liegt als jede nicht ausgewiesene Information $y \in N$. Umgekehrt ist jedes Unternehmen, das keine Information besitzt, am Markt **unterbewertet**, da $P^N < E[y]$ ist.

Angenommen, die Wahrscheinlichkeit, dass das Unternehmen keine Information besitzt, ist 0,25. Dann ergibt sich für das informierte Unternehmen folgende Ausweisstrategie im Gleichgewicht:

$$\text{Nichtausweis aller } y \in \left[0,\ 1/3\right] \text{ und Ausweis aller } y \in \left(1/3,\ 1\right]$$

Der Preis stellt sich bei Nichtausweis auf $P^N = 1/3$ ein. Die Ausweisstrategie ist für das Unternehmen selbsterhaltend, es werden alle Informationen $y > P^N = 1/3$ ausgewiesen. Gleichzeitig entspricht P^N immer dem Erwartungswert an nicht gegebenen Informationen im Gleichgewicht.

Zur Überprüfung: *Ex ante* wird mit einer Wahrscheinlichkeit von $0{,}25 + 0{,}75 \cdot 1/3 = 0{,}5$ nichts ausgewiesen, damit ist *ex post* der Nichtausweis je zur Hälfte von einem Unternehmen, das keine Information und damit einen Erwartungswert von 0,5 hat, und von einem Unternehmen mit Information, das einen Erwartungswert von 1/6 hat. Insgesamt folgt damit bei Nichtausweis: $P^N = 0{,}5 \cdot 0{,}5 + 0{,}5 \cdot 1/6 = 1/3$. ◄

Information über das Nichtvorliegen von Information

Die Analyse ging davon aus, dass Bilanzadressaten nicht unterscheiden können, ob das Unternehmen keine Information besitzt oder diese zwar besitzt, aber bewusst nicht publiziert. Was geschieht, wenn das Unternehmen **bekannt geben** könnte, dass es **keine Information** hat?

Kann diese Bekanntgabe nicht **glaubwürdig** erfolgen, ändert sich gar nichts. Denn das Unternehmen wird immer einen Anreiz haben, die Adressaten glauben zu lassen, es hätte keine Information. Der Marktpreis würde sich ja auf $P^N = E[\pi|Y] = 0{,}5$ belaufen und damit höher sein als im Fall, dass es nichts sagt.

Wenn allerdings glaubwürdig bekannt gegeben werden kann, dass das Unternehmen keine Information y besitzt, dann ändert sich die **Strategiemenge** des Unternehmens. Eine Möglichkeit wäre die explizite Erwähnung dieser Tatsache im Anhang oder Lagebericht.[15] Im Gleichgewicht **erzwingen** die Adressaten gewissermaßen vollständigen Ausweis durch **skeptische Erwartungen** von $P^N = 0$ für den Fall, dass gar nichts ausgewiesen wird. Denn besitzt das Unternehmen keine Information, wird es dies bekannt geben. Für diesen Fall werden die *a priori*-Erwartungen schlagend, und es kommt zu $P = 0{,}5$. Und im Fall, dass die Information selbst publiziert wird, ergibt sich ein Marktpreis von $P = y$. Dadurch hat die Unsicherheit über den Erhalt der Information durch das Unternehmen keinen strategischen Einfluss mehr.

---

[15] Inwieweit die Bekanntgabe, *nicht* informiert zu sein, der Reputation des Managements dient, ist hier dahingestellt. Gerade im Hinblick auf Prognoseinformationen kann freiwillige Publizität auch dazu dienen, hohe Managementkompetenz zu signalisieren. Vgl *Trueman* (1986).

Schutzklauseln

An mehreren Stellen sieht der Gesetzgeber für Unternehmen die Möglichkeit vor, bestimmte Informationen trotz grundsätzlichen Ausweisgebots nicht bekannt geben zu müssen. So kann etwa gemäß § 286 (2) dHGB die Aufgliederung der Umsatzerlöse unterbleiben, soweit sie „nach vernünftiger kaufmännischer Beurteilung geeignet ist, der Kapitalgesellschaft einen erheblichen Nachteil zuzufügen".

Gleichzeitig wird vorgeschrieben, dass das Unternehmen die Anwendung der Schutzklausel angeben muss. Damit gibt es bekannt, dass es Information besitzt, die voraussichtlich nachteilig ist. Eine möglicherweise bestehende Informationsasymmetrie über die Existenz solcher Informationen wird dadurch beseitigt. Die Folge ist, dass die Schutzklausel einen Großteil ihrer beabsichtigten (?) Wirkung verliert, denn liest ein Bilanzadressat eine derartige Passage im Anhang, wird er wahrscheinlich sofort eine intensive Nachforschung nach der verheimlichten Information betreiben. Sie muss ja sozusagen interessant sein. Aus dieser Sicht entsteht daher fast ein Anreiz des Unternehmens, die Information trotz grundsätzlicher Anwendbarkeit einer Schutzklausel (freiwillig) auszuweisen. Es kann dadurch sogar hoffen, dass ein Bilanzadressat dies dahingehend interpretiert, als messe das Unternehmen der Information gar keine negative Bedeutung bei.

Interessant ist in diesem Zusammenhang auch die Regelung in § 286 (1) dHGB, dass bestimmte Informationen nicht ausgewiesen werden dürfen, wenn es das *öffentliche Interesse* erfordert. Die Angabe der Anwendung der Schutzklausel darf dafür nicht erfolgen. Der Gesetzgeber unterscheidet offenbar mehr und weniger wirksame Stufen der Geheimhaltung.

3.3   Unsicherheit über das Ziel des Managers

Bisher wurde davon ausgegangen, dass das Management an einem möglichst hohen Marktpreis P des Unternehmens interessiert ist. Dies wird zwar in vielen Fällen zutreffen, doch gibt es auch Situationen, in denen sich das Management einen möglichst **geringen Marktpreis** wünscht. Beispiele dafür sind der Fall, dass das Unternehmen eigene Aktien zurückkaufen möchte, Minderheitsgesellschafter abfinden muss, das Management selbst das Unternehmen erwerben möchte (Management Buyout) oder dass es Aktienoptionen erhalten soll (deren Ausübungspreis wegen eines geringeren Marktpreises vielleicht niedriger festgelegt wird). In einer solchen Situation ist der Kapitalmarkt unsicher, welches **Ziel der Manager** tatsächlich verfolgt, bzw. anders formuliert, welcher Typ der Manager ist. Die Auswirkungen dieser **Unsicherheit** auf die Ausweisstrategie wird im Folgenden gezeigt.[16]

---

[16] Vgl dazu *Einhorn* (2007).

Unsicherheit kann auch daher resultieren, dass **verschiedene Adressaten** die Information für unterschiedliche Zwecke verwenden und so für das Unternehmen günstige oder auch ungünstige Entscheidungen treffen können. Die Unsicherheit über den Typ des Managers ist dann äquivalent zu einer Unsicherheit über die Gewichtung oder relativen Auswirkungen günstiger und ungünstiger Folgen der Informationen.

Eine weitere Quelle für Unsicherheit sind **private Informationen der Adressaten** über das Unternehmen. Angenommen, der Adressat erhält selbst Information über den Wert des Unternehmens, die ebenso wie y ein unverzerrter Schätzer des Wertes ist, aber z. B. geringere Präzision aufweist. Dann ist die Interpretation einer veröffentlichten Information von den Eigenschaften der privaten Information abhängig. Ist beispielsweise die private Information des Adressaten sehr günstig, kann eine weniger günstige, obgleich immer noch günstige, publizierte Information den Adressaten zu einer Reduktion des bedingten Erwartungswertes bewegen, also tatsächlich ungünstige Folgen haben. Ähnliches ergibt sich, wenn die private Information negativ mit der publizierten Information korreliert ist.

Es gibt zwei **Typen** von Managern: Mit Wahrscheinlichkeit ϕ ist der Manager an einem möglichst hohen Marktpreis interessiert, mit der Wahrscheinlichkeit $1 - \phi$ an einem möglichst niedrigen Marktpreis. $Y = [0, 1]$ bezeichnet wiederum die Menge möglicher Informationen.

Der **Nichtausweisbereich** für einen an einem hohen Preis interessierten Manager lautet im Gleichgewicht

$$N^+ = \left\{ y \middle| y \leq \phi E\left[y \middle| y \in N^+ \right] + \left(1 - \phi\right) E\left[y \middle| y \in N^- \right] \right\} \tag{8.6}$$

der für einen an einem niedrigen Preis interessierten Manager lautet

$$N^- = \left\{ y \middle| y \geq \phi E\left[y \middle| y \in N^+ \right] + \left(1 - \phi\right) E\left[y \middle| y \in N^- \right] \right\} \tag{8.7}$$

Der Markt kann die beiden Typen von Managern nicht unterscheiden und muss daher bei Nichtausweis einen Erwartungswert bilden, der in den beiden Definitionen angegeben ist. Da dieser Erwartungswert für beide Typen gleich sein muss, ergibt sich für die Ausweisstrategie beider Typen von Managern der gleiche Grenzwert, der mit y_1 bezeichnet sei. Im Gleichgewicht weist daher ein den Preis maximierender Manager nur günstige Informationen aus, d. h. $y > y_1$, und ein minimierender Manager nur ungünstige Informationen, $y < y_1$.

Abb. 8.3 zeigt die beiden Ausweisstrategien.

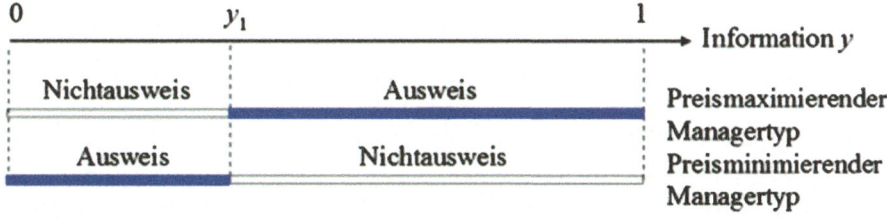

Abb. 8.3 Ausweisstrategien der beiden Managertypen

Angenommen, y ist im Intervall $Y = [0, 1]$ gleichverteilt. Dann gilt:

$$E\left[y\middle|y \in N^+\right] = E\left[y\middle|y \in [0, y_1]\right] = y_1/2$$

$$E\left[y\middle|y \in N^-\right] = E\left[y\middle|y \in [y_1, 1]\right] = (1 + y_1)/2$$

und die Erwartungen bei Nichtausweis betragen

$$\phi E\left[y\middle|y \in N^+\right] + (1 - \phi)E\left[y\middle|y \in N^-\right] = \phi \frac{y_1}{2} + (1 - \phi)\frac{1 + y_1}{2} = \frac{1 + y_1 - \phi}{2}$$

Im **Gleichgewicht** müssen diese Erwartungen für $y = y_1$ gerade erfüllt sein. Daraus folgt

$$y_1 = \frac{1 + y_1 - \phi}{2} \quad \Rightarrow \quad y_1 = 1 - \phi$$

Je größer die Wahrscheinlichkeit ϕ für einen maximierenden Manager ist, umso niedriger ist der **Grenzwert** y_1, d. h. umso mehr weist ein solcher Manager auch aus. Umgekehrt weist ein minimierender Manager entsprechend weniger aus. Da der Marktpreis bei Nichtausweis entsprechend sinkt, ist dies für ihn günstig, und er weist nur solche schlechten Informationen aus, die noch niedriger liegen.

> Im **Grenzfall**, dass es nur maximierende Manager gibt ($\phi \to 1$), weist ein solcher Manager alles aus ($y_1 \to 0$), während ein minimierender Manager gar nichts ausweist. Gibt es nur minimierende Manager ($\phi \to 0$), werden diese nun alles ausweisen ($y_1 \to 1$). Damit kommt es wieder zu vollständigem *unraveling*.
>
> Es lässt sich zeigen, dass keiner der beiden Managertypen einen Anreiz hätte, von sich aus bekannt zu geben, welcher Typ er ist. Er könnte dadurch nur verlieren. Daher ist dieses Gleichgewicht ziemlich stabil.

Im Gleichgewicht sind Unternehmen, deren Manager an einem hohen Marktpreis interessiert sind, bei Nichtausweis überbewertet; Unternehmen, deren Manager an einem niedrigen Marktpreis interessiert sind, sind bei Nichtausweis unterbewertet (dies liegt aber in deren Interesse).

Zuletzt wird noch gezeigt, wie sich die *a priori*-**Wahrscheinlichkeit** für einen Ausweis mit Änderung der Wahrscheinlichkeit für die Managertypen ändert. Die *a priori*-Wahrscheinlichkeit, dass Ausweis beobachtet wird, ergibt sich aus der Wahrscheinlichkeit für den jeweiligen Typ sowie der Wahrscheinlichkeit, dass der betreffende Typ ausweist, d. h.

$$\begin{aligned}
w &= \phi \cdot w(y \geq y_1) + (1 - \phi) \cdot w(y \leq y_1) \\
&= \phi \cdot (1 - y_1) + (1 - \phi) \cdot y_1 \\
&= \phi^2 + (1 - \phi)^2
\end{aligned}$$

Die Ausweiswahrscheinlichkeit ist bei $\phi = 0$ und $\phi = 1$ jeweils am höchsten und sinkt gegen $\phi = 0{,}5$ auf einen minimalen Wert von 0,5 ab. Das heißt, je größer die Unsicherheit des Marktes über den Typ des Managers ist, umso geringer ist die Wahrscheinlichkeit, dass es im Gleichgewicht zu einem Ausweis von Information kommt.

3.4   Effekt von Leaks

Bisher wurde davon ausgegangen, dass die **private Information**, die das berichtende Unternehmen besitzt, die einzige Möglichkeit ist, über die der Kapitalmarkt Information erlangen kann. Darüber hinaus war die **freiwillige Publizität** der einzig mögliche Kanal des
Informationstransfers. In der Realität ist das jedoch nicht so. Immer häufiger treten etwa
Leaks auf. Ein Leak setzt voraus, dass Information im Unternehmen vorhanden ist und
nicht freiwillig berichtet wird. Gelangt die Information in die Öffentlichkeit bzw. an den
Kapitalmarkt, so wird diesem klar, dass Information vorhanden war, und dass diese Information nicht freiwillig publiziert wurde.[17] Bei diesem Gedankengang wird implizit von
einer Struktur wie bei *Dye* (1985) und *Jung/Kwon* (1988) ausgegangen. Ist **Information**
allerdings tatsächlich im Unternehmen vorhanden, und berichtet das Unternehmen diese
nicht, so tritt danach möglicherweise ein **Leak** auf.[18] Es wird angenommen, dass dies mit
Wahrscheinlichkeit q passiert. Ein Leak kann unterschiedlichen Informationsgehalt haben.
Vorerst sei davon ausgegangen, dass das Leak vollständig unpräzise ist. Das bedeutet konkret, dass das Auftreten des Leaks dem Kapitalmarkt signalisiert, dass das Unternehmen
Information hat, diese aber nicht freiwillig veröffentlicht hat. Darüber hinaus liefert das
Leak jedoch keine weitere Information, die Rückschlüsse auf den Firmenwert erlaubt. Ba-
sierend auf dieser Annahme muss Formel (8.5) aus dem Modell von *Dye* (1985) und *Jung/
Kwon* (1988) modifiziert werden. Nun gilt[19]

$$P_L^N = \frac{\phi \mathrm{E}\big[\pi \,|\, y \in Y\big] + (1-\phi)(1-q) F(N) \mathrm{E}\big[\pi \,|\, y \in N\big]}{\phi + (1-\phi)(1-q) F(N)}.$$

Der Index L in P_L^N deutet an, dass nun eine Situation mit Leak betrachtet wird. Angenommen, der Nichtausweisbereich N ist gegeben. Gäbe es kein Leak ($q = 0$), hätte man
$P_L^N = P^N$, wäre das Leak sicher ($q = 1$), würde $P_L^N = \mathrm{E}\big[\pi \,|\, y \in Y\big]$ gelten. Allgemein
wächst der Preis P_L^N für einen festen Nichtausweisbereich N in der Wahrscheinlichkeit
des Auftritts des Leaks q. Dies liegt daran, dass der Preis, den uninformierte Firmen (wenn
dies auch dem Markt bekannt ist) bekommen würden, über dem Preis informierter Unter-
nehmen liegt ($\mathrm{E}[\pi|y \in Y] > \mathrm{E}[\pi|y \in N]$), weil der Nichtausweisbereich die Unternehmen
mit den geringsten Firmenwerten enthält (siehe die Darstellung im Abschn. 3.2). Die Be-

---

[17] Leaks können etwa von einem Datendiebstahl verursacht werden. In diesem Fall ist es dem Kapitalmarkt ersichtlich, dass die Information tatsächlich im Unternehmen vorhanden war.

[18] Das hier vorgestellte Modell basiert auf *Ebert/Schäfer/Schneider* (2022).

[19] Es wird hier von folgendem Zeitablauf ausgegangen: In Zeitpunkt 1 erhält das Unternehmen mit
gewisser Wahrscheinlichkeit private Information. In Zeitpunkt 2 erfolgt die Entscheidung über die
Veröffentlichung. Schließlich könnte ein Leak in Zeitpunkt 3 auftreten. Es wird angenommen, dass
das Unternehmen an der Bewertung zum Zeitpunkt 3 interessiert ist. Auch wird davon ausgegangen,
dass keine Reaktion auf das Leak möglich ist. In *Ebert/Schäfer/Schneider* (2022) wird dies ebenfalls
untersucht.

rücksichtigung der Möglichkeit eines Leaks ändert daran nichts, wie man sich einfach erklären kann. Der Wert P_L^N ist eine Konvexkombination aus den Werten $E[\pi|y \in Y]$ und $E[\pi|y \in N]$. Das Gewicht, mit dem der höhere Wert $E[\pi|y \in Y]$ in dieser Konvexkombination berücksichtigt wird, beträgt

$$\frac{\phi}{\phi + (1 - \phi)(1 - q)F(N)}$$

und steigt mit höherer Wahrscheinlichkeit q. Zusammenfassend folgt daher $P_L^N > P^N$, so dass eine höhere Wahrscheinlichkeit des Leaks den Preis eines Unternehmens, das nicht freiwillig berichtet und bei dem kein Leak *ex post* auftritt, erhöht. Isoliert gesehen würde dieser Effekt dazu führen, dass eine höhere Wahrscheinlichkeit des Leaks zu einer *Reduzierung* der freiwilligen Berichterstattung führt.

Es tritt jedoch auch ein gegenläufiger Effekt auf. Dies wird klar, wenn man die Gleichgewichtsbedingung betrachtet. Diese besagt, dass der Nichtausweisbereich N genau aus den Werten y besteht, für die die Ungleichung

$$y < qE\left[\pi \mid y \in N\right] + (1 - q)P_L^N$$

erfüllt ist. Die rechte Seite der Ungleichung ist unabhängig von y und verdeutlicht, dass der Nichtausweisbereich erneut die Form $N = [0, y_1]$ haben muss. Die Gleichgewichtsbedingung berücksichtigt, dass mit Wahrscheinlichkeit q ein Leak auftritt. Tritt ein solches auf, so weiß der Kapitalmarkt, dass das Unternehmen Information hatte, und es diese nicht freiwillig berichtet hat. Folglich kommt es zu einer Bewertung mit dem Wert $E[\pi|y \in N]$. Kommt es zu keinem Leak, setzt der Kapitalmarkt den Wert von P_L^N an. Wie bereits beschrieben, gilt $E\left[\pi \mid y \in N\right] < P_L^N$. Insofern ist das Auftreten eines Leaks negativ für die (*ex post*) Bewertung von Unternehmen und stellt gewissermaßen eine Bestrafung dar. Dies gilt auf jeden Fall für das Unternehmen mit Wert y_1, also das beste Unternehmen im Nichtausweisbereich N. Hätte dieses Unternehmen freiwillig berichtet, würde es eine Bewertung in Höhe von y_1 erhalten. Hat es allerdings nicht berichtet, erhält es bei Auftreten eines Leaks eine Bewertung in Höhe von $E[\pi|y \in N] < y_1$. Je wahrscheinlicher das Leak ist, desto häufiger tritt dieser Wertverlust auf. Dies stellt den gegenläufigen Effekt dar, der isoliert gesehen zu mehr freiwilliger Berichterstattung bei höherer Leak-Wahrscheinlichkeit führt.

Ebert/Schäfer/Schneider (2022) zeigen, dass in der beschriebenen Situation der zweite Effekt dominiert. Bei völlig unpräzisen Leaks führt also eine höhere Wahrscheinlichkeit des Leaks zu einem kleineren Schwellenwert y_1, was eine häufigere freiwillige Berichterstattung impliziert.

Änderungen im Präzisionsgrad des Leaks können diese Folgerungen aber modifizieren. Dazu sei der andere Grenzfall eines völlig präzisen Leaks betrachtet. Dann kommt es beim Auftreten eines Leaks zu einer Bewertung mit dem tatsächlichen Wert y. Die Gleichgewichtsbedingung für den Nichtausweisbereich N muss folglich modifiziert werden:

$$y < q \cdot y + (1 - q) \cdot P_L^N.$$

Diese Bedingung kann als $y < P_L^N$ umgeschrieben werden. Insofern ist klar, dass erneut ein Schwellenwert y_1 den Nichtausweisbereich begrenzen muss. Die komparative Statik dieses Schwellenwerts ist genau diejenige des Preises P_L^N, der mit höherem q steigt. Insofern gilt für ein vollständig präzises Leak, dass eine höhere Wahrscheinlichkeit q den Umfang der freiwilligen Berichterstattung vermindert.

Zusammenfassend sind zwei Dimensionen von Leaks für die Vorhersage des Gleichgewichts nötig: Die Wahrscheinlichkeit des Leaks und die Präzision des Leaks. Die Präzision beeinflusst die Auswirkung einer Änderung der Wahrscheinlichkeit. Die ökonomische Intuition ist wie folgt: Ein völlig unpräzises Leak erhöht letztlich das Wissen des Marktes um die Existenz von Insiderinformationen, und dies induziert einen höheren Anreiz zum Ausweis. Ist das Leak zugleich mit präzisen Informationen über den Unternehmenswert verknüpft, erhalten die Anleger auch ohne freiwilligen Ausweis perfekte Information (mit der Wahrscheinlichkeit des Leaks), so dass dem freiwilligen Ausweis weniger Bedeutung zukommt.

4 Konkurrenzsituation und Ausweisverhalten

4.1 Einleitung

Die Publikation bestimmter Informationen richtet sich nicht nur an bestimmte Bilanzadressaten, sondern **grundsätzlich an alle Interessierten**. Das hat zur Folge, dass Unternehmensinformationen nicht nur „freundlich", sondern auch „feindlich" genutzt werden können. Insbesondere wird die Information der **Konkurrenz** als eines der **wesentlichsten Hindernisse** sonst durchaus positiv gesehener Publizität betrachtet. Bei vielen Unternehmen herrscht die Furcht, dass die negativen Wirkungen von Konkurrenzreaktionen auf den Unternehmenswert die sonst positiven Wirkungen bei weitem überwiegen. Besonders betroffen sind Informationen über Forschung und Entwicklung, beabsichtigte Akquisitionen, Unternehmensstrategien und Budgets. Zu beachten ist freilich, dass die negativen Auswirkungen der **Konkurrenzgefahr**, die mit der Bekanntgabe einer bestimmten Information verbunden sein kann, im **Zeitablauf** sinken.[20] Produktentwicklungen kommen früher oder später auf den Markt und werden damit bekannt, Strategien manifestieren sich in Handlungen des Unternehmens und Budgets sind nach Ablauf des Budgetzeitraums nicht mehr so interessant.

Die **Konkurrenzgefahr** wurde von Unternehmen und deren Vertretern gegen eine erweiterte gesetzliche **Publizitätspflicht** eingewandt. Der Gesetzgeber hat im HGB für mehrere „sensible" Informationen **Schutzklauseln** vorgesehen. Sie betreffen z. B. die Umsatzaufgliederung nach Geschäftsfeldern und geografischen Bereichen sowie die Angaben über Unternehmen, an denen wesentliche Beteiligungen gehalten werden. Die aktuelle Entwicklung der zunehmenden Internationalisierung der Rechnungslegung nimmt auf solche Überlegungen

---

[20] Vgl *Elliott/Jacobson* (1994), S. 85.

immer weniger Rücksicht. So schreiben die IFRS umfangreiche Angaben im Rahmen der **Segmentberichterstattung** vor, und auch in Deutschland wird eine Segmentberichterstattung für börsennotierte Gesellschaften verlangt, wobei DRS 3 einen ähnlichen Umfang wie IFRS 8 aufweist.

Ganz ohne **Schutzklausel** kommen auch die IFRS nicht aus. Gemäß IAS 37.92 muss das Unternehmen Angaben zu **Rechtsstreitigkeiten** nicht machen, wenn „in äußerst seltenen Fällen […] damit gerechnet werden [kann], dass die teilweise oder vollständige Angabe von Informationen […] die Lage des Unternehmens in einem Rechtsstreit mit anderen Parteien über den Gegenstand der Rückstellungen, Eventualschulden oder Eventualforderungen ernsthaft beeinträchtigt". Allerdings ist auf die Anwendung dieser Ausnahmeregelung hinzuweisen.

Meinungen zur Konkurrenzgefahr

„Von amtlicher Stelle wird versucht, die Bedeutung der Konkurrenzfrage damit zu bagatellisieren, dass man behauptet, die Konkurrenz wisse ohnehin genau Bescheid und bedürfe gar nicht erst des Einblicks in eine Gewinn- und Verlustrechnung. Dieser Behauptung kann ich aus einer langen Berufserfahrung nur entgegenhalten, dass sie nicht zutrifft. Manche bilden sich ein, die Verhältnisse des Nachbarn zu kennen, und es besteht keine Veranlassung, ihnen diese Illusion zu nehmen. Es wäre aber unverantwortlich, jemanden zu zwingen, einen solchen Mitbewerber über seinen Irrtum aufzuklären." (*Ditgen* 1958, S. 438)

„Wesentliche Wirkungen auf Entscheidungen der *Konkurrenz* haben Bilanzveröffentlichungen nicht. Die Informationen, die für den Wettbewerber von Interesse sind, beschafft er sich entweder schon vor der Veröffentlichung, oder sie sind auch dem Jahresabschluss nicht zu entnehmen. Es ist auch nicht wahrscheinlich, dass publizierende Unternehmen eher in Gefahr sind, von der Konkurrenz übernommen zu werden, als ihre schweigsamen Kollegen." (*Castan* 1981, Sp. 1405 f.)

Im Folgenden wird der Einfluss der Konkurrenzgefahr auf das Publizitätsverhalten von Unternehmen gezeigt. Es ergibt sich ein sehr differenziertes Bild. Obwohl dem Unternehmen durch Konkurrenzreaktionen Kosten entstehen, unterscheidet sich ihre Wirkung doch stark von den früher analysierten Kosten der Publikation. Denn diese fallen genau bei Publikation an, ansonsten nicht. Die Konkurrenz trifft jedoch auch bei Nichtausweis Entscheidungen, die die Höhe der Kosten für das Unternehmen entscheidend mitprägen.

Zunächst wird **latente Konkurrenzgefahr** betrachtet, die durch einen potenziellen Eindringling in den Markt des bestehenden Unternehmens besteht. Informationen verbessern die Entscheidungsgrundlagen des Eindringlings. Im Anschluss daran wird die Wirkung **bestehender Konkurrenz** auf die Ausweisstrategie untersucht. Informationen haben hier unmittelbare Konsequenzen auf den Wettbewerb am Produktmarkt.

4.2   Latente Konkurrenzgefahr

Annahmen

Das Unternehmen ist wie bisher daran interessiert, seinen **Marktpreis** P zu **maximieren**. Es ist im Besitz einer Information $y \in Y = [0, 1]$, die *a priori* gleichverteilt ist; dies ist allgemein bekannt. Wird die Information publiziert, würde sich der Marktpreis von P wiederum auf y ändern, weil y im Lichte der Information der beste Schätzer des Unternehmenswertes ist. Jedoch ist die Information nicht nur relevant für die Marktbewertung, sondern auch für ein anderes Unternehmen. Dieses überlegt, ob es in den **Produktmarkt** des betrachteten Unternehmens **eindringen** soll. Eine **günstige Information** y bewirkt, dass der Eindringling tatsächlich einsteigt, weil er sich einen Gewinn daraus erwartet. Eine **ungünstige Information** schreckt ihn dagegen ab, und das bestehende Unternehmen braucht dann den Produktmarkt nicht zu teilen. Das Modell basiert auf *Wagenhofer* (1990a).[21]

Der (Finanz-)Markt und der potenzielle Eindringling haben denselben Informationsstand. Dem potenziellen Eindringling mögen im Falle des Eindringens **Kosten** in Höhe von K entstehen. Das sind z. B. Kosten zur Aufbereitung des Marktes, Anlaufkosten, Vertrags- und Informationskosten und ähnliches. Gegeben eine bestimmte Ausweisstrategie des Unternehmens $m(y) \in \{y, \{\}\}$ mit dem Nichtausweisbereich N wird der Konkurrent genau dann in den **Markt eindringen**, wenn

$$\mathrm{E}\big[\pi \big| y \in m(y)\big] \geq K \tag{8.8}$$

denn dann würde er seine Kosten im Durchschnitt decken. $m(y)$ bezeichnet hier wieder die Ausweisstrategie, gegeben y. Bei Ausweis von y ist $\mathrm{E}[\pi|y] = y$, bei Nichtausweis schließt der Konkurrent auf den Nichtausweisbereich N, womit $\mathrm{E}[\pi|y \in N]$ folgt. Die Strategie des Konkurrenten wird im Folgenden mit $\gamma(m)$ bezeichnet, wobei

$$\gamma(m) = \begin{cases} 0 \text{ falls } \mathrm{E}\big[\pi \big| y \in m(y)\big] < K \\ 1 \text{ falls } \mathrm{E}\big[\pi \big| y \in m(y)\big] \geq K \end{cases} \tag{8.9}$$

$\gamma(m) = 0$, wenn der Konkurrent nicht eindringt, $\gamma(m) = 1$, wenn er eindringt. Damit die Ausweisstrategie des Unternehmens tatsächlich für die **Entscheidung des Konkurrenten** relevant ist, muss die Schwankungsbreite des Unternehmenswertes y hoch genug sein. Wegen $y \in [0, 1]$ wird also $0 < K < 1$ angenommen.

Gleichgewicht

Dem **Unternehmen** entstehen bei Eindringen des Konkurrenten **Kosten** in Höhe von k, die den Marktpreis vermindern. Im Gegensatz zu direkten Publikationskosten hängt das Entstehen von Kosten also davon ab, welche Entscheidung der Konkurrent trifft, und dies

---

[21] Ähnliche Modelle finden sich in *Darrough/Stoughton* (1990) und *Feltham/Xie* (1992).

wird wiederum von der Ausweisstrategie des Unternehmens mitbestimmt. Die Ausweis-strategie ist daher von **zwei Zielen** geprägt:

- Ein **Eindringen** soll möglichst **verhindert** werden. Dazu sollten ungünstige Informationen ausgewiesen werden.
- Der **Marktpreis** soll möglichst **hoch** werden. Dazu sollten möglichst günstige Informationen ausgewiesen werden.

Die **Spannung zwischen diesen beiden Zielen** kann nun ein Gleichgewicht erzeugen, in dem nur bestimmte Informationen ausgewiesen werden. Der Nichtausweisbereich ist definiert als

$$N = \left\{ y \middle| y - \gamma(y) \cdot k \leq \mathrm{E}\left[\pi \middle| y \in N \right] - \gamma(N) \cdot k \right\} \qquad (8.10)$$

Im linken Teil der Ungleichung steht der Marktpreis des Unternehmens für den Fall, dass es die Information y ausweist. Er entspricht dem Marktpreis gegeben y, was hier mit y gleichgesetzt wurde, abzüglich den Kosten k, die durch das Eindringen entstehen, sofern sich der Eindringling auf Basis der Information tatsächlich für ein Eindringen entscheidet ($\gamma(y) = 1$). Im rechten Teil der Ungleichung befindet sich der Marktpreis des Unternehmens für den Fall, dass es die Information nicht ausweist und sowohl der Kapitalmarkt als auch der potenzielle Eindringling rationale Erwartungen hegen, also aus dem Nichtausweis richtig auf $y \in N$ rückschließen.

Die Struktur von **Ausweisstrategien im Gleichgewicht** wird an folgendem Beispiel diskutiert.

Beispiel
Die Anfangskosten des Konkurrenten bei Markteintritt betragen $K = 0{,}7$, die dem Unternehmen entstehenden Kosten infolge verschärfter Konkurrenz $k = 0{,}5$.

Es gibt **kein Gleichgewicht**, in dem überhaupt **nichts ausgewiesen** wird. Bei vollständigem Nichtausweis würde der Konkurrent nicht eindringen, denn

$$\mathrm{E}\left[\pi \middle| y \in [0,\ 1] \right] = 0{,}5 < 0{,}7 = K$$

Es gibt aber Informationen, die bei $P = 0{,}5$ ausgewiesen würden, nämlich alle $y \in [0{,}5,\ 0{,}7)$. Dafür dringt der Konkurrent ebenfalls nicht ein, und der Marktpreis steigt auf einen Wert über 0,5. Das Unternehmen würde daher abweichen.

Daher wird in einem Gleichgewicht immer etwas ausgewiesen. Der folgende **Nichtausweisbereich** definiert ein Gleichgewicht:

$$N = [0,\ 0{,}4] \cup [0{,}7,\ 0{,}9]$$

Ausgewiesen werden also **durchschnittlich günstige Informationen**, konkret $y \in (0{,}4,\ 0{,}7)$ und **sehr günstige Informationen**, nämlich $y \in (0{,}9, 1]$. Abb. 8.4 zeigt den Preisverlauf im Gleichgewicht.

Wie kann **überprüft** werden, dass dies ein Gleichgewicht ist? Die **Bedingungen** für ein **Nash-Gleichgewicht** sind, dass keiner der Beteiligten von seiner Strategie abweichen will, wenn die anderen Beteiligten bei ihren Strategien bleiben.

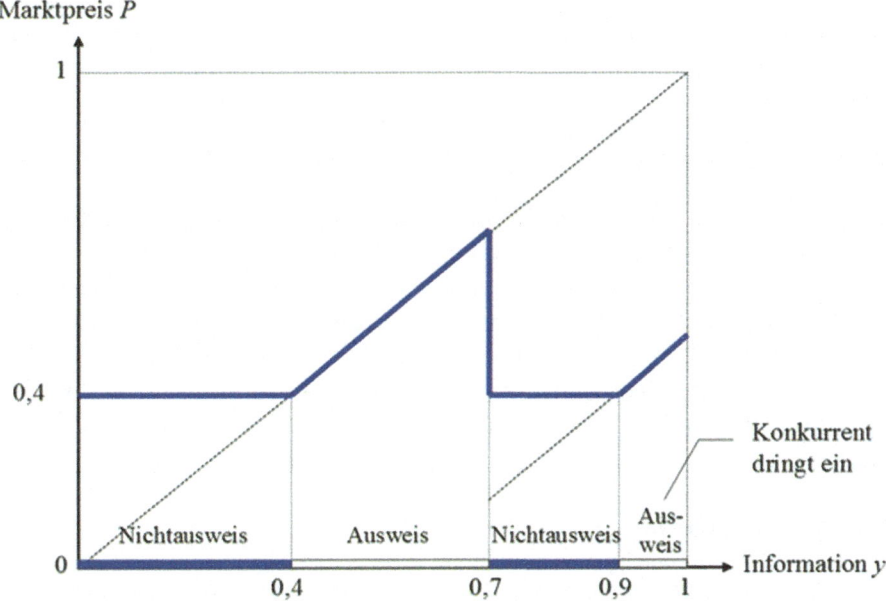

Abb. 8.4 Preisverlauf im Gleichgewicht mit teilweisem Ausweis

1. Der **Markt** bewertet das Unternehmen bei Nichtausweis richtig: Gegeben die Strategie des Unternehmens mit dem Nichtausweisbereich N, ermittelt sich der Marktpreis bei Nichtausweis als

$$\text{E}\left[\pi\,\middle|\,y\in N\right]=\frac{0,4\cdot\dfrac{0,4}{2}+\left(0,9-0,7\right)\cdot\left(\dfrac{0,7+0,9}{2}\right)}{\left(0,4-0\right)+\left(0,9-0,7\right)}=\frac{\dfrac{0,4^2}{2}+\dfrac{0,9^2-0,7^2}{2}}{0,4+0,2}=0,4$$

2. Der **Konkurrent** dringt bei Nichtausweis nicht ein, denn $\text{E}[\pi\,|\,y\in N]=0,4<0,7=K$. Damit bestätigt sich die Berechnung von $\text{E}[\pi\,|\,y\in N]$.
3. Das **Unternehmen** hat keinen Anreiz, von der obigen Ausweisstrategie abzuweichen: Wegen $\text{E}[\pi\,|\,y\in N]=0,4$ werden Informationen kleiner gleich 0,4 nicht ausgewiesen, womit das erste Nichtausweisintervall [0, 0,4] bestätigt ist. Informationen größer als 0,4 werden ausgewiesen, und zwar bis zur Grenze von 0,7. Informationen knapp über 0,7 werden wiederum nicht ausgewiesen, denn dafür würde der Konkurrent eindringen und den Marktpreis um $k = 0,5$ senken. Erst ab einer Information über 0,9 nimmt das Unternehmen die Kosten in Kauf, da $0,9 - k = 0,4$. Damit ist auch das zweite Nichtausweisintervall [0,7, 0,9] bestätigt. Das Unternehmen bleibt bei seiner Ausweisstrategie.

Es lässt sich – zur Berechnung des Gleichgewichts – zeigen, dass die Grenzwerte des Nichtausweisbereiches $N = [0, y_1] \cup [k, y_2]$ wie folgt bestimmt sind: $y_1 = \mathrm{E}[\pi | y \in N]$ und $y_2 = \min\{y_1 + k, 1\}$. Die in Abb. 8.4 dargestellte Ausweisstrategie degeneriert für Kosten des Eindringens von mehr als $k > 0{,}525$ zu einer mit nur einem Ausweisbereich, nämlich $D = (0{,}475,\ 0{,}7)$. Damit werden nur mehr **durchschnittlich gute Informationen** ausgewiesen, sowohl sehr ungünstige als auch sehr günstige Informationen werden zurückgehalten.

In Abb. 8.4 ist auch zu ersehen, welche Unternehmen in diesem Gleichgewicht am Markt über- bzw. unterbewertet sind. **Überbewertet** sind Unternehmen mit Informationen $y \in [0, 0{,}4]$, denn sie werden mit einem Marktpreis von $P^N = 0{,}4$ gehandelt. Unternehmen mit Informationen $y \in [0{,}7,\ 0{,}9]$ sind dagegen **unterbewertet**, da sie mit demselben Marktpreis $P^N = 0{,}4$ bewertet sind. Der Grund, warum sie ihre Informationen nicht weitergeben, liegt darin, dass sie dann den Eindringling zu einem Markteintritt brächten, und dies würde den effektiven Marktpreis auf 0,2 bis 0,4 senken, also unter ihren bei Nichtausweis erzielbaren Marktpreis.

Vollausweisgleichgewicht

Es gibt neben diesem Gleichgewicht noch ein anderes Gleichgewicht, das **vollständigen Ausweis beinhaltet**. Es enthält den (degenerierten) Nichtausweisbereich $N = \{0\}$, also **skeptische Erwartungen** seitens des Marktes und des potenziellen Konkurrenten. Dafür wird der Konkurrent nicht eindringen, und das Unternehmen hat unabhängig vom eigenen Informationsstand (mit Ausnahme von $y = 0$) einen strikten Anreiz, seine Information bekannt zu geben. Dieses Gleichgewicht ist in Abb. 8.5 dargestellt.

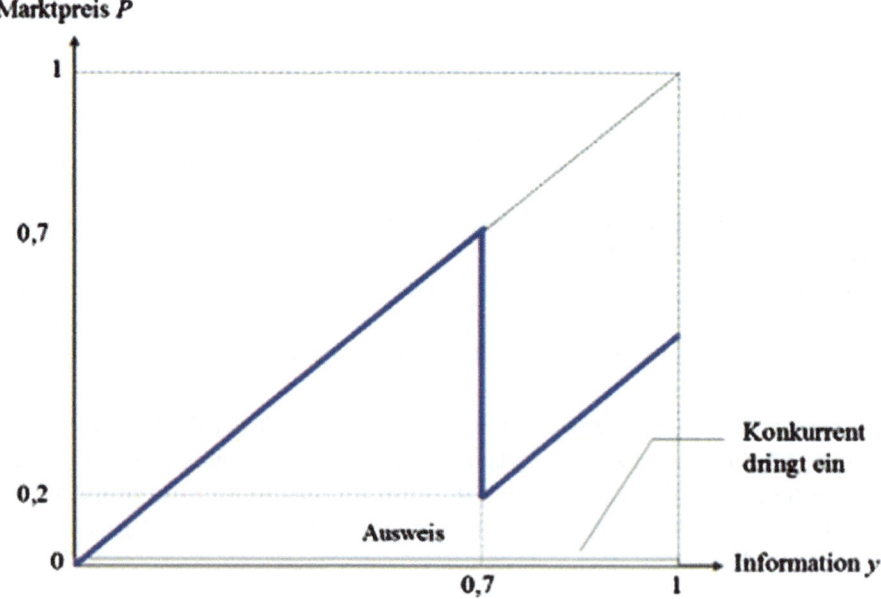

Abb. 8.5 Preisverlauf im Gleichgewicht mit vollständigem Ausweis

Allgemein gilt, dass es in einer solchen Modellstruktur immer ein Gleichgewicht mit vollständigem Ausweis gibt. Die **skeptischen Erwartungen**, die vollständigen Ausweis induzieren, sind:

$$\min\{0, K - k\} \tag{8.11}$$

Für den Fall, dass die Kosten k, die dem Unternehmen durch das Eindringen des Konkurrenten entstehen, also höher sind als die Kosten K, die dem Eindringling selbst entstehen, muss als „*worst case*" ein negativer Marktpreis angenommen werden.

Ein Vergleich des Marktpreisverlaufs der beiden Gleichgewichte zeigt, dass das Unternehmen jedenfalls lieber das **Teilausweisgleichgewicht** wählen würde. Der sich ergebende Preis ist immer gleich hoch oder höher als bei vollständigem Ausweis. Dies liegt zu einem wesentlichen Teil daran, dass im Teilausweisgleichgewicht die Gefahr, dass der Konkurrent eindringt, *a priori* auf eine Wahrscheinlichkeit von 10 % reduziert wird. Bei vollständigem Ausweis würde er dagegen mit 30 % Wahrscheinlichkeit eindringen.

Noch besser kann möglicherweise eine **Verpflichtung** zum **Nichtausweis** von Informationen abschneiden. Voraussetzung ist allerdings, dass der Konkurrent bei vollständigem Nichtausweis nicht eindringt, d. h. E[π|y $\in$ Y] < K. Gilt dies nicht, ist die Verpflichtung zum Nichtausweis sogar dem vollständigen Ausweis unterlegen.

Experimentelle Überprüfung

Das hier dargestellte Modell wurde von *King/Wallin* (1995) in experimentellen Märkten getestet. Der (Finanz-)Markt wird dabei durch eine Auktion modelliert, in welcher der Verkäufer (das Unternehmen) Information bekommt, wie viel das Unternehmen wert ist, wobei die Kosten infolge potenziellen Eindringens eines Konkurrenten automatisch berücksichtigt wurden. Der Verkäufer kann nun die Information bekannt geben oder nicht. Die Käufer machen hierauf ihre Angebote, und der Käufer mit dem höchsten Angebot erhält das Unternehmen. Die teilnehmenden Personen erhielten schließlich Geld für das Mitspielen, wobei die Belohnung von ihren Käufen abhing.

Insgesamt betrachtet, werden die Modellergebnisse grundsätzlich bestätigt. Allerdings stellten sich nur selten exakt die Ausweis- und Nichtausweisbereiche ein, die im Gleichgewicht errechnet werden. Insbesondere in den ersten Durchgängen wussten die Teilnehmer kaum, wieviel sie wirklich bieten sollten. Im Lauf der Zeit lernten sie jedoch dazu und passten ihr Verhalten in Richtung der Modellergebnisse an.

Ergebnis

Im **Ergebnis** zeigt sich, dass **Konkurrenzgefahr** je nach Situation, in der sie besteht, zu ganz **unterschiedlichen Auswirkungen** auf die freiwillige Publizität führen kann. Erwartungen, dass hohe Konkurrenzgefahr zu einer Verminderung des Ausweises günstiger Informationen führt, können tendenziell nicht gestützt werden, auch wenn sich dies empirisch zum Teil belegen lässt.[22] **Konkurrenzgefahr** kann durch die Höhe der dem Konkur-

---

[22]Vgl z. B. *Clarkson/Kao/Richardson* (1994).

renten bei Eindringen entstehenden **Kosten** K erfasst werden, ein höheres K bedingt *geringere* Konkurrenzgefahr. Damit zeigt sich Folgendes:

- Besteht *a priori* relativ **geringe Konkurrenzgefahr** (hier $K > 0,5$), dann wird bei einem Teilausweisgleichgewicht tatsächlich **weniger ausgewiesen**. Dies ist offensichtlich für eine Gleichgewichtsstrategie mit nur einem Ausweisintervall $D = (y_1, K)$. Sinkt K, verringert sich die Obergrenze von D stärker als y_1, es wird damit **weniger ausgewiesen**.
- Besteht relativ **hohe Konkurrenzgefahr** (hier $K < 0,5$), dann gibt es ein Teilausweisgleichgewicht nur für ganz bestimmte Werteinbußen k des Unternehmens. Meist gibt es nur ein Vollausweisgleichgewicht mit der Folge, dass bei Erhöhung der Konkurrenzgefahr *mehr* **ausgewiesen** wird. Intuitiv gilt dies deswegen, weil das Unternehmen kaum mehr eine Möglichkeit hat, ein Eindringen zu verhindern, daher ist es (wieder) relativ stärker an der Einschätzung der Marktteilnehmer interessiert.

Diese antizipieren das jedoch, werden skeptischer und induzieren auf diese Weise mehr Ausweis.

Ganz ähnlich verhält es sich mit der Höhe der dem Unternehmen durch das Eindringen entstehenden **Kosten** k.

- Bei hoher Konkurrenzgefahr ($K < 0,5$) führen **steigende Kosten** k tendenziell zu *mehr* **Ausweis**. Nur im Fall, dass ein Teilausweisgleichgewicht existiert, kommt es zu weniger Ausweis.
- Bei niedriger Konkurrenzgefahr ($K > 0,5$) führen **steigende Kosten** k tendenziell zu *weniger* **Ausweis**. Kommt es zu einem Gleichgewicht mit nur einem Ausweisintervall (im Bereich durchschnittlich guter Informationen), ist die Höhe von k irrelevant für die Ausweisstrategie.

Angaben zu Umweltrisiken

Eine Variante des obigen Modells verwenden *Li/Richardson/Thornton* (1997), um Hypothesen über Angaben zu Umweltrisiken zu generieren, die sie dann an kanadischen Unternehmen empirisch testen. Anstelle des Konkurrenten werden Umweltschutzbehörden, Umweltorganisationen oder umweltbewusste Kunden gesetzt, die ab einer bestimmten (vermuteten) Höhe an Umweltproblemen des Unternehmens Kosten verursachende Aktivitäten setzen. Da nicht alle Unternehmen Umweltrisiken aufweisen, gibt es auch noch Unsicherheit darüber. Diese Annahme schließt ein Gleichgewicht mit vollständigem Ausweis aus. Es kommt im Gleichgewicht zu teilweisem Ausweis. Die Hypothesen lauten (in Klammer die verwendeten Maßgrößen):

- Je eher Unternehmen Umweltrisiken haben (Anzahl der Medienberichte über umweltbezogene Aspekte des Unternehmens), desto eher wird ausgewiesen.

- Je eher mit negativen Maßnahmen zu rechnen ist (feste Grenzwerte für unterschiedliche Tatbestände), desto eher wird ausgewiesen.
- Je höher im Durchschnitt die Umweltrisiken sind (höher für Unternehmen, die Ablagerungen über Tag machen), desto eher wird ausgewiesen.

Diese Hypothesen werden anhand von Daten des Umwelt- und Energieministeriums in Ontario getestet. Dieses Ministerium vergibt Umweltschutzauflagen und verfolgt Unternehmen, die gegen Auflagen und Gesetze verstoßen oder die Umweltbelastungen verursachen. Die Ergebnisse sind konsistent mit den Hypothesen.

4.3 Bestehende Konkurrenz

In diesem Abschnitt wird eine Situation betrachtet, in der am Markt bereits Konkurrenz besteht. Die Folge ist, dass **Informationen** eine **andere Funktion** bekommen. Während die Information bei latenter Konkurrenzgefahr (überwiegend) vom potenziellen Eindringling dazu genutzt wurde, die Entscheidung des Markteindringens zu fundieren, hilft sie im Fall bestehender Konkurrenz dem Konkurrenten, seine **Preis- und Mengenpolitik** zu verbessern. Im Folgenden wird dies anhand einer einfachen **Duopolsituation** illustriert.[23]

Zwei Unternehmen, A (das informierte Unternehmen) und B, erzeugen **homogene Produkte** und konkurrieren auf dem Absatzmarkt. Dieser ist durch eine lineare **Preis-Absatz-Funktion** charakterisiert:

$$p = \alpha - \left(x_A + x_B \right) \tag{8.12}$$

Der **Preis** für das Produkt p hängt von der gesamten am Markt angebotenen Menge x_A des Unternehmens und x_B des Konkurrenten ab; $\alpha > 0$ bezeichnet den Prohibitivpreis. Die Konkurrenzsituation entspricht einer **Cournot-Konkurrenz**, in der die beiden Unternehmen simultan ihre Produktionsmengen wählen. Im Anschluss daran ergibt sich der Preis entsprechend der Preis-Absatz-Funktion.[24]

Die **Produktionskosten** sind für beide Unternehmen gleich hoch und vereinfachend konstant pro Stück mit k gegeben. Setzt man Fixkosten gleich null (sie sind in diesem Szenario nicht relevant), ergibt sich der **Gewinn** zu

$$\pi_i = \left(p - k \right) x_i = \left(\alpha - k - x_A - x_B \right) x_i \qquad \left(i = A, B \right) \tag{8.13}$$

---

[23] Vgl z. B. *Novshek/Sonnenschein* (1982), *Gal-Or* (1985), *Wagenhofer* (1990b), S. 98 ff.

[24] *Cournot*-Konkurrenz (Mengenkonkurrenz) scheint sehr unrealistisch zu sein. Als Alternative bietet sich eine *Bertrand*-Konkurrenzsituation (Preiskonkurrenz) an, in der die beiden Unternehmen Preise festlegen und daran anschließend die Nachfrage befriedigen. *Cournot*-Konkurrenz kann sich jedoch auch dann ergeben, wenn die Unternehmen *vorweg* ihre Kapazität festlegen und im Anschluss an die gegebene Kapazität über die Preise konkurrieren. Vgl *Tirole* (1988), S. 228 ff.

Definiert man als **Information** $y \equiv (\alpha - k)$, erfasst das Modell Information über den Absatzmarkt (α) und/oder Information über die Produktionskosten (k), die für beide Unternehmen gleich wirken. Das Unternehmen A kennt y, während der Konkurrent B nur weiß, dass y im Wertebereich $Y = [1, 2]$ gleichverteilt ist[25] und dass das Unternehmen die Information y besitzt.

Anreize zum Ausweis
Es wird davon ausgegangen, dass das Unternehmen an einem **möglichst hohen (intrinsischen) Unternehmenswert** interessiert ist; der aktuelle **Marktpreis** spielt keine Rolle, weil das Unternehmen nicht am Kapitalmarkt agiert.

- Angenommen, die **Information** ist **günstig**, d. h. $y > E[y]$. Dies ist gleichbedeutend mit einer günstigen Marktsituation (hohes α) oder mit geringen Stückkosten k. Dann kann das Unternehmen seine Produktion steigern, weil es einen höheren Deckungsbeitrag pro Stück erzielt. Gibt es diese Information dem Konkurrenten bekannt, erhöht dieser seine Produktionsmenge ebenfalls, und es kommt zu einer Minderung des Gewinns für das informierte Unternehmen gegenüber der Situation, dass es die Information geheim hält. Die Publikation von y ist daher nachteilig.
- Besitzt das Unternehmen **ungünstige Information** $y < E[y]$, dann stellt sich die Situation gerade umgekehrt dar. Behält das Unternehmen die Information für sich, muss es seine Produktion sehr stark drosseln, weil der Konkurrent in Unkenntnis der ungünstigen Ausgangslage zu viel produziert. Gibt das Unternehmen die Information bekannt, verringert der Konkurrent nun die Produktionsmenge, das Unternehmen kann wieder relativ mehr produzieren und seinen Gewinn damit erhöhen. Ein Ausweis ist also trotz ungünstiger Situation vorteilhaft.

Das Unternehmen hat also grundsätzlich einen Anreiz, ungünstige Informationen bekannt zu geben und günstige Informationen zu verheimlichen. Der **Nichtausweisbereich** ergibt sich damit wie früher als

$$N = \left\{ y \middle| y \geq E\left[y \middle| y \in N \right] \right\} \tag{8.14}$$

Das einzige Gleichgewicht ist eines mit **vollständigem Ausweis** aller Informationen (mit Ausnahme der Obergrenze von Y, d. h. $y = 2$, wofür das Unternehmen indifferent ist): Im Gleichgewicht muss $N = \{2\}$ gelten, das heißt, weist das Unternehmen nicht aus, nimmt der Konkurrent an, es habe die **günstigste Information** erhalten – aus Sicht der Konkurrenzreaktion handelt es sich dabei eigentlich um die ungünstigste Information. Diese **skeptischen Erwartungen** ergeben sich unmittelbar aus dem *unraveling*-Prinzip. Die Furcht vor **bestehender Konkurrenz** für sich *alleine* ist daher **keine Begründung** dafür, dass es zu keinem oder wenig **Ausweis** käme.

---

[25] Der Wertebereich wird gegenüber früheren Beispielen um +1 verschoben, um Probleme mit einer potenziell negativ werdenden optimalen Produktionsmenge zu vermeiden.

Ausspruch

„Besonders unangenehm ist es, wenn man auf einmal offenlegen muss, dass man viel mehr verdient, als die Kunden vermutet haben: das kann die Preise drücken, insbesondere, wenn nur wenige Abnehmer vorhanden sind. Noch gefährlicher kann es werden, wenn […] so schlecht verdient wird, dass man sich genieren muss, es offen zu zeigen." (*Meilicke* 1986, S. 2445)

Verpflichtungen

Angenommen, das Unternehmen kann sich *ex ante* glaubwürdig zu einem vollständigen Ausweis oder zu einem vollständigen Nichtausweis der Information verpflichten. Da im Gleichgewicht vollständig ausgewiesen wird, ist nur die Verpflichtung zu vollständigem Nichtausweis von Interesse. Und dafür zeigt sich ein interessantes Resultat: Eine **Verpflichtung zum Nichtausweis** ist für das Unternehmen *strikt* **vorteilhaft**. Der Grund liegt darin, dass die Gewinnfunktion des Unternehmens in einer solchen Konkurrenzsituation strikt konvex in der Information verläuft. Bei Nichtausweis ist die Gewinnfunktion steiler, und daher ist der Erwartungswert höher als bei Ausweis.

> Dieses Ergebnis hängt sowohl von der **Art der Information** als auch vom **Typ des Konkurrenzverhältnisses** ab. Bisher wurde nämlich angenommen, dass die Information für beide konkurrierenden Unternehmen gleichermaßen relevant ist, dass also Unternehmen A auch bessere Information über die Situation besitzt, in der sich Unternehmen B befindet. Dies ist bezüglich der Marktgegebenheiten typischerweise der Fall. Bei **Kosteninformationen** ergibt sich ein Zusammenhang z. B. über die Beschaffungspreise der Inputfaktoren der Unternehmen. Es gibt aber auch die Möglichkeit, dass niedrige Kosten eines Unternehmens nichts über die Kosten des anderen Unternehmens aussagen, nämlich dann, wenn die Kosten in hohem Ausmaß **unternehmensspezifisch** sind.
>
> Im Fall **unternehmensspezifischer Informationen** dreht sich das Ergebnis um: Dann ist es bei *Cournot*-Konkurrenz günstiger, sich zu vollständigem Ausweis zu verpflichten (dies ist äquivalent mit einem Verzicht auf eine Verpflichtung). Beschreibt eine *Bertrand*-**Konkurrenz** die Wettbewerbssituation eher, drehen sich sämtliche Ergebnisse hinsichtlich der Vorteilhaftigkeit von Ausweisverpflichtungen gegenüber *Cournot*-Konkurrenz um.[26]

Ein (nichttrivialer) Nichtausweis benötigt **zusätzliche Bedingungen**, wie etwa Kosten der Publizität oder Unsicherheit über das Vorliegen von Information. Anreize zu Nichtausweis können sich auch ergeben, wenn gegensätzliche Ziele verfolgt werden.

Gibt es **gesetzliche Publizitätspflichten**, können sich auch Auswirkungen auf die **operative Geschäftstätigkeit** von Unternehmen ergeben. Das folgende Beispiel verdeutlicht diese Wirkung. *Feltham/Gigler/Hughes* (1992) untersuchen die Effekte einer **Segmentbe-**

---

[26] Im Fall von *Bertrand*-Konkurrenz und gemeinsamer Information ist eine Verpflichtung zu vollständigem Ausweis optimal. Demgegenüber ist bei *Bertrand*-Konkurrenz und individueller Information Nichtausweis am günstigsten; dies ist äquivalent zum hier behandelten ersten Fall, der *Cournot*-Konkurrenz mit gemeinsamer Information. Vgl dazu z. B. *Gal-Or* (1986), *Darrough* (1993).

richterstattung auf den Gewinn eines in zwei Produktmärkten aktiven Unternehmens auf die Gewinne zweier Eindringlinge, die in der Folgeperiode auf jeweils einem der Märkte aktiv werden, sowie auf den **sozialen Wohlstand**, definiert als die Summe der Gewinne aller drei Unternehmen und der Konsumentenrente. Die Segmentberichterstattung gliedert die Gewinne der beiden Märkte auf, während sie sonst nur aggregiert im Gewinn des Unternehmens aufscheinen.

Die Konkurrenten bevorzugen in jeder Situation *mehr* Information, d. h. also eine Segmentberichterstattung, während sich das Unternehmen in einer *Cournot*-Konkurrenzsituation und Marktinformationen verpflichten würde, keine Segmentberichterstattung zu machen. So weit sind die Ergebnisse im Lichte der obigen Überlegungen nicht überraschend.

Interessant ist jedoch, dass das Unternehmen in der ersten Periode einen Anreiz hat, seine **Produktionsmengen** nach unten zu **verzerren** und damit die Segmentgewinne zu vermindern, um den Eindringlingen zu **signalisieren**, dass die Märkte relativ ungünstiger seien, als dies tatsächlich der Fall ist. Dies ist faktisch reale Bilanzpolitik. Die eindringenden Unternehmen werden im Gleichgewicht mit rationalen Erwartungen jedoch dadurch nicht getäuscht, sondern schließen richtig auf die zugrunde liegende Information.

Da Segmentgewinne **mehr Information** über die beiden Produktmärkte beinhalten als der gesamte Gewinn, ist die Produktionsmenge bei Segmentberichterstattung geringer, d. h. die **Verzerrung vom ursprünglichen Optimum** höher. Dies hat zur Folge, dass der **soziale Wohlstand** bei Segmentberichterstattung *geringer* ist als ohne Segmentberichterstattung.

Empirische Ergebnisse
Botosan/Stanford (2005) betrachten Unternehmen, die beim Übergang vom alten US-Standard über Segmentberichterstattung SFAS 14 auf den neuen SFAS 131 mehr Segmente ausweisen. Sie finden, dass der größere Spielraum unter SFAS 14 vor allem dazu genutzt wurde, profitable Segmente in weniger wettbewerbsintensiven Branchen nicht auszuweisen. Der Spielraum wurde nicht dazu genutzt, wenig profitable Segmente zu verbergen – was häufig von Analysten vermutet wird.

4.4   Konkurrenz und der Management Approach

Bisher wurde von freiwilliger Berichterstattung ausgegangen. In manchen Situationen ist es jedoch so, dass die Berichterstattung verpflichtend ist, jedoch nur dann, wenn das berichtspflichtige Unternehmen die betreffende Information tatsächlich hat. Es besteht jedoch für das Unternehmen keine rechtliche Verpflichtung, die Information tatsächlich zu beschaffen. Ein Beispiel hierfür ist der Management Approach in der Segmentberichterstattung nach IFRS 8. Dieser besagt, dass Segmente im Jahresabschluss so berichtet werden sollen, wie sie vom Management für Entscheidungen berücksichtigt werden. Damit verknüpft der Standard faktisch das Interne Rechnungswesen mit der Finanzberichterstattung. Das Management kann das Unternehmen in sehr viele Segmente einteilen und kann dann das Unternehmen sehr genau steuern. Das Management ist aber nicht zu dieser Wahl der Segmente gezwungen, sondern könnte einige der Segmente zusammenlegen und seine Entscheidungen auf Basis wenig genauerer Informationen treffen. Insofern liegt hier ein Beispiel für die oben beschriebene Situation vor.

Intuitiv könnte man glauben, dass der Management Approach bei der gleichzeitigen Gefahr des Markteintritts durch einen Konkurrenten dazu führt, dass Segmente weniger genau ausgewiesen werden. Schließlich ist die interne Information wegen des Management Approach auch dem Konkurrenten zugänglich, und dieser kann genau dann in den Markt eindringen, wenn der Markteintritt profitabel ist. Insgesamt könnte das Unternehmen sogar auf interne Information verzichten wollen, um einen möglichen Markteintritt zu verhindern, oder zumindest um die Wahrscheinlichkeit eines solchen zu verhindern.

Zur Prüfung dieser Intuition wird erneut ein Modell mit **Cournot-Wettbewerb** betrachtet.[27] Es werden zwei Unternehmen betrachtet – ein im Markt vertretenes Unternehmen (etabliertes Unternehmen) und ein möglicher Markteindringling. Damit es möglich ist, die Segmentberichterstattung nach IFRS 8 zu modellieren, muss angenommen werden, dass das etablierte Unternehmen zwei Produkte herstellt. Somit ist es auf zwei Märkten tätig. Um die Analyse möglichst einfach zu gestalten, wird davon ausgegangen, dass das etablierte Unternehmen auf Markt 1 auf jeden Fall ein Monopolist ist. In Markt 2 ist es jedoch möglich, dass der Konkurrent in den Markt eindringt. Der Gewinn des etablierten Unternehmens in Markt 1 ist

$$\pi_1 = \left(a_1 - \tilde{k}_1 - x_1 \right) x_1,$$

wobei x_1 die Produktionsmenge des etablierten Unternehmens in Markt 1 bezeichnet. Das Symbol $\tilde{k}_1$ bezeichnet die stochastischen Produktionskosten für Produkte auf Markt 1. Sie sind mit Wahrscheinlichkeit ϕ gleich k und mit der Gegenwahrscheinlichkeit $(1 - \phi)$ gleich 0. In Markt 2 gibt es einen potenziellen Eindringling. Hier ist der Gewinn des etablierten Unternehmens

$$\pi_2 = \left(a_2 - \tilde{k}_2 - x_2 - x_2^E \right) x_2$$

wobei x_2^E die Produktionsmenge des Eindringlings ist. Angenommen, die Produktionskosten des Konkurrenten haben die Form $\tilde{k}_2^E = \gamma \tilde{k}_2$ mit $\gamma \geq \frac{1}{2} + \frac{a_2}{2k}$. Wegen dieser Annahme hat der Konkurrent einen Wettbewerbsnachteil, der so hoch ist, dass er nicht immer in Markt 2 eintritt. Dies ist plausibel, zumal dem Eindringling gewisse Erfahrung in der Produktion fehlen wird. Wichtig ist allerdings, dass die Höhe des Wettbewerbsnachteils

---

[27] Die hier dargestellte Analyse beruht auf *Schneider/Scholze (2015)*.

von dem konkreten Zustand abhängt. Sind die Kosten des etablierten Unternehmens 0, so besteht kein Wettbewerbsnachteil, da in diesem Fall die Produktionskosten des Eindringlings auch 0 sind. Sind die Kosten jedoch k, so besteht ein realer Wettbewerbsnachteil. Die Annahme über die Kostenstruktur impliziert auch, dass man perfekt von den Kosten des etablierten Unternehmens auf die Kosten des Eindringlings schließen kann.[28]

In der Realität könnte man sich folgenden zeitlichen Ablauf vorstellen: In einer ersten Periode ist das etablierte Unternehmen ein Monopolist auf beiden Märkten. Nach der Veröffentlichung des Finanzberichts der ersten Periode trifft der Konkurrent basierend auf diesen Informationen die Eintrittsentscheidung. Zur Vereinfachung dieses mehrperiodigen Szenarios wird hier davon ausgegangen, dass alle Ereignisse in einer Periode stattfinden, wobei die Segmentberichterstattung folgende Struktur hat:

- Das etablierte Unternehmen kann entweder ein Informationssystem aufsetzen, das die beiden Kosten k_1 und k_2 individuell ausweist. Dies würde dem Fall entsprechen, dass jedes Produkt ein eigenes Segment bildet. Das etablierte Unternehmen und auch der Eindringling können die Produktionsentscheidung auf diese Information konditionieren.
- Die zweite Möglichkeit wäre, dass beide Produkte ein Segment bilden. In diesem Fall wird nur die Summe der Kosten $k_1 + k_2$ im Finanzbericht ausgewiesen.[29] Wegen des Management Approach hat das etablierte Unternehmen (ebenso wie der Konkurrent) beim Treffen der Produktionsentscheidung auf beiden Märkten auch nur diese Information.

Wird eine aggregierte Information ausgewiesen, sind auf Basis der getroffenen Modellannahmen drei Berichte möglich. Im Folgenden wird die Information aus der Segmentberichterstattung mit der Variablen y bezeichnet.

- Gilt sowohl $k_1 = 0$ als auch $k_2 = 0$, so liefert auch der aggregierte Bericht 0. Von einem aggregierten Bericht in Höhe von 0 lässt sich perfekt zurückschließen, dass $k_1 = 0$ und $k_2 = 0$ gelten muss, da dies die einzige Kombination von Kosten ist, die zu diesem Bericht führt.
- Gilt sowohl $k_1 = k$ als auch $k_2 = k$, so ergibt sich ein aggregierter Bericht von $2k$. Von diesem aggregierten Bericht lässt sich ebenfalls perfekt zurückschließen, dass $k_1 = k$

---

[28] Diese Annahme soll modellieren, dass ein etabliertes Unternehmen besser über die Situation am (gemeinsamen) Beschaffungsmarkt Bescheid weiß. In der Realität werden auch Teile der Produktionskosten der beiden Parteien voneinander unabhängig sein.

[29] Diese Annahme ist ebenfalls vereinfachend. Gedanklich wird davon ausgegangen, dass die Gesamtkosten und die Produktionsmenge publiziert wird, wodurch auf die Durchschnittskosten der Produktion zurückgeschlossen werden kann. Die vereinfachende Annahme modelliert die Tatsache, dass der Konkurrent bei aggregierter Information schlechter auf die Kostenstruktur zurückschließen kann. Durch den hier modellierten Management Approach hat das etablierte Unternehmen selbst einen schlechteren Informationsstand als bei disaggregierter Information.

und $k_2 = k$ gelten muss, da dies die einzige Kombination von Kosten ist, die zu diesem Bericht führt.

- Schließlich bleibt noch der Fall eines aggregierten Berichts in Höhe von k. Hier lässt sich nicht perfekt auf k_1 und k_2 zurückschließen, da entweder k_1 oder k_2 gleich 0 sein muss, aber nicht beide. Bayessches Updating liefert, dass man in diesem Fall von erwarteten Kosten von $k/2$ für jeden der beiden Märkte ausgeht.

Der zeitliche Ablauf ist wie folgt. Zuerst ($t = 0$) entscheidet das etablierte Unternehmen über die Struktur der Segmente und damit das Informationssystem. Zum folgenden Zeitpunkt ($t = 1$) erfahren sowohl das etablierte Unternehmen als auch der Konkurrent die Information über die Kosten auf Basis des Informationssystems, das zu $t = 0$ etabliert worden ist. Schließlich finden zum letzten Zeitpunkt ($t = 2$) die Produktionsentscheidungen simultan statt, und die Gewinne der beiden Parteien realisieren sich. Die Produktionsentscheidung des Konkurrenten enthält hier auch gleichzeitig die Markteintrittsentscheidung.

Da das **Informationssystem** vor dem Bekanntwerden der Information durch das etablierte Unternehmen festgelegt wird, liegt hier eine *ex ante* **Verpflichtung** vor. Allerdings wird nicht immer ein Aggregieren von Information optimal sein, wie man auf Basis von Abschn. 4.3 glauben könnte. Erstens ist die Information des Konkurrenten mit der des etablierten Unternehmens durch den **Management Approach** gekoppelt. Zweitens ist der Konkurrent nicht immer im Markt vertreten, sondern nur dann, wenn der Markteintritt hinreichend profitabel ist, was von der Intensität des Kostennachteils des potenziellen Konkurrenten abhängt.

Keine Konkurrenzsituation

Zuerst wird die Situation ohne einen drohenden Markteintritt betrachtet. Hier ist das etablierte Unternehmen Monopolist auf jedem der beiden Märkte. Daher optimiert das etablierte Unternehmen auf jedem dieser Märkte $j \in \{1, 2\}$ die Funktion

$$\pi_j = \left(a_j - E\left[\tilde{k}_j | y\right] - x_j\right) x_j,$$

was $x_j = \dfrac{a_j - E\left[\tilde{k}_j | y\right]}{2}$ ergibt. Insofern gilt für den erwarteten Nutzen auf Markt j bei disaggregierten Informationen

$$\Pi_{j,d} = \phi \frac{\left(a_j - k\right)^2}{4} + \left(1 - \phi\right) \frac{a_j^2}{4}.$$

Bei aggregierter Information ergibt sich

$$\Pi_{j,a} = \phi^2 \frac{\left(a_j - k\right)^2}{4} + \left(1 - \phi\right)^2 \frac{a_j^2}{4} + 2\phi\left(1 - \phi\right) \frac{\left(a_j - \frac{1}{2}k\right)^2}{4},$$

weil ein aggregierter Bericht $y_a = 2k$ mit Wahrscheinlichkeit ϕ^2 auftritt. Ähnlich verhält es sich mit den anderen beiden möglichen Berichten bei aggregierter Berichterstattung. Für die Differenz gilt

$$\Pi_{j,d} - \Pi_{j,a} = \frac{(1-\phi)\phi k^2}{8} > 0.$$

Insofern bevorzugt das etablierte Unternehmen auf jedem der beiden Märkte disaggregierte Information, wenn keine Konkurrenzgefahr vorliegt. Dieses Resultat ist intuitiv und nicht sonderlich überraschend.

Vorliegen einer Konkurrenzsituation

Liegt eine Konkurrenzsituation vor, so herrscht auf Markt 2 ein möglicher Wettbewerb. Die Herangehensweise ist hier wie folgt. In einem ersten Schritt wird das *Cournot*-Gleichgewicht bestimmt. Ist die Produktionsmenge, die sich im Gleichgewicht ergibt, negativ, so wird der Konkurrent nicht in den Markt eindringen. Der Gewinn des etablierten Unternehmens auf Markt 2 ist (gegeben die Information y)

$$\pi_2 = \left(a_2 - E\left[\tilde{k}_2 \big| y\right] - x_2 - x_2^E\right) x_2$$

Für den Eindringling beträgt der Gewinn

$$\pi_2^E = \left(a_2 - \gamma E\left[\tilde{k}_2 \big| y\right] - x_2 - x_2^E\right) x_2^E$$

Ein Lösen des Gleichgewichts ergibt für den Markteindringling

$$x_2^E(y) = \frac{1}{3}\left(a_2 - (2\gamma - 1) E[\tilde{k}_2 \big| y]\right).$$

Eine positive Produktionsmenge (und damit ein Markteintritt) tritt also genau denn ein, wenn die Bedingung

$$E\left[\tilde{k}_2 \big| y\right] \le \frac{a_2}{2\gamma - 1}$$

erfüllt ist und die erwarteten Kosten gegeben die verfügbare Information genügend klein sind. Insbesondere kommt es zum Markteintritt, wenn $E\left[\tilde{k}_2 \big| y\right] = 0$ gilt. Dies ist sowohl bei aggregierter als auch disaggregierter Information bei einem Signal $y = 0$ der Fall. Da der Wettbewerbsnachteil des Eindringlings per Annahme hinreichend groß ist, kommt es zu keinem Markteintritt bei einem disaggregierten Bericht k und auch nicht bei einem aggregierten Bericht $2k$.

   Interessant ist der Fall eines aggregierten Berichts in Höhe von k. In diesem Fall gilt $E\left[\tilde{k}_2 \big| y\right] = k/2$. Folglich kommt es genau dann zu einem Markteintritt, wenn die Bedingung

$$\gamma \le \hat{\gamma}\left(a_2, k\right) \equiv \frac{1}{2} + \frac{a_2}{k}$$

erfüllt ist.

- Für $\gamma \le \hat{\gamma}\left(a_2, k\right)$ tritt der Konkurrent bei aggregierter Information genau dann nicht in Markt 2 ein, wenn die Information $y = 2k$ berichtet wird. Ein Markteintritt passiert also mit der Gegenwahrscheinlichkeit $1 - \phi^2$. Bei disaggregierter Information kommt es genau dann zu einem Markteintritt, wenn die Kosten in Markt 2 gleich 0 sind. Folglich kommt es mit Wahrscheinlichkeit $1 - \phi$ zu einem Markteintritt. Insofern gilt wegen $1 - \phi \le 1 - \phi^2$ in dem Bereich $\gamma \le \hat{\gamma}\left(a_2, k\right)$, dass aggregierte Information zu einer **höheren Wahrscheinlichkeit** des **Markteintritts** führt. Die Ungleichung ist bis auf die trivialen Verteilungen $\phi \in \{0, 1\}$ immer strikt.
- Für $\gamma > \hat{\gamma}\left(a_2, k\right)$ tritt der Konkurrent bei aggregierter Information dann nicht in Markt 2 ein, wenn entweder die Information $y = 2k$ oder $y = k$ berichtet wird. Ein Markteintritt passiert also mit der Gegenwahrscheinlichkeit $1 - 2\phi(1 - \phi) - \phi^2 = (1 - \phi)^2$. Bei disaggregierter Information kommt es wie bisher genau dann zu einem Markteintritt, wenn die Kosten in Markt 2 gleich 0 sind. Folglich kommt es erneut mit Wahrscheinlichkeit $1 - \phi$ zu einem Markteintritt. Insofern gilt wegen $1 - \phi \ge (1 - \phi)^2$ in dem Bereich $\gamma \le \hat{\gamma}\left(a_2, k\right)$, dass aggregierte Information zu einer **niedrigeren Wahrscheinlichkeit** des **Markteintritts** führt. Erneut ist die Ungleichung bis auf die trivialen Verteilungen $\phi \in \{0, 1\}$ immer strikt.

Zusammenfassend lässt sich festhalten, dass ein Aggregieren von Segmenten für $\gamma \le \hat{\gamma}\left(a_2, k\right)$ dazu führt, dass die Wahrscheinlichkeit des Markteintritts erhöht wird. Dahingegen tritt unter der Annahme $\gamma > \hat{\gamma}\left(a_2, k\right)$ das Gegenteil ein. Hier wirkt das Aggregieren von Segmenten bzw. von Information als Instrument, um Konkurrenz abzuschrecken bzw. die Eintrittswahrscheinlichkeit zu reduzieren. Basierend auf der weiter oben entwickelten Intuition ist also nur für den Fall $\gamma > \hat{\gamma}\left(a_2, k\right)$ zu erwarten, dass es für das etablierte Unternehmen ideal ist, auf aggregierte Segmente zu setzen.

Schneider/Scholze (2015) zeigen jedoch folgendes Resultat: Ist Markt 2 genügend wichtig ($a_2 > \sqrt{9/5}k$), so gibt es einen Schwellenwert $\gamma^*\left(a_2, k\right) < \hat{\gamma}\left(a_2, k\right)$, so dass aggregierte Information genau dann strikt optimal ist, wenn die Bedingung $\gamma > \gamma^*\left(a_2, k\right)$ erfüllt ist. Insbesondere gibt es einen Bereich ($\gamma^*\left(a_2, k\right) < \gamma < \hat{\gamma}\left(a_2, k\right)$), in dem aggregiert wird, obwohl das die Eintrittswahrscheinlichkeit des Konkurrenten erhöht. Eine intuitive Erklärung ist, dass der Konkurrent mit einer Information zwei Dinge gleichzeitig lernt, einerseits die eigenen Kosten und andererseits die Höhe seines Wettbewerbsnachteils. Bei aggregierter Information tritt der Konkurrent zwar wahrscheinlicher in den Markt ein, er wird aber gleichzeitig über die Höhe seines Wettbewerbsnachteils im Dunkeln gelassen. Daher verhält er sich im Wettbewerb weniger aggressiv.[30]

---

[30] Für eine mathematische Herleitung siehe *Schneider/Scholze* (2015).

5   Ausweis nicht verifizierbarer Informationen

5.1   Die Problematik

Bei der bisherigen Analyse der Publizitätspolitik wurde immer vorausgesetzt, dass die Publikation von Unternehmensinformationen **wahrheitsgetreu** erfolgt. Wenn ausgewiesen wurde, musste die tatsächliche Information bekannt gegeben werden, ein Täuschen oder Modifizieren war ausgeschlossen. Für Informationen, die im Jahresabschluss enthalten sind, könnte man vermuten, dies sei hinlänglich erfüllt.

Die **Prüfung** der Rechnungslegung kann allerdings auch nicht immer sicherstellen, dass die publizierten Informationen völlig wahrheitsgetreu sind. Viele Rechnungslegungsvorschriften erfordern Schätzungen und Annahmen des Managements, die allenfalls auf ihre Plausibilität geprüft werden können. Es ist unmöglich, im Detail zu beurteilen, ob das Management seine wirklichen Erwartungen zugrunde legt. Im Jahresabschluss trifft dies besonders für Anlagevermögen (z. B. Bemessung der Abschreibungen infolge der Unsicherheit über die Nutzungsdauer, das Auftreten einer dauernden Wertminderung und der beizulegende Wert) und für Rückstellungen zu. Daraus ergibt sich ein **Spielraum für Bilanzpolitik**. Bei der Offenlegung gibt es ähnliche Spielräume, man denke nur an die Frage, was „wesentlich" genug ist, um zwingend ausgewiesen werden zu müssen.

Noch viel offenkundiger wird die **Unmöglichkeit** der Überprüfung bei Angaben im Anhang oder im Lagebericht. So ist im Lagebericht gemäß HGB auf die **voraussichtliche Entwicklung** des Unternehmens einzugehen. Dies erfordert explizit die Angabe von **Prognoseinformationen**. Prognosen können nicht einmal *ex post* auf ihren Wahrheitsgehalt überprüft werden, weil sie nun einmal **unsichere Informationen** enthalten. Daher kommt es regelmäßig zu Abweichungen der tatsächlich eintretenden Ereignisse von deren Prognose, die i. d. R. nicht dem Management angelastet werden kann.

Im Folgenden werden **Publizitätsanreize** diskutiert, wenn die gegebene **Information nicht verifizierbar** ist, d. h. eine Prüfung des Wahrheitsgehaltes unmöglich oder mit zu hohen Kosten verbunden ist. Daraus folgt, dass das Unternehmen seine Informationen nicht wahrheitsgetreu ausweisen muss, sondern die Information beliebig oder innerhalb bestimmter Grenzen manipulieren kann. Es wird auch davon ausgegangen, dass dies den Bilanzadressaten bekannt ist.

Intuitiv scheint die Lösung auf der Hand zu liegen: Die Bilanzadressaten wissen, dass das Unternehmen die Information nicht wahrheitsgetreu geben muss. Sobald sie irgendwelche Anreize des Unternehmens vermuten, bestimmte Informationen „lieber" als andere geben zu wollen, müssen sie eigentlich sämtliche nicht verifizierten Informationen **ignorieren** um zu verhindern, dass sie **getäuscht** werden. Der **Informationsgehalt** solcher Informationen ist dann **null**, und die Bilanzadressaten treffen ihre das Unternehmen betreffenden Entscheidungen auf Basis ihrer *a priori*-Erwartungen.

Bildet dieses Ignorieren nicht verifizierter Informationen ein **Gleichgewicht**? Dies ist in der Tat der Fall. In der Literatur wird dieses Gleichgewicht als *„babbling"*-Gleichgewicht bezeichnet. Gegeben die Strategie der Bilanzadressaten, die Information zu ignorieren, ist die Ausweisstrategie des Unternehmens gleichgültig, es kann ausweisen, was es will, es wird ohnedies nicht geglaubt. Und gegeben irgendeinen Ausweis des Unternehmens, ist es eine optimale Reaktion der Bilanzadressaten, die Information zu ignorieren. Denn würde sich die Entscheidung eines Adressaten je nach gegebener Information ändern, könnte das Unternehmen dies ausnutzen und diejenige Information geben, die eine aus Sicht des Unternehmens besonders günstige Entscheidung bewirkt.

> Dieses Argument gilt sogar für den Fall, dass das Unternehmen tatsächlich **wahrheitsgetreu** ausweist. Die Adressaten können dies nicht erkennen und lassen sich daher weiterhin nicht davon beeinflussen. „Not all true statements convey information; they must be known to be true."[31]

Dem widersprechen allerdings **empirische Beobachtungen**: Von Unternehmen gegebene **Prognosen** lösen sehr wohl Kursreaktionen am Kapitalmarkt aus.[32] Wenngleich das Argument der Naivität einzelner Bilanzadressaten nicht abwegig erscheint, ist es für den Kapitalmarkt insgesamt wenig plausibel, womit dies kein Grund für die Kursreaktionen sein kann. Die **Publikation** nicht verifizierbarer Aussagen transportiert also **relevante Information**. Außerdem finden empirische Studien, dass Prognosen auch aus *ex post*-Sicht unverzerrt erscheinen.[33]

Für solche Beobachtungen gibt es mehrere mögliche **Erklärungen**:

- Das Unternehmen kann im Lauf der Zeit **Reputation für die Qualität** seiner Prognosen erwerben. Wenn sich Prognosen im Durchschnitt als richtig erweisen, erhöht sich das Vertrauen der Bilanzadressaten in die Qualität der Information, und die Reaktionen auf Information werden größer, was im Interesse des Unternehmens liegen kann.[34]
- So gibt es Vorschläge, dass Unternehmen den früher veröffentlichten Prognosegrößen die späteren Istgrößen gegenüberstellen sollten, um den Adressaten eine Einschätzung der bisherigen Prognosequalität zu erlauben.[35]
- Das Unternehmen kann Informationen nicht immer beliebig verzerren, sondern nur innerhalb einer **Bandbreite**, die sich z. B. aus Plausibilitätsüberlegungen oder aus sonstigen Daten, wie früheren Quartalsberichten, ergibt. Dann bleibt zwar der Anreiz beste-

---

[31] *Stiglitz* (1984), S. 231 FN 16.

[32] So zB *Penman* (1980). Obwohl auch in seinem Sample Ergebnisprognosen im Durchschnitt zu hoch ausfallen, gibt es positive Kursreaktionen auf den Ausweis günstiger Information.

[33] Vgl zB *Clarkson/Kao/Richardson* (1994) sowie *Frankel/McNichols/Wilson* (1995) mit einem Sample von Unternehmen, die vor einer Kapitalaufnahme über den Kapitalmarkt stehen. Sie führen dies auf rechtliche Gegebenheiten (zB Klagegefahr) zurück. Hingegen finden *Clarkson/Kao/Richardson* (1994) für ihr Sample kapitalaufnehmender Unternehmen, dass deren Ergebnisprognosen in zwei Drittel der Fälle zu hoch ausfallen.

[34] Vgl dazu zB *Stocken* (2000).

[35] So zB *Lundholm* (1999) in Bezug auf Schätzannahmen im Rahmen der Bilanzierung.

hen, die bestehenden Spielräume „strategisch" auszureizen, dies gelingt jedoch nur in engen Grenzen. Je nach der Enge dieser Grenzen lässt die publizierte Information doch Rückschlüsse auf die tatsächliche Situation zu.

- Grundsätzlich kommt auch das Instrument des **Signaling** in Betracht, mit dem gewissermaßen über den Umweg eines anderen Signals nicht verifizierte Information glaubwürdig übermittelt werden kann. Beispielsweise investiert ein Unternehmen zum „Beweis", dass es tatsächlich günstige Marktinformation besitzt, beobachtbar in den Markt. Wäre die Information falsch, entstünde dem Unternehmen ein wirtschaftlicher Nachteil. Dieser potenzielle Nachteil muss größer sein als der Vorteil, den das Unternehmen erwartet, wenn die Information geglaubt wird.[36]

- Unter Umständen droht die **Gefahr**, **verklagt** zu werden – und zu verlieren. Dabei wird der Wahrheitsgehalt im Lichte der *ex post* gegebenen Lage überprüft, was nicht immer einfach ist.

- Es besteht ein **Zielkonflikt** des Unternehmens hinsichtlich der Effekte des Ausweises bestimmter Informationen. Es möchte günstige Information liefern, um ein Ziel zu erreichen, und ungünstige, um ein anderes Ziel zu erreichen. Oder es möchte eine Information einem Adressaten möglichst zukommen lassen, einem anderen dagegen nicht.

Im Folgenden wird die zuletzt genannte Erklärung aufgegriffen und näher dargestellt.

Ex post-Wahrheitsgehalt von Prognosen im Geschäftsbericht

Clarkson/Kao/Richardson (1994) untersuchen die Geschäftsberichte der an der Toronto Stock Exchange notierten Unternehmen. Unter den insgesamt verwerteten 905 Geschäftsberichten befanden sich 325 (knapp 36 %), die eine Erfolgsprognose für das nachfolgende Geschäftsjahr enthielten. Der Großteil bestand in der Prognose von Jahresergebnissen. Die meisten der Prognosen fanden sich in den *President's Comments,* also dem Überblick, den der Vorstand typischerweise einleitend gibt, weniger kamen in der *Management Discussion and Analysis (MD&A)* vor, die in etwa einem Lagebericht entspricht. Als Grund mag gelten, dass die Informationen in den *President's Comments* informeller sind. Der *ex post*-Wahrheitsgehalt der gegebenen Prognosen wurde an den nächstjährigen tatsächlichen Größen geprüft.

	Istsituation		
Prognose	positiv	negativ	gesamt
günstig	139	78	217
gleichbleibend	20	31	51
ungünstig	1	56	57
Gesamt	160	165	325

---

[36] Zu Signaling-Modellen siehe auch 7. Kapitel: *Bilanzpolitik – Spezialfragen.*

Dies zeigte, dass ein erheblicher Teil derjenigen Unternehmen, die eine günstige Prognose abgaben, tatsächlich auch eine positive Entwicklung erfuhr. Noch prononcierter ist dieser Effekt bei ungünstigen Prognosen: nur ein Unternehmen, das eine solche gab, irrte sich. Die Unterschiede in der obigen Tabelle sind statistisch signifikant, so dass die Prognosen auch *ex post*-Wahrheitsgehalt haben.

5.2   Informativer Ausweis nicht verifizierter Informationen

Das Bestehen von **Zielkonflikten** im Zusammenhang mit dem Ausweis von Informationen wurde schon bei verifizierter Information als wesentliche Einflussgröße auf die Art und Weise der Publizitätsanreize erkannt. Dies ist auch bei nicht verifizierter Information der Fall. Formal können Gleichgewichte mit sogenannten *cheap talk*-**Modellen** analysiert werden. Das folgende Modell basiert auf *Farrell/Gibbons* (1989).[37]

Es wird ein Unternehmen betrachtet. Dieses steht zwei Adressaten gegenüber, einem Investor und einem Konkurrenten. Es beobachtet ein Signal $s \in \{s_1, s_2\}$ über den Umweltzustand, wobei der Investor und der Konkurrent *a priori* davon ausgehen, dass die Wahrscheinlichkeit für das Signal s_1 gleich ϕ ist. Das Signal kann nicht verifiziert werden. In Tab. 8.1 sind die Nutzenwerte der drei Beteiligten abhängig vom Signal angeführt.

Der obere Teil der Tabelle bezieht sich auf die Situation, in der nur ein Investor aber kein Konkurrent vorhanden ist. In dieser Situation trifft der Investor eine Entscheidung, die sich auf den Nutzen des Unternehmens auswirkt. Wie sich die Entscheidung auf das Unternehmen auswirkt, hängt von dem Umweltzustand s ab.

Der untere Teil der Tabelle beschreibt die Situation, in der es nur einen Konkurrenten gibt, nicht aber einen Investor. Der Nutzen des Unternehmens in dem Fall, dass es beide Akteure gibt, ergibt sich durch Summenbildung der beiden Nutzentabellen des Unternehmens. So ist etwa der Nutzen des Unternehmens bei einem Umweltzustand von s_1 mit den Entscheidungen q_1 und r_1 gleich $1 + 2 = 3$.

Tab. 8.1 Nutzen der Parteien

Nutzen des **Investors**	Signal		Nutzen des **Unternehmens**	Signal	
Entscheidung	s_1	s_2	Entscheidung des Investors	s_1	s_2
q_1	1	0	q_1	1	0
q_2	0	0,5	q_2	0	1

Nutzen des **Konkurrenten**	Signal		Nutzen des **Unternehmens**	Signal	
Entscheidung	s_1	s_2	Entscheidung des Konkurrenten	s_1	s_2
r_1	0,7	0	r_1	2	0
r_2	0	1,5	r_2	0	−1

---

[37] Vgl grundlegend zu *cheap talk*-Modellen *Crawford/Sobel* (1982).

Grundsätzlich gibt es in *cheap talk*-**Spielen** immer ein Gleichgewicht, in dem der Adressat die Berichterstattung ignoriert und gemäß seinen *a priori* Erwartungen entscheidet (diese hängen von ϕ ab). Es handelt sich um das bereits oben erwähnte *babbling*-Gleichgewicht, bei dem Berichtsstrategie des Unternehmens beliebig ist.

Cheap talk-Modelle

Cheap talk bezeichnet Aussagen, die beliebig gemacht werden können; sie sind nicht verifizierbar, nicht bindend und verursachen keine (direkten) Kosten. Der Sender, also derjenige, der Information besitzt und weitergibt, zieht aus der ausgewiesenen Information keinen unmittelbaren Vor- oder Nachteil. Die Information beeinflusst (potenziell) nur die Empfänger, und nur die Auswirkungen deren Entscheidungen sind dem Sender wichtig. Es gibt keine Beschränkung der berichteten Information; sie kann alles umfassen, häufig wird man sich jedoch auf die wörtliche Auslegung beschränken können.

Cheap talk unterscheidet sich von Signaling dadurch, dass beim Signaling das Signal (z. B. Dividende, Bewertungsmethode, Kapitalstruktur) zumeist direkt den Nutzen des Senders beeinflusst. Es wird produziert (und publiziert), um andere Information glaubwürdig zu übermitteln.

Nun wird untersucht, ob es auch ein **separierendes Gleichgewicht** gibt. Dazu soll zuerst die Situation betrachtet werden, in der das Unternehmen privat mit dem Investor kommuniziert. Hier kann der Konkurrent ignoriert werden, weil er immer aufgrund seiner *a priori* Erwartungen entscheidet. Es wird also nur ein Spiel zwischen dem Unternehmen und dem Investor betrachtet.

In dieser Situation gibt es ein Gleichgewicht, in dem das Unternehmen seine Information wahrheitsgemäß berichtet. Angenommen der Investor glaubt dem Bericht, dann wird er sich aus seiner Sicht nutzenmaximal verhalten und bei einem Bericht von s_1 die Aktion q_1 bzw. bei s_2 die Aktion q_2 wählen. Damit dies ein Gleichgewicht ist, muss gezeigt werden, dass das Unternehmen tatsächlich wahrheitsgemäß berichtet, wenn von der oben beschriebenen Reaktion ausgegangen wird. Liegt s_1 tatsächlich vor und wird es auch wahrheitsgemäß berichtet, so wählt der Investor q_1 mit einem (laut der angenommenen Nutzentabelle) Nutzen des Unternehmens von 1. Wird allerdings statt s_1 unrichtigerweise s_2 berichtet, wählt der Investor q_2 und der Nutzen des Unternehmens ist folglich 0. Gegeben die Reaktion des Investors ist es also besser, die Information s_1 wahrheitsgemäß zu berichten. Analog kann gezeigt werden, dass auch s_2 wahrheitsgemäß berichtet wird. Umgekehrt ist es optimal für den Investor, bei einem Bericht von s_1 die Aktion q_1 bzw. bei s_2 die Aktion q_2 zu wählen, wenn das Unternehmen wahrheitsgemäß berichtet. Es liegt also ein Gleichgewicht vor. Der Grund für die Existenz eines separierenden Gleichgewichts ist ein fehlender starker Interessenskonflikt. Ein wahrheitsgemäßer Bericht führt zu einer Aktion, die auch für das Unternehmen vorteilhaft ist.

Als zweites soll der Fall einer privaten Kommunikation mit dem Konkurrenten betrachtet werden. Angenommen, es gäbe ein separierendes Gleichgewicht. In diesem lernt der

Konkurrent den Umweltzustand durch den (wahrheitsgemäßen Bericht), und folglich würde er (siehe die Nutzentabelle des Konkurrenten) bei s_1 die Aktion r_1 bzw. bei s_2 die Aktion r_2 wählen. Damit ein Gleichgewicht vorliegt, müsste es allerdings (gegeben die Reaktionsfunktion des Konkurrenten) für das Unternehmen optimal sein, wahrheitsgemäß zu berichten. Angenommen, das Unternehmen hat tatsächlich die Information s_2. Wird dies wahrheitsgemäß berichtet, so resultiert die Aktion r_2 und somit ein Nutzen von -1. Wird allerdings s_1 berichtet, wählt der Konkurrent die Aktion r_1 und der Nutzen des Unternehmens beträgt 0. Es kann also kein separierendes Gleichgewicht vorliegen. Das *babbling*-Gleichgewicht, bei dem der Bericht ignoriert und immer s_1 berichtet wird, ist das einzige Gleichgewicht.

Schließlich wird ein **öffentlicher Bericht** an beide Parteien untersucht. In diesem Fall zeigt sich, dass ein separierendes Gleichgewicht existiert. Zum Nachweis sei zuerst davon ausgegangen, dass tatsächlich s_1 vorliegt. Berichtet das Unternehmen dies wahrheitsgemäß, so würde in einem separierenden Gleichgewicht der Konkurrent r_1 wählen und der Investor q_1. Folglich ergibt sich ein Nutzen von $1 + 2 = 3$ für das Unternehmen. Wird jedoch fälschlicherweise s_2 berichtet, so wählt der Konkurrent r_2 und der Investor q_2. Es ergäbe sich ein Nutzen von $0 + 0 = 0$. Folglich ist ein wahrheitsgemäßer Bericht optimal, falls tatsächlich s_1 vorliegt und die Adressaten wie beschrieben handeln.

Ist s_2 gegeben, so führen sowohl ein wahrheitsgemäßer als auch ein falscher Bericht zu einem Nutzen des Unternehmens von 0. Daher gibt es auch keinen Grund, von einem wahrheitsgemäßen Bericht abzuweichen. Ein zutreffender Bericht von s_2 führt relativ zu einem falschen Bericht zu einem Vorteil in der Interaktion mit dem Investor von 1. Gleichzeitig besteht ein ebenso hoher Nachteil in der Interaktion mit dem Konkurrenten. Die beiden gegenläufigen Effekte heben einander auf, wodurch ein separierendes Gleichgewicht ermöglicht wird.

Im **Ergebnis** zeigt sich, dass der Ausweis nicht zwingend unglaubwürdig sein muss, nur weil die publizierte Information nicht verifizierbar ist. Aufgrund der **Spannung unter konfliktären Zielen** hat das Unternehmen einen Anreiz, seine Information wahrheitsgetreu zu veröffentlichen, auch wenn dies nicht bei jedem der einzelnen **Ziele** so wäre.

> **Ausspruch**
> Das Unternehmen kann Adressaten mit Hinweis auf seinen eigenen Vorteil bei wahrheitsgemäßer Publizität überzeugen, dies zu glauben. Es sagt beispielsweise sinngemäß:[38]
>
> > „Although you were not expecting me to reveal the state, please listen: The state is actually … I really mean this. Notice that I have an incentive to persuade you of this if it is in fact true, and I have no such incentive if it is in fact false. Therefore you should believe me."

---

[38] *Farrell/Gibbons* (1989), S. 1220.

6   Zusammenfassung

Dieses Kapitel stellt **Anreize und Bestimmungsgründe der Publizitätspolitik** von Unternehmen dar. Publizität liefert Information an Bilanzadressaten, die damit Entscheidungen treffen, die Auswirkungen auf das Unternehmen haben. Ausgangspunkt der modellgestützten Analyse bildet das *unraveling*-Prinzip, das die Grundlage der meisten Erklärungen freiwilligen Ausweisverhaltens bildet, die von wahrheitsgemäßer Berichterstattung ausgehen. Es besagt, dass unter bestimmten Bedingungen vollständiger Ausweis sämtlicher Informationen das einzige Gleichgewicht ist. Grund sind **skeptische Erwartungen** der Bilanzadressaten: Wenn das Unternehmen eine Information nicht gibt, gehen sie davon aus, dass es die für das Unternehmen ungünstigste Information besitzt. Das Unternehmen erhält dadurch einen Anreiz, auch ungünstige Information zu geben, weil alles günstiger ist als eine Entscheidung der Adressaten, wenn diese die ungünstigste Information annehmen.

In der Praxis wird aber keineswegs immer jede private Information öffentlich publiziert. Das liegt daran, dass es viele Umstände gibt, die zu einer **Einschränkung der Gültigkeit des** *unraveling*-**Prinzips** führen. Bestehen **direkte Publizitätskosten** oder **Verifikationskosten**, kommt es zu einem Tradeoff zwischen diesen Kosten und dem Nutzen aus der Bekanntgabe der Information. Im Gleichgewicht werden nur hinreichend günstige Informationen publiziert.

Sind die Bilanzadressaten **unsicher**, ob das Unternehmen überhaupt **Information erhalten** hat, kann ein tatsächlich informiertes Unternehmen Informationen verbergen, weil die Adressaten dies nicht von einem uninformierten Unternehmen unterscheiden können. Es kommt ebenfalls nur zum Ausweis günstiger Informationen.

Sind die Bilanzadressaten über die **Ziele des Managements** unsicher, ob es mit seiner Ausweisstrategie den Marktpreis maximieren oder minimieren will, kommt es zu einem Gleichgewicht, in dem der maximierende Manager nur günstige und der minimierende Manager nur ungünstige Information ausweist. Beide können sich jeweils hinter dem anderen Typ „verstecken" und so einen relativ hohen durchschnittlichen Marktpreis bei Nichtausweis induzieren.

Die **Auswirkungen von Konkurrenzgefahr** auf freiwilligen Ausweis hängen maßgeblich von der jeweiligen Situation ab. Die Vermutung, höhere Konkurrenzgefahr würde freiwilligen Ausweis verhindern, ist nur zum Teil gerechtfertigt. Bei **latenter Konkurrenzgefahr** ergibt sich je nach deren Stärke mehr oder weniger Ausweis; intuitiv kann mehr Ausweis deswegen vorkommen, weil bei sehr hoher Konkurrenzgefahr eine Abwehr ohnedies nur sehr schwierig ist und damit relativ zu den Vorteilen des Ausweises für die Bewertung am Kapitalmarkt an Bedeutung verliert. Bei **bestehender Konkurrenzsituation** gilt das *unraveling*-Prinzip grundsätzlich weiter und führt zu vollständiger Publizität.

Wenn der Wahrheitsgehalt der Information nicht verifizierbar ist, ändert sich die Struktur der Gleichgewichte. **Nicht verifizierbare Information** beinhaltet insbesondere Prognosen und sonstige qualitative Informationen. Es wird zunächst gezeigt, dass nicht verifizierbare Publizität grundsätzlich von rationalen Bilanzadressaten einfach **ignoriert** wird. Andernfalls bestünde immer ein Anreiz des Unternehmens, verzerrt zu informieren. Das

Vorliegen gegenläufiger Ziele des Unternehmens kann aber auch nicht verifizierbarer Information zu **Glaubwürdigkeit** verhelfen. Dazu ist erforderlich, dass günstige Information eine günstige Reaktion einer Zielgruppe (z. B. Kapitalmarkt) und gleichzeitig eine ungünstige Reaktion einer anderen Zielgruppe (z. B. Konkurrenten) auslöst. Wenn die Effekte ähnlich stark sind, gibt es *cheap talk*-Gleichgewichte, in denen das Unternehmen freiwillig wahrheitsgemäß berichtet.

Die Untersuchung von Ausweisstrategien zeigt also zum Teil *prima facie* kontraintuitive Ergebnisse, die nicht nur für **unternehmerische Entscheidungen** über freiwilligen Ausweis, sondern auch im Zuge der **Diskussion** der Änderung von **Publizitätsvorschriften** wesentlich sind.

7 Fragen

▶ **F8-1** Was besagt das *unraveling*-Prinzip? Unter welchen Voraussetzungen gilt es?

▶ **F8-2** Was sind skeptische Erwartungen, und wodurch werden sie beeinflusst?

▶ **F8-3** Wie kann man erklären, dass Unternehmen günstige Informationen früher ausweisen als ungünstige?

▶ **F8-4** Weshalb kann sich bei einer Erhöhung der Konkurrenzgefahr eine Erhöhung freiwilligen Ausweises ergeben?

▶ **F8-5** Durch welche Größen kann man Konkurrenzgefahr messen?

▶ **F8-6** Nehmen Sie zu folgender Aussage Stellung: „Je größer die Konkurrenz, desto größer könnten auch die Risiken der Publizität eingeschätzt werden, desto schlechter müsste dementsprechend die Publizität sein."[39]

▶ **F8-7** Ein Unternehmen steht im Wettbewerb mit anderen Unternehmen auf dem Produktmarkt. Angenommen, es besitzt günstige Information über die Marktnachfrage. Hat es Anreize, diese Information öffentlich bekannt zu geben? Wie sieht ein Gleichgewicht in dieser Situation aus?

▶ **F8-8** Ein Unternehmen steht im Wettbewerb mit anderen Unternehmen auf dem Produktmarkt. Angenommen, es besitzt günstige Information über seine individuelle Kostensituation. Hat es Anreize, diese Information öffentlich bekannt zu geben? Wie sieht ein Gleichgewicht in dieser Situation aus?

---

[39] Zitiert nach *v. Wysocki* (1976), S. 749.

▶ **F8-9** Warum kann eine Verpflichtung zu Nichtausweis sinnvoll sein? Ist eine solche durchsetzbar?

▶ **F8-10** Gesetzt den Fall, es gibt ein Gleichgewicht, in dem das Unternehmen vollständig ausweist, und zugleich ein Gleichgewicht, in dem das Unternehmen nur einen Teil seiner Informationen publiziert. Wer entscheidet wie darüber, welches Gleichgewicht gespielt wird?

▶ **F8-11** Was ist ein *babbling*-Gleichgewicht?

▶ **F8-12** Warum zieren sich Unternehmen, Prognosen zu veröffentlichen?

▶ **F8-13** Worin besteht der Unterschied zwischen *cheap talk* und Signaling?

▶ **F8-14** Wie könnte man erklären, dass ein Unternehmen freiwillig sehr ungünstige Informationen publiziert? Argumentieren Sie in der Struktur von Ausweisgleichgewichten.

8 Probleme

▶ **P8-1 Direkte Verifikationskosten und unterschiedliche Wahrscheinlichkeiten günstiger und ungünstiger Informationen**. Die Information des Unternehmens sei im Intervall $y \in [0, 1]$ gegeben. Publikation der Information verursacht Verifikationskosten k. Im Folgenden sind zwei unterschiedliche Dichtefunktionen für die Informationen gegeben:

$$f_1(y) = 1,5 - y \quad \text{und} \quad f_2(y) = y + 0,5$$

a) Angenommen, die Verifikationskosten sind $k = 0,3$. Bei Zugrundelegung welcher Dichtefunktion wird mehr ausgewiesen? Wie lauten die Ausweisstrategien im Gleichgewicht?

b) Ab welcher Höhe der Verifikationskosten k wird in den beiden Fällen überhaupt nichts mehr ausgewiesen?

▶ **P8-2 Änderung der direkten Kosten des Ausweises**.[40] Die Information des Unternehmens sei im Intervall $y \in [0, 1]$ gleichverteilt. Die direkten Kosten bei einem Ausweis der Information betragen 0,4.

---

[40] Vgl *Wagenhofer* (2003), S. 268 f.

a) Wie lautet das Ausweisgleichgewicht? Wie hoch ist die *ex ante*-Wahrscheinlichkeit für einen Ausweis? Wie hoch sind die erwarteten gesamtwirtschaftlichen Publizitätskosten?

b) Angenommen, eine neue Informationstechnologie reduziert die direkten Kosten des Ausweises von 0,4 auf 0,3. Ist dies gesamtwirtschaftlich von Vorteil? Wie ändern sich die erwarteten gesamtwirtschaftlichen Publizitätskosten im Gleichgewichtszustand?

c) Bei welchen direkten Kosten sind die gesamtwirtschaftlichen Publizitätskosten im Gleichgewichtszustand am geringsten und am höchsten?

▶ **P8-3 Ausweis bei Maximierung des Unternehmenswertes.**[41] Die Information des Unternehmens sei im Intervall $y \in [1, 2]$ gleichverteilt. Die Information führt zu einer Revision des Unternehmenswertes π zu $E[\pi \mid y] = y$. Ein Ausweis der Information verursacht direkte Kosten von k.

Im Gegensatz zu den Beispielen im Text ist das Unternehmen nicht an einer Maximierung des Marktpreises interessiert, sondern an einer Maximierung des intrinsischen Wertes des Unternehmens. Das Unternehmen muss jedoch für Investitionen neues Eigenkapital in bestimmter Höhe auf dem Kapitalmarkt aufnehmen. Dazu muss ein Anteil α des Unternehmens verkauft werden. Wie lautet die Ausweisstrategie des Unternehmens im Gleichgewicht?

▶ **P8-4 Ausweisgleichgewicht bei latenter Konkurrenzgefahr.** Die Information des Unternehmens sei im Intervall $y \in [0, 1]$ gegeben. Wird y ausgewiesen, führt dies zu einer Erwartungsrevision am Kapitalmarkt zu y. Gleichzeitig besteht die Gefahr, dass ein anderes Unternehmen in den Markt eindringt. Bei Eindringen reduziert sich der Marktwert des Unternehmens um $k = 0,3$. Bei Eindringen entstehen dem Konkurrenzunternehmen Kosten $K = 0,4$.

a) Zeigen Sie, dass die folgende Ausweisstrategie ein Gleichgewicht bildet:

$$N = [0, 0,271] \cup [0, 4, 0,571]$$

Wie hoch ist der Marktpreis des Unternehmens bei Nichtausweis? Wie hoch ist *a priori* die Wahrscheinlichkeit, dass es zu einem Eindringen kommt?

b) Existiert in diesem Falle auch ein Gleichgewicht mit vollständigem Ausweis von Informationen? Welche Erwartungen müssten in diesem Fall der Markt und der Eindringling bei Nichtausweis (*out-of-equilibrium beliefs*) halten?

---

[41] Vgl *Christensen/Feltham* (2003), S. 511–513.

▶ **P8-5 Bestehende Konkurrenz mit individueller Information**. Die Preis-Absatz-Funktion in einem Duopol lautet: $p = 3 - (x_A + x_B)$, die Wettbewerbssituation entspricht einer *Cournot*-Konkurrenz mit homogenen Gütern. Unternehmen B hat variable Stückkosten $k_B = 1,5$, und das ist allgemein bekannt. Die variablen Stückkosten von Unternehmen A sind im Intervall [1, 2] gleichverteilt. Unternehmen A erhält jedoch Kenntnis seiner Stückkosten.

a) Hat Unternehmen A einen Anreiz, günstige oder ungünstige Stückkosten k_A dem Konkurrenten bekannt zu geben? Wie lautet die Ausweisstrategie im Gleichgewicht?

b) Könnte sich Unternehmen A verbessern, wenn es glaubwürdig bekannt gibt, dass es seine Politik ist, Kosteninformationen strikt geheim zu halten?

c) Angenommen, es wird eine Gesetzesänderung diskutiert, die mehr Transparenz der Kostensituation von Unternehmen verlangt. Würde das Unternehmen diese Gesetzesänderung unterstützen oder zu verhindern suchen?

▶ **P8-6 Marktpreis bei Informationsasymmetrie**.[42] Es ist allgemein bekannt, dass der Wert eines Unternehmens gleichverteilt im Intervall [0, 1] liegt. Das Unternehmen kennt den Wert, kann aber keine Information darüber glaubwürdig offenlegen. Wenn das Unternehmen am Markt verkauft wird, entsteht eine Wertsteigerung um $\Delta > 0$ unabhängig vom ursprünglichen Wert des Unternehmens. Die Wertsteigerung ist allgemein bekannt und würde im Fall des Verkaufs an die bisherigen Eigentümer weitergegeben. Die Eigentümer des Unternehmens müssen aber nicht verkaufen, sondern werden dies nur tun, wenn es für sie günstig ist. Der Kapitalmarkt ist risikoneutral und rational.

a) Welcher Marktpreis bildet sich für das Unternehmen?

b) Was passiert, wenn das Unternehmen die Information über seinen Wert glaubwürdig offenlegen kann?

▶ **P8-7 Publizität nicht verifizierbarer Information und rechtliche Regelungen.**[43] Ein Manager kann eine von zwei Publizitätspolitiken verfolgen: Er kann Information entweder verzerren, indem er etwa zu wenig in Verifikationsmechanismen investiert, oder aber die Information wahrheitsgemäß veröffentlichen. Der Adressat der Information ist ein Investor, der Aktien des Unternehmens entweder kauft oder nicht. Die nachfolgende Tabelle gibt die Nutzen des Investors und des Managers für jede der Strategiekombinationen wieder.

---

[42] In Anlehnung an *Admati/Pfleiderer* (2000).

[43] Vgl *Scott* (1997), S. 235 f.

Nutzen des Investors; Nutzen des Managers Entscheidung des Investors	Entscheidung des Managers	
	wahrheitsgemäße Information	verzerrte Information
Kauf	60; 40	20; 80
Kein Kauf	35; 20	35; 30

Dies zeigt, dass das Ergebnis im Fall, dass der Manager wahrheitsgemäß berichtet und der Investor kauft, für beide günstiger ist als wenn der Investor nicht kauft. Wenn der Investor kauft, der Manager aber verzerrte Information berichtet, ergibt sich für den Investor ein sehr geringer Nutzen (20), während der Manager einen Vorteil (80) daraus hat.

a) Existiert in dieser Situation ein Gleichgewicht (in reinen Strategien)?
b) Ließe sich die Situation durch eine rechtliche Regelung verbessern?

Literaturempfehlungen

Allgemeine Literatur

Healy, P.M./Palepu, K.G.: Information Asymmetry, Corporate Disclosure, and the Capital Markets: A Review of the Empirical Disclosure Literature, *Journal of Accounting and Economics* 31 (2001), S. 405–440.
Verrecchia, R.E.: Essays on Disclosure, *Journal of Accounting and Economics* 32 (2001), S. 97–180.
Wagenhofer, A.: *Informationspolitik im Jahresabschluß*, Heidelberg 1990.

Spezielle Literatur

Christensen, P.O./Feltham, G.A.: *Economics of Accounting, Volume I: Information in Markets*, Boston et al. 2003.
Ewert, R./Wagenhofer, A.: Unternehmenspublizität und Konkurrenzwirkungen, *Zeitschrift für Betriebswirtschaft* 1992, S. 297–324.
Farrell, J./Gibbons, R.: Cheap Talk with two Audiences, *American Economic Review* 1989, S. 1214–1223.
Gigler, F.: Self-Enforcing Voluntary Disclosures, *Journal of Accounting Research* 1994, S. 224–240.

Wirtschaftsprüfung – Grundlagen und Anreizprobleme

9

„Also, so ein Pech aber auch ...", schimpft Markus Smart am 15. Januar nach dem Studium der Unterlagen über die Erfolgs- und Finanzsituation des abgelaufenen Jahres. Smart ist seit knapp einem Jahr neuer Vorstandsvorsitzender der „Dynamic Growth AG" und in dieser Position hauptverantwortlich für die strategische Unternehmensplanung. Er hatte sich alles so schön überlegt – eine Wachstumsstrategie für den in Kürze von ihm anvisierten Eintritt in einen neuen Produktmarkt erarbeitet, dabei etliche Analysen vorgenommen und Gespräche geführt, und vor allem in der Überzeugung auf den Erfolg seiner Ideen beim Wechsel zur Dynamic einen extrem erfolgsabhängigen Entlohnungsvertrag (70 % „performanceabhängige" Bezüge, diese wiederum je zur Hälfte abhängig vom Gewinn und vom Aktienkurs) selbst vorgeschlagen. Damit wollte er die Qualität seiner Vorstellungen signalisieren, und nun das!

„Ich habe wohl nicht ausreichend bedacht, was mein Vorgänger alles verbockt hat", sinniert er. Die Dynamic hatte bereits in den vergangenen Jahren eine expansive Politik betrieben. Man wollte in zahlreichen Regionen der Welt präsent sein, wobei eine Profitabilitätsprüfung nicht ausreichend vorgenommen wurde. Daraus resultierte zwar ein rasantes Wachstum, doch nun zeigt sich, dass man dabei offenbar etliche problematische Kunden gewonnen hat. Der Debitorenbestand ist enorm gewachsen, hauptsächlich deswegen, weil Kunden ihre Zahlungsziele deutlich überschritten haben. Bei nüchterner Betrachtung muss man wohl damit rechnen, dass etwa 50 % der Debitoren komplett ausfallen werden. Würde man dies in der Bilanz durch eine an sich vorzunehmende Wertberichtigung zeigen, ergäben sich tiefrote Zahlen, und auch der Aktienkurs ginge in den Keller. Smart sieht unter diesen Bedingungen seinen performanceabhängigen Bonus für das laufende Jahr komplett schwinden. Außerdem steht seine ganze Strategie damit auf tönernen Füßen. Die Finanzierung der Erweiterung sollte durch zusätzliche Kredite bei der Hausbank des Unternehmens erfolgen. Diese wiederum ist bei der Kreditvergabe vorsichtiger geworden

und legt extremen Wert auf ein erstklassiges Bilanzbild, um nur Kredite an risikomäßig günstig aussehende Kunden zu vergeben.

„Du musst nach vorne schauen", denkt sich Smart und überlegt, was er nun tun kann, um die missliche Situation zu ändern. Man könnte die Wertberichtigungen vielleicht viel niedriger ansetzen, denn wer kennt schon außer ihm – und vielleicht dem Finanz- und Rechnungswesen-Vorstand, mit dem er aber gut befreundet ist – den wirklich erforderlichen Umfang? Außerdem könnte man Abschreibungen an anderer Stelle strecken, das sonstige Vorratsvermögen höher bewerten oder gar die Rechnungen für die bis zum 15. Januar entstandenen Umsätze des neuen Jahres intern vordatieren und noch für das alte Jahr erfolgswirksam einbuchen. Smart schaut auf die Uhr – in 15 Minuten hat er ein Gespräch mit Dr. Hans Sauber, dem verantwortlichen Abschlussprüfer. Sauber hatte um diese Unterredung gebeten, da er noch einige zusätzliche Informationen über die Planungen und das Unternehmensumfeld sammeln möchte. Smart ist sich sicher, dass Sauber mit diesen Fakten sein endgültiges Prüfungsprogramm festlegen wird. Also ist Vorsicht angesagt, denn vielleicht gelingt es ja, durch geschickte Verschleierung des einen oder anderen Problems die Prüfungstätigkeiten in unproblematische Bereiche zu lenken. Dann könnte er die Bilanzpolitik im gewünschten Sinne gestalten, ohne dass eine große Gefahr der Entdeckung besteht. Smart sieht in dem Gespräch aber auch eine andere Chance – es könnte ja auch ihm selbst Informationen über solche Bereiche geben, die Sauber möglicherweise als kritisch ansieht und worauf er seine Prüfungstätigkeiten ggf. ausrichten wird. Dann wüsste Smart, wo er bei der Bilanzpolitik besser nicht tätig werden sollte.

Wenig später erscheint Sauber pünktlich zum Gespräch, und es ist nach einer Stunde auch schon wieder beendet. Smart ist mit dem Verlauf ganz zufrieden. Zwar hat Sauber durchblicken lassen, dass ihm die schwierige Lage der Märkte bewusst ist, doch dies meinte Smart mit dem Hinweis kontern zu können, dass die Dynamic über ein exzellentes Internes Kontrollsystem verfügt, das eine gute Debitorenverwaltung und Zahlungseintreibung garantiert. Ansonsten meint Smart erkannt zu haben, dass Sauber die Vorräte in diesem Jahr auf jeden Fall intensiv prüfen wird. Damit wird die Möglichkeit von Bilanzverzerrungen im Bereich des Vorratsvermögens zu riskant, und Smart streicht diese Variante aus seinen weiteren Überlegungen.

Dr. Sauber wiederum trifft sich nach dem Gespräch zum Mittagessen mit Fritz Findig, einem Kollegen des Prüfungsteams. „Haben Sie etwas Interessantes erfahren?", fragt Findig. „Ich bin mir nicht sicher", antwortet Sauber, „doch ich vermute, dass bei den Debitoren besondere Risiken sind. Smart hat demonstrativ sämtliche Risiken, die andere Unternehmen auf den gleichen Märkten haben, abgestritten und mit dem Hinweis auf ein perfektes Internes Kontrollsystem zu entkräften versucht. Es scheint mir aber nicht plausibel, dass die Dynamic deswegen von alldem verschont bleiben sollte, was woanders Probleme bereitet. Wir sollten jedenfalls auch das Interne Kontrollsystem verstärkt unter die Lupe nehmen." Findig entgegnet: „Das haben wir doch schon vor einigen Jahren getan, und das ist eine Menge Arbeit. Dafür müssten wir zusätzliches Personal einplanen, was wir im Moment an anderer Stelle ganz gut gebrauchen können. Sie wissen doch, Herr Dr. Sauber, dass wir etliche andere Aufträge an Land gezogen haben, die wir auch abarbeiten müssen.

Und seinerzeit haben wir das Kontrollsystem für gut befunden, so dass man sich vielleicht doch darauf verlassen kann."

Nach dem Essen denkt Sauber nochmals über das Prüfungsprogramm nach. Die Argumente von Findig sind aus Kosten- und Kapazitätssicht schon nachvollziehbar, aber es geht auch um das Prüfungsurteil. Wenn er sich einfach auf die Aussage von Smart verlässt, würde das nicht die Gefahr heraufbeschwören, dass man Probleme bei den Debitoren nicht entdeckt, zumal man wegen der Masse an Fällen gar nicht alles im Detail prüfen kann? Anreize zur Bilanzpolitik gibt es jedenfalls, denn auch Sauber weiß um die Entlohnungsverträge mit der neuen Unternehmensspitze. Und hatte Sauber nicht mit halbem Ohr während des Essens ein Gespräch am Nachbartisch mitbekommen, bei dem einige Topmanager aus dem Finanzbereich der Dynamic sich über mögliche Finanzierungsprobleme für Erweiterungen unterhalten hatten, die bei schlechten Bilanzkennzahlen drohen könnten? Dies würde die Bedeutung des Bilanzbildes noch hervorheben. Es wäre auch gar nicht auszudenken, was es für die Prüfungsgesellschaft und seine eigene Karriere dort bedeutet, wenn herauskäme, dass nicht sorgfältig genug geprüft wurde. Saubers Überlegungen werden jäh durch seine Sekretärin unterbrochen – der Entwurf eines Prüfungsberichts ist noch zu lesen, ggf. zu ändern und zu unterschreiben. Das Prüfungsprogramm der Dynamic muss daher noch bis morgen warten.

> **Ziele dieses Kapitels**
> - Darstellung der Funktion und der grundsätzlichen Probleme von Prüfungen
> - Analyse der inhärenten Anreize von Managern und Prüfern und der Auswirkung der Prüfung in einem vertragstheoretischen Kontext
> - Aufzeigen der Bedeutung von Quasirenten, *low balling* und *fee cutting* für die Berichterstattung über das Prüfungsergebnis und die Unabhängigkeit des Prüfers
> - Beurteilung regulativer Vorschläge für Prüfer

1   Einleitung

1.1   Rolle und Charakterisierung der Wirtschaftsprüfung

Wie bereits im 1. Kapitel: *Einleitung und institutionelle Grundlagen* dargestellt wurde, gehört die Abschlussprüfung zu den essentiellen Institutionen, die der Sicherstellung der Qualität der Rechnungslegung dienen. Genauso wie die Rechnungslegung selbst gehört die **Abschlussprüfung** zu den stark **regulierten Bereichen** des Wirtschaftslebens.

Eine Analyse der Wirkungen der externen Rechnungslegung wäre *ohne* Einbeziehung der Prüfung unvollständig. Das **Management**, das die Rechnungslegung erstellt, hat möglicherweise ein Interesse daran, die konkrete Unternehmenssituation anders darzustellen, als es der Anwendung der gesetzlichen Regelungen und/oder Standards entspricht. Die

Empfänger einer Bilanz können daher die **Verlässlichkeit** der vorgelegten Zahlen und Angaben nicht ohne Weiteres annehmen. Dadurch wäre die mit dem Rechenwerk intendierte **Informationsvermittlung fraglich**, was Rückwirkungen auf den Informationsstand der Anleger, deren Risikoeinschätzung, die damit verbundenen Kapitalkosten für neue Investitionen und letztlich für die Investitionstätigkeit generell hätte. Genauso fraglich wäre die Verwendung von Rechnungslegungsgrößen für Anspruchsbemessung und Vertragsgestaltung, z. B. für bilanziell begründete Ausschüttungsrestriktionen. Rational handelnde Vertragspartner werden Probleme mit der Verlässlichkeit von Größen antizipieren und mit einer entsprechenden Anpassung ihrer Ansprüche beantworten, die letztlich (je nach Verhandlungsmacht) auf das Unternehmen zurückfallen.

Die Erfüllung der mit der Rechnungslegung intendierten Vorstellungen setzt mithin eine **Verifizierung der dortigen Zahlen und Angaben** voraus. Diese Funktion wird von der Prüfung erfüllt. Unter **Prüfung** versteht man allgemein einen

> „Prozess zur Gewinnung eines vertrauenswürdigen Urteils über gegebene wirtschaftliche Sachverhalte durch Vergleich eines vom Prüfer nicht selbst herbeigeführten Istobjekts mit einem vorgegebenen oder zu ermittelnden Sollobjekt und anschließender Urteilsbildung und der Urteilsmitteilung an diejenigen, die aufgrund der Prüfung Entscheidungen fällen".[1]

Diese Definition ist sehr grundsätzlich gehalten und deckt auch Prüfungsvorgänge außerhalb der Rechnungslegung ab, wie z. B. die Interne Revision, die fallweise Prüfungen durchführt. In jedem Fall beinhaltet Prüfung einen **spezifischen Soll-Ist-Vergleich**. Beim Jahresabschluss besteht die Istgröße in der vom Management vorgelegten Rechnungslegung, über deren Zulässigkeit sich der Prüfer ein Urteil zu bilden hat..Die Definition stellt klar, dass der Prüfer am Zustandekommen dieser Ist-Rechnungslegung nicht beteiligt gewesen sein darf. Dies unterscheidet die Prüfung von einer reinen Kontrolle, die auch von Personen vorgenommen werden kann, die unmittelbar mit dem zu prüfenden Prozess zu tun haben. Der Grund für die Forderung nach **Prozessunabhängigkeit** liegt in dem Wunsch nach einem **vertrauenswürdigen Urteil**. Würde ein Prüfer z. B. in die Aufstellung der Rechnungslegung unmittelbar eingebunden sein, müsste er letztlich ein Urteil über die Zulässigkeit seiner eigenen Handlungen abgeben. Hier besteht die Gefahr, dass dies nicht völlig unbefangen geschehen kann.

Zur Beurteilung der Zulässigkeit der vorgelegten Rechnungslegung wird diese mit einer Soll-Rechnungslegung konfrontiert. Diese **Sollgröße** ist bei der Bilanzierung freilich nur der Art nach gegeben, denn einen konkreten „Soll-Jahresabschluss" (oder im Fall von Wahlrechten eine Menge möglicher Sollabschlüsse) muss der Prüfer aus seinen Informationen über das Unternehmen, dessen Geschäfte, der Marktlage, den Transaktionen und den Hinweisen über denkbare künftige Entwicklungen erst unter Anwendung der regulativen Vorgaben ermitteln. Nach Durchführung des Soll-Ist-Vergleichs bildet der Prüfer sein

---

[1] *Leffson* (1988), S. 13.

Urteil über die Zulässigkeit der Rechnungslegung. Dieses Urteil geht in seine Berichterstattung an die Adressaten der Prüfung (Auftraggeber und ggf. weitere Interessenten) ein.

Die Definition der Prüfung beinhaltet explizit die **Vertrauenswürdigkeit** des zu entwickelnden Urteils. Im Idealfall könnte man sich die Prüfung wie eine Informationstechnologie vorstellen, die lediglich eingesetzt werden muss und danach quasi „mechanisch" funktioniert, d. h. verlässlich anzeigt, ob eine vorgelegte Rechnungslegung zulässig ist. Tatsächlich sind die Dinge nicht so einfach, weil in der Realität die Prüfung von Personen durchgeführt wird, die ihre eigenen Zielvorstellungen besitzen. Selbst wenn also eine Informationstechnologie mit den gewünschten Eigenschaften existierte, stellt sich die Frage, ob der **Einsatz** der dahinterstehenden **Methoden** durch den Prüfer überhaupt zuverlässig und im richtigen Umfang erfolgt und ob der Prüfer das erhaltene **Ergebnis** den Adressaten zutreffend **übermittelt**.

Diese Probleme bilden typischerweise den Grund dafür, dass der Bereich der Wirtschaftsprüfung in allen Ländern durch eine Fülle **regulativer Vorgaben** gekennzeichnet ist. Die Vorschriften sollen sicherstellen, dass nur fachkundige Personen eine **Abschlussprüfung** übernehmen dürfen, dass Art und Umfang der notwendigen und zweckmäßigen Prüfungshandlungen klar umrissen sind, dass die Urteilsfreiheit der Prüfer gewährleistet ist usw. Die regulativen Vorgaben erfolgen zum einen durch den Gesetzgeber, der aber oftmals nur einen Rahmen vorgibt, innerhalb dessen eine **Selbstregulierung** durch öffentliche oder private **berufsständische Organisationen der Wirtschaftsprüfer** greift. In Deutschland erfüllen z. B. die Wirtschaftsprüferkammer (WPK) und das Institut der Wirtschaftsprüfer (IDW) derartige Aufgaben. Die Ergebnisse dieser Facharbeit schlagen sich insbesondere in **Berufsgrundsätzen** und **Prüfungsstandards** nieder, die jedem Prüfer eine Richtschnur für das berufswürdige Verhalten und die konkrete Prüfungsdurchführung und Berichterstattung geben. Die Arbeit solcher nationalen Institutionen wird durch **internationale Fachorganisationen** ergänzt. Vergleichbar dem IASB gibt es die *International Federation of Accountants* (IFAC), deren Ziel in einer Harmonisierung der Prüfung durch Erarbeitung sogenannter **International Standards on Auditing** (ISA) besteht, die durch den **International Auditing and Assurance Standards Board** (IAASB) (vormals International Auditing Practices Committee) entwickelt werden.

Eine detaillierte Darstellung all dieser regulativen Fragen ist nicht Zweck dieses Buches,[2] sondern es geht um eine **ökonomische Analyse** von Fragestellungen der Rechnungslegung und der Wirtschaftsprüfung, die das Verständnis und die Beurteilung institutioneller Aspekte fördert. Dieses und das nächste Kapitel behandeln wesentliche Themen wie Prüfungseinsatz, Berichterstattung, Unabhängigkeit und Prüferhaftung. Dabei steht die Abschlussprüfung im Vordergrund. Zuvor wird der Prozess der Prüfung von Abschlüssen kompakt dargestellt, um eine systematische Einordnung der im Folgenden dargestellten Richtungen zu ermöglichen.

---

[2] Vgl etwa die darauf bezogenen Darstellungen in *Bertl/Hirschler/Aschauer* (2019) und *Marten/Quick/Ruhnke* (2020).

1.2   Prozess der Abschlussprüfung

Der Prozess der Abschlussprüfung besteht aus **vier Phasen**.

1. Auftragserteilung und Auftragsannahme,
2. Prüfungsplanung und Prüfungsdurchführung,
3. Urteilsbildung,
4. Urteilsmitteilung.

Die folgenden Erläuterungen beziehen sich vornehmlich auf die aktienrechtliche Pflicht-prüfung von Jahresabschlüssen bei Unternehmen von öffentlichem Interesse (das sind z. B. kapitalmarktorientierte Unternehmen, aber auch bestimmte Kreditinstitute und Ver-sicherungsunternehmen). Die Verweise auf gesetzliche Regelungen erfolgen exemplarisch auf Basis des deutschen Rechts, die Vorschriften in anderen EU-Mitgliedstaaten sind sehr ähnlich. Dabei werden die relevanten Vorschriften der EU-Abschlussprüferverordnung 537/2014 (nachfolgend mit EU-VO abgekürzt) für die Prüfung von Unternehmen von öf-fentlichem Interesse ebenfalls angesprochen, weil sich Deutschland im Anschluss an den Wirecard-Skandal für solche Unternehmen gemäß § 316a dHGB für eine unmittelbare Anwendung dieser Verordnung und den Verzicht auf alle darin eingeräumten optionalen Regeln entschieden hat.

Phase 1: Auftragserteilung und Auftragsannahme
Der erste Schritt beinhaltet die Erteilung des Prüfungsauftrags und dessen Annahme durch den Prüfer. Gemäß § 318 (1) dHGB wird der Abschlussprüfer von den **Gesellschaftern ge-wählt**, bei einer AG also von der Hauptversammlung. Dabei hat der **Aufsichtsrat** nach § 124 (3) dAktG einen Vorschlag zur Prüferwahl zu machen, der bei Unternehmen von öffentli-chem Interesse auf einer Empfehlung des Prüfungsausschusses basiert. Nach erfolgter Wahl des Prüfers hat ebenfalls der **Aufsichtsrat** dem Prüfer unverzüglich den **Prüfungsauftrag** zu erteilen. Gemäß Art. 17 (1) EU-VO liegt die Laufzeit eines solchen Mandats mindestens bei einem und maximal bei zehn Jahren, typischerweise bezieht sich der Prüfungsauftrag aber nur auf jeweils ein Geschäftsjahr. Nach maximal zehn Jahren muss die Prüfungsgesell-schaft gewechselt werden, es gibt also das Erfordernis einer **externen Rotation**.

    Das Unternehmen kann auch mehrere Abschlussprüfer gleichzeitig bestellen, dann handelt es sich um einen sogenannten *joint audit*. Die Prüfer teilen in diesem Fall die Prü-fungstätigkeiten untereinander auf, verantworten aber gemeinsam das Prüfungsergebnis und die Berichterstattung. In manchen Ländern, wie z. B. in Frankreich, ist der *joint audit* für Unternehmen von öffentlichem Interesse verpflichtend. In den meisten Ländern han-delt es sich nur um eine Option, die dem zu prüfenden Unternehmen offensteht.[3]

---

[3] Gemäß einem Bericht der EU-Kommission über die Struktur des europäischen Prüfungsmarktes im Zeitraum von 2015 bis 2018 waren nur 9 % aller Prüfungen von Unternehmen von öffentlichem In-teresse in der EU *joint audits*, davon 86 % alleine in Frankreich (vgl *EU-Kommission* 2021).

Die Erteilung des Prüfungsauftrags impliziert grundsätzlich noch nicht seine Annahme durch den Prüfer. Der Prüfer wird sich überlegen, ob die **Annahme** des Auftrags für ihn vorteilhaft ist. Dabei spielt das zu erwartende **Prüfungshonorar** ebenso eine Rolle wie die Prüfungskosten und die aus dem Auftrag resultierenden **Risiken**. Ist das Unternehmen z. B. in sehr volatilen Märkten tätig, sind bei der Bewertung viele, auch subjektive Schätzungen erforderlich, die sich nachträglich als zu optimistisch herausstellen können. Ebenso können Geschäfte in bestimmten Ländern schwieriger zu prüfen sein. Dies kann für den Prüfer mit der Gefahr von Schadenersatzklagen oder Reputationsschäden verbunden sein, und zwar auch bei an sich ordnungsgemäßer Prüfung. Darüber sollte sich der Prüfer bereits vor Auftragsannahme klar werden. Lehnt der gewählte Prüfer den Auftrag ab, so muss er dies gemäß § 51 dWPO unverzüglich erklären, wonach aufgrund von § 318 (4) dHGB ein anderer Prüfer – diesmal vom Gericht – bestellt wird. Die gerichtliche Bestellung eines Prüfers impliziert aber nicht dessen Verpflichtung, das Mandat anzunehmen.

> **Probleme bei der Bestellung eines Abschlussprüfers**
> Im Jahre 2022 traten Probleme bei der Prüfung von Bilanzen des Immobilienunternehmens *Adler* auf, weil die bisherige Prüfungsgesellschaft (eine luxemburgische Mitgliedsgesellschaft des KPMG-Netzwerks) die Fortführung des bisherigen Mandats ablehnte und *Adler* trotz Ausschreibung des Prüfungsauftrags keinen anderen Prüfer finden konnte. Ein Berliner Gericht bestellte im Januar 2023 zwar KPMG als Prüfer für die deutsche Tochtergesellschaft der *Adler* Gruppe, doch lehnte KPMG dieses Mandat ab.[4]

In der **Auswahl des Abschlussprüfers** ist das betreffende Gesellschaftsorgan nicht völlig frei, denn zur Sicherung der Unabhängigkeit des Prüfers und damit der Vertrauenswürdigkeit des Urteils aus Sicht der Adressaten existieren Regeln, nach denen ein Prüfer **nicht Abschlussprüfer** eines Unternehmens sein darf, wenn bestimmte Konstellationen gegeben sind.[5] So bestimmen § 319 (2) und (3) dHGB grundsätzliche Verbote, falls Beziehungen geschäftlicher, finanzieller und persönlicher Art vorliegen, welche zur Besorgnis der Befangenheit des Abschlussprüfers Anlass geben.[6] Außerdem wird durch Art. 5 EU-VO ein gleichzeitiges Angebot von Prüfungs- und Beratungsleistungen untersagt, wobei eine sogenannte *„Blacklist"* die dabei relevanten Nichtprüfungsleistungen explizit angibt.[7] Der Prüfer muss gemäß Art. 6 EU-VO vor der Annahme bzw. Fortsetzung eines Mandats auch explizit prüfen und dokumentieren, ob er die genannten Anforderungen er-

---

[4] Vgl *Fehr* (2023b).

[5] Fragen der Unabhängigkeit werden weiter unten ausführlich diskutiert.

[6] Gemäß § 49 WPO hat ein Wirtschaftsprüfer grundsätzlich seine Tätigkeit zu versagen, wenn Besorgnis der Befangenheit bei der Durchführung eines Auftrags besteht.

[7] Siehe dazu Abschn. 3 für eine detailliertere Darstellung.

füllt. Zudem hat er gegenüber dem Prüfungsausschuss zu erklären, dass er unabhängig vom geprüften Unternehmen ist, und er muss mit dem Prüfungsausschuss eventuelle Gefahren für seine Unabhängigkeit und ggf. passende Schutzmaßnahmen erörtern.

Phase 2: Prüfungsplanung und Prüfungsdurchführung

Nach Annahme des Prüfungsauftrags hat der Prüfer die **Planung** der kommenden Prüfung durchzuführen. Dabei sind zunächst detaillierte Informationen über die Geschäftsfelder des Unternehmens, die damit verbundenen Risiken, die im Unternehmen eingesetzten Kontroll- und Überwachungssysteme usw. zu beschaffen. Die in Phase 1 angestellten Überlegungen zur Risikoeinschätzung des Mandanten werden hier ebenfalls berücksichtigt. Dabei können auch Fragen der Anreizsysteme und der Unternehmenssituation eine Rolle spielen. Wird etwa das Management in beachtlichem Umfang mit erfolgsorientierten Vergütungssystemen entlohnt, ergibt sich grundsätzlich ein hoher Anreiz zu Verzerrungen der Rechnungslegung (siehe auch das 6. Kapitel: *Bilanzpolitik – Grundlagen*). Ähnliches ergibt sich bei einer Insolvenzbedrohung, bei der die Rechnungslegung ggf. deshalb verzerrt ist, um eine günstigere Entwicklung zu zeigen und auf diese Weise neue Finanzmittel erhalten zu können. Insgesamt verschafft sich der Prüfer auf diese Weise eine Einschätzung kritischer Prüfungsgebiete.

Anschließend hat der Prüfer das **Prüfungsprogramm** in sachlicher, zeitlicher und personeller Sicht festzulegen. Dabei werden typischerweise einzelne Prüfungsfelder (z. B. Anlagevermögen, Vorräte, Rückstellungen) gebildet. Zielsetzung ist es, unter Einhaltung eines Endtermins[8] und unter Berücksichtigung der identifizierten Risiken die Prüfungstätigkeiten so anzuordnen, dass mit einer **hinreichenden Sicherheit**[9] ein Urteil über die **Ordnungsmäßigkeit** der Rechnungslegung gefällt werden kann. Die dafür anzuwendenden Prüfungstechniken lassen sich nach verschiedensten Aspekten differenzieren.[10]

Die Prüfungshandlungen können in Systemprüfungen und Einzelfallprüfungen eingeteilt werden. Eine **Systemprüfung** bezieht sich auf die Struktur und Funktionsweise eines Systems, wie z. B. der Buchhaltung und des **Internen Kontrollsystems** (IKS). Dagegen betreffen **Einzelfallprüfungen** die Untersuchung einzelner Geschäftsvorfälle, Positionen, Angaben und Wertansätze. Das Prüfungsprogramm besteht stets aus einer Kombination

---

[8] Gemäß § 264 (1) dHGB hat eine (nicht kleine) Kapitalgesellschaft den Jahresabschluss innerhalb von drei Monaten nach Ablauf des Geschäftsjahres aufzustellen. Daran schließt die Prüfung an, deren Abschluss so rechtzeitig erfolgen muss, dass eine AG innerhalb der ersten acht Monate des Geschäftsjahres ihre Hauptversammlung einberufen kann (§ 175 (1) dAktG). Diese Fristen werden von den Unternehmen durch das Bemühen um einen sogenannten *fast close* aber regelmäßig und deutlich unterschritten.

[9] Eine vollständige Sicherheit wird dagegen nicht gefordert, was schon durch die Zulässigkeit von Stichprobenprüfungen dokumentiert wird. Außerdem dürfte in den meisten Fällen auch keine völlige Sicherheit möglich sein, weil eine Prüfung sämtlicher Geschäftsvorfälle, Transaktionen und Erwartungen, wenn überhaupt möglich, viel zu teuer sein dürfte.

[10] Siehe zu einer Systematisierung etwa *Marten/Quick/Ruhnke* (2020), S. 375 ff.

von System- und Einzelfallprüfungen. Die zunehmende Digitalisierung erlaubt dabei ggf. sogar eine Einbeziehung der Gesamtheit der Geschäftsvorfälle. Das Ergebnis einer solchen Analyse kann dazu verwendet werden, kritische bzw. verdächtige Geschäftsvorfälle gezielt zu finden. Ein inzwischen verbreitetes Verfahren in diesem Zusammenhang ist das *Process Mining*.

Bei der Prüfungsplanung und –durchführung hat sich auch international der sogenannte **risikoorientierte Prüfungsansatz** durchgesetzt.[11] Danach ergibt sich das **Prüfungsrisiko** (1 – **Urteilssicherheit**) aus:

$$\text{Prüfungsrisiko} = \text{Inhärentes Risiko} \cdot \text{Kontrollrisiko} \cdot \text{Entdeckungsrisiko}$$

Der Prüfer hat zuerst mit dem **inhärenten Risiko** eine grundlegende Fehlerwahrscheinlichkeit abzuschätzen, die sich z. B. aus der Branche des Unternehmens und den damit verbundenen allgemeinen Risiken, aber auch aus den Anreizen zur bewussten Legung von Fehlern ergibt. Das **Kontrollrisiko** bezeichnet die Wahrscheinlichkeit, mit der das Interne Kontrollsystem nicht in der Lage ist, solche Fehler zu korrigieren. Das **Entdeckungsrisiko** gibt schließlich diejenige Wahrscheinlichkeit an, mit der die vom Prüfer angewandten Prüfungshandlungen keine Korrektur der verbliebenen Fehler erreichen. Dieses Entdeckungsrisiko hängt alleine vom Prüfungsumfang ab. Unter der Annahme, dass der Prüfer ein bestimmtes Prüfungsrisiko zu tragen bereit ist, können die Prüfungshandlungen an die Informationen über das inhärente Risiko und das Kontrollrisiko angepasst werden. Je größer diese Risiken, desto niedriger muss bei gegebenem Prüfungsrisiko das Entdeckungsrisiko sein und desto umfangreicher muss geprüft werden.

Zu beachten ist, dass das **Prüfungsprogramm** im Laufe der Prüfungsdurchführung immer wieder **adaptiert** und an aktuelle Informationen angepasst werden muss. Ergibt sich etwa im Laufe der Prüfung, dass bestimmte Risiken größer als ursprünglich angenommen sind, kann eine verstärkte Prüfung der betroffenen Prüfungsfelder notwendig werden. Dies kann sich z. B. aus einer Systemprüfung des IKS ergeben. Stellt sich heraus, dass dessen Funktionsfähigkeit zu optimistisch eingeschätzt wurde, muss eine Anpassung der folgenden Prüfungshandlungen vorgenommen werden, um die geforderte Urteilssicherheit zu erreichen. Das hat natürlich auch Konsequenzen für die Personal- und Zeitplanung.

Angenommen, das zulässige Prüfungsrisiko wird auf 3 % festgesetzt. Das inhärente Risiko sei 0,3, und das Kontrollrisiko wird mit 0,5 angesetzt. Für das maximal vertretbare Entdeckungsrisiko ergibt sich daraus ein Wert von 0,2 (wegen $0,3 \cdot 0,5 \cdot 0,2 = 0,03$). Demnach sind die Prüfungshandlungen so auszurichten, dass sie mit einer Wahrscheinlichkeit von wenigstens 80 % die nicht vom Kontrollsystem verhinderten Fehler aufzudecken imstande sind.

Steigt das Kontrollrisiko *ex post* von 0,5 auf 0,8 (*ceteris paribus*), verringert sich das zulässige Entdeckungsrisiko auf 0,125.

---

[11] Vgl *Marten/Riedel* (2019).

Die Planung und Durchführung des Prüfungsprogramms hat unter Beachtung der von den berufsständischen Organisationen erarbeiteten **Grundsätze ordnungsmäßiger Abschlussprüfung** (GoA) zu erfolgen, die in einer Reihe von Prüfungsstandards niedergelegt sind.

Phase 3: Urteilsbildung
Die Prüfung soll zu einem Urteil über die Zulässigkeit der Rechnungslegung führen. Es ist dies ein **Gesamturteil**, das sich aus einer Vielzahl von Einzelurteilen zusammensetzt. Im Rahmen der Aufstellung des Prüfungsprogramms wurden Prüfungsfelder gebildet, über deren individuelle Ordnungsmäßigkeit Informationen vorliegen. Es kann durchaus sein, dass einzelne Positionen zulässig sind, andere dagegen nicht. So ist es vielleicht möglich, dass der Prüfer bei der Bewertung der Forderungen aus Lieferung und Leistung Zweifel hat und wegen zu erwartender Uneinbringlichkeit höhere Bewertungsabschläge als vom Unternehmen vorgenommen für geboten hält, während er zugleich Unterbewertungen beim Anlagevermögen, z. B. wegen der Annahme kurzer Nutzungsdauern, feststellt. Diese beiden Effekte entfalten gegenläufige Gewinnwirkungen und kompensieren sich daher teilweise. Darüber hinaus könnte der Prüfer beim Lagebericht eine andere Einschätzung über die künftigen Risiken haben als das Management. Solche verschiedenen Einzelurteile sind zu einem Gesamturteil zu verdichten. Ob der Jahresabschluss als Ganzes zu beanstanden ist, hängt von der Bedeutung ab, die den einzelnen Aspekten *insgesamt* für das im Jahresabschluss sich abzeichnende Bild der Unternehmenssituation beizumessen ist.[12]

Phase 4: Urteilsmitteilung
Das Prüfungsergebnis ist schließlich im Rahmen der **Urteilsmitteilung** den **Adressaten** zuzuleiten. Im Rahmen der Jahresabschlussprüfung liegt dabei eine **abgestufte Publizität** vor. Die umfangreichste und detaillierteste Mitteilung über das Prüfungsergebnis stellt der sogenannte **Prüfungsbericht** (§ 321 dHGB) dar. Hier stellt der Prüfer u. a. Gegenstand, Art und Umfang der Prüfung dar, nimmt zur Darstellung der Lage des Unternehmens Stellung, erläutert die Posten des Abschlusses, weist ggf. auf bestandsgefährdende Tatsachen hin und legt sein Urteil über die Ordnungsmäßigkeit der Rechnungslegung vor. Dieser Prüfungsbericht geht aber nicht den Aktionären des Unternehmens zu, sondern dem **Aufsichtsrat**, wobei dem Vorstand vorab eine Gelegenheit zur Stellungnahme zu geben ist.

Für die **Anleger** und damit die weitere Öffentlichkeit ist dagegen der sogenannte **Bestätigungsvermerk** bestimmt (siehe dazu § 322 dHGB). Der Bestätigungsvermerk ist jedoch kein schlichter Vermerk im wörtlichen Sinn. Er hat grundsätzlich die Form eines **Bestätigungsberichts**, denn die „Beurteilung des Prüfungsergebnisses soll allgemeinverständlich und problemorientiert" (§ 322 (2) dHGB) erfolgen.

---

[12] Siehe zu einer kompakten Darstellung der dabei auftauchenden Probleme *Dix/Mittelbach-Hörmanseder* (2019).

Sind in der Gesamtschau *keine* **Einwendungen** zu erheben, so hat der Prüfer diesen Sachverhalt im Bestätigungsbericht ausdrücklich zu erklären. Liegen einzelne Einwendungen vor, ohne dass dadurch gleich der gesamte Abschluss zu verwerfen wäre,[13] so hat der Prüfer seine Erklärung über die Ordnungsmäßigkeit der Rechnungslegung im **Bestätigungsvermerk** einzuschränken. Die **Einschränkung** ist zu begründen und so zu erläutern, dass den Adressaten des Jahresabschlusses die Tragweite deutlich wird. Sind die Einwendungen so schwerwiegend, dass die Zulässigkeit der Rechnungslegung nicht mehr gegeben ist, so ist dies nicht mehr als Bestätigungsvermerk, sondern als **Vermerk über seine Versagung** anzugeben und entsprechend zu begründen. Sofern der Prüfer bei seinen Prüfungshandlungen Mängel entdeckt, ist er zuerst angehalten, beim Management auf eine Abstellung dieser Mängel hinzuwirken. Sollte er damit nicht erfolgreich sein, müsste er mit einer geeigneten Formulierung des Bestätigungsvermerks darauf reagieren.

Gemäß Art. 10 EU-VO muss der Bestätigungsvermerk bei Unternehmen von öffentlichem Interesse ausdrücklich eine **Beschreibung wesentlicher Risiken für Falschdarstellungen** enthalten (sogenannte *Key Audit Matters*, KAM), denen sich die Prüfung widmete (inklusive Risiken aus möglichem Betrug), eine Darstellung der Reaktion des Prüfers auf diese Risiken und eventuelle risikobezogene Feststellungen. Separat muss erläutert werden, inwieweit die Prüfung geeignet erschien, Unregelmäßigkeiten inklusive Betrug aufzudecken. Weiterhin sind im Bestätigungsvermerk Erklärungen derart abzugeben, dass keine verbotenen Nichtprüfungsleistungen erbracht, ansonsten die Unabhängigkeit gewahrt und welche erlaubten Zusatzleistungen ggf. realisiert wurden.

Zusammenhänge zwischen den Prüfungsphasen
Die Phasen der Abschlussprüfung wurden zwar sequenziell beschrieben, doch bestehen zwischen ihnen **zahlreiche, subtile Interdependenzen**. So kann z. B. die Urteilsmitteilung nicht ganz unabhängig von der Auftragserteilung für das nächste Geschäftsjahr gesehen werden, denn es könnte sein, dass eine ggf. erforderliche Einschränkung des Bestätigungsvermerks zum Anlass genommen wird, den Prüfer im nächsten Jahr nicht mehr zur Wiederwahl vorzuschlagen. Das hängt natürlich davon ab, wer den Prüfer vorschlägt.

Sofern ein Prüfer auch **ökonomische Faktoren** bei seinen Entscheidungen einbezieht, wäre es unrealistisch anzunehmen, dass seine Berichterstattung ausschließlich nach rein prüfungsbezogenen Aspekten stattfindet. Er wird auch die **Risiken** eines möglichen Mandatsverlustes berücksichtigen, denen wiederum Risiken aus einer ggf. offenbarten Falschberichterstattung gegenüberstehen. Ein Prüfer, der die Alternative einer managerfreundlichen Berichterstattung vorzieht, wird aber auch schon bei seiner Prüfungsplanung und Prüfungsdurchführung veränderte Anreize haben, weil die eigentlichen Prüfungser-

---

[13] Dabei kann es sich zB um Fälle handeln, bei denen einzelne Positionen des Jahresabschlusses vom Prüfer mangels Informationen nicht abschließend beurteilt werden können.

gebnisse für die Urteilsmitteilung nebensächlich werden. Warum sollte er nämlich umfangreich prüfen, zumal seine Prüfungstätigkeiten nicht allseits beobachtbar sind?

Die Prüfungsplanung und Prüfungsdurchführung unterliegt darüber hinaus noch anderen **Einflussfaktoren**. Diese Tätigkeiten hängen ja maßgeblich von der Risikoeinschätzung ab, und in diesem Zusammenhang spielt auch die Wahrscheinlichkeit eine Rolle, mit der damit gerechnet werden muss, dass die **Rechnungslegung** vom Management bewusst **verzerrt** wurde. Der Prüfer muss diesen Aspekt in seine Risikoeinschätzung einbeziehen und seine Prüfungshandlungen (etwa auf Basis des risikoorientierten Prüfungsansatzes) anpassen. Bewusste Bilanzverzerrungen hängen aber von den Anreizen und optimalen Entscheidungen der Bilanzersteller ab, und das **Management** wird dabei wiederum die **zu erwartenden Prüfungshandlungen** und die daraus folgende Entdeckungswahrscheinlichkeit zu antizipieren versuchen. Dabei ist auch entscheidend, ob eine mögliche Drohung des Mandatsentzugs den Prüfer ggf. dazu bewegen kann, selbst bei entdeckten Fehlern wenigstens im Rahmen der Urteilsmitteilung nachzugeben.

Weitere Vorgehensweise

Die beschriebenen Aspekte sind nicht nur die Grundlage für zahlreiche gesetzliche Regelungen zur Sicherstellung ordnungsmäßiger Prüfungen. Sie konstituieren ebenfalls die zentralen Fragestellungen der ökonomischen Prüfungsforschung. Die folgende Darstellung dieser Analysen ist unter Beachtung des obigen Phasenschemas wie folgt aufgebaut.

Im nächsten Abschnitt werden zunächst **vertrags- bzw. Agency-theoretische Prüfungsansätze** vorgestellt, in denen es um grundlegende **Anreize** von **Managern**, aber auch von **Prüfern** geht. Die Rolle der Prüfung ergibt sich dabei aus Beobachtbarkeitsproblemen hinsichtlich des Überschusses, für den der Manager verantwortlich ist. Der Einsatz von Prüfungen erlaubt ggf. verbesserte vertragliche Vereinbarungen mit dem Management. Diese Modelle können so erweitert werden, dass sie die Einbeziehung aller Phasen des obigen Prüfungsprozesses erlauben, insbesondere die gemeinsame Betrachtung von Bilanzpolitik, Prüfungspolitik und Urteilsmitteilung.

Der 3. Abschnitt widmet sich speziell der Phase der Urteilsmitteilung und Fragen der Unabhängigkeit des Prüfers. Auf der Basis sogenannter **Quasirentenansätze** werden Anreize diskutiert, die einen Prüfer zu einer verzerrten Berichterstattung über das Prüfungsergebnis bewegen könnten.

Im nachfolgenden 10. Kapitel: *Prüferhaftung und Prüfungspolitik* steht die Prüfungspolitik unter dem Einfluss von **Haftungsregeln** im Mittelpunkt. Die Gefahr von Schadenersatzklagen stellt grundsätzlich ein wichtiges Disziplinierungsinstrument für den Prüfer dar und soll ihn zu ordnungsmäßigen Prüfungen anhalten. Bei der Analyse von Haftungsproblemen spielen ebenfalls *strategische Interdependenzen* eine Rolle, weil die Glaubwürdigkeit einer Haftungsdrohung letztlich davon abhängt, ob potenzielle Kläger es vorteilhaft finden, tatsächlich eine Klage anzustrengen. Daraus können sich ganz überraschende und auf den ersten Blick kontraintuitive Wirkungen ergeben.

2 Optimale Verträge, Moral Hazard und Prüfung

2.1 Grundmodell

Die Rolle der Wirtschaftsprüfung in einem vertragstheoretischen Kontext sowie die Konsequenzen der Annahme **opportunistisch handelnder Prüfer** lassen sich anhand eines einfachen binären Prinzipal-Agenten-Modells verdeutlichen:[14] Ein risikoneutraler **Eigner** beauftragt einen risikoscheuen **Manager** mit dem Management eines Produktionsprozesses, dessen Ergebnisse risikobehaftet sind und von der Arbeitsleistung des Agenten abhängen. Am Periodenende tritt eines von zwei möglichen Ergebnissen x_H und x_L mit $x_H > x_L > 0$ ein. Der Agent kann zwischen zwei unbeobachtbaren **Arbeitsleistungen** a_H und a_L mit $a_H > a_L \geq 0$ wählen, wobei die größere Arbeitsintensität mit einer höheren Wahrscheinlichkeit für den Eintritt des günstigen Ergebnisses verbunden ist:

$$f\left(x_H \middle| a_H\right) \equiv f_H > f_L \equiv f\left(x_H \middle| a_L\right)$$

Es wird angenommen, dass der Prinzipal risikoneutral ist und die hohe **Arbeitsleistung** a_H induzieren möchte. Der Agent bewertet Zahlungen s am Periodenende mit der konkaven Nutzenfunktion $U(s)$, und sein **Disnutzen** für die zu erbringende Arbeitsleistung sei V_i mit $V_H > V_L > 0$. Sein **Reservationsnutzen** beträgt $\underline{U}$.

Die **Kompensation** s des Agenten kann nur an beobachtbaren und **verifizierbaren Größen** anknüpfen, etwas anderes wäre nicht durchsetzbar. Im Agency-theoretischen Grundmodell gehört dazu alleine der Überschuss x am Periodenende.[15] Die für den Prinzipal optimale Lösung besteht dann darin, die Entlohnungsstruktur so festzulegen, dass der Agent bei Wahl der gewünschten Arbeitsleistung a_H gerade seinen Reservationsnutzen erhält und zwischen der Wahl von a_H und der nicht erwünschten Arbeitsintensität a_L indifferent ist.[16] Durch Verwendung von $U(s(x_i)) \equiv u_i$, $i = H$, L, lassen sich diese Bedingungen unmittelbar durch die dem Agenten gewährten überschussabhängigen **Nutzenniveaus** u_i darstellen:

$$u_H f_H + u_L \cdot \left(1 - f_H\right) - V\left(a_H\right) = \underline{U}$$
$$u_H f_H + u_L \cdot \left(1 - f_H\right) - V_H = u_H f_L + u_L \cdot \left(1 - f_L\right) - V_L$$

Dieses Gleichungssystem kann für gegebene Wahrscheinlichkeiten, Disnutzen und Reservationsnutzen nach u_H und u_L aufgelöst werden, woraus sich die dafür erforderlichen Kompensationen $s(x_H)$ und $s(x_L)$ ergeben. Um den Agenten zu motivieren, die hohe Arbeitsintensität zu wählen, muss offenbar $u_H > u_L$ und mithin $s(x_H) > s(x_L)$ gelten. Aus Sicht der optimalen Risikoteilung wäre eigentlich eine konstante Entlohnung für den Manager ge-

---

[14] Siehe auch *Ewert* (2019), S. 39–48.

[15] Siehe dazu 4. Kapitel: *Bilanzierungs- und Bewertungsgrundsätze*.

[16] In Agency-Modellen wird üblicherweise davon ausgegangen, dass der Agent im Falle der Indifferenz diejenige Maßnahme wählt, die für den Prinzipal am günstigsten ist.

boten, doch würde dies bei unbeobachtbarer Arbeitsintensität keinerlei Anreizwirkungen zur Erbringung der hohen Arbeitsleistung beinhalten. Daher muss aus Motivationsgründen von der an sich optimalen Risikoteilung abgewichen werden.

2.2   Unbeobachtbarer Überschuss

Das obige Grundmodell entspricht der Standardsituation eines Agency-Modells, indem der Überschuss der Geschäftätigkeit beobachtbar ist und als Grundlage des optimalen Entlohnungsvertrags zur Verfügung steht. In der Realität sind die **Resultate** der Unternehmenstätigkeit jedoch keineswegs für jedermann frei beobachtbar. Typischerweise sind die Ergebnisse nur den Insidern bekannt, und genau daraus resultiert ja einer der Gründe für eine externe Rechnungslegung – die außenstehenden Interessengruppen sollen über die Resultate der Unternehmensaktivitäten informiert werden.

Im Grundmodell lässt sich diese Situation durch die zusätzliche Annahme darstellen, dass auch der am Periodenende anfallende Überschuss x zunächst nur dem Manager bekannt ist. Dies impliziert, dass der **Überschuss nicht mehr zur Vertragsgestaltung** zur Verfügung steht. Der Prinzipal kann dann nur eine **konstante Entlohnung** für den Agenten festsetzen. Das entspricht zwar der optimalen Risikoteilung, verhindert aber jegliche **Motivationswirkungen**. Der Manager wird nur die niedrige Arbeitsintensität a_L realisieren, dafür eine sichere Zahlung erhalten, die gerade das damit verbundene Arbeitsleid zuzüglich des Reservationsnutzens ausgleicht. Weil der Agent stets seinen Reservationsnutzen erhält, ist es **alleine der Prinzipal**, der den **Nachteil** aus der Unbeobachtbarkeit des Überschusses trägt.

Zur Modellstruktur

Die hier verwendete Modellstruktur wird in zahlreichen Prüfungsbeiträgen der Prinzipal-Agenten-Theorie verwendet, z. B. in *Ng/Stoeckenius* (1979), *Antle* (1982, 1984), *Yost* (1995), *Sen* (1998) und *Datar/Alles* (1999).

Sie hat aber einige subtile Aspekte. Insbesondere setzt sie stillschweigend voraus, dass der Prinzipal trotz der zunächst unterstellten Unbeobachtbarkeit des Überschusses letztlich doch in den Genuss dieses Überschusses kommt. Die gewählte Modellierung lässt sich am ehesten durch die Annahme rechtfertigen, dass es sich bei dem Überschuss x z. B. um einen Kapitalwert handelt, den der Prinzipal im Laufe der Zeit zwar erfährt, dies aber viel zu spät, um die Informationen für die Entlohnungsbestimmung nutzen zu können, weil der Manager zwischenzeitlich ausgeschieden ist.

Man kann Agency-theoretische Prüfungsansätze alternativ auf der Annahme aufbauen, der Agent könne den Überschuss beobachten und auch für sich vereinnahmen, falls er nicht durch Prüfungsaktivitäten daran gehindert wird. Eine Übersicht über die Ergebnisse diesbezüglicher Modelle vermittelt *Ewert* (1990), S. 63–165.

Ein Ausweg aus dieser Situation könnte darin bestehen, dass man den Agenten dazu verpflichtet, einen Bericht m über den erzielten Überschuss vorzulegen, also eine **Rechnungslegung** zu erstellen. Berichtet der Manager wahrheitsgemäß, erhält der Prinzipal als Berichte $m(x_H) = x_H$ und $m(x_L) = x_L$. Im Idealfall könnte der Vertrag an die Berichte anknüpfen und exakt diejenigen Entlohnungen und Nutzenniveaus festlegen, die auch bei beobachtbarem Überschuss gewählt würden. Die daraus resultierende Entlohnungsrelation $s(x_H) > s(x_L)$ macht jedoch die **Annahme einer wahrheitsgemäßen Berichterstattung zunichte**, denn ein rational handelnder Manager hat am Periodenende den Anreiz, stets dasjenige Ergebnis anzugeben, bei dem er die höchste Zahlung erhält. Diese Politik ist für den Manager auch völlig risikolos, wenn es keine Gefahr der Aufdeckung von Falschberichterstattungen gibt. Ein Anknüpfen der Entlohnung an die Rechnungslegung gemäß dem ursprünglich optimalen Vertrag wäre daher für den Prinzipal teurer als der Verzicht auf eine überschussabhängige Kompensation. Der Agent erzielt nämlich durch seine optimale Berichtspolitik auch jetzt eine konstante, aber stets hohe Entlohnung, und er wird lediglich die niedrige Arbeitsleistung erbringen.

Auch das im 7. Kapitel: *Bilanzpolitik – Spezialfragen* dargestellte **Offenlegungsprinzip** bietet hier keine Lösung des Problems. Das Offenlegungsprinzip besagt, dass es unter bestimmten Bedingungen zu jedem Vertrag, der eine Falschberichterstattung induziert, einen für beide Seiten nutzenäquivalenten Vertrag mit wahrheitsgemäßer Berichterstattung gibt. Im vorliegenden Fall würde dies aber exakt eine **Entlohnung** implizieren, die gerade *nicht* von der Berichterstattung abhängt. Dann ist der Manager nämlich indifferent zwischen allen möglichen Berichten. Nimmt man an, dass der Agent bei Indifferenz stets die vom Prinzipal bevorzugte Politik wählt, führt dies zu einer wahrheitsgemäßen Rechnungslegung. Der Prinzipal muss für diese Informationen jedoch einen Preis zahlen – er verzichtet völlig darauf, sie für die Bestimmung der Kompensation zu verwenden.

2.3   Einsatz einer Prüfungstechnologie

Wegen der stark eingeschränkten Vertragsmöglichkeiten hat der Prinzipal ein grundsätzliches Interesse daran, **vertraglich verwertbare Informationen über das Unternehmensergebnis** zu bekommen, die unabhängig vom Informationsstand des Agenten ermittelt werden. Dazu wird unterstellt, der Prinzipal könne perfekte Information beschaffen, die Kosten von K verursacht und mit Sicherheit das am Periodenende erzielte Unternehmensergebnis berichtet.

Eine Möglichkeit bestünde darin, die Informationen *in jedem Fall* zu beschaffen. Der Prinzipal verfügt dann stets über die tatsächliche Ergebnisinformation und kann mit dem Manager den gleichen Vertrag wie bei beobachtbarem Ergebnis abschließen, wobei auf die Rechnungslegung seitens des Agenten verzichtet wird. Während der Agent wiederum seinen Reservationsnutzen erhält, ist die Zielerreichung des Prinzipals erneut niedriger als bei beobachtbaren Ergebnissen, weil ja die Informationskosten K anfallen. Sind diese Kosten hinreichend hoch, kann die Beschaffung der Informationen sogar unvorteilhaft werden – dann wäre es besser, auf eine ergebnisabhängige Managerentlohnung und Motivationsaspekte ganz zu verzichten.

Der **permanente Einsatz** einer Informationsbeschaffung ist allerdings **nicht optimal**. Eine Alternative für den Prinzipal sieht wie folgt aus: Mit dem Manager wird der ursprünglich optimale Vertrag wie bei beobachtbarem Ergebnis abgeschlossen, es gilt also $s(x_H) > s(x_L)$, es wird ihm aber eine **Verpflichtung zur Berichterstattung** über das Unternehmensergebnis auferlegt. Wie oben diskutiert, birgt dies die Gefahr der Falschberichterstattung für den Fall, dass am Periodenende das niedrige Ergebnis x_L vorliegt. Um den Manager zur wahrheitsgemäßen Berichterstattung anzuhalten, reicht es aus, ihm für einen Bericht von $m = x_H$ mit einer gewissen Wahrscheinlichkeit eine **Prüfung anzudrohen**. Wenn sich dabei eine Falschberichterstattung offenbart, können dem Manager **Sanktionen** auferlegt werden, die zu einer Nutzeneinbuße von Δ führen. Die Wahrscheinlichkeit p für die Beschaffung der Ergebnisinformationen muss so gewählt werden, dass der Agent keinen Anreiz hat, $m = x_H$ zu berichten, wenn tatsächlich x_L erzielt wurde:

$$u_L \geq \left(1-p\right) \cdot u_H + p \cdot \left(u_H - \Delta\right) = u_H - p \cdot \Delta$$

Für dieses Szenario trifft die **Interpretation als Prüfungstechnologie** offenbar zu, dient doch die unabhängige Information des Prinzipals dazu, die Rechnungslegung des Managers zu verifizieren. Wegen der Informationskosten K im Falle der Durchführung einer Prüfung wird der Prinzipal diese aber nie öfter als notwendig einsetzen, d. h. die obige Ungleichung muss gerade als Gleichung erfüllt sein. Daraus folgt

$$p = \frac{u_H - u_L}{\Delta}$$

Eine sinnvolle Lösung kommt nur für $p < 1$ zustande, und dies setzt die Gültigkeit der Relation $\Delta > u_H - u_L$ voraus, d. h. die **Nutzeneinbuße** bei entdeckter Falschberichterstattung muss größer sein als der Nutzenzuwachs, der dem Agenten durch Vorspiegelung des hohen Ergebnisses zufällt. Gegeben den ursprünglich optimalen Entlohnungsvertrag hängt die Gültigkeit dieser Bedingung vorwiegend von den **Sanktionen** ab, die dem Manager auferlegt werden können.

> Bestünden diesbezüglich keinerlei **Restriktionen**, könnte die **Sanktion** beliebig groß gestaltet werden. Damit hätte das Modell streng genommen keine Lösung mehr, weil zu jeder Kombination aus Δ und p eine noch größere Sanktion gefunden werden könnte, die zu einer niedrigeren Wahrscheinlichkeit p führt und damit die erwarteten Informationskosten des Prinzipals reduziert. In der Realität werden aber typischerweise Restriktionen für mögliche Sanktionen bestehen, etwa deshalb, weil der Agent nur ein begrenztes Vermögen hat, bei dem auch gesetzliche Pfändungsgrenzen zu beachten sind.

Diese Lösung hat folgende **Eigenschaften**:

- Der Agent erhält genau dieselbe **Entlohnung** wie bei beobachtbarem Ergebnis und wählt auch die hohe **Arbeitsintensität**. Er erzielt wiederum lediglich seinen **Reservationsnutzen**.

- Die **Rechnungslegung** ist stets **zutreffend**, denn ein günstiges Ergebnis x_H wird bei der Entlohnung $s(x_H) > s(x_L)$ ohnehin wahrheitsgemäß berichtet, und ein ungünstiges Ergebnis x_L wird nicht verzerrt, weil die Wahrscheinlichkeit des Prüfungseinsatzes und die Sanktionsmöglichkeiten hinreichend groß sind, um Abschreckungswirkungen auszulösen. Bei den optimalen Aktionen von Prinzipal und Agent kommt es somit *niemals* zur Verhängung von Sanktionen gegen den Manager.
- Der **Prinzipal prüft niemals** einen Bericht $m = x_L$, sondern ausschließlich einen günstigen Bericht $m = x_H$, und diesen auch nicht in jedem Fall, sondern nur mit einer bestimmten Wahrscheinlichkeit p. Wegen der zutreffenden Rechnungslegung stimmt auch das **Prüfungsergebnis** stets mit der Rechnungslegung überein. *Ex ante* beträgt die Wahrscheinlichkeit des Prüfungseinsatzes gerade $f_H p$: Es wird nur dann geprüft, wenn das günstige Ergebnis eintritt, und das erhält man bei Wahl der hohen Arbeitsintensität mit der Wahrscheinlichkeit f_H. Der erwartete Nachteil gegenüber der Situation, in der das Ergebnis allgemein beobachtet werden kann, beträgt $f_H p K$.

Der **Einsatz der Prüfung** folgt im vertragstheoretischen Zusammenhang einem **Kosten-Nutzen-Tradeoff** und hat nur wenig mit der Vorstellung zu tun, die Rechnungslegung eines Managers müsse in jedem Fall geprüft werden. Ohne Prüfung geht es zwar nicht, doch dies impliziert nicht eine permanente und unbedingte Prüfung. Wichtig für die obige Lösung ist außerdem, dass auch der **Prüfungseinsatz Bestandteil des mit dem Agenten vereinbarten Vertrags** ist, d. h. die Prüfungswahrscheinlichkeit p wird vertraglich festgelegt, und *ex post* kann die Auslösung der Prüfung gemäß dieser Zufallsstrategie verifiziert werden.

Sollte das nicht gegeben sein, wäre die **sequenzielle Rationalität des Prüfungseinsatzes durch den Prinzipal** nicht gegeben. Angenommen, der Manager berichtet wahrheitsgemäß, dann kennt der Prinzipal bereits vorweg das Ergebnis einer möglichen Prüfung: Die Anreize waren ja so, dass der Agent ohnedies wahrheitsgemäß berichtete. Die Prüfung würde mithin die Rechnungslegung bestätigen und nur noch Prüfungskosten verursachen, die der Prinzipal damit sparen könnte. Kann die Auslösung der Prüfung durch den Zufallsmechanismus nicht beobachtet werden, ist es dem Prinzipal möglich zu behaupten, dass der Zufall eben gegen den Prüfungseinsatz ausgefallen ist. Antizipiert aber der Manager dieses Verhalten, kann nicht mehr von der Annahme einer zutreffenden Rechnungslegung ausgegangen werden, und die Lösung bricht zusammen.

2.4   Rational handelnder Prüfer

Abgesehen von diesen möglichen Anreizproblemen auf Seiten des Prinzipals wurde die Prüfung bislang als eine „**Technologie**" angenommen, die unabhängig vom Informationsstand des Agenten zweifelsfrei Informationen über die erzielten Unternehmensergebnisse erbringt. Die Situation ändert sich, wenn man berücksichtigt, dass der **Einsatz eines Prüfungsverfahrens durch einen Prüfer** erfolgt, der ebenso wie Prinzipal und Agent **rational handelt**, d. h. seine optimale Politik so ausrichtet, dass seine subjektive Zielerreichung optimiert wird. Der Prinzipal setzt dann das Prüfungsverfahren nicht mehr selbst ein, sondern er beauftragt den Prüfer mit der Durchführung der Prüfung. Selbst wenn der Prüfer im Besitze einer **vollkommenen (perfekten) Prüfungstechnologie** ist, folgt nicht ohne Weiteres, dass der Vertrag mit dem Manager wie bei beobachtbarem Ergebnis geschlossen werden kann. Voraussetzung dafür ist, dass es nunmehr der *Prüfer* als weiterer rationaler Akteur optimal finden muss, das Prüfungsverfahren einzusetzen und das Prüfungsergebnis wahrheitsgemäß zu berichten.

Im obigen Grundmodell zeigt sich rasch, dass davon nicht ausgegangen werden kann, sofern der **Prüfer** selbst nicht direkt **kontrolliert** werden kann. Angenommen, der Prüfer ist risikoneutral[17] und maximiert folglich seinen erwarteten Überschuss aus den Prüfungsaktivitäten. Der Einsatz der Prüfungstechnologie durch den Prüfer ist unbeobachtbar und verursacht ihm die Kosten K. Für seine Leistungen erhält er vom Prinzipal als Honorar eine Prüfungsgebühr PG, die unter Berücksichtigung der Prüfungskosten seinen Reservationsnutzen wenigstens abdecken muss und grundsätzlich nur von beobachtbaren Informationen (d. h. berichtetes Ergebnis, Prüfungsbericht) abhängen kann. Der Manager legt die Rechnungslegung vor, anschließend entscheidet der Prüfer über den Prüfungseinsatz.[18] Die optimale Kompensation des Agenten kann wiederum von seinem Bericht und vom Bericht des Prüfers abhängig gemacht werden.

Als überraschendes Ergebnis zeigt sich, dass der Prüfer in einer solchen **sequenziellen Struktur** *niemals* die Prüfungstechnologie einsetzen wird. Der Prüfer beobachtet ja zunächst einen Bericht m des Managers, ehe er ggf. das Prüfungsverfahren einsetzt. Seine Prüfungsgebühr beträgt allgemein $PG(m,r)$, wobei r den Prüfungsbericht bezeichnet. Gegeben den Bericht des Agenten, hat der Prüfer unabhängig von seiner Prüfungsleistung den Anreiz, stets einen Bericht $r^*(m)$ abzugeben, für den gilt:

$$r^*\left(m\right) \in \arg\max_{r \in \{x_L, x_H\}} PG\left(m,r\right)$$

Der Prüfer wählt also für jede Rechnungslegung des Managers denjenigen Prüfungsbericht, der seine Prüfungsgebühr maximiert. Dies gilt wiederum unabhängig vom Einsatz der Prüfung selbst. Es kommt daher nie zum Einsatz der Prüfungstechnologie, denn diese verursacht dem Prüfer nur Kosten, ohne seine Berichterstattung zu beeinflussen. Der Ma-

---

[17] Die Berücksichtigung von Risikoscheu beim Prüfer kann zusätzliche Aspekte der Risikoteilung zwischen allen beteiligten Parteien induzieren. Dies gilt insbesondere dann, wenn auch der Prinzipal risikoscheu ist – dann steht der Prüfer als weitere Partei zur Risikoteilung (Versicherung) zur Verfügung. Dies gilt ganz unabhängig von der eigentlichen Prüfungsaufgabe, und die optimalen Verträge beinhalten auch diese reinen Risikoteilungsaspekte.

[18] In der Prüfungsliteratur gibt es auch Modelle (zB *Antle* 1982, 1984, *Yost* 1995 und *Sen* 1998), die alternativ annehmen, dass der Prüfer bei der Wahl seiner Prüfungs- und Berichtsstrategie die Rechnungslegung des Managers *nicht* kennt, was letztlich zu einer Situation mit simultaner Wahl der Strategien führt. Dieses Setting ist aber weniger realistisch.

nager wiederum kann das optimale Berichtsverhalten des Prüfers auf seine Rechnungslegung **antizipieren**. Er wird diejenige Rechnungslegung vorlegen, für die gilt:

$$m^* \in \arg\max_{m \in \{x_L, x_H\}} s\left(m, r^*(m)\right)$$

Damit ist seine Entlohnung faktisch unabhängig von der Arbeitsleistung, so dass er nur die niedrige Arbeitsintensität leisten wird. Trotz der Existenz einer vollkommenen Prüfungstechnologie ist man im Ergebnis in einer Situation, in der es sich **nicht lohnt, einen Prüfer zu beauftragen**. Der Prinzipal kann im vorliegenden Fall nichts Besseres tun, als dem Agenten eine konstante Entlohnung zu gewähren, die mit keinerlei Motivationswirkungen verbunden ist.

2.5   Kontrolle des Prüfers

Die Vorlage einer Rechnungslegung durch den Manager und die Beauftragung eines Prüfers können also nur dann ökonomisch sinnvoll sein, wenn der Prinzipal über Möglichkeiten verfügt, die **Tätigkeiten des Prüfers zu kontrollieren**, was man plakativ auch mit „**Kontrolle des Kontrolleurs**"[19] bezeichnen kann. Dazu sei unterstellt, der Prinzipal kann selbst eine **eigenständige Kontrolltechnologie** einsetzen, die Kosten von C verursacht. Je nach Informationsgehalt der Kontrolle und der Höhe der Kosten ergeben sich unterschiedliche Auswirkungen.

Angenommen, die Kontrolltechnologie ist völlig analog zur eigentlichen **Prüfungstechnologie**, d. h. sie erbringt eine sichere Information über das am Periodenende vorliegende Unternehmensergebnis. In diesem Fall kann die optimale Lösung des gesamten Vertragsproblems zwischen Prinzipal, Manager und Prüfer *niemals* darin liegen, dass der Agent gemäß dem Offenlegungsprinzip zunächst wahrheitsgemäß über das Ergebnis berichtet, der Prüfer anschließend prüft und seinerseits einen zutreffenden Prüfungsbericht erstellt. Berichtet nämlich der Manager wahrheitsgemäß, weiß der Prüfer, dass er sich eigentlich die Prüfungskosten sparen kann. Er legt einfach einen übereinstimmenden Prüfungsbericht vor, der bei zutreffender Rechnungslegung des Managers auch stets mit dem Ergebnis der (vom Prinzipal möglicherweise nur stochastisch eingesetzten) Kontrolltechnologie harmoniert. Damit kann der Einsatz des Prüfungsverfahrens nur dann gewährleistet werden, wenn der Manager wenigstens einige seiner möglichen Berichtsausprägungen „poolt", wenn also die Rechnungslegung nur noch Teilmengen von Unternehmensergebnissen abbildet.[20] Im hier betrachteten binären Modell würde dies eine völlig **uninformative Rechnungslegung** implizieren, weil es nur zwei mögliche Ergebnisse gibt, was im

---

[19] Dieser Ausdruck wurde durch *Emmerich* (1977) geprägt.

[20] Vgl dazu ausführlich im Rahmen einer etwas anderen und komplexeren Modellstruktur *Baiman/ Evans/Noel* (1987).

Fall der Beschränkung auf reine Strategien faktisch dem Verzicht auf eine eigenständige Rechnungslegung des Agenten entspricht.

Allerdings ist die Annahme der strukturellen Identität von **Prüfungsverfahren** und **Kontrolltechnologie** insofern wenig deskriptiv, als sie die grundsätzliche Frage der Optimalität des gleichzeitigen Einsatzes beider Verfahren aufwirft – der Prinzipal könnte ja auch direkt seine Kontrolltechnologie *ohne* Zwischenschaltung des Prüfers einsetzen, und dann wäre man wieder im obigen „Technologiemodell". Ein simultaner Einsatz beider Verfahren kann daher nur dann in Frage kommen, wenn der Prüfer Wettbewerbsvorteile bei Prüfungsleistungen hat, also die Kosten C der Kontrolltechnologie verglichen mit den Kosten K des Prüfungsverfahrens sehr hoch sind. Dann könnte der Prinzipal je nach Höhe möglicher Sanktionen die Wahrscheinlichkeit des Einsatzes der Technologie bei Beauftragung des Prüfers hinreichend reduzieren, so dass sich trotz der zusätzlich entstehenden Prüfungskosten noch ein Vorteil ergibt.

Etwas anderes gilt für den Fall, dass das Signal der **Kontrolltechnologie** Informationen über die **Prüfungsintensität** und nicht über das Unternehmensergebnis erbringt.[21] Hier kann die Kontrolltechnologie für den Prinzipal nur wertvoll sein, wenn auch der Prüfer beauftragt wird. Dessen Prüfungsgebühr kann jetzt sogar grundsätzlich konstant gehalten werden, vorausgesetzt, die Kontrolltechnologie zeigt an, dass das Prüfungsverfahren tatsächlich gewählt wurde; andernfalls wird dem Prüfer eine Sanktion auferlegt, die seine Prüfungsgebühr PG um einen Betrag Δ_p mindert.[22] Im Folgenden wird von dem realistischen Fall einer konstanten (d. h. von dem Prüfbericht und dem Bericht des Managers unabhängigen) Prüfgebühr ausgegangen. Für den Prinzipal reicht es aus, die Wahrscheinlichkeit p_k des Einsatzes der Kontrolltechnologie so anzusetzen, dass der Prüfer nach Beauftragung gerade indifferent zwischen Einsatz und Nichteinsatz des Prüfungsverfahrens ist:[23]

$$PG - K = PG \cdot \left(1 - p_k\right) + \left(PG - \Delta_p\right) \cdot p_k \Rightarrow p_k = \frac{K}{\Delta_p}$$

Die Lösung hat folgende **Eigenschaften**:

- Gegeben diese Kontrollwahrscheinlichkeit wird der Prüfer das **Prüfungsverfahren** tatsächlich **einsetzen**.
- Darüber hinaus wird er über das **Prüfungsergebnis wahrheitsgemäß** berichten, weil er wegen der konstanten Prüfungsgebühr kein eigenständiges finanzielles Interesse an einer bestimmten Berichterstattung hat. Insofern lässt sich im hier vorliegenden Zusammenhang der Prüfervertrag vom sonstigen Vertragsproblem in gewissem Umfang trennen.

---

[21] Siehe dazu *Datar/Alles* (1999), welche die hier dargestellte Modellstruktur unter der Annahme eines risikoscheuen Prüfers zusätzlich in einen mehrperiodigen Reputationskontext stellen.

[22] Diese Sanktion kann auch von rechtlichen Regelungen über die Prüferhaftung beeinflusst sein. Aspekte der Prüferhaftung werden im 10. Kapitel: *Prüferhaftung und Prüfungspolitik* dargestellt.

[23] Es wird wieder unterstellt, dass die Sanktionen hinreichend hoch sind, so dass die kritische Kontrollwahrscheinlichkeit einen zulässigen Wert annimmt.

- Der **Vertrag** mit dem Manager kann jetzt wie bei Verfügbarkeit einer unabhängigen Prüfungstechnologie geschlossen werden. Der Manager erhält also die Entlohnung $s(x_H)$ bzw. $s(x_L)$, wählt die hohe Arbeitsintensität und wird zur Rechnungslegung verpflichtet.
- Allfällige Anreize zur **Falschberichterstattung** werden dadurch gemindert, dass bei einer Rechnungslegung von $m = x_H$ mit der Wahrscheinlichkeit p vom Prüfer geprüft wird, so dass der Manager stets wahrheitsgemäß berichtet. Bei der Ankündigung des ungünstigen Ergebnisses x_L muss dagegen nicht geprüft werden.

Der **Nachteil des Prinzipals** gegenüber der Situation, in der das Unternehmensergebnis kontrahierbar ist, beträgt *ex ante* nun $f_H p \cdot (PG + p_k C)$.

Der Einsatz des Prüfers mit der Wahrscheinlichkeit p setzt implizit voraus, dass der Prinzipal den **Prüfer** erst *nach* Vorlage der Rechnungslegung des Managers **beauftragt**. Alternativ kann der Prüfer bereits *vor* dem Erhalt des Managerberichts beauftragt werden. Die Ergebnisse ändern sich dadurch nur unwesentlich. Der Prinzipal setzt die Kontrolltechnologie gemäß der Wahrscheinlichkeit p_k erneut nur dann ein, wenn der Manager ein günstiges Ergebnis berichtet (und der Prüfer dieses bestätigt hat). Falls der Agent ein ungünstiges Ergebnis berichtet, verzichtet der Prüfer auf den Einsatz des Prüfungsverfahrens, und der Prinzipal kontrolliert nicht. Der Unterschied zu früher besteht darin, dass es jetzt nicht möglich ist, bei günstigem Managerbericht einen *stochastischen* Prüfungseinsatz seitens des Prinzipals vorzusehen. Allerdings weiß der Prinzipal, dass der Prüfer faktisch nur mit derjenigen Wahrscheinlichkeit prüfen wird, mit der das günstige Ergebnis bei Wahl der hohen Arbeitsintensität durch den Agenten eintritt. Dies wird bei der Gestaltung der Prüfungsgebühr *ex ante* berücksichtigt – sie wird so gewählt, dass unter Beachtung der *ex post* optimalen Handlungen der Reservationsnutzen des Prüfers erreicht wird.

2.6   Ergebnis

Die Ausführungen anhand eines einfachen Modells zeigen auf, dass in einem vertragstheoretischen Rahmen der Wert und die Einsatzbedingungen von Rechnungslegung und Prüfung stets gemeinsam beurteilt werden müssen. Prüfung hat hier die **Funktion**, verlässliche Grundlagen zur Bestimmung der Managerentlohnung zu schaffen, die nötig ist, um gewünschte Arbeitsanreize auszulösen. Dafür ist es nicht erforderlich, dass stets geprüft oder jedes Ergebnis geprüft wird. Prüfungseinsatz, Rechnungslegung und Anstrengungsniveau von Manager und Prüfer werden über Verträge gemeinsam gesteuert.

Die Analyse zeigt die Bedeutung vieler Aspekte, die auch bei Diskussionen in der Realität Bedeutung haben. So wird der **Moral Hazard-Aspekt** bei rational handelnden Prüfern ersichtlich, Probleme der Berichterstattung lassen sich darstellen, und insbesondere wird deutlich, dass es ohne eigenständige, sanktionsbewehrte Kontrollen der Prüfungstätigkeiten opportunistisch handelnder Prüfer keinen Wert von Prüfung (und letztlich auch Rechnungslegung) geben kann. Dies schlägt auch eine Brücke zu den zwischenzeitlich stark diskutierten Themen Enforcement und Inspektionen.

- **Enforcement** bezeichnet die nachträgliche Durchsicht eines veröffentlichten und geprüften Abschlusses durch eine unabhängige Institution, wie der BaFin in Deutschland oder der OePR (Österreichische Prüfstelle für Rechnungslegung) in Österreich. Es soll die Einhaltung der Regeln und Standards für den Abschluss gewährleisten. Das Enforcement wird ergänzend nach der Abschlussprüfung entweder basierend auf einem zufälligen Auswahlmechanismus oder anlassbezogen (falls z. B. Indizien für Bilanzmanipulationen vorliegen) durchgeführt. Im obigen vertragstheoretischen Ansatz ist das Enforcement mit der ergebnisbezogenen Kontrolltechnologie vergleichbar. Die Analyse zeigt, dass man mit allzu hehren Vorstellungen über die Wirkungen eines Enforcement vorsichtig sein sollte, denn wenn die Rechnungslegung des Managers zutreffend ist, wird nicht geprüft, und geprüft wird nur dann, wenn die vom Management dem Prüfer vorgelegte Rechnungslegung nicht informativ ist! Natürlich sind diese pointierten Implikationen auf das spezifische Setting des Modells zurückzuführen, es lässt sich aber in anders gelagerten Modellen zeigen, dass die Wirkungen eines Enforcement auf die Qualität von Rechnungslegung und Prüfung sehr nuanciert betrachtet werden sollten.[24]
- **Inspektionen** werden ebenfalls von unabhängigen Aufsichtsorganen wie z. B. der deutschen APAS (Abschlussprüferaufsichtsstelle beim Bundesamt für Wirtschaft und Ausfuhrkontrolle), der österreichischen APAB (Abschlussprüferaufsichtsbehörde) oder dem US-amerikanischen PCAOB (*Public Company Accounting Oversight Board*) durchgeführt. Sie betreffen eine Überprüfung der Qualitätssicherungsvorkehrungen eines **Prüfungsunternehmens** und der konkreten Prüfungstätigkeiten, wobei letztere stichprobenartig anhand der Prüfungsakten ausgewählter Mandate beurteilt werden. Diese Verfahren entsprechen im obigen vertragstheoretischen Modell einer verfahrensbezogenen Kontrolltechnologie. Entsprechend erweisen sich Inspektionen in Kombination mit konstanten Prüfungsgebühren als effektives Mittel, um Anreize zur Prüfung und wahrheitsgemäßen Rechnungslegung zu geben.

Die modelltheoretischen Ergebnisse liefern **qualitative Einsichten,** sie sind jedoch nicht unmittelbar auf reale Prüfungsprobleme anwendbar. Die Realität ist viel komplexer als das einfache Modell, wenn etwa stetige Überschüsse, viele Arbeitsintensitäten und Prüfungsniveaus, allseitige Risikoscheu, unvollkommene Prüfungsverfahren, explizite Kooperationen zwischen Manager und Prüfer und mehrperiodige Aspekte usw. einbezogen werden. Der Nutzen der Modellanalyse besteht genau darin, die strukturellen Anreize und deren Interdependenzen und Konsequenzen ersichtlich zu machen.

Neben der Komplexität der Vertragsgestaltung sind vor allem **regulative und berufsständische Aspekte** verantwortlich dafür, dass man in der Realität kaum Prüfereinsätze und Prüferverträge nach vertragstheoretischen Argumentationsmustern beobachtet. Prüfungen der Rechnungslegung sind oftmals gesetzlich vorgeschrieben, so dass keine Mög-

---

[24] Vgl *Ewert/Wagenhofer* (2019).

lichkeit für eine stochastische und ggf. ergebnisabhängige Beauftragung eines Prüfers besteht. Die Gestaltung von Prüfungshonoraren ist ein wesentliches Merkmal eines optimalen Vertrags zwischen Unternehmen und Prüfer. Die Honorare von Prüfern bestehen aus Prüfungsgebühren, deren Variabilität durch **Berufsgrundsätze** in der Praxis deutlich eingeschränkt ist. In diesem Sinne werden Prüfungsfragen in den folgenden Abschnitten und Kapiteln besprochen, wobei ein Anknüpfen an verschiedensten Problembereichen der Jahresabschlussprüfung erfolgt.

3 Unabhängigkeit des Prüfers

3.1 Institutioneller Rahmen

Die Darstellung im vorigen Kapitel verdeutlicht, dass **ökonomische Überlegungen** des Prüfers in vielen Phasen des Prüfungsprozesses relevant sind, insbesondere auch bei seiner **Berichterstattung** über das Prüfungsergebnis. Entdeckt der Prüfer Verzerrungen der Rechnungslegung, sollte er eigentlich auf deren Beseitigung drängen und, wenn das nicht ausreichend geschieht, die verbliebenen Probleme in seinen Bestätigungsvermerk aufnehmen. Dem Management des zu prüfenden Unternehmens wird dies freilich nicht genehm sein. Es könnte versuchen, gegenüber dem Prüfer durchblicken zu lassen, dass eine „unangenehme" Berichterstattung mit Risiken hinsichtlich der künftigen Wiederwahl verbunden sein könnte.

> Dabei ist zu beachten, dass bei einer AG nicht der Vorstand selbst einen Vorschlag zur Wahl des Abschlussprüfers macht, sondern der Aufsichtsrat bzw. der dort eingerichtete Prüfungsausschuss einen Vorschlag für die Wahl durch die Gesellschafter vorbereitet. Der Aufsichtsrat erteilt auch den Prüfungsauftrag. Die Gretchenfrage bei der obigen Drohung liegt darin, in welchem Maße ein Interessengegensatz zwischen Vorstand und Aufsichtsrat besteht. Auf diese Aspekte wird an späterer Stelle noch eingegangen.

Ausspruch

„Die Drohung einer Nichtwiederwahl braucht in der Regel nicht ausgesprochen zu werden. Die Gefahr, dass ein Abschlussprüfer, der in einem strittigen Punkt nicht nachgibt, von der Verwaltung nicht zur Wiederwahl vorgeschlagen wird, ist jedem der Beteiligten stets bewusst." (*Leffson* 1988, S. 82)

Die Annahme einer stets **wahrheitsgemäßen Berichterstattung** ist damit keineswegs selbstverständlich, weil einem Prüfer hinsichtlich seiner ökonomischen Zielerreichung die Anzahl seiner Mandate und die damit verbundenen Überschüsse nicht gleichgültig sein können. Damit rückt aber auch die Prüfungsgebühr *PG* ins Blickfeld. Sie wird durch regulative Vorgaben in ihrer Variabilität deutlich eingeschränkt. So bestimmt etwa die EU-VO

537/2014 in Art. 4 (1) apodiktisch: „Honorare für die Durchführung von Abschlussprüfungen bei Unternehmen von öffentlichem Interesse dürfen nicht ergebnisabhängig sein." Dies ist eine bereits seit langer Zeit existierende Restriktion für die Festlegung von Prüfungshonoraren und hat zur Konsequenz, dass die Prüfungsgebühr in der Praxis zumeist vorab als Pauschalhonorar festgelegt wird.

Die Prüfungsgebühr *PG* hängt in der Praxis von zahlreichen Faktoren ab, die über das vertragstheoretische Setting im Grundmodell hinausgehen. Ganz abgesehen von der Frage der Kostendeckung einer einmaligen Prüfung kommen auch mehrperiodige Aspekte durch Wiederbeauftragung eines Prüfers sowie der Wettbewerb mit konkurrierenden Prüfern am **Markt für Prüfungsleistungen** zum Tragen. Diese Faktoren haben Einfluss auf die Gestaltung von Prüfungsgebühren und die Vorteilhaftigkeit der Annahme und Beibehaltung eines Prüfungsauftrages.

Diese Probleme betreffen letztlich einen der **zentralen Berufsgrundsätze** der Wirtschaftsprüfer, nämlich den Grundsatz der **Unabhängigkeit und Unbefangenheit**.[25] Das mit der Prüfung angestrebte vertrauenswürdige Urteil setzt voraus, dass der Prüfer sein Urteil alleine auf der Basis sachlicher Erwägungen fällt. Insbesondere darf es keine Faktoren geben, welche die Urteilsfreiheit des Prüfers beeinträchtigen könnten. Der Prüfer soll mithin unbefangen sein, also keinerlei Einflüssen auf seine **Urteilsfreiheit** unterliegen. Solche Einflüsse können sich grundsätzlich aus persönlichen, rechtlichen und/oder wirtschaftlichen Aspekten ergeben. Die **Unbefangenheit** erfasst dabei als Oberbegriff all diese Faktoren. Die **Unabhängigkeit** ist speziell auf die **beobachtbaren** Sachverhalte ausgerichtet. Dabei wird z. B. aus einer nach außen hin sichtbaren Kapitalbeteiligung des Prüfers am zu prüfenden Unternehmen die Hypothese abgeleitet, dass kein unvoreingenommenes Urteil über die Rechnungslegung mehr gefällt werden kann.

> **International** wird im Rahmen des *Code of Ethics for Professional Accountants* bei der Terminologie typischerweise nicht zwischen Unbefangenheit und Unabhängigkeit unterschieden, sondern allgemein der Terminus *„independence"* verwendet. Allerdings erfolgt im zweiten Schritt eine äquivalente Differenzierung in *„independence of mind"* und *„independence in appearance"*,[26] wodurch die Unterscheidung von intrinsischen und beobachtbaren Aspekten zum Ausdruck kommt.

Gesetzliche und **berufsständische Regelungen** zur Sicherung der **Unabhängigkeit** können naturgemäß nur an beobachtbaren Faktoren anknüpfen, andernfalls gäbe es Probleme mit der Verifizierbarkeit. Die Aufgabe besteht darin, Tatbestände zu identifizieren und dazugehörige Hypothesen zu entwickeln, warum ein Tatbestand in welcher Weise die Unbefangenheit beeinträchtigen könnte. Dabei wird typischerweise die Sichtweise eines externen Adressaten (Anleger, Gläubiger usw.) eingenommen, der die Informationen der Rechnungslegung nur dann in sein Kalkül einbeziehen wird, wenn der Prüfer ein **vertrauenswürdiges** Urteil dazu abgegeben hat.

---

[25] Vgl zu Berufsgrundsätzen bzw ethische Normen der Berufsausübung *Marten/Quick/Ruhnke* (2020) und speziell zur Unabhängigkeit *Ewert* (2002).

[26] Vgl die Definitionen in Section 400.5 des *Code* in *IFAC* (2022), S. 125.

Beispiele für Unabhängigkeitsregeln

§ 28 der Berufssatzung für deutsche Wirtschaftsprüfer bestimmt, dass sich Wirtschaftsprüfer insbesondere bei der Erstattung von Prüfungsberichten und Gutachten **unparteiisch** zu verhalten haben. Außerdem haben Sie gemäß § 49 dWPO und § 29 (1) der Berufssatzung ihre Tätigkeit zu versagen, wenn die Besorgnis der Befangenheit vorliegt. § 29 (2) der Berufssatzung führt als Gründe für die Beeinträchtigung der Unbefangenheit insbesondere Eigeninteressen, Selbstprüfung, Interessenvertretung sowie persönliche Vertrautheit an, wobei diese Aspekte durch eigene Artikel der Berufssatzung weiter konkretisiert werden. So fallen unter Eigeninteressen gemäß § 32 der Berufssatzung z. B. finanzielle und kapitalmäßige Bindungen gegenüber dem zu prüfenden Unternehmen, dem zu begutachtenden oder dem den Auftrag erteilenden Unternehmen.

§ 319 dHGB nennt eine Reihe konkreter Gründe, bei denen ein Wirtschaftsprüfer oder eine Wirtschaftsprüfungsgesellschaft nicht als Abschlussprüfer einer Kapitalgesellschaft tätig werden darf (diese **Ausschlussgründe** werden in § 31 der Berufssatzung auf alle gesetzlich vorgeschriebenen Prüfungen ausgedehnt), insbesondere:

- Besitz von Anteilen der zu prüfenden Gesellschaft;
- Tätigkeit des Prüfers als gesetzlicher Vertreter, Aufsichtsratsmitglied oder Arbeitnehmer der zu prüfenden Gesellschaft;
- analoge Tätigkeiten bei Unternehmen, die mit der zu prüfenden Gesellschaft verbunden sind oder von dieser Gesellschaft mehr als 20 Prozent der Anteile besitzen;
- Mitwirkung bei der Buchführung oder der Aufstellung des Jahresabschlusses über die eigentliche Prüfungstätigkeit hinaus;
- Beschäftigung einer Person im Rahmen der Prüfung, die nach den vorstehenden Gründen nicht Abschlussprüfer sein darf;
- die Einnahmen aus Prüfung und Beratung der zu prüfenden Gesellschaft sowie von Unternehmen, an denen die Gesellschaft zu mehr als 20 Prozent beteiligt ist, überschreiten während der letzten fünf Jahre jeweils 30 Prozent der Gesamteinnahmen und es ist zu erwarten, dass diese Grenze auch im laufenden Jahr überschritten wird.

Diese Gründe gelten für einen Prüfer auch dann, wenn sie für eine Person, mit der er seinen Beruf gemeinsam ausübt, unmittelbar zutreffen. Sie gelten außerdem in analoger Weise für Wirtschaftsprüfungsgesellschaften (§ 319 (4) dHGB).

Für **Unternehmen von öffentlichem Interesse** sind zusätzlich die Vorgaben der EU-VO relevant:

- Die oben genannte Einnahmengrenze greift bereits grundsätzlich bei 15 % (Art. 4 (3) EU-VO). Sie gilt für die letzten drei aufeinander folgenden Geschäftsjahre, doch ist bei Überschreiten dieser Grenze zunächst eine Information und Diskussion mit dem Prüfungsausschuss vorgesehen, der nach Würdigung der Umstände das Mandat anderweitig vergeben kann.

- Erbringt ein Prüfer für drei oder mehr aufeinander folgende Geschäftsjahre erlaubte Nichtprüfungsleistungen beim zu prüfenden Unternehmen, sind die Gesamthonorare für diese Tätigkeiten auf maximal 70 % der durchschnittlichen Prüfungshonorare für das betreffende Unternehmen während der letzten drei aufeinander folgenden Geschäftsjahre begrenzt (Art. 4 (2) EU-VO).
- Art. 5 EU-VO definiert eine „*Blacklist*" verbotener Nichtprüfungsleistungen für das geprüfte Unternehmen, unter anderem gehören dazu Steuerberatung, die Buchhaltung und Erstellung von Abschlüssen, Lohn- und Gehaltsabrechnung, Gestaltung und Umsetzung interner Kontroll- und Risikomanagementverfahren (soweit sie bei der Erstellung und/oder Kontrolle von Finanzinformationen oder Finanzinformationstechnologiesystemen zum Einsatz kommen), Bewertungsleistungen (auch im Zusammenhang mit Leistungen im Bereich der Versicherungsmathematik und Rechtsstreitigkeiten), bestimmte juristische Leistungen (z. B. allgemeine Beratung und Verhandlungen im Namen des Unternehmens), Leistungen im Zusammenhang mit der Internen Revision, Leistungen im Kontext der Finanzierung, der Kapitalstruktur und -ausstattung sowie der Anlagestrategie des Unternehmens.
- Nach maximal sieben Jahren nach dem Datum ihrer Bestellung müssen die verantwortlichen Prüfungspartner ihre Teilnahme an der Abschlussprüfung des betreffenden Unternehmens beenden (Art. 17 (7) EU-VO). Außerdem muss ein graduelles Rotationssystem für das an der Abschlussprüfung beteiligte Führungspersonal installiert werden.

Hat ein externer Adressat Anlass zu der Vermutung, dass die Urteilsfreiheit des Prüfers eingeschränkt ist, wird er dessen Bericht skeptisch beurteilen, was ggf. die mit der Rechnungslegung intendierten Funktionen komplett aushöhlt. Daher ist es verständlich, dass ein Prüfer seine Tätigkeit bereits dann versagen muss, wenn alleine die **Vermutung der Befangenheit** besteht.

Unter den vielen Faktoren, die als schädlich für die Unabhängigkeit des Prüfers angesehen werden, befindet sich auch die **aus dem Prüfungsauftrag selbst resultierende potenzielle Abhängigkeit** vom Mandanten (dies sollen die im Einschub erwähnten Einnahmengrenzen gewährleisten). Dem liegt die Hypothese zugrunde, dass ein über 30 % (bzw. 15 % bei kapitalmarktorientierten Unternehmen) hinaus gehender Umsatzanteil das Mandat für den Prüfer im Rahmen seiner Einkommenserzielung so bedeutsam werden lassen könnte, dass sich daraus Beeinträchtigungen seiner Urteilsfreiheit ergeben, er also nicht mehr unbedingt zutreffend über das Prüfungsergebnis berichtet.

Diese wichtigen Fragen der Unabhängigkeit und Berichterstattung des Prüfers sind Gegenstand einer spezifischen Richtung der ökonomischen Prüfungsforschung, die Anfang der 1980er-Jahre durch die vielbeachteten Beiträge von *DeAngelo* (1981a, 1981b) begründet wurde und deren Ziel darin besteht, die Anreize zu einer Berichtsverzerrung aus der Existenz sogenannter „**Quasirenten**" zu erklären, die als Ausdruck ökonomischer Vorteile des Prüfers aus bestehenden Mandaten angesehen werden. Im Folgenden werden die dahinterstehenden ökonomischen Überlegungen dargestellt, zunächst die Erklärung des Zustandekommens von **Quasirenten**, ohne dass dabei potenzielle Berichtsprobleme direkt eingehen würden. Die **Berichterstattung** spielt im zweiten Schritt eine Rolle, indem von der Existenz der Quasirenten Anreize zur Berichtsverzerrung abgeleitet werden. Ansätze, in denen Quasirenten und Berichterstattung explizit integriert sind, werden zum Schluss angesprochen.

3.2   Quasirenten, *low balling* und *fee cutting*

Im ersten Moment erscheint es eigentlich selbstverständlich, dass ein Prüfer aus einem bestehenden Mandat wirtschaftliche Vorteile erzielt und daher an deren weiterer Existenz interessiert ist. Bei näherem Hinsehen ist das aber aus ökonomischer Perspektive nicht zwingend, wenn z. B. hinreichend starke **Konkurrenz im Markt** für Prüfungsleistungen besteht.

Empirische Ergebnisse

Analysen der Struktur von Prüfungsmärkten zeigen regelmäßig eine hohe Marktkonzentration, wobei der Markt von den sogenannten Big 4-Gesellschaften (Deloitte, EY, KPMG, PwC) dominiert wird. Die konkreten Werte für die Marktanteile hängen davon ab, ob man die Anzahl der Mandate oder die Umsätze aus Leistungen für die Abschlussprüfung betrachtet. Eine Untersuchung der EU-Kommission (2021) ergab für das Jahr 2018, dass in der EU der Anteil der Big 4 am Gesamtumsatz für Prüfungsleistungen bei Unternehmen von öffentlichem Interesse bei etwa 92 % lag,[27] wobei die Verhältnisse in den einzelnen Mitgliedstaaten durchaus unterschiedlich sind (der Anteil ist z. B. in Frankreich geringer, weil es dort verpflichtende *joint audits* gibt, bei denen der zweite Prüfer oftmals eine kleinere Prüfungsgesellschaft ist). Eine Untersuchung der deutschen Wirtschaftsprüferkammer (WPK) für die Struktur auf dem deutschen Prüfungsmarkt im Jahr 2021 zeigt einen Umsatzanteil der Big 4 von ca. 81 % für Prüfungen bei Unternehmen von öffentlichem Interesse auf. Die Struktur des Prüfungsmarktes wird daher typischerweise als oligopolistisch bezeichnet.

Daraus kann aber keinesfalls geschlossen werden, es gäbe keinen Preiswettbewerb zwischen den Prüfern. In einer EU-weiten Befragung von Prüfungsgesellschaften wurde der Preis der Prüfung als einer der bedeutsamsten Faktoren identifiziert, mit denen Prüfer um Mandanten konkurrieren. Dies gilt insbesondere für die Big 4, die angaben, dass „they have broadly the same geographical and industry capacities, skills and reputation, and, that, therefore, they compete essentially on price amongst each other in the market place" (*London Economics/Ewert* 2006, S. 35). Auch für US-amerikanische Verhältnisse konstatieren etwa *Hackenbrack/Hogan* (2005), S. 7, dass *„pricing pressure is more than an isolated occurrence"*.

---

[27] Vgl *EU-Kommission* (2021), S. 8.

Empirische Studien zeigen, dass es trotz einer beachtlichen Marktkonzentration einen intensiven Konkurrenzdruck zwischen den Prüfern gibt. Unter solchen Bedingungen bilden sich die Preise für die angebotenen Leistungen nach Maßgabe der diesen Leistungen zurechenbaren Kosten, die auch Opportunitätskosten für den anderweitigen Kapital- bzw. Ressourceneinsatz einschließen. Dann ist für die Anbieter über die Marktpreise letztlich nur noch eine Kostendeckung zu erreichen, und es ist fraglich, worin eigentlich der echte Vorteil eines bestehenden Mandats gegenüber neuen Mandaten oder einem anderweitigen Ressourceneinsatz besteht.

Kostenunterschiede zwischen vorhandenen und neuen Prüfern
Die Argumentation mit einer kostenbasierten Preisbildung auf Konkurrenzmärkten unterstellt implizit gleiche **Kostenverhältnisse** für alle Anbieter von Prüfungsleistungen. Selbst wenn man von völlig identischen fachlichen und technologischen Fähigkeiten der Prüfer ausgeht,[28] trifft diese Annahme am Prüfungsmarkt aber nicht zu. Der Grund liegt darin, dass die direkten **Prüfungskosten einer erstmaligen Prüfung** höher als die Kosten einer regulären Folgeprüfung sind. Ein Prüfer, der ein bestimmtes Unternehmen erstmalig prüft, muss sich erst mit den Strukturen, Problemen und den spezifischen Märkten des Unternehmens vertraut machen, um sein Prüfungsprogramm zweckmäßig planen zu können. Diese speziellen „Einstiegsmaßnahmen" fallen bei Folgeprüfungen weg, so dass ein ansonsten identischer Prüfer, der das Prüfungsmandat für ein Unternehmen bereits innehat, einen Kostenvorteil gegenüber potenziellen Konkurrenzprüfern am Markt besitzt.

Im Ansatz von *DeAngelo* (1981a) wird gezeigt, wie dieser Kostenvorteil bei **rationalem Preissetzungsverhalten** von Prüfern unter sonst gültigen Konkurrenzbedingungen in einen **echten ökonomischen Vorteil für bestehende Mandate** umgesetzt werden kann. Die Effekte treten bereits in einem Zweiperioden-Modell auf, so dass zwei Perioden ausreichen, um die optimalen Strategien von Prüfern zur Festsetzung der Prüfungsgebühren zu analysieren. Es wird angenommen, dass keinerlei „technische" Unterschiede zwischen den Prüfern bestehen, so dass die Qualität der von verschiedenen Anbietern erbrachten Prüfungsleistungen grundsätzlich gleich ist. Das zu prüfende Unternehmen wählt in jeder Periode denjenigen Prüfer, der die gewünschten Prüfungsleistungen zu den günstigsten Bedingungen anbietet, wobei die optimale Gebührenstrategie der Prüfer für die Folgeperiode und die Konkurrenzsituation am Prüfungsmarkt berücksichtigt werden.

Optimale Gebührengestaltung
Weil die optimale Prüfungsgebühr für die Periode 1 von der optimalen Gebühr der folgenden Periode 2 abhängt, beginnt die Analyse – dem Prinzip der dynamischen Programmierung folgend – mit Periode 2. Die Wiederwahl des vorhandenen Prüfers hängt hier nur davon ab, wie hoch seine Prüfungsgebühr im **Vergleich mit Konkurrenten** ist. Ein Konkurrent wird wiederum nur dann zur Annahme des Prüfungsauftrags bereit sein, wenn er

---

[28] Bei heterogenen Prüfungsleistungen wäre eine rein kostenbasierte Preisbildung ohnehin nicht mehr generell gültig.

wenigstens seine Prüfungskosten decken kann. Diese Prüfungskosten bestehen in jeder der beiden Perioden einmal aus den „regulären" direkten Prüfungskosten K, zusätzlich aber auch aus den Erstprüfungskosten EPK in der ersten Periode. Wegen der am Prüfungsmarkt geltenden Konkurrenzverhältnisse werden sich die Prüfungsgebühren der Konkurrenten so einspielen, dass gerade die Summe der Prüfungskosten abgedeckt wird.

Der **vorhandene Prüfer** wird diese Zusammenhänge bei seiner Honorargestaltung berücksichtigen. Obwohl seine Prüfungskosten nur K betragen, kann er eine höhere Prüfungsgebühr verlangen, weil das Unternehmen bei einem Prüferwechsel dem neuen Prüfer zusätzlich auch die Erstprüfungskosten EPK wird abgelten müssen. Tatsächlich ist der Spielraum der Gebührengestaltung für den vorhandenen Prüfer aber noch größer, weil der Prüferwechsel für das zu prüfende Unternehmen auch direkt mit bestimmten Transaktionskosten TR verbunden sein wird (etwa deshalb, weil der Prüferwechsel erklärt werden muss oder Hilfestellung bei den Erstprüfungsaktivitäten zu leisten ist). Der vorhandene Prüfer kann daher seine Prüfungsgebühr PG_2 in der zweiten Periode auf maximal folgenden Wert festsetzen:

$$PG_2 = K + EPK + TR \quad \Leftrightarrow \quad PG_2 - K = EPK + TR > 0 \tag{9.1}$$

Der vorhandene Prüfer ist damit in der Lage, bei der **Folgeprüfung** Gebühren durchzusetzen, welche die **Erzielung echter Überschüsse** erlauben.[29] Damit lässt sich die Gebührengestaltung in Periode 1 analysieren. Hier gibt es annahmegemäß keinen vorhandenen Prüfer, so dass alle Prüfer Erstprüfungskosten EPK zu tragen hätten. Für das zu prüfende Unternehmen mögen zwar Kosten im Zusammenhang mit der Hilfestellung bei Erstprüfungen existieren, doch fallen diese unabhängig von der Prüferwahl an, so dass sie für die Auswahlentscheidung in Periode 1 irrelevant sind. Relevant ist aber die Tatsache, dass ein in Periode 1 gewählter Prüfer zu Beginn der nächsten Periode Folgeprüfer sein wird, seine Prüfungsgebühr gemäß (9.1) festsetzt und das Mandat auch für die zweite Periode behält.

Dieser Aspekt ist auf einem **Konkurrenzmarkt** dafür verantwortlich, dass die **Prüfungsgebühr** PG_1 für Periode 1 nur *unterhalb* der für diese Periode gültigen Prüfungskosten $K + EPK$ festgesetzt werden kann. Wäre nämlich $PG_1 \geq K + EPK$, ergäbe sich ein Gebührenbarwert in Periode 1

$$PG_1 + \frac{PG_2}{1+i} \geq K + EPK + \frac{(K + EPK + TR)}{1+i} > K + EPK + \frac{K}{1+i}$$

---

[29] Unterstellt man wie in *DeAngelo* (1981a) ein stationäres Modell mit grundsätzlich unendlicher Laufzeit, ist die Gebühr für alle Folgeprüfungen gleich und entspricht der Gebühr für die zweite Periode. Der konkrete Ausdruck unterscheidet sich von (9.1) nur geringfügig durch den anderen Zeithorizont, es gilt dort $PG_t = K + (EPK + TR) \cdot i/(1 + i)$ mit $t \geq 2$ und i als dem Kalkulationszinssatz.

Dieser **Gebührenbarwert** wäre dann größer als der Barwert der Prüfungskosten über beide Perioden bei künftig optimaler Gebührengestaltung. Dies wiederum impliziert, dass für alle Prüfer der Barwert der Überschüsse aus dem Prüfungsmandat positiv wäre.

In einem Konkurrenzgleichgewicht kann dies aber keine stabile Situation sein, weil jeder Prüfer versuchen würde, durch einen geringfügigen Nachlass bei den Prüfungsgebühren bei immer noch positivem Überschussbarwert den Zuschlag zu erhalten. Dieser Anreiz geht erst dann verloren, wenn der Gebührennachlass zu einem **Barwert der Gebührenüberschüsse von null** führt. Der dazu notwendige Gebührennachlass kann allerdings *nur* über eine Minderung der Prüfungsgebühr PG_1 für die erste Periode kommen, weil alle Parteien wissen, dass in der Folgeperiode eine Gebührengestaltung gemäß (9.1) verfolgt werden wird – und dies auch nicht verhinderbar ist. Damit erhält man

$$\left(PG_1 - K - EPK\right) + \frac{PG_2 - K}{1+i} = 0 \quad \Leftrightarrow \quad PG_1 = K + \frac{i \cdot EPK}{1+i} - \frac{TR}{1+i} < K + EPK \quad (9.2)$$

Bedingung (9.2) zeigt, dass die **Prüfungsgebühr einer Erstprüfung unter** den damit verbundenen **Prüfungskosten** liegt, sofern dieser Erstprüfung noch weitere Prüfungen folgen. Dieser Sachverhalt wird mit *low balling* bezeichnet.

Zusammenhang zwischen *low balling*, *fee cutting* und Quasirenten
Im Modell ergibt sich daraus die in (9.1) formulierte Gebühr für die zweite Periode, und ein Vergleich mit (9.2) zeigt

$$PG_2 - PG_1 = TR + \frac{\left(EPK + TR\right)}{1+i} > 0 \quad (9.3)$$

Die Gebühr für die Folgeprüfung **übersteigt** also diejenige der Erstprüfung. Die in (9.3) beschriebene Relation der Prüfungsgebühren ($PG_2 > PG_1$) bezeichnet man mit *fee cutting* bzw. *price cutting* in der ersten Periode gegenüber der zweiten.

> Im Modell sind zwar *low balling* und *fee cutting* miteinander verknüpft, doch handelt es sich aus empirischer Sicht grundsätzlich um verschiedene Phänomene. So kann man z. B. *fee cutting* ohne *low balling* haben, wenn die Gebühr für die Erstprüfung oberhalb der Prüfungskosten liegt. Umgekehrt wäre auch *low balling* ohne *fee cutting* möglich, wenn die Prüfungsgebühren im Zeitablauf konstant sind, aber die Gebühr für die Erstprüfung nicht die Prüfungskosten deckt.[30]

---

[30] Beim Ansatz von *DeAngelo* (1981a) mit unendlichem Zeithorizont entspricht zB die Gebühr für die Erstprüfung ebenfalls derjenigen in (9.2). Bildet man für diesen Ansatz die Differenz der Prüfungsgebühren unter Berücksichtigung des in der vorigen Fußnote angegebenen Ausdrucks für PG_t ($t \geq 2$), folgt $PG_2 - PG_1 = TR$. Gäbe es keine unternehmensbezogenen Transaktionskosten, so gäbe es in diesem Modell zwar *low balling,* aber kein *fee cutting.*

Low balling und *fee cutting* lassen sich in diesem Modell auf eine gemeinsame Ursache zurückzuführen – nämlich auf die **optimale Gebühr für die Folgeprüfung**, die letztlich aus dem Kostenunterschied zwischen Erst- und Folgeprüfung sowie aus der Existenz unternehmensbezogener Transaktionskosten bei einem Prüferwechsel resultiert. Den in (9.1) dargestellten Gebührenüberschuss für die Folgeprüfung bezeichnet man als **Quasirente**.

> Der Begriff **Quasirente** leitet sich aus der ökonomischen Definition einer **Rente** ab, unter der man allgemein eine Verbesserung der Zielerreichung über die beste Alternative (dem „Reservationsnutzen") hinaus versteht. Sind in den Prüfungskosten auch die Opportunitätskosten einer anderweitigen Ressourcenverwendung enthalten, wäre die reine Kostenabdeckung gleichbedeutend mit dem Erhalt des Reservationsnutzens. Jeder Gebührenüberschuss impliziert dann eine Verbesserung, mithin eine Rente.

Die Beziehung (9.1) zeigt eine solche Rente für ein *bestehendes* Prüfungsmandat. In einer **Gesamtbetrachtung** verschwindet diese Rente aber, weil in der ersten Periode wegen der Konkurrenzverhältnisse auf dem Prüfungsmarkt die Gebühr für die Erstprüfung aufgrund von *low balling* so weit gesenkt wird, dass gerade ein Überschussbarwert aus der Mandatsannahme von null verbleibt. Insofern ist die für Folgeprüfungen aufscheinende Rente nur eine Quasirente und keine echte Rente.

Ausspruch

Einen Einblick in die Usancen der Prüfungspraxis gibt folgendes Zitat eines ehemaligen Vorsitzenden des Vorstands des IDW: *„In reifen Märkten wächst die Neigung, mit Low Balling, was besser klingt als brutale Preisunterbietung, an gute und zukunftsweisende Mandate zu gelangen. Das muss man sehen. So sind die Marktbedingungen im Prüfungsbereich. Es hat gar keinen Zweck, davor die Augen zu verschließen."* (Schmidt 1997, S. 236 f.)

Empirische Ergebnisse

Die meisten empirischen Arbeiten konzentrieren sich auf das *fee cutting,* weil ein potenzielles *low balling* wegen der Probleme der Datenbeschaffung für die mandantenbezogenen Prüfungskosten große Schwierigkeiten bereitet. Die Hypothesen über das *fee cutting* konnten in einer Reihe von Arbeiten bestätigt werden, z. B. in *Simon/Francis* (1988), *Ettredge/Greenberg* (1990), *Turpen* (1990), *Pong/Whittington* (1994), *Gregory/Collier* (1996) und *Ghosh/Lustgarten* (2006). Die letztere Studie zeigt dabei Unterschiede zwischen den Big 4-Prüfern und kleineren Prüfungsgesellschaften auf, dort ist das *fee cutting* größer, was die Autoren auf eine stärkere Konkurrenz in diesem Marktsegment zurückführen. *Huang/Raghunandan/Rama* (2009) untersuchen, ob es Änderungen im *fee cutting* von Big 4-Gesellschaften am US-amerikanischen Markt für die Zeit vor und nach Geltung des in 2002 eingeführten Sarbanes-Oxley Act (SOX) gibt. Sie finden, dass im Jahre 2001 (also *vor* Geltung des SOX) die Gebühr für neue Mandanten um 24 % unterhalb derjenigen für bestehende Mandate lag (kontrolliert für viele andere Einflussfaktoren, die Auswirkungen für die Prüfungsgebühr haben können). Dagegen konnte für das Jahr 2006 (also einige Jahre *nach* Implementierung des SOX) festgestellt werden, dass neue Mandanten nun einen Zuschlag von durchschnittlich 16 % gegenüber laufenden Mandaten zu zahlen hatten. Die Autoren führen dies auf eine gestiegene kritischere Grundhaltung der unter verstärkter Überwachung stehenden Big 4-Prüfer zurück und finden zudem, dass für kleinere Prüfungsgesellschaften in beiden Perioden *fee cutting* gilt, wodurch die schon bei *Ghosh/Lustgarten* (2006) identifizierten Unterschiede zwischen großen und kleineren Prüfungsgesellschaften bestätigt werden. Eine Untersuchung von *Desir/Casterella/Kokina* (2014) findet aber, dass die Resultate von *Huang/Raghunandan/Rama* (2009) eine Art „Ausreißer" waren, denn für die Perioden 2007–2010 konnte sowohl für Big 4-Prüfer als auch kleinere Gesellschaften signifikantes *fee cutting* im Umfang von 16 % bis 34 % festgestellt werden.

   Zur unmittelbaren Feststellung von *low balling* eignen sich eher Experimentalstudien, in denen besser für zahlreiche Bedingungen und eine Beobachtbarkeit der gewünschten Zusammenhänge kontrolliert werden kann. Arbeiten mit verschiedensten Modellvarianten, etwa *Schatzberg* (1990, 1994), *Schatzberg/Sevcik* (1994) und *Calegari/Schatzberg/Sevcik* (1998), finden Ergebnisse, die mit der Existenz von *low balling* im Einklang stehen.

Mehr als zwei Perioden

Im obigen Modell entspricht die Quasirente in der zweiten Periode der Summe der Erstprüfungskosten *EPK* und Transaktionskosten *TR*. Weil es sich um ein Zweiperioden-Modell handelt, gleicht dieser Wert ebenfalls dem **Barwert der Quasirenten** am Ende der ersten Periode. Eine Ausweitung des Zeithorizonts führt diesbezüglich aber zu *keiner* Änderung, d. h. auch bei mehr als zwei Perioden oder gar einem unendlichen Zeithorizont beträgt der Barwert der Quasirenten für eine beliebige Periode nach der Startperiode stets $EPK + TR$.[31]

   Den Grund dafür sieht man, wenn man das obige Modell um eine Periode erweitert, indem z. B. eine Periode 0 vorgeschaltet wird. Dann hat man es auch in Periode 1 mit einer Folgeprüfung zu tun. Der bisherige Prüfer kann aber nicht davon ausgehen, dass die Gebühr der Konkurrenzprüfer für Periode 1 der Summe $K + EPK$ gleicht, denn die Konkurrenzprüfer bewerben sich jetzt ja um ein faktisch zweiperiodiges Mandat mit der Konsequenz, dass in der Periode 2 die Gebühren gemäß (9.1) verlangt würden, *unabhängig* davon, ob dann der bereits vorhandene Prüfer oder ein gegenwärtiger Konkurrenzprüfer

---

[31] Siehe dazu zB *Magee/Tseng* (1990), S. 319.

das Mandat innehat. Das heißt, der Konkurrenzprüfer in Periode 1, mit (c) indexiert, würde eine Gebühr wie in (9.2) verlangen und damit *low balling* betreiben, also

$$\left(PG_1^{(c)} - K - EPK\right) + \frac{PG_2^{(c)} - K}{1+i} = 0 \quad \Leftrightarrow \quad PG_1^{(c)} = K + \frac{i \cdot EPK}{1+i} - \frac{TR}{1+i} \tag{9.4}$$

Diese Gebühr zuzüglich der Transaktionskosten *TR* kann nun auch der Prüfer verlangen, der in Periode 0 das Mandat erhalten hat. Seine **Gebührenforderung** für die erste Periode ist demnach

$$PG_1 = PG_1^{(c)} + TR = K + \frac{i \cdot EPK - TR}{1+i} + TR = K + \frac{i\left(EPK + TR\right)}{1+i} \tag{9.5}$$

Der **Barwert der Quasirenten** in der ersten Periode beträgt damit

$$\left(PG_1 - K\right) + \frac{PG_2 - K}{1+i} = \frac{i\left(EPK + TR\right)}{1+i} + \frac{EPK + TR}{1+i} = EPK + TR \tag{9.6}$$

In Periode 0 muss der Prüfer, um gerade den **Break even-Punkt** zu erreichen, eine **Gebühr** in der Höhe verlangen, dass der Gebührenbarwert gerade dem Barwert der Prüfungskosten über alle drei Perioden entspricht. Daraus ergibt sich für PG_0

$$\left(PG_0 - K - EPK\right) + \frac{1}{1+i}\underbrace{\left(PG_1 - K + \frac{PG_2 - K}{1+i}\right)}_{=EPK + TR} = 0 \tag{9.7}$$

$$\text{und damit } PG_0 = K + \frac{i \cdot EPK - TR}{1+i}$$

was der **Prüfungsgebühr** im Zweiperiodenfall entspricht. Der Gesamtspielraum aus dem Auftrag gleicht damit immer dem Betrag der zusätzlichen **Erstprüfungskosten** *EPK* und der unternehmensbezogenen **Transaktionskosten** *TR*. Er wird bei Verlängerung der betrachteten Perioden unterschiedlich auf die Folgeperioden verteilt. Im obigen Dreiperiodenmodell ergibt sich daraus ein beständiger Anstieg der Prüfungsgebühren über die Zeit.

Erweitert man den Zeithorizont nochmals, bleibt die Prüfungsgebühr für alle Perioden außer der **Start- und Schlussperiode** aber gleich.[32] Der Grund liegt darin, dass der vorhandene Prüfer in jeder Folgeperiode (außer der Schlussperiode) mit Prüfern am Markt konkurriert, deren Gebührengestaltung wegen der Konkurrenzeffekte zu einem Gebührenbarwert von null führen muss und daher *low balling* aufweist. Daher bewirkt ein Prüferwechsel für das Unternehmen wegen der für alle Prüfer identischen laufenden Kosten *K* stets nur Zusatzkosten von *EPK* + *TR*, unabhängig davon, wann dieser Wechsel innerhalb des Zeithorizontes stattfindet. Nur in der letzten Periode kann dieser Betrag vom vorhandenen Prüfer voll in die Gebühr eingerechnet werden, so dass die Prüfungsgebühr für die Schlussperiode am größten ist.

---

[32] Vgl dazu *Magee/Tseng* (1990), S. 319. Im Modell von *DeAngelo* (1981a) ergeben sich wegen des unendlichen Zeithorizontes konstante Prüfungsgebühren nach der Startperiode.

Beschränkungen der Mandatslaufzeit

In den regulativen Diskussionen zur Gewährleistung der Unabhängigkeit[33] wurde immer wieder die Forderung nach einer **Beschränkung der Mandatsdauer** erhoben, und die EU-VO sieht tatsächlich in Artikel 17 eine Mandatslaufzeit von maximal 10 Jahren vor.[34] Die Konsequenzen einer solchen Beschränkung für die Quasirenten auf Prüfungsgebühren und Prüfungskosten der Unternehmen lassen sich anhand des obigen Dreiperiodenmodells ableiten.[35] Dazu wird vereinfachend unterstellt, dass die Dauer eines Mandats auf maximal zwei Jahre befristet sei. Ein Prüfer, der in der Periode 0 das Mandat gewinnt, kann es daher maximal bis zum Ende der ersten Periode behalten. Spätestens ab der zweiten Periode muss ein neuer Prüfer bestellt werden.

Zunächst wird die Gebührengestaltung eines vorhandenen Prüfers in der ersten Periode betrachtet. Die Konkurrenzprüfer können ihre Gebührengestaltung für die folgenden zwei Perioden gemäß den bisherigen Überlegungen (siehe Gleichung (9.4)) bestimmen, weil ihre maximale Mandatsdauer mit dem Resthorizont des Modells übereinstimmt. Der **vorhandene Prüfer** hat aber jetzt *nicht mehr* den gleichen Spielraum wie bisher, weil er in der zweiten Periode nicht mehr Folgeprüfer sein kann. Daraus folgt, dass das zu prüfende Unternehmen die Summe $EPK + TR$ spätestens in der zweiten Periode wird zahlen müssen. Diese **Zusatzkosten eines Prüferwechsels** können **nicht vermieden** werden. Der vorhandene Prüfer kann seine Gebühr für die erste Folgeperiode daher nur so weit erhöhen, dass es sich für das Unternehmen nicht lohnt, den Prüfer schon jetzt zu wechseln.

Weil der Barwert der Gebührenüberschüsse für die Konkurrenzprüfer stets gleich null ist, müsste das Unternehmen bei einem sofortigen Wechsel in der ersten Periode faktisch den Barwert der Prüfungskosten für die erste und zweite Periode bezahlen:

$$K\left(1+\frac{1}{1+i}\right)+EPK+TR \tag{9.8}$$

Der **Gebührenspielraum** für den vorhandenen Prüfer ergibt sich dann aus

$$PG_1+\frac{K+EPK+TR}{1+i}=K\left(1+\frac{1}{1+i}\right)+EPK+TR$$

---

[33] Siehe zB das *Green Paper* der *EU-Kommission* (2010).

[34] Diese Laufzeit kann auf 20 Jahre verlängert werden, falls das Mandat nach 10 Jahren öffentlich ausgeschrieben wird, und die Mandatslaufzeit kann bis zu 24 Jahren betragen, falls die Mandatsverlängerung nach 10 Jahren im Rahmen eines *joint audits* erfolgt. Dabei handelt es sich um Mitgliedstaatenwahlrechte, die von den Mitgliedstaaten unterschiedlich ausgeübt werden können. Deutschland hat in der Folge des Wirecard-Skandals auf die Ausübung dieser Wahlrechte verzichtet, so dass die Standardregelungen der EU-VO gelten.

[35] Dabei wird – wie bisher – nicht berücksichtigt, dass ein zwingender Prüferwechsel aus regulativer Sicht mit einer Verbesserung der Prüfungsqualität aufgrund stärkerer Unabhängigkeit verbunden sein kann. Siehe dazu weiter unten.

Die linke Seite stellt den Barwert der Kosten für das Unternehmen dar, wenn der vorhandene Prüfer die Gebühr PG_1 verlangt und in der Folgeperiode ein zwingender Prüferwechsel stattfindet, wobei dem neuen Prüfer die gesamten Prüfungskosten abzugelten sind und die eigenen Transaktionskosten anfallen. Für PG_1 folgt daraus

$$PG_1 = K + \frac{i\left(EPK + TR\right)}{1+i} \qquad (9.9)$$

Damit ergibt sich zwar für PG_1 die gleiche Gebühr wie ohne Mandatsbeschränkung in Gleichung (9.5), doch gilt dies nicht für den Barwert der Quasirenten in der ersten Periode. Im vorliegenden Fall ist für den vorhandenen Prüfer nur noch die erste Periode relevant, so dass der Barwert der Quasirenten in der ersten Periode

$$PG_1 - K = \frac{i\left(EPK + TR\right)}{1+i} \qquad (9.10)$$

beträgt. Dieser Wert ist niedriger als der durch Gleichung (9.6) gegebene bisherige Barwert der Quasirenten $EPK + TR$. Weil es aber nach wie vor positive Quasirenten gibt, resultiert auch weiterhin *low balling* in der Periode 0, allerdings in einem geringeren Ausmaß als ohne Mandatsbeschränkung.

Die **Einführung einer beschränkten Mandatslaufzeit** ist daher für das Unternehmen mit **höheren Prüfungskosten** verbunden. Bei zeitlich optimaler Gebührengestaltung und keinen Laufzeitbeschränkungen würde das Unternehmen wegen *low balling* letztlich einen Gebührenbarwert entrichten, der exakt dem Barwert der gesamten Prüfungskosten inklusive der Erstprüfungskosten entspricht. Ein Prüferwechsel fände dann nicht statt, so dass keine Transaktionskosten TR mehr auftreten. Bei beschränkter Laufzeit der Mandate gibt es dagegen einen zwingenden Wechsel in einem bestimmten Rhythmus. Dadurch fallen in regelmäßigen Abständen erneut Erstprüfungs- *und* Transaktionskosten an.[36]

Alternative Erklärung von *low balling*
Kennzeichnend für die obigen Erklärungsansätze für *low balling* ist die Fokussierung auf den Gebührenspielraum für Folgeprüfungen. Dabei wird unterstellt, dass dieser Spielraum vom vorhandenen Prüfer voll ausgeschöpft wird, dass also der **vorhandene Prüfer** die gesamte Verhandlungsmacht besitzt. Angenommen, die **Verhandlungsmacht** ist alternativ vollständig bei dem **zu prüfenden Unternehmen** angesiedelt. Dieses wäre *ceteris paribus* zu jedem Zeitpunkt an möglichst geringen Prüfungsgebühren interessiert. Von der letzten betrachteten Periode kommend, würde das Unternehmen im obigen Zweiperioden-Modell daher in Periode 2 die dem vorhandenen Prüfer angebotene Gebühr gerade in Höhe der regulären Prüfungskosten K festsetzen, so dass der vorhandene Prüfer willens

---

[36] *Gigler/Penno* (1995) erweitern den Ansatz von *DeAngelo* durch die Einführung von Kostenunterschieden bei den laufenden Prüfungskosten, die etwa durch unterschiedliche Spezialisierungen der Prüfer und damit ein unterschiedliches *Kostenmatching* zum Unternehmen resultieren können. Dann gibt es anders als im Basismodell auch kosteninduzierte Prüferwechsel.

ist, den Folgeauftrag anzunehmen. Analog müsste aber dann die Erstprüfungsgebühr für Periode 1 auf die Summe $K + EPK$ gesetzt werden. Damit gibt es in dieser Situation **weder Quasirenten** noch *low balling* noch *fee cutting*.

Dennoch kann es auch in einer derartigen, bezüglich der Verhandlungsmacht geänderten Situation zu *low balling* kommen, wenngleich aus anderen Gründen. Die Idee besteht darin, dass sich im Zeitablauf eine **asymmetrische Informationsverteilung über die regulären Prüfungskosten** K aufbaut.[37] Angenommen, die laufenden Prüfungskosten K sind in Periode 1 unsicher und unterliegen einer allen Akteuren bekannten Wahrscheinlichkeitsverteilung. Nachdem ein Prüfer die Erstprüfung durchgeführt hat, erfährt er die tatsächlichen laufenden Kosten K. Diese realisierten Kosten K sind dann in allen weiteren Perioden ebenso hoch. Weiter wird angenommen, dass die laufenden Prüfungskosten mandatsspezifisch, d. h. für alle Prüfer gleich hoch sind. Die Erstprüfungskosten EPK und die Transaktionskosten TR sind weiterhin allgemein bekannt.

Besitzt das Unternehmen die Verhandlungsmacht, wird es dem vorhandenen Prüfer zu Beginn der zweiten Periode ein bestimmtes Gebührenangebot unterbreiten. Der vorhandene Prüfer wird dieses **Angebot ablehnen**, wenn er weiß, dass die tatsächlichen Prüfungskosten höher als die angebotene Prüfungsgebühr sind. Dies wiederum ist ein **Signal** für das Unternehmen und die Konkurrenzprüfer, denn sie erhalten die Information, dass die noch möglichen Kosten aus einer Wahrscheinlichkeitsverteilung stammen, deren Untergrenze die bislang angebotene Prüfungsgebühr ist. Konkurrenzprüfer werden in diesem Fall daher nur dann zur Annahme des Prüfungsauftrags bereit sein, wenn die ihnen angebotene Gebühr neben den Erstprüfungskosten auch die (revidierten) erwarteten Prüfungskosten abdeckt.

Das Unternehmen muss bei seinem Gebührenangebot die verschiedenen Effekte gegeneinander abwägen. Ein relativ hohes Angebot an den vorhandenen Prüfer sichert zwar dessen weitere Tätigkeit, doch nur unter recht hohen Kosten. Ein eher niedriges Gebührenangebot führt dagegen mit hoher Wahrscheinlichkeit zu einer Ablehnung des Auftrags durch den vorhandenen Prüfer, und das Unternehmen muss dann den höheren Erwartungswert der *ex post* noch möglichen Prüfungskosten zusätzlich zu den dem neuen Prüfer abzugeltenden Erstprüfungskosten EPK sowie zu den Transaktionskosten TR zahlen.

Was auch immer der Tradeoff ergibt, strukturell wird aus Sicht des Unternehmens das letztlich optimale **Gebührenangebot** vom vorhandenen Prüfer im Gleichgewicht nie mit Sicherheit, sondern nur mit der **Wahrscheinlichkeit** dafür akzeptiert, dass die tatsächlichen laufenden Prüfungskosten K nicht größer als das Gebührenangebot sind. Im Fall der Auftragsannahme erzielt der vorhandene Prüfer eine **positive Rente**, deren genauer Wert allerdings nur ihm selbst bekannt ist, weil auch nur er die tatsächlichen Prüfungskosten exakt kennt. Aus Sicht der Periode 1 handelt es sich mithin um erwartete Überschüsse aus einer künftigen Beibehaltung des Mandats. Weil zu Beginn der Periode 1 von symmetrischer Informationsverteilung über die Prüfungskosten ausgegangen wird, haben zu diesem Zeitpunkt alle Parteien die gleichen Erwartungen über diese künftigen Überschüsse. Dies kann

---

[37] Vgl dazu *Kanodia/Mukherji* (1994).

das zu prüfende Unternehmen bei seiner anfänglichen Gebührengestaltung ausnutzen. Es kann nämlich ein Angebot unterbreiten, welches um den Barwert dieser künftig erwarteten Überschüsse niedriger ist als der Erwartungswert der Prüfungskosten. Aus der *ex ante-Sicht* verschwindet der Überschussbarwert für den Prüfer, man erhält erneut *low balling* (relativ zu den *erwarteten* Prüfungskosten),[38] und die künftig erwarteten Überschüsse aus einer potenziellen Beibehaltung des Mandats erweisen sich wieder als **Quasirenten**.

Trotz der anderen Zuordnung der Verhandlungsmacht ergeben sich also ähnliche Zusammenhänge wie in den Modellen des *DeAngelo*-Typs. Die Ergebnisse über *low balling* und Quasirenten hängen jetzt aber nicht mit Zusatzkosten für eine Erstprüfung oder Transaktionskosten beim Prüferwechsel zusammen. Sie werden stattdessen durch die Einführung einer sich zeitlich entwickelnden **asymmetrischen Informationsverteilung** über die (laufenden) **Prüfungskosten** getrieben. Es kommt letztlich zu kosteninduzierten Prüferwechseln, dann nämlich, wenn das optimale Gebührenangebot des Unternehmens nicht die nur dem vorhandenen Prüfer bekannten laufenden Prüfungskosten deckt. Dieser Prüferwechsel hat daher nichts damit zu tun, dass etwa das Management des zu prüfenden Unternehmens nach „angenehmeren" Prüfern Ausschau halten würde.

3.3   Quasirenten und die Beeinträchtigung der Unabhängigkeit

In den obigen Ansätzen ging es zunächst nur darum, die Existenz **ökonomischer Vorteile** aus vorhandenen Prüfungsmandaten unter Konkurrenzbedingungen am Prüfungsmarkt zu erklären. Für die Herleitung dieser Zusammenhänge wurden lediglich Annahmen über Verhandlungsspielräume, verschiedenste Kosten und ggf. Informationsstände benötigt. Dabei wurde die Problematik der **Berichterstattung** und der **Unabhängigkeit des Prüfers** nicht berücksichtigt. Dies darf freilich nicht darüber hinwegtäuschen, dass die letztliche Intention dieser Erklärungen mit Blick auf die Unabhängigkeitsproblematik erfolgt, denn ohne echte Vorteile vorhandener Mandate wäre eine potenzielle Verzerrung der Berichterstattung nur schwer begründbar.

> Diese Zielrichtung der Argumentation ist insbesondere für die Originalarbeiten von *DeAngelo* (1981a, 1981b) kennzeichnend. Die Anwendung auf Berichtsprobleme erfolgt nach der Erklärung der Quasirenten, und es wird eine sehr plastische Definition der Unabhängigkeit vorgelegt, indem „… *the level of auditor independence is defined as the conditional probability that, given a breach has been discovered, the auditor will report the breach*".[39] Darin wird deutlich, dass der Fokus rein auf der Berichterstattung liegt, während die vorgelagerten Fragen wie der Anwendung von Prüfungsmethoden keine Rolle spielen.

---

[38] Das Auftreten von *fee cutting* ist jetzt nicht mehr zwingend, weil die für das zu prüfende Unternehmen optimale Gebühr in der zweiten Periode auch von der Verteilung der regulären Prüfungskosten abhängt. Dadurch lässt sich keine generelle Aussage über *fee cutting* machen.

[39] *DeAngelo* (1981a), S. 116.

Quasirenten und Unabhängigkeit

Ein Prüfer wird nur dann bereit sein, seine Berichterstattung über erkannte Mängel zu verzerren, wenn er daraus irgendwelche Vorteile ziehen kann. **Renten**, und letztlich auch **Quasirenten**, konstituieren ökonomische Vorteile, die an ein *vorhandenes* Mandat gekoppelt sind. Sie können beim Wegfall eines Prüfungsauftrags nicht einfach durch neue Mandate ersetzt werden, weil der Wettbewerb unter den Prüfern dafür sorgt, dass der Überschussbarwert neuer Mandate typischerweise verschwindet. Dies wiederum kann sich das Management des zu prüfenden Unternehmens zunutze machen. Eine vom Management nicht gewünschte Berichterstattung des Prüfers könnte ggf. verhindert werden, indem man dem Prüfer damit droht, ihn im Folgejahr nicht mehr zur Wiederwahl vorzuschlagen. Die Gestaltung der Prüfungsgebühren war ja bisher auch gerade so, dass das Unternehmen indifferent zwischen Beibehaltung des bisherigen Prüfers und der Auftragsvergabe an einen neuen Prüfer ist. Hält der Prüfer diese Drohung für glaubhaft, muss er bei unverzerrter Berichterstattung mit dem Verlust seiner Quasirenten aus dem vorhandenen Mandat rechnen – und diese Verluste lassen sich nicht durch anderweitigen Ressourceneinsatz einfach kompensieren.

Nach dieser Argumentation könnte man vermuten, dass es um die **Unabhängigkeit** eines Prüfers eher schlecht bestellt ist. Dieser Schluss wäre indes voreilig, denn es existieren auch gegenläufige Effekte, die sich aus Quasirenten ableiten lassen.[40] Gemäß der Quasirentenlogik bestehen die ökonomischen Vorteile zu einem bestimmten Zeitpunkt aus dem Barwert der **Quasirenten** *aller* **Prüfungsmandate** eines Prüfers. Ein Prüfer, der eine zugunsten des Managements verzerrte Berichterstattung erwägt, um die Quasirenten aus einem bestimmten Mandat zu sichern, muss im Gegenzug berücksichtigen, dass die verbliebenen Mängel der Rechnungslegung und ggf. auch seine Berichtsverzerrung dem Markt mit einer bestimmten Wahrscheinlichkeit später doch noch bekannt werden könnten. Abgesehen von potenziellen direkten Haftungsfolgen können sich daraus weitere negative Konsequenzen ergeben. Die Kapitalmarktteilnehmer werden ihre Erwartungen über die Qualität der Leistungen dieses Prüfers nach unten revidieren, was dessen Reputation vermindert und wiederum alle Unternehmen tangiert, die Prüfungsaufträge an diesen Prüfer vergeben haben. Sie müssen nämlich befürchten, dass die Investoren auch die Qualität der jeweiligen Bilanzen nach unten revidieren, was mit Einbußen der jeweiligen Unternehmensziele verbunden sein kann. Dies kann dazu führen, dass andere Unternehmen dem Prüfer das bisherige Mandat entziehen.

Bei einer **Berichtsverzerrung** muss der Prüfer mithin einen **Tradeoff** zwischen dem **Erhalt der Quasirenten** eines *bestimmten* Mandats und dem **potenziellen Verlust von Quasirenten** *anderer* Mandate durchführen. Diese Abwägung wird umso eher zu Gunsten der Unabhängigkeit (also einer unverzerrten Berichterstattung) ausgehen, je größer der zu

---

[40] Vgl dazu *DeAngelo* (1981b).

berücksichtigende Verlust von Quasirenten aus anderen Mandaten ist. Dieser Verlust wird mit Umfang und Anzahl anderweitiger Mandate steigen, und diese Aspekte werden typischerweise positiv mit der Größe eines Prüfungsunternehmens korreliert sein.

Empirische Resultate zu Reputationsverlusten

Die empirische Messung der ökonomischen Konsequenzen von Reputationsverlusten ist schwierig. Es bietet sich daher an, derartige Messungen zunächst für solche Fälle zu versuchen, die als sehr „sichtbar" gelten. Diesbezüglich konnten einige US-amerikanische Studien[41] feststellen, dass Prüfungsgesellschaften, die von der SEC offen für Prüfungsmängel gerügt wurden, im Laufe der folgenden Jahre signifikante Einbußen an Marktanteilen und Verminderungen der Prüfungsgebühren hinnehmen mussten. Auch in anderen Ländern konnten bei analogen Fällen ähnliche Effekte festgestellt werden.[42]

Ein besonders pointierter Fall war der Enron-Skandal im Jahre 2001, in dessen Folge das Prüfungsunternehmen Arthur Andersen letztlich vom Markt verschwand. *Chaney/Philipich* (2002) zeigen, dass schon in den drei Tagen nach Bekanntwerden der Aktenvernichtung bei Andersen eine signifikant negative Kursreaktion bei anderen Andersen-Klienten festgestellt werden konnte, die besonders stark für Klienten der Niederlassung in Houston ausgeprägt war (diese Niederlassung war maßgeblich in den Enron-Fall involviert). Dies ist konsistent mit der Annahme, dass der Markt unmittelbar nach Kenntnis des Fehlverhaltens von Andersen seine Einschätzung der Prüfungsqualität nach unten revidiert hat, was sich negativ für andere, von Andersen geprüfte Unternehmen ausgewirkt hat.

Eine ähnliche Untersuchung führen *Weber/Willenborg/Zhang* (2008) am Beispiel des am früheren Neuen Markt in Deutschland gelisteten Unternehmens Comroad durch, welches von KPMG geprüft wurde. Im Februar 2002 trat KPMG vom Prüfungsmandat zurück, und im Laufe der folgenden Wochen zeigte sich durch einen Folgeprüfer, dass 97 % der im von KPMG geprüften Jahresabschluss 2000 angegebenen Umsätze faktisch frei erfunden waren. Die Autoren finden für die anderen Klienten von KPMG ebenfalls signifikant negative Kursreaktionen im Nachgang dieser Ereignisse und einen Verlust an Marktanteilen für KPMG. Da in Deutschland weniger starke Haftungsregelungen als in den USA gelten, können diese Effekte am ehesten auf Reputationswirkungen zurückgeführt werden.

Im Nachgang zum Wirecard-Skandal im Jahr 2020 gibt es ebenfalls Indizien, die für Reputationsverluste beim ehemaligen Wirecard-Prüfer EY hindeuten. So brachen die Prüfungseinnahmen im Geschäftsjahr 2022 um 1,9 % ein, und die Zahl der

---

[41] Siehe dazu *Wilson/Grimlund* (1990) und *Davis/Simon* (1992). Bezüglich der Veränderung von Marktanteilen findet *Firth* (1990) in etwas anderem Zusammenhang analoge Resultate.

[42] Vgl dazu zB *Skinner/Srinivasan* (2012) für einen Fall auf dem japanischen Markt.

von EY geprüften Unternehmen von öffentlichem Interesse sank sogar um 25 %.[43] Bei der Interpretation dieser Veränderungen sind zwar auch andere Faktoren (z. B. Prüferwechsel durch Rotationserfordernisse) zu berücksichtigen, doch sind die Entwicklungen konsistent mit den Wirkungen, wie sie auch in den obigen Fällen dokumentiert werden konnten.

Die Höhe der Quasirenten aus anderen Mandaten dient nach dieser Argumentation gewissermaßen als „Sicherheit" zur Gewährleistung der Unabhängigkeit. Die Gefahr einer möglichen Beeinträchtigung der Unabhängigkeit kann also nicht alleine an den Quasirenten eines bestimmten Mandats festgemacht werden, sondern eher an der **Relation** der Quasirenten eines bestimmten Mandats zur Gesamtheit der Quasirenten eines Prüfers.[44] **Größere Prüfungsgesellschaften** haben mehr solcher „Sicherheiten" anzubieten, und daraus folgt, dass **größere Prüfungsunternehmen tendenziell unabhängiger** als kleinere sind und *ceteris paribus* eine **bessere Prüfungsqualität** anbieten – und zwar alleine schon wegen des ökonomischen Tradeoffs im Rahmen künftiger Quasirenten. Davon abgesehen können fachliche oder prüfungstechnische Gegebenheiten ebenfalls die Prüfungsqualität beeinflussen.

Empirische Anwendungen

Nach der Quasirententheorie ist die Größe einer Prüfungsgesellschaft tendenziell positiv mit der Unabhängigkeit des Prüfers bei der Berichterstattung und daher – *ceteris paribus* – mit der Prüfungsqualität verknüpft. Die Größe eines Prüfungsunternehmens ist ein empirisch beobachtbarer Tatbestand, und auf diese Weise können zahlreiche Hypothesen im Zusammenhang mit der Prüfungsqualität getestet werden. Empirisch bietet sich z. B. eine Trennung in Prüfungen durch Big 4 versus Prüfungen durch andere Prüfer an, und nach der Quasirententheorie sollte mit ersteren eine höhere Prüfungsqualität als mit letzteren verbunden sein.

Ein typisches Beispiel für solche Studien ist *Teoh/Wong* (1993). Dort wird zunächst auf Basis eines Modells gezeigt, dass die Kapitalmarktreaktionen der Anleger auf die Veröffentlichung unerwarteter Gewinnänderungen um so größer ausfallen sollten, je verlässlicher die Rechnungslegung ist (dann nämlich korrespondieren Erfolgsänderungen in der Rechnungslegung umso eher mit Änderungen der tatsächlichen wirtschaftlichen Lage). Eine wichtige Determinante für die Verlässlichkeit der Rechnungslegung ist die Prüfungsqualität. Sie kann nicht direkt gemessen werden, doch bietet es sich aus den Quasirententheorien an, die Größe der beauftragten Prüfungsgesellschaft für die

---

[43]Vgl *Fehr* (2023a), S. 23.
[44]Vgl *DeAngelo* (1981b), S. 192.

Prüfungsqualität zu nehmen. Tatsächlich finden *Teoh/Wong* (1993), dass die empirisch festgestellten Reaktionskoeffizienten signifikant positiv davon abhängen, ob die jeweiligen Unternehmen von einem (damaligen) Big 8-Prüfer geprüft wurden.

Low balling und Unabhängigkeit

In den oben dargestellten Ansätzen wurde neben den Quasirenten auch das Phänomen des *low balling* erklärt. Bei *low balling* liegt die Gebühr für eine Erstprüfung unterhalb der Kosten der jeweiligen Prüfung. Betrachtet man den Prüfungsprozess im Zeitverlauf, beginnend mit der erstmaligen Erteilung des Prüfungsauftrags, dann sind für einen Prüfer die **Überschüsse aus den Folgeprüfungen** *notwendig,* um die **Verluste** aus der Erstprüfung wieder **auszugleichen.** In dieser Sicht *scheint* es, dass eigentlich *low balling* die **Ursache** für mögliche Probleme bei der Unabhängigkeit ist. Denn gäbe es dieses Phänomen nicht, entstünden auch keine auszugleichenden Verluste durch Beibehaltung eines Mandats und mithin kein Drohpotenzial des Managements. Im Zweifel – so könnte man meinen – müsste man eine Gebührenregulierung erlassen, die ein *low balling* bei Erstprüfungen verhindert (in der Art von „Keine Verkäufe unter Einstandspreis!").

Eine Betrachtung der obigen Erklärungsmodelle offenbart jedoch, dass diese Sichtweise am *falschen Ende* ansetzt. Welche Erklärung auch immer herangezogen wird – stets ist *low balling* die **Folge** antizipierter künftiger Preissetzungen rational handelnder Akteure und der sich daraus ergebenden Überschüsse für ein bestehendes Mandat. *Low balling* ist in diesen Ansätzen **nie die Ursache** für künftige Quasirenten. Denkbare Berichtsverzerrungen zu einem Zeitpunkt werden aber nur durch die dort bestehenden Quasirenten induziert, die ehemaligen Kostenunterdeckungen bei einer Erstprüfung sind dann als „versunkene" und nicht mehr relevante Größen anzusehen.

Eine Gebührenregulierung, die *low balling* verhindert, hätte in dieser Argumentationslinie bezüglich der **Unabhängigkeit keinerlei Konsequenzen.** Die reduzierte Gebühr für die Erstprüfung ist *quasi* ein Ventil, das positive Überschussbarwerte schließt. Eine Untergrenze für diese Gebühren würde lediglich bewirken, dass dieses Ventil nicht mehr komplett geschlossen werden kann und der Prüfer strikt positive Überschüsse, d. h. eine **echte Rente**, mit dem Prüfungsauftrag erwirtschaften würde. Die Anreize für die Optimierung der Prüfungsgebühren in den Folgeperioden würden dadurch nicht verändert.

3.4   Beurteilung regulativer Vorschläge

Sinn von Umsatzgrenzen für Prüfungsaufträge

Eine regulative Maßnahme zur Wahrung der Unabhängigkeit sind Umsatzgrenzen des Prüfers mit einem bestimmten Mandanten (wie z. B. die oben genannten Grenzen von 30 % bzw. 15 %). Wenn der mandantenspezifische Anteil der Quasirenten ein Maß für mögliche Beeinträchtigungen der Unabhängigkeit ist, dann erscheint eine solche Regelung grundsätzlich sinnvoll. Obwohl es eigentlich auf die Quasirenten ankommt, ist deren Messung allerdings kaum von außen nachvollziehbar, weil neben den Prüfungsgebühren auch die mandatsspezifischen Prüfungskosten sowie deren Entwicklung in der Zukunft berücksichtigt werden müssen. Unterstellt man, dass die Höhe der Gebühren positiv mit den Quasirenten korreliert ist, können die **Umsätze als Ersatzgröße** zur Messung der Quasirenten herangezogen werden. Eine Begründung des **Prozentsatzes** von 30 % bzw. 15 % ist allerdings aus der Quasirentenlogik *nicht* abzuleiten. Die Modelle geben nur eine grundsätzliche Argumentationsrichtung mit den relevanten Tradeoffs an. Konkrete Grenzwerte können nur für eine ganz bestimmte Situation ermittelt werden, eine pauschale Festlegung eines allgemein gültigen Grenzwertes würde erhebliche zusätzliche Annahmen erfordern.

Prüfung und Beratung des Unternehmens durch den Prüfer

Die Umsatzgrenze des § 319 (3) Nr 5 dHGB von 30 % betrifft aber nicht nur die Umsätze aus der Prüfung, sondern auch Umsätze aus der **Beratung eines prüfungspflichtigen Unternehmens**. Die Verbindung von Prüfung und Beratung war in der Praxis nicht unüblich und verzeichnete in den vergangenen Jahrzehnten ein beachtliches Wachstum. Sie ist ein beständig diskutiertes Problem, weil der Prüfer im Rahmen der Rechnungslegung Sachverhalte zu prüfen hat, an deren Entstehen er durch Beratungsaufträge ggf. direkt mitgewirkt hat. Ob er in solchen Fällen noch unbefangen sein kann, ist offen.

Positiv wird für die Verbindung von Prüfung und Beratung zumeist angeführt, dass daraus *knowledge spillover*-Effekte resultieren können, weil der Prüfer z. B. das bei der Beratung gewonnene Wissen auch im Rahmen der Prüfungstätigkeiten effizient verwerten kann. Die regulativen Bemühungen gehen zumeist dahin, die Fälle zulässiger Verbindungen von Prüfung und Beratung gegenüber unzulässigen abzugrenzen. Nach dem Enron-Skandal haben die sich Gesetzgeber international – dem Vorbild des amerikanischen Sarbanes-Oxley Act (SOX) folgend – zu einer recht drastischen Vorgehensweise durchgerungen, indem das gemeinsame Angebot von Prüfungs- und Beratungsleistungen durch den Abschlussprüfer beim selben Unternehmen weitgehend untersagt wurde (siehe etwa die „*Blacklist*" in Artikel 5 der EU-VO).

Empirische Ergebnisse

Die Problematik des gleichzeitigen Angebots von Prüfung und Beratung durch den Abschlussprüfer beim selben Unternehmen ist seit den 1980er-Jahren Gegenstand etlicher empirischer Untersuchungen, wobei deren Anzahl seit dem Enron-Debakel 2001 und den daran anknüpfenden regulativen Einschränkungen der Kopplung von Prüfung und Beratung mit SOX in den USA sowie analoge Regulierungen in anderen Ländern) nochmals stark zugenommen hat.[45] Die Literatur behandelt sowohl *independence of mind* als auch *independence in appearance*. Der Umfang von Beratungsleistungen wird dabei zumeist an den dafür gezahlten Gebühren bzw. derem Anteil an den Gesamtgebühren gemessen, und es werden verschiedenste Methoden und Proxygrößen zur Messung der interessierenden Konzepte für die Prüfungsqualität herangezogen:

Independence of mind: Die mit dieser Ausrichtung vorgelegten Studien versuchen, das *tatsächliche* Verhalten des Prüfers zu erfassen. Dazu werden z. B. folgende Maßgrößen verwendet:

- *Einschränkungen des Bestätigungsvermerks* bei besonders „kritischen" Situationen, z. B. bezüglich der Going Concern-Frage: Die Idee ist, dass der Prüfer bei einer Beeinträchtigung der Unabhängigkeit weniger geneigt sein könnte, derartige Einschränkungen vorzunehmen. Man prüft dann, ob die beobachtete Häufigkeit der Testatseinschränkungen mit dem Umfang der Beratungsleistungen (z. B. gemessen durch die Höhe und/oder den Anteil der Beratungshonorare) signifikant assoziiert ist.
- *Bilanzpolitik des Managements:* Eine Beeinträchtigung der Unabhängigkeit könnte dem Management größere Spielräume für Bilanzpolitik erlauben. Empirisch wird dann geprüft, ob sich signifikante Beziehungen etwa zwischen diskretionären Periodenabgrenzungen und den (absoluten oder relativen) Beratungshonoraren finden lassen.
- *Explizite Bilanzkorrekturen:* Eine schlechtere Prüfungsqualität wegen beeinträchtigter Unabhängigkeit könnte durch andere Faktoren später zu Tage treten, so dass Bilanzkorrekturen fällig werden. Man kann empirisch prüfen, ob derartige Korrekturen mit dem Beratungsumfang assoziiert sind.

Independence in appearance: Diese Arbeiten beziehen sich auf die Vermutungen der Abschlussadressaten (Investoren, Kreditgeber usw.) hinsichtlich der Unabhängigkeit des Prüfers:

- *Einstellungen (perceptions) der Adressaten*: Hier werden Personen im Rahmen von Befragungen und/oder Experimenten mit bestimmten Situationen konfrontiert, in denen z. B. der Beratungsumfang durch den Prüfer variiert. Die Personen sollen dann angeben, wie ihre Einschätzung bezüglich der Unabhängigkeit aussieht.

---

[45] Siehe zu Übersichten etwa *Ewert* (2003), *DeFond/Francis* (2005), S. 13–16, *Quick* (2006), *Pott/ Mock/Watrin* (2009), S. 226–234, *Habib* (2012), *DeFond/Zhang* (2014), S. 87–89, *Gwilliam/Teng/ Marnet* (2014).

- *Abstimmungen bei der Prüferwahl*: Die Zustimmungsquoten bei der Prüferwahl auf der Hauptversammlung werden in Beziehung zum Beratungsumfang gesetzt. Eine signifikant negative Assoziation würde dann als Beleg für eine Besorgnis der Befangenheit genommen.
- *Earnings response-Koeffizienten*: Je unabhängiger der Prüfer, desto verlässlicher können die Abschlusszahlen angenommen werden, desto eher werden Investoren auf Erfolgsgrößen reagieren und desto größere Preisänderungen würde man im Zusammenhang mit der Rechnungslegung beobachten.
- *Kapitalkosten*: Eine höhere Verlässlichkeit der Rechnungslegung durch unabhängige Prüfer reduziert die von den Investoren wahrgenommenen Risiken einer Anlage. Daher sollten Risikoprämien und mithin die Kapitalkosten sinken.

Die **Resultate** dieser Untersuchungen sind nicht einheitlich. Die Ergebnisse der *independence of mind*-Arbeiten können mehrheitlich *keine* Beeinträchtigung der Unabhängigkeit durch die Kopplung von Prüfung und Beratung nachweisen. Die Ergebnisse der *independence in appearance*-Arbeiten ergeben teilweise ein anderes Bild, insbesondere die auf *„perceptions"* bezogenen Arbeiten finden oftmals eine negative Reaktion der Adressaten auf die Kopplung von Prüfung und Beratung. Aber auch hier sind die Resultate uneinheitlich, so finden sich auch Untersuchungen, nach denen sich nicht nur für steuerliche Beratungsleistungen, sondern sogar für Beratungen im Zusammenhang mit der Einrichtung von Informationssystemen eine Erhöhung der *Earnings response*-Koeffizienten und mithin eine **Verbesserung** der *independence in appearance* ergibt.[46]

In einer Gesamtsicht ist es derzeit aber wohl eher so, dass die regulativen Verbote von Prüfung und Beratung als empirisch nicht überzeugend gestützt werden: *„While the concerns expressed by investors suggest nonaudit fees are problematic, the majority of prior literature fails to find evidence of actual audit independence being impaired."* (*Carcello/Neal/Reid/Shipman* 2020, S. 195).

Die obigen Studien messen den Beratungsumfang durch die Beratungshonorare, und wenn man schon auf diese Weise die Assoziation von Gebühren und Prüfungsqualität untersucht, kann man sich – fußend auf den Quasirentenlogik von *DeAngelo* (1981a, 1981b) – auch generell die Beziehung zwischen Prüfungsgebühren bzw. Gesamtgebühren und Proxygrößen für die Prüfungsqualität anschauen. Hier hat sich in den letzten Jahren eine Vorgehensweise durchgesetzt, die auf die Assoziation zwischen **abnormalen Prüfungsgebühren** und der Prüfungsqualität fokussiert. Die Er-

---

[46] Vgl etwa *Koh/Rajgopal/Srinivasan* (2013) für den Fokus auf Beratungsleistungen bei der Einrichtung von Informationssystemen und *Krishnan/Viswanathan/Yu* (2013) für steuerliche Beratungsleistungen.

gebnisse sind uneinheitlich. Es gibt Studien, die eine positive Verbindung zwischen positiven abnormalen Prüfungsgebühren und der Bilanzpolitik finden[47] (dies wird dann als ungünstiger Einfluss für die Prüfungsqualität interpretiert), während andere Arbeiten die umgekehrte Beziehung feststellen.[48]

Ein direkter Test der Quasirentenargumentation müsste allerdings an der Beziehung zwischen der Berichterstattung des Prüfers und den *künftigen* Prüfungsgebühren anknüpfen. Dieser Frage gehen *Blay/Geiger* (2013) durch Untersuchung der Assoziation zwischen der Going Concern-Berichterstattung und künftigen Prüfungsgebühren nach. Sie finden, dass Prüfer umso „mandantenfreundlicher" berichten (weniger negative Going Concern-Feststellungen), je höher die künftigen Gebühren des entsprechenden Mandanten ausfallen. Dies wird als konsistent mit der Gefahr der durch Quasirenten ggf. induzierten Beeinträchtigung der Unabhängigkeit interpretiert.

Betrachtet man dieses Thema aus theoretischer Sicht, so können Beratungstätigkeiten analog zum Prüfungsmarkt modelliert werden.[49] Es gibt dann „reguläre" Beratungskosten und Zusatzkosten einer erstmaligen Beratung, außerdem herrscht Wettbewerb um die Beratungsaufträge. Unter diesen Bedingungen erhält man für die Beratungsaufträge grundsätzlich völlig **analoge Beziehungen** wie für die Prüfungstätigkeit. Ein gemeinsames Angebot von Prüfung und Beratung durch einen Prüfer würde die **Quasirenten aus Geschäften mit einem bestimmten Unternehmen erhöhen**.

Die Konsequenzen für die Unabhängigkeit sind allerdings offen, weil es für die Berichtspolitik eines Prüfers ja nicht auf die Höhe der *individuellen* Quasirenten, sondern auf den **Anteil** an den gesamten Quasirenten ankommt. Wenn eine Prüfungsgesellschaft nicht nur bei einem Mandanten Prüfungs- und Beratungsleistungen gemeinsam anbietet, sind die Auswirkungen eines simultanen Angebots dieser Produkte für den individuellen Quasirentenanteil und mithin die Berichterstattung grundsätzlich unbestimmt.[50] Das Ergebnis hängt auch davon ab, ob aufgedeckte Unabhängigkeitsprobleme eine Signalwirkung nur auf andere Prüfungsaufträge oder auch auf andere Beratungsaufträge ausüben. Je nach Spezifizierung der Zusammenhänge können sich sogar Effekte zur Erhöhung der Unab-

---

[47] Vgl etwa *Choi/Kim/Zang* (2010), *Asthana/Boone* (2012) und speziell für den deutschen Prüfungsmarkt *Krauß/Pronobis/Zülch* (2015).

[48] Vgl *Eshleman/Guo* (2014). *Higgs/Skantz* (2006) finden im Zusammenhang mit der *independence in appearance*, dass der *earnings response*-Koeffizient positiv mit der Höhe der abnormalen Prüfungsgebühren verknüpft ist, was darauf hindeuten würde, dass der Markt von einer gestiegenen Prüfungsqualität für besonders lukrative Prüfungsengagements ausgeht.

[49] Vgl dazu insbesondere den auf dem *DeAngelo*- Typ basierenden Ansatz von *Beck/Frecka/Solomon* (1988a, 1988b) sowie die sich darauf beziehend *Ostrowski/Söder* (1999).

[50] Siehe dazu bereits *Ewert* (1990), S. 197 f.

hängigkeit ergeben.[51] Aus der Quasirententhematik lässt sich daher kein wirklich überzeugendes Argument gewinnen, das eine eindeutige Beurteilung des simultanen Angebots von Prüfung und Beratung ermöglichen würde.[52]

In dieses Szenario lassen sich auch die *Spillover*-**Effekte** zwischen Prüfung und Beratung integrieren. Solche Effekte ergeben sich daraus, dass z. B. die Erkenntnisse der Beratung zu Kostensenkungen bei der Abwicklung von Prüfungsaufträgen führen können und umgekehrt. *Spillover*-Effekte bringen daher ökonomische Vorteile für das Unternehmen (bzw. den Prüfer), führen allerdings im Regelfall zu einer weiteren Erhöhung der Quasirenten. Auch diese Erhöhung von Quasirenten ist nicht auf ein einzelnes Mandat beschränkt; sie gilt ebenso für die Mandate bei anderen Unternehmen, sofern dort ebenfalls Prüfungs- und Beratungsleistungen gemeinsam angeboten werden. Grundsätzlich bleiben in diesem Fall die Resultate offen. Es lässt sich in einem spieltheoretischen Kontext für den besonderen Fall homogener Prüfungsmandate sogar zeigen, dass eine Kopplung von Prüfung und Beratung definitiv zu einer Verbesserung der Publikationsqualität führt.[53]

Spillover-Effekte, Beratungsleistungen und Prüferverträge

In einem (nicht auf Quasirenten bezogenen) Modell von *Kornish/Levine* (2004) bestehen auf Grund von *Spillover*-Effekten Effizienzvorteile für ein gemeinsames Angebot von Prüfung und Beratung durch den Abschlussprüfer. Der Manager ist dabei zuständig für die Vergabe von Beratungsaufträgen, während die Eigner die Vergabe der Prüfungsaufträge vornehmen. Der Manager wird gemäß einem erfolgsabhängigen Bonussystem entlohnt, wodurch Anreize zur Manipulation des ausgewiesenen Gewinns entstehen. Zur Realisierung seiner Vorstellungen kann der Manager dem Prüfer Beratungsaufträge geben, die über das eigentlich optimale Maß hinausgehen und daher dem Unternehmen Kosten verursachen (die Beratungsaufträge ersetzen hier die für eine verzerrte Berichterstattung erforderlichen Seitenzahlungen an den Prüfer).

Die Autoren zeigen, dass die Eigner diesem Anreiz durch erfolgsabhängige Prüfungsverträge entgegenwirken können, bei denen die Entlohnung des Prüfers bei höherem Gewinn tendenziell sinkt (dadurch wird der für den Prüfer positive Effekt der Kompensation durch zu umfangreiche Beratungsaufträge konterkariert, so dass der Prüfer im Ergebnis wieder einen Anreiz zur unverzerrten Berichterstattung behält). Sind erfolgsabhängige Honorare nicht möglich, können erfolgsabhängige Wiederbestellungswahrscheinlichkeiten in einem mehrperiodigen Kontext die gewünschte Funktion entfalten. Durch derartige Honorar- bzw. Wiederbestellungsverfahren lassen sich die Effizienzvorteile einer gemeinsamen Prüfung und Beratung durch den Abschlussprüfer realisieren, ohne dass die Unabhängigkeit beeinträchtigt wäre.

---

[51] Vgl dazu die Analyse bei *Arruñada* (1999), S. 82–85.

[52] Das ist freilich auch für andere Zugänge zur Beratungsproblematik kennzeichnend. Siehe dazu zB *Lange* (1994) und *Böcking/Löcke* (1997).

[53] Vgl dazu *Ewert* (2004).

Eine Verknüpfung zwischen erfolgsabhängigen Honoraren und der Zulässigkeit von Beratungsleistungen wird ebenfalls in einem Modell von *Mahieux* (2023) gezeigt. Dort können Beratungsleistungen einerseits für höhere Prüfungsanreize sorgen, beeinträchtigen andererseits aber die Unabhängigkeit im Rahmen der Berichterstattung. *Mahieux* zeigt, dass eine passend gestaltete erfolgsabhängige Vergütung des Prüfers die Probleme hinsichtlich der Unabhängigkeit beseitigen kann, ohne die Prüfungsanreize zu beeinträchtigen.

Prüferrotation

Eine weitere Möglichkeit, die Unabhängigkeit des Wirtschaftsprüfers zu stärken, könnte die **zwingende Rotation** des Prüfers sein, wonach ein Prüfer ein bestimmtes Mandat nur für eine gewisse maximale Laufzeit innehaben darf. Wird diese Zeitdauer erreicht, muss er das Mandat abgeben und kann es erst nach Ablauf einer bestimmten Frist wieder erlangen. Diese Idee gilt als sehr **kontrovers**,[54] und es hatten sich bislang nur ganz wenige Staaten, etwa Brasilien, Indien, Italien, Spanien (von 1988–1995), Singapur und Südkorea (von 2006–2010), zu einer rechtlichen Regelung einer externen Prüferrotation durchgerungen.[55] Allerdings wurde eine zwingende Rotationsregel in der EU-VO ab Juni 2016 für die Prüfung von Unternehmen öffentlichen Interesses mit einer externen Rotationsperiode von grundsätzlich 10 Jahren eingeführt.

Aus der Quasirentenlogik scheint ein solcher **Vorschlag** auf den ersten Blick sinnvoll zu sein. Wie oben gezeigt wurde, führt eine Begrenzung der Mandatslaufzeit (bei weiterhin jährlicher Bestellung des Abschlussprüfers) zu einer Minderung der Quasirenten während der Laufzeit, so dass sich daraus ein verringerter Anreiz zur Berichtsverzerrung ergeben könnte. Das Argument beruht jedoch auf einer *individuellen* **Quasirentenrelation**, und somit kann unter Berücksichtigung auch anderer Mandate des Prüfers für den Einzelfall **keine klare Aussage** getroffen werden. Eine gleichmäßige Anwendung der Laufzeitgrenze auf alle Mandate sollte den individuellen Quasirentenanteil eines Mandats gar nicht tangieren, so dass auch kein Effekt auf die Anreize zur Berichtsverzerrung auftreten sollte.

Während die **Anreizeffekte** des Rotationserfordernisses fraglich sind,[56] kann allerdings ein **Effekt** für die dem Unternehmen entstehenden **Prüfungskosten** eindeutig nachgewiesen werden. Die in bestimmten Zeitabständen erneut auftretenden Erstprüfungs- und

---

[54] Vgl zu einer kompakten Übersicht dieser Diskussion etwa *Herzig/Watrin* (1995), S. 780 f.

[55] In Österreich wurde in 2001 eine gesetzliche Regelung zur externen Prüferrotation nach einer Mandatslaufzeit von insgesamt sechs Jahren eingeführt, die ab 2004 in Kraft treten sollte. Sie wurde jedoch bereits vor Beginn ihrer Wirksamkeit wieder abgeschafft und durch eine interne Rotation ersetzt.

[56] *Dordzhieva* (2022) zeigt modellanalytisch, dass es bei einer verpflichtenden Rotation tatsächlich zu einer Beeinträchtigung der Unabhängigkeit kommen kann.

Transaktionskosten sind den jeweiligen Prüfern letztlich durch die Prüfungshonorare zu erstatten. Dadurch **erhöht** sich der Barwert der **Prüfungskosten**, ohne dass ein überzeugender Einfluss auf die Unabhängigkeit gegeben ist.[57]

Empirische Ergebnisse

Da das Thema einer externen Prüferrotation immer wieder Diskussionen auslöste, gibt es dazu eine umfangreiche empirische Literatur.[58] Die Arbeiten betrachten dabei vornehmlich die Beziehungen zwischen der Mandatslaufzeit und Maßgrößen für die Prüfungsqualität (siehe dazu Beispiele in einem früheren Einschub). Weil die Daten vielfach aus den USA und mithin gar nicht aus Ländern stammen, in denen externe Rotation gegeben ist bzw. war, handelt es sich strenggenommen gar nicht um Untersuchungen für ein Regime externer Rotation, sondern um Effekte von freiwilligen Prüferwechseln in Regimen ohne externes Rotationserfordernis. Da solche Prüferwechsel von ganz anderen Faktoren getrieben sein können als von externer Rotation, sind die Resultate vieler Arbeiten nur bedingt indikativ für die Wirkungen einer verpflichtenden Rotation von Prüfern.[59] Dieser Vorbehalt gilt auch gegenüber einer neueren Studie für den europäischen Prüfungsmarkt,[60] die auf Daten aus den Jahren 2009 bis 2016 basiert. Ihr Befund lautet, dass die Prüfungsqualität (gemessen durch diskretionäre Periodenabgrenzungen, das Erreichen von *earnings benchmarks* und nachträgliche Berichtigungen der Rechnungslegung (*restatements*)) für Prüfungen mit einer Laufzeit von mehr als 10 Jahren (das ist die Rotationsgrenze gemäß EU-VO) nicht geringer als für kürzere Laufzeiten ist. Sie findet stattdessen auch Indizien für eine bessere Prüfungsqualität bei längerer Laufzeit.

Insgesamt sind die empirischen Ergebnisse zur externen Prüferrotation *gemischt* – es gibt sowohl Studien, die negative Effekte einer längeren Mandatslaufzeit zeigen, als auch solche, die das Gegenteil nahelegen. Rein zahlenmäßig überwiegen Studien mit Ergebnissen, die eine Skepsis gegenüber kurzen Mandatslaufzeiten implizieren. Besonders relevant sind die Resultate solcher Studien, die tatsächlich in

---

[57] Zu einem ähnlich negativen Resultat kommen *Herzig/Watrin* (1995), S. 794–796 und *Cameran/Francis/Marra/Pettinicchio* (2015), S. 21. Man kann die Beurteilung der Rotation freilich auch mit anderen Argumenten vornehmen. So könnte zB angeführt werden, dass der Prüfer im Zeitablauf „betriebsblind" wird und deswegen ein Austausch angezeigt sein könnte. Diese Aspekte haben aber mit der Quasirentenargumentation nichts zu tun.

[58] Siehe zu einer Übersicht zB *Ewert* (2003), *Quick* (2004), *Cameran/Di Vincenzo/Merlotti* (2005), *Pott/Mock/Watrin* (2009), *Casterella/Johnston* (2013).

[59] Die Übersicht in *Casterella/Johnston* (2013) zeigt auch, dass die Resultate zu den Wirkungen einer Rotation davon abhängen, ob die jeweiligen Analysen für ein Regime freiwilliger oder verpflichtender Rotation durchgeführt wurden.

[60] Vgl *Garcia-Blandon/Argilés-Bosch/Ravenda* (2020).

Regimen mit Zwangsrotation durchgeführt wurden. Drei solche Studien kommen dabei *uni sono* zu einer *negativen* Beurteilung der externen Rotation. *Ruiz-Barbadillo/Gomez-Aguilar/Carrera* (2009) vergleichen in Spanien Perioden mit und ohne Rotationserfordernis (die externe Rotation galt dort 1988–1995) und finden keinen Beleg für eine bessere Prüfungsqualität (gemessen an der Going-Concern-Berichterstattung) in den Perioden mit externem Rotationserfordernis. Analog zeigen *Kwon/Lim/Simnett* (2014) für Südkorea (dort gab es die Rotationsverpflichtung 2006–2010), dass es keine Hinweise auf verbesserte Prüfungsqualität (gemessen an der Bilanzpolitik) im Rotationszeitraum gab, das Rotationserfordernis aber mit signifikanten Steigerungen der Prüfungskosten verbunden war. Und für Italien (hier gilt seit 1975 die Rotationsverpflichtung) finden *Cameran/Francis/Marra/Pettinicchio* (2015), dass – analog zu vielen der reinen Studien zur Mandatslaufzeit – die Prüfungsqualität (gemessen vornehmlich an der Bilanzpolitik) in den ersten drei Jahren nach einem Prüferwechsel *sank* und mit höherer Mandatslaufzeit stieg, außerdem wurden hohe Zusatzkosten für das Rotationserfordernis identifiziert.

In der Tendenz bestätigen sich daher die Ergebnisse der konzeptionellen Überlegungen in diesem Kapitel: Die externe Rotation ist mit signifikant **höheren Prüfungskosten** verbunden, ohne dass deutliche Indizien für eine verbesserte **Prüfungsqualität** erkennbar wären.

Fazit

Die Quasirentenargumentation bildet eine Basis für Diskussionen über die Unabhängigkeit. Sie ist aber eher qualitativ ausgerichtet und stößt für speziellere Fragestellungen rasch an ihre Grenzen. Dies liegt auch daran, dass in den bisherigen Ansätzen keine konkrete Analyse der **Berichterstattung** erfolgt. Die Fragen der Unabhängigkeit werden vielmehr den Erklärungsmodellen für Quasirenten übergestülpt und eher intuitiv-abwägend behandelt. Das hat zweifellos zur großen Popularität dieser Argumentationsrichtung beigetragen, ist aber aus konzeptioneller Sicht nicht zufriedenstellend. Denn wie schon in früheren Situationen erkannt wurde, können völlig andere als erwartete Ergebnisse entstehen, wenn man den strategischen Kontext spieltheoretisch berücksichtigt. Derartige Fragen werden im folgenden Abschnitt angesprochen.

3.5   Unabhängigkeit und Berichterstattung des Prüfers

Zur näheren Betrachtung der Berichterstattung im Kontext von Quasirenten wird der Ansatz von *Magee/Tseng* (1990) vorgestellt, der unmittelbar an die obige Analyse anknüpft.[61] Dabei wird von folgenden Annahmen ausgegangen. Ein vorhandener Prüfer hat die ganze

---

[61] Andere Modelle, die Quasirenten und Berichterstattung komplexer kombinieren, sind zB *Lee/Gu* (1998) und *Stefani* (2002).

Verhandlungsmacht und nutzt seinen Preisspielraum maximal aus, der sich aus der Existenz von zusätzlichen Erstprüfungs- und Transaktionskosten ergibt. Das vom Prüfer erhaltene Prüfungsergebnis kann zwei Ausprägungen annehmen, davon ist eine für den Mandanten günstig (G), die andere ungünstig (U).

Der Mandant präferiert einen Bericht G. Es existieren nun **zwei Prüfertypen**. Typ 1 hat mit der vom Mandanten gewünschten Berichterstattung keine Probleme, d. h. er hält unter Berücksichtigung der **Auslegungsspielräume** bei GoB und GoA einen Bericht von G für ordnungsgemäß, auch wenn sein Prüfungsergebnis U gewesen sein sollte.

> Ein Beispiel ist die Prüfung von Debitoren, in deren Verlauf dem Prüfer offenbar wird, dass ein Kunde des Unternehmens in den vergangenen Monaten die ihm eingeräumten Zahlungsziele beständig und mit zunehmender Tendenz überschritten hat. Dies könnte als Indiz für künftige Zahlungsschwierigkeiten dieses Kunden angesehen werden, woraus die Frage eines potenziellen Wertberichtigungsbedarfs entsteht. Das Management hat allerdings keine Wertberichtigung angesetzt. Der Prüfer hält nun die Wahrscheinlichkeit für tatsächliche Zahlungsprobleme für so gering oder die sich konkret ergebende Wertberichtigung für so unwesentlich, dass er die im vorläufigen Abschluss angewandte Vorgehensweise billigt.

Der Prüfer vom Typ 2 sieht dagegen beim Erhalt eines Ergebnisses U Probleme, falls er den Bericht G abgibt. Diese Probleme können etwa daraus resultieren, dass Typ 2 „intrinsische" Kosten wegen der Abgabe eines verzerrten Berichts hat, dass er subjektiv mit erwarteten Haftungsfolgen rechnet, wenn er G an Stelle von U berichtet. Die beiden Prüfer unterscheiden sich nur hinsichtlich dieses Aspekts, nicht aber bezüglich fachlicher und prüfungstechnischer Kompetenz. Außerdem kann sich die Frage, wer Typ 1 oder Typ 2 ist, je nach relevantem Bilanzierungssachverhalt ändern.

Eine subtile Rolle spielt bei *Magee/Tseng* (1990) die **Definition der Unabhängigkeit**. Die Unabhängigkeit wird nicht allein an der Berichterstattung festgemacht, denn ein Prüfertyp 1 hält ja auch einen Bericht von G grundsätzlich für zulässig, so dass man ihm schwerlich ein Abweichen von seiner eigentlichen Meinung wird anlasten können. Anders verhält es sich dagegen beim Typ 2. Wenn er trotz eines Prüfungsergebnisses von U einen Bericht G abgibt, gibt er seine Unabhängigkeit auf. Damit tritt eine Verletzung der Unabhängigkeit nur auf, falls ein Prüfertyp 2 mit einem Prüfungsergebnis von U dennoch G berichtet.

Der Fokus der Analyse von *Magee/Tseng* liegt auf der **Glaubwürdigkeit** und der sequenziellen Rationalität der Drohung des Managements, dem vorhandenen Prüfer bei einem Bericht von U das **Mandat zu entziehen**. Dies ist nur für den Prüfertyp 2 ein Problem, denn er muss zwischen seinen subjektiv erwarteten Kosten bei einem Bericht von G und dem ansonsten drohenden Verlust von Quasirenten abwägen.

Ein **Verlust von Quasirenten** tritt aber nicht immer ein. Angenommen, es gäbe keine Auslegungsspielräume, so dass sämtliche Prüfer *quasi* vom Typ 2 sind, und dies sei auch dem Manager bekannt. Sei nun das Zweiperioden-Modell aus Abschn. 3.2 und zunächst das Ende der zweiten Periode betrachtet. Hier ist die Berichtsentscheidung des vorhandenen Prüfers insofern trivial, als das Modell nach der zweiten Periode beendet ist und keine künftigen Konsequenzen aus einem Erhalt von Quasirenten mehr auftreten können.[62] Der Prüfer berichtet daher am Ende der zweiten Periode stets unverzerrt. In Periode 1 gibt es jedoch für den vorhandenen Prüfer Quasirenten in Höhe von *EPK + TR*, mit deren Entzug der Manager drohen könnte. Es ist aber für das Management nicht rational, dem vorhandenen Prüfer das Mandat zu entziehen. Der Vorteil könnte ja nur darin bestehen, dass der *künftige* Bericht am Ende der zweiten Periode günstiger ausfällt; doch diesbezüglich wurde gezeigt, dass ein Prüfer am Ende der Periode 2 stets unverzerrt berichten wird, und annahmegemäß gibt es keine Prüfer vom Typ 1. Der in der ersten Periode engagierte Prüfer braucht daher eine Drohung des Managements nicht wirklich zu fürchten, weil sie für den Manager nicht sequenziell rational wäre. In dieser Situation gibt es Quasirenten, aber *keine* Probleme bezüglich der Unabhängigkeit.

Damit Unabhängigkeitsprobleme entstehen, muss es tatsächlich **Auslegungsspielräume** geben, so dass die Unterscheidung der beiden Prüfertypen relevant wird. Auch das führt nicht zu Problemen, wenn das relevante **Bilanzierungsproblem einperiodig** ist[63] und der Manager die Prüfertypen vor der Auftragserteilung nicht erkennt. Dann nämlich kann zu diesem Zeitpunkt keine gezielte Prüferauswahl erfolgen. Am Ende der Periode, in der das strittige Bilanzierungsproblem aufgetreten ist, braucht ein vorhandener Prüfer nicht um einen Mandatsentzug besorgt zu sein, weil das Problem für die Folgeperioden irrelevant ist. In Folgeperioden mag es andere, neue Bilanzierungsfragen geben, doch sind diese jetzt noch nicht mit Sicherheit bekannt, und sofern die Position des vorhandenen Prüfers keine Rückschlüsse auf seine Position hinsichtlich der künftig stochastisch auftretenden Bilanzierungsfragen liefert, braucht er eine Drohung des Mandatsentzugs nicht wirklich zu fürchten.

Diese Argumentation zeigt, dass potenzielle Beeinträchtigungen der Unabhängigkeit neben **Auslegungsspielräumen** auch **mehrperiodige Bilanzierungsprobleme** erfordern. Außerdem darf es für den Mandanten nicht möglich sein, den Typ des Prüfers zu beobachten, denn dann könnte er „rechtzeitig" zum präferierten Typ wechseln. Er betreibt dann ein sogenanntes *„opinion shopping"*, was im Modell aber mit *keinen* Beeinträchtigungen der Unabhängigkeit einher geht, da der dann gewählte Prüfer des Typs 1 keine Probleme mit der vom Mandanten gewünschten Berichterstattung hat.[64]

---

[62] *Magee/Tseng* (1990) betrachten grundsätzlich einen beliebig großen Zeithorizont. Die im Text mit dem Ende der zweiten Periode begonnene Argumentation wird dann mit der Periode gestartet, in der ein Bilanzierungsproblem letztmalig relevant ist.

[63] Im obigen Beispiel der Debitorenprüfung wäre das etwa dann gegeben, wenn das Unternehmen die Geschäftsbeziehung mit dem kritischen Kunden ohnehin einstellen wollte (weil zB die Produkte aufgegeben werden, die der Kunde bezieht).

[64] Hier wird die Bedeutung der hier zugrundegelegten Definition der Unabhängigkeit offensichtlich. Ähnliche Ergebnisse zum *opinion shopping* finden sich aber auch in einem (anders gearteten) Modell von *Lu* (2006).

Empirische Ergebnisse

In mehreren Arbeiten, z. B. *Chow/Rice* (1982), *Craswell* (1988), *Citron/Taffler* (1992), wird nachgewiesen, dass ein Prüferwechsel im Falle eingeschränkter Testate signifikant häufiger zu verzeichnen ist. Allerdings ist dies nicht unbedingt damit verbunden, dass die den Prüfer wechselnden Unternehmen danach günstigere Testate erhalten. Insofern bestanden aus empirischer Sicht bislang Zweifel, ob die Unternehmen tatsächlich ein erfolgreiches *opinion shopping* betreiben können. Weil ein Prüferwechsel am Kapitalmarkt zumeist als *„bad news"* interpretiert wird (vgl dazu empirisch etwa *Fried/Schiff* 1981 und *Eichenseher/Hagigi/Shields* 1989), muss es aber Vorteile des Prüferwechsels geben.[65]

Lennox (2000) findet ein erfolgreiches *opinion shopping*. Diese Studie basiert auf der Schätzung, mit welchen Testaten ein Unternehmen hätte rechnen müssen, wenn es den Prüfer *nicht* gewechselt hätte. Es leuchtet aber ein, dass dieses Ergebnis stark von der Spezifikation der Prognosen über die zu erwartenden Prüferberichte abhängt.

Zu **Problemen mit der Unabhängigkeit** kann es demnach nur dann kommen, wenn der Mandant nicht rechtzeitig zum gewünschten Prüfertyp wechseln kann. Ein solcher Wechsel darf außerdem nicht mit weiteren Nachteilen für den Mandanten verknüpft sein,[66] und weiterhin dürfen die Prüfer bei der Abgabe ihrer Angebote für die Erstprüfung noch nicht wissen, welche Bilanzierungsprobleme künftig eine Rolle spielen. Andernfalls könnten sie ihren Typ durch ihr Gebührenangebot **signalisieren**, denn wegen der beim Typ 1 fehlenden subjektiven Kosten hat dieser grundsätzlich einen Preisvorteil beim Bieten.

Auch wenn bei der Interpretation der Ergebnisse von *Magee/Tseng* (1990) auf deren spezifische Definitionen zu achten ist, relativiert dieser Ansatz aber doch die „naive" Vorstellung, dass *alleine* aus der Existenz von Quasirenten Probleme mit der Unabhängigkeit erwachsen würden.

4   Zusammenfassung

Dieses Kapitel gibt eine Einführung in grundsätzliche Fragen der Wirtschaftsprüfung und diskutiert diese unter Anwendung ökonomischer Analysen der Prüfungspolitik. Die **Prüfung der Rechnungslegung** ist eine zentrale Voraussetzung, um den darin enthaltenen

---

[65] Solche Vorteile können sich natürlich auch aus anderen Zusammenhängen ergeben, zB aus dem Kostenmatching im Ansatz von *Gigler/Penno* (1995).

[66] Damit sind Kosten für das Unternehmen gemeint, die über die Transaktionskosten *TR* hinausgehen. Dabei kann es sich zB um negative Reaktionen von Anlegern handeln, die den Prüferwechsel skeptisch interpretieren und ihre Verhaltensweisen gegenüber dem Unternehmen anpassen.

Zahlen und Angaben **Glaubwürdigkeit** zu verleihen, so dass die mit der Rechnungslegung intendierten Funktionen erfüllt werden können. Daher ist auch die Prüfung national wie international Gegenstand umfangreicher gesetzlicher Regelungen, die ihrerseits das Vertrauen in die Verlässlichkeit der Prüfung garantieren sollen.

Der **Prozess** einer Abschlussprüfung lässt sich in die vier Phasen (1) **Auftragserteilung und Auftragsannahme,** (2) **Prüfungsplanung und Prüfungsdurchführung,** (3) **Urteilsbildung** und (4) **Berichterstattung** gliedern. Zwischen diesen Phasen bestehen Zusammenhänge, weil z. B. die künftige Erteilung eines Prüfungsauftrags von der gegenwärtigen Berichterstattung eines Prüfers abhängig sein kann, und im Wissen um solche Zusammenhänge wird der Prüfer seine Prüfungsplanung und Berichterstattung entsprechend adaptieren. Dafür sind nicht zuletzt die ökonomischen Anreize der jeweiligen Akteure verantwortlich, die in diesem Kapitel ausführlich behandelt werden.

Die Analyse dieser Problematik wird durch **Ansätze der Agency-Theorie** vorgenommen. Hier soll ein Manager mittels der Entlohnung zu einem hohen Arbeitseinsatz motiviert werden, allerdings ist der Überschuss seiner Aktivitäten nicht beobachtbar. Dadurch ergeben sich Beschränkungen der für den Prinzipal möglichen Verträge. Der **Vorteil von Prüfungen** besteht in einer **Erweiterung der Vertragsmöglichkeiten** und daher einem verbesserten Tradeoff zwischen Risikoteilung und Motivation. Die Vorteilhaftigkeit der Prüfung hängt wesentlich davon ab, ob sie ihrerseits einem Moral Hazard-Problem unterliegt. Ist dies der Fall, hat die Prüfung nur dann einen Wert, wenn der Prinzipal über unabhängige Kontrollmöglichkeiten verfügt. Der sich in solchen Situationen ergebende optimale **Einsatz von Prüfungen** ist meist **stochastisch** und die **Prüfungsgebühr** oftmals **erfolgsabhängig.**

Die Agency-Modelle haben den **Vorteil,** Probleme des Prüfungseinsatzes und der Berichterstattung zu integrieren. Sie sind aber in ihrer unmittelbaren **Anwendbarkeit** zur Unterstützung realer Diskussionen im Prüfungsbereich **beschränkt,** weil sie institutionelle Besonderheiten im Prüfungsbereich zum Teil ausblenden. Es gibt daher eine Reihe anderer Ansätze, die sich unter Berücksichtigung bestimmter Rahmenbedingungen des Prüfungsbereichs (insbesondere der nicht stochastische Prüfungseinsatz bei einer Pflichtprüfung sowie ein Verbot erfolgsabhängiger Honorare) spezifischen Problemstellungen der Abschlussprüfung widmen.

Ausgehend davon werden Fragen der Unabhängigkeit und Unbefangenheit des Prüfers bei der Berichterstattung über das Prüfungsergebnis diskutiert. Die Abgabe vertrauenswürdiger Urteile über die Rechnungslegung wäre im Idealfall gegeben, wenn der Prüfer alleine nach sachlichen Erwägungen und frei von irgendwelchen sonstigen Einflüssen seine Aktivitäten und seine Berichterstattung durchführt. Die Zielsetzung zahlreicher regulativer Maßnahmen besteht darin, diesem Idealbild möglichst nahe zu kommen. Dazu werden Einflussfaktoren identifiziert, von denen eine Beeinträchtigung der Unabhängigkeit angenommen wird. Gesetzliche und berufsständische Regelungen zielen darauf ab, die Unabhängigkeit des Prüfers durch spezifische Gebote und Verbote zu gewährleisten.

Als ein bedeutsamer Einflussfaktor wird international das potenzielle **Interesse des Prüfers** an der **Beibehaltung eines Prüfungsmandats** gesehen. Man befürchtet, dass der Prüfer die ggf. entdeckten Mängel im Jahresabschluss nicht offenbart, weil das Management dem Prüfer drohen könnte, ihn bei „ungünstiger" Berichterstattung im folgenden Jahr nicht mehr zur Wiederwahl vorzuschlagen. Entscheidend für den Erfolg einer solchen Drohung sind letztlich die **ökonomischen Vorteile**, die ein Prüfer aus einem bestimmten Mandat zieht und die nicht durch einen einfachen Mandatswechsel kompensiert werden können.

Zur Analyse dieser Probleme sind in der Literatur zahlreiche Ansätze präsentiert worden. Ausgangspunkt ist das Entstehen sogenannter **Quasirenten**, die ein Prüfer aus einem bestehenden Mandat erzielen kann. Sie können trotz weitgehenden Wettbewerbs auf dem Prüfungsmarkt echte ökonomische Vorteile für den Prüfer bewirken und können durch einen Mandatswechsel auch nicht ausgeglichen werden. Quasirenten haben verschiedene Ursachen, so etwa die Existenz von **Erstprüfungs- und Transaktionskosten, Kostenunterschiede** zwischen verschiedenen Prüfern und/oder eine asymmetrische Informationsverteilung über die laufenden **Prüfungskosten** zwischen einem vorhandenen Prüfer und Konkurrenzprüfern.

Aus der Existenz von Quasirenten wird typischerweise ein **Drohpotenzial** für das Management abgeleitet, welches den Prüfer dazu bewegen kann, von einer unverzerrten Berichterstattung über das Prüfungsergebnis abzuweichen. Der Prüfer muss aber im Gegenzug beachten, dass eine Berichtsverzerrung mit **Verlusten anderer Aufträge** und den damit verbundenen Quasirenten verknüpft ist, woraus sich letztlich die Hypothese ergibt, dass **größere Prüfungsgesellschaften** eine **höhere Prüfungsqualität** als kleinere anbieten, weil sie bei aufgedeckten Prüfungsmängeln mehr anderweitige Quasirenten verlieren können. Argumentationen wie diese weisen insofern gewisse Lücken auf, weil sie die **Berichterstattung** nicht explizit in die Quasirentenerklärung einbinden, sondern dieser Erklärung eher überstülpen. Dadurch ist es auch kaum möglich, aus solchen Ansätzen spezifische Aussagen über die Wirkungen konkreter institutioneller Regelungsvorschläge (wie z. B. eine Einschränkung des gleichzeitigen Angebots von Prüfung und Beratung oder das Erfordernis einer zwingenden Prüferrotation nach Ablauf einer bestimmten Frist) abzuleiten.

Eine explizite Einbeziehung der **Berichterstattung** zeigt, dass die Bedeutung der **Quasirenten** zum Teil deutlich relativiert werden muss. Aus dem Bestehen von Quasirenten kann nicht *per se* geschlossen werden, in welchem Maße eine Beeinträchtigung der Unabhängigkeit gegeben ist.

5   Fragen

▶   **F9-1** Führt ein höheres inhärentes Risiko beim risikoorientierten Prüfungsansatz zwingend zu umfangreicheren Tätigkeiten bei den Einzelfallprüfungen?

▶   **F9-2** Welche Zusammenhänge bestehen zwischen den Phasen des Prozesses der Jahresabschlussprüfung?

▶ **F9-3** Warum kommt es im Agency-Modell beim Einsatz einer Prüfungstechnologie letztlich niemals zu Sanktionen gegen den Manager, obwohl diese doch erforderlich scheinen, um eine zutreffende Berichterstattung zu ermöglichen? Welche Anreizprobleme können sich daraus für den Prinzipal ergeben?

▶ **F9-4** Welche Kontrolltechnologien sind im Agency-Modell für eine Kontrolle des Prüfers möglich, und welche Konsequenzen lassen sich daraus jeweils für die Berichtspolitik von Manager und Prüfer ableiten?

▶ **F9-5** Was ist der Unterschied zwischen Unabhängigkeit und Unbefangenheit?

▶ **F9-6** Warum ist es in einem Konkurrenzmarkt nicht ohne Weiteres einsichtig, dass ein Prüfer aus einem vorhandenen Mandat echte ökonomische Vorteile zieht?

▶ **F9-7** Was versteht man unter Renten und unter Quasirenten?

▶ **F9-8** Warum führen im Ansatz von *DeAngelo* Erstprüfungs- und Transaktionskosten zum Entstehen von Quasirenten?

▶ **F9-9** Welchen Einfluss übt *low balling* auf die Unabhängigkeit des Prüfers aus?

▶ **F9-10** In welcher Weise können Quasirenten auf Basis der *DeAngelo*-Quasirentenargumentation die Berichterstattung des Prüfers grundsätzlich beeinflussen? Was hat dies mit der Größe einer Prüfungsgesellschaft zu tun?

▶ **F9-11** Lassen sich aus der Quasirentenargumentation auf Basis des *DeAngelo*-Typs auch Hinweise für die Beurteilung der Beratungsproblematik gewinnen?

▶ **F9-12** Welche Wirkungen lassen sich aus der Quasirentenargumentation für den Vorschlag eines zwingenden Prüferwechsels nach z. B. 10 Jahren gewinnen?

6   Probleme

▶ **P9-1 Prüfung im Agency-Modell.** Ein Manager soll zur Erbringung einer hohen Arbeitsintensität motiviert werden. Die von seinen (unbeobachtbaren) Tätigkeiten abhängenden Überschüsse und Wahrscheinlichkeiten sind wie folgt:

$$x_L = 1.000, \quad x_H = 2.000$$
$$f\left(x_H \middle| a_L\right) \equiv f_L = 1/3, \quad f\left(x_H \middle| a_H\right) \equiv f_H = 2/3$$

Das Arbeitsleid beträgt $V_L = 8$ und $V_H = 11$, der Reservationsnutzen ist $\underline{U} = 0$. Der Prinzipal ist risikoneutral, der Manager ist risikoscheu mit folgender additiv-separierbarer Nutzenfunktion:

$$U(s,a) = \sqrt{s} - V(a)$$

a) Angenommen, die Überschüsse sind beobachtbar. Wie lautet der optimale Entlohnungsvertrag für den Agenten?

b) Nun sind die Überschüsse nicht beobachtbar, doch kann der Prinzipal eine vollkommene Prüfungstechnologie verwenden, die zwar mit Sicherheit Informationen über das tatsächlich erzielte Ergebnis erbringt, deren Einsatz allerdings mit Kosten in Höhe von 28 verbunden ist. Wie groß wäre die Zielerreichung des Prinzipals ohne diese Prüfungstechnologie? In welchem Umfang setzt der Prinzipal das Prüfungsverfahren optimal ein? (Hinweis: Die dem Agenten maximal zuzuweisenden Nutzeneinbußen sind durch die Wurzelfunktion implizit eingeschränkt.)

c) Die Überschüsse sind weiterhin unbeobachtbar, doch verfügt der Prinzipal nun über die Möglichkeit, einen externen Prüfer zu beauftragen. Der Prüfer ist risikoneutral und kann eine vollkommene Prüfungstechnologie wie in Teilaufgabe b) einsetzen, doch kostet ihn dies nur 9. Wie lauten die optimalen Verträge mit dem Manager und dem Prüfer, wenn die dem Prüfer maximal auferlegbaren Sanktionen auf 81 beschränkt sind und der Prinzipal eine Kontrolltechnologie einsetzen kann, die vollkommene Ergebnisinformationen zu Kosten von 28 erbringt?

d) Wie lautet die Lösung zu Teilaufgabe c), wenn die Kontrolltechnologie des Prinzipals vollkommene Informationen über die Prüfungstätigkeit, nicht aber über das Ergebnis erbringt?

▶   **P9-2 Bilanzpolitik und Prüfungspolitik.** Ein Manager hat zwei Alternativen – er kann die Rechnungslegung entweder zulässig erstellen oder aber verzerren. Auch der Prüfer hat zwei Alternativen – er prüft entweder ordnungsgemäß oder gar nicht. Im Falle einer ordnungsgemäßen Prüfung entdeckt er mit Sicherheit potenzielle Mängel in der Rechnungslegung und berichtet sie dann auch. Andernfalls erhält er keine Informationen und einen uneingeschränkten Bestätigungsvermerk ab.

Bei einer unverzerrten Rechnungslegung erhält der Manager eine Basiszielerreichung von 1.000 (z. B. Barwert seiner Kompensationen). Bleibt seine Verzerrung unentdeckt, erhält er einen Bonus $B = 600$, andernfalls muss er mit Nachteilen von $N = 400$ rechnen.

Die Prüfungsgebühr ist $PG = 900$. Die direkten Prüfungskosten für das ordnungsmäßige Prüfungsniveau sind $K = 700$. Diese Kosten fallen nicht an, wenn nicht geprüft wird. Bei einem Unterlassen der Prüfung muss der Prüfer aber damit rechnen, dass dies dem Markt später einmal bekannt werden könnte, falls die Rechnungslegung tatsächlich Mängel aufweist. Die daraus resultierenden erwarteten Haftungs-

und Reputationsfolgen werden insgesamt mit $H = 2300$ angesetzt. Andererseits besteht die Gefahr, dass der Prüfer bei entdeckter Verzerrung das Mandat verliert. Die daraus folgenden Verluste an erwarteten künftigen Überschüssen seien $V\ddot{U} = 900$.

Bestimmen Sie die gleichgewichtigen Strategien von Manager und Prüfer und die sich daraus ergebende Publikationsqualität. In welche Richtung ändern sich die Ergebnisse bei einer Variation der Parameterwerte?

▶ **P9-3 Quasirenten und *low balling* im *DeAngelo*-Modell.** Die regulären Prüfungskosten betragen $K = 70$, die zusätzlichen Erstprüfungskosten seien $EPK = 30$, die unternehmensbezogenen Transaktionskosten im Falle eines Prüferwechsels belaufen sich auf $TR = 10$ und der Kalkulationszinsfuß sei $i = 0{,}1$. Der Prüfer besitzt die gesamte Verhandlungsmacht.

a) Bestimmen Sie in einem zweiperiodigen Szenario die Prüfungsgebühren PG_1 und PG_2. Wie hoch sind die Quasirenten der Periode 2, der Umfang des *low balling* in der ersten Periode und das *fee cutting*? Welche Gebühren würden sich ergeben, falls die Gebühr für die erste Periode nicht niedriger als die dort anfallenden Prüfungskosten sein dürfte?

b) Berechnen Sie die Prüfungsgebühren, die periodischen Quasirenten, den Umfang des *low balling* und des *fee cutting* für ein Dreiperiodenmodell.

c) Wie sehen die Resultate in Teilaufgabe b) aus, wenn die maximale Mandatslaufzeit auf zwei Perioden begrenzt ist?

▶ **P9-4 Verhandlungsmacht beim Unternehmen.** Gehen Sie von den Daten der Aufgabe P9-3 aus. Jetzt hat aber das zu prüfende Unternehmen die gesamte Verhandlungsmacht über die Gebührengestaltung. Es besteht keine asymmetrische Informationsverteilung über Prüfungs- und/oder Transaktionskosten. Berechnen Sie für ein vierperiodiges Szenario die Prüfungsgebühren sowie eventuelle Quasirenten.

▶ **P9-5 Quasirenten und asymmetrische Informationsverteilung.** Nehmen Sie in einem zweiperiodigen Szenario an, das zu prüfende Unternehmen habe zwar die gesamte Verhandlungsmacht, doch sind die regulären Prüfungskosten K nun unsicher. Sie können alternativ vier Werte 25, 50, 75 und 100 mit jeweils gleicher Wahrscheinlichkeit annehmen. In Periode 1 besitzen alle Akteure symmetrische Informationen über diese Verteilung, nach Durchführung der Erstprüfung kennt der vorhandene Prüfer aber den Wert von K genau. Für die Erstprüfungs- und Transaktionskosten sowie den Kapitalmarktzins gelten weiterhin die Angaben aus Aufgabe P9-3 und es besteht symmetrische Information hinsichtlich dieser Werte. Bestimmen Sie die periodischen Prüfungsgebühren, die Quasirenten, den Umfang des *low balling* und eines eventuellen *fee cutting*.

Literaturempfehlungen

Allgemeine Literatur

Arruñada, B.: *The Economics of Audit Quality,* Boston 1999.

Bertl, R./Hirschler, K./Aschauer, E.: *Handbuch Wirtschaftsprüfung*, Wien 2019.

Marten, K.-U./Quick, R./Ruhnke, K.: *Wirtschaftsprüfung – Grundlagen des betriebswirtschaftlichen Prüfungswesens nach nationalen und internationalen Normen*, 6. Aufl., Stuttgart 2020.

Spezielle Literatur

DeAngelo, L.: Auditor Independence, 'Low Balling', and Disclosure Regulation, *Journal of Accounting and Economics* 3 (1981a), S. 113–127.

DeAngelo, L.: Auditor Size and Audit Quality, *Journal of Accounting and Economics* 1981b, S. 183–199.

Ewert, R.: *Wirtschaftsprüfung und asymmetrische Information*, Berlin/Heidelberg 1990.

Magee, R.P./Tseng, M.: Audit Pricing and Independence, *The Accounting Review* 1990, S. 315–336.

Ye, M.: The Theory of Auditing Economics: Evidence and Suggestions for Future Research, *Foundations and Trends in Accounting* 2023, S. 138–267.

Prüferhaftung und Prüfungspolitik

10

Neben der Planung und Überwachung der Abschlussprüfung bei der Dynamic Growth AG (siehe die Illustration zu Beginn des 9. Kapitels: Wirtschaftsprüfung – Grundlagen und Anreizprobleme) beschäftigt Dr. Hans Sauber noch ein anderes Problem. Die Prüfungsgesellschaft führt nämlich seit einigen Jahren auch die Prüfung der International Acquisition AG (IAAG) durch. Der besondere Aspekt besteht darin, dass sich die IAAG an der New York Stock Exchange (NYSE) listen lassen möchte. Sie hat daher für die NYSE auch einen Abschluss nach US-GAAP aufgestellt, der nun zu prüfen ist. Peter Schnell, seit kurzem Partner der Prüfungsgesellschaft und mit Sauber gut befreundet, soll die Prüfung des US-GAAP-Abschlusses der IAAG verantwortlich leiten. Er hat Sauber zu einem kleinen Arbeitsessen eingeladen, um sich seinen Rat bei den anstehenden Fragen einzuholen.

„Weißt du, Hans", beginnt Peter, „anfangs habe ich mir viele Gedanken gemacht, aber letztlich ist das wohl doch nicht so schlimm, wie ich ursprünglich befürchtet habe. Wir kennen die IAAG ja doch schon eine ganze Weile, so dass aus meiner Sicht gar nicht mehr viel zusätzlich zu prüfen ist. Klar, die Dinge müssen etwas anders bilanziert und ausgewiesen werden, außerdem sind einige ergänzende Informationen beizufügen, aber ich denke, das geht alles recht fix. Nach meiner Schätzung komme ich mit der Hälfte der veranschlagten Prüfungsstunden aus, so dass wir das Personal an anderer Stelle gut und gewinnbringend einsetzen können."

„Nimm das nicht auf die leichte Schulter", warnt Hans. „Diese Prüfung findet unter ganz anderen Rahmenbedingungen statt als eine Prüfung in Deutschland." „Wie meinst du das konkret?", fragt Peter. „Na ja", antwortet Hans, „es geht nicht nur darum, dass hier die Geschäfte der IAAG einfach nach anderen Regeln dargestellt werden müssen. Am amerikanischen Markt ist für die Prüfer die See stürmisch, und zwar wegen der völlig anderen Haftungsrisiken. Du weißt, Peter, dass ein Prüfer in den USA auch von den Anlegern schnell verklagt werden kann. Wenn die Aktionäre dort einen Verlust erleiden, versuchen

sie sich bei jedem schadlos zu halten, bei dem etwas zu holen ist. Und der Prüfer wird dabei stets als eine Partei mit ‚deep pockets' angesehen, auf die man gut zugreifen kann."

„Also, ich sehe das nicht ganz so schlimm", wirft Peter ein. „Immerhin ist doch das Management der IAAG hauptverantwortlich für die Rechnungslegung, das wird man wohl auch in den USA so sehen. Wir als Prüfer können nur auf Basis unserer üblichen Metho-den beurteilen, was im Rahmen der Rechnungslegung und der Publizität plausibel er-scheint. Außerdem kann ein Kursrutsch viele Ursachen haben, wer will denn vor Gericht beweisen können, das hätte ausgerechnet etwas mit der Rechnungslegung und der Prüfung zu tun?" „Ich sage ja auch nicht, dass man hier mit Sicherheit vom schlimmsten Fall aus-gehen müsste", entgegnet Hans sorgenvoll. „Aber unser Risiko ist wegen der dortigen Dritthaftung gegenüber Investoren bedeutend größer als derzeit noch in Deutschland. Es gibt in den USA einige Anwaltskanzleien, die sich auf solche Klagen – teilweise gegen Erfolgshonorare – spezialisiert haben, und wegen der Möglichkeit der Sammelklagen kommen da schnell viele enttäuschte Anleger zusammen, wenn wirklich der Wurm in der Bilanz drin gewesen sein sollte. Dann weiß man nicht, wie der Richter unsere Aktivitäten beurteilen wird. Hinterher heißt es doch oft, der Prüfer hätte das sehen oder zumindest ahnen müssen, und er hätte zusätzliche Prüfungstätigkeiten durchführen müssen. Da kann man sich schlecht auf den formalen Standpunkt stellen, man hätte nach den üblichen berufsständischen Regeln gehandelt. Außerdem beweise das erst mal vor Gericht! Also ich denke, wir sollten hier gerade besonders genau hinsehen, ehe wir irgendetwas im Rahmen des US-GAAP Abschlusses der IAAG testieren."

„Siehst du denn nicht etwas zu schwarz, Hans?", fragt Peter. „Selbst wenn sich ein Prozess anbahnen sollte, man hat doch immer auch die Möglichkeit, sich ohne Prozess zu einigen. Das dringt dann auch nicht an die Öffentlichkeit." „Natürlich kann man sich auch vergleichen", antwortet Hans, „nur kostet uns das auch immer etwas. Überleg doch mal – die gegnerische Seite hat den Prozess als Drohpunkt. Wenn wir etwas als Vergleich anbieten, wird die Gegenseite sich daran orientieren, was sie aus dem Prozess erwarten kann." „Okay, wenn es dich beruhigt, werde ich mir die gesamte Prüfungsplanung für die IAAG halt nochmals vornehmen. Übrigens, wie weit sind wir gegen solche Risiken eigent-lich versichert?"

Ziele dieses Kapitels
- Aufzeigen international unterschiedlicher Haftungsregelungen für Prüfer
- Darstellung der Unterschiede zwischen Gefährdungs- und Verschuldenshaftung
- Darstellung der strategischen Interdependenzen von Prüfungspolitik und Klage-politik der Investoren
- Analyse optimaler Prüfungs- und Klagestrategien bei präzisen und vagen Prüfungsstandards
- Aufzeigen der Konsequenzen außergerichtlicher Vergleiche

1   Institutionelle Aspekte

Die Analyse im 9. Kapitel: *Wirtschaftsprüfung – Grundlagen, Anreize und Unabhängigkeit* zeigt, dass die Konsequenzen entdeckter Prüfungsmängel ganz entscheidend dafür sind, welche Anreize der Prüfer bei der Wahl seines Prüfungsniveaus und der Berichterstattung hat. Solche Konsequenzen bestehen nicht zuletzt in **Haftungsfolgen**, deren nähere Analyse vielfältige Interdependenzen und unerwartete Wirkungen zu Tage fördert.[1] Das Wissen um Konsequenzen der Prüferhaftung für die sich einstellende Prüfungs- und Publikationsqualität ist unverzichtbar, wenn aus regulativer Sicht über die zweckmäßige Gestaltung eines Haftungssystems für Prüfer nachgedacht wird. In diesem Kapitel werden wesentliche Facetten der konzeptionellen Analyse der Prüferhaftung dargestellt. Zuvor wird ein kurzer Überblick über die gegenwärtigen institutionellen Rahmenbedingungen gegeben.

Die **Prüferhaftung** ist international höchst unterschiedlich geregelt.[2] In Deutschland ist für die Haftung des Wirtschaftsprüfers im Rahmen der Abschlussprüfung vornehmlich § 323 dHGB einschlägig, der in der Folge des Wirecard-Skandals durch die Erhöhung der Haftungshöchstgrenzen substanziell adaptiert wurde. Danach haftet der Abschlussprüfer für vorsätzliche und fahrlässige Pflichtverletzungen[3] **gegenüber dem geprüften Unternehmen** und ggf. auch gegenüber verbundenen Unternehmen. Die Pflichtverletzungen erstrecken sich auf Verstöße gegen die gesetzlichen Vorschriften zur Abschlussprüfung sowie gegen **Grundsätze ordnungsmäßiger Abschlussprüfung** (GoA) und weitere prüfungsrelevante Berufspflichten.[4] Die Haftung ist durch § 323 (2) dHGB begrenzt, wobei für die Prüfung von kapitalmarktorientierten Unternehmen von öffentlichem Interesse[5] ein Höchstbetrag von 16 Mio € für eine Prüfung gilt. Sofern jedoch Vorsatz oder grobe Fahrlässigkeit vorliegt, haftet der Abschlussprüfer dieser Unternehmen nunmehr unbegrenzt (§ 323 (2) Satz 2 dHGB). Die Haftung nach diesen Regelungen kann nicht vertraglich beschränkt oder ausgeschlossen werden.[6]

Diese Haftungsregelung gilt aber unmittelbar *nur* gegenüber dem Auftraggeber der Abschlussprüfung, also gegenüber dem zu prüfenden Unternehmen. Sie betrifft *nicht* die eigentlichen Adressaten des Jahresabschlusses, also etwa Anleger am Kapitalmarkt, die auf Basis der Informationen der Rechnungslegung Entscheidungen fällen. Und es ist selten, dass Unternehmen den Prüfer verklagen; meist findet man andere Lösungen. Zu Kla-

---

[1] Vgl dazu auch die Übersichten bei *Ewert* (1999a) und *Quick/Solmecke* (2007).

[2] Siehe die Übersicht in *Quick* (2000) und für die EU-Länder die vergleichende Studie der *Europäischen Kommission* (2001) sowie die umfassende Untersuchung von *London Economics/Ewert* (2006).

[3] Dabei reicht leichte Fahrlässigkeit bereits aus, vgl *Quick* (2000), S. 526.

[4] Vgl *Hopt* (1992), Sp. 794.

[5] Dabei handelt es sich um Unternehmen im Sinne von § 316a Satz 2 Nr. 1 dHGB, jedoch ohne Kreditinstitute oder Versicherungsunternehmen.

[6] In Österreich finden sich ähnliche Regelungen in § 275 öUGB. Dort sind Aufhebungen der Haftungshöchstgrenzen für den Fall vorgesehen, dass ein Prüfer „in Kenntnis oder in grob fahrlässiger Unkenntnis seiner Befangenheit oder Ausgeschlossenheit gehandelt hat" (§ 275 (2) Satz 5 öUGB).

gen kommt es eher nur dann, wenn die Eigentümer oder das Management wechseln oder
wenn das Unternehmen in den Konkurs schlittert.

Schadenersatzansprüche gegenüber Anlegern werden unter dem Begriff **Dritthaftung** zusammengefasst. Die Dritthaftung von Abschlussprüfern ist in Deutschland nicht durch eine dem
§ 323 dHGB vergleichbare explizite Vorschrift geregelt. Sie ist daher – wenn überhaupt – nur
über andere Wege erreichbar. Eine Möglichkeit der Dritthaftung besteht grundsätzlich über die
allgemeinen **deliktsrechtlichen Regelungen** in § 823 (2) und § 826 dBGB. Dabei müsste aber
ein Anleger dem Prüfer **vorsätzliches Handeln** nachweisen,[7] was in der Realität kaum erfolgreich sein dürfte. Ein anderer Weg könnte sich aus dem **Vertragsrecht** ergeben, doch bestehen
hier insofern Schwierigkeiten, als ein Anleger nicht unmittelbar zu den vertragsschließenden
Parteien gehört. Die Einbeziehung von Dritten kann daher nur über spezifische Konstrukte erreicht werden, wie etwa den sogenannten „Vertrag mit Schutzwirkung zugunsten Dritter". Die
Rechtsprechung hatte in Deutschland bis zum Jahre 1998 eine Anwendung vertragsähnlicher
Haftungsregelungen auf den Bereich der handelsrechtlichen Pflichtprüfungen ausgeschlossen.
Seitdem hat sich die Situation aber durch ein Urteil des BGH vom 02.04.1998 etwas geändert,
denn der BGH hatte in einem konkreten Fall einer Pflichtprüfung eine Anwendung der Grundsätze des Vertrags mit Schutzwirkung zugunsten Dritter bejaht. Als einschränkende Bedingungen
wurde einerseits die Haftungsobergrenze des § 323 (2) dHGB angegeben; andererseits wurde
die Ausweitung dieser Dritthaftung auf einen umfangmäßig offenen und nicht begrenzten An-
legerkreis ausgeschlossen, d. h. es muss sich um ganz bestimmte Dritte handeln, von denen die
den Prüfungsvertrag schließenden Parteien wissen.

> Die Rechtslage in **Österreich** ist ähnlich. Während bislang von keiner Dritthaftung aus-
> gegangen wurde, befand der Oberste Gerichtshof (OGH) Anfang 2002 in einem aufsehen-
> erregenden Urteil eine **Haftung** des Wirtschaftsprüfers gegenüber einem Anleger, der eine
> Anleihe einer in Konkurs gegangenen Bank gezeichnet hatte. Der OGH geht davon aus, dass
> ein kausaler Zusammenhang zwischen Bilanz und Kaufentscheidung des Anlegers genügen
> kann, eine Haftung auszulösen.[8]

Daraus zeigt sich eine **dynamische Entwicklung**, die sich derzeit noch vornehmlich
im Bereich der Rechtsprechung abspielt. Sie hat eine lebhafte Diskussion darüber ent-
facht, ob auch in Deutschland eine **Dritthaftung** von Abschlussprüfern explizit aufgenommen werden sollte.[9] Die Dritthaftung kann insofern von **zentraler Bedeutung** sein,
als sie eine Orientierung des Prüfers an den Interessen der eigentlichen Adressaten des
Jahresabschlusses erzwingt. Eine asymmetrische, zum Auftraggeber hin verzerrte Haftung
würde stattdessen die Gefahr beinhalten, dass der oftmals ohnehin vermuteten Mandanten-
orientierung eines Prüfers noch weiter Vorschub geleistet wird.

---

[7] So betrifft § 826 dBGB zB die vorsätzliche, sittenwidrige Schädigung eines Dritten. Sie wird bei
einem Prüfer dann angenommen, wenn er „leichtfertig und gewissenlos" handelt (*Hopt* 1992, Sp.
798). Auch der Nachweis dieser Faktoren dürfte im Einzelfall nur schwer zu führen sein.

[8] Vgl zu den österreichischen Regelungen ausführlicher *Nowotny* (2019).

[9] Siehe dazu etwa *Ebke* (2000).

Aktuelle Entwicklungen in der EU

Die Europäische Kommission stellte im Rahmen von Artikel 31 der **Abschlussprüfer-richtlinie** 2006 und auf Basis der Studie von *London Economics/Ewert* (2006) Überlegungen zu einer Reform und Vereinheitlichung der Dritthaftungsregelungen für die EU-Länder an. Sie mündeten im Jahr 2008 in zwei Empfehlungen zur Qualitätssicherung durch unabhängige Inspektionen von Prüfern und zur Haftungsbegrenzung. Die Dritthaftung wird darin grundsätzlich befürwortet, allerdings wird keine unbegrenzte Haftung empfohlen. Stattdessen werden verschiedene Wege einer Haftungsbeschränkung aufgezeigt. Um Befürchtungen bezüglich einer Reduzierung der Prüfungsqualität durch verminderte Anreize der Prüfer auszuräumen, soll das Erfordernis unabhängiger Inspektionen eine direkte Qualitätskontrolle gewährleisten.

Die Bedenken der EU-Kommission hinsichtlich unbeschränkter Haftung hängen insbesondere mit der Struktur des Prüfungsmarktes zusammen.[10] Er ist durch eine hohe Konzentration gekennzeichnet – faktisch dominieren dort die sogenannten „Big 4"-Gesellschaften Deloitte, EY, KPMG sowie PwC, und insbesondere für Prüfungsmandate großer Unternehmen kommen im Grunde nur diese Gesellschaften in Frage. Gerade wegen ihrer Größe sind sie aber zugleich häufiges Ziel von Schadenersatzklagen (auch ohne dass immer klar wäre, dass ein Prüfungsmangel vorliegt). Bei einer unbeschränkten Haftung wird befürchtet, dass eine dieser Gesellschaften vom Markt verschwinden könnte, was auf Grund der Marktstruktur mit einer erheblichen Beeinträchtigung des Prüfungsangebots für große, international tätige Unternehmen verbunden wäre und auch Probleme für die Funktionsfähigkeit der Kapitalmärkte induzieren könnte.

Die **Dritthaftungsregelungen** anderer Länder unterscheiden sich zum Teil wesentlich von denjenigen in Deutschland und Österreich. In den **USA** kann sich die Dritthaftung des Abschlussprüfers zunächst aus dem Recht der jeweiligen Einzelstaaten ergeben, wobei hier eine Vielfalt von Vorschriften und Auslegungen (zB bezüglich des Kreises der anspruchsberechtigten Dritten) besteht.[11] Darüber hinaus ergeben sich Dritthaftungsansprüche aus dem Wertpapierrecht, das als Bundesrecht für alle Einzelstaaten gültig ist. Die hier relevanten Regelungen sind der *Securities Act* 1933 und der *Securities Exchange Act* 1934. Auf Basis dieser Regelungen hatten sich teilweise horrende Haftungsfolgen für Prüfer ergeben, die Mitte der

---

[10] Vgl dazu die ausführlichen Ergebnisse bei *London Economics/Ewert* (2006), S. 14–75, und *EU-Kommission* (2021).

[11] Vgl dazu *Quick* (2000), S. 541 f. Eine ökonomische Analyse der Frage, gegenüber welchem Adressatenkreis eine Dritthaftung angesetzt werden sollte, liefert *Chan/Wong* (2002).

90er-Jahre zu einem Überdenken der als zu weitgehend empfundenen Dritthaftung führten.[12] Mit der Einführung des *Securities Litigation Reform Act* im Jahre 1995 wurden einige als besonders problematisch angesehene Regelungen abgemildert; so wurde z. B. die bis dahin regelmäßig geltende gemeinschuldnerische Haftung durch eine tendenziell proportionale Schadensteilung ersetzt, bei der ein Prüfer nur für den Teil des Schadens haftet, den das Gericht ihm zumisst.[13] Die Existenz der Dritthaftung an sich wird dadurch freilich nicht in Frage gestellt. Tatsächlich ist die bislang höchste jemals gegen einen Wirtschaftsprüfer in den USA verhängte Schadenersatzzahlung im Jahre 2018 gegen die Prüfungsgesellschaft PwC in Höhe von 625 Mio $ für mutmaßlich fehlerhafte Prüfungen über die Jahre 2002–2009 bei der Colonial Group Bank von einem Gericht festgesetzt worden.[14]

Es zeigt sich, dass die regulative Gestaltung der Prüferhaftung ein wichtiges und beständig diskutiertes Problem darstellt. Das **optimale Ausmaß der Prüferhaftung** und insbesondere der Dritthaftung ist ein ungelöstes Problem, welches auch in der ökonomischen Literatur intensiv aufgegriffen wurde.[15] Im Folgenden werden wesentliche mit der **Dritthaftung** einhergehende Fragestellungen anhand einer bestimmten Modellstruktur analysiert. Die in diesen Ansätzen enthaltenen Argumentationen sind dabei keineswegs nur theoretisch interessant; sie haben sich auch in der regulativen Entwicklung auf EU-Ebene als Bezugsrahmen für die Diskussion etablieren können.[16]

2   Grundsätzliche Wirkungen von Haftungsregeln

2.1   Basismodell

Im Folgenden wird zunächst das Entscheidungsproblem des Prüfers über den Prüfungsumfang dargestellt. Die **Prüfungsintensität** wird durch e repräsentiert, die unmittelbar als **Aufdeckungswahrscheinlichkeit** aufgefasst werden kann. Es gilt $0 \leq e \leq 1$. Die direkten **Prüfungskosten** $K(e)$ hängen vom Prüfungsumfang e ab. Sie steigen bei höherem Prüfungsniveau mit zunehmender Intensität, wobei eine sichere Fehleraufdeckung *(e = 1)* zwar grundsätzlich möglich, allerdings prohibitiv teuer ist und daher faktisch nicht in Frage kommt. Wird allerdings gar nicht geprüft *(e = 0)*, ist die Zunahme der direkten

---

[12] Dass die Entwicklung in den USA ebenfalls beständig im Fluss ist, zeigt der Beitrag von *Siliciano* (1997) über die Tendenzen in der dortigen Rechtsprechung. In der amerikanischen Diskussion spielt auch die Frage eine Rolle, in welchem Umfang die gegen Prüfer angestrengten Prozesse nur *frivolous* sind (weil der Prüfer *deep pockets* hat, die man zum Ausgleich eines Kursverlustes gerne in Anspruch nehmen würde) oder tatsächlich *merits* haben. Vgl zu einer Übersicht etwa *Palmrose* (1997).

[13] Dabei gibt es aber eine Reihe von Ausnahmen, bei denen die gemeinschuldnerische Haftung letztlich doch wieder auflebt. Vgl zu einer Analyse der Änderungen des *Securities Litigation Reform Act Goldwasser* (1997) und *King/Schwartz* (1997).

[14] Vgl *Fröndhoff* (2018). Das Urteil ist erstinstanzlich und PwC hat Revision eingelegt.

[15] Siehe zu einer Systematisierung *Ewert* (1999a).

[16] Vgl *London Economics/Ewert* (2006).

Prüfungskosten anfangs sehr gering. Dies wird durch folgende Eigenschaften der direkten Kosten der Prüfung beschrieben:

$$K(0) = 0, \quad K'(e) > 0, \quad K''(e) > 0, \quad \lim_{e \to 0} K'(e) = 0, \quad \lim_{e \to 1} K'(e) = +\infty$$

Die **Fehlerwahrscheinlichkeit** der Rechnungslegung ist mit $f > 0$ vorgegeben. Strategische Bilanzpolitik des Managers wird nicht berücksichtigt. Werden diese Fehler vom Prüfer nicht entdeckt, bleibt dem Prüfer nichts anderes übrig, als einen uneingeschränkten Bestätigungsvermerk zu erteilen. Der Prüfer muss allerdings mit erwarteten **Haftungsfolgen** rechnen, falls die verbliebenen Mängel dem Markt zu einem späteren Zeitpunkt doch bekannt werden sollten, daran anschließend gegen ihn geklagt wird, er diesen Prozess verliert und **Schadenersatzzahlungen** leisten muss. Die Haftungsfolgen umfassen auch die Verfahrenskosten. Diese haftungsbedingten Zahlungen werden mit H bezeichnet, und die Wahrscheinlichkeit für das Auftreten von H wird zunächst durch einen zusammengefassten Term $z > 0$ abgebildet. Eine nähere Analyse der darin enthaltenen Zusammenhänge erfolgt später.

Die Prüfungsgebühren PG werden entsprechend den herrschenden institutionellen Rahmenbedingungen als gegeben unterstellt. Der Prüfer ist risikoneutral und minimiert seine erwarteten gesamten **Prüfungskosten** GK durch Wahl der Prüfungsintensität.[17] Die **Prüfungskosten**

$$GK = K(e) + (1 - e) f \cdot z \cdot H \tag{10.1}$$

bestehen aus direkten und indirekten Bestandteilen, wobei letztere durch den zweiten Summanden auf der rechten Seite von (10.1) dargestellt werden. Die Wahrscheinlichkeit unentdeckter Fehler in der Rechnungslegung beträgt $(1 - e)f$ und hängt unmittelbar vom Prüfungsniveau (Aufdeckungswahrscheinlichkeit) ab.

An der Stelle des **optimalen Prüfungsniveaus** muss folgende Bedingung erster Ordnung gelten:[18]

$$GK'(e^*) = K'(e^*) - f \cdot z \cdot H = 0 \quad \Rightarrow \quad K'(e^*) = f \cdot z \cdot H \tag{10.2}$$

Diese Bedingung suggeriert einige Zusammenhänge, die sich direkt ablesen lassen:

- Bestehen für den Prüfer keinerlei Haftungsfolgen für nicht aufgedeckte Fehler ($H = 0$ oder $z = 0$), wird nicht geprüft. Ein **positives Prüfungsniveau** setzt mithin **Haftungsrisiken** für den Prüfer voraus.[19]

---

[17] Siehe zu einem Ansatz mit risikoaversen Prüfern etwa *Pummerer/Steller/Baldauf* (2013).

[18] Wegen $K'' > 0$ ist die hinreichende Bedingung für ein Minimum erfüllt und die Lösung eindeutig.

[19] Die Darstellung im Text fokussiert auf den Haftungsaspekt. Daneben können auch Reputation oder andere Effekte zu positiven Prüfungsanreizen führen. Vgl dazu *Bigus* (2006, 2007), *Corona/Randhawa* (2010) und *Rothenberg* (2020).

- Das **Prüfungsniveau steigt** mit höheren **Haftungsfolgen** *H*. Bei gegebener Fehlerwahrscheinlichkeit der Rechnungslegung *f* geht dies mit einer verbesserten Qualität der Rechnungslegung einher, sofern man diese an der Wahrscheinlichkeit nicht aufgedeckter Fehler misst.
- Ein analoger Zusammenhang ergibt sich für eine **höhere Wahrscheinlichkeit** *z*, die kompakt die Gefahr zum Ausdruck bringt, mit der ein Prüfer damit rechnen muss, bei nicht aufgedeckten Mängeln Zahlungen aus der Prüferhaftung zu leisten.

2.2   Implikationen für die Prüferhaftung

Aus den oben beschriebenen Zusammenhängen ergeben sich im ersten Moment (aber nur scheinbar) einfache und klare **Empfehlungen** hinsichtlich der Haftungsproblematik. Will man die Qualität der Rechnungslegung durch Gewährleistung einer ausreichenden Prüfung garantieren, sollten erstens die Haftungsfolgen *H* erhöht werden. Die daraus folgenden Zahlungen könnten sogar größer als die den Investoren durch eine fehlerhafte Rechnungslegung entstandenen Schäden sein, d. h. es würde sich anbieten, dem Prüfer zusätzlich Strafen aufzuerlegen.[20] Zweitens bietet es sich an, alles zu tun, damit unentdeckt gebliebene Fehler doch bekannt werden und dass Investoren ihre Ansprüche sehr leicht über den Gerichtsweg durchsetzen können. Beides würde eine Erhöhung der Wahrscheinlichkeit *z* mit den gezeigten Konsequenzen für Prüfung und Publikationsqualität implizieren.

Solche Folgerungen sind aber aus mehreren Gründen *voreilig*. Sie wurden nämlich aus einem Modell abgeleitet, das als enger Partialansatz charakterisiert werden kann, denn das Prüferproblem geht von gegebenen Werten für zahlreiche andere Größen aus. Märkte und strategische Reaktionen werden dabei nicht berücksichtigt. Wie im Folgenden gezeigt wird, haben diese jedoch einen nicht nur erheblichen, sondern auch zum Teil überraschenden Effekt auf die Ergebnisse.

So wird zunächst die **Prüfungsgebühr** als konstant angesehen. Das ist solange unbedenklich, als es um das Prüferverhalten und dessen Einflussfaktoren bei einer ganz bestimmten Prüfung geht. Berücksichtigt man aber die Erfolgssituation des Prüfers und des Prüfermarktes, kann eine Konstanz der Prüfungsgebühren nicht mehr ohne Weiteres unterstellt werden. Betrachtet man die Prüfungskosten GK^* bei jeweils optimaler Prüfungsintensität und leitet sie nach den Haftungszahlungen *H* ab, folgt

$$\frac{dGK^*}{dH} = \underbrace{GK'\left(e^*\right)}_{=0}\frac{de^*}{dH} + \frac{\partial GK^*}{\partial H} = \frac{\partial GK^*}{\partial H} = \left(1 - e^*\right)f \cdot z > 0 \qquad (10.3)$$

---

[20] Der den eigentlichen Schaden übersteigende Teil der Haftungszahlungen könnte zB auch an gemeinnützige Organisationen oder an den Staat gezahlt werden. Siehe zur Analyse solcher *punitive damages* auch *Polinsky/Che* (1991).

Höhere Haftungsfolgen führen demnach zu **steigenden Prüfungsgesamtkosten**.[21] Für derartige erwartete Kostensteigerungen werden Prüfer eine Kompensation verlangen, denn sie können ja nicht zur Prüfung eines bestimmten Unternehmens gezwungen werden. Aus einer *ex ante*-Sicht gilt im vorliegenden Zusammenhang also eine den Agency-Ansätzen vergleichbare Teilnahmebedingung, die sich im Erfordernis eines nichtnegativen erwarteten Gewinns aus der Prüfungstätigkeit niederschlägt. Unter Konkurrenzverhältnissen am Prüfungsmarkt kann dieses Erfordernis auf einen erwarteten Gewinn von null reduziert werden, was eine gleichgerichtete Anpassung der Prüfungsgebühren an die höheren erwarteten Prüfungsgesamtkosten aus gestiegenen Haftungsfolgen impliziert. Die zusätzlichen Prüfungsgebühren werden von den Anteilseignern des prüfungspflichtigen Unternehmens gezahlt, so dass diese ihre verbesserte *ex post*-Haftungssituation in gewissem Sinne *ex ante* selbst bezahlen. Aus Sicht der an der Publikationsqualität interessierten Eigner ergibt sich hinsichtlich der Ausweitung von Haftungsfolgen ein **Tradeoff**, denn einen höheren Prüfungsumfang und damit eine verbesserte Qualität der Rechnungslegung gibt es natürlich nicht umsonst.[22]

Empirische Resultate

Simunic/Stein (1996) geben eine Übersicht über frühe empirische Studien, die sich mit den Einflussfaktoren von Prüfungsgebühren beschäftigen. Ihre Folgerung ist, dass die Prüfungsgebühren auf Änderungen von Haftungsrisiken sehr wohl reagieren. Im Rahmen der eigenen empirischen Studie konnten sie feststellen, dass die Gebühren der von ihnen betrachteten Prüfungsgesellschaft positiv mit den verwendeten Risikoindikatoren (z. B. Verschuldungsgrad) verknüpft waren. Die durch eine derartige Risikoanpassung erzielten Deckungsbeiträge schienen außerdem ausreichend zu sein, um die tatsächlich entstehenden Haftungszahlungen im Untersuchungszeitraum abdecken zu können.

Auch andere empirische Studien geben Hinweise darauf, dass Prüfungsgebühren sensibel auf Änderungen der Risiken bzw. Verantwortungen von Prüfern reagieren. So konnten *Menon/Williams* (2001) im Rahmen einer Langzeitstudie zur Entwicklung von Prüfungsgebühren zeigen, dass die Einführung der sogenannten *„expectation gap standards"* in den USA im Jahre 1988 (diese Prüfungsstandards beinhalteten gestiegene Anforderungen an die Prüfung des internen Kontrollsystems, der potenziellen Unterschlagung und der Überlebensfähigkeit des Unternehmens) zu signifikanten Erhöhungen der Prüfungsgebühren führten. *Seetharaman/Gul/Lynn* (2002) zeigen, dass britische Prüfer bei der Gebührengestaltung für englische Unter-

---

[21] Einen völlig analogen Zusammenhang erhält man bei Variation der (zusammengefassten) Wahrscheinlichkeit z für das Eintreten potenzieller Haftungsfolgen.

[22] Derartige Zusammenhänge werden in *Dye* (1995) behandelt.

nehmen, die sich in den USA listen lassen, Risikoprämien wegen des dort klage-
freundlicheren Umfeldes einrechnen. Und *Choi/Kim/Liu/Simunic* (2008) finden im
Rahmen einer international vergleichenden Studie einen signifikant positiven Einfluss der Strenge unterschiedlicher Haftungsregime auf die Prüfungsgebühren.

Empirische Resultate für die EU zeigen ein differenziertes Bild.[23] Zwar geben
83 % der Partner von großen (Big 4) und 70 % der Partner von mittelgroßen
Prüfungsgesellschaften an, dass die Prüfungshonorare mit dem Risiko des Engagements variieren, allerdings bekunden 87 % der großen und 77 % der mittelgroßen
Gesellschaften, dass sie sich wegen der Konkurrenz auf dem Prüfungsmarkt nicht in
der Lage sehen, die Risiken vollständig in den Honoraren einzupreisen. Auf lange
Sicht kann dies keine stabile Marktsituation sein.

Sofern die Eigner die gesamten Haftungszahlungen des Prüfers *ex post* als Schadenersatz erhalten, werden die haftungsbedingten Steigerungen der Prüfungskosten aus *ex
ante*-Sicht vollständig ausgeglichen. Es verbleiben dann einerseits die Erhöhungen der **direkten Prüfungskosten**, die durch eine haftungsinduzierte Ausweitung des Prüfungsniveaus entstehen, andererseits ist die dadurch erzielte Verbesserung der Prüfungsqualität
zu berücksichtigen.[24] Sofern die Eigner nicht in den Genuss aller dem Prüfer *ex post* entstehenden Haftungszahlungen kommen (weil z. B. ein Teil für Verfahrenskosten verwendet wird), zahlen die Eigner *ex ante* über höhere Prüfungsgebühren auch solche Teile
der Haftungszahlungen, von denen sie selbst auch *ex post* nicht profitieren. In einer solchen Situation ist es auch vorstellbar, dass die Nachfrage nach Prüfungen im Falle *freiwillig* initiierter Prüfungen zusammenbräche, weil die vom Prüfer über seine Teilnahmebedingung geforderten Prüfungsgebühren einfach zu hoch werden.[25] Die angesprochenen
Marktinterdependenzen können auch eine theoretische Grundlage für die Einführung von
Haftungsbeschränkungen bilden.[26]

Ein weiterer Grund für Vorbehalte gegenüber allzu eiligen Empfehlungen aus dem einfach erscheinenden Modellzusammenhang liegt in der Struktur des Modells begründet.

---

[23] Vgl *London Economics/Ewert* (2006), S. 162–163.

[24] Derartige Zusammenhänge werden etwa von *Laux/Newman* (2010) und *Ewert* (2014) in einem
Modell zur Analyse des Einflusses der Prüferhaftung auf die Entscheidungen von Prüfern zur Annahme von Mandanten untersucht. Dort gibt es noch eine dritte Partei in Form eines investierenden
Unternehmers, der Kapital von Anlegern benötigt und eine Prüfung der Rechnungslegung beauftragt. Höhere Haftungszahlungen führen zu höheren Prüfungsgebühren, doch die verbesserte Haftung fließt letztlich den Anlegern zu, was *ex ante* mit einer Senkung der Kapitalkosten einhergeht,
die – gegeben ein bestimmtes Prüfungsniveau – exakt die für den Unternehmer gestiegenen
Prüfungsgebühren ausgleicht. Dies wird als *„triangle effect"* bezeichnet.

[25] Siehe dazu zB das Modell von *Acemoglu/Gietzmann* (1997), S. 361–364.

[26] Siehe etwa *London Economics/Ewert* (2006), S. 292–294.

Der bisherige Ansatz ist rein „**prüferfokussiert**", denn es gibt nur eine Partei, deren optimale **Anpassungsreaktionen** an ein **Haftungssystem** analysiert wird, und das ist der Prüfer. Die Einbeziehung optimaler Handlungen anderer Parteien (z. B. Investoren, Management) hat jedoch bedeutsame Konsequenzen, was im Folgenden gezeigt wird.

3 Strategische Interdependenzen und Haftungssysteme

3.1 Bestimmungsgründe der erwarteten Haftungsfolgen

Der Schlüssel zum Aufdecken strategischer Interdependenzen liegt in einer näheren Betrachtung der **erwarteten Haftungskosten**

$$(1-e)f \cdot z \cdot H$$

Diese Kosten beinhalten zwei Wahrscheinlichkeiten f und z, die bisher als exogen gegeben angenommen wurden, aber tatsächlich von den **Strategien** anderer Akteure abhängen. Die **Fehlerwahrscheinlichkeit** f der Rechnungslegung hängt von der Rechnungslegungspolitik des bilanzaufstellenden Managements ab. Dabei wird das Management berücksichtigen, mit welcher Prüfungsintensität und mithin welcher Aufdeckungswahrscheinlichkeit es rechnen muss. Die sich aus solchen Überlegungen ergebende Fehlerwahrscheinlichkeit beeinflusst aber das Prüfungsniveau, so dass beide Aktivitäten nicht unabhängig voneinander bestimmt werden können.

Es resultiert eine subtile Interdependenz, die wie folgt verdeutlicht werden kann: Angenommen, man erhöht den erwarteten Haftungsumfang $z \cdot H$ in der Hoffnung auf ein höheres Prüfungsniveau. Das Management wird dies antizipieren und bei gegebener Bilanzpolitik (die sich letztlich in der Fehlerwahrscheinlichkeit f manifestiert) höhere Nachteile aus entdeckter Falschberichterstattung erwarten. Dies wiederum wird zu einer Minderung von Bilanzverzerrungen führen, also mithin zu einer Senkung von f. Dadurch aber ergibt sich für den Prüfer ein Anreiz zur Senkung des Prüfungsniveaus, woraus sich wiederum für das Management ein Anreiz zur Ausweitung der Bilanzverzerrungen ergibt usw. Im Rahmen eines analogen Ansatzes zur Analyse von *Enforcement*-Problemen zeigen *Ewert/ Wagenhofer* (2019), dass das resultierende Gleichgewicht bei rationalen Erwartungen überraschende Eigenschaften hat. So führt z. B. eine Erhöhung der Entdeckungswahrscheinlichkeit z zunächst zu einer Steigerung, später aber zu einer Senkung des Prüfungsniveaus bei zugleich beständiger Verringerung der Bilanzpolitik des Managements.[27]

---

[27] Siehe *Hillegeist* (1999) zu einer anderen Modellierung, in der die Wirkungen alternativer Regelungen zur Schadensteilungen zwischen Prüfer und Manager (zB gesamtschuldnerische Haftung versus proportionale Schadensteilung) unter Beachtung der Manager-Prüfer-Interdependenz untersucht werden.

Beeinflussung von Investitionsentscheidungen
Haftungsregeln können auch Rückwirkungen auf die Investitionspolitik eines Unternehmens haben. Dies wird in einer Arbeit von *Schwartz* (1997) untersucht. Die Idee besteht darin, dass die Schadenersatzzahlungen des Prüfers den Investoren letztlich einen Teil der Vermögensverluste abnehmen, falls Investitionsprojekte nicht erfolgreich sind. Dies ändert grundsätzlich den Tradeoff für die Eigner bei der Entscheidung über das optimale Investitionsvolumen eines Unternehmens – es besteht plötzlich die Gefahr der **Überinvestition** und damit einer realen Ineffizienz. In diesem Rahmen lassen sich damit Wirkungen verschiedener Ausgestaltungen der Haftungsregeln hinsichtlich Prüfungsniveau einerseits und Investitionsvolumen andererseits vergleichen.[28]

Die folgenden Überlegungen konzentrieren sich auf die Größe z, welche die Wahrscheinlichkeit angibt, dass unentdeckt gebliebene Fehler tatsächlich zu **Haftungsfolgen** in Höhe von H führen. Der Eintritt solcher Konsequenzen basiert auf mehreren Faktoren. Die noch verbliebenen Mängel der Rechnungslegung müssen den anderen Marktteilnehmern zunächst **bekannt** werden, was keineswegs sicher ist. Diesbezügliche Möglichkeiten wären etwa, dass in einem späteren Insolvenzverfahren der Insolvenzverwalter solche Mängel aufdeckt, dass eine durch Aktionäre angestrengte Sonderprüfung frühere Fehler aufdeckt, dass im Rahmen eines *peer review* der Prüfungshandlungen durch einen anderen Prüfer Mängel bekannt werden[29] oder dass unabhängige Inspektionen derartige Mängel offenbaren.[30] Eine weitere Möglichkeit könnte sich durch die Aktivitäten von **Enforcement**-Institutionen, wie z. B. der deutschen BaFin oder der Österreichischen Prüfstelle für Rechnungslegung (OePR) ergeben. Letztlich wird man die Aufdeckung verbliebener Fehler nur mit einer bestimmten Wahrscheinlichkeit annehmen können, die weitgehend exogen gegeben ist.

Des Weiteren müssen sich die Investoren nach dem Erhalt von Informationen über solche Mängel dafür entscheiden, den Prüfer zu verklagen, und das anschließende Gerichtsverfahren muss für die klagenden Investoren positiv ausgehen. Diese **Klageentscheidung** basiert letztlich auf einem **Optimierungskalkül** der Investoren, die Kosten und erwarteten

---

[28] Siehe zu weiteren Ansätzen mit Konsequenzen von Haftungsregeln für Investitionsentscheidungen zB *Chan/Wong* (2002), *Newman/Patterson/Smith* (2005), *Lu/Sapra* (2009), *Laux/Newman* (2010) und *Deng/Melumad/Shibano* (2012).

[29] Vgl zu einer Analyse verwandter Fragestellungen die Beiträge von *Matsumura/Tucker* (1995) und *Tucker/Matsumura* (1997).

[30] Auf der Homepage des PCAOB kann man etwa Ergebnisse dieser Inspektionen für alle inspizierten Prüfungsgesellschaften abrufen (https://pcaobus.org/oversight/inspections). Die Identität der geprüften Unternehmen wird dabei allerdings nicht preisgegeben.

Nutzen einer Klage abwägen.[31] Ob daraus weitere strategische Interdependenzen entstehen, hängt entscheidend vom Haftungssystem ab.

3.2 Gefährdungshaftung

Bei einer **Gefährdungshaftung** (*strict liability system*) haftet der Prüfer für jeden verbliebenen Fehler, und zwar *unabhängig* davon, ob er ordnungsgemäß geprüft hat oder nicht. Bei einem solchen Haftungssystem kann am ehesten davon ausgegangen werden, dass bei bekanntwerdenden Fehlern in der Rechnungslegung stets geklagt wird, denn die Investoren brauchen sich hier zumindest über den Ausgang des Gerichtsverfahrens keine Gedanken zu machen. Gilt darüber hinaus hinsichtlich der **Kostenzuordnung** die Regel, dass die gesamten Verfahrenskosten von der im Prozess unterlegenen Partei zu zahlen sind (das ist z. B. für Deutschland und Großbritannien der Fall), so ist die Klageerhebung bei einer Gefährdungshaftung für die Investoren in der Tat risikolos und wird stets initiiert. In diesem Fall kann man sowohl die Klagewahrscheinlichkeit als auch die Erfolgswahrscheinlichkeit des Prozesses mit eins ansetzen, so dass im obigen Basismodell die Wahrscheinlichkeit z einfach der Wahrscheinlichkeit für die Offenbarung verbliebener Mängel entspricht. Eine Handlungsinterdependenz tritt nicht auf, und die aus dem Basismodell abgeleiteten Überlegungen bleiben aus dem Blickwinkel des Prüfer-Investoren-Zusammenhangs gültig.

Wenn allerdings jede Partei unabhängig vom Ausgang des Prozesses ihre eigenen **Verfahrenskosten** zu tragen hat (dies ist etwa die Situation in den USA), ergeben sich andere Konsequenzen. Ob sich für die Investoren eine Klage lohnt, hängt dann auch bei einer Gefährdungshaftung von einem Kosten-Nutzen-Kalkül ab. Die Investoren werden die (sicher) zu erwartenden Schadenersatzzahlungen den Verfahrenskosten gegenüberstellen. Übersteigt der Schadenersatz die Verfahrenskosten, wird stets geklagt, ansonsten nicht. Im letzteren Fall ist die Klagewahrscheinlichkeit gleich null, so dass auch die kombinierte Wahrscheinlichkeit verschwindet ($z = 0$). Der Prüfer braucht jetzt also mit keinen Haftungsfolgen zu rechnen, was zugleich fatale Auswirkungen auf seinen Anreiz zur Erbringung von Prüfungsleistungen hat, denn sein **optimales Prüfungsniveau** ist offenbar ebenfalls gleich null.

Diesem Problem kann *nicht* dadurch begegnet werden, dass die Wahrscheinlichkeit, mit der ein verbliebener Fehler offenbar wird, erhöht wird. Dies ist nämlich für die *ex post* optimalen Klageentscheidungen der Investoren bedeutungslos. Eine Abhilfe schafft einerseits eine Erhöhung der den Investoren zukommenden **Schadenersatzzahlungen**, wodurch bei gegebenen Verfahrenskosten der Tradeoff zugunsten der Einleitung einer Klage verändert wird. Andererseits bieten aber auch die in den USA verbreiteten Sammelklagen

---

[31] Dies kann ebenfalls zu unerwarteten Ergebnissen führen, denn effektivere Prüfung oder Enforcement reduzieren die Wahrscheinlichkeit einer Klage. Siehe dazu zB *Schantl/Wagenhofer* (2020).

(class action suit) Abhilfe, also Gerichtsverfahren, bei denen ein Prozess für zahlreiche geschädigte Anleger gemeinsam geführt wird.[32] Die Verfahrenskosten verteilen sich dadurch auf die beteiligten Investoren, so dass die Einleitung einer Klage wahrscheinlicher wird.

3.3   Verschuldenshaftung

Im Bereich der Wirtschaftsprüfung ist allerdings – auch international – nicht die Gefährdungs-, sondern die **Verschuldenshaftung** *(negligence system)* vorherrschend. Danach haftet der Prüfer nicht für jeden Schaden, der durch Fehler in der Rechnungslegung induziert sein könnte. Als Voraussetzung muss ein Verschulden des Prüfers vorliegen, welches üblicherweise durch den Vergleich seiner tatsächlichen Prüfungshandlungen mit „**Sollhandlungen**" bestimmt wird. Diese „Sollhandlungen" werden durch Prüfungsgrundsätze bestimmt, die i. d. R. von Prüferorganisationen herausgegeben werden. In Deutschland sind dies die sogenannten **Grundsätze ordnungsmäßiger Abschlussprüfung** (GoA), die sich in den Fachgutachten, Stellungnahmen und Prüfungsstandards des IDW finden. Die Prüfungsgrundsätze in den USA heißen *Generally Accepted Auditing Standards* (GAAS), und international (insbesondere auch für die EU) sind die *International Standards on Auditing* (**ISA**) relevant.

Solchen **Prüfungsstandards** werden ausdrücklich deskriptive und normative Funktionen zugeschrieben.[33] In deskriptiver Sicht sollen sie über Umfang und Inhalt der üblichen Prüfungshandlungen informieren, so dass Anleger in der Lage sind, die Qualität der erhaltenen Bilanzzahlen besser einzuschätzen. Aus normativer Sicht sollen sie eine Richtschnur für den Prüfer darstellen, der potenzielle Abweichungen besonders begründen müsste, umgekehrt aber bei Befolgung der Grundsätze eine Exkulpationsmöglichkeit im Falle von Streitigkeiten hat.

Derartige Prüfungsgrundsätze verlangen typischerweise *keine* **perfekte Prüfung**. Es wäre schon aus Wirtschaftlichkeitsgründen kaum sinnvoll, Prüfungshandlungen in einem Umfang zu fordern, der eine 100-prozentige Sicherheit beinhaltet, abgesehen davon, dass dies oftmals auch faktisch gar nicht möglich ist. Die im Rahmen von GoA geforderte Urteilssicherheit ist mithin geringer als 100 %, so dass selbst eine völlig ordnungsmäßige Prüfung Mängel in der Rechnungslegung nur mit einer bestimmten Wahrscheinlichkeit aufzudecken braucht.

Hinsichtlich des **Klageverhaltens von Investoren** bedeutet das, dass eine Information über noch vorhandene Fehler einer publizierten Bilanz nicht automatisch zu einer positi-

---

[32] Die Möglichkeiten für solche *class action suits* wurden durch den sogenannten *Private Securities Litigation Reform Act* von 1995 etwas eingeschränkt. Vgl dazu zB *Goldwasser* (1997), *King/ Schwartz* (1997).

[33] Vgl etwa *Rückle* (1980) und (1996).

ven Erwartung für einen erfolgreichen Prozess führt. Nur dann, wenn dem Prüfer auch
eine Verletzung der GoA nachgewiesen wird, kann mit einem Klageerfolg gerechnet werden. Weil selbst bei GoA-konformen Prüfungen Restfehler bestehen können und weil die
Prüfungstätigkeit im Allgemeinen nicht beobachtbar ist, birgt die Einleitung einer Klage
ein Risiko für die Investoren, wenn sie die Verfahrenskosten zu tragen haben (dies ist
z. B. in Deutschland üblich). Zeigt sich nämlich im Prozess, dass der Prüfer doch GoA-
konform geprüft hat, geht der Prozess für die Anleger verloren, und sie haben die gesamten Verfahrenskosten zu tragen.

Damit hängt das optimale Klageverhalten der Investoren offensichtlich von ihren **Erwartungen** über die Politik des **Prüfers** (in welchem Maße wurde ordnungsgemäß geprüft?) ab, während dessen Prüfungsniveau von eben diesem Klageverhalten über die
kombinierte Wahrscheinlichkeit z determiniert wird. Es entsteht jetzt eine Handlungsinterdependenz, die nachfolgend analysiert wird.

4   Verschuldenshaftung mit präzisen Prüfungsgrundsätzen

4.1   Relevanz von Prüfungsstandards

Zunächst wird unterstellt, die GoA seien so präzise, dass sich daraus ein sicheres **Mindestprüfungsniveau** von $\bar{e}$ ableiten lässt. Die (exogene) Wahrscheinlichkeit, dass verbliebene
Fehler aufgedeckt werden, ist v. Die Klagepolitik der Anleger wird durch die Klagewahrscheinlichkeit β ausgedrückt. Weiterhin wird berücksichtigt, dass das Gericht im Rahmen
des Prozesses die tatsächlichen Prüfungshandlungen verifizieren muss, was mit einer
Wahrscheinlichkeit γ gelingt. Schlägt diese Verifizierung fehl, kann dem Prüfer keine Verletzung der GoA nachgewiesen werden, so dass die Anleger auch dann den Prozess verlieren. Gelingt die Verifizierung, wird geprüft, ob der Prüfer das Mindestprüfungsniveau
eingehalten hat. Nur dann, wenn dies nicht der Fall ist, treffen ihn die Haftungsfolgen, die
zu Auszahlungen in Höhe von H führen.

Der gesamte Ablauf der für einen Haftungseintritt erforderlichen Bedingungen ist in
Abb. 10.1 dargestellt, wobei diejenigen Aspekte hervorgehoben sind, die mit optimalen
Handlungen der involvierten Parteien verbunden sind.

Insgesamt ergibt sich für die **kombinierte Wahrscheinlichkeit** z demnach

$$z = v \cdot \beta \cdot \gamma$$

und die **Prüfungsgesamtkosten** betragen

$$GK = K(e) + (1-e)f \cdot v \cdot \beta \cdot \gamma \cdot H \qquad (10.4)$$

Weil Haftungsfolgen bei einer Verschuldenshaftung nur dann eintreten können, wenn die
GoA verletzt wurden, gilt der in (10.4) beschriebene Zusammenhang streng genommen nur
für Prüfungsniveaus, die den Standard $\bar{e}$ nicht erreichen. Für die weitere Analyse ist es aber

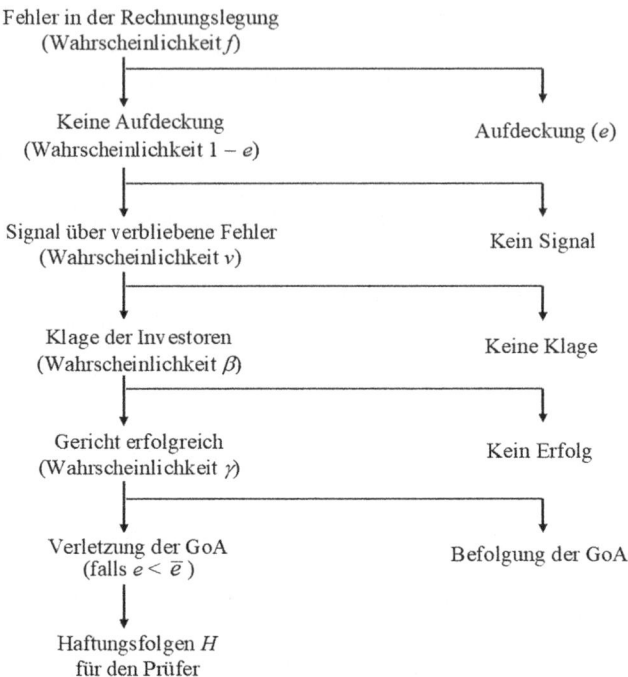

Abb. 10.1   Ereignissequenz und Wahrscheinlichkeiten für den Eintritt von Haftungsfolgen

zweckmäßig, das Optimum bezüglich (10.4) unter *Vernachlässigung* dieser Restriktion zu betrachten und durch Kontrastierung mit den Kosten der ordnungsgemäßen Prüfung die insgesamt optimale Prüferpolitik zu entwickeln.

Sei e_h^* dasjenige Prüfungsniveau, das die Gesamtkosten (10.4) minimiert. Analog zu (10.2) ist diese **kostenminimierende Prüfungsintensität** grundsätzlich durch folgende Bedingung erster Ordnung gekennzeichnet:

$$\frac{\partial GK\left(e_h^*\right)}{\partial e} = K'\left(e_h^*\right) - f \cdot v \cdot \beta \cdot \gamma \cdot H = 0 \tag{10.5}$$

Diese Prüfungsintensität hängt zunächst von der Klagewahrscheinlichkeit β der Investoren ab. Die Änderung des Prüfungsniveaus bei einer Variation der Klagewahrscheinlichkeit ergibt sich aus einer Differenzierung von (10.5) nach β:

$$\frac{\partial^2 GK\left(e_h^*\right)}{\partial e \partial \beta} + \frac{\partial^2 GK\left(e_h^*\right)}{\partial e^2} \cdot \frac{de_h^*}{d\beta} = 0 \quad \Rightarrow \quad \frac{de_h^*}{d\beta} = -\frac{\partial^2 GK\left(e_h^*\right)}{\partial e \partial \beta} \left(\frac{\partial^2 GK\left(e_h^*\right)}{\partial e^2}\right)^{-1}$$

Einsetzen der jeweiligen Ausdrücke auf der rechten Seite erbringt

$$\frac{de_h^*}{d\beta} = \frac{fv\gamma H}{K''\left(e_h^*\right)} > 0 \tag{10.6}$$

Der Prüfer wird seine Anstrengungen umso größer ansetzen, je höher er die Klagewahrscheinlichkeit der Investoren einschätzt. Gegeben diese **optimale Anpassung an die Klagepolitik** erhält man für den Verlauf der Gesamtkosten *GK* in Abhängigkeit von der Klagewahrscheinlichkeit folgenden Zusammenhang:

$$\frac{dGK^*}{d\beta} = \frac{\partial GK^*}{\partial \beta} + \underbrace{\frac{\partial GK^*}{\partial e}}_{=0} \cdot \frac{de_h^*}{d\beta} = \frac{\partial GK^*}{\partial \beta} = \left(1 - e_h^*\right) f \cdot v \cdot \gamma \cdot H > 0$$

$$\frac{d^2GK^*}{d\beta^2} = -\frac{de_h^*}{d\beta} \cdot f \cdot v \cdot \gamma \cdot H < 0$$

Wegen der Zusammenhänge der Verschuldenshaftung ist diese Kostenfunktion allerdings nur so lange relevant, wie die dahinterstehende optimale Prüfungsintensität kleiner als der **Prüfungsstandard** $\bar{e}$ ist. Entscheidet sich der Prüfer für das GoA-konforme Prüfungsniveau $\bar{e}$, fallen nur die direkten Prüfungskosten $K(\bar{e})$ an. Ob der Prüfer das allerdings vorteilhaft findet, hängt von der Höhe des Standards $\bar{e}$ und der Prüfungskosten $K(\bar{e})$ ab. Berücksichtigt man diese GoA-konformen direkten Prüfungskosten, lassen sich grundsätzlich zwei Fälle unterscheiden, irrelevante (hohe) und relevante Prüfungsstandards (siehe Abb. 10.2).

Irrelevanter Prüfungsstandard
Wenn $\bar{e}^i$ der maßgebliche Prüfungsstandard ist, so wären selbst bei sicheren Klagen der Investoren die **direkten Prüfungskosten** der GoA-konformen Prüfung **höher** als die Prüfungsgesamtkosten, die bei optimalem Anpassungsverhalten des Prüfers inklusive der Haftungskosten resultierten. Der Prüfer würde demnach den Standard stets missachten, weil seine Einhaltung schlicht zu teuer wäre. Derartige Standards sind niemals relevant,

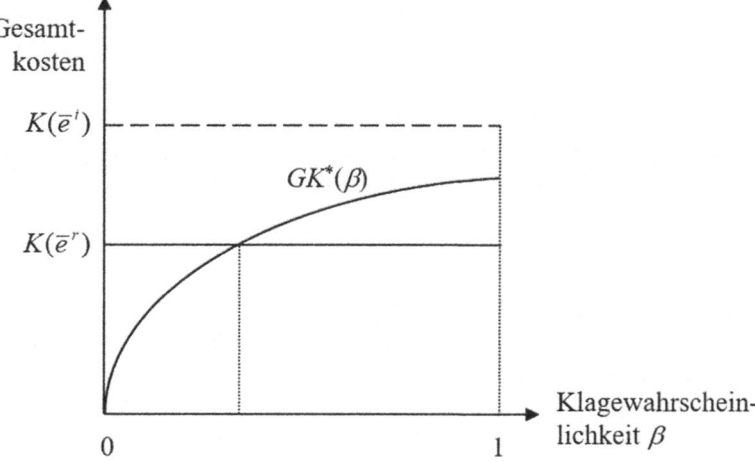

Abb. 10.2 Relevanz von Prüfungsstandards

wenn durch das Haftungssystem Anreize zu ihrer Einhaltung gesetzt werden sollen. Weil der Prüfer mit Sicherheit nicht GoA-konform prüft, würden die Investoren bei *ex post* bekanntwerdenden Fehlern in der Rechnungslegung eine Klage mit Sicherheit gewinnen, sofern das Gericht bei der Verifizierung des Prüfungsniveaus erfolgreich ist.[34]

> Diese Situation weist Ähnlichkeiten zur **Gefährdungshaftung** auf, unterscheidet sich von ihr aber insofern, als die Investoren mit positiver Wahrscheinlichkeit die Verfahrenskosten zu tragen haben, dann nämlich, wenn im Prozess kein Befund bezüglich des tatsächlich realisierten Prüfungsniveaus erhalten wird. Nachfolgend wird unterstellt, dass diese Gefahr nicht so groß ist, um die Einleitung einer Klage aus Sicht der Investoren unvorteilhaft werden zu lassen. Andernfalls wäre nämlich das gesamte Haftungssystem obsolet, weil die Investoren es selbst bei sicheren GoA-Verstößen des Prüfers nicht vorteilhaft fänden, einen Prozess anzustrengen.

Differenziert man die Haftungsfolgen H in die den Investoren zufallenden Schadenersatzzahlungen SE und Verfahrenskosten VK (d. h. $H = SE + VK$), dann gilt aus Sicht der Investoren

$$\gamma \cdot H > VK \quad \Leftrightarrow \quad \gamma \cdot SE > (1-\gamma)VK \tag{10.7}$$

Die Investoren tragen zunächst die Verfahrenskosten $VK,$ die im Falle eines gewonnenen Prozesses aber ersetzt werden. Bei **sicherem GoA-Verstoß** des Prüfers beträgt der Erwartungswert der aus einem Prozess resultierenden Zahlungen gerade $\gamma \cdot H$ (weil nur noch das Verifizierungsrisiko besteht), und sofern dieser Betrag die Verfahrenskosten nicht unterschreitet, lohnt sich die Einleitung einer Klage.

Relevanter Prüfungsstandard

Nun wird der Fall eines „relevanten" Prüfungsstandards betrachtet. Bei einem Prüfungsstandard von $\bar{e}^r$ ergibt sich aus Abb. 10.2, dass bei einer sicheren Klage die direkten Prüfungskosten des GoA-konformen Niveaus niedriger als die Prüfungsgesamtkosten bei voller Einrechnung von Haftungsfolgen sind. Daher kann es sich aus Sicht des Prüfers jetzt sehr wohl lohnen, **GoA-konform** zu prüfen und die ansonsten zu erwartenden Haftungsfolgen zu vermeiden. Entscheidend dafür ist die **Einschätzung der Klagepolitik**. Setzt der Prüfer eine geringe Klagewahrscheinlichkeit an, ist das Gewicht der Haftungsfolgen gering und es lohnt sich nicht, GoA-konform zu prüfen. Rechnet der Prüfer dagegen mit einer eher hohen Klagehäufigkeit, lohnt sich offensichtlich die Einhaltung des Standards. Es kann sich aber für den Prüfer offenbar *niemals* rechnen, das GoA-konforme **Prüfungsniveau** $\bar{e}^r$ zu **überschreiten**, denn dies würde – gegeben die Prüfungs-

---

[34] Zu beachten ist, dass das Wissen der Investoren um die für den Prüfer optimale Politik bei einer Verschuldenshaftung nicht bereits alleine ausreichend ist, um den Prozess zu gewinnen, solange die Prüfungsintensität nicht wirklich verifiziert ist. Der Prüfer könnte immer behaupten, doch ordnungsgemäß geprüft zu haben, und die Beweislast liegt typischerweise beim Kläger.

gebühren – nur seine Prüfungskosten erhöhen, ohne irgendwelche sonstigen Vorteile zu erbringen. Insofern setzt eine Verschuldenshaftung mit sicherem Prüfungsstandard implizit eine **Maximalqualität** der Prüfung in Höhe der Prüfungsgrundsätze. Im Folgenden werden nur noch relevante Prüfungsstandards betrachtet.

Fasst man diese Argumentation zusammen, dann gibt es bei jedem relevanten Prüfungsstandard offenbar eine durch den Schnittpunkt von GK und $K(\overline{e})$ in Abb. 10.2 bestimmte kritische Klagewahrscheinlichkeit $\hat{\beta}$, so dass sich die Prüfungskosten bei jeweils **optimalem Anpassungsverhalten des Prüfers** wie in Abb. 10.3 darstellen lassen.

Der obere Teil von Abb. 10.3 beschreibt die Abhängigkeit der (optimalen) Prüfungskosten von der Klagepolitik, während der untere Teil die Beziehungen zwischen Prüfungsintensität und Klagehäufigkeit darstellt. Zu beachten ist, dass an der Stelle der **kritischen Klagewahrscheinlichkeit** die Ungleichung

$$e_h^*\left(\hat{\beta}\right) < \overline{e} \qquad (10.8)$$

gelten muss, weil in den Prüfungsgesamtkosten GK gemäß (10.4) ja auch noch **erwartete Haftungsfolgen** enthalten sind und an der Stelle $\hat{\beta}$ gilt:

Abb. 10.3 Prüfungskosten, Prüfungsniveau und Klagepolitik

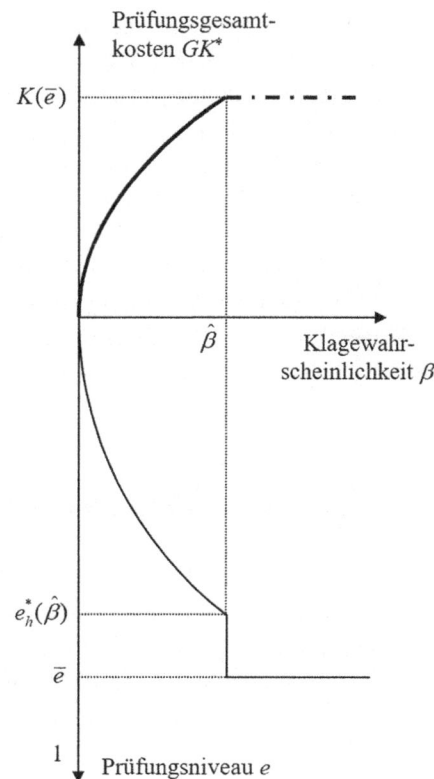

$$GK^*\left(\hat{\beta}\right) = K\left(\overline{e}\right) \tag{10.9}$$

Diese Gleichung kann aber nur dann gelten, wenn (10.8) erfüllt ist. Bei der kritischen Wahrscheinlichkeit $\hat{\beta}$ ist der Prüfer also indifferent zwischen der Wahl eines Substandard-Prüfungsniveaus $e_h^*\left(\hat{\beta}\right)$ und der Einhaltung des Standards $\overline{e}$.

Aus Abb. 10.3 ist ersichtlich, dass das Haftungssystem im vorliegenden Zusammenhang niemals dazu führen kann, dass *stets* **ordnungsgemäß geprüft** wird. Dazu müsste nämlich die Wahrscheinlichkeit einer Klage wenigstens $\hat{\beta}$ sein. Wenn aber die GoA vom Prüfer immer erfüllt werden, haben die Investoren *nie* eine Chance, einen Prozess zu gewinnen. Denn entweder ist das Gericht bei der Verifizierung des Prüfungsniveaus erfolgreich – dann verlieren die Investoren den Prozess, weil GoA-konform geprüft wurde. Oder das Gericht scheitert bereits bei den Verifizierungsbemühungen – dann verlieren die Investoren den Prozess ohnehin. Die Anleger hätten stets die Verfahrenskosten zu tragen, ohne irgendwelche positiven Zahlungen aus dem Prozess erwarten zu können. Eine Klageeinleitung wäre daher nicht rational, so dass die optimale Reaktion der Anleger auf eine sichere Einhaltung des Prüfungsstandards eine Klagewahrscheinlichkeit von $\beta = 0$ wäre und daher im Widerspruch zur Voraussetzung $\beta \geq \hat{\beta}$ stünde.

Umgekehrt kann es aber auch nicht sein, dass die Investoren *niemals* klagen. Würde nämlich der Prüfer dies bei seiner Prüfungsplanung antizipieren, fände er ein Prüfungsniveau von null optimal. In jedem Fall wäre der Standard $\overline{e}$ mit Sicherheit verletzt. Aus der Annahme (10.7), $\gamma \cdot H > VK$, folgt aber, dass die Investoren bei sicherer Verletzung der GoA eine Klageeinleitung *ex post* vorteilhaft fänden, was im Widerspruch zur Annahme $\beta = 0$ steht. Wenn also beide Seiten optimieren, dann kann es niemals so sein, dass stets geklagt oder nicht geklagt wird sowie dass der Prüfer stets die GoA einhält.

Es ist auch nicht möglich, dass der Prüfer *mit Sicherheit* ein bestimmtes Prüfungsniveau wählt. Denn entweder läge dieses sichere Prüfungsniveau unterhalb des GoA-Standards $\overline{e}$ – das setzt aber gemäß Abb. 10.3 eine relativ niedrige Klagewahrscheinlichkeit voraus, während es die Anleger tatsächlich vorteilhaft fänden, *ex post* mit Sicherheit zu klagen. Oder das Prüfungsniveau wäre ordnungsgemäß – dies erfordert eine relativ hohe Klagehäufigkeit, obwohl es aus Anlegersicht *ex post* garantiert unvorteilhaft wäre zu klagen.

4.2   Eigenschaften des Nash-Gleichgewichts

Ein **Nash-Gleichgewicht** kann in dieser Situation nur darin bestehen, dass sowohl die Investoren als auch der Prüfer **gemischte Strategien** wählen. Solche Randomisierungen setzen voraus, dass die jeweilige Partei zwischen reinen Strategien indifferent ist (ansonsten wäre eine der reinen Strategien strikt optimal). Daher müssen im Gleichgewicht zunächst die Investoren zwischen der Einleitung und der Unterlassung einer Klage indifferent sein.

Darüber hinaus muss auch der Prüfer zwischen der Einhaltung und der Verletzung der GoA indifferent sein. Abb. 10.3 zeigt, dass diese Bedingung für den Prüfer nur dann erfüllt sein kann, wenn die Klagewahrscheinlichkeit der Investoren der kritischen Wahrscheinlichkeit $\hat{\beta}$ entspricht. Für die gleichgewichtige Politik β^g der Anleger muss daher gelten:

$$\beta^g = \hat{\beta} \tag{10.10}$$

Gegeben diese Klagepolitik ist der Prüfer wegen (10.9) indifferent zwischen der Wahl des Substandard-Niveaus $e_h^*\left(\beta^g\right)$ (für das im Folgenden verkürzt e_{hg}^* geschrieben wird) und dem GoA-Standard $\overline{e}$, d. h.

$$GK\left(e_{hg}^*\right) = K\left(e_{hg}^*\right) + \left(1 - e_{hg}^*\right) f \cdot v \cdot \hat{\beta} \cdot \gamma \cdot H = K\left(\overline{e}\right) \tag{10.11}$$

Der **Prüfer** randomisiert nun zwischen diesen beiden reinen Strategien so, dass auch für die **Investoren** die Indifferenzbedingung erfüllt ist und die in (10.10) dargestellte Politik sequenziell rational wird. Dazu muss erneut das Entscheidungsproblem der **Investoren** betrachtet werden. Sofern die Einhaltung bzw. Verletzung des Standards nicht sicher ist, setzen die Investoren bei *ex post* bekanntwerdenden Mängeln der Rechnungslegung eine *a posteri*ori-Wahrscheinlichkeit ζ dafür an, dass die GoA verletzt sein könnten. Ihr Entscheidungskriterium für die Initiierung einer Klage lautet dann analog zu (10.7)

$$\zeta \cdot \gamma \cdot H \geq VK \tag{10.12}$$

Indifferenz setzt die Erfüllung als Gleichung voraus

$$\zeta \cdot \gamma \cdot H = VK \quad \Leftrightarrow \quad \zeta = \frac{VK}{\gamma \cdot H} = \frac{VK}{\gamma\left(SE + VK\right)} < 1 \tag{10.13}$$

Die *a* **posteriori**-Wahrscheinlichkeit ζ hängt von der Prüfungspolitik ab. Sei ϕ die Wahrscheinlichkeit, mit der die Anleger erwarten, dass der Prüfer das **Substandard-Prüfungsniveau** e_{hg}^* wählt. Unter Verwendung des Bayes-Theorems ergibt sie sich aus

$$\zeta = \frac{f \cdot v \cdot \phi\left(1 - e_{hg}^*\right)}{f \cdot v \cdot \phi\left(1 - e_{hg}^*\right) + f \cdot v\left(1 - \phi\right)\left(1 - \overline{e}\right)} = \frac{\phi\left(1 - e_{hg}^*\right)}{\phi\left(1 - e_{hg}^*\right) + \left(1 - \phi\right)\left(1 - \overline{e}\right)} \tag{10.14}$$

Der Zähler gibt die *a priori*-Wahrscheinlichkeit dafür an, dass man eine Information über verbliebene Mängel erhält, falls das Substandard-Niveau gewählt wird. Der Nenner gibt die gesamte *a priori*-Wahrscheinlichkeit dafür an, dass Mängel verbleiben und bekannt werden.

Im **Gleichgewicht** muss die vom Prüfer gewählte Wahrscheinlichkeit ϕ^g genauso gesetzt sein, dass für die Anleger die Indifferenzbedingung (10.13) erfüllt ist:

$$\zeta^g = \frac{\phi^g \left(1 - e_{hg}^*\right)}{\phi^g \left(1 - e_{hg}^*\right) + \left(1 - \phi^g\right)\left(1 - \overline{e}\right)} = \frac{VK}{\gamma \cdot H} \tag{10.15}$$

Damit wird die gegenseitige Interdependenz der optimalen Handlungen deutlich:

- Bei einem präzisen, relevanten Standard gibt es in einem Szenario der Verschuldenshaftung **kein Gleichgewicht in reinen Strategien**.
- Die Anleger wählen eine gemischte Klagestrategie β^g so, dass der **Prüfer** gemäß (10.10) und (10.11) **indifferent** ist zwischen Befolgung und Verletzung des Standards.
- Der Prüfer randomisiert zwischen einem **Substandard-Niveau** e_{hg}^* (welches die Optimalitätsbedingung (10.5) erfüllt) und dem **Standard** $\overline{e}$. Die Wahrscheinlichkeit ϕ^g für die Verletzung des Standards wird so gewählt, dass die Bedingung (10.15) für die *a* **posteriori**-Wahrscheinlichkeit ζ^g erfüllt ist.
- Die Geltung von (10.15) sichert Indifferenz der **Anleger** bezüglich ihrer reinen Strategien und damit die sequenzielle Rationalität der Klagestrategie.

Empirische Ergebnisse

Geiger/Raghunandan (2002) untersuchen die Frage, ob sich veränderte rechtliche Rahmenbedingungen im Zusammenhang mit der Prüferhaftung auch in anderen Verhaltensweisen von Prüfern ausdrücken. Sie betrachten die Situation in den USA nach der im Jahre 1995 erfolgten Einführung des *Private Securities Litigation Reform Act* (PSLRA), der einige grundsätzliche Erleichterungen der Prüferhaftung beinhaltete. Untersucht wurden die Berichte über den Going Concern-Status von Unternehmen, die sich in finanziellen Schwierigkeiten befanden, und zwar jeweils für Stichproben aus den Jahren 1992–1993 (also vor der Gesetzesänderung), 1996–1997 sowie 1999–2000 (im Jahre 1998 gab es weitere Änderungen). Die Autoren stellen im Zeitablauf signifikante Verringerungen der Häufigkeit eingeschränkter Going-Concern-Berichte der Prüfer fest. Diese Resultate konnten in einer späteren, umfangreicheren Studie von *Geiger/Raghunandan/Rama* (2006) mit einem etwas anderen Untersuchungsdesign bestätigt werden, ebenso finden *Lee/Mande* (2003) mit einer auf diskretionäre Periodenabgrenzungen fokussierten Studie analoge Resultate.

Natürlich werfen solche Ergebnisse die Frage auf, ob die erhaltenen Effekte „günstig" oder „ungünstig" für die Marktteilnehmer sind. Im Zusammenhang mit dem PSLRA existieren verschiedene Studien, die sich den Marktwertkonsequenzen des Acts widmen. Dabei finden *Spiess/Tkac* (1997) und *Johnson/Kasznik/Nelson* (2000) positive Reichtumseffekte des PSLRA, trotz der potenziell negativen Wirkungen für die Prüfungsqualität. Dies lässt sich erklären, indem man auf die weiter oben erwähnten gesamten Marktinterdependenzen zurückgreift. Positive Reichtumseffekte können ihre Ursache in einer ursprünglich „zu hohen" Prüfungsintensität haben, d. h. der Tradeoff zwischen dem Nutzen der Informationen und den dafür erforderlichen Prüfungskosten war ungünstig und wurde durch den PSLRA „verbessert". Eine andere Studie von *Ali/Kallapur* (2001) findet aber gegenteilige Resultate. Im Kern geht es um die Frage, welche Studie am ehesten die „richtigen" Zeitpunkte zur Messung der Reichtumseffekte identifiziert hat. Die Antwort darauf steht wohl noch aus.

4.3 Implikationen und komparative Statik

Die Vorstellung, man könne mit dem verbreiteten System der Verschuldenshaftung die Einhaltung von GoA garantieren, erweist sich offenbar als trügerisch. Werden die GoA zu anspruchsvoll angesetzt, sind sie wegen zu hoher Kosten irrelevant und werden alleine deshalb nicht gewählt. Sind sie dagegen weniger hoch, werden sie zwar grundsätzlich relevant, kommen aber wegen der Interdependenz der optimalen Handlungen von Prüfern und Investoren niemals *mit Sicherheit* zum Tragen. Man wird also trotz Dritthaftung immer wieder **Verletzungen der GoA** beobachten, weil im Gleichgewicht stets nur ein durchschnittliches Prüfungsniveau relevant ist:

$$e^{\phi} = e_{hg}^* \phi^g + \overline{e} \cdot \left(1 - \phi^g\right) < \overline{e} \tag{10.16}$$

Haftpflichtversicherung für den Prüfer
Die Analyse im Text unterstellt, dass der Prüfer *ex post* alle eventuellen Schadenersatzzahlungen selbst leisten muss. Wäre er gegen derartige Risiken versichert, würde dies jedoch nicht mehr gelten. Die Versicherungsproblematik ist grundsätzlich relevant, weil z. B. der Prüfer in Deutschland gemäß § 54 dWPO zum Abschluss einer **Berufshaftpflichtversicherung** verpflichtet ist.

Die damit einhergehenden Fragen lassen sich durch eine Änderung der Modellstruktur erfassen, denn man muss von der Annahme risikoneutraler Prüfer abgehen.[35] Dies kann am Beispiel des Basismodells für die Prüferhaftung (siehe (10.1)) verdeutlicht werden. Angenommen, der Prüfer könne eine Versicherung mit der Prämie *VP* abschließen. Zahlt die Versicherung den Teil $\alpha \cdot H$ des Schadens, ergeben sich die Gesamtkosten aus

---

[35] Ein erster Ansatz mit risikoscheuem Prüfer und Versicherungsaspekten wurde von *Balachandran/Nagarajan* (1987) vorgelegt.

$$GK = K(e) + (1-\alpha)(1-e) f \cdot z \cdot H + VP$$

Wegen der Konstanz von *VP* hat nur der Anteil α einen Einfluss auf das optimale Prüfungsniveau *nach* Abschluss der Versicherung, das offensichtlich niedriger als ohne Versicherung ist $(e^*(\alpha)|_{\alpha>0} < e^*)$. Eine „faire" Versicherung fordert als Prämie genau die erwarteten Schadenszahlungen, so dass dafür $VP = \alpha(1-e) f \cdot z \cdot H$ gilt. Dann folgt

$$GK(e^*(\alpha)) = K(e^*(\alpha)) + (1-e^*(\alpha)) f \cdot z \cdot H > GK(e^*) \quad (\alpha>0)$$

Die Ungleichung folgt aus der Tatsache, dass e^* das kostenminimale Prüfungsniveau bezüglich der Gesamtkosten *GK* ist. Bei Risikoneutralität entfaltet die Versicherung mithin nur einen negativen Anreizeffekt, weil dem Prüfer ein Teil der *ex post* auftretenden Schadenersatzzahlungen abgenommen wird. Die Versicherung antizipiert bei rationalen Erwartungen diesen Effekt und rechnet ihn in ihre Prämie ein. Insgesamt erhöhen sich daher die Gesamtkosten, ohne dass es im vorliegenden Szenario erkennbare Vorteile gäbe. Falls Risikoteilung keine Rolle spielt, ist die Einbeziehung von Versicherungen daher mit negativen Konsequenzen verknüpft.[36]

Es lässt sich aber in einem Modell mit **risikoscheuen Prüfern** zeigen, dass die Berücksichtigung von Versicherungen nicht zwingend mit größeren Anreizproblemen beim Prüfungsniveau einhergehen muss.[37] Der Schlüssel zu diesem Ergebnis liegt in einem Versicherungsvertrag mit „Obliegenheiten", d. h. die Versicherung schreibt im Vertrag eine Verhaltensanforderung für den Prüfer fest (z. B. das GoA-konforme Prüfungsniveau). Sie ist nur dann zur Zahlung verpflichtet, wenn der Prüfer die Obliegenheiten erfüllt hat und dennoch ein Schaden eingetreten ist. Wird dann ein System der Gefährdungshaftung mit solchen Versicherungen verknüpft, hält der Prüfer stets die Obliegenheiten ein, wählt also keine gemischte Strategie und trägt auch kein Risiko mehr. Voraussetzung für dieses Resultat ist, dass die realisierte Prüfungsintensität kostenlos verifizierbar ist. Andernfalls bleibt das Ergebnis in modifizierter Form gültig, sofern die Verifizierungskosten des Versicherungsunternehmens eine bestimmte Grenze nicht übersteigen.

Misst man die **Qualität der Rechnungslegung** anhand der Wahrscheinlichkeit $\Pr(UF)$ für unentdeckt gebliebene Fehler, dann folgt

$$\Pr(UF) = (1-e^\phi) f > (1-\overline{e}) f \tag{10.17}$$

---

[36] Vgl etwa *Moore/Scott* (1989), S. 762 f, *Schildbach* (1996a), S. 647, *Schildbach* (1996b), S. 27.

[37] Vgl dazu die Arbeiten von *Ewert/Feess/Nell* (2000a, 2000b).

Die **Publikationsqualität** im Gleichgewicht erreicht mithin *nicht* diejenige, die mit der Erfüllung des Standards **intendiert** wurde.

Diese Resultate werfen die Frage auf, durch welche **Maßnahmen** eine weitgehende Annäherung von gleichgewichtiger Prüfungspolitik und GoA möglich ist. Diese Frage lässt sich durch eine komparativ-statische Betrachtung beantworten, bei der Änderungen der gleichgewichtigen Politiken in Abhängigkeit von der Variation exogener Parameter analysiert werden. Solche Parameter sind im vorliegenden Zusammenhang insbesondere die Fehlerwahrscheinlichkeit f der Rechnungslegung, die Wahrscheinlichkeit v des Bekanntwerdens von verbliebenen Mängeln, die Effizienz des Gerichtsverfahrens gemessen durch die Verifizierungswahrscheinlichkeit γ sowie die Verfahrenskosten VK und die Schadenersatzzahlungen SE.

Für die **komparativ-statische Analyse** ist es wichtig, dass im Gleichgewicht sowohl die Bedingung erster Ordnung (10.5) als auch die Indifferenzbedingung (10.11) für den Prüfer erfüllt sein müssen. Einsetzen führt zu

$$K\left(e_{hg}^{*}\right)+\left(1-e_{hg}^{*}\right)K'\left(e_{hg}^{*}\right)=K\left(\overline{e}\right) \tag{10.18}$$

Die linke Seite dieser Gleichung steigt streng monoton im Prüfungsniveau,[38] und deshalb gibt es zu jedem relevanten Standard *genau* ein Substandard-Prüfungsniveau, für das die Gleichung erfüllt ist. Daraus folgt, dass Parameteränderungen keine Auswirkung auf das gleichgewichtige Substandard-Prüfungsniveau haben können, sofern sie nicht den gegebenen Standard $\overline{e}$ tangieren. Auswirkungen von Parameteränderungen auf die Prüfungspolitik und die Publikationsqualität können demnach nur dann auftreten, wenn sie die **Randomisierung des Prüfers** – also die gleichgewichtige Wahrscheinlichkeit ϕ^{g} für das Substandard-Niveau – verändern. Dies kann nur für solche Parameter zutreffen, die Eingang in die Investoren-Indifferenz-Bedingung (10.15) finden. Damit können nur noch folgende **Parameter** eine Bedeutung für die **Prüfungspolitik** und die **Publikationsqualität** haben:

- Eine höhere **Effizienz des Gerichtsverfahrens** (höheres γ) bezüglich der Verifizierung der Prüfungsintensität vermindert die gleichgewichtige *a posteriori*-Wahrscheinlichkeit ζ^{g}. Dies ist nur möglich, falls der Prüfer das Substandard-Niveau mit geringerer Wahrscheinlichkeit einsetzt, d. h. das durchschnittliche Prüfungsniveau e^{ϕ} und die Publikationsqualität steigen. Das ist intuitiv einsichtig: Die größere Effizienz des Verfahrens lässt *ceteris paribus* die Klagealternative für die Anleger vorteilhafter werden. Um die zum Gleichgewicht erforderliche Indifferenz der Investoren wieder herzustellen, muss die Erwartung über eine nicht ordnungsgemäße Prüfungsintensität nach unten korrigiert werden.

---

[38] Die erste Ableitung der Funktion $K(e) + (1 - e)K'(e)$ nach e beträgt $(1 - e)K''(e) > 0$.

- Höhere **Verfahrenskosten** *VK* erhöhen die Wahrscheinlichkeit ζ^g, was wiederum eine Erhöhung der Wahrscheinlichkeit ϕ^g induziert. Gestiegene Kosten machen die Einleitung eines Prozesses relativ unvorteilhafter, so dass eine kompensierende Anpassung der Häufigkeit des nicht ordnungsgemäßen Prüfungsniveaus resultiert. Insofern vermindern höhere Prozesskosten die durchschnittliche Prüfungsintensität und die Publikationsqualität.
- Umgekehrte Beziehungen gelten für die **Schadenersatzzahlungen** *SE*. Sie verbessern die Erfolgsaussichten eines Prozesses und führen zu einem geringeren Einsatz des Substandard-Prüfungsniveaus. Dadurch steigen das durchschnittliche Prüfungsniveau und die Publikationsqualität.

Änderungen der übrigen Parameter (Fehlerhäufigkeit *f*, Wahrscheinlichkeit *v* für das Bekanntwerden verbliebener Mängel) haben keine Konsequenzen für das durchschnittliche Prüfungsniveau und die Publikationsqualität. Der Grund liegt schlicht darin, dass sie durch **gegenläufige Anpassungen der Klagewahrscheinlichkeit** β^g vollständig **kompensiert** werden: Angenommen, die Wahrscheinlichkeit *v* steigt. Der Prüfer würde darauf zwar mit einer Anpassung seines Substandard-Prüfungsniveaus reagieren, doch selbst unter Berücksichtigung dieser Anpassung würden die Gesamtkosten des Substandard-Niveaus steigen. Bestand vorher eine gleichgewichtige Situation, besteht sie jetzt nicht mehr, weil der Prüfer nicht mehr indifferent zwischen Befolgung der GoA und dem Substandard-Niveau ist. Er würde jetzt die ordnungsgemäße Prüfung streng präferieren, was aber das Gleichgewicht zusammenbrechen lässt. Ein neues Gleichgewicht erfordert daher eine Kompensation, und die kann nur dadurch zustande kommen, dass die Klagehäufigkeit der Anleger sinkt.

Solche Anpassungen der Klagepolitik treten freilich nicht nur für die beiden Parameter *f* und *v* auf. Sie gelten ebenso für **Variationen aller** anderen **Parameter**, d. h. Erhöhungen von γ, *VK* und *SE* führen ebenfalls zu einer kompensierenden Senkung der Klagehäufigkeit. Der Unterschied zwischen den Wirkungen der Parameter besteht darin, dass einige ausschließlich zu kompensierenden Anpassungen der Klagepolitik führen, andere dagegen zusätzlich Konsequenzen für das durchschnittliche Prüfungsniveau und die Publikationsqualität haben.

Beispiel

Gegeben seien folgende Parameter:

$$f = 0{,}4, \ v = 0{,}5, \ \gamma = 0{,}8, \ VK = 6.000 \ \text{und} \ SE = 24.000.$$

Der GoA-Standard sei $\overline{e} = 0{,}9$, die direkten Prüfungskosten betragen

$$K(e) = -100 \cdot \left(\ln(1-e) + e \right)$$

Demnach ist die erste Ableitung der direkten Prüfungskosten $K'(e) = 100 \cdot e/(1-e)$. Setzt man dies in die Bedingung (10.18) ein, folgt

$$-100 \cdot \left(\ln\left(1 - e_{hg}^*\right) + e_{hg}^* \right) + \left(1 - e_{hg}^*\right) \cdot 100 \cdot \frac{e_{hg}^*}{1 - e_{hg}^*} = -100 \cdot \left(\ln\left(1 - \overline{e}\right) + \overline{e} \right)$$

Eine Zusammenfassung und Auflösung nach e_{hg}^* erbringt (gerundet auf drei Nachkommastellen)

$$e_{hg}^* = 1 - \left(1 - \overline{e}\right)\exp\left(\overline{e}\right) = 0{,}754$$

Damit ist es möglich, die Wahrscheinlichkeit ϕ^g für die Wahl des Substandard-Niveaus zu bestimmen. Gemäß der Investoren-Indifferenzbedingung (10.15) ergibt sich für die obigen Parameter eine *a posteriori*-Wahrscheinlichkeit von

$$\zeta^g = \frac{VK}{\gamma \cdot \left(VK + SE\right)} = 0{,}25$$

Unter Verwendung der Lösung für e_{hg}^* folgt daraus $\phi^g = 0{,}119$ sowie

$$e^\phi = \phi^g \cdot e_{hg}^* + \left(1 - \phi^g\right)\overline{e} = 0{,}883$$

Die Klagepolitik der Anleger erhält man aus der Optimalbedingung (10.5)

$$\beta^g = \frac{K'\left(e_{hg}^*\right)}{f \cdot v \cdot \gamma\left(VK + SE\right)} = 0{,}064$$

Daraus ergibt sich sofort, dass (bei konstantem Zähler) sämtliche Parameter-änderungen zu gegenläufigen Anpassungen der Klagepolitik führen. Änderungen von γ, VK und SE haben aber Wirkungen für die Strategie des Prüfers, denn sie beeinflussen ζ^g. Eine Anhebung von γ auf z. B. 0,9 erfordert $\zeta^g = 0{,}\overline{2}$, was bei gegebenem Prüfungs-niveau e_{hg}^* zu $\phi^g(\gamma = 0{,}9) = 0{,}104$ und einem verbesserten durchschnittlichen Prüfungs-niveau von $e^\phi(\gamma = 0{,}9) = 0{,}885$ führt. ◄

Auswirkungen der Änderung des Prüfungsstandards
Die bisherigen Ergebnisse gehen von einem gegebenen Prüfungsstandard aus. Die Konse-quenzen einer Änderung des Prüfungsstandards lassen sich aus den Eigenschaften des Gleichgewichts ableiten. Dazu wird nochmals die folgende Beziehung betrachtet:

$$K\left(e_{hg}^*\right) + \left(1 - e_{hg}^*\right)K'\left(e_{hg}^*\right) = K\left(\overline{e}\right) \qquad (10.19)$$

Empirische Ergebnisse

Im Rahmen einer empirischen Untersuchung analysieren *Lys/Watts* (1994) Zusammenhänge zwischen zahlreichen Einflussfaktoren und der Einleitung von Klagen gegen Wirtschaftsprüfer. Manche Resultate entsprechen dabei nicht den eher intuitiv gesetzten Erwartungen über die Richtung des jeweiligen Zusammenhangs.

So wird z. B. die Hypothese gesetzt, dass bei insolvenzgefährdeten Unternehmen eher mit einer Klage gegen den Prüfer zu rechnen sei. Begründet wird dies damit, dass bei solchen Unternehmen eher eine Tendenz des Managements zur Manipulation der Rechnungslegung bestünde, außerdem müsse öfter mit einer Aufdeckung solcher Mängel (etwa im Rahmen des Insolvenzverfahrens) gerechnet werden. *Entgegen* ihrer Hypothese finden die Autoren aber eine signifikant negative Korrelation zwischen den gemessenen Insolvenzwahrscheinlichkeiten (dafür wurde das Insolvenzprognosemodell von *Ohlson* (1980) verwendet) und den beobachteten Klagen.

Im Lichte des obigen Modells bezieht sich diese Argumentation auf die beiden Parameter f (Fehlerwahrscheinlichkeit der Rechnungslegung) und v (Wahrscheinlichkeit des Bekanntwerdens verbliebener Mängel), die bei insolvenzgefährdeten Unternehmen als relativ hoch angesetzt werden. Die Modellanalyse unter Beachtung der Interdependenzen zeigt aber, dass eine Änderung dieser beiden Parameter exakt gegenläufige Anpassungen der Klagehäufigkeit nach sich zieht. Eine höhere Insolvenzgefährdung sollte daher mit einer niedrigeren Klagehäufigkeit verbunden sein, was durch die empirischen Resultate von *Lys/Watts* (1994) bestätigt wird.

Insofern sind die empirischen Ergebnisse eher mit den Implikationen des Modells konsistent als mit Hypothesen, die auf – scheinbar – intuitiv gesetzten Vermutungen beruhen.

Eine Erhöhung des **Standards** $\bar{e}$ führt zur Erhöhung der direkten Prüfungskosten für GoA-konforme Prüfungen und damit zur Erhöhung der rechten Seite von Gl. (10.19). Weil die linke Seite dieser Gleichung streng monoton steigend im Prüfungsniveau ist, erhöht sich damit ebenfalls das **Substandard-Prüfungsniveau**. Dies hat zugleich Konsequenzen für die Klagestrategie der Investoren, denn für die Bestimmung des Substandard-Niveaus ist die Bedingung erster Ordnung (10.5) relevant. Eine höhere Prüfungsintensität erfordert demnach auch eine höhere **Klagewahrscheinlichkeit** der Anleger. Dies ergibt sich ebenfalls aus Abb. 10.3, denn ein höherer Standard verschiebt im oberen Teil die Abszissenparallele in Höhe von $K(\bar{e})$ nach oben, so dass die kritische Klagewahrscheinlichkeit $\hat{\beta}$ steigt.

Dies erscheint im ersten Moment überraschend, lässt sich aber aus der Struktur des Gleichgewichts erklären. Solange der Prüfungsstandard relevant ist, wird er niemals mit Sicherheit eingehalten. Der Prüfer muss daher zwischen Einhaltung des Standards und optimaler Unterschreitung des Standards indifferent sein, was eine Gleichheit der jeweiligen

Gesamtkosten impliziert. Eine Erhöhung des Standards ist mit einer Erhöhung dieser Gesamtkosten verbunden, und das kann *ceteris paribus* im Entscheidungsproblem zur Bestimmung des Substandard-Niveaus nur durch eine Erhöhung der Klagewahrscheinlichkeit zustande kommen.

Weil eine **Erhöhung des Prüfungsstandards** mit einer Erhöhung der Prüfungsniveaus verknüpft ist, darf man vermuten, dass auch das durchschnittliche Prüfungsniveau steigt. Dazu muss die gleichgewichtige Randomisierung des Prüfers ϕ^g betrachtet werden, die durch (10.15) wie folgt bestimmt ist:

$$\frac{\phi^g \left(1 - e_{hg}^*\right)}{\phi^g \left(1 - e_{hg}^*\right) + \left(1 - \phi^g\right)\left(1 - \overline{e}\right)} = \frac{VK}{\gamma \cdot H}$$

Löst man diesen Ausdruck nach ϕ^g auf, folgt

$$\phi^g = \frac{\dfrac{VK}{\gamma \cdot H}\left(1 - \overline{e}\right)}{\dfrac{VK}{\gamma \cdot H}\left(1 - \overline{e}\right) + \left(1 - \dfrac{VK}{\gamma \cdot H}\right)\left(1 - e_{hg}^*\right)}$$

Ableitung nach $\overline{e}$ führt auf[39]

$$\frac{d\phi^g}{d\overline{e}} = \frac{\dfrac{VK}{\gamma \cdot H}\left(\phi^g - 1\right) + \phi^g \left(1 - \dfrac{VK}{\gamma \cdot H}\right)\dfrac{de_{hg}^*}{d\overline{e}}}{\dfrac{VK}{\gamma \cdot H}\left(1 - \overline{e}\right) + \left(1 - \dfrac{VK}{\gamma \cdot H}\right)\left(1 - e_{hg}^*\right)}$$

Das Vorzeichen dieser Änderung der Randomisierung ist zwar zunächst unbestimmt, doch kann die Variation nicht zu einer Verringerung der durchschnittlichen **Prüfungsqualität** führen. Dazu wäre nämlich

$$\frac{de^\phi}{d\overline{e}} = \phi^g \frac{de_{hg}^*}{d\overline{e}} + \left(1 - \phi^g\right) + \frac{d\phi^g}{d\overline{e}}\left(e_{hg}^* - \overline{e}\right) < 0$$

und mithin die Gültigkeit der Relation

$$\frac{d\phi^g}{d\overline{e}} > \frac{\phi^g \dfrac{de_{hg}^*}{d\overline{e}} + \left(1 - \phi^g\right)}{\overline{e} - e_{hg}^*} = \frac{\phi^g \dfrac{de_{hg}^*}{d\overline{e}} + \left(1 - \phi^g\right)}{\left(1 - e_{hg}^*\right) - \left(1 - \overline{e}\right)}$$

---

[39] Für die Randomisierung des Prüfers lässt sich kompakt $\phi^g = A\left(\overline{e}\right) / B\left(\overline{e}\right)$ (für zwei Funktionen A und B) schreiben. Die erste Ableitung lautet $A'/B - B' \cdot A/B^2 = 1/B \cdot \left(A' - B' \cdot \phi^g\right)$. Einsetzen der jeweiligen Ausdrücke ergibt den Ausdruck im Text.

erforderlich. Erweitert man Zähler und Nenner des rechten Quotienten mit dem Faktor $(1 - VK/\gamma \cdot H)$, folgt

$$\frac{d\phi^g}{d\overline{e}} > \frac{\phi^g\left(1-\dfrac{VK}{\gamma \cdot H}\right)\dfrac{de_{hg}^*}{d\overline{e}}+\left(1-\dfrac{VK}{\gamma \cdot H}\right)\left(1-\phi^g\right)}{\left(1-\dfrac{VK}{\gamma \cdot H}\right)\left(1-e_{hg}^*\right)-\left(1-\dfrac{VK}{\gamma \cdot H}\right)\left(1-\overline{e}\right)}=\Psi$$

Wegen $\phi^g < 1$ ist aber

$$\frac{d\phi^g}{d\overline{e}} = \frac{\dfrac{VK}{\gamma \cdot H}\left(\phi^g-1\right)+\phi^g\left(1-\dfrac{VK}{\gamma \cdot H}\right)\dfrac{de_{hg}^*}{d\overline{e}}}{\dfrac{VK}{\gamma \cdot H}\left(1-\overline{e}\right)+\left(1-\dfrac{VK}{\gamma \cdot H}\right)\left(1-e_{hg}^*\right)}<\Psi$$

Die **Erhöhung eines relevanten Prüfungsstandards** bewirkt demnach im vorliegenden Modell eine Erhöhung des Substandard-Prüfungsniveaus, eine Erhöhung der Klagewahrscheinlichkeit und eine **verbesserte Qualität der Rechnungslegung**.

Präzise Standards und Vermögensbeschränkungen

In *Dye* (1993) werden die Konsequenzen analysiert, die sich aus der Existenz von Vermögensbeschränkungen bei einer Verschuldenshaftung unter präzisen GoA ergeben. Dazu wird angenommen, dass der Prüfer nur über ein **beschränktes Vermögen** von *V* verfügt, das seine Obergrenze im Rahmen einer potenziellen Haftung darstellt. Die Gesamtkosten des Prüfers betragen dann

$$GK = K\left(e\right)+\left(1-e\right)v\cdot\min\left\{V;H\left(e,\overline{e}\right)\right\}\quad\left(H\left(e\geq\overline{e},\overline{e}\right)=0\right)$$

Haftungsfolgen treten nicht ein, wenn ordnungsgemäß geprüft wird. Weil die Prüfer-Investoren-Inderdependenzen nicht explizit betrachtet werden, treten die Haftungsfolgen nach Prüfungsdurchführung in diesem Modell mit einer gegebenen Wahrscheinlichkeit ein, die hier mit *v* angesetzt wird (die konkrete Höhe dieser Wahrscheinlichkeit spielt für die qualitativen Resultate keine Rolle).

Es ist offensichtlich, dass das Prüfungsniveau mit der Höhe des Vermögens *V* steigt, sofern es nicht optimal ist, GoA-konform zu prüfen (eine Überschreitung der GoA kann auch hier niemals vorteilhaft sein). Am Markt möge es nun ein Kontinuum von Prüfern mit unterschiedlichen Vermögenspositionen geben. Ein *relevanter Standard* ist in diesem Szenario ein Prüfungsniveau, für das wenigstens ein Vermögenswert existiert, so dass es sich lohnt, GoA-konform zu prüfen. Alle Prüfer, die es optimal finden, einen derart relevanten Standard zu verletzen, verlieren dann bei einem Prozess ihr gesamtes Vermögen. Wäre das nämlich nicht so, gäbe es einen Prüfer, der die GoA verletzt und nicht sein gesamtes Vermögen verliert (seine Haftungsfolgen sind also – vermögensunabhängig – durch $H(e,\overline{e})$ gegeben). Dann aber würden auch alle Prüfer mit einem noch höheren Vermögen den Standard missachten, was im Widerspruch zur Annahme steht, dieser Standard sei relevant.

Eine Erhöhung der GoA muss daher auch nicht zwingend mit einer im Durchschnitt verbesserten Prüfungsqualität einhergehen. Der Grund liegt letztlich darin, dass eine Ausweitung der Standards *ceteris paribus* nur die Kosten für die Einhaltung der GoA erhöht (die direkten Prüfungskosten steigen), nicht aber die Kosten für deren Verletzung. Ein bislang „marginaler" Prüfer war indifferent zwischen Einhaltung und Verletzung der GoA, und für ihn kann man ein GoA-konformes Verhalten unterstellen. Nach Erhöhung der Standards wird er es aber vorteilhaft finden, die neuen GoA zu verletzen, was mit einer Reduzierung seines Prüfungsniveaus einhergeht. Analoge Wirkungen treten für alle Prüfer auf, deren Vermögen nur knapp größer als dasjenige des marginalen Prüfers ist. Je nach Gewicht dieser Prüfer im Markt kann es bei einer GoA-Erhöhung dann zur Verminderung der durchschnittlichen Prüfungsqualität kommen. Weitere Implikationen sind, dass im Falle unbeobachtbarer Vermögenspositionen gerade diejenigen Prüfer für eine Ausweitung von GoA plädieren, die sie ohnehin nicht einhalten werden. Sofern haftungsbeschränkte Rechtsformen möglich sind, werden sie gerade von den vermögenderen Prüfern präferiert. In einer Folgearbeit zeigt *Dye* (1995), dass dies mit Anpassungen bei der durchschnittlichen Prüfungsqualität einerseits und der Zahl der Anbieter am Prüfungsmarkt andererseits verbunden sein wird.

5   Verschuldenshaftung mit unpräzisen Prüfungsgrundsätzen

Die bisherige Argumentation ging davon aus, dass die in Gesetzen und berufsständischen Verlautbarungen niedergelegten Vorgaben so präzise sind, dass daraus eindeutige Vorgaben für die anzuwendende Prüfungsintensität resultieren. Gesetze, Verlautbarungen und Kommentierungen enthalten jedoch typischerweise Grauzonen und Auslegungsspielräume, so dass man eine vollkommene Präzision von Prüfungsstandards nicht wird erwarten können. Dann sind die **Prüfungsstandards** von den Auswirkungen her nur noch „**vage**" bestimmt, weil nicht sicher ist, ob eine gegebene Prüfungsintensität ordnungsgemäß ist oder nicht. In diesem Fall hängt die Entscheidung letztlich von der Auslegung des Gerichts ab. Bei erfolgreicher Verifizierung des Prüfungsniveaus hat dieses einen verbleibenden Ermessensspielraum, die beobachtete Vorgehensweise des Prüfers als nicht ordnungsgemäß einzustufen.

Dies wird nachfolgend durch eine Funktion $no(e)$ ausgedrückt. Sie gibt die **Wahrscheinlichkeit** dafür an, dass das Gericht ein verifiziertes Prüfungsniveau als unzulässig einstuft. Dazu werden folgende Eigenschaften angenommen:

$$no(0) = 1, \quad no(1) = 0, \quad no'(e) < 0 \tag{10.20}$$

Ist das Prüfungsniveau demnach 0, wird es mit Sicherheit als unzulässig (bzw. bei 1 als ordnungsgemäß) eingestuft, und eine höhere Prüfungsintensität führt tendenziell zu einer größeren Wahrscheinlichkeit für eine GoA-konforme Einschätzung. Präzise Standards stellen einen Spezialfall dieser Funktion mit $no(e < \overline{e}) = 1$ und $no(e \geq \overline{e}) = 0$ dar.

Der wesentliche Effekt für den Prüfer besteht jetzt darin, dass bei vagen Standards für den **gesamten Bereich seiner Prüfungsniveaus** folgende Funktion der erwarteten Gesamtkosten GK_v angesetzt werden kann:

$$GK_v = K(e) + f(1-e) v \cdot \beta \cdot \gamma \cdot no(e) \cdot H \tag{10.21}$$

Es gibt jetzt also keinen Kostenbetrag der Art $K(\overline{e})$, der zum Vergleich mit diesen Gesamtkosten herangezogen werden kann und Einfluss auf das optimale Prüfungsniveau hat. Außerdem zeigt (10.21), dass die Gesamtkosten GK_v *ceteris paribus* wegen $no(e) \leq 1$ niemals größer als die Gesamtkosten bei einem präzisen Standard sein können. Demnach ist – unter sonst gleichen Bedingungen – das Gewicht der Haftungskomponente beim Entscheidungsproblem des Prüfers reduziert, was zur Vermutung Anlass geben könnte, dass sich das optimale Prüfungsniveau vermindert.

Diese Hypothese ist aber *voreilig*.[40] Zwar vermindert sich das Gewicht der **Haftungskomponente**, andererseits gibt es aber einen Effekt, der bei präzisen Standards nicht auftaucht: Eine **Erhöhung des Prüfungsniveaus** führt jetzt nämlich nicht nur zur Verringerung der erwarteten Haftungsfolgen, sondern zusätzlich zu deren weiterer Verminderung durch die Reduzierung der Wahrscheinlichkeit, dass das Gericht das Prüfungsniveau als unzulässig einschätzt und überhaupt Haftungsfolgen verhängt. Formal lässt sich dies verdeutlichen, wenn man die Bedingung erster Ordnung für den Prüfer betrachtet:

$$\frac{\partial GK_v^*}{\partial e} = K'(e_v^*) + f \cdot v \cdot \beta \cdot \gamma \cdot H \left[no'(e_v^*) \cdot (1 - e_v^*) - no(e_v^*) \right] = 0 \tag{10.22}$$

Das dadurch gekennzeichnete Prüfungsniveau ist *ceteris paribus* genau dann größer als dasjenige bei präzisen Standards, wenn der Ausdruck in der eckigen Klammer kleiner als -1 ist. Das hängt entscheidend von der Entscheidungsfunktion $no(e)$ des Gerichts ab. Unterstellt man Konvexität der Gesamtkosten bezüglich des Prüfungsniveaus ($no'' \geq 0$), so ist das Minimum durch (10.22) eindeutig bestimmt. Dies impliziert, dass sich bei vagen

---

[40] Siehe dazu auch *Narayanan* (1994), *Schwartz* (1998).

Standards für den Prüfer keine gemischten Strategien lohnen können, weil seine Reaktion e_v^* auf eine wie auch immer gegebene Klagepolitik der Investoren eindeutig ist. In jedem Fall zeigt sich, dass **vage Standards** nicht zwingend mit einem verminderten Prüfungsniveau einhergehen müssen, sondern im Gegenteil sogar die Chance bieten, **höhere Prüfungsintensitäten als** bei präzisen Standards zu erhalten.

Die Eindeutigkeit der Prüfungspolitik hat Konsequenzen für die **Klagepolitik** der Anleger, denn sie brauchen jetzt keine Unsicherheit bezüglich des gleichgewichtigen Prüfungsniveaus in ihr Kalkül einzubeziehen. Dafür gibt es eine andere Unsicherheit, die sich bei vagen Standards in der Entscheidungsfunktion $no(e)$ des Gerichts manifestiert. Für die Anleger lohnt sich eine Klage genau dann, wenn gilt:

$$no\left(e_v^*\right)\cdot\gamma\cdot H \geq VK \quad \Leftrightarrow \quad no\left(e_v^*\right) \geq \frac{VK}{\gamma\left(VK+SE\right)} \qquad (10.23)$$

Diese Bedingung ist analog zu (10.12), setzt jetzt aber eine **Untergrenze** für die Wahrscheinlichkeit fest, mit der das Gericht das gleichgewichtige Prüfungsniveau als nicht ordnungsgemäß klassifiziert.

Daraus ergeben sich folgende Möglichkeiten für das **Gleichgewicht bei vagen Standards**: Angenommen, der Prüfer geht davon aus, dass stets geklagt wird ($\beta = 1$). Er ermittelt daraufhin sein optimales Prüfungsniveau gemäß (10.22). Sofern bei diesem Prüfungsniveau die Bedingung (10.23) erfüllt ist, liegt tatsächlich ein Gleichgewicht vor, denn die sichere Klageeinleitung bei *ex post* bekanntwerdenden Fehlern wäre aus Sicht der Anleger sequenziell rational.

Ist dagegen das optimale Prüfungsniveau unter der Annahme $\beta = 1$ so hoch, dass (10.23) verletzt wird, kann die Annahme **sicherer Klagen** kein Gleichgewicht sein. Offenbar kann es im Gleichgewicht auch *niemals* eine völlige Unterlassung von Klagen geben ($\beta = 0$). Unter dieser Bedingung würde der Prüfer nicht prüfen, was aber bei erfolgreicher Verifizierung in einem Prozess mit einer sicheren Unzulässigkeit einherginge und annahmegemäß (siehe (10.7)) eine Klageeinleitung für die Investoren vorteilhaft werden ließe. In dieser Situation kann das Gleichgewicht nur durch $0 < \beta < 1$ (also wieder eine **gemischte Klagestrategie**) gekennzeichnet sein. Dafür ist aber die Erfüllung von (10.23) als Gleichung erforderlich. Im Gleichgewicht muss der Prüfer mithin genau dasjenige Prüfungsniveau wählen, für das gilt:

$$no\left(\hat{e}_v\right) = \frac{VK}{\gamma\left(VK+SE\right)} \qquad (10.24)$$

Damit dies für den Prüfer optimal wird, setzen die Investoren ihre Klagewahrscheinlichkeit so fest, dass an der Stelle $\hat{e}_v$ die Optimalbedingung (10.22) erfüllt ist.

Komparative Statik und empirische Implikationen bei unpräzisen Standards

Die Konsequenzen von Parameteränderungen auf die gleichgewichtigen Prüfungs-
und Klagepolitiken sind analog zu denjenigen bei präzisen Standards. Alle Parameteränderungen, die nicht in die Indifferenzbedingung (10.24) der Investoren eingehen, sind für Prüfungsniveau und Publikationsqualität irrelevant, weil sie durch
Anpassungen der Klagehäufigkeit β kompensiert werden. Wird z. B. – ausgehend
von einem bestehenden Gleichgewicht – eine höhere Fehlerwahrscheinlichkeit f betrachtet, würde sich zunächst *ceteris paribus* ein höheres Prüfungsniveau ergeben.
Dieses verletzt aber die Indifferenzbedingung (10.24) und ließe eine Klage für die
Investoren unvorteilhaft werden. Die höhere Fehlerwahrscheinlichkeit muss demnach für den Prüfer durch ein geringeres β so ausgeglichen werden, dass auch
weiterhin das bisherige Prüfungsniveau optimal bleibt.

Modifikationen für Prüfungspolitik und Publikationsqualität können sich nur aus
solchen Parametern ergeben, die – wie bei präzisen Standards auch – Eingang in die
Indifferenzbedingung der Anleger finden. Die Wirkungsrichtung der Parameteränderungen stimmt ebenfalls für beide Szenarien überein. Das gleiche gilt für die Relevanz der empirischen Resultate von *Lys/Watts* (1994), die weiter oben diskutiert werden.

6   Präzise versus unpräzise Prüfungsgrundsätze

Die oben gezeigten Resultate werfen ein neues Licht auf das Problem der Genauigkeit und
Präzision von **Prüfungsgrundsätzen**. Es scheint zunächst intuitiv, Prüfungsgrundsätze so
präzise wie möglich zu formulieren, um auf diese Weise klare Vorgaben für die Prüfungstätigkeit zu setzen. Nach der hier dargestellten Gleichgewichtsanalyse ist diese Empfehlung aber nicht mehr so überzeugend, denn es konnte gezeigt werden, dass bei unpräzisen
Standards trotz der tendenziellen Verringerung der Haftungskomponente ein Effekt auftaucht, der zu einer Erhöhung des Prüfungsniveaus und mithin auch der Publikationsqualität führen kann.

Dreh- und Angelpunkt ist dabei die Entscheidungsfunktion des Gerichts $no(e)$, also die
Frage, wie ein beobachtetes Prüfungsniveau letztlich interpretiert wird. Hinsichtlich des
Vergleichs von präzisen versus vagen Standards taucht dabei die Frage auf, ob es Gestaltungsmöglichkeiten gibt, die vage Standards in einem besseren Licht als präzise GoA
erscheinen lassen. „Besser" bedeutet hier eine Erhöhung von gleichgewichtigem Prüfungsniveau und der damit einhergehenden Publikationsqualität, ohne zugleich mit Kosten-
erhöhungen verbunden zu sein (andernfalls bestünde ein Tradeoff, dessen Ergebnis nicht
allgemein angegeben werden kann).

Die Möglichkeit, ein **Prüfungsniveau** zu bestimmen, welches oberhalb des durchschnittlichen Niveaus e^{ϕ} bei präzisen Standards liegt und dennoch **kostengünstiger** ist,
wird bezüglich der direkten Prüfungskosten $K(e)$ in Abb. 10.4 verdeutlicht. Sie zeigt die
erwarteten direkten Prüfungskosten beim Gleichgewicht unter präzisen Standards. Wegen

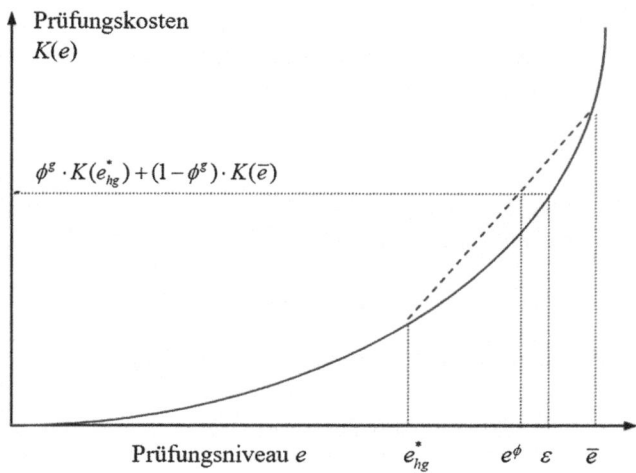

Abb. 10.4 Prüfungsniveau, direkte Prüfungskosten und Gleichgewichte

der Konvexität der Kostenfunktion $K(e)$ gibt es einen kritischen Wert ε oberhalb des durchschnittlichen Prüfungsniveaus e^ϕ, dessen direkte Prüfungskosten mit den erwarteten Größen im Gleichgewicht präziser Standards übereinstimmen. Daraus folgt, dass für alle Prüfungsniveaus im Intervall (e^ϕ, ε) geringere direkte Prüfungskosten bei im Durchschnitt höherer Prüfungsintensität und mithin höherer Publikationsqualität erzielt würden. Sofern die Klagepolitik in beiden Szenarien übereinstimmt ($\beta^g = \beta^v$), wären bei vagen Standards auch die erwarteten Verfahrens- und Haftungskosten niedriger als bei präzisen GoA. Tatsächlich zeigt sich aber, dass es zu jedem relevanten präzisen Standard und dem dazugehörigen Nash-Gleichgewicht eine Beurteilungsfunktion $no(e)$ für vage Standards derart gibt, dass im Durchschnitt ein höheres Prüfungsniveau bei gleicher Klagepolitik der Anleger und geringeren Kosten resultiert.[41]

Diese Resultate zeigen, dass die Frage, ob **Prüfungsstandards so präzise wie möglich** sein sollten, nicht so einfach zu beantworten ist. Eine gewisse Unsicherheit bei der letztlichen Beurteilung von Prüfungsniveaus muss nicht schädlich sein – sie kann sogar im Gegenteil zu einer gegenüber präzisen Standards verbesserten Prüfungs- und Publikationsqualität ohne Kostensteigerungen beitragen.[42] Auf einem anderen Blatt steht freilich das

---

[41] Vgl zum Beweis *Ewert* (1999b), S. 201–204.

[42] Es sei nochmals betont, dass diese Ergebnisse nicht zuletzt durch die Randomisierungen im Gleichgewicht mit relevanten präzisen Standards getrieben werden. Analysen in der Haftungsliteratur, die diesen Aspekt vernachlässigen, kommen zu anderen Resultaten. Dies trifft zB für *Schwartz* (1998) zu, die auch Fragen unterschiedlicher Prüfungsniveaus in Abhängigkeit von Haftungsmodalitäten problematisiert. Dort wird bei präzisen Standards von sicheren Prüfungsniveaus ausgegangen, und die Autorin fasst auf S. 197 ihre Resultate wie folgt zusammen: „The effort that is induced by *vague negligence* is strictly lower than the highest effort that is implementable under *clear negligence*" (Hervorhebungen im Original).

Problem der praktischen Implementierbarkeit solcher Ergebnisse, setzen sie doch eine sehr zielgerichtete Gestaltung der Beurteilungsmechanismen voraus. Das ändert aber nichts an der Gültigkeit der strukturellen Resultate.

Beispiel

Es wird auf das obige Beispiel zum Gleichgewicht bei präzisen Standards zurück-gegriffen. Die Annahmen waren

$$f = 0,4, \ v = 0,5, \ \gamma = 0,8, \ VK = 6.000 \ \text{und} \ SE = 24.000$$

mit einem GoA-Standard von $\overline{e} = 0,9$ und direkten Prüfungskosten

$$K(e) = -100 \cdot \left(\ln(1-e) + e \right)$$

Für dieses Szenario wurde ein durchschnittliches Prüfungsniveau von $e^{\phi} = 0,883$ er-mittelt. Die direkten Prüfungskosten des Standards betragen $K(\overline{e}) = 140,259$. Sie ent-sprechen im Gleichgewicht den gesamten Kosten inklusive Haftungsfolgen beim Substandard-Prüfungsniveau 0,754 und daher auch den erwarteten Prüfungsgesamt-kosten bei der gleichgewichtigen Randomisierung des Prüfers ($\phi^g = 0,119$). Die er-warteten direkten Prüfungskosten betragen im Gleichgewicht 131,259, und die In-vestoren klagen mit der Wahrscheinlichkeit $\beta^g = 0,064$.

Sei nun der Wert $e_v^* = 0,885 > e^{\phi}$ betrachtet. Die Funktion $no(e)$ habe folgende Gestalt:

$$no(e) = \begin{cases} 1 & \text{falls } 0 \leq e < g_1 \\ 1 - \dfrac{e - g_1}{g_2 - g_1} & \text{falls } g_1 \leq e < g_2 \\ 0 & \text{falls } g_2 \leq e < 1 \end{cases}$$

Setzt man $g_1 = 0,846840434$ und $g_2 = 0,897719855$, folgt[43]

$$no(0,885) = 0,25 = \frac{VK}{\gamma H}$$

Außerdem ist an der Stelle 0,885 die Optimalbedingung (10.22) für den Prüfer exakt erfüllt (gegeben die Klagehäufigkeit β^g).

Die direkten Prüfungskosten betragen $K(0,885) = 127,782$ (niedriger als die er-warteten direkten Prüfungskosten beim präzisen Standard) und die Gesamtkosten sind $GK_v(0,885) = 136,596$ (niedriger als die Gesamtkosten beim präzisen Standard). Für den Prüfer kann es nicht optimal sein, ein Prüfungsniveau unterhalb von g_1 zu wählen.

---

[43] Siehe zur Konstruktion dieser Werte *Ewert* (1999b), S. 201 f.

Wegen $no(e < g_1) = 1$ entspräche dies nämlich dem Substandard-Niveau 0,754 des Gleichgewichts beim präzisen Standard, und dort sind die Gesamtkosten höher als $GK_v(0{,}885)$. Eine Prüfungsintensität oberhalb von g_2 kommt ebenfalls nicht in Frage. Deren Kosten müssen auf Grund der Konstruktion von $no(e)$ oberhalb von $GK_v(g_2)$ liegen, doch ist für den Prüfer die Wahl von $e = 0{,}885$ offenbar noch besser. ◄

Fragen der Bestimmung von Prüfungsstandards lassen sich freilich auch in anderen Settings analysieren. So betrachten *Ye/Simunic* (2013) die Auswahl von Standards in einem Modell unter Einschluss von Investitionsmöglichkeiten unter dem Gesichtspunkt, aus wessen Perspektive (Prüfer, Investoren) die Standards optimiert werden. Sie kommen zu dem Ergebnis, dass beide Gruppen vage Standards dann präferieren, wenn die Standards nicht für jedes Projekt individuell optimal bestimmt werden können, was angesichts der Heterogenität von Investitionsprojekten in der Realität der Regelfall sein dürfte. *Gao/ Zhang* (2019) betrachten die Bestimmung von Standards unter Berücksichtigung des Einsatzes von Prüfern zur Gewinnung von Kompetenzen bei der Risikobeurteilung von Projekten. Strengere Standards erhöhen zwar das Prüfungsniveau, führen aber dazu, dass der Prüfer mehr die pure *„compliance"* mit den Standards im Blick hat und weniger Anstrengungen bezüglich des Kompetenzerwerbs unternimmt, was zu Beeinträchtigung des *„professional judgment"* führt und insgesamt mit einer Reduzierung der Prüfungsqualität einhergehen kann.

7 Möglichkeit außergerichtlicher Vergleiche

Wird trotz erfolgter Prüfung und uneingeschränkten Bestätigungsvermerks ein Fehler in der publizierten Rechnungslegung bekannt, so muss es nicht zwingend zu einem **Gerichtsverfahren** kommen. Stattdessen könnten sich Prüfer und Investoren auch außergerichtlich auf einen **Ausgleich entstandener Schäden** verständigen.[44] Diese Vorgehensweise ist für die beteiligten Parteien deswegen interessant, weil sie die **Gerichts- und Verfahrenskosten** *VK* spart (es können allerdings Kosten des Vergleichs auftreten). Kennzeichen eines Vergleiches ist es, dass beide Parteien zu einer Lösung kommen, die von beiden akzeptiert wird. **Drohpunkt** jeder Partei ist das erwartete Ergebnis, das sie erzielt, wenn der Fall vor Gericht entschieden wird. Sollte es tatsächlich zum Prozess kommen, muss der Prüfer mit erwarteten Haftungsfolgen rechnen, und dies können die Investoren letztlich ausspielen.

Damit taucht die Frage auf, ob und welche Änderungen für die **Anreizwirkung** der Prüferhaftung aus der Möglichkeit außergerichtlicher Vergleiche resultieren. Dieser Frage wird im Folgenden auf der Basis des obigen Ansatzes mit vagen Prüfungsstandards nach-

---

[44] Wie die empirische Arbeit von *Palmrose* (1991) für den amerikanischen Prüfungsmarkt zeigt, wird in der Mehrzahl der Fälle eine außergerichtliche Lösung erreicht.

gegangen. Die grundsätzliche Modellierung des außergerichtlichen Vergleichs folgt dabei *Zhang/Thoman* (1999).

Angenommen, es werden verbliebene Fehler der Rechnungslegung bekannt. Das Zustandekommen eines Vergleichs ist unproblematisch, falls sowohl Prüfer als auch Investoren *ex post* **symmetrische Erwartungen** haben. In diesem Fall gehen beide Seiten hinsichtlich des potenziellen Gerichtsverfahrens von einem Effizienzparameter γ und der Entscheidungsfunktion *no*(e) aus. Jedoch wissen beide Seiten nicht, wie das Gericht bei verifiziertem Prüfungsniveau letztlich entscheiden wird. Zwar kennt der Prüfer sein realisiertes Prüfungsniveau genau, doch in einem Gleichgewicht bei rationalen Erwartungen haben die Investoren zutreffende Einschätzungen bezüglich der optimalen Prüferpolitik. Insofern sind die Einschätzungen der erwarteten Zahlungen eines Prozesses *ex post* für beide Parteien gleich, so dass sie sich leicht auf einen Vergleich einigen können, der die Verfahrenskosten spart.

Die Sache wird komplizierter, wenn man annimmt, dass der Prüfer *ex post* (also nach Bekanntwerden verbliebener Mängel) durch sorgfältige Durchsicht seiner Arbeitspapiere und Prüfungsunterlagen *exakt* einschätzen kann, wie das Gericht seine Prüfungsintensität beurteilen wird.[45] Dies ist den Investoren nach wie vor nicht möglich, so dass sich eine *ex post* auftretende Informationsasymmetrie ergibt. *Ex post* gibt es mithin zwei Prüfertypen: Denjenigen, der von der Ordnungsmäßigkeit seiner Aktivitäten weiß (O-Typ), und den anderen, der sicher weiß, dass das Gericht seine Tätigkeiten als nicht GoA-konform ansehen würde (N-Typ).

Der Prüfer kann nun den Investoren ein Vergleichsangebot vorlegen, indem er ihnen einen bestimmten Betrag für den Verzicht auf Einleitung eines Prozesses anbietet. Wegen der asymmetrischen Informationsverteilung ist allerdings dieses Angebot für die Investoren *informativ*, denn sie können daraus ggf. auf die bessere Information des Prüfers über den Ausgang des Prozesses schließen. Ein O-Prüfer, der sicher weiß, dass sein Prüfungsniveau als ordnungsgemäß beurteilt wird, würde den Anlegern niemals einen positiven Betrag anbieten. Daraus folgt im Umkehrschluss, dass aus einem positiven Angebot mit Sicherheit auf ein Prüfungsniveau geschlossen werden kann, das vom Gericht als nicht GoA-konform eingestuft wird (N-Prüfer).

Die **optimalen Vergleichsangebote des Prüfers** können im Gleichgewicht daher *nicht* so aussehen, dass der N-Prüfer mit Sicherheit einen positiven Betrag bietet. Weil der **O-Prüfer** *niemals* ein Angebot vorlegen (oder einem zustimmen) wird, kann die gleichgewichtige Politik eines N-Prüfers nur darin bestehen, durch *Randomisierung seiner Angebote* den Anlegern gegenüber Unsicherheit bezüglich des tatsächlichen *ex post*-Typs zu induzieren. Der N-Prüfer wird daher mit einer bestimmten Wahrscheinlichkeit kein Angebot unterbreiten und mit der Gegenwahrscheinlichkeit einen positiven **Vergleichsbetrag** bieten.

---

[45] Siehe dazu auch *Zhang/Thoman* (1999), S. 477.

Die **Höhe** des **Vergleichsbetrages** richtet sich nach folgenden Überlegungen: Ein positives Angebot kann überhaupt nur vom N-Prüfer kommen. Die Anleger wissen daher, dass sie einen dennoch eingeleiteten Prozess gewinnen würden, sofern das Gericht das Prüfungsniveau verifiziert. Ihre Nettozahlungen bei einem Prozess betragen daher wegen Gültigkeit von (10.7)

$$\gamma \cdot H - VK > 0$$

Unterbreitet der N-Prüfer ein Angebot, muss der gebotene Betrag somit wenigstens dieser Differenz entsprechen. Der N-Prüfer wird aber auch nicht mehr anbieten als nötig, so dass der Vergleichsbetrag gerade $\gamma \cdot H - VK$ beträgt.

Damit sich für den N-Prüfer eine gemischte Angebotsstrategie lohnt, muss er indifferent sein zwischen einem Angebot von $\gamma \cdot H - VK$ und einem Angebot von 0. *Ex post* impliziert dies folgende Bedingung für die Klagewahrscheinlichkeit β^N der Anleger:

$$\gamma \cdot H - VK = \beta^N \cdot \gamma \cdot H + \left(1 - \beta^N\right) \cdot 0 \quad \Leftrightarrow \quad \beta^N = \frac{\gamma \cdot H - VK}{\gamma \cdot H} \qquad (10.25)$$

Unterbreitet der N-Prüfer kein Angebot, **klagen** die Anleger mit der **Wahrscheinlichkeit** β^N, woran sich erwartete Haftungsfolgen in Höhe von $\gamma \cdot H = \gamma(SE + VK)$ anschließen.[46] Weil die Investoren im Gleichgewicht wieder eine gemischte Klagestrategie verfolgen, muss auch für sie erneut eine **Indifferenzbedingung** gelten, woraus sich eine Bedingung für die Wahrscheinlichkeit χ^N des N-Prüfers zur Unterlassung eines Angebots ableiten lässt. Diese Wahrscheinlichkeit χ^N muss so gewählt sein, dass es den Anlegern gleichgültig ist, ob sie bei Nichtabgabe eines Vergleichsangebots klagen oder nicht. Weil der N-Prüfer mit der Wahrscheinlichkeit χ^N den O-Prüfer (der garantiert kein Angebot unterbreitet) imitiert, wissen die Anleger *nicht*, mit welchem *Typ* sie es genau zu tun haben. Sie bilden daher ihre Erwartungen gemäß dem Bayes-Theorem unter Ansatz eines gegebenen Prüfungsniveaus (dabei handelt es sich letztlich um das gleichgewichtige Prüfungsniveau e_a^*, da die Anleger rationale Erwartungen über das Prüferverhalten haben). Die a posteriori-Wahrscheinlichkeit κ für das Vorliegen eines N-Prüfers, falls kein Angebot abgegeben wurde, lautet daher:

$$\kappa = \frac{no\left(e_a^*\right)\chi^N}{\left(1 - no\left(e_a^*\right)\right) + no\left(e_a^*\right)\chi^N} \qquad (10.26)$$

Der Zähler gibt die *a priori*-Wahrscheinlichkeit an, mit der ein N-Prüfer kein Angebot vorlegt, während der Nenner die gesamte *a priori*-Wahrscheinlichkeit für das Ausbleiben eines Vergleichsangebots darstellt. Wird kein Angebot unterbreitet, können die Investoren nur mit der Wahrscheinlichkeit κ davon ausgehen, dass es sich um einen N-Prüfer handelt, so dass sie bei eingeleitetem Prozess und Verifizierung des Prüfungsniveaus durch das Gericht erfolgreich sind. Ihre Indifferenzbedingung ergibt sich demnach aus

---

[46] Die Funktion *no(e)* taucht nicht auf, weil der N-Prüfer *ex post* weiß, dass sein Prüfungsniveau als nicht GoA-konform angesehen wird.

$$\gamma \cdot \kappa \cdot H - VK = 0 \quad \Leftrightarrow \quad \frac{no\left(e_a^*\right)\chi^N}{\left(1 - no\left(e_a^*\right)\right) + no\left(e_a^*\right)\chi^N} = \frac{VK}{\gamma \cdot H} \tag{10.27}$$

Diese Bedingung ist völlig analog der Bedingung (10.24) für das **Prüfungsniveau** bei vagen Standards. Für $\chi^N = 1$ stimmen diese beiden Bedingungen überein. Die Gleichung $\chi^N = 1$ würde implizieren, dass auch der N-Prüfer niemals ein Angebot vorlegt, so dass dessen Ausbleiben für die Anleger auch nicht informativ ist. Diese Politik ist für den N-Prüfer genau dann optimal, wenn für das Prüfungsniveau die Relation $e_a^* > e_v^*$ erfüllt ist. Wegen $no' < 0$ und der Erfüllung der Indifferenzbedingung (10.24) an der Stelle e_v^* wäre nämlich ein $\chi^N > 1$ nötig, um der Bedingung (10.27) zu genügen. Das ist aber nicht möglich. Andernfalls würde es sich für den N-Prüfer *nie* lohnen, ein Angebot abzugeben, weil die Anleger ohnehin keinen Anreiz hätten, eine Klage einzuleiten. Eine nichttriviale Lösung erhält man daher nur für **Prüfungsniveaus**, die unterhalb des optimalen Niveaus bei vagen Standards liegen, so dass gilt:

$$\begin{aligned} e_a^* > e_v^* &\quad \Rightarrow \quad \chi^N = 1 \\ e_a^* \le e_v^* &\quad \Rightarrow \quad \chi^N \le 1 \end{aligned} \tag{10.28}$$

In der *ex ante*-Betrachtung wird der Prüfer die optimale Vergleichspolitik antizipieren. Annahmegemäß weiß er, dass er bei einem beliebigen Prüfungsniveau e mit der Wahrscheinlichkeit $no(e)$ erfahren wird, dass es **nicht** GoA-konform ist und er ein N-Prüfer sein wird. Andernfalls ist er O-Prüfer und unterbreitet kein Vergleichsangebot. Seine erwarteten **Gesamtkosten** GK_a inklusive der außergerichtlichen Vergleichsmöglichkeiten lauten demnach (für den Bereich $e \le e_v^*$) wie folgt:

$$\begin{aligned} GK_a = K\left(e\right) + f\left(1 - e\right)v \cdot \\ \left[\left(1 - no\left(e\right)\right)\beta^N \cdot 0 + no\left(e\right)\left(\chi^N \cdot \beta^N \cdot \gamma \cdot H + \left(1 - \chi^N\right)\left(\gamma \cdot H - VK\right)\right)\right] \end{aligned} \tag{10.29}$$

Mit der Wahrscheinlichkeit $1 - no(e)$ wird der Prüfer ein O-Typ sein und kein Angebot vorlegen. Die Investoren können dann nicht zwischen den Typen unterscheiden und verklagen den Prüfer gemäß der Bedingung (10.25), was für einen O-Typen indes unschädlich ist.[47] Mit der Wahrscheinlichkeit $no(e)$ wird der Prüfer dagegen ein N-Typ sein. Sofern er kein Angebot vorlegt, wird er wieder gemäß (10.25) verklagt und muss jetzt mit erwarteten Haftungsfolgen rechnen. Legt er dagegen ein positives Angebot vor, wird es akzeptiert und kein Prozess eingeleitet.

---

[47] Dies gilt für die hier angenommene, kontinentaleuropäische Verfahrenskostenteilung, denn beim US-amerikanischen System würde der N-Prüfer seine eigenen Verfahrenskosten zu tragen haben. Vgl zu einer Analyse *Zhang/Thoman* (1999).

Setzt man (10.25) in (10.29) ein, folgt

$$GK_a = K(e) + (1-e) f \cdot v \cdot no(e) \cdot (\gamma \cdot H - VK) \tag{10.30}$$

Die *ex post* zu erwartenden Haftungsfolgen sind jetzt ausschließlich durch die den Anlegern zufließenden Nettozahlungen $\gamma \cdot H - VK$ gegeben. Verantwortlich dafür ist die Indifferenzbedingung (10.25), wonach die zu erwartenden Haftungsfolgen bei Nichtabgabe eines Angebots gerade diesen Nettozahlungen entsprechen müssen. Die Beziehung (10.30) zeigt die grundsätzlichen Vorteile der Vergleichsmöglichkeit für den Prüfer. Erfährt er *ex post*, dass seine Prüfungstätigkeiten vom Gericht als nicht GoA-konform eingeschätzt würden, kann er durch ein Vergleichsangebot erwartete Verfahrenskosten einsparen.

Die Einbeziehung von außergerichtlichen Vergleichen ändert nicht die grundsätzliche Optimierung für den **Prüfer**, weil dessen Zielfunktionen (10.21) und (10.30) strukturell sehr ähnlich sind. Dennoch ergeben sich **Folgerungen** für die resultierenden **Prüfungsniveaus**. Angenommen, es gilt:

$$\beta^v \cdot \gamma \cdot H < \gamma \cdot H - VK \quad \Leftrightarrow \quad \beta^v < 1 - no(e_v^*) \tag{10.31}$$

In diesem Fall ist das **bisherige Gleichgewicht** bei vagen Standards auch weiterhin ein Gleichgewicht, d. h. der Prüfer wird niemals ein Vergleichsangebot unterbreiten. Bei einem Angebot müsste er ja wenigstens den Betrag $\gamma \cdot H - VK$ bieten, während er bei der bisherigen Lösung nach der Aufdeckung verbliebener Mängel nur erwartete Haftungsfolgen von $\beta^v \cdot \gamma \cdot H$ zu tragen hätte. Gemäß (10.31) sind diese Zahlungen jedoch niedriger als ein potenzielles Vergleichsangebot, so dass der Prüfer kein solches Angebot abgeben wird.

Etwas anderes ergibt sich für die **umgekehrte Situation**:

$$\beta^v \cdot \gamma \cdot H \geq \gamma \cdot H - VK \quad \Leftrightarrow \quad \beta^v \geq 1 - no(e_v^*) \tag{10.32}$$

Hier ist die bisherige Lösung nicht mehr gleichgewichtig, denn der N-Prüfer würde *ex post* von ihr abweichen wollen und ein Vergleichsangebot in Höhe von $\gamma \cdot H - VK$ vorlegen. Bei Gültigkeit von (10.32) kommt mithin die Optimierung auf Basis der Zielfunktion (10.30) zum Tragen, die wegen (10.32) zu einem **niedrigeren optimalen Prüfungsniveau** als beim „reinen" vagen Standard führt:

$$\beta^v \cdot \gamma \cdot H \geq \gamma \cdot H - VK \quad \Rightarrow \quad e_v^* \geq e_a^* \tag{10.33}$$

Im Ergebnis kann daher die Einbeziehung außergerichtlicher Vergleichsmöglichkeiten zu einer **Verminderung** des gleichgewichtigen **Prüfungsniveaus** führen, während eine Erhöhung der Prüfungsintensität im vorliegenden Zusammenhang nicht möglich ist. Eine ggf. auftretende Reduzierung des Prüfungsniveaus muss aber aus gesamtwirtschaftlicher Sicht nicht automatisch schädlich sein. Für die endgültige Beurteilung sind nämlich auch die **potenziell eingesparten Prozesskosten** zu berücksichtigen. Für die Gesamtwohlfahrt kann es besser sein, mit einer reduzierten Publikationsqualität zu leben, wenn dafür Kosteneinsparungen auftreten, die den Informationsnachteil überkompensieren. Ein solcher Tradeoff ist freilich nur durch eine mehr oder weniger willkürliche Festlegung gesamtgesellschaftlicher Wohlfahrtsfunktionen durchzuführen.

8   Zusammenfassung

Dieses Kapitel behandelt Fragen der Prüferhaftung, die bei fehlender Variabilität des Prüfungshonorars ein wichtiges Instrument darstellt, um den ökonomischen Erfolg der Prüfungstätigkeit *indirekt* vom Erfolg der Prüfung abhängig zu machen und auf diese Weise **Anreize** zur Erbringung ausreichender **Prüfungsleistungen** zu setzen. Die Regelungen zur **Prüferhaftung** sind international unterschiedlich. In Deutschland und Österreich ist vorwiegend die Haftung gegenüber dem Auftraggeber (das zu prüfende Unternehmen) geregelt, während die sogenannte Dritthaftung (gegenüber Anlegern, Gläubigern usw.) nur über allgemeine delikts- und/oder vertragsrechtliche Regelungen gegeben und bezüglich der Durchsetzung mit großen Schwierigkeiten verbunden ist. Allerdings gibt es international weiterhin Diskussionen über die Zweckmäßigkeit einer expliziten Dritthaftung.

Der Schwerpunkt dieses Kapitels liegt auf der **Dritthaftung**. In einem Basismodell lässt sich zeigen, dass *ohne* eine Dritthaftung gar **keine Prüfungsanreize** bestünden. Das optimale Prüfungsniveau steigt mit zunehmenden Haftungsfolgen, höherer Fehlerwahrscheinlichkeit der Rechnungslegung und größerer Wahrscheinlichkeit dafür, dass verbliebene Mängel bekannt werden und zu Schadenersatzklagen führen. Die naheliegende Hypothese, dass hohe Haftungsfolgen *vorteilhaft* für den Prüfungsumfang und die Qualität der Rechnungslegung seien, berücksichtigt allerdings nicht, dass im Marktgleichgewicht die Prüfer die gestiegenen Haftungskosten in den Prüfungsgebühren weitergeben, so dass letztlich *ex ante* die Eigner ihren *ex post*-Schadenersatz quasi selbst bezahlen. Es gibt damit einen Kosten-Nutzen-Tradeoff bezüglich der Qualität der Rechnungslegung, dessen Ausgang nicht allgemein angegeben werden kann. Außerdem erfasst das Basismodell keine strategischen Interdependenzen zwischen den Handlungen von Prüfern und Anlegern.

Die strategischen Wirkungen der Dritthaftung hängen vom konkreten Haftungssystem ab. Bei einer **Gefährdungshaftung** haftet der Prüfer für jeden verbliebenen Mangel der Rechnungslegung, bei einer **Verschuldenshaftung** dagegen nur dann, wenn er nicht GoA-konform geprüft hat. Die Verschuldenshaftung ist das in der Praxis gebräuchlichere System. Die Betonung der GoA bei der Verschuldenshaftung impliziert nicht, dass deren Einhaltung durch das Haftungssystem stets gewährleistet wäre. Stattdessen zeigt sich für **präzise GoA**, dass sie unter Berücksichtigung der **optimalen Klageentscheidungen** der Investoren stets mit einer bestimmten Wahrscheinlichkeit verletzt werden. Im Gleichgewicht randomisiert der Prüfer zwischen der Einhaltung der Standards und einem Substandard-Prüfungsniveau, während die Anleger den Prüfer mit einer bestimmten Wahrscheinlichkeit verklagen, falls verbliebene Mängel später bekannt werden. Intuitive Hypothesen über die Wirkungen bestimmter Einflussgrößen für die Prüfungsqualität bestätigen sich im Gleichgewicht nur in manchen Fällen, weil es kompensierende Effekte zu berücksichtigen gibt.

Unpräzise bzw. **vage GoA** führen zu einer Lösung, bei der **keine gemischte Prüfungsstrategie** verfolgt wird, während die Anleger auch hier zumeist nur mit einer bestimmten Wahrscheinlichkeit klagen. Vage Standards geben einen Anreiz zur **Ausweitung der Prüfungsintensität**, weil umfangreichere Prüfungen nicht nur zur Reduzierung von Fehlern der Rechnungslegung beitragen, sondern außerdem die Wahrscheinlichkeit erhöhen, dass in einem späteren Prozess die Prüfungstätigkeiten als ordnungsgemäß klassifiziert werden. Daher ist es möglich, dass vage GoA sogar zu einem **höheren Prüfungsniveau** und einer höheren Qualität der Rechnungslegung als präzise Standards führen, ohne mit zusätzlichen Kosten verbunden zu sein.

Anstelle der Einleitung eines Prozesses haben die Parteien auch die Möglichkeit, sich **außergerichtlich zu vergleichen**. Dabei stellen die zu erwartenden Zielerreichungen bei einem doch stattfindenden Prozess die jeweiligen *Drohpunkte* für die Verhandlungen dar. Legt der Prüfer *ex post* ein Angebot vor, wissen die Anleger, dass sie einen Prozess gewinnen würden, sofern das Gericht bei der Verifizierung der Prüfungstätigkeiten erfolgreich ist. Wird kein Angebot unterbreitet, wissen die Investoren nicht genau, wie das Gericht ein verifiziertes Prüfungsniveau hinsichtlich seiner Ordnungsmäßigkeit einschätzen wird. Es zeigt sich, dass die Einbeziehung der Vergleichsmöglichkeiten in einem Szenario mit vagen Standards zu keiner Erhöhung des gleichgewichtigen Prüfungsniveaus führen, aber sehr wohl mit **Verringerungen der Prüfungsintensität** einhergehen kann.

9   Fragen

▶   **F10-1** Im einfachen Basisansatz zur Prüferhaftung steigt die Prüfungsintensität mit zunehmenden Haftungsfolgen. Kann man daraus schließen, dass die Haftungsfolgen möglichst groß angesetzt werden sollten?

▶   **F10-2** Was ist der Unterschied zwischen einer Gefährdungs- und einer Verschuldenshaftung? Und wie unterscheidet sich eine Gefährdungs- von einer Verschuldenshaftung hinsichtlich der Prüfungsanreize?

▶   **F10-3** Welche Rolle spielt bei einer Gefährdungshaftung die Modalität der Prozesskostenteilung für das Klageverhalten der Anleger?

▶   **F10-4** Warum darf bei einer Analyse der Verschuldenshaftung das Entscheidungsproblem der Investoren nicht vernachlässigt werden?

▶   **F10-5** Warum kann eine Verschuldenshaftung bei präzisen GoA nicht die Einhaltung dieser GoA garantieren?

▶   **F10-6** Warum hat im Gleichgewicht einer Verschuldenshaftung mit präzisen GoA eine Erhöhung der Wahrscheinlichkeit für die Offenbarung verbliebener Fehler der Rechnungslegung keine Konsequenzen für die Publikationsqualität?

▶   **F10-7** Welche Wirkungszusammenhänge führen dazu, dass bei einer Verschuldenshaftung mit präzisen GoA eine Erhöhung der Haftungsfolgen mit Verbesserungen der Prüfungs- und Publikationsqualität verbunden ist?

▶   **F10-8** Welche Unterschiede ergeben sich für einen Prüfer bei der Ausweitung seines Prüfungsniveaus in einem System der Verschuldenshaftung mit vagen GoA gegenüber präzisen GoA?

▶   **F10-9** Sind präzise Prüfungsgrundsätze stets besser als vage GoA, wenn man an die Anreizwirkungen eines Haftungssystems denkt?

▶   **F10-10** Warum kann es bei der Möglichkeit außergerichtlicher Vergleiche nicht sein, dass nur derjenige Prüfer, der von der Ordnungsmäßigkeit seiner Prüfungstätigkeiten weiß, kein Vergleichsangebot unterbreitet?

10   Probleme

▶   **P10-1 Prüfungspolitik im Basismodell.** Die direkten Prüfungskosten seien

$$K(e) = -250 \cdot \left(\ln(1-e) + e \right)$$

a) Geben Sie die Funktion des optimalen Prüfungsniveaus in Abhängigkeit der Haftungsfolgen H für die Parameter $f = 0{,}5$ und $z = 0{,}3$ an.
b) Bestimmen Sie die Funktion des optimalen Prüfungsniveaus in Abhängigkeit der Fehlerwahrscheinlichkeit f für die Parameter $H = 30.000$ und $z = 0{,}4$.
c) Ermitteln Sie die Funktion des optimalen Prüfungsniveaus in Abhängigkeit der kombinierten Wahrscheinlichkeit z für die Parameter $H = 40.000$ und $f = 0{,}6$.

▶   **P10-2 Prüfungspolitik, Haftung und präzise GoA.** Betrachtet sei eine Situation der Verschuldenshaftung mit präzisen GoA in Höhe von $\bar{e} = 0{,}85$. Die direkten Prüfungskosten betragen

$$K(e) = -200 \cdot \left(\ln(1-e) + e \right)$$

Die zu prüfende Rechnungslegung enthält mit der Wahrscheinlichkeit $f = 0,6$ Fehler. Verbliebene Fehler werden dem Markt mit einer Wahrscheinlichkeit $v = 0,2$ dennoch bekannt. Im Falle einer Klage muss mit Verfahrenskosten in Höhe von $VK = 8.000$ gerechnet werden, und die Schadenersatzzahlungen betragen $SE = 42.000$. Die Effizienz des Gerichtsverfahrens bei der Verifizierung der tatsächlich erbrachten Prüfungsleistungen wird mit $\gamma = 0,75$ angesetzt.

Wie lauten die gleichgewichtige Klagewahrscheinlichkeit der Investoren, das durchschnittliche Prüfungsniveau des Prüfers sowie die sich daraus ergebende Qualität der Rechnungslegung? Wie würden diese Ergebnisse für $v = 0,3$ aussehen?

▶ **P10-3 Prüfungspolitik bei vagen GoA.** Die direkten Prüfungskosten sind wie in Aufgabe P10-2 gegeben. Ansonsten gelten folgende Parameter:

$$VK = 8.000; \quad SE = 32.000; \quad f = 0,7; \quad v = 0,3; \quad \gamma = 0,5$$

Die Beurteilungsfunktion des Gerichts wird mit $no(e) = 1 - e$ angesetzt. Berechnen Sie das optimale Prüfungsniveau und die gleichgewichtige Klagepolitik der Investoren.

▶ **P10-4 Außergerichtlicher Vergleich.** Unterstellen Sie bezüglich der Haftungsfolgen die Werte $VK = 10.000$ und $SE = 30.000$. Für die Funktion der direkten Prüfungskosten gilt

$$K(e) = -2.520 \cdot \left(\ln(1 - e) + e \right)$$

Alle anderen Angaben sind wie in Aufgabe 3 gegeben.

a) Prüfen Sie, ob ein Gleichgewicht inklusive des außergerichtlichen Vergleichs überhaupt relevant ist.
b) Bestimmen Sie die gleichgewichtigen Klagewahrscheinlichkeiten der Anleger beim Ausbleiben eines Angebots.
c) Wie lautet das optimale Prüfungsniveau und wie sieht die gleichgewichtige Angebotspolitik des Prüfers aus?

Literaturempfehlungen

Allgemeine Literatur

London Economics/Ewert, R.: *Study on the Economic Impact of Auditors' Liability Regimes – Final Report to EC-DG Internal Market and Services*, Brüssel/London 2006 (abrufbar unter: https://londoneconomics.co.uk/wp-content/uploads/2011/09/auditors-final-report_en-2.pdf).

Quick, R.: Zivilrechtliche Verantwortlichkeit europäischer und amerikanischer Abschlussprüfer, *Betriebswirtschaftliche Forschung und Praxis* 2000, S. 525–548.

Quick, R./Solmecke, H.: Gestaltung der Abschlussprüferhaftung – Implikationen theoretischer Modelle, *Journal für Betriebswirtschaft* 2007, S. 137–182.

Spezielle Literatur

Dye, R.: Auditing Standards, Legal Liability, and Auditor Wealth, *Journal of Political Economy* 1993, S. 887–914.

Ewert, R.: Auditor Liability and the Precision of Auditing Standards, *Journal of Institutional and Theoretical Economics* 1999, S. 181–206.

Hillegeist, S.A.: Financial Reporting and Auditing under Alternative Damage Apportionment Rules, *The Accounting Review* 1999, S. 347–369.

Zhang, P./Thoman, L.: Pre-Trial Settlement and the Value of Audits, *The Accounting Review* 1999, S. 473–491.

Literatur

Aboody, D.: Recognition versus Disclosure in the Oil and Gas Industry, *Journal of Accounting Research* 1996, Supplement, S. 21–32.

Acemoglu, D./Gietzman, M.B.: Auditor Independence, Incomplete Contracts and the Role of Legal Liability, *European Accounting Review* 1997, S. 355–375.

Admati, A.R./Pfleiderer, P.: Forcing Firms to Talk: Financial Disclosure Regulation and Externalities, *The Review of Financial Studies* 2000, S. 479–519.

Aghion, P./Bolton, P.: An Incomplete Contracts Approach to Financial Contracts, *Review of Economic Studies* 1992, S. 473–494.

Akerlof, G.A.: The Market for "Lemons": Quality Uncertainty and the Market Mechanism, *Quarterly Journal of Economics* 1970, S. 488–500.

Ali, A./Kallapur, S.: Securities Price Consequences of the Private Securities Litigation Reform Act of 1995 and Related Events, *The Accounting Review* 2001, S. 431–460.

Antle, R.: The Auditor as an Economic Agent, *Journal of Accounting Research* 1982, S. 503–527.

Antle, R.: Auditor Independence, *Journal of Accounting Research* 1984, S. 1–20.

Antle, R./Demski, J.: The Controllability Principle in Responsibility Accounting, *The Accounting Review* 1988, S. 700–718.

Antle, R./Nalebuff, B.: Conservatism and Auditor-Client Negotiations, *Journal of Accounting Research*, Supplement 1991, S. 31–54.

Archibald, T.R.: Stock Market Reaction to the Depreciation Switch-Back, *The Accounting Review* 1972, S. 22–30.

Armstrong, C.S./Guay, W.R./Weber, J.P.: The Role of Information and Financial Reporting in Corporate Governance and Debt Contracting, *Journal of Accounting and Economics* 50 (2010), S. 179–234.

Arruñada, B.: The Economics of Audit Quality, *Boston 1999*.

Arya, A./Glover, J./Sunder, S.: Earnings Management and the Revelation Principle, *Review of Accounting Studies* 1998, S. 7–34.

Arya, A./Glover, J./Sunder, S.: Are Unmanaged Earnings Always Better for Shareholders?, *Accounting Horizons* 2003, Special Issue, S. 111–116.

Asthana, S.C./Boone, J.P.: Abnormal Audit Fee and Audit Quality, *Auditing: A Journal of Practice & Theory* 2012 (3), S. 1–22.

Baetge, J./Ballwieser, W.: Probleme einer rationalen Bilanzpolitik, *Betriebswirtschaftliche Forschung und Praxis* 1978, S. 511–530.

Baiman, S.: The Evaluation and Choice of Internal Information Systems Within a Multiperson World, *Journal of Accounting Research* 1975, S. 1–15.

Baiman, S./Evans, J.H./Noel, J.: Optimal Contracts with a Utility-Maximizing Auditor, *Journal of Accounting Research* 1987, S. 217–244.

Balachandran, B./Nagarajan, N.J.: Imperfect Information, Insurance, and Auditors' Legal Liability, *Contemporary Accounting Research* 1987, S. 281–301.

Ball, R.: Changes in Accounting Techniques and Stock Prices, *Journal of Accounting Research* 1972, S. 1–38.

Ball, R.: Infrastructure Requirements for an Economically Efficient System of Public Financial Reporting and Disclosure, Brookings-Wharton Papers on Financial Services, Washington, DC 2001.

Ball, R.: Accounting Informs Investors and Earnings Management is Rife: Two Questionable Beliefs, *Accounting Horizons* 2013, S. 847–853.

Ball, R./Brown, P.: An Empirical Evaluation of Accounting Income Numbers, *Journal of Accounting Research* 1968, S. 159–178.

Ball, R./Jayaraman, S./Shivakumar, L.: Audited Financial Reporting and Voluntary Disclosure as Complements: A Test of the Confirmation Hypothesis, *Journal of Accounting and Economics* 53 (2012), S. 136–166.

Ball, R./Kothari, S.P./Nikolaev, V.V.: Econometrics of the Basu Asymmetric Timeliness Coefficient and Accounting Conservatism, *Journal of Accounting Research* 2013, S. 1071–1097.

Ball, R./Kothari, S.P./Robin, A.: The Effect of International Institutional Factors on Properties of Accounting Earnings, *Journal of Accounting and Economics* 29 (2000), S. 1–51.

Ball, R./Robin, A./Wu, J.S.: Incentives versus Standards: Properties of Accounting Income in Four East Asian Countries, *Journal of Accounting and Economics* (36) 2003, S. 235–270.

Ball, R./Shivakumar, L.: Earnings Quality in U.K. Private Firms: Comparative Loss Recognition Timeliness, *Journal of Accounting and Economics* 39 (2005), S. 83–128.

Ballwieser, W.: Zur Begründbarkeit informationsorientierter Jahresabschlußverbesserungen, *Zeitschrift für betriebswirtschaftliche Forschung* 1982, S. 772–793.

Ballwieser, W.: Ein Überblick über Ansätze zur ökonomischen Analyse des Bilanzrechts, *Betriebswirtschaftliche Forschung und Praxis* 1996a, S. 503–527.

Ballwieser, W.: Zum Nutzen handelsrechtlicher Rechnungslegung, in: *Ballwieser, W./Moxter, A./Nonnenmacher, R.* (Hrsg.): *Rechnungslegung – Warum und wie*, FS für H. Clemm, München 1996b, S. 1–25.

Bamberg, G./Coenenberg, A.G/Krapp, M.: *Betriebswirtschaftliche Entscheidungslehre*, 15. Auflage, München 2019.

Barnea, A./Haugen, R.A./Senbet, L.W.: *Agency-Problems and Financial Contracting*, Englewood Cliffs 1985.

Badia, M./Duro, M./Penalva, F./Ryan, S.G.: Debiasing the Measurement of Conditional Conservatism, *Journal of Accounting Research* 2021, S. 1221–1259.

Barth, M.E.: Including Estimates of the Future in Today's Financial Statements, *Accounting Horizons* 2006, S. 271–285.

Barth, M.E.: Measurement in Financial Reporting: The Need for Concepts, *Accounting Horizons* 2014, S. 331–352.

Barth, M.E./Beaver, W.H./Landsman, W.R.: The Relevance of the Value Relevance Literature for Financial Accounting Standard Setting: Another View, *Journal of Accounting and Economics* 31 (2001), S. 77–104.

Barth, M.E./Hodder, L.D./Stubben, S.R.: Fair Value Accounting for Liabilities and Own Credit Risk, *The Accounting Review* 2008, S. 629–664.

Barth, M.E./Landsman, W.R./Lang, M.H.: International Accounting Standards and Accounting Quality, *Journal of Accounting Research* 2008, S. 467–498.

Bartov, E./Goldberg, S.R./Kim, M.: Comparative Value Relevance Among German, U.S., and International Accounting Standards: A German Stock Market Perspective, *Journal of Accounting, Auditing and Finance* 2005, S. 95–119.

Basu, S.: The Conservatism Principle and the Asymmetric Timeliness of Earnings, *Journal of Accounting and Economics* 24 (1997), S. 1–51.

Beatty, A./Weber, J.: The Effects of Debt Contracting on Voluntary Accounting Method Choice, *The Accounting Review* 2003, S. 119–142.

Beatty, A.L./Weber, J.P./Yu, J.: Conservatism and Debt, *Journal of Accounting and Economics* (45) 2008, S. 154–174.

Beaver, W.H.: Market Efficiency, *The Accounting Review* 1981, S. 23–37.

Beaver, W.H.: *Financial Reporting: An Accounting Revolution,* 3. Auflage, Upper Saddle River 1998.

Beaver, W./Demski, J.: The Nature of Income Measurement, *The Accounting Review* 1979, S. 38–46.

Beaver, W./Ryan, S.G.: Conditional and Unconditional Conservatism: Concepts and Modeling, *Review of Accounting Studies* 2005, S. 269–309.

Beaver, W.H./Ryan, S.G./Wahlen, J.M.: When Is "Bad News" Viewed as "Good News"?, *Financial Analysts Journal,* January/February 1997, S. 45–54.

Beck, P.J./Frecka, T.J./Solomon, I.: A Model for the Market for MAS and Audit Services: Knowledge Spillovers and Auditor-Auditee Bonding, *Journal of Accounting Literature* 1988a, S. 50–64.

Beck, P.J./Frecka, T.J./Solomon, I.: An Empirical Analysis or the Relationship between MAS and Auditor Tenure: Implications for Auditor Independence, *Journal of Accounting Literature* 1988b, S. 65–84.

Beidleman, C.R.: Income Smoothing: The Role of Management, *The Accounting Review* 1973, S. 653–667.

Beißel, J./Steinke, K.-H.: Integriertes Reporting unter IFRS bei der Lufthansa, *Zeitschrift für Controlling und Management* 2004, Sonderheft 2, S. 63–77.

Benston, G./Bromwich, M./Litan, R.E./Wagenhofer, A.: *Following the Money – The Enron Failure and the State of Corporate Disclosure,* Washington, D.C. 2003.

Benston, G./Bromwich, M./Litan, R.E./Wagenhofer, A.: *Worldwide Financial Reporting: The Development and Future of Accounting Standards,* Oxford University Press: New York et al 2006.

Beresford, D.R.: Congress Looks at Accounting for Business Combinations, *Accounting Horizons* 2001, S. 73–86.

Bernard, V.L./Thomas, J.K.: Post-Earnings-Announcement Drift: Delayed Price Response or Risk Premium?, *Journal of Accounting Research* 1989, Supplement, S. 1–36.

Bernard, V.L./Thomas, J.K.: Evidence that Stock Prices do not Fully Reflect the Implications of Current Earnings for Future Earnings, *Journal of Accounting and Economics* 13 (1990), S. 305–340.

Berndsen, H.-P.: Unternehmenspublizität in Deutschland: Stand der empirischen Forschung, *Die Betriebswirtschaft* 1978, S. 121–134.

Bertl, R./Hirschler, K./Aschauer, E. (Hrsg.): *Handbuch Wirtschaftsprüfung,* Wien 2019.

Bertomeu, J./Darrough, M./Xue, W.: Optimal Conservatism with Earnings Manipulation, *Contemporary Accounting Research* 2017, S. 252–284.

Bertomeu, J./Magee, R./Schneider, G.: Voting over Disclosure Standards, *European Accounting Review* 28 (2019), S. 45–70.

Beyer, A.: Conservatism and Aggregation: The Effect on Cost of Equity Capital and the Efficiency of Debt Contracts, Working Paper 2013.

Beyer, A./Guttman, I./Marinovic, I.: Earnings Management and Earnings Quality: Theory and Evidence, *The Accounting Review* 2019, S. 77–101.

Biddle, G./Bowen, R./Wallace, J.: Does EVA® Beat Earnings? Evidence on the Associations with Stock Returns and Firm Values, *Journal of Accounting and Economics* 24 (1997), S. 301–336.

Bigus, J.: Reputation und Wirtschaftsprüferhaftung, *Betriebswirtschaftliche Forschung und Praxis* 2006, S. 22–41.

Bigus, J.: Die Sorgfaltsanreize des Wirtschaftsprüfers bei beschränkter Haftung, *Zeitschrift für betriebswirtschaftliche Forschung* 2007, S. 61–86.

Black, F.: The Dividend Puzzle, *Journal of Portfolio Management* 1976, S. 5–8.

Blackwell, D.: Comparison of Experiments, in: *Neymann, J.* (Hrsg.): *Proceedings of the Second Berkeley Symposium on Mathematical Statistics and Probability,* Berkeley 1951, S. 93–102.

Blackwell, D./Girshik, M.A.: *Theory of Games and Statistical Decisions,* New York 1954.

Blankespoor E./Miller B.P./White H.D.: Initial evidence on the market impact of the XBRL mandate, *Review of Accounting Studies* 2014, S. 1468–1503.

Blay, A.D./Geiger, M.A.: Auditor Fees and Auditor Independence: Evidence from Going Concern Reporting Decisions, *Contemporary Accounting Research* 2013, S. 579–606.

Böcking, H.J./Löcke, J.: Abschlußprüfung und Beratung, *Die Betriebswirtschaft* 1997, S. 461–474.

Bodie, Z./Taggart, R.A.: Future Investment Opportunities and the Value of the Call Provision on an Bond, *Journal of Finance* 1978, S. 1178–1200.

Bordeman, A./Demerjian, P.: Do Borrowers Intentionally Avoid Covenant Violations? A Reexamination of the Debt Covenant Hypothesis, *Journal of Accounting Research* 2022, S. 1–34.

Botosan, C.A./Plumlee, M.A.: Assessing Alternative Proxies for the Expected Risk Premium, *The Accounting Review* 2005, S. 21–54.

Botosan, C.A./Stanford, M.: Managers' Motives to Withhold Segment Disclosures and the Effect of SFAS No. 131 on Analysts' Information Environment, *The Accounting Review* 2005, S. 751–771.

Bourveau, T./Breuer, M./Stoumbos, R.C.: Learning to Disclose: Disclosure Dynamics in the 1890s Streetcar Industry, Working Paper 2021.

Brealey, R.A./Myers, S. C./Allen, F.: *Principles of Corporate Finance,* 11. Auflage, Boston et al 2014.

Breuer, M./Windisch, D.: Investment Dynamics and Earnings-Return Properties: A Structural Approach, *Journal of Accounting Research* 2019, S. 639–674.

Brief, R.P.: Corporate Financial Reporting at the Turn of the Century, *Journal of Accountancy,* May 1987, S. 142–157.

Brown, P.: *Capital Markets-Based Research in Accounting: An Introduction,* Melbourne 1994.

Burgstahler, D./Dichev, I.: Earnings Management to Avoid Earnings Decreases and Losses, *Journal of Accounting and Economics* 24 (1997), S. 99–126.

Calegari, M.J./Schatzberg, J.W./Sevcik, G.R.: Experimental Evidence of Differential Audit Pricing and Reporting Strategies, *The Accounting Review* 1998, S. 255–275.

Cameran, M./Francis, J.R./Marra, A./Pettinicchio, A.: Are There Adverse Consequences of Mandatory Auditor Rotation? Evidence from the Italian Experience, *Auditing: A Journal of Practice & Theory* 2015 (1), S. 1–24.

Cameran, M./Di Vincenzo, D./Merlotti, E.: The Audit Firm Rotation Rule: A Review of the Literature, Bocconi University, Mailand 2005.

Carcello, J.V./Neal, T.L./Reid, L.C./Shipman, J.E.: Auditor Independence and Fair Value Accounting: An Examinxation of Ninaudit Fees and Goodwill Impairments, *Contemporary Accounting Research* 2020, S. 189–217.

Caskey, J./Hughes, J.: Assessing the Impact of Alternative Fair Value Measures on the Efficiency of Project Selection and Continuation, *The Accounting Review* 2012, S. 483–512.

Castan, E.: Publizität, in: *Kosiol, E./Chmielewicz, K./Schweitzer, M.* (Hrsg.): *Handwörterbuch des Rechnungswesens,* 2. Auflage, Stuttgart 1981, Sp. 1400–1408.

Casterella, J.R./Johnston, D.: Can the Academic Literature Contribute to the Debate over Mandatory Audit Firm Rotation?, *Research in Accounting Regulation* 2013, S. 108–116.

Cecchini, M./Jackson, S.B./Liu, X.: Do Initial Public Offering Firms Manage Accruals? Evidence from Individual Accounts, *Review of Accounting Studies* 2012, S. 22–40.

Chan, D.K./Wong, K.P.: Scope of Auditors' Liability, Audit Quality, and Capital Investment, *Review of Accounting Studies* 2002, S. 97–122.

Chan, L./Jegadeesh, N./Lakonishok, J.: Momentum Strategies, *Journal of Finance* 1996, S. 1681–1713.

Chaney, P.K./Lewis, C.M.: Earnings Management and Firm Valuation Under Asymmetric Information, *Journal of Corporate Finance* 1995, S. 319–345.

Chaney, P.K./Philipich, K.L.: Shredded Reputation: The Cost of Audit Failure, *Journal of Accounting Research* 2002, S. 1221–1245.

Chen, Q./Hemmer, T./Zhang, Y.: On the Relation between Conservatism in Accounting Standards and Incentives for Earnings Management, *Journal of Accounting Research* 2007, S. 541–565.

Chen, Q./Mittendorf, B./Zhang, Y.: Endogenous Accounting Bias when Decision Making and Control Interact, *Contemporary Accounting Research* 2010, S. 1063–1091.

Chen, W./Hribar, P./Melessa, S.: Incorrect Inferences When Using Residuals as Dependent Variables, *Journal of Accounting Research* 2018, S. 751–796.

Choi, F.D.S./Frost, C.A./Meek, G.K.: *International Accounting*, 5. Auflage, Upper Saddle River 2004.

Choi, J-H./Kim, J-B./Liu, X./Simunic, D.: Audit Pricing, Legal Liability Regimes, and Big 4 Premiums: Theory and Cross-Country Evidence, *Contemporary Accounting Research* 2008, S. 55–99.

Choi, J.-H./Kim, J.-B./Zang, Y.: Do Abnormally High Audit Fees Impair Audit Quality?, *Auditing: A Journal of Practice & Theory* 2010 (2), S. 115–140.

Chow, C. W./Rice, S.J.: Qualified Audit Opinions and Auditor Switching, *The Accounting Review* 1982, S. 326–335.

Christensen, P./de la Rosa, L./Feltham, G.: Information and the Cost of Capital: An *ex ante* Perspective, *The Accounting Review* 2010, S. 817–848.

Christensen, J./Demski, J.S.: *Accounting Theory: An Information Content Perspective*, Boston et al 2003.

Christensen, H.B./Nikolaev, V.V./Wittenberg-Moerman, R.: Accounting Information in Financial Contracting: The Incomplete Contract Theory Perspective, *Journal of Accounting Research* 2016, S. 397–435.

Christensen, H.B./Macciocchi, D./Morris, A./Nikolaev, V.V.: Financial Shocks to Lenders and the Composition of Financial Covenants, *Journal of Accounting and Economics* 73 (2022), 101426.

Chung, K.H.: Asset Characteristics and Corporate Debt Policy: An Empirical Test, *Journal of Business Finance and Accounting* 1993, S. 83–98.

Chung, K.H./Charoenwong, C.: Investment Options, Assets in Place, and the Risk of Stocks, *Financial Management* 1991, S. 21–33.

Citron, D./Taffler, R.J.: The Audit Report under Going Concern Uncertainties: An Empirical Analysis, *Accounting and Business Research* 1992, S. 337–345.

Clarkson, P.M./Kao, J.L./Richardson, G.D.: The Voluntary Inclusion of Forecasts in the MD&A Section of Annual Reports, *Contemporary Accounting Research* 11 (1994), S. 423–450.

Clinch, G.: Disclosure Quality, Diversification and the Cost of Capital, *Australian Journal of Management* 2013, S. 475–489.

Cohen, D.A./Dey, A./Lys, T.Z.: Real and Accrual-Based Earnings Management in the Pre- and Post-Sarbanes-Oxley Periods, *The Accounting Review* 2008, S. 757–787.

Collins, D.W./Pincus, M./Xie, H.: Equity Valuation and Negative Earnings: The Role of Book Value of Equity, *The Accounting Review* 1999, S. 29–61.

Corona, C./Randhawa, R.: The Auditor's Slippery Slope: An Analysis of Reputational Incentives, *Management Science* 2010, S. 924–937.

Craswell, A.T.: The Association Between Qualified Opinions and Auditor Switches, *Accounting and Business Research* 1988, S. 23–31.

Crawford, V.P./Sobel, J.: Strategic Information Transmission, *Econometrica* 1982, S. 1431–1451.

Cushing, B.E.: On the Possibility of Optimal Accounting Principles, *The Accounting Review* 1977, S. 308–321.

Danbolt, J./Rees, W.: An Experiment in Fair Value Accounting: UK Investment Vehicles, *European Accounting Review* 2008, S. 271–303.

Daniel, N.D./Denis, D.J./Naveen, L.: Do Firms Manage Earnings to Meet Dividend Thresholds, *Journal of Accounting and Economics* 45 (2008), S. 2–26.

Darrough, M.N.: Disclosure Policy and Competition: Cournot vs. Bertrand, *The Accounting Review* 1993, S. 534–562.

Darrough, M.N./Stoughton, N.M.: Financial Disclosure Policy in an Entry Game, *Journal of Accounting and Economics* 12 (1990), S. 219–244.

Daske, H.: Internationale Rechnungslegung und Kapitalkosten – Zum Stand der empirischen Rechnungswesenforschung, *Betriebswirtschaftliche Forschung und Praxis* 2005, S. 455–473.

Daske, H.: Economic Benefits of Adopting IFRS or US-GAAP – Have the Expected Cost of Equity Capital Really Decreased?, *Journal of Business Finance and Accounting* 2006, S. 329–373.

Datar, S./Alles, M.: The Formation and Role of Reputation and Litigation in the Auditor-Manager-Relationship, *Journal of Accounting, Auditing and Finance* 1999, S. 401–428.

Davis, L.R./Simon, D.T.: The Impact of SEC Disciplinary Actions on Audit Fees, *Auditing: A Journal of Practice & Theory* 1992 (1), S. 58–68.

DeAngelo, L.: Auditor Independence, 'Low Balling', and Disclosure Regulation, *Journal of Accounting and Economics* 3 (1981a), S. 113–127.

DeAngelo, L.: Auditor Size and Audit Quality, *Journal of Accounting and Economics* 3 (1981b), S. 183–199.

Dechow, P.M./Dichev, I.D.: The Quality of Accruals and Earnings: The Role of Accrual Estimation Errors, *The Accounting Review* 2002, Supplement, S. 35–59.

Dechow, P./Ge, W./Schrand, C.: Understanding Earnings Quality: A Review of the Proxies, Their Determinants and Their Consequences, *Journal of Accounting and Economics* 50 (2010), S. 344–401.

Dechow, P./Khimich, N.V./Sloan, R.G.: The Accrual Anomaly, in: *Zacks, L.* (Hrsg.): *The Handbook of Equity Market Anomalies: Translating Market Inefficiencies into Effective Investment Strategies*, Hoboken 2012, S. 23–61.

Dechow, P.M./Richardson, S.A./Tuna, I.: Why Are Earnings Kinky? An Examination of the Earnings Management Explanation, *Review of Accountings Studies* 2003, S. 355–384.

Dechow, P.M./Schrand, K.M.: *Earnings Quality*, Charlotteville, VA 2004.

Dechow, P.M./Skinner, D.J.: Earnings Management: Reconciling the Views of Accounting Academics, Practitioners, and Regulators, *Accounting Horizons* 2000, S. 235–250.

Dechow, P.M./Sloan, R.G.: Executive Incentives and the Horizon Problem: An Empirical Investigation, *Journal of Accounting and Economics* 14 (1991), S. 51–89.

Dechow, P.M./Sloan, R.G./Sweeney, A.P.: Detecting Earnings Management, *The Accounting Review* 1995, S. 193–225.

Dechow, P.M./Sloan, R.G./Sweeney, A.P.: Causes and Consequences of Earnings Manipulation: An Analysis of Firms Subject to Enforcement Actions by the SEC, *Contemporary Accounting Research* 1996, S. 1–36.

Dechow, P.M./Sloan, R.G./Zha, J.: Stock Prices and Earnings: A History of Research, *Annual Review of Financial Economics* 2014, S. 343–363.

DeFond, M.L./Francis, J.R.: Audit Research after Sarbanes-Oxley, *Auditing: A Journal of Practice & Theory* 2005 (Supplement), S. 5–30.

DeFond, M.L./Jiambalvo, J.: Debt Covenant Violation and Manipulation of Accruals, *Journal of Accounting and Economics* 17 (1994), S. 145–176.

DeFond, M.L./Park, C. W.: Smoothing Income in Anticipation of Future Earnings, *Journal of Accounting and Economics* 23 (1997), S. 115–139.

DeFond, M.L./Zhang, J.: A Review of Archival Auditing Research, *Journal of Accounting and Economics* 2014, S. 275–326.

Degeorge, F./Patel, J./Zeckhauser, R.: Earnings Management to Exceed Thresholds, *Journal of Business* 1999, S. 1–33.

DeGroot, M.H.: *Probability and Statistics*, 2. Auflage, Reading 1989.

Demerjian, P.R.: Uncertainty and Debt Covenants, *Review of Accounting Studies* 2017, S. 1156–1197.

Demski, J.: The General Impossibility of Normative Accounting Standards, *The Accounting Review* 1973, S. 718–723.

Demski, J.S.: *Information Analysis*, 2. Auflage, Reading 1980.

Demski, J.S.: Performance Measure Manipulation, *Contemporary Accounting Research* 1998, S. 261–285.

Demski, J.S.: President's Message, *Accounting Education News*, Spring 2002, S. 1.

Demski, J.S.: Endogenous Expectations, *The Accounting Review* 2004, S. 519–539.

Deng, M./Melumad, N./Shibano, T.: Auditor's Liability, Investments, and Capital Markets: A Potential Unintended Consequence of the Sarbanes-Oxley-Act, *Journal of Accounting Research* 2012, S. 1179–1215.

Denis, D.K.: Twenty-Five Years of Corporate Governance Research … and Counting, *Review of Financial Economics* 2001, S. 191–212.

Desir, R./Casterella, J.R./Kokina, J.: A Reexamination of Audit Fees for Initial Audit Engagements in the Post-SOX Period, *Auditing: A Journal of Practice & Theory* 2014 (2), S. 59–78.

Diamond, D. W.: Optimal Release of Information By Firms, *Journal of Finance* 1985, S. 1071–1092.

Dichev, I.D./Graham, J.R./Harvey, C.R./Rajgopal, S.: Earnings Quality: Evidence from the Field, *Journal of Accounting and Economics* 56 (2013), S. 1–33.

Dichev, I.D./Skinner, D.: Large-Sample Evidence on the Debt Covenant Hypothesis, *Journal of Accounting Research* 2002, S. 1091–1123.

Ditgen, A.: Die Publizität der Gesellschaft vom Standpunkt der kapitalaufnehmenden Industrie, *Zeitschrift für handelswissenschaftliche Forschung* 1958, S. 429–441.

Dix, K./Mittelbach-Hörmanseder, S.: Messtheoretischer Ansatz, in: *Bertl, R./Hirschler, K./Aschauer, E.* (Hrsg.): *Handbuch Wirtschaftsprüfung*, Wien 2019, S. 81–95.

Donelson, D.C./Jennings, R./McInnis, J.: Financial Statement Quality and Debt Contracting: Evidence from a Survey of Commercial Lenders, *Contemporary Accounting Research* 2017, S. 2051–2093.

Dordzhieva, A.: Disciplining Role of Auditor Tenure and Mandatory Auditor Rotation, *The Accounting Review* 2022, S. 161–182.

Drukarczyk, J.: *Theorie und Politik der Finanzierung*, 2. Auflage, München 1993.

D'Souza, J./Jacob, J./Ramesh, K.: The Use of Accounting Flexibility to Reduce Labor Renegotiation Costs and Manage Earnings, *Journal of Accounting and Economics* 30 (2001), S. 187–208.

Duke, J.C./Hunt, H.G.: An Empirical Examination of Debt Covenant Restrictions and Accounting-Related Debt Proxies, *Journal of Accounting and Economics* 12 (1990), S. 45–63.

Dutta, S./Reichelstein, S.: Stock Price, Earnings, and Book Value in Managerial Performance Measures, *The Accounting Review* 2005, S. 1069–1100.

Dutta, S./Zhang, X.-J.: Revenue Recognition in a Multiperiod Agency Setting, *Journal of Accounting Research* 2002, S. 67–83.

Dye, R.A.: Disclosure of Nonproprietary Information, *Journal of Accounting Research* 1985, S. 123–145.

Dye, R.A.: Earnings Management in an Overlapping Generations Model, *Journal of Accounting Research* 1988, S. 195–235.

Dye, R.A.: Auditing Standards, Legal Liability, and Auditor Wealth, *Journal of Political Economy* 1993, S. 887–914.

Dye, R.A.: Incorporation and the Audit Market, *Journal of Accounting and Economics* 19 (1995), S. 75–114.

Dye, R.A./Sridhar, S.S.: A Positive Theory of Flexibility in Accounting Standards, *Journal of Accounting and Economics* 46 (2008), S. 312–333.

Dye, R.A./Sunder, S.: Why Not Allow FASB and IASB Standards to Compete in the U.S.?, *Accounting Horizons* 2001, S. 257–271.

Ebbers, G.: *A Comparative Analysis of Regulatory Strategies in Accounting and their Impact on Corporate Compliance*, Frankfurt a.M. et al 2001.

Ebert, M./Schäfer, U./Schneider, G.: *Information Leaks and Voluntary Disclosure*, Working Paper 2022.

Ebke, W.F.: Der Ruf unserer Zeit nach einer Ordnung der Dritthaftung des gesetzlichen Jahresabschlußprüfers, *Betriebswirtschaftliche Forschung und Praxis* 2000, S. 549–571.

EFRAG: *Better Information on Intangibles – Which is the Best Way to Go?*, Discussion Paper, August 2021.

Eichenseher, J./Hagigi, M./Shields, D.: Market Reaction to Auditor Changes by OTC Companies, *Auditing: A Journal of Practice & Theory* 1989 (1), S. 29–40.

Eichenwald, K.: *Conspiracy of Fools,* New York 2005.

Einhorn, E.: Voluntary Disclosure under Uncertainty about the Reporting Objective, *Journal of Accounting and Economics* 43 (2007), S. 245–274.

Elliott, J.A./Shaw, W.H.: Write-Offs as Accounting Procedures to Manage Perceptions, *Journal of Accounting Research* 1988, Supplement, S. 91–119.

Elliott, R.K./Jacobson, P.D.: Costs and Benefits of Business Information Disclosure, *Accounting Horizons*, December 1994, S. 80–96.

Emmerich, V.: Die Kontrolle der Kontrolleure, in: *Busse von Colbe, W./Lutter, M.* (Hrsg.): *Wirtschaftsprüfung heute: Entwicklung oder Reform?*, Wiesbaden 1977, S. 215–232.

Eshleman, J.D./Guo, P.: Abnormal Audit Fees and Audit Quality: The Importance of Considering Managerial Incentives in Tests of Earnings Management, *Auditing: A Journal of Practice & Theory* 2014 (1), S. 117–138.

Ettredge, M./Greenberg, R.: Determinants of Fee Cutting on Initial Audit Engagements, *Journal of Accounting Research* 1990, S. 198–210.

EU-Kommission: *Grünbuch – Rolle, Stellung und Haftung des Abschlussprüfers in der Europäischen Union*, Brüssel 1996.

EU-Kommission: *A Study on Systems of Civil Liability of Statutory Auditors in the Context of a Single Market for Auditing Services in the European Union*, Brüssel 2001.

EU-Kommission: *Consultation on Auditors' Liability and its Impact on the European Capital Markets*, Brüssel 2007.

EU-Kommission: *Green Paper: Audit Policy – Lessons from the Crisis*, Brüssel 2010.

EU-Kommission: *Bericht der Kommission an das Europäische Parlament, den Rat, die Europäische Zentralbank und den Europäischen Ausschuss für Systemrisiken über die Entwicklungen auf dem EU-Markt für Abschlussprüfungsleistungen für Unternehmen von öffentlichem Interesse gemäß Artikel 27 der Verordnung (EU) Nr. 537/2014*, Brüssel 2021.

Evans, J.H./Sridhar, S.S.: Multiple Control Systems, Accrual Accounting, and Earnings Management, *Journal of Accounting Research* 1996, S. 45–65.

Ewert, R.: Zur Beziehung zwischen Investitionsvolumen, Fremdfinanzierung und Bilanzkennzahlen, *Zeitschrift für betriebswirtschaftliche Forschung* 1984, S. 825–841.

Ewert, R.: *Rechnungslegung, Gläubigerschutz und Agency Probleme*, Wiesbaden 1986.

Ewert, R.: Finanzierungsrestriktionen, Kreditverträge und Informationsasymmetrie, in: *Heilmann, W.R.* (Hrsg.): *Geld, Banken und Versicherungen* (3. Tagung 1987), Karlsruhe 1988, S. 829–843.

Ewert, R.: Bilanzielle Publizität im Lichte der Theorie vom gesellschaftlichen Wert öffentlich verfügbarer Informationen, *Betriebswirtschaftliche Forschung und Praxis* 1989, S. 245–263.

Ewert, R.: *Wirtschaftsprüfung und asymmetrische Information*, Berlin/Heidelberg 1990

Ewert, R.: Wirtschaftsprüfung und ökonomische Theorie – Ein selektiver Überblick, in: *Richter, M.* (Hrsg.): *Theorie und Praxis der Wirtschaftsprüfung II*, Berlin 1999a, S. 35–99.

Ewert, R.: Auditor Liability and the Precision of Auditing Standards, *Journal of Institutional and Theoretical Economics* 155 (1999b), S. 181–206.

Ewert, R.: Unabhängigkeit und Unbefangenheit, in: *Ballwieser, W./Coenenberg, A.G./Wysocki, K. v.* (Hrsg.): *Handwörterbuch der Rechnungslegung und Revision*, 3. Auflage, Stuttgart 2002, Sp. 2386–2395.

Ewert, R.: Prüfung, Beratung und externe Rotation: Ökonomische Forschungsergebnisse zur aktuellen Regulierungsdebatte im Bereich der Wirtschaftsprüfung, *Der Konzern* 2003, S. 528–539.

Ewert, R.: Audit Regulation, Audit Quality, and Audit Research in the Post-Enron Era: An Analysis of Nonaudit Services, in: *Hopwood, A./Leuz, C./Pfaff, D.* (Hrsg.): *The Economics and Politics of Accounting*, Oxford 2004, S. 239–263.

Ewert, R.: Fair Values und deren Verwendung im Controlling, in: *Wagenhofer, A.* (Hrsg.): *Controlling und IFRS-Rechnungslegung*, Berlin 2006, S. 21–47.

Ewert, R.: Einführung in ökonomische theoretische Konzepte der Prüfung, in: *Bertl, R./Hirschler, K./Aschauer, E.* (Hrsg.): *Handbuch Wirtschaftsprüfung*, Wien 2019, S. 37–80.

Ewert, R.: Prüferhaftung und Mandatsannahme, in: *Dobler, M./Hachmeister, D./Kuhner, C./Rammert, S.* (Hrsg.): *Rechnungslegung, Prüfung und Unternehmensbewertung*, Stuttgart 2014, S. 159–181.

Ewert, R./Feess, E./Nell, M.: Auditor Liability Rules under Imperfect Information and Costly Litigation: The Welfare-Increasing Effect of Liability Insurance, *European Accounting Review* 2000a, S. 371–385.

Ewert, R./Feess, E./Nell, M.: Prüfungsqualität, Dritthaftung und Versicherung, *Betriebswirtschaftliche Forschung und Praxis* 2000b, S. 572–593.

Ewert, R./Wagenhofer, A.: Aspekte ökonomischer Forschung in der Rechnungslegung und Anwendung auf Ausschüttungsbemessung und Unabhängigkeit des Prüfers, *Betriebswirtschaftliche Forschung und Praxis* 2003, S. 603–622.

Ewert, R./Wagenhofer, A.: Economic Effects of Tightening Accounting Standards to Restrict Earnings Management, *The Accounting Review* 2005, S. 1101–1124.

Ewert, R./Wagenhofer, A.: IFRS und Unternehmensbewertung, in: *Königsmaier, H./Rabel, K.* (Hrsg.): *Unternehmensbewertung* – Festschrift für G. Mandl, Wien 2010, S. 217–235.

Ewert, R./Wagenhofer, A.: Earnings Management, Conservatism, and Earnings Quality, *Foundations and Trends in Accounting* 2012, S. 65–186.

Ewert, R./Wagenhofer, A.: Economic Relations Among Earnings Quality Measures, *Abacus* 2015, S. 311–355.

Ewert, R./Wagenhofer, A.: Effects of Increasing Enforcement on Financial Reporting Quality and Audit Quality, *Journal of Accounting Research* 2019, S. 121–168.

Ewert, R./Wagenhofer, A./Rohlfing-Bastian, A.: *Interne Unternehmensrechnung*, 9. Auflage, Berlin et al 2023.

Fahrmeir, L./Hamerle, A.: Mehrdimensionale Zufallsvariablen und Verteilungen, in: *Fahrmeir, L./Hamerle, A.* (Hrsg.): *Multivariate statistische Verfahren*, Berlin et al 1996, 2. Auflage, S. 19–48.

Fama, E.F.: Efficient Capital Markets: A Review of Theory and Empirical Work, *Journal of Finance* 1970, S. 383–417.

Fama, E.F.: Reply, *Journal of Finance* 1976, S. 143–145.

Fama, E.F.: *Foundations of Finance*, Oxford 1977.

Fama, E.F.: Agency Problems and the Theory of the Firm, *Journal of Political Economy* 1980, S. 288–307.

Fama, E.F.: Efficient Capital Markets: II, *Journal of Finance* 1991, S. 1575–1617.

Fama, E.F.: Market Efficiency, Long-Term Returns, and Behavioral Finance, *Journal of Financial Economics* 49 (1998), S. 283–306.

Fama, E.F./Miller, M.H.: *The Theory of Finance*, New York 1972.

Farrell, J./Gibbons, R.: Cheap Talk with two Audiences, *American Economic Review* 1989, S. 1214–1223.

Fehr, M.: EY verliert wichtige Prüfaufträge, *FAZ* Nr. 5 (2023a), S. 23.

Fehr, M.: Angst vor Adler, *FAZ* Nr. 11 (2023b), S. 26.

Feldhoff, M.: *Die Regulierung der Rechnungslegung*, Frankfurt a.M. et al 1992.

Feltham, G.A./Gigler, F.B./Hughes, J.S.: The Effects of Line-of-Business Reporting on Competition in Oligopoly Settings, *Contemporary Accounting Research* 9 (1992), S. 1–23.

Feltham, G./Ohlson, J.A.: Valuation and Clean Surplus Accounting for Operating and Financial Activities, *Contemporary Accounting Research* 11 (1995), S. 689–732.

Feltham, G./Ohlson, J.A.: Uncertainty Resolution and the Theory of Depreciation Measurement, *Journal of Accounting Research* 1996, S. 209–234.

Feltham, G.A./Xie, J.Z.: Voluntary Financial Disclosure in an Entry Game With Continua of Types, *Contemporary Accounting Research* 9 (1992), S. 46–80.

Feltham, G.A./Xie, J.: Performance Measure Congruity and Diversity in Multi-Task Principal/Agent Relations, *The Accounting Review* 1994, S. 429–453.

Fields, T.D./Lys, T.Z./Vincent, L.: Empirical Research on Accounting Choice, *Journal of Accounting and Economics* 31 (2001), S. 255–307.

Firth, M.: Auditor Reputation: The Impact of Critical Reports Issued by Government Inspectors, *Rand Journal of Economics* 1990, S. 374–387.

Fischer, P.E./Verrecchia, R.E.: Reporting Bias, *The Accounting Review* 2000, S. 229–245.

Francis, J./LaFond, R./Olsson, P.M./Schipper, K.: Costs of Equity and Earnings Attributes, *The Accounting Review* 2004, S. 967–1010.

Francis, J./Olsson, P./Schipper, K.: Earnings Quality, *Foundations and Trends in Accounting* 2006, S. 259–340.

Frankel, R./McNichols, M./Wilson, G.P.: Discretionary Disclosure and External Financing, *The Accounting Review* 1995, S. 135–150.

Franz, D.R./HassabElnaby, H.R./Lobo, G.: Impact of Proximity to Debt Covenant Violation on Earnings Management, *Review of Accounting Studies* 2014, S. 473–505.

Fried, D./Schiff, A.: CPA Switches and Associated Market Reactions, *The Accounting Review* 1981, S. 347–374.

Fröndhoff, B.: Rekordstrafe für PwC wegen Bankenkollaps weckt Ängste in der Beraterbranche, *Handelsblatt online* vom 03.07.2018, Dok.Nr. HB 22761648.

Fudenberg, D./Tirole, J.: A Theory of Income and Dividend Smoothing Based on Incumbency Rents, *Journal of Political Economy* 1995, S. 75–93.

Fülbier, R.U./Gassen, J./Sellhorn, T.: Vorsichtige Rechnungslegung: Theoretische Erklärung und empirische Evidenz, *Zeitschrift für Betriebswirtschaft* 2008, S. 1317–1342.

Gal-Or, E.: Information Sharing in Oligopoly, *Econometrica* 1985, S. 329–343.

Gal-Or, E.: Information Transmission – Cournot and Bertrand Equilibria, *Review of Economic Studies* 1986, S. 85–92.

Gao, P.: A Measurement Approach to Conservatism and Earnings Management, *Journal of Accounting and Economics* 55 (2013), S. 251–268.

Garcia-Blandon, J./Argilés-Bosch, J./Ravenda, D.: Audit Firm Tenure and Audit Quality: A Cross-European Study, *Journal of International Financial Management and Accounting* 2020, S. 35–64.

García Lara, J./García Osma, B./Penalva, F.: The Economic Determinants of Conditional Conservatism, *Journal of Business Finance and Accounting* 2009, S. 336–372.

García Lara, J./Garcia Osma, B./Penalva, F.: Accounting Conservatism and the Limits to Earnings Management, Working Paper 2012.

Gassen, J./Fülbier, R.U./Sellhorn, T.: International Differences in Conditional Conservatism – The Role of Unconditional Conservatism and Income Smoothing, *European Accounting Review* 2006, S. 527–564.

Gao, P./Zhang, G.: Auditing Standards, Professional Judgment, and Audit Quality, *The Accounting Review* 2019, S. 201–225.

Gaver, J.J./Gaver, K.M.: Additional Evidence on the Association Between the Investment Opportunity Set and Corporate Financing, Dividend, and Compensation Policies, *Journal of Accounting and Economics* 16 (1993), S. 125–160.

Gavish, B./Kalay, A.: On the Asset Substitution Problem, *Journal of Financial and Quantitative Analysis* 1983, S. 21–30.

Geiger, M.A./Raghunandan, K.: Going-Concern Opinions in the "New" Legal Environment, *Accounting Horizons,* March 2002, S. 17–26.

Geiger, M.A./Raghunandan, K./Rama, D.V.: Auditor Decision-Making in Different Litigation Environments: The Private Securities Litigation Reform Act, Audit Reports and Audit Firm Size, *Journal of Accounting and Public Policy* 2006, S. 332–353.

Ghosh, A./Lustgarten, S.: Pricing of Initial Audit Engagements by Large and Small Audit Firms, *Contemporary Accounting Research* 2006, S. 333–368.

Gigler, F.: Self-Enforcing Voluntary Disclosures, *Journal of Accounting Research* 1994, S. 224–240.

Gigler, F./Kanodia, C./Sapra, H./Venugopalan, R.: Accounting Conservatism and the Efficiency of Debt Contracts, *Journal of Accounting Research* 2009, S. 767–797.

Gigler, F./Kanodia, C./Sapra, H./Venugopalan, R.: How Frequent Financial Reporting Can Cause Managerial Short-Termism: An Analysis of the Costs and Benefits of Increasing Reporting Frequency, *Journal of Accounting Research* 2014, S. 357–387.

Gigler, F./Penno, M.: Imperfect Competition in Audit Markets and its Effect on the Demand for Audit-Related Services, *The Accounting Review* 1995, S. 317–336.

Givoly, D./Hayn, C.: The Changing Time-series Properties of Earnings, Cash Flows, and Accruals: Has Financial Reporting Become More Conservative?, *Journal of Accounting and Economics* 29 (2000), S. 287–320.

Givoly, D./Hayn, C.K./Nataragan, A.: Measuring Reporting Conservatism, *The Accounting Review* 2007, S. 65–106.

Gjesdal, F.: Accounting for Stewardship, *Journal of Accounting Research* 1981, S. 208–231.

Glaum, M./Landsman, W./Meyer, N.: How Deep is your Bath? Cross-Country Differences in Earnings Management following CEO Turnovers, Working Paper 2022.

Goldstein, I./Yang, L.: Information Disclosure in Financial Markets, *Annual Review of Financial Economics* 2017, S. 101–125.

Goldwasser, D.L.: The Private Securities Litigation Reform Act of 1995: Impact on Accountants, *The CPA Journal*, Spring 1997, S. 72–75.

Göx, R.F./Wagenhofer, A.: Optimal Impairment Rules, *Journal of Accounting and Economics* 48 (2009), S. 2–16.

Graham, J.R./Harvey, C.R./Rajgopal, S.: The Economic Implications of Corporate Financial Reporting, *Journal of Accounting and Economics* 40 (2005), S. 3–73.

Green, J.: Value of Information with Sequential Futures Markets, *Econometrica* 1981, S. 335–358.

Green, R.C.: Investment Incentives, Debt, and Warrants, *Journal of Financial Economics* 13 (1984), S. 115–136.

Green, J./Hand, J.R.M./Soliman, M.T.: Going, Going, Gone? The Apparent Demise of the Accruals Anomaly, *Management Science* 2011, S. 797–816.

Green, R.C./Talmor, E.: Asset Substitution and the Agency Costs of Debt Financing, *Journal of Banking and Finance* 1986, S. 391–399.

Gregory, A./Collier, P.: Audit Fees and Auditor Change: An Investigation of the Persistence of Fee Reduction by Type of Change, *Journal of Business Finance and Accounting* 1996, S. 13–28.

Gros, M.: *Rechnungslegung in Deutschland und den USA – Implikationen für eine zweckadäquate Fortentwicklung der deutschen Rechnungslegungskonzeption*, Wiesbaden 2010.

Grossman, S.J.: The Informational Role of Warranties and Private Disclosure about Product Quality, *Journal of Law and Economics* 1981, S. 461–483.

Grossman, S.J./Stiglitz, J.E.: On the Impossibility of Informationally Efficient Markets, *American Economic Review* 1980, S. 393–408.

Guay, W.R./Kothari, S.P./Watts, R.L.: A Market-Based Evaluation of Discretionary Accrual Models, *Journal of Accounting Research* 1996, Supplement, S. 83–105.

Guay, W./Verrecchia, R.E.: Discussion of an economic framework for conservative accounting and Bushman and Piotroski (2006), *Journal of Accounting and Economics* 42 (2006), S. 149–165.

Günther, T./Landrock, B./Muche, T.: Gewinn- versus unternehmenswertbasierte Performancemaße – Eine empirische Untersuchung auf Basis der Korrelation von Kapitalmarktrenditen, *Controlling* 2000, S. 69–76 und S. 129–134.

Gwilliam, D./Teng, C.M./Marnet, O.: *How Does Joint Provision of Audit and Non-Audit Services Affect Audit Quality and Independence? A Review*, London 2014.

Habib, A.: Non-Audit Service Fees and Financial Reporting Quality: A Meta-Analysis, *Abacus* 2012, S. 214–248.

Hackenbrack, K.E./Hogan, C.E.: Client Retention and Engagement-Level Pricing, *Auditing: A Journal of Practice & Theory* 2005 (1), S. 7–20.

Hakansson, N.H./Kunkel, J.G./Ohlson, J.A.: Sufficient and Necessary Conditions for Information to have Social Value in Pure Exchange, *Journal of Finance* 1982, S. 1169–1181.

Haller, A./Park, P.: Darlehensvereinbarungen als Ursache für bilanzpolitisches Verhalten, *Zeitschrift für Betriebswirtschaft* 1995, S. 89–111.

Haller, A./Walton, P.: Unternehmenspublizität im Spannungsfeld nationaler Prägung und internationaler Harmonisierung, in: *Haller, A./Raffournier, B./Walton, P.* (Hrsg.): *Unternehmenspublizität im internationalen Wettbewerb*, Stuttgart 2000, S. 3–72.

Ham, C./Lang, M./Seybert, N./Wang, S.: CFO Narcissism and Financial Reporting Quality, *Journal of Accounting Research* 2017, S. 1089–1135.

Haugen, R.A./Senbet, L.W.: Resolving the Agency Problems of External Capital through Options, *Journal of Finance* 1981, S. 629–647.

Healy, P.M.: The Effect of Bonus Schemes on Accounting Decisions, *Journal of Accounting and Economics* 7 (1985), S. 85–107.

Healy, P.M./Palepu, K.G.: Effectiveness of Accounting-Based Dividend Covenants, *Journal of Accounting and Economics* 12 (1990), S. 97–123.

Healy, P.M./Palepu, K.G.: Information Asymmetry, Corporate Disclosure, and the Capital Markets: A Review of the Empirical Disclosure Literature, *Journal of Accounting and Economics* 31 (2001), S. 405–440.

Healy, P.M./Wahlen, J.M.: A Review of the Earnings Management Literature and Its Implications for Standard Setting, *Accounting Horizons*, December 1999, S. 365–383.

Hemmer, T./Labro, E.: Management by the Numbers: A Formal Approach to Deriving Informational and Distributional Properties of "Unmanaged" Earnings, *Journal of Accounting Research* 2019, S. 5–51.

Herzig, N./Watrin, C.: Obligatorische Rotation des Wirtschaftsprüfers – ein Weg zur Verbesserung der externen Unternehmenskontrolle?, *Zeitschrift für betriebswirtschaftliche Forschung* 1995, S. 775–804.

Higgs, J.L./Skantz, T.R.: Audit and Nonaudit Fees and the Market's Reaction to Earnings Announcements, *Auditing: A Journal of Practice & Theory* 2006 (1), S. 1–26.

Hillegeist, S.A.: Financial Reporting and Auditing under Alternative Damage Apportionment Rules, *The Accounting Review* 1999, S. 347–369.

Hilton, R.W.: The Determinants of Information Value: Synthesizing Some General Results, *Management Science* 1981, S. 57–64.

Hirshleifer, J.: The Private and Social Value of Information and the Reward to Inventive Activity, *American Economic Review* 1971, S. 561–574.

Holthausen, R.W./Watts, R.L.: The Relevance of the Value Relevance Literature for Financial Accounting Standard Setting, *Journal of Accounting and Economics* 31 (2001), S. 3–75.

Hoogervorst, H.: Building Trust in Financial Markets – Accounting and Moral Hazard, Ken Spencer Memorial Lecture, Sydney, April 2014 (www.ifrs.org).

Hopt, K.: Haftung des externen Prüfers, in: *Coenenberg, A.G./Wysocki, K. v.* (Hrsg.): *Handwörterbuch der Revision*, 2. Auflage, Stuttgart 1992, Sp. 791–802.

Huang, H.-W./Raghunandan, K./Rama, D.: Audit Fees for Initial Audit Engagements before and After SOX, *Auditing: A Journal of Practice & Theory* 2009 (1), S. 171–190.

Hughes, P.J./Schwartz, E.S.: The LIFO/FIFO Choice: An Asymmetric Information Approach, *Journal of Accounting Research* 1988, Supplement, S. 41–62.

Hung, M./Subramanyam, K.R.: Financial Statement Effects of Adopting International Accounting Standards: The Case of Germany, *Review of Accounting Studies* 2007, S. 623–657.

IASB: *Conceptual Framework for Financial Reporting* 2018.

IFAC: *IESBA Handbook of the International Code of Ethics for Professional Accountants* 2022.

Imhoff, E.A./Lipe, R.C./Wright, D.W.: Is Footnote Disclosure an Adequate Alternative to Financial Statement Recognition, *The Journal of Financial Statement Analysis*, Fall 1995, S. 70–81.

Jegadeesh, N./Titman, S.: Returns to Buying Winners and Selling Losers: Implications for Stock Market Efficiency, *Journal of Finance* 1993, S. 65–91.

Jegadeesh, N./Titman, S.: Momentum, *Annual Review in Financial Economics* 2011, S. 493–509.

Jensen, M.C.: Some Anomalous Evidence Regarding Market Efficiency, *Journal of Financial Economics* 6 (1978), S. 95–101.

Jensen, M.C.: Agency Costs of Free Cash Flow, Corporate Finance, and Takeovers, *American Economic Review*, May 1986, S. 323–329.

Jensen, M.C.: Eclipse of the Public Corporation, *Harvard Business Review*, September–October 1989, S. 61–74.

Jensen, M.C./Meckling, W.H.: Theory of the Firm: Managerial Behavior, Agency Costs, and Ownership Structure, *Journal of Financial Economics* 3 (1976), S. 305–360.

Jensen, M.C./Smith, C.W.: Stockholder, Manager and Creditor Interests: Applications of Agency Theory, in: *Altman, E./Subrahmanyam, M.* (Hrsg.): *Recent Advances in Corporate Finance*, Homewood 1985, S. 93–131.

Jia, Y./van Lent, L./Zeng, Y.: Masculinity, Testosterone, and Financial Misreporting, *Journal of Accounting Research* 2014, S. 1195–1246.

Jiang, X./Kanodia, C./Zhang, G.: Reporting of Investment Expenditure: Should It Be Aggregated with Operating Cash Flows?, *The Accounting Review* 2023 (im Druck).

John, K./Kalay, A.: Costly Contracting and Optimal Payout Constraints, *Journal of Finance* 1982, S. 457–470.

John, K./Kalay, A.: Informational Content of Optimal Debt Contracts, in: *Altman, E./Subrahmanyam, M.* (Hrsg.): *Recent Advances in Corporate Finance*, Homewood 1985, S. 133–161.

Johnson, M.R./ Kasznik, R./Nelson, K.: Shareholder Wealth Effects of the Private Securities Litigation Reform Act of 1995, *Review of Accounting Studies* 2000, S. 217–233.

Johnstone, D.: The Effect of Information on Uncertainty and the Cost of Capital, *Contemporary Accounting Research* 2016, S. 752–774.

Johnstone, D.: Accounting Theory as a Bayesian Discipline, *Foundations and Trends in Accounting* 2018, S. 1–266.

Jones, J.J.: Earnings Management During Import Relief Investigations, *Journal of Accounting Research* 1991, S. 193–228.

Jung, W.-O./Kwon, Y.K.: Disclosure When the Market is Unsure of Information Endowment of Managers, *Journal of Accounting Research* 1988, S. 146–153.

Jung, W.-O.: Strategic Choice of Inventory Accounting Methods, *Contemporary Accounting Research* 6 (1989), S. 1–25.

Kalay, A.: Stockholder-Bondholder Conflict and Dividend Constraints, *Journal of Financial Economics* 10 (1982), S. 211–233.

Kamenica, E./Gentzkow, M.: Bayesian Persuasion, *American Economic Review* 2011, S. 2590–2615.

Kanodia, C.: Discussion of Disclosure Risk and Price Drift, *Journal of Accounting Research* 2006, S. 381–388.

Kanodia, C./Mukherji, A.: Audit Pricing, Lowballing and Auditor Turnover: A Dynamic Analysis, *The Accounting Review* 1994, S. 593–615.

Kanodia, C./Sapra, H.: A Real Effects Perspective to Accounting Measurement and Disclosure: Implications and Insights for Future Research, *Journal of Accounting Research* 2016, S. 623–676.

Khan, M.: Are Accruals Mispriced? Evidence from Tests of an Intertemporal Capital Asset Pricing Model, *Journal of Accounting and Economics* (45) 2008, S. 55–77.

Kim, E.H./McConnell, J.J./Greenwood, P.R.: Capital Structure Rearrangements and Me-First-Rules in an Efficient Capital Market, *Journal of Finance* 1977, S. 789–810.

Kim, E.H./Lewellen, W.G./McConnell, J.J.: Sale-and-Leaseback Agreements and Enterprise Valuation, *Journal of Financial and Quantitative Analysis* 1978, S. 871–883.

King, R.R./Schwartz, R.: Commentary on the Private Securities Litigation Reform Act of 1995: A Discussion of Three Provisions, *Accounting Horizons* 1997, S. 92–106.

King, R.R./Wallin, D.E.: Experimental Tests of Disclosure With an Opponent, *Journal of Accounting and Economics* 19 (1995), S. 139–167.

Koh, K./Rajgopal, S./Srinivasan, S.: Non-Audit Services and Financial Reporting Quality: Evidence from 1978 to 1980, *Review of Accounting Studies* 2013, S. 1–33.

Kornish, L./Levine, C.B.: Discipline with Common Agency: The Case of Audit and Nonaudit Services, *The Accounting Review* 2004, S. 173–200.

Kothari, S.P.: Capital Markets Research in Accounting, *Journal of Accounting and Economics* 31 (2001), S. 105–231.

Kothari, S.P./Leone, A.J./Wasley, C.E.: Performance Matched Discretionary Accrual Measures, *Journal of Accounting and Economics* 39 (2005), S. 163–197.

Kothari, S.P./Ramanna, K./Skinner, D.J.: Implications for GAAP from an Analysis of Positive Research in Accounting, *Journal of Accounting and Economics* (50) 2010, S. 246–286.

Krauß, P./Pronobis, P./Zülch, H.: Abnormal Audit Fees and Audit Quality: Initial Evidence from the German Audit Market, *Journal of Business Economics* 2015, S. 45–84.

Kreyszig, E.: *Statistische Methoden und ihre Anwendungen*, 7. Auflage, Göttingen 1979.

Krishnan, G.V./Viswanathan, G./Yu, W.: Do Auditor-Provided Tax Services Enhance or Impair the Value Relevance of Earnings?, *Journal of the American Tax Association* 2013, S. 1–19.

Kruschwitz, L./Husmann, S.: *Finanzierung und Investition*, 7. Auflage, München/Wien 2012.

Küting, K./Weber, C.-P.: *Die Bilanzanalyse*, 10. Auflage, Stuttgart 2012.

Kwon, S.J./Lim, Y./Simnett, R.: The Effect of Mandatory Audit Firm Rotation on Audit Quality and Audit Fees: Empirical Evidence from the Korean Audit Market, *Auditing: A Journal of Practice & Theory* 2014 (4), S. 167–195.

Kwon, Y.K./Newman, D.P./Suh, Y.S.: The Demand for Accounting Conservatism for Management Control, *Review of Accounting Studies* 2001, S. 29–52.

La Porta, R./Lopez-de-Silanes, F./Shleifer, A./Vishny, R.: Law and Finance, *Journal of Political Economy* 1998, S. 1113–1155.

La Porta, R./Lopez-de-Silanes, F./Shleifer, A./Vishny, R.: Investor Protection and Corporate Governance, *Journal of Financial Economics* 58 (2000a), S. 3–27.

La Porta, R./Lopez-de-Silanes, F./Shleifer, A./Vishny, R.: Agency Problems and Dividend Policies Around the World, *Journal of Finance* 2000b, S. 1–33.

Lambert, R.A.: Contracting Theory and Accounting, *Journal of Accounting and Economics* 32 (2001), S. 3–87.

Lambert, R.A./Leuz, C./Verrecchia, R.E.: Accounting Information, Disclosure, and the Cost of Capital, *Journal of Accounting Research* 2007, S. 385–420.

Landsman, W.R.: Is Fair Value Accounting Information Relevant and Reliable? Evidence from Capital Market Research, *Accounting and Business Research 37* (2007), S. 19–30.

Lange, S.: *Die Kompatibilität von Abschlußprüfung und Beratung. Eine ökonomische Analyse*, Frankfurt a.M. 1994.

Latham, M.: Informational Efficiency and Information Subsets, *Journal of Finance* 1986, S. 39–52.

Laux, C.: Financial Instruments, Financial Reporting, and Financial Stability, *Accounting and Business Research* 2012, S. 239–260.

Laux, C./Leuz, C.: Did Fair-Value Accounting Contribute to the Financial Crisis?, *Journal of Economic Perspectives* 2010, S. 93–118.

Laux, V./Newman, D.P.: Auditor Liability and Client Acceptance Decisions, *The Accounting Review* 2010, S. 261–285.

Lawrence, A./Sloan, R./Sun, E.: Why Are Losses Less Persistent Than Profits? Curtailments vs. Conservatism, *Management Science* 2018, S. 495–981.

Lee, C.J./Gu, Z.: Low Balling, Legal Liability, and Auditor Independence, *The Accounting Review* 1998, S. 533–555.

Lee, H.Y./Mande, V.: The Effect of the Private Securities Litigation Reform Act of 1995 on Accounting Discretion of Client Managers of Big 6 and Non-Big 6 Auditors, *Auditing: A Journal of Practice & Theory* 2003 (1), S. 93–108.

Lee, C.M.C./So, E.C.: Alphanomics: The Informational Underpinnings of Market Efficiency, *Foundations and Trends in Accounting* 2014, S. 59–258.

Leffson, U.: Wirtschaftsprüfung, 4. Auflage, Wiesbaden 1988.

Leftwich, R.: Market Failure Fallacies and Accounting Information, *Journal of Accounting and Economics* 2 (1980), S. 193–211.

Leland, H.E.: Agency Costs, Risk Management, and Capital Structure, *Journal of Finance* 1998, S. 1213–1243.

Lennox, C.: Do Companies Successfully Engage in Opinion-Shopping? Evidence from the UK, *Journal of Accounting and Economics* 29 (2000), S. 321–337.

LeRoy, S.: Efficient Capital Markets: A Comment, *Journal of Finance* 1976, S. 139–141.

Leuz, C.: Different Approaches to Corporate Reporting Regulation: How Jurisdictions Differ and Why, *Accounting and Business Research* 2010, S. 229–256.

Leuz, C./Deller, D./Stubenrath, M.: An International Comparison of Accounting Based Payout Restrictions in the United States, United Kingdom and Germany, *Accounting and Business Research* 1998, S. 111–129.

Leuz, C./Nanda, D./Wysocki, P.D.: Earnings Management and Investor Protection, *Journal of Financial Economics* 69 (2003), S. 505–527.

Lev, B.: On the Usefulness of Earnings and Earnings Research: Lessons and Directions from Two Decades of Empirical Research, *Journal of Accounting Research* 1989, Supplement, S. 153–192.

Lev, B.: Information Disclosure Strategy, *California Management Review*, Summer 1992, S. 9–32.

Li, Y.: Accounting Conservatism and Debt Contracts: Efficient Liquidation and Covenant Renegotiation, *Contemporary Accounting Research* 2013, S. 1082–1098.

Li, Y./Richardson, G.D./Thornton, D.B.: Corporate Disclosure of Environmental Liability Information: Theory and Evidence, *Contemporary Accounting Research* 1997, S. 435–474.

Liang, P.J.: Recognition: An Information Content Perspective, *Accounting Horizons* 2001, S. 223–242.

Lintner, J.: The Market Price of Risk, Size of Market and Investor's Risk Aversion, *The Review of Economics and Statistics* 1970, S. 87–99.

Lo, A.: The Adaptive Markets Hypothesis, *The Journal of Portfolio Management* 2004, S. 15–29.

London Economics/Ewert, R.: Study on the Economic Impact of Auditors' Liability Regimes – Final Report to EC-DG Internal Market and Services, Brüssel/London 2006 (https://londoneconomics.co.uk/wp-content/uploads/2011/09/auditors-final-report_en-2.pdf).

Loughran, R./Ritter, J.R.: The New Issues Puzzle, *Journal of Finance* 1995, S. 23–51.

Louis, H./Urcan, O.: Agency Conflicts, Dividend Payout, and the Direct Benefits of Conservative Financial Reporting to Equity-Holders, *Contemporary Accounting Research* 2014, S. 455–484.

Lu, T.: Does Opinion Shopping Impair Auditor Independence and Audit Quality?, *Journal of Accounting Research* 2006, S. 561–583.

Lu, T./Sapra, H.: Auditor Conservatism and Investment Efficiency, *The Accounting Review* 2009, S. 1933–1958.

Lundholm, R.J.: Reporting on the Past: A New Approach to Improving Accounting Today, *Accounting Horizons* 1999, S. 315–322.

Lys, T./Watts, R.L.: Lawsuits Against Auditors, *Journal of Accounting Research* 1994, Supplement, S. 65–93.

Magee, R.P.: Accounting Measurement and Employment Contracts: Current Value Reporting, *Bell Journal of Economics* 1978, S. 145–158.

Magee, R.P./Tseng, M.-C.: Audit Pricing and Independence, *The Accounting Review* 1990, S. 315–336.

Mahieux, L.: Auditors' Incentives and Audit Quality: Non-Audit Services versus Contingent Audit Fees, *European Accounting Review* 2023 (im Druck)

Marinovic, I.: Internal Control System, Earnings Quality, and the Dynamics of Financial Reporting, *Rand Journal of Economics* 2013, S. 145–167.

Marshall, J.: Private Incentives and Public Information, *American Economic Review* 1974, S. 373–390.

Marten, K.-U./Quick, R./Ruhnke, K.: Wirtschaftsprüfung – Grundlagen des betriebswirtschaftlichen Prüfungswesens nach nationalen und internationalen Normen, 6. Aufl., Stuttgart 2020.

Marten, K.-U./Riedel, A.: Risikoorientierter Prüfungsansatz, in: *Bertl, R./Hirschler, K./Aschauer, E.* (Hrsg.): *Handbuch Wirtschaftsprüfung*, Wien 2019, S. 1031–1045.

Mashruwala, C./Rajgopal, S./Shevlin, T.: Why is the Accrual Anomaly not Arbitraged Away? The Role of Idiosyncratic Risk and Transaction Costs, *Journal of Accounting and Economics* 42 (2006), S. 3–33.

Matsumura, E.M./Tucker, R.R.: Second-Partner Review: An Analytical Model, *Journal of Accounting, Auditing and Finance* 1995, S. 173–200.

Mattessich, R.: The Information Economic Perspective of Accounting: Its Coming of Age, *Canadian Accounting Perspectives* 2006, S. 209–236.

McNichols, M.F.: Research Design Issues in Earnings Management Studies, *Journal of Accounting and Public Policy* 2000, S. 313–345.

Meilicke, W.: Gestaltungen zur Verminderung der Publizität, *Der Betrieb* 1986, S. 2445–2450.

Mello, A.S./Parsons, J.E.: Measuring the Agency Costs of Debt, *Journal of Finance* 1992, S. 1887–1904.

Menon, K./Williams, D.D.: Long-Term Trends in Audit Fees, *Auditing: A Journal of Practice & Theory* 2001 (1), S. 115–136.

Milgrom, P.R.: Good News and Bad News. Representation Theorems and Application, *Bell Journal of Economics* 1981, S. 380–391.

Milgrom, P./Roberts, J.: Informational Asymmetries, Strategic Behavior, and Industrial Organization, *American Economic Review* 1987, S. 185–193.

Miller, G.S./Skinner, D.J.: Determinants of the Valuation Allowance for Deferred Tax Assets Under SFAS No. 109, *The Accounting Review* 1998, S. 213–233.

Miller, P.B.W./Redding, R.J./Bahnson, P.R.: *The FASB – The People, the Process, and the Politics.* 4. Auflage, Boston et al 1998.

Moore, G./Scott, W.A.: Auditors' Legal Liability, Collusion with Management, and Investors' Loss, *Contemporary Accounting Research* 1989, S. 754–774.

Mora, A./Walker, M.: The Implications of Research on Accounting Conservatism for Accounting Standard Setting, *Accounting and Business Research* 2015, S. 620–650.

Mueller, G.G.: The Evolving (New) Model of Business Reporting, in: *Börsig, C./Coenenberg, A.G.* (Hrsg.): *Controlling und Rechnungswesen im internationalen Wettbewerb,* Stuttgart 1998, S. 71–86.

Murphy, K.J.: Corporate Performance and Managerial Remuneration: An Empirical Analysis, *Journal of Accounting and Economics* 7 (1985), S. 11–42.

Murphy, K.J./Zimmerman, J.L.: Financial Performance Surrounding CEO Turnover, *Journal of Accounting and Economics* 16 (1993), S. 273–315.

Myers, J.N.: Implementing Residual Income Valuation With Linear Information Dynamics, *The Accounting Review* 1999, S. 1–28.

Myers, S.C.: Determinants of Corporate Borrowing, *Journal of Financial Economics* 5 (1977), S. 147–175.

Myers, S.C./Majluf, N.S.: Corporate Financing and Investment Decisions When Firms Have Information That Investors Do Not Have, *Journal of Financial Economics* 13 (1984), S. 187–221.

Myerson, R.B.: Incentive Compatibility and the Bargaining Problem, in: *Econometrica* 1979, S. 61–73.

Myerson, R.B.: Optimal Coordination Mechanisms in Generalized Principal-Agent Problems, *Journal of Mathematical Economics* 1982, S. 67–81.

Narayanan, V.G.: An Analysis of Auditor Liability Rules, *Journal of Accounting Research* 1994, Supplement, S. 39–59.

Newman, D.P./Patterson, E./Smith, R.: The Influence of Potentially Fraudulent Reports on Audit Risk Assessment and Planning, *The Accounting Review* 2001, S. 59–80.

Newman, D.P./Patterson, E./Smith, R.: The Role of Auditing in Investor Protection, *The Accounting Review* 2005, S. 289–313

Nezlobin, A.A./Sloan, R.G. /Giedt, J.Z.: Construct Validity in Accruals Quality Research, *The Accounting Review* 2022, S. 377–398.

Ng, D.S./Stoeckenius, J.: Auditing: Incentives and Truthful Reporting, *Journal of Accounting Research* 1979, Supplement, S. 1–24.

Niehues, M.: EU-Rechnungslegungsstrategie und Gläubigerschutz, *Die Wirtschaftsprüfung* 2001, S. 1209–1222.

Novshek, W./Sonnenschein, H.: Fulfilled Expectations Cournot Duopoly with Information Acquisition and Release, *Bell Journal of Economics* 1982, S. 214–218.

Nowotny, C.: Verantwortung und Haftung des Jahresabschlussprüfers, in: *Bertl, E./Hirschler, K./ Aschauer, E.* (Hrsg.): *Handbuch Wirtschaftsprüfung*, Wien 2019, S. 921–944.

Ohlson, J.A.: The Complete Ordering of Information Alternatives for a Class of Portfolio-Selection Models, *Journal of Accounting Research* 1975, S. 267–282.

Ohlson, J.A.: Financial Ratios and the Probabilistic Prediction of Bankruptcy, *Journal of Accounting Research* 1980, S. 109–131.

Ohlson, J.A.: *The Theory of Financial Markets and Information*, New York 1987.

Ohlson, J.A.: A Synthesis of Security Valuation Theory and the Role of Dividends, Cash flows, and Earnings, *Contemporary Accounting Research* 6 (1990), S. 648–676.

Ohlson, J.A.: Earnings, Book Values and Dividends in Security Valuation, *Contemporary Accounting Research* 11 (1995), S. 661–687.

Ordelheide, D.: Zur Politischen Ökonomie der Rechnungslegung, *Zeitschrift für betriebswirtschaftliche Forschung*, Sonderheft 40, 1998, S. 1–16.

Ostrowski, M./Söder, B.H.: Der Einfluß von Beratungsaufträgen auf die Unabhängigkeit des Abschlußprüfers, *Betriebswirtschaftliche Forschung und Praxis* 1999, S. 554–564.

Pae, J./Thornton, D.B./Welker, M.: The Link between Earnings Conservatism and the Price-to-Book Ratio, *Contemporary Accounting Research* 2005, S. 693–717.

Palmrose, Z.-V.: Trials of Legal Disputes involving Independent Auditors: Some Empirical Evidence, *Journal of Accounting Research* 1991, Supplement, S. 149–185.

Palmrose, Z.-V.: Audit Litigation Research: Do the Merits Matter? An Assessment and Directions for Future Research, *Journal of Accounting and Public Policy* 1997, S. 355–378.

Parrino, R./Weisbach, M.S.: Measuring Investment Distortions Arising from Stockholder-Bondholder Conflicts, *Journal of Financial Economics* 53 (1999), S. 3–42.

Pelger, C.: Practices of standard-setting – An analysis of the IASB's and FASB's process of identifying the objective of financial reporting, *Accounting, Organizations and Society* 50 (2016), S. 51–73.

Penalva, F./Wagenhofer, A.: Conservatism in Debt Contracting: Theory and Empirical Evidence, *Accounting and Business Research* 2019, S. 619–647.

Penman, S.H.: An Empirical Investigation of the Voluntary Disclosure of Corporate Earnings Forecasts, *Journal of Accounting Research* 1980, S. 132–160.

Penman, S.H.: Financial Reporting Quality: Is Fair Value a Plus or a Minus?, *Accounting and Business Research* 2007, Special Issue: International Accounting Policy Forum, S. 33–44.

Penno, M.: Auditing for Performance Evaluation, *The Accounting Review* 1990, S. 520–536.

Perotti, P./Wagenhofer, A.: Earnings Quality Measures and Excess Returns, *Journal of Business Finance and Accounting* 2014, S. 545–571.

Pfaff, D.: *Gewinnverwendungsregelungen als Instrument zur Lösung von Agency-Problemen*, Frankfurt a.M. 1989.

Platzer, W.: Das Publizitätsverhalten österreichischer Aktiengesellschaften, *Journal für Betriebswirtschaft* 1981, S. 77–107.

Plantin, G./Sapra, H./Shin, H.S.: Marking-to-market: Panacea or Pandora's Box?, *Journal of Accounting Research* 2008, S. 435–460.

Polinsky, A.M./Che, Y.-K.: Decoupling Liability: Optimal Incentives for Care and Litigation, *Rand Journal of Economics* 1991, S. 562–570.

Pong, C./Whittington, G.: The Determinants of Audit Fees: Some Empirical Models, *Journal of Business Finance and Accounting* 1994, S. 1071–1095.

Pott, C./Mock, T.J./Watrin, C.: Review of Empirical Research on Rotation and Non-Audit Services: Auditor Independence in Fact vs. Appearance, *Journal für Betriebswirtschaft* 2009, S. 209–239.

Power, M.: Fair Value Accounting, Financial Economics and the Transformation of Reliability, *Accounting and Business Research* 2010, S. 197–210.

Pütz, P./Willgerodt, H.: *Gleiches Recht für Beteiligungskapital – Vorschläge zur Reform von Unternehmensrecht und Kapitalmarkt*, Baden-Baden 1985.

Pummerer, E./Steller, M./Baldauf, J.: Prüfungsqualität, Prüferhaftung und Risikoaversion – Eine analytische Betrachtung der Bedeutung der Risikoaversion für die Prüfungsqualität, *Zeitschrift für betriebswirtschaftliche Forschung* 2013, S. 32–59.

Qiang, X.: The Effects of Contracting, Litigation, Regulation, and Tax Costs on Conditional and Unconditional Conservatism: Cross-sectional Evidence at the Firm Level, *The Accounting Review* 2007, S. 759–796.

Quick, R.: Zivilrechtliche Verantwortlichkeit europäischer und amerikanischer Abschlußprüfer, *Betriebswirtschaftliche Forschung und Praxis* 2000, S. 525–548.

Quick, R.: Externe Pflichtrotation – Eine adäquate Maßnahme zur Stärkung der Unabhängigkeit des Abschlussprüfers?, *Die Betriebswirtschaft* 2004, S. 487–508.

Quick, R.: Prüfung, Beratung und Unabhängigkeit des Abschlussprüfers – Eine Analyse der neuen Unabhängigkeitsnormen des HGB im Lichte empirischer Forschungsergebnisse, *Betriebswirtschaftliche Forschung und Praxis* 2006, S. 42–61.

Quick, R./Solmecke, H.: Gestaltung der Abschlussprüferhaftung – Implikationen theoretischer Modelle, *Journal für Betriebswirtschaft* 2007, S. 137–182.

Ramanna, K./Watts, R.L.: Evidence on the Use of Unverifiable Estimates in Required Goodwill Impairment, *Review of Accounting Studies* 2012, S. 749–780.

Richardson, S./Tuna, I./Wysocki, P.: *Accounting Anomalies and Fundamental Analysis, Journal of Accounting and Economics* 2010, S. 410–454.

Roll, R.: A Critique of the Asset Pricing Theory's Tests, Part I: On Past and Potential Testability of the Theory, *Journal of Financial Economics* 4 (1977), S. 129–176.

Ronen, J./Sadan, S.: *Smoothing Income Numbers: Objectives, Means, and Implications,* Reading, MA et al 1981.

Ronen, J.: On R&D-Capitalization and Value Relevance: A Commentary, *Journal of Accounting and Public Policy* 2001, S. 241–254.

Rothenberg, N.R.: Auditor Reputation Concerns, Legal Liability, and Standards, *The Accounting Review* 2020, S. 371–391.

Roychowdhury, S.: Earnings Management Through Real Activities Manipulation, *Journal of Accounting and Economics* 42 (2006), S. 335–370.

Rückle, D.: Zur Diskussion um systemkonforme Prüfungsgrundsätze, *Betriebswirtschaftliche Forschung und Praxis* 1980, S. 54–73.

Rückle, D.: *Normative Theorie der Steuerbilanzpolitik,* Wien 1983.

Rückle, D.: Grundsätze ordnungsmäßiger Abschlußprüfung (GoA): Stand und Entwicklungs-möglichkeiten im Rahmen des Gesamtsystems der Unternehmungsführung, *Zeitschrift für betriebswirtschaftliche Forschung* 1996, Sonderheft 36, S. 107–148.

Rückle, D./Klatte, V.: GmbH & Co. KG und Offenlegungspflicht – Möglichkeiten eines differenzierenden Offenlegungskonzepts, *Betriebswirtschaftliche Forschung und Praxis* 1989, S. 193–212.

Rudolph, B.: Kreditsicherheiten als Instrumente zur Umverteilung und Begrenzung von Kreditrisiken, *Zeitschrift für betriebswirtschaftliche Forschung* 1984, S. 16–43.

Ruiz-Barbadillo, E./Gomez-Aguilar, N./Carrera, N.: Does Mandatory Audit Firm Rotation Enhance Auditor Independence? Evidence from Spain, *European Accounting Review* 2009, S. 113–135.

Ryan, S.G.: Identifying Conditional Conservatism, *European Accounting Review* 2006, S. 511–525.

Schantl, S./Wagenhofer, A.: Deterrence of Financial Misreporting when Public and Private Enforcement Strategically Interact, *Journal of Accounting and Economics* 70 (2020), 101311.

Schatzberg, J.W.: A Laboratory Market Investigation of Low Balling in Audit Pricing, *The Accounting Review* 1990, S. 337–362.

Schatzberg, J.W.: A New Examination of Auditor 'Low Ball' Pricing: Theoretical Model and Experimental Evidence, *Auditing: A Journal of Practice & Theory* 1994 (Supplement), S. 33–55.

Schatzberg, J.W./Sevcik, G.R.: A Multiperiod Model and Experimental Evidence of Independence and 'Lowballing', *Contemporary Accounting Research* 11 (1994), S. 137–174.

Schildbach, T.: Probleme der Jahresabschlußprüfung und Reformansätze aus der Sicht rationalen Prüferverhaltens, in: *Kofler, H., et al (Hrsg.): Betriebswirtschaftliches Prüfungswesen in Österreich*, Wien 1996a, S. 631–654.

Schildbach, T.: Die Glaubwürdigkeitskrise der Wirtschaftsprüfer – zu Intensität und Charakter der Jahresabschlußprüfung aus wirtschaftlicher Sicht, *Betriebswirtschaftliche Forschung und Praxis* 1996b, S. 1–30.

Schildbach, T.: *US-GAAP – Amerikanische Rechnungslegung und ihre Grundlagen*, 2. Auflage, München 2002.

Schildbach, T.: *Der handelsrechtliche Jahresabschluß*, 8. Auflage, Berlin 2008.

Schipper, K.: Earnings Management, *Accounting Horizons* 1989, S. 91–102.

Schmidt, P.J.: Diskussionsbeitrag, in: *Richter, M. (Hrsg.): Theorie und Praxis der Wirtschaftsprüfung I*, Berlin 1997, S. 235–236.

Schneider, D.: *Betriebswirtschaftslehre, Band 2: Rechnungswesen*, 2. Auflage, München und Wien 1997.

Schneider, D.: Bilanztheorien, analytische, in: *Ballwieser, W./Coenenberg, A.G./Wysocki, K. v. (Hrsg.): Handwörterbuch der Rechnungslegung und Prüfung*, 3. Auflage, Stuttgart 2002, Sp. 427–440.

Schneider, G./Scholze, A.: Mandatory Disclosure, Generation of Decision-Relevant Information, and Market Entry, *Contemporary Accounting Research* 2015, S. 1353–1372.

Schrand, C.M./Zechman, S.L.C.: Executive Overconfidence and the Slippery Slope to Financial Misreporting, *Journal of Accounting and Economics* 53 (2012), S. 311–329.

Schredelseker, K.: *Grundlagen der Finanzwirtschaft*, München und Wien 2002.

Schröer, T.: Company Law and Accounting in Nineteenth-Century Europe – Germany, *European Accounting Review* 1993, S. 335–345.

Schwartz, R.: Legal Regimes, Audit Quality and Investment, *The Accounting Review* 1997, S. 385–406.

Schwartz, R.: Auditors' Liability, Vague Due Care, and Auditing Standards, *Review of Quantitative Finance and Accounting* 1998, S. 183–207.

Scott, W.R.: Financial Accounting Theory, 1st Edition, Upper Saddle River, NJ 1997.

Scott, W.R.: *Financial Accounting Theory*, 6th Edition, Upper Saddle River, NJ 2011.

Seetharaman, A./Gul, F.A./Lynn, S.G.: Litigation Risk and Audit Fees: Evidence from UK-Firms Cross-Listed on US-Markets, *Journal of Accounting and Economics* 33 (2002), S. 91–115.

Sen, K.: Using an Augmented Revelation Mechanism to Resolve Tacit Collusion in Auditing, *Journal of Accounting, Auditing and Finance* 1998, S. 99–116.

Shin, H.S.: Disclosure Risk and Price Drift, *Journal of Accounting Research* 2006, S. 351–379.

Shin, H.S.: Discussion of Assessing the Information Content of Mark-to-Market Accounting with Mixed Attributes: The Case of Cash Flow Hedges and Market Transparency and the Accounting Regime, *Journal of Accounting Research* 2007, S. 277–287.

Shleifer, A.: *Inefficient Markets – An Introduction to Behavioral Finance,* Oxford 2000.

Shleifer, A./Vishny, R.W.: A Survey of Corporate Governance, *Journal of Finance* 1997, S. 737–783.

Siliciano, J.: Trends in Auditor Liability: The Emergence of a Sane Consensus?, *Journal of Accounting and Public Policy* 1997, S. 339–353.

Simon, D./Francis, J.: The Effects of Auditor Change an Audit Fees: Tests of Price Cutting and Price Recovery, *The Accounting Review* 1988, S. 255–269.

Simunic, D.A./Stein, M.T.: The Impact of Litigation Risk on Audit Pricing: A Review of the Economics and the Evidence, *Auditing: A Journal of Practice & Theory* 1996 (Supplement), S. 119–134.

Skinner, D.: The Investment Opportunity Set and Accounting Procedure Choice – Preliminary Evidence, *Journal of Accounting and Economics* 16 (1993), S. 407–445.

Skinner, D.J./Srinivasan, S.: Audit Quality and Auditor Reputation: Evidence from Japan, *The Accounting Review* 2012, S. 1737–1765.

Sloan, R.: Do Stock Prices fully Reflect Information in Accruals and Cash Flows about Future Earnings?, *The Accounting Review* 1996, S. 289–315.

Smith, A.: *The Wealth of Nations,* 1776 *(Cannan Edition,* New York 1937).

Smith, C.W./Stulz, R.M.: The Determinants of Firms' Hedging Policies, *Journal of Financial and Quantitative Analysis* 1985, S. 391–405.

Smith, C.W./Warner, J.B.: On Financial Contracting: An Analysis of Bond Covenants, *Journal of Financial Economics* 7 (1979), S. 117–161.

Smith, C.W./Watts, R.L.: The Investment Opportunity Set and Corporate Financing, Dividend, and Compensation Policies, *Journal of Financial Economics* 32 (1992), S. 263–292.

Spiess, K./Tkac, P.: The Private Securities Litigation Reform Act of 1995: The Stock Market Casts its Vote, *Managerial and Decision Economics* 1997, S. 545–561.

Spremann, K.: Agent and Principal, in: *Bamberg, G./Spremann, K.* (Hrsg): *Agency Theory, Information, and Incentives,* Berlin et al 1987, S. 3–37.

Stefani, U.: *Abschlussprüfung, Unabhängigkeit und strategische Interdependenzen,* Stuttgart 2002.

Stein, H.-G.: Ziele und Maßnahmen der Konzernbilanzpolitik, *Zeitschrift für betriebswirtschaftliche Forschung* 1993, S. 973–993.

Stein, J.C.: Efficient Capital Markets, Inefficient Firms: A Model of Myopic Corporate Behavior, *Quarterly Journal of Economics* 1989, S. 655–669.

Stiglitz, J.: Information, Screening, and Welfare, in: *Boyer, M./Kihlstrom, R.E.* (Hrsg.): *Bayesian Models in Economic Theory,* Amsterdam, New York und Oxford 1984, S. 209–239.

Stocken, P.C.: Credibility of Voluntary Disclosure, *Rand Journal of Economics* 2000, S. 359–374.

Stulz, R.M.: Managerial Discretion and Optimal Financing Policies, *Journal of Financial Economics* 26 (1990), S. 3–27.

Subramanyam, K.R.: Uncertain Precision and Price Reactions to Information, *The Accounting Review* 1996, S. 207–220.

Sunder, S.: *Theory of Accounting and Control,* Cincinnati 1997.

Sweeney, A.P.: Debt-Covenant Violations and Managers' Accounting Responses, *Journal of Accounting and Economics* 17 (1994), S. 281–308.

Teoh, S.H./Hwang, C.Y.: Nondisclosure and Adverse Disclosure as Signals of Firm Value, *The Review of Financial Studies* 1991, S. 283–313.

Teoh, S.H./Wong, T.J.: Perceived Auditor Quality and the Earnings Response Coefficient, *The Accounting Review* 1993, S. 346–366.

Teoh, S.H./Wong, T.J./Rao, G.R.: Are Accruals during Initial Public Offerings Opportunistic?, *Review of Accounting Studies* 1998, S. 175–208.

Thießen, F.: Covenants in Kreditverträgen: Alternative oder Ergänzung zum Insolvenzrecht?, *Zeitschrift für Bankbetriebswirtschaftslehre und Bankrecht* 1996, S. 19–37.

Thomas, J./Zhang, X.: Identifying Unexpected Accruals: A Comparison of Current Approaches, *Journal of Accounting and Public Policy* 2000, S. 347–376.

Tirole, J.: *The Theory of Industrial Organization*, Cambridge 1988.

Trueman, B.: Why Do Managers Voluntarily Release Earnings Forecasts?, *Journal of Accounting and Economics* 8 (1986), S. 53–71.

Tucker, R.R./Matsumura, E.M.: Second-Partner Review: An Experimental Economics Investigation, *Auditing: A Journal of Practice & Theory* 1997 (1), S. 79–98.

Tucker, J.W./Zarowin, P.A.: Does Income Smoothing Improve Earnings Informativeness?, *The Accounting Review* 2006, S. 251–270.

Trueman, B./Titman, S.: An Explanation for Accounting Income Smoothing, *Journal of Accounting Research* 1988, Supplement, S. 127–139.

Turpen, R.A.: Differential Pricing on Auditors' Initial Engagements: Further Evidence, *Auditing: A Journal of Practice & Theory* 1990 (2), S. 60–76.

Véron, N.: Fair Value Accounting is the Wrong Scapegoat for this Crisis, *Accounting in Europe* 2008, S. 63–69.

Verrecchia, R.H.: The Use of Mathematical Models in Financial Accounting, *Journal of Accounting Research* 1982, Supplement, S. 1–42.

Verrecchia, R.E.: Discretionary Disclosure, *Journal of Accounting and Economics* 5 (1983), S. 179–194.

Verrecchia, R.E.: Information Quality and Discretionary Disclosure, *Journal of Accounting and Economics* 12 (1990), S. 365–380.

Verrecchia, R.E.: Essays on Disclosure, *Journal of Accounting and Economics* 32 (2001), S. 97–180.

Wagenhofer, A.: Voluntary Disclosure with a Strategic Opponent, *Journal of Accounting and Economics* 12 (1990a), S. 341–363.

Wagenhofer, A.: *Informationspolitik im Jahresabschluß*, Heidelberg 1990b.

Wagenhofer, A.: Economic Consequences of Internet Financial Reporting, *Schmalenbach Business Review* 2003, S. 262–279.

Wagenhofer, A.: Accounting and Economics: What We Learn from Analytical Models in Financial Accounting and Reporting, in: *Leuz, C./Pfaff, D./Hopwood, A.G.* (Hrsg.): *The Economics and Politics of Accounting*, Oxford 2004, S. 5–31.

Wagenhofer, A.: Trading off Costs and Benefits of Frequent Financial Reporting, *Journal of Accounting Research* 2014, S. 389–401.

Wagenhofer, A.: Rechnungslegung, in: *Bitz, M./Domsch, M./Ewert, R./Wagner, F.W.* (Hrsg.): *Vahlens Kompendium der Betriebswirtschaftslehre*, Band 1, 5. Auflage, München 2005, S. 449–536.

Wagenhofer, A.: Vorsichtige Rechnungslegung und Informationsgehalt, *Zeitschrift für Betriebswirtschaft* 2012, S. 1367–1387.

Wagenhofer, A./Dücker, H.: Die Messung von „Earnings"-Qualität, *Journal für Betriebswirtschaft* 2007, S. 263–297.

Wagner, F.W.: Ausschüttungszwang und Kapitalentzugsrechte als Instrumente marktgelenkter Unternehmenskontrolle, in: *Schneider, D.* (Hrsg.): *Kapitalmarkt und Finanzierung*, Berlin 1987, S. 409–425.

Wagner, F.W.: Besteuerung, in: *Bitz, M.//Domsch, M./Ewert, R./Wagner, F.W.* (Hrsg.): *Vahlen's Kompendium der Betriebswirtschaftslehre*, Band 2, 5. Auflage, München 2005, S. 439–504.

Währisch, M.: *The Evolution of International Accounting Systems*, Frankfurt a.M. et al 2001.

Walker, M.: How Far Can We Trust Earnings Numbers? What Research Tells Us About Earnings Management, *Accounting and Business Research* 2013, S. 445–481.

Wallmeier, M.: Implizite Kapitalkostensätze und der Fortführungswert im Residualgewinnmodell, Betriebswirtschaftliche Forschung und Praxis 2007, S. 558–579.

Watrin, C.: *Internationale Rechnungslegung und Regulierungstheorie*, Wiesbaden 2001.

Watts, R.L.: Conservatism in Accounting, Part I: Explanations and Implications, *Accounting Horizons* 2003a, S. 207–221.

Watts, R.L.: Conservatism in Accounting, Part II: Evidence and Research Opportunities, *Accounting Horizons* 2003b, S. 287–301.

Watts, R.L./Zimmerman, J.L.: Agency Theory Research in Accounting, in: *Griffin, P.A.* (Hrsg.): *Usefulness to Investors and Creditors of Information Provided by Financial Reporting*, 2. Auflage, Stamford 1987, S. 193–212.

Watts, R.L./Zimmerman, J.L.: The Demand for and Supply of Accounting Theories: The Market for Excuses, *The Accounting Review* 1979, S. 273–305.

Watts, R.L./Zimmerman, J.L.: *Positive Accounting Theory*, Englewood Cliffs 1986.

Watts, R.L./Zimmerman, J.L.: Positive Accounting Theory: A Ten Year Perspective, *The Accounting Review* 1990, S. 131–156.

Weber, J./Willenborg, M./Zhang, J.: Does Auditor Reputation Matter? The Case of KPMG Germany and ComROAD AG, *Journal of Accounting Research* 2008, S. 941–972.

Werder, A. v. (Hrsg.): *German Code of Corporate Governance (GCCG)*, Stuttgart 2000.

Whittred, G./Zimmer, I./Taylor, S.: *Financial Accounting – Incentive Effects and Economic Consequences*, 4. Auflage, Sydney et al 1996.

Wilson, T.E./Grimlund, R.A.: An Examination of the importance of an Auditor's Reputation, *Auditing: A Journal of Practice & Theory* 1990 (2), S. 43–59.

Wittig, A.: Financial Covenants im inländischen Kreditgeschäft, *Wertpapier-Mitteilungen* 1996, S. 1381–1391.

Wittig, A.: Früherkennung der Krise durch Kreditinstitute, in: *Schmidt, K.* (Hrsg.): *Die GmbH in der Krise, Sanierung und Insolvenz*, Köln 2003, S. 60–85.

Wüstemann, J.: *Generally Accepted Accounting Principles – Zur Bedeutung und Systembildung der Rechnungslegungsregeln der USA*, Berlin 1999.

Wyatt, A.: Accounting Recognition of Intangible Assets: Theory and Evidence on Economic Determinants, *The Accounting Review* 2005, S. 967–1003.

Wysocki, K. v.: Ergebnisse empirischer Untersuchungen über das Publizitätsverhalten deutscher Unternehmen, *Zeitschrift für betriebswirtschaftliche Forschung* 1976, S. 744–755.

Ye, M.: The Theory of Auditing Economics: Evidence and Suggestions for Future Research, *Foundations and Trends in Accounting* 2023, S. 138–267.

Ye, M./Simunic, D.: The Economics of Setting Auditing Standards, *Contemporary Accounting Research* 2013, S. 1191–1215.

Yost, F.A.: Auditor Independence as a Unique Equilibrium Response, *Journal of Accounting, Auditing and Finance* 1995, S. 81–102.

Zang, A.Y.: Evidence on the Trade-Off between Real Activities Manipulation and Accrual-Based Earnings Management, *The Accounting Review* 2012, S. 675–703.

Zeff, S.A.: "Political" Lobbying on Proposed Standards: A Challenge to the IASB, *Accounting Horizons* 2002, S. 43–54.

Zhang, P./Thoman, L.: Pre-Trial Settlement and the Value of Audits, *The Accounting Review* 1999, S. 473–491.

Zimmer, I.: Accounting for Interest by Real Estate Developers, *Journal of Accounting and Economics* 8 (1986), S. 37–51.

Zimmerman, J.L.: Myth: External Financial Reporting Quality Has a First-Order Effect on Firm Value, *Accounting Horizons* 2013, S. 887–894.

Ziv, A.: Discussion of "Earnings Management and the Revelation Principle", *Review of Accounting Studies* 1998, S. 35–40.

Zmijewski, M./Hagerman, R.: An Income Strategy Approach to the Positive Theory of Accounting Standard Setting/Choice, *Journal of Accounting and Economics* 3 (1981), S. 129–149.

Stichwortverzeichnis

The manufacturer's authorised representative in the EU is Springer
Nature Customer Service Centre GmbH, Europaplatz 3, 69115 Heidelberg,
Germany. If you have any concerns regarding our products, please
contact ProductSafety@springernature.com

Printed and bound by CPI Group (UK) Ltd, Croydon, CR0 4YY
24/04/2026
02096352-0009